Familienpsychologische
Gutachten

Familienpsychologische Gutachten

Rechtliche Vorgaben und sachverständiges Vorgehen

von

Dr. Dr. (Univ. Prag) Joseph Salzgeber

Dipl.-Psych.

Öffentlich bestellter und beeidigter Sachverständiger
für Forensische Psychologie

Fachpsychologe für Rechtspsychologie

3., überarbeitete Auflage

Verlag C. H. Beck München 2001

Hinweis

Die im Text zitierten **Gesetzestexte** finden Sie in ihrer jeweils **aktellen Fassung** in der dtv-Textausgabe Nr. 5577 (Familienrecht), die in jeder Buchhandlung erhältlich ist.

Teilweise sind im Text die **BDP-Richtlinien** für die Erstellung Psychologischer Gutachten erwähnt. Diese sind über den Berufsverband Deutscher Psychologen e.V., Heilsbachstraße 24, 53123 Bonn, Tel. 02 28/98 73 10 zu beziehen.

Salzgeber, Joseph:
Familienpsychologische Gutachten : rechtliche Vorgaben und sachverständiges Vorgehen / von Joseph Salzgeber. – 3., überarb. Aufl. – München : Beck, 2001
   2. Aufl. u. d. T.: Salzgeber, Joseph: Familienpsychologische Begutachtung ISBN 3-406-47449-7

ISBN 3 406 47449 7

© 2001 Verlag C. H. Beck oHG, Wilhelmstraße 9, 80801 München
Druck: Freiburger Graphische Betriebe, Bebelstraße 11, 79108 Freiburg
Umschlaggestaltung: Grafik-Werkstatt Bruno Schachtner, Dachau
Gedruckt auf säurefreiem, alterungsbeständigem Papier
(hergestellt aus chlorfrei gebleichtem Zellstoff)

Vorwort zur 3. Auflage

Für diese Auflage wurde das Buch vollständig überarbeitet. Notwendig wurde dieser umfassende Schritt durch die Kindschaftsrechtsreformgesetzgebung, die zum 1. 7. 1998 in Kraft getreten ist. Neue Bereiche wurden dem Familiengerichtsverfahren zugeordnet, die erweiterte Aufgaben für den psychologischen Sachverständigen mit sich brachten.

Nicht nur Gesetze wurden geändert, sondern auch der Tenor des familienrechtlichen Verfahrens. Die Autonomie der Betroffenen wird verstärkt betont, der Beratung und Hilfestellung zu Lösung der familiären Konflikte wird mehr Gewicht beigemessen als der richterlichen Entscheidung. Dies blieb für das sachverständige Vorgehen und Selbstverständnis nicht folgenlos.

Die verwendete Fachliteratur musste ebenfalls aktualisiert werden. Dabei wurde der Schwerpunkt auf die familienforensische Literatur gelegt. Im Einzelfall wurde zudem auf weiterführende spezifische Fachliteratur hingewiesen. Der Anspruch auf Vollständigkeit wollte aber niemals erfüllt werden.

Die Ausführungen werden durch Erfahrungswissen aus der eigenen Sachverständigentätigkeit geprägt, aber auch durch Kenntnisse und Erfahrungen von Kolleginnen und Kollegen angereichert.

In der Regel wird der Begriff „Eltern" verwendet, auch wenn im Einzelfall eine wesentliche Bezugsperson des Kindes gemeint sein kann, um die Lesbarkeit nicht zu erschweren. Für die Vertreter der einzelnen Berufsgruppen der am Trennungsgeschehen beteiligten Personen wurde die maskuline singuläre Form gewählt.

Bei meinen Kollegen Dr. Christian Vogel, Arzt für Psychiatrie, Herrn Dipl.-Psych. PD Dr. Wolfgang Vehrs, Herrn Dipl.-Psych., Dipl.-Ethnologe, Dr. Peter Menzel, Frau Dipl. Psych. Monika Aymans möchte ich mich besonders für ihre Beiträge bedanken zu psychiatrischen Fragen, Einsatz des Polygraphen, Umgang mit ausländischen Mitbürgern und Glaubhaftigkeitsbegutachtung und meinem Instituts-Partner Dipl.-Psych. Dr. Michael Stadler für seine Mitwirkung bei den Ausführungen zu Umgangsproblemen.

Den Kollegen Dipl.-Psych. PD Dr. Wolfgang Vehrs und Herrn Dipl.-Psych. Frank Wittenhagen kann ich nur Bewunderung ausdrücken, da sie bereits die zweite Auflage vor Abgabe gegengelesen haben und auch nun wieder bereit waren, Anregungen zu geben und Korrekturen anzufügen. Herzlich bedanken möchte ich mich bei Herrn Prof. Siegfried Willutzki für seine Mühen, die er mit der Durchsicht des Manuskriptes auf sich genommen hat, und für seine geopferte rare Freizeit; bei den Herren Stefan Tischler und Frank Lang, die seitens des Beck-Verlages hilfreiche Unterstützung gewährten und aufwändige Lektoratsarbeit auf sich nahmen.

Nicht zuletzt möchte ich Frau Yvonne Wagner dankend erwähnen, die in unendlicher Geduld Korrekturen in den Text einarbeitete.

München, Winter 2001   Dr. Dr. (Univ-Prag) Joseph Salzgeber

Vorwort zur 2. Auflage

Die Erstellung bzw. Überarbeitung dieser Arbeit wäre ohne die freundliche Unterstützung vieler Kollegen nicht möglich gewesen. Herr Professor Dr. Schlottke hat mit vielen Ratschlägen die diesem Buch vorausgehende Arbeit zur „Familienpsychologischen Begutachtung" betreut.

Viele Kollegen im Rahmen der GWG — Gesellschaft für wissenschaftliche Gerichts- und Rechtspsychologie —, hier besonders Frau Gabriele Weidenfeller, öffentlich bestellte und vereidigte Sachverständige für forensische Psychologie, und Herr PD Dr. Wolfgang Vehrs, öffentlich bestellter und vereidigter Sachverständiger für forensische Psychologie, gaben wertvolle Anregungen. Besonderer Dank für die kollegiale Geduld und Ermunterung gebührt meinem Freund und Partner Herrn Dipl.-Psych. Michael Stadler, öffentlich bestellter und vereidigter Sachverständiger für forensische Psychologie, und Herrn Dipl.-Psych. Frank Wittenhagen, der die Arbeit immer wieder kritisch überprüfte.

Den Kollegen Dr. Christian Vogel, Arzt für Psychiatrie, Frau Dipl.-Psych. Carola Partale, Frau Dipl.-Psych. Susanne Scholz und Frau Dipl.-Psych. Monika Aymans gilt mein besonderer Dank für die vielen Anregungen in bezug auf Fragen der Begutachtung des sexuellen Missbrauchs und bei familiären Alkoholproblemen.

Dank gilt auch den anderen Kollegen der GWG, besonders Frau Dipl.-Psych. Sabine Schmidt, die Verständnis für gelegentliche Stressreaktionen zeigten und mich bei der organisatorischen Betreuung unseres Institutes unterstützten.

Ganz besonders danken möchte ich Herrn Dr. Peter Gerhardt, Richter am OLG München (Familiensenat), der trotz eigener Arbeit als Autor Zeit fand, juristische Unstimmigkeiten aufzudecken, und Herrn Dr. Werner Schulz, Familienrichter am Amtsgericht München, der sich viel Mühe gab, meine juristischen Verständnisfragen zu beantworten.

Nicht zuletzt gebührt Dank Frau Doris Krää, die ungeachtet der vielen Literaturrecherchen ihre Lust am Psychologiestudium nicht verlor, und Herrn Tilmann Jaross, der die Korrekturen einarbeitete.

Für Elke, Zion, Daniel, Philipp und Johanna

Inhalt

Inhalt

Abkürzungen

Abs	Absatz
afp	Arbeitsgemeinschaft für Forensische Psychologie, Forensische Psychiatrie und Forensische Medizin
AG	Amtsgericht
ArbG	Arbeitsgericht
Art	Artikel
ASD	Allgemeiner Sozialdienst
BayObLG	Bayerisches Oberstes Landesgericht
BayVerfGH	Bayerischer Verfassungsgerichtshof
BDP	Berufsverband Deutscher Psychologen
BDSG	Bundesdatenschutzgesetz
BGB	Bürgerliches Gesetzbuch
BGBl.	Bundesgesetzblatt
BGH	Bundesgerichtshof
BRD	Bundesrepublik Deutschland
BSG	Bundessozialgericht
BVerfG	Bundesverfassungsgericht
BVerfGE	Entscheidungen des Bundesverfassungsgerichts (Amtliche Sammlung)
BVerwG	Bundesverwaltungsgericht
bzw.	beziehungsweise
DAVorm	Der Amtsvormund
d. h.	das heißt
DIHT	Deutscher Industrie- und Handelstag
DM	Deutsche Mark
DÖV	Die öffentliche Verwaltung
DS	Der Sachverständige
DVBl	Deutsches Verwaltungsblatt
EGStGB	Einführungsgesetz zum Strafgesetzbuch
EheG	Ehegesetz
EheRG	Erstes Gesetz zur Reform des Ehe- und Familienrechts
EuGHMB	Europäischer Gerichtshof für Menschenrechte
EuSorgÜ	Europäisches Übereinkommen über die Anerkennung und Vollstreckung von Entscheidungen über das Sorgerecht für die Kinder und die Wiederherstellung des Sorgerechtsverhältnisses
FamRZ	Zeitschrift für das gesamte Familienrecht
FF	Forum Familien- und Erbrecht
FGG	Gesetz über die Angelegenheiten der freiwilligen Gerichtsbarkeit
Fn	Fußnote
FPI	Freiburger Persönlichkeitsinventar
FPI-R	Freiburger Persönlichkeitsinventar (Revidierte Fassung)
FPR	Familie Partnerschaft Recht (Zeitschrift)
FuR	Familie und Recht (Zeitschrift)
GG	Grundgesetz

ggf.	gegebenenfalls
GVG	Gerichtsverfassungsgesetz
GWG	Gesellschaft für wissenschaftliche Gerichts- und Rechtspsychologie
HAWIE	Hamburg-Wechsler-Intelligenztest für Erwachsene
HKiEntÜ	Haager Übereinkommen über die zivilrechtlichen Aspekte internationaler Kindesentführung vom 25. 10. 1980
Hrsg.	Herausgeber
JGG	Jugendgerichtsgesetz
JWG	Jugendwohlfahrtsgesetz (außer Kraft)
JZ	Juristenzeitung
KG	Kammergericht
Kind-Prax	Kindschaftsrechtliche Praxis
KindRG	Kindschaftsrechtsreformgesetz
KJHG	Kinder- und Jugendhilfegesetz
KostO	Kostenordnung (Gesetz über die Kosten in Angelegenheiten der freiwilligen Gerichtsbarkeit)
LAG	Landesarbeitsgericht
LG	Landgericht
MMPI	Minnesota Multiphasic Personality Inventory
MSchrKrim	Monatszeitschrift für Kriminologie
NJW	Neue Juristische Wochenschrift
Nr.	Nummer
OEG	Opferentschädigungsgesetz
OLG	Oberlandesgericht
OVG	Oberverwaltungsgericht
PAS	Parental Alienation Syndrom
R & P	Zeitschrift Recht und Psychiatrie
RdJB	Recht der Jugend und des Bildungswesens
RelKErzG	Gesetz über die religiöse Kindererziehung
RGBl.	Reichsgesetzblatt
Rpfleger	Rechtspfleger; auch: Der Deutsche Rechtspfleger (Zeitschrift)
S.	Seite
SGB VIII	Sozialgesetzbuch Achtes Buch. Kinder- und Jugendhilfegesetz
SorgeRG	Gesetz zur Neuregelung des Rechts der elterlichen Sorge
SozR	Die Sozialgerichtsbarkeit (Zeitschrift)
StGB	Strafgesetzbuch
StPO	Strafprozessordnung
SZ	Süddeutsche Zeitung
u. a.	unter anderem
u. Ä.	und Ähnliche
UÄndG	Gesetz zur Änderung unterhaltsrechtlicher, verfahrensrechtlicher und anderer Vorschriften
usw.	und so weiter
u. U.	unter Umständen
VerwG	Verwaltungsgericht

Einleitung

Seit Jahren zeigt die Statistik, dass die Zahl scheidungsbedingter Sorgerechtsfälle kontinuierlich ansteigt.[1] In den neuen Bundesländern erhöhen sich die Scheidungsziffern seit 1993.[2] Auch die Zahl der unehelich geborenen Kinder ist in Europa die letzten 25 Jahre deutlich gestiegen.[3] Familien nicht verheirateter Eltern trennen sich zudem wesentlich schneller als verheiratete Eltern.

Hinsichtlich der Gründe für diese Entwicklung gibt es in der Fachliteratur verschiedene Erklärungsmodelle. So werden Veränderungen der familiären Lebensformen[4] erwähnt oder die hohe subjektive Bedeutung der Ehe für den Einzelnen.[5]

Den gesellschaftlichen Entwicklungen entsprach das „Erste Gesetz zur Reform des Ehe- und Familienrechts (1. EheRG)" vom 14. 6. 1976, das am 1. 7. 1977 in Kraft trat. Durch diese Reform wurde die Beendigung der Ehe in die Verantwortung beider Ehepartner gegeben.[6] Das Schuldprinzip wurde beseitigt; es reicht als Scheidungsgrund nunmehr aus, dass eine Zerrüttung vorliegt, die als gegeben angesehen wird, wenn die Eheleute getrennt leben und die eheliche Lebensgemeinschaft nicht mehr herstellbar ist. Eine weitere Änderung ergab das Gesetz zur Neuregelung der elterlichen Sorge (SorgeRG vom 18. 7. 1979; seit 1. 1. 1980 in Kraft), das die Situation der von der Scheidung betroffenen Kinder verändert hat. Das Familiengericht hat seitdem eine Regelung zu treffen, die dem Wohl des Kindes am besten entspricht (§ 1671 Abs. 2 BGB).

Mit dem Inkrafttreten des Kinder- und Jugendhilfegesetzes (SGB VIII) vom 26. 6. 1990 am 1. 1. 1991 (in der ehemaligen DDR war das Gesetz bereits am 3. 10. 1990 in Kraft getreten) und der darin enthaltenen Aufforderung, die Eltern zu einer emanzipatorischen Selbstverantwortung in Bezug auf Entscheidungen, die ihre Familie betreffen, zu befähigen, wurde die Diskussion um veränderte Begutachtungsstrategien im Sinne von Beratung und Hilfe für die Familie versus „Hilfe für den Richter" neu belebt. Es wurden die schädlichen Auswirkungen der Trennung auf die Kinder betont, denen nur begegnet werden kann, wenn den betroffenen Familien mehr Hilfe angeboten wird. Das SGB VIII sieht weiter eine Vernetzung der einzelnen Fachkompetenzen vor. Diese sollen so weit wie möglich herangezogen werden, um der einzelnen Familie bei Trennung und Scheidung zu helfen (§ 28 SGB VIII). In diesem Rahmen ist auch der Wert des Sachverständigengutachtens zu sehen.

Das Kindschaftrechtsreformgesetz, in Kraft seit dem 1. 7. 1998, setzte diesen Weg fort. Beratung und Hilfe geht vor Entscheidung, die Autonomie der Eltern wurde erheblich gestärkt.[7] Bereits im Verfahren werden eine Reihe von Hilfen angeboten, um die Eltern zu

---

[1] *Statistisches Bundesamt, aktuelle Zahlen unter www.statistik-bund.de.*
[2] *Rottleuthner-Lutter* FPR 1998, 30–33.
[3] DAVorm 2000, 13.
[4] *Huinink,* in: Fegert, J. (Hrsg.) Kinder in Scheidungsverfahren nach der Kindschaftsrechtsreform, 1999, S. 19–30. Neuwied: Luchterhand; *Fthenakis,* Vortrag auf der Arbeitstagung der CSU-Landtagsfraktion am 11. Januar 2000 in Wildbad Kreuth.
[5] *Nave-Herz* FF 2000, 40.
[6] Zur Geschichte des Familienrechts *Patti* FamRZ 2000, 1–6; *Wagenitz/Barth* FamRZ 1998, 577–587.
[7] Zur bisherigen Umsetzung der Kindschaftsrechtsreform siehe: Forschungsbericht von Proksch: www.bmj.bund.de.

einer einvernehmlichen Kindeswohllösung zu bewegen.[8] Gelegentlich ist geradezu eine Beratungseuphorie[9] zu bemerken.

Dazu kommt die neue Rechtsfigur „Verfahrenspfleger", dessen Rolle erst durch die Praxis definiert werden muss. Sie ist als weitere Ergänzung helfender Beteiligter, vor allem für das betroffene Kind, zu verstehen, nicht als Konkurrenz zum Jugendamt oder Sachverständigen.

Schon die ersten beiden Gesetzesänderungen brachten es mit sich, dass sich Berufsgruppen, die mit den psychischen Belangen der Scheidungsfamilien befasst sind, diesen verstärkt als Problemfeld zuwandten. Seither werden auch mehr Gutachten eingeholt,[10] da ein Schuldspruch die Erziehungseignung nicht mehr ausschließt und das Kindeswohl als Kriterium einer Sorgerechtsentscheidung gilt.[11] Nicht zuletzt führte der erwachsende vermehrte Bedarf an qualifizierten psychologischen Sachverständigen zur Konzeption einer Ordnung für die Weiterbildung in Rechtspsychologie. Auf der Grundlage des universitären Psychologiestudienabschlusses soll eine erweiterte und vertiefte wissenschaftliche und berufliche Qualifikation erreicht werden, die mit einem Zertifikat „Fachpsychologe für Rechtspsychologie" beurkundet wird.[12]

Auch andere Berufsgruppen befassen sich mehr mit den Folgen der Scheidung. Insbesondere ist auf die aus den USA kommende Mediation hinzuweisen. Im Rahmen der Mediation wird versucht, schlichtend im familiären Streit zu wirken und Rahmenbedingungen anzubieten, in denen die Eltern zu einer selbstgetragenen Trennungs- und Scheidungsvereinbarung kommen. Schließlich wird das Beratungsangebot durch einzelne Pilotprojekte ergänzt, wie z.B. Beratungsstellen an Gerichten,[13] Scheidungsschlichtungsstellen an Jugendämtern und Beratungsabteilungen beim Allgemeinen Sozialdienst.

Bisher fehlt es der forensischen Psychologie im Familienrechtsbereich an einem fundierten Paradigma. Aufgrund dieses Mangels bedient sie sich eklektisch der Methoden der einzelnen Fachdisziplinen, z.B. der klinischen Psychologie oder der Entwicklungspsychologie. Die Ursache für dieses Vorgehen im Familienrechtsbereich ist in der kürzeren Tradition dieses forensisch jüngeren Zweiges[14] im Vergleich zum Strafrechtsbereich zu suchen.[15]

---

[8] So auch *Suess/Fegert* FPR 1999, 157.

[9] *Fegert* Jugendhilfe 1998, 145 ff.

[10] *Lempp* S. 91.

[11] Alle Untersuchungen gehen von etwa 3 % der Sorgerechtsfälle aus, bei denen Sorgerechtsgutachten eingeholt werden, so *Koechel* FamRZ 1986, 637–642; *Grosse* ZfJ 1982, 504–518 legt die Zahl bei 5 % fest, 8,7 bis 19 % bezeichnet er als streitige Fälle in seiner Untersuchung; *Jopt/Rohrbach,* in: Schorr, A. (Hrsg.) Bericht über den 13. Kongreß für Angewandte Psychologie, 1986, S. 312–316, geben an, daß bei etwa 10–15 % aller Scheidungsfälle Eltern um das Sorgerecht streiten.

[12] Verabschiedet vom Akkreditierungsausschuss für die Weiterbildung in Rechtspsychologie am 28.1. 2000, Report Psychologie 2000, 303–304.

[13] *Lossen/Vergho* FamRZ 1993, 768 ff.; *Lossen/Vergho* FamRZ 1998, 1218–1221; Autorenteam des Regensburger Modellprojekts. Die Zusammenarbeit zwischen Beratungsstelle und Familiengericht. Am Beispiel der Regensburger „Familienberatung bei Trennung und Scheidung" (FaTS) am Amtsgericht, in: Buchholz-Graf, W. & Vergho, C. (Hrsg.), Beratung für Scheidungsfamilien, S. 46–62.

[14] *Tägert*, in: Undeutsch (Hrsg.), Forensische Psychologie (Handbuch der Psychologie Bd. 11), S. 598–633.

[15] Einen Überblick über die Entwicklung der forensischen Psychologie – mit Ausnahme der familienrechtlichen Begutachtung – gibt *Hartmann*, Forensische Psychologie: Psychologisch-Psychiatrische Begutachtung im Strafverfahren, in: Hartmann, H./Haubl, R. (Hrsg.) Psychologische Begutachtung, S. 192–228; *Liebel/v. Uslar*, Forensische Psychologie, S. 20 ff.; *Undeutsch*, Überblick über die gerichtspsychologische Gutachtertätigkeit in Deutschland, in Rehberg, J. (Hrsg.), Probleme des gerichtspsychiatrischen und -psychologischen Gutachtens, 1980. Über die Entwicklung der forensischen Psychologie im familienrechtlichen Verfahren: *Balloff* ZfJ 1994, 218–224.

Während in den klassischen forensischen Begutachtungsfeldern, nämlich Glaubhaftigkeit, Schuldfähigkeit im Sinne der §§ 20, 21 StGB (hier besonders Affekt) und Reifebeurteilung von Jugendlichen und Heranwachsenden (§§ 3, 105 JGG), die Tätigkeit des Sachverständigen von Verfahrensrecht (StPO/JGG) und von der Rechtsprechung bezüglich anzuwendender Kriterien geleitet wird,[16] besteht bei der familienrechtlichen Begutachtung eine größere Unbekümmertheit hinsichtlich der fachpsychologischen, juristischen und ethischen Vorgaben. Im Vergleich zur Begutachtung im Strafrechtsverfahren bietet sich jene im Familienrechtsverfahren eher an, verfahrensrechtliche Grenzen zu missachten, da die Verfahrensordnung der FGG eine weitere Auslegung erlaubt.

Von juristischer Seite wird häufig der Vorwurf einer Verfahrensverzögerung durch den Sachverständigen, Undurchsichtigkeit des sachverständigen Vorgehens oder fehlende Nachvollziehbarkeit des Gutachtens erhoben. Von psychologischer Seite werden vom Berufsverband der Deutschen Psychologinnen und Psychologen e.V. Hinweise bezüglich der ethischen Rahmenbedingungen gegeben, die die Tätigkeit des psychologischen Sachverständigen leiten sollen. Diese sind allerdings noch unzureichend; es wird hier lediglich auf die Berufsordnung,[17] Gutachtenrichtlinien[18] und vereinzelte Urteile des Ehrengerichts verwiesen.

Fehler bei der Begutachtung resultieren in der Hauptsache aus einem falschen Rollenverständnis des Sachverständigen, etwa dem, sich als Anwalt des Kindes, der Eltern oder als Kindeswohlmanager zu verstehen, oder aus der Unwissenheit über juristische Vorgaben.

Die Bestimmung der rechtlichen und ethischen Rahmenbedingungen eröffnet die Chance, psychologische Fragestellungen zur Bestimmung des Kindeswohls im Einzelfall zu definieren und daraus das diagnostische Vorgehen zu konkretisieren. Nehmen wir z.B. das Kriterium der Erziehungseignung, das aus psychologischer Sicht implizit mit der Frage nach einer Sorgerechtsentscheidung oder Plazierung des Kindes angesprochen ist. Es könnte versucht werden – und wird es auch –, alle möglichen Facetten der Erziehungseignung mit einem erheblichen testdiagnostischen Aufwand, mit zusätzlichen Interaktionsbeobachtungen usw. zu bestimmen. Die Beachtung gesetzlicher Rahmenbedingungen, wie beispielsweise der Verhältnismäßigkeit des Einsatzes von Verfahren, leiten den Sachverständigen möglicherweise zu anderen, enger gefassten Kriterien, deren Erfassung für eine Empfehlung im speziellen Fall ausreicht. Zudem ist es nicht unproblematisch, wenn der Sachverständige von eigenen Erziehungsvorstellungen ausgeht, deren Bewertung in Bezug auf eine Sorgerechtsfrage aus Rechtsgründen nicht zulässig ist.[19]

Auch die veränderte Anforderung im familiengerichtlichen Verfahren, nämlich – anders als im Strafverfahren – die Begutachtung nicht nur auf das Feststellen von Tatsachen zu beschränken, sondern die Möglichkeit der Befriedung und Verhaltensmodifikation zu nutzen, wie sie im SGB VIII und seit dem Kindschaftsrechtsreformgesetz gilt, ändert das sachverständige Vorgehen. Gelegentlich wird sogar die Forderung erhoben, sachverstän-

---

[16] Ausführliche Darstellung: *Wolf,* Situation und Tätigkeit psychologischer Gutachter und Sachverständiger im Strafprozeß, Unveröff. Diss., 1980.

[17] *Berufsverband Deutscher Psychologinnen und Psychologen (BDP)* Berufsordnung für Psychologen, Report Psychologie 1999, 7.

[18] *Berufsverband Deutscher Psychologen (BDP)* Richtlinien für die Erstellung psychologischer Gutachten, 1986.

[19] Vgl. Kritik von *Schütz* FamRZ 1986, 947–950, am Beschluss des OLG Stuttgart vom 3. 7. 1984, der sich auf ein Sachverständigengutachten stützt.

dige psychologische Tätigkeit völlig in den Dienst einer konsensfördernden Intervention zu stellen[20] und auf psychologische (Status-)Diagnostik völlig zu verzichten, ohne dabei zu bedenken, dass auch mit dieser Einstellung rechtliche und ethische Grenzen unzulässig überschritten werden können. Das Sachverständigengutachten hat eben zum einen die Aufgabe, dem Familienrichter bei dessen Entscheidungsfindung zu helfen, zum anderen aber auch den Betroffenen, so weit wie möglich, mit psychologischer Hilfe bei einer eigenverantwortlich getragenen Lösung beizustehen. Diese beiden Zielvorgaben schließen sich nicht gegenseitig aus, sondern führen bestenfalls zu einer integrierten Lösung.

Häufig wird aus therapeutischem Engagement, gelegentlich aus Gründen persönlicher Neugier – meistens von bester Absicht getragen – versucht, die „Wahrheit" zu finden. Je nach Voreinstellung und Fachkenntnis kann dies sehr unterschiedliche Aktivitäten umfassen, wie den Einsatz von unangemessenen Methoden oder die unzulässige Einbeziehung von weiteren Personen. Gelegentlich wandelt sich das Engagement, die beste Regelung für das Kind zu finden – besonders problematisch bei geäußertem Verdacht eines sexuellen Missbrauches des Kindes durch einen Elternteil –, in einen quasi staatsanwaltschaftlichen Spürsinn, der weit in die Intimsphäre der betroffenen Personen vordringt, was weder zulässig ist, noch dem Verfahren gerecht wird. Hier zeigen oftmals Juristen ein feineres Gespür für die Autonomie der Familie als viele Sachverständige, obwohl gerade diese in der Theorie aufgrund ihrer Profession die Herstellung der familiären Autonomie betonen.

Oft wird der Begriff „Kindeswohl" sehr weitreichend interpretiert und als Rechtfertigung gesehen, möglichst umfangreich und damit zeit- und kostenintensiv Tatsachen zu ermitteln, die mit dem Kindeswohl irgendwie in Verbindung gebracht werden können. Sicherlich beinhaltet das Ziel, dem Kindeswohl zu dienen, die Aufforderung, die Besonderheiten des Einzelfalls sehr genau zu prüfen, das Prinzip der Verhältnismäßigkeit ist dabei jedoch zu wahren. Unter dem Aspekt „Kindeswohl" ist das gesamte Familienleben bewertbar.[21] Es ist nicht geklärt, inwieweit das Familiengericht und inwieweit – jedenfalls sicherlich eingeschränkter – der Sachverständige diese Bewertung vornehmen dürfen. Der Gesetzgeber gibt keine konkreten Anhaltspunkte, wie weitgehend die Amtsermittlung, delegiert auf den Sachverständigen, oder die sachverständige Diagnostik betrieben werden dürfen. Vereinzelt wird daher gefordert, den Begriff „Kindeswohl" zu definieren, auch mit der Hoffnung, damit die staatlichen Interventionen zu begrenzen,[22] sie also an Voraussetzungen und Verfahren zu binden, die den Entscheidungsprozess in der Familie nicht unnötig und unzulässig behindern, und um den Konflikt in der Familie nicht völlig durch außerfamiliäre Instanzen regeln zu lassen. Nicht zuletzt deshalb wurde im Kindschaftsrechtsreformgesetz Hilfe vor Entscheidung hervorgehoben.

Um verantwortungsvoll im Familienrechtsbereich begutachten zu können, sind daher neben der Kenntnis der verschiedenen psychologischen Fachwissenschaften das Wissen um die einschlägigen Gesetzestexte, die den familienrechtlichen Rahmen abstecken, und die Kenntnis des Verfahrensrechts die Grundlagen, auf denen sachverständiges Handeln im Gerichtsbereich beruhen, unverzichtbar. Dabei ist das Wissen um die rechtlichen Vorgaben insoweit von Bedeutung, als diese das Arbeitsfeld beschreiben. Die gesetzlich vorgegebene Eingrenzung mag dabei aus psychologischer Sicht nicht immer sinnvoll erscheinen: So hat ein Stiefelternteil nach der Trennung vom Ehepartner einen rechtlichen

---

[20] Vgl. *Jopt* ZfJ 1991, 93–102.
[21] *Coester*, Das Kindeswohl als Rechtsbegriff, S. 38.
[22] *Simitis*, Kindeswohl – eine Diskussion ohne Ende? S. 169–195.

Anspruch auf Kontakt mit dem Stiefkind, einem leiblichen Elternteil andererseits, dessen Kind in einer Familie aufwächst, dessen Ehelichkeit nicht angefochten wurde, steht keinerlei Umgangsrecht zu. Nicht zuletzt hat der Sachverständige die obergerichtlichen Entscheidungen, die die Tätigkeit des Sachverständigen berühren, zu berücksichtigen.

Zusätzlich sollte der Sachverständige über die juristischen Konsequenzen der jeweiligen Kindeswohlregelungsmöglichkeiten Bescheid wissen. Er wird seinem Auftrag zudem nur gerecht, wenn er bei seinen Empfehlungen gegenüber den Betroffenen und dem Familiengericht berücksichtigt, dass einzelne Regelungen zwar möglicherweise dem Kindeswohl entsprächen, aber aus rechtlichen Gründen nicht möglich oder durchführbar sind. Als Beispiel sei eine Empfehlung an das Familiengericht angeführt, das Sorgerecht für drei Jahre auf einen Elternteil zu übertragen und danach die Familiensache in Richtung auf ein gemeinsames Sorgerecht von Amts wegen wieder aufzunehmen.

Zugleich muss dem Sachverständigen deutlich sein, welchen Veränderungsprozessen das Familienrecht unterliegt und welche Verantwortung dem Sachverständigen zukommt, im Rahmen seiner Tätigkeit dazu beizutragen, den Begriff des Kindeswohls mit Erkenntnissen seines Fachwissens auszufüllen und damit auch Einfluss auf die Rechtsprechung zu nehmen; beispielhaft sei hier die Berücksichtigung des Kindeswillens[23] genannt.

Weiter beinhalten rechtliche Rahmenbedingungen konkrete Vorschriften für die Vorgehensweise (der Sachverständige hat sich an den Gerichtsbeschluss zu halten, auch wenn er damit möglicherweise in seinem Engagement für das Kindeswohl eingeschränkt wird) und Verhaltensweisen wie z. B. persönliche Gutachtenerstattung oder Schweigepflicht.

Zudem muss die Überprüfung der Hypothesen bei der konkreten Begutachtung – bei einem begrenzten Zeitbudget – möglich und für Auftraggeber und Betroffene möglichst hilfreich sein.

Schließlich dient die Kenntnis der rechtlichen und ethischen Rahmenbedingungen einer fruchtbaren Kommunikation zwischen Jurisprudenz und Psychologie, da das Gutachten immer auch auf normative Fragestellungen Bezug nimmt.

In der vorliegenden Arbeit wird versucht, die für den psychologischen Sachverständigen relevanten rechtlichen Vorgaben des Familiengerichtsverfahrens aufzuzeigen, die zudem Hinweise auf ethische Rahmenbedingungen der sachverständigen Tätigkeit geben. Sachverständiges Handeln ist neben vielen weiteren Hilfsangeboten an die Familie im Konflikt eine spezielle Interventionsmöglichkeit[24] die einerseits der Familie dienen kann, andererseits aber dem Familiengericht verantwortlich bleibt, damit es im Sinne des Kindeswohls angemessen handeln kann.

Erst die Kenntnis der rechtlichen und ethischen Implikationen gibt die Voraussetzung für sachverständiges Handeln, über die der Diplom-Psychologe vor Beginn einer Auftragsübernahme informiert sein muss. Sie ist vergleichbar mit der fachlichen Kompetenz des Diagnostikers.

Ziel dieses Buches ist es nicht, einen Idealentwurf sachverständigen Vorgehens zu entwickeln, das auch die psychologischen Methoden und das diagnostische Vorgehen der Begutachtung einer kritischen Würdigung umfasst.[25] Es wird vielmehr versucht, innerhalb der derzeit gültigen juristischen und ethischen Rahmenbedingungen sachverständigen

---

[23] *Lempp* NJW 1964, 440–441.

[24] Vgl. *Balloff/Walter*, Familie und Recht 1991, 336; das OLG Hamburg spricht von psychologisch-therapeutischem Gutachten, FamRZ 1991, 471.

[25] Wie *Hartmann*, Psychologische Diagnostik, 1973; wie *Westhoff/Kluck*, 1998; *Westhoff/Terlinden-Arzt/Klüher*, 2000.

Handelns eine sachverständige Vorgehensweise zu entwickeln und zur Diskussion zu stellen, die in hohem Maße die Rechte der betroffenen Personen achtet und dennoch den familiengerichtlichen Anforderungen an den Sachverständigen gerecht wird. Begrenzend wirkt dabei immer die praktische Durchführbarkeit in der alltäglichen sachverständigen Praxis.

Dazu wurden sowohl das Schrifttum, das sich mit der Tätigkeit des psychologischen Sachverständigen im Familienrecht befasst, gesichtet, als auch Anleihen gemacht bei Berufsgruppen, deren Sachverständigentätigkeit der der Psychologen gleicht (z. B. Mediziner und Psychiater) und bei Gerichtsbarkeiten, deren Verfahrensrecht dem des Familiengerichts nahe kommt (z. B. Sozialgerichtsbarkeit).

Daneben stellt die eigene sachverständige Tätigkeit als öffentlich bestellter und beeidigter Sachverständiger für Forensische Psychologie und Fachpsychologe für Rechtspsychologie eine wesentliche Informationsquelle das, aber auch die im Rahmen der *GWG (Gesellschaft für wissenschaftliche Gerichts- und Rechtspsychologie)* von Kollegen erstellten Sachverständigengutachten. Nicht zuletzt fließen in die Arbeit Hinweise von Fachkollegen, deren Gutachten zum Teil durch die Akten einsehbar waren, von Anwälten, Jugendamtsmitarbeitern und betroffenen Personen sowie Kollegen ein, mit denen im Rahmen von verschiedenen Verbänden, Fachtagungen und interdisziplinärer Kolloquien Austausch gepflegt wird.

Die Ausführungen wurden aus dem Blickwinkel des gerichtlich beauftragten Sachverständigen verfasst, für den privat tätigen Sachverständigen im familiengerichtlichen Verfahren gelten andere Rahmenbedingungen, auf die nur am Rande eingegangen wird.

Es wurde versucht, die wesentlichen Aufgabengebiete des psychologischen Sachverständigen im Familienrechtsverfahren abzuhandeln, wobei sich für einige Begutachtungsfelder kaum Literatur findet und zudem beim Autor oder dessen Kollegen kaum Erfahrungswissen vorliegt. Der Aufgabenkatalog beansprucht also nicht Vollständigkeit, sondern bedarf weiterer Anregungen und Ausführungen. Nicht alle Aspekte psychologischer Sachverständigentätigkeit im Familiengerichtsverfahren konnten erfasst oder genügend ausgeführt werden. Oftmals werden deshalb weiterführende Literaturhinweise gegeben.

Nicht behandelt werden familienforensisch relevante familiäre Bereiche, die zwar in Zusammenhang mit familienrechtlichen Fragen stehen, aber nicht vom Familiengericht in Auftrag gegeben werden. So werden z. B. Verfahren zur Adoption,[26] verhandelt am Vormundschaftsgericht, oder zur Änderung des Namens, durch die Verwaltungsbehörden und in Beschwerdeinstanz durch die Verwaltungsgerichte nicht behandelt, ebenso wenig Verfahren der Vollstreckungsgerichte, bei denen das Kindeswohl bei Zwangsräumungen oder Zwangsvollstreckungen zu berücksichtigen ist, auch wenn sich hierin das Vorgehen des Sachverständigen von dem im familiengerichtlichen Verfahren geforderten Vorgehen nicht wesentlich unterscheidet.[27]

---

[26] Hilfreich hierzu: *Paulitz*, Adoption, 2000.

[27] Zu dem Problem, dass Zwangsvollstreckung das Kindeswohl berührt und außerhalb des Familiengerichts vom Rechtspfleger behandelt wird, ausführlich *Maurer* FamRZ 1991, 1141–1148.

A. Das familiengerichtliche Verfahren

Die folgenden Ausführungen wenden sich in erster Linie an den Diplom-Psychologen, der mit den für die Tätigkeit als Sachverständiger relevanten Teilbereichen des familiengerichtlichen Verfahrens weder im Studium noch in seiner bisherigen Praxis vertraut gemacht wurde. Erst die Kenntnis des Verfahrensrechtes, das die Sachverständigentätigkeit allgemein regelt, und des Familienrechts,[1] soweit die Sachverständigentätigkeit berührt wird, ermöglicht es dem Diplom-Psychologen, seine Aufgabe, sei es als Sachverständiger gegenüber dem Gericht und den Anwälten, sei es als kompetenter Gesprächspartner gegenüber den betroffenen Personen, auszufüllen. So hat die Beauftragung in Verfahren, die eine Mißhandlung gemäß § 1666 BGB betreffen, meist andere Konsequenzen für das sachverständige Vorgehen, als wenn der Sachverständige im Rahmen von Scheidungsverfahren tätig wird. Im Folgenden wird deshalb das familiengerichtliche Verfahren, soweit es den psychologischen Sachverständigen betrifft, kurz beschrieben.

Das Kindschaftsrechtsreformgesetz (KindRG), das am 1. 7. 1998 in Kraft trat, hat das Familienrecht in weiten Bereichen reformiert und den veränderten gesellschaftlichen Bedingungen angepasst. Auch andere verwandte Rechtsbereiche wurden geändert, z. B. das Beistandschaftsgesetz (BeistandschaftsG), das Kinder- und Jugendhilfegesetz (SGB VIII bzw. SGB VIII), das Erbrechtsgleichstellungsgesetz (ErbgleichG), das Ehegesetz (EheG) und das Personenstandsgesetz (PstG). Das Familiengerichtsverfahren wurde ebenfalls den Veränderungen angepasst, so durch das Gerichtsverfassungsgesetz (GVG), nicht zuletzt die Zivilprozessordnung (ZPO), die neben dem ebenfalls geänderten Gesetz der freiwilligen Gerichtsbarkeit (FGG) bestimmend sind für die Tätigkeit des Sachverständigen im gerichtlichen Auftrag.

1. Gerichtliche Zuständigkeit

Mit dem Kindschaftsrechtsreformgesetz (KindRG) wurde das „große Familiengericht" (§ 23 b GVG) geschaffen. Für den Sachverständigen bedeutet dies eine Änderung dahingehend, dass neben den früheren Familiensachen (Sorge- und Umgangsregelungen) auch Verfahren, die bisher am Vormundschaftsgericht für Kinder und Jugendliche angesiedelt waren, ebenfalls beim Familiengericht behandelt werden; ebenso Verfahren bezüglich der Anfechtung der Vaterschaft und des Unterhalts des nichtehelichen Kindes. Auch Verfahren zur Namensänderung werden nun am Familiengericht geführt, wenn auch vom Rechtspfleger und nicht vom Familienrichter.

Nur für Adoption und Vormundschaft über Minderjährige ist noch das Vormundschaftgericht zuständig.[2]

---

[1] Hilfreich: *Kloster-Harz/Haase/Krämer,* Handbuch Sorgerecht, 1998; *Keller,* Das gemeinsame Sorgerecht nach der Kindschaftsrechtsreform, 1999.

[2] Zur sachlichen Zuständigkeit siehe: *Willutzki* FPR 1998, 94–98; weitere Hinweise in: *Paulitz,* Adoption, 2000.

Diese Neuregelung hat den Vorteil, dass für familiäre Konflikte der gleichen Familie nur noch ein Gericht und in der Regel der gleiche Richter zuständig ist. Der Familienrichter ist nunmehr zuständig für alle Verfahren, die im Rahmen der Trennung geführt werden müssen, aber auch bei Übertragungen von elterlichen Rechten auf dritte Personen oder bei strittigen Einzelfragen in der Familie, bei denen sich die Eltern bzw. Sorgerechtsinhaber nicht einigen können.

Die Anforderungen an die Familienrichter wurden reduziert. Die Familiengerichte dürfen nun entgegen der alten Fassung mit Richtern auf Probe besetzt werden (§ 23 b Abs 3 Satz 2 GVG), diese müssen nur noch eine mindestens einjährige richterliche Praxis vorweisen. Die Forderung, dass Familienrichter nun eine im Hinblick auf den eingeführten „Fachanwalt für Familienrecht", besonders erfahren und qualifiziert zu sein[3] hätten, wurde nicht aufgegriffen. Dies ist umso bedauerlicher, da Fortbildung für neue Familienrichter regelmäßig nur in Bayern durchgeführt wird und Fort- und Weiterbildung bisher kein Beförderungskriterium von Richtern darstellt. Nicht zuletzt stellen die Verfahren nach § 1666 BGB eine besondere fachliche Herausforderung dar, für die Familienrichter nicht ausreichend vorbereitet sind, da diese bisher am Vormundschaftsgericht angesiedelt waren.

Die Gerichtsferien sind seit 1997 abgeschafft, was keine Unterbrechung der Verfahren in den Sommermonaten mehr bedingt.

2. Örtliche Zuständigkeit

Zuständig ist immer das Familiengericht, in dessen Amtsbereich der Wohnsitz des Kindes liegt, und zwar zu dem Zeitpunkt, an dem das Verfahren eröffnet wird. Haben beide getrennt lebenden Eltern das Sorgerecht inne, hat das Kind zwei Wohnsitze, so dass das Verfahren an jedem Wohnort anhängig gemacht werden kann. Entscheidend für die Zuständigkeit eines Familiengerichts ist immer der gewöhnliche Aufenthalt des Kindes und nicht der formale Wohnsitz[4] des Elternteils, dessen Staatsangehörigkeit oder dessen Aufenthaltsort. Dies gilt z.B. bei zurückliegenden Fremdunterbringungen des Kindes oder bei Aufenthalten im Ausland. Den gewöhnlichen Aufenthaltsort, an dem der Schwerpunkt der Bindung des Kindes liegt, was eine nicht nur geringe Dauer voraussetzt,[5] hat das Familiengericht selbständig zu ermitteln.[6] In der Rechtspraxis wird eine Aufenthaltsdauer von sechs Monaten gefordert,[7] was dann auch einen Wechsel der amtsgerichtlichen Zuständigkeit mit sich bringt.[8] Ebenso kann ein längerer Aufenthalt im Frauenhaus[9] oder in einer Justizvollzugsanstalt[10] den Wohnsitz begründen.

Wenn ein Kind die deutsche Staatsangehörigkeit hat, ist für Sorgerechtsauseinandersetzungen das deutsche Gericht international zuständig. Das Kind ist mit der Geburt Deutscher,[11] wenn ein Elternteil deutscher Nationalität ist.

---

[3] *Maurer* FamRZ 1991, 1141.
[4] OLG Düsseldorf FamRZ 1999, 669; OLG Hamm FamRZ 1988, 1198.
[5] OLG Düsseldorf FamRZ 1999, 112.
[6] OLG Hamm FuR 1999, 421, hier verbrachte der Vater das Kind nach Barbados.
[7] AG Würzburg FamRZ 1998, 1319.
[8] OLG Celle FamRZ 1991, 1221.
[9] OLG Hamm FamRZ 1997, 1294.
[10] BayVGH DAVorm 2000, 417.
[11] *Gernhuber* S. 684.

3. Instanzenweg

Das Kindschaftsrechtsreformgesetz hat den Rechtszug in der Beschwerde zu den am Oberlandesgericht (OLG) gebildeten Senaten für Familiensachen (§ 119 Nr. 1 GVG) beibehalten, auch für die bis zum 1. 7. 98 am Vormundschaftsgericht verhandelten Verfahren.

Vorausgesetzt, das OLG lässt Revision und weitere Beschwerde beim BGH zu (§ 133 GVG), dann kann beim BGH nach §§ 546, 629 a Abs. 2 ZPO Revision eingelegt werden.

In Revision und weiterer Beschwerdeverfahren dürfen keine neuen Tatsachen eingeführt werden. Sollten solche vorgebracht werden, so sind diese nicht zu beachten.

In diesen Verfahren darf der BGH-Senat daher auch kein weiteres Gutachten einholen, er darf aber ein vorliegendes Gutachten überprüfen, ob es von ausreichenden, tatsächlichen rechtserheblichen Ermittlungen ausgegangen ist und ob der Familienrichter sich mit den wissenschaftlichen Erkenntnissen und wissenschaftlichen Meinungen auseinander gesetzt hat.[12]

4. Ehelichkeit – Nichtehelichkeit

Da seit dem 1. 7. 1998 nichteheliche Kinder den ehelichen Kindern rechtlich gleichgestellt sind, trifft nun das Familiengericht alle diesbezüglichen Entscheidungen. Zudem haben sich die Begrifflichkeiten gewandelt, um Diskriminierungen zu vermeiden. Mutter ist nach § 1591 BGB die Frau, die das Kind geboren hat. Der Gesetzgeber hat mit dieser Formulierung zukünftige Auseinandersetzungen zwischen Leihmutter und eispendender Mutter vermieden.

Die Vaterschaft ist in §§ 1592 und 1593 BGB geregelt. Der Zeugung wird durch die Abschaffung der „Beiwohnungsvermutung" keine zentrale Bedeutung mehr zugemessen. Vater ist der Mann, der mit der Mutter zum Zeitpunkt der Geburt verheiratet ist, bei nicht verheirateten Eltern der Mann, der die Vaterschaft anerkannt hat.

Ehelich ist das Kind, wenn die Eltern verheiratet sind oder später heiraten. Die bis zum 1. 7. 1998 bestehende Möglichkeit der Ehelicherklärung des Kindes wurde abgeschafft.

5. Das Scheidungs- und Trennungsverfahren

Das Scheidungsverfahren wird durch eine Antragsschrift (§ 622 Abs 1 ZPO) eingeleitet, was zur Folge hat, daß die Parteien, meistens Eltern, nun „Antragsteller" und „Antragsgegner" heißen. Sind gemeinsame minderjährige Kinder betroffen, müssen diese nach § 622 Abs. 2 ZPO im Antrag angeführt werden. Bei einer einvernehmlichen Scheidung und einer mindestens einjährigen Trennung muss der Scheidungsantrag unter anderem auch eine übereinstimmende Erklärung beinhalten, ob die Eltern die elterliche Sorge gemeinsam ausüben wollen oder ob der andere Elternteil die Zustimmung zur alleinigen Sorge gibt (§ 630 ZPO). Weiter haben sie vorzutragen, ob sie sich bezüglich des Umgangs mit dem Kind einig sind.

a) Verbundverfahren. Mit der Ehescheidung wird immer auch der Versorgungsausgleich entschieden, wenn Versorgungsrechte entstanden sind. Begehrt ein Elternteil eine

---

[12] So BayObLG FamRZ 1976, 363 für Vormundschaftssachen.

Entscheidung in einer anderen Folgesache, sei es bereits bei Einreichung der Antragsschrift oder auch später, so kann der Scheidungsverbund im Ausnahmefall aufgelöst werden (§ 627 ZPO).

b) Materielle Voraussetzungen. *aa) Zerrüttung.* Eine Ehe wird geschieden, wenn sie gescheitert ist (§ 1565 Abs. 1 Satz 1 BGB). „Zerrüttung" und „Scheitern" werden synonym gebraucht. Zerrüttung bedeutet, dass die eheliche Lebensgemeinschaft nicht mehr besteht und nicht erwartet werden kann, dass die Eheleute sie wiederherstellen (§ 1565 Abs. 1 Satz 2 BGB). Zerrüttung wird vom Gericht vermutet, wenn die Parteien entweder ein Jahr getrennt leben und eine einvernehmliche Erklärung vorliegt (§ 1566 Abs. 1 BGB), die eine Einigung über die elterliche Sorge, Teile der elterlichen Sorge oder keinen Regelungsbedarf bezüglich der elterlichen Sorge beinhaltet, Entsprechendes für das Umgangsrecht, den Hausrat, die Wohnung und den Unterhalt einschließt (§ 630 ZPO).

Beantragt nach einer Trennungszeit von einem Jahr nur ein Ehepartner die Scheidung und/oder sind sich Eltern z. B. bezüglich Sorge- und Umgangsrecht nicht einig, dann hat das Gericht zu prüfen, ob die Ehe gescheitert ist.

bb) Trennungszeit. Das Ende der Trennungszeit ist der Zeitpunkt der letzten mündlichen Verhandlung.[13] Da das Gerichtsverfahren meist über sechs Monate dauert, nehmen die Gerichte bereits Trennungsfristen von weniger als einem Jahr an. Zur Einreichung des Scheidungsantrages muss also kein Jahr abgewartet werden. Häufig hat es der Sachverständige folglich mit Eltern und Kindern zu tun, die am Anfang der Trennungsverarbeitung stehen. Dies gilt auch für Scheidungen gemäß § 1565 Abs. 2 BGB, da eine Ehe auch ohne Berücksichtigung einer Trennungsfrist geschieden werden kann, wenn die Fortsetzung der Ehe eine unzumutbare Härte darstellen würde. Dies ist in der Regel bei gewalttätigen familiären Auseinandersetzungen der Fall.

Eine Ehe wird grundsätzlich auch ohne Einwilligung des anderen Ehepartners geschieden, wenn die Ehepartner drei Jahre getrennt leben (§ 1566 Abs. 2 BGB).

Trennung bedeutet nach § 1567 BGB, dass keine häusliche Gemeinschaft mehr besteht und die Ehepartner oder zumindest ein Ehepartner die häusliche Lebensgemeinschaft erkennbar nicht mehr herstellen wollen, weil die eheliche Wohn- und Wirtschaftsgemeinschaft abgelehnt wird. Dies bedeutet nicht, dass die Ehepartner räumlich getrennt leben müssen. Die Annahme des Getrenntlebens innerhalb der ehelichen Wohnung setzt jedoch voraus, dass kein gemeinsamer Haushalt geführt wird und zwischen den Ehegatten keine persönliche Beziehung mehr besteht.[14] Das gemeinsame Benutzen des Schlafzimmers steht dem entgegen.[15] Konkret lässt sich dieses daran ablesen, dass der Ehepartner dem anderen nicht mehr die Wäsche macht und die Mahlzeiten getrennt eingenommen werden.

Die Trennung ist dabei aber nicht aufgehoben, wenn es im Trennungsjahr zum einmaligen Geschlechtsverkehr ohne Versöhnung gekommen ist[16] oder die eheliche Gemeinsamkeit noch in einem sonntäglichen Mittagstisch zusammen mit den Kindern besteht, wenn dies im Interesse der Kinder geschieht, etwa um sie auf den Auszug eines Elternteils vorzubereiten.[17]

---

[13] *Bergschneider* S. 18.
[14] BGH FamRZ 1978, 671; OLG Bremen FamRZ 2000, 1415.
[15] OLG Hamm FamRZ 1999, 723.
[16] OLG Celle FamRZ 1996, 804.
[17] OLG Köln, FamRZ 1986, S. 388.

Die Fristen, die für das Getrenntleben als Voraussetzung der Scheidung eingehalten werden müssen (ein Jahr für einverständliche Scheidung, drei Jahre für Scheidung gegen den Willen des anderen Ehepartners), bleiben bestehen, wenn die Ehepartner für kurze Zeit wieder zusammenleben, um eine Versöhnung zu versuchen (§ 1567 Abs. 2 BGB). Der Sachverständige hat somit auch die Möglichkeit, im Rahmen seiner Begutachtung eine solche Versöhnung zu empfehlen, ohne rechtlich unerwünschte Folgen auszulösen. Das Zusammenleben muss aber einer Versöhnung dienen, die Dauer sollte wohl drei Monate nicht übersteigen, um die Trennungsfrist nicht wieder neu beginnen zu lassen.[18]

c) Sonstiges. Scheidungsverfahren mit allen Verbundverfahren sowie isolierte Verfahren zu elterlicher Sorge, Umgangsrecht und Herausgabe des Kindes sind nach § 170 GVG grundsätzlich nichtöffentlich. Isoliert durchgeführte Unterhalts- und Güterrechtsstreitigkeiten sind dagegen nach §§ 170, 23 b Abs. 1 Nr. 5, 6 und 9 GVG öffentlich.

Die Nichtöffentlichkeit wird im Hinblick auf den Datenschutz im gerichtlichen Bereich nicht strikt eingehalten, da hier die Datenweitergabe großzügiger als im sozialen Bereich geregelt ist. So kann z. B. bei berechtigtem Interesse Akteneinsicht gem. § 34 FGG auch an Dritte, nicht am Verfahren Beteiligte gewährt werden, und im Wege der Amtshilfe gem. Art. 35 GG können Gerichtsakten an Steuerbehörden, Staatsanwaltschaften und Ausländerämter weitergegeben werden. Dadurch entsteht ein gewisses Misstrauen auf Seiten der Betroffenen gegenüber den Gerichten, das die Kooperation behindern kann.

6. Scheidungsfolgen

Eine Sorgerechtsentscheidung hat Auswirkungen auf Folgesachen wie u. a. Sorgerecht, Ehegattenunterhalt, Kindesunterhalt und Wohnung[19] (§ 621 ZPO). Seit dem 1. 7. 1977 ist für die Zuteilung des elterlichen Sorge (oder Teile davon) für das Kind ausschließlich das Kindeswohl maßgeblich und nicht mehr wie früher der Schuldspruch des Gerichts hinsichtlich des Scheiterns der Ehe.

a) Verfahrensverbund. In der Regel ist über Sorge- und Umgangssachen zusammen mit der Scheidungssache zu verhandeln und zu entscheiden (§ 623 Abs 1 ZPO Verfahrensverbund). Entscheidungen zum Sorgerecht müssen begründet werden,[20] wozu der Richter auch auf ein vorliegendes Sachverständigengutachten zurückgreifen kann. Auf Antrag eines Elternteils hat die Abtrennung der Folgesache elterliche Sorge zu erfolgen, die dann in einem eigenen Verfahren mit eigenem Aktenzeichen selbständig weitergeführt wird.[21] Dabei entfällt auch der Anwaltszwang.

Für den Sachverständigen bietet die gegenüber dem alten Recht erleichterte Abtrennung der Folgesache elterliche Sorge zeitlichen Freiraum, da die Eltern geschieden werden können,[22] dennoch aber der sachverständige Prozess für die Frage der elterlichen Sorge noch nicht abgeschlossen zu sein braucht, da eine Entscheidung nicht mehr zwingend mit der Scheidung erfolgen muss.

---

[18] OLG Düsseldorf FamRZ 1995, 96.
[19] OLG Celle FamRZ 1992, 465.
[20] OLG München FamRZ 1999, 520.
[21] *Oelkers* FuR 1999, 415.
[22] Und damit eine neue Ehe eingehen können, auch mit den steuerlichen Folgen.

b) Unterhalt. Die elterliche Sorge schließt die Pflege und Erziehung des Kindes ein. Der Elternteil, bei dem das Kind lebt und der gemäß § 1606 Abs. 3 Satz 2 BGB den Unterhalt durch die Pflege und Erziehung erbringt (dies wird als „Naturalunterhalt" bezeichnet), ist berechtigt, vom nicht mit dem Kind zusammenlebenden Elternteil während der Trennung (§ 1361 BGB) und nach der Scheidung (§ 1570 BGB) für sie selbst einen angemessenen Unterhalt zu verlangen. Dieser Barunterhalt wird meist nach der *Düsseldorfer Tabelle* errechnet. Versorgung und Erziehung des minderjährigen Kindes berechtigt den verheirateten Elternteil, bei dem das Kind lebt, seine Berufstätigkeit zurückzustellen, bis das letzte gemeinsame Kind das dritte Schuljahr erreicht hat.[23] Zu einer Halbtagestätigkeit ist dieser Elternteil verpflichtet – soweit Erwerbsfähigkeit aufgrund eigener körperlicher Befindlichkeit oder Pflegebedürftigkeit des Kindes gegeben ist –, bis das letzte gemeinsame Kind noch keine 15 Jahre alt ist. Für die nicht verheiratete Mutter bestehen modifizierte Unterhaltsregelungen.[24] Leben aber die Eltern getrennt in der Wohnung und sorgen beide für das Kind, so hat kein Elternteil Anspruch auf Kindesunterhalt.[25]

Der Ehegattenunterhalt beträgt annähernd $^3/_7$ des Ehegatteneinkommens abzüglich des Kindes unterhaltes. Lebt das Kind aber mehr als ein Drittel der Zeit bei einem Elternteil, hat dies auch Auswirkungen auf den Unterhalt, eine Regelung, die gelegentlich einen Sorgeberechtigten hindert, das Kind häufiger oder länger zum anderen Elternteil zu lassen.

Ein Herausgabeanspruch für das Kind gegenüber dem anderen Elternteil setzt voraus, dass der begehrende Elternteil entweder die Sorge oder das Aufenthaltsbestimmungsrecht allein inne hat.[26] Die Zuteilung der ehelichen Wohnung (§ 1361 b BGB) hängt beim Getrenntleben vom Vorliegen einer schweren Härte,[27] die das Zusammenleben nicht zumutbar sein lässt und bei Scheidung zum großen Teil von der Sorgeberechtigung ab und implizit vom Kindeswohl; hier sind personelle Kontinuität, Nähe von sozialen Einrichtungen und Betreuungsmöglichkeiten zu berücksichtigen.

Auf steuerliche Auswirkungen der Sorgerechtsentscheidung soll hier nicht eingegangen werden, wenngleich sie im Einzelfall mit motivierend sein können, das Sorgerecht anzustreben.

Wenn auch der Sachverständige keinen Auftrag hat, sich mit Belangen des Unterhalts, des Vermögens, des Hausrats oder der Wohnung zu befassen, sind sie doch sehr wesentlich mit einer Sorgerechtsentscheidung verquickt. Im besonderen Maße gilt dies bei Umgangsstreitigkeiten und ausbleibenden Unterhaltszahlungen.

---

[23] Siehe auch: BVerwG FamRZ 1996, 106.
[24] Dazu *Büttner* FamRZ 2000, 781–786.
[25] AG Groß-Gerau FamRZ 1991, 1466.
[26] OLG Nürnberg FamRZ 2000, 369.
[27] Nach dem geplanten Gewaltschutzgesetz soll die Schwelle auf „unbillige Härte" reduziert werden. Dazu: *Brudermüller* FF 2000, 156–159.

B. Familiengericht und Kindeswohl

Der Staat ist verpflichtet, der Familie die Erziehung des Kindes zu ermöglichen, indem er ihr besonderen Schutz (Art. 6 Abs. 1 GG) gewährt. Weiter steht er in der Pflicht, die Familie zu fördern (Art. 6 GG; auch § 17 SGB VIII). Selbst dann, wenn man diese Pflicht angesichts der auseinander brechenden Familie nicht mehr als angemessen ansehen mag, bleibt der Staat zur Förderung des Kindeswohls verpflichtet. § 1631 Abs. 3 BGB eröffnet den Eltern die Möglichkeit, das Familiengericht anzurufen, um sich bei Ausübung der elterlichen Sorge Unterstützung geben zu lassen. Das Wächteramt des Staates verpflichtet ihn, den Eltern Hilfe zu leisten, wenn sie ihren Rechten und Pflichten zur Erziehung und Pflege der Kinder nicht nachkommen können. Der Maßstab der staatlichen Hilfe ist das Kindeswohl, auch wenn das Verhalten der Eltern unverschuldet ist. Diese Aufgabe wurde durch das Kindschaftsrechtsreformgesetz und SGB VIII erneut herausgestellt.

1. Recht und Pflicht der elterlichen Sorge

Die elterliche Sorge beginnt mit der Geburt des Kindes und endet regulär bei Volljährigkeit oder Tod des Kindes. Sie kommt aber nicht zum Erliegen etwa bei Heirat eines noch nicht volljährigen Kindes;[1] hier beschränkt sich die elterliche Sorge dann allerdings auf die Vertretung in persönlichen Angelegenheiten (§ 1633 BGB).

Für das Recht der elterlichen Sorge ist Art. 1 GG maßgeblich, der besagt, dass bei ihrer Ausübung der Schutz und die Würde des Kindes und seine Freiheit geachtet werden müssen. Der Art. 1 GG ist als Verpflichtung für die Eltern zu sehen, bei der Pflege und Erziehung des Kindes seinen Eigenwert und seine individuelle Besonderheit zu achten. Dies beinhaltet durchaus auch, dem Kind die Grenzen aufzuzeigen, die es als sozialbezogenes Mitglied der Gemeinschaft erfahren muss.[2] § 1626 Abs. 1 BGB erlegt den Eltern die Rechte und Pflichten der elterlichen Sorge für das Kind auf, dazu gehört nach § 1626 Abs. 3 BGB seit 1. 7. 1998 explizit der Umgang des Kindes mit beiden Eltern und mit Personen, zu denen das Kind Bindungen besitzt, deren Aufrechterhaltung für die Entwicklung des Kindes förderlich ist.

Kein Elternteil kann auf die Ausübung der elterlichen Sorge verzichten oder sie jemand anderem übertragen, denn er hat darauf nicht nur ein Recht, sondern ist dazu auch verpflichtet (§ 1626 Abs. 1 Satz 1 BGB). Der Aspekt der Pflicht ist seit dem 1. 7. 1998 hervorgehoben durch dessen Voranstellung. Möglich ist aber, dem anderen Elternteil oder Dritten die Ausübung tatsächlich oder rechtlich unvollkommen verbindlich, das heißt jederzeit widerrufbar, zu überlassen. Vereinbarungen, die diesen Widerruf ausschließen, sind nichtig.[3]

Die elterliche Sorge umfasst die gesamte Rechtssphäre des Kindes, soweit diese nicht durch Gesetze ganz oder teilweise ausgenommen wird. Sie besteht in der Pflicht der

---

[1] Vgl. *Rohleder* S. 25.
[2] So *Fehnemann*, Die Innehabung und Wahrnehmung von Grundrechten im Kindesalter, S. 41.
[3] *Palandt/Diederichsen*, § 1626 Rn 3.

Eltern, all die Entscheidungen und Maßnahmen zu treffen, deren das Kind zur sinnvollen Entfaltung seiner Persönlichkeit bedarf und die es aufgrund seiner Entwicklungsstufe noch nicht allein treffen kann. Die Eltern haben weiter das Recht und die Pflicht, das Kind im Rechtsleben zu vertreten (§ 1629 Abs. 1 BGB).

Nach § 1627 BGB haben die Eltern die elterliche Sorge in eigener Verantwortung und gegenseitigem Einvernehmen zum Wohle des Kindes auszuüben. Die Eltern üben das Recht gleichrangig nebeneinander und grundsätzlich gemeinschaftlich aus. Auch wenn bei geschiedenen Eltern die elterliche Sorge geregelt worden ist, üben sie diese nach einer Wiederverheiratung wieder gemeinsam aus.[4]

Das Recht der elterlichen Sorge ist ein an der Fürsorge orientiertes Recht, deshalb wird auch keine feste Regelform verordnet, noch kann von den Eltern Einigung verlangt werden.[5] Bei Meinungsverschiedenheiten müssen sie versuchen, sich zu einigen, so § 1627 S. 2 BGB. Dies bedeutet nicht, dass die Eltern alle Lebensbereiche der Personensorge gemeinsam entscheiden müssen.[6] In der Familie kann und wird es vereinbarte oder aus dem Alltagsleben erwachsene Aufgabenteilungen geben, z. B. bei berufsbedingter Abwesenheit eines Elternteils oder bei so genannten Wochenendehen. Dem wird auch der „Alltagsentscheid" nach neuem Recht gerecht.

Die elterliche Sorge wird unterteilt in die Personensorge und in die Vermögenssorge (§ 1626 Abs. 1 Satz 2 BGB).

a) Personensorge. Die Personensorge lässt sich nach § 1631 Abs. 1 BGB grob durch folgende Bereiche definieren: Fürsorge, Erziehung, Aufenthaltsbestimmung, Beaufsichtigung und nach § 1632 Umgangsbestimmungsrecht des Kindes mit Dritten und Geltendmachung des Herausgabeanspruches, wenn jemand das Kind widerrechtlich bei sich behält.

Der Begriff **Fürsorge** bezieht sich auf das körperliche Wohl des Kindes, zu dem Wohnung, Nahrung, Bekleidung und Gesundheit gehören.

Der Begriff **Pflege** als Teil der Fürsorge bezeichnet die Sorge für die körperliche Existenz und für eine angemessene geistige und seelische Entwicklung eines Kindes.

Erziehung umfasst die Gesamtheit der seelischen-geistigen Einwirkungen, die auf das Kind bewusst und absichtlich ausgeübt werden, um die beim Kind vorhandenen Begabungen zu entwickeln und das Kind nach den Erziehungsvorstellungen und Wertmaßstäben der Eltern zur vollwertigen Persönlichkeit und zum lebenstüchtigen Mitglied der staatlichen Gemeinschaft zu formen.[7] Die Grenze des elterlichen Erziehungsrechtes wird bei missbräuchlicher Ausübung erreicht.

Mit ihrem Recht auf **Aufenthaltsbestimmung** des Kindes legen die Eltern den Wohnsitz des Kindes fest. In der Regel ist der Wohnsitz der Eltern auch Wohnsitz des minderjährigen Kindes (§ 11 BGB). Der oder die Inhaber des Aufenthaltsbestimmungsrechts sind berechtigt, mit dem Kind in ein anderes Land zu verziehen[8] oder das Kind außerhalb des Elternhauses unterzubringen; zudem begründet es den **Herausgabeanspruch** gegen jeden, der das Kind widerrechtlich bei sich behält. Herausgabe des Kindes kann gefordert werden, wenn ein Elternteil die Herausnahme des Kindes aus einer Pflegefamilie oder sonstigen Drittunterbringungen verlangt, aber auch wenn ein sorgeberechtigter Elternteil

---

[4] *Ewers* FamRZ 1999, 478.
[5] *Weisbrodt* Kind-Prax 2000, 36.
[6] Siehe auch LG Itzehohe FamRZ 1992, 1211.
[7] *Neddenriep-Hanke* S. 17.
[8] Vgl. BGH FamRZ 1990, S. 392 = DAVorm 1990, 55.

das Kind, das sich im Haushalt des anderen Elternteils aufhält, in seinen Haushalt zurückbringen möchte und der andere Elternteil dazu nicht bereit ist. Eine Herausgabe darf aber in diesem Fall nicht vollzogen werden, wenn sich während des gerichtlichen Vollziehungsverfahrens herausstellt, dass die Herausgabe dem Kindeswohl widerspricht. In einem solchen Fall muss ein Sorgerechtsänderungsverfahren nach § 1696 BGB eingeleitet werden.[9]

Die **Aufsichtspflicht** beinhaltet den Schutz des Kindes vor Schaden vor sich selbst oder gegenüber Dritten. Das Maß der Aufsicht hängt vom Alter und von der örtlichen Situation ab. Beim Schulkind spricht man von Überwachung der Freizeit. Bei einer Verletzung der Aufsichtspflicht haften die Eltern gemäß § 832 BGB. Die Aufsichtspflicht ermächtigt die Eltern u. a., die Post der Kinder zu kontrollieren.

Das **Umgangsbestimmungsrecht** regelt § 1632 Abs. 2 BGB und ist abhängig vom Alter des Kindes. Gründe, den Umgang des Kindes mit bestimmten Personen zu verbieten, könnten etwa sein: sexuelle Beziehungen bei Nichtvolljährigkeit; Umgang mit einem wesentlich älteren Partner.[10] Dieses Recht erfährt seine Grenzen nach § 1666 BGB dann, wenn das Verbot der Eltern missbräuchlich ist.[11] Diese Vorschrift bezieht sich nicht auf das Umgangrecht gemäß §§ 1684, 1685 BGB. Ein Elternteil, dem die Personensorge nicht zusteht, behält weiterhin das Recht zum persönlichen Umgang mit dem Kind (§ 1684 BGB), auch anderen Bezugspersonen steht ein Umgangsrecht zu, auf das an anderer Stelle eingegangen wird.

b) Vermögenssorge. Die **Vermögenssorge** umfasst die Vertretung des Kindes in allen finanziellen Angelegenheiten. Bei Trennung und Scheidung kann die Vermögenssorge vom übrigen Sorgerecht über das Kind getrennt werden.

2. Handlungsleitende Vorgaben und Eingriffslegitimation

Der § 1671 BGB bestimmt die Zuständigkeit des Familiengerichts und legitimiert das Eingreifen des Familiengerichts anlässlich der Scheidung und Trennung der Eltern in das Sorgerecht. Im Fall der Scheidung oder Trennung hat allein der Familienrichter die Eingriffslegitimation aufgrund von § 1671 Abs. 2 BGB, der auch die Verfahrensrichtlinie, das „Wie" der Entscheidungsfindung behandelt.[12] Während in der intakten Familie und bei Trennung und Scheidung bei Vorliegen einer einvernehmlichen Regelung bezüglich des Kindes nur über § 1666 BGB, nämlich nur bei missbräuchlicher Ausübung der elterlichen Sorge, in das Elternrecht eingegriffen werden kann, besteht die Eingriffsmöglichkeit des Staates bei uneiniger Elterntrennung oder Scheidung schon unter deutlich geringeren Voraussetzungen.

Beim Streit der Eltern um das Sorgerecht ist der Staat aufgrund seiner Aufgabe, die Rechtsordnung und den Rechtsfrieden zu sichern, aufgerufen zu entscheiden. Bei strittiger Trennung und Scheidung wird das alleinige elterliche Bestimmungsrecht aufgegeben. Wenn sich die Eltern über das Sorgerecht nicht einigen und dem Gericht keinen gemeinsamen Vorschlag unterbreiten können, verzichten sie vorübergehend auf ihren Autonomieanspruch und setzen das Kind der direkten Regelung durch den Staat aus,[13] d. h., das

---

[9] OLG Hamburg FamRZ 1994, 1128.
[10] Ausführliche Beispiele bei *Palandt/Diederichsen*, § 1632 Rn 33, 34.
[11] OLG Bremen FamRZ 1977, 555.
[12] Vgl. *Coester*, Das Kindeswohl als Rechtsbegriff, 1985, S. 35.
[13] *Coester*, Das Kindeswohl als Rechtsbegriff, 1982, S. 138.

Gericht bestimmt über das Kindeswohl. Gleiches ist anzunehmen, wenn es zwischen dem Kind und seinen Eltern sowie den Pflegeeltern zu Interessenkollisionen kommt. Auch bei diesen Entscheidungen gilt, dass das Kindeswohl letztlich bestimmend ist und sich der staatliche Schutz der Familie gemäß Art. 6 I und III GG gleichermaßen auf die Pflegefamilie, als soziale Familie, erstreckt.[14]

Die familiengerichtliche Entscheidung und damit konkludent das sachverständige Handeln des Psychologen im Familiengerichtsverfahren wird in erster Linie durch die drei vom Gesetz vorgegebenen Kriterien, die im engeren Sinne Sorgerechtskriterien sind, bestimmt, nämlich

- das Kindeswohl[15] (§ 1671 Abs. 2 BGB)
- den gemeinsamen elterlichen Vorschlag (§ 1671 Abs. 2 Satz 1 BGB)
- den Willen eines über 14-jährigen Kindes (§ 1671 Abs. 2 Satz 1 BGB).

Diese Sorgerechtskriterien legitimieren zum einen das Familiengericht und auch den Sachverständigen, aktiv mit der Familie eine Lösung im Sinne des Kindeswohls zu erarbeiten; zum anderen beschränken sie ihn. Auch der Sachverständige hat eine von den Eltern gemeinsam getragene Regelung für ihr Kind zu akzeptieren, auch wenn er eine andere Lösung für das Kind als dienlicher erachten würde. Weiter sind die im Gesetz formulierten „Kindeswohlschwellen",[16] wenn sie nicht schon im gerichtlichen Beweisbeschluss wiederholt werden, für ihn handlungsleitend, wenn auch nicht zwingend verbindlich. Die Kindeswohlschwellen und deren Anwendung im Einzelfall sind Richterrecht und haben sich im Lauf der Rechtsprechung auch mit Hilfe sozialwissenschaftlicher Erkenntnisse entwickelt.

a) Kindeswohl. „Kindeswohl" bezieht sich im familiengerichtlichen Verfahren auf die unmündigen Kinder.

Das Grundgesetz erwähnt zwar das Kindeswohl nicht explizit, es gilt aber als in Art 6 Abs. 2 S. 1 GG verankert.

aa) Begriff. Eine Definition des unbestimmten Rechtsbegriffes „Kindeswohl" – der kein psychologischer Begriff ist – steht aus, er gibt weder sowohl dem Jugendamt,[17] dem Sachverständigen als auch dem Familienrichter keine konkrete Hilfestellung bei einer Sorgerechts- und Umgangsregelung. Es wurde vielfach versucht, den Begriff Kindeswohl positiv, also inhaltlich zu bestimmen.[18] Kindeswohldefinitionen sind geprägt vom Alter

---

[14] So BVerfG FamRZ 1999, 1418.

[15] Das *BGB* verwendet den Begriff „Kind" nur als Verwandtschafts-, nicht als Altersangabe. Es spricht ansonsten von Personen, die das siebte Lebensjahr noch nicht vollendet haben (§ 104 Nr. 1 BGB), bzw. von Minderjährigen. Im Strafrecht hingegen wird als „Kind" eine Person unter 14 Jahren bezeichnet (§ 19 StGB).

[16] § 1672 Abs. 1 BGB, § 1678 Abs. 2 BGB, § 1680 Abs. 2 BGB, 1685 Abs. 1 BGB: „Wohl des Kindes dient"; § 1671 Abs. 2 S. 2 BGB, § 1697 a BGB: „Wohl des Kindes am besten entspricht"; § 1672 Abs. 2 BGB, § 1681 Abs. 2 BGB, § 1681 BGB: „Wohl des Kindes nicht widerspricht"; § 1666 Abs. 1 BGB, § 1684 Abs. 4 S. 1 BGB, § 1687 Abs. 2 BGB, § 1688 Abs. 3 BGB: „Zum Wohl des Kindes erforderlich ist"; § 1696 Abs. 1 BGB: „triftige, das Wohl des Kindes nachhaltig berührende Gründe"; § 1632 Abs. 4 BGB, § 1682 BGB, § 1684 Abs. 4 S. 2 BGB: „Wohl des Kindes gefährdet".

[17] Darüber beklagt sich *Zach* ZfJ 1999, 460.

[18] *Uffelmann* untersuchte, wie in der Praxis der Begriff „Wohl des Kindes" bestimmt wird; *ebenso Simitis/Rosenkötter/Vogel et al.* 1979, sowie *Plessen/Bommert*, 1984, S. 323–326; *Ell*, Trennung, Scheidung und die Kinder?, 1979; *ders.* Besuch vom eigenen Kind, 1980; *ders.* ZfJ 1986, 289–295, spricht von Glücksfähigkeit des Menschen, ein Begriff, der ebenso unbestimmt ist wie Kindeswohl. *Lempp* ZfJ 1974, 124–138, legt die Definition des Art. 2 GG und § 1 des JWG zugrunde; kritisch *Rohleder* S. 147 ff., das Wohl des Kindes scheine gesichert, wenn sich die Restfamilie wohlanständig verhalte und wenn sich das Kind nach dem

der Bestimmenden und der Berufsgruppe, der sie angehören, seien es Juristen oder Sozialwissenschaftler. In diesem Zusammenhang wird auf die Gefahr hingewiesen, dass bei der Bestimmung des „Kindeswohls" von Mittelschichtsnormen ausgegangen wird[19] und gerade bei der Unterschicht durch Pädagogisierung und Therapeutisierung die Alltagsressourcen und deren spezifische Konfliktlösungsmöglichkeiten nicht mehr wahrgenommen oder zu wenig beachtet werden. Es besteht die Gefahr, dass die Familien im Rahmen der Familiengerichtsbarkeit, besonders bei Konflikten gemäß § 1666 BGB, diffusen Hilfs- und Interventionsangeboten gegenüberstehen[20], die sie mehr oder weniger freiwillig in Anspruch nehmen müssen.

Das Kindeswohl umfasst neben dem leiblichen auch das geistige und seelische Wohl des Kindes.

Zur Bestimmung des Kindeswohls muss nicht zwingend allein die Psychologie herangezogen werden, die sicherlich einen wichtigen Beitrag zur Bestimmung des Kindeswohls im Einzelfall liefern kann, indem sie die Streß- und Stützfaktoren für die betroffenen Personen in der familiären Krise bestimmen hilft. Dabei helfen psychologische Kriterien wie z.B. Bindungserfahrungen oder Förderkompetenz, aber auch die Bestimmung und Durchführung angemessener Interventionsmaßnahmen. Neben dem emotionalen umfasst der juristische Kindeswohlbegriff auch den körperlich-physischen Bereich, ferner auch Pädagogisches, Ethisches und Religiöses, nicht zuletzt den sozio-ökonomischen Bereich. Erst in der Integration unterschiedlicher fachwissenschaftlicher Sichtweisen und im Zusammenwirken verschiedener Hilfen, einschließlich Beratungshilfen und/oder Therapie kann man sich dem Kindeswohl im Einzelfall nähern.[21]

bb) Umsetzung. Der Sachverständige darf zur Ausfüllung des Begriffs Kindeswohl nicht alltagstheoretische und persönlich motivierte Vorstellungen heranziehen, sondern es sind sozialwissenschaftliche Erkenntnisse anzuwenden,[22] die aber auch nicht statisch sind. Der Sachverständige hat das Kindeswohl im Einzelfall zu prüfen, wobei es eine Skala von alternativen Regelungsmöglichkeiten gibt und kann sich nicht auf generelle Normen beziehen.[23]

Coester[24] unterscheidet zwei Grundfunktionen des Kindeswohlbegriffes, zum einen als Entscheidungsmaßstab und zum anderen als Eingriffslegitimation. Das Kriterium Kin-

---

Schicksal der Eltern richte. *Schwabe-Höllein/Suess/Scheurer* S. 341–345. *Fegert,* Kooperation im Interesse des Kindes, S. 9 ff. definiert „basic needs". *Suess/Fegert* FPR 1999, 157–164, versuchen sich dem Kindeswohl über die Entwicklungsaufgaben, die ein Kind im Laufe seiner Entwicklung zu durchlaufen hat, zu nähern. *Fegert,* Kindeswohl – Definitionsmacht der Juristen oder der Psychologen, S. 33–59.

[19] *Junker/Rummel* Familie – Pflegefamilie – Heim, Arbeitshilfe 1986, 21.

[20] Meist sind mehrere Institutionen (immer Richter, Jugendamt, gelegentlich Sachverständiger) gleichzeitig mit dem Konfliktfall Familie befasst. Hilfsangebote machen einige Richter; das Jugendamt ist im Rahmen des SGB VIII als Helfer der Familien und zugleich als Anwalt des Kindes verpflichtet; über die Tätigkeit des psychologischen Sachverständigen besteht weitgehend Unsicherheit. Viele Betroffene suchen Scheidungs- und/oder Eheberatungsstellen auf, mittlerweile wird auch Mediation sowohl von psychosozialen Berufen als auch von Anwälten angeboten. Daneben werden die Familien häufig von den Gerichten und von den anderen am Scheidungsgeschehen beteiligten Personen mit Broschüren unterschiedlichster Beratungsinstitutionen versorgt.

[21] So auch *Heilmann* ZfJ 2000, 43.

[22] So *Puls* S. 18–27.

[23] Anders noch *Lempp* S. 128 ff., der davon ausgeht, dass die Mutter in den ersten sechs Jahren das Kind zugesprochen bekommen sollte und allgemeine Grundsätze zur Übertragung der elterlichen Sorge entwickelte.

[24] *Coester,* Das Kindeswohl als Rechtsbegriff, 1982, S. 134.

deswohl als Entscheidungsmaßstab hat sowohl eine Leit- als auch eine Sperrfunktion bei der Erhebung von Daten.

Bei der Gefährdung des Kindeswohls ist der Staat aufgrund seines Wächteramtes grundsätzlich verpflichtet vorzubeugen, gegebenenfalls Maßnahmen einzuleiten und bei aktuellen Gefährdungen für Abhilfe zu sorgen. Bei allen Maßnahmen ist der Grundsatz der Verhältnismäßigkeit zu wahren. Dieser besagt, dass die staatlichen Eingriffe geeignet, erforderlich und zumutbar sein müssen.[25] Ziel ist dabei immer die Wiederherstellung der elterlichen Kompetenz.

In seiner Leitfunktion bei der kindeswohlorientierten Beurteilung setzt das Kindeswohl dem Familienrichter in der Ermittlung von Tatsachen keine Grenze. Da das gesamte Familienleben Einfluss auf das Kindeswohl hat, können, um für das von der Elterntrennung betroffene Kind die beste Lösung zu finden, auch die privaten Lebensverhältnisse einer Überprüfung unterzogen werden. Das Gericht kann auch Drittpersonen anhören und somit den familiären Kreis bei der Suche nach einer Kindeswohlregelung verlassen. Im Verhältnis der Eltern zueinander weicht deren Recht auf Privatheit deshalb dem Interesse des Kindes an der für es am günstigsten Plazierungsalternative, während sonst der Staat in die Privatsphäre nicht vordringen darf.[26]

Der Kindeswohlbegriff verpflichtet weiterhin das Familiengericht, Entscheidungen in Zeiträumen zu treffen, die dem Kindeswohl Rechnung tragen, um nicht Kindeswohlgefährdungen durch Zeitablauf zu verfestigen.[27]

Die besagte Sperrfunktion des Kindeswohlbegriffes wehrt alle kindeswohlfremden Gesichtspunkte ab und schließt sie aus der Bewertung aus.[28] Darunter ist Folgendes zu verstehen: Vor 1977 war die Sorgerechtsregelung mit der Schuldfrage gekoppelt, wobei die „elterliche Gewalt" nach dem Schuldspruch zugeteilt wurde. Andere Zuteilungskriterien wie Alter und Geschlecht des Kindes sind seit 1977 ebenfalls nicht mehr gültig. Elterninteressen, Gesellschaftsinteressen oder Interessen Dritter können nur berücksichtigt werden, wenn sie mit dem Kindeswohl in Einklang stehen. Erst bei mehreren für das Kind gleich günstigen Lösungen ist diejenige zu wählen, bei der die Eltern am wenigsten betroffen sind.[29]

Auch die Interessen des Staates dürfen nicht höher als die Interessen des Kindes bewertet werden. Rechtsgehorsam kann kein Entscheidungskriterium sein, wenn damit das Kindeswohl belastet wird. Weiter sind als untergeordnete Interessen des Staates zu nennen: gesellschaftlich gewünschtes Moralverhalten, aber auch die Tendenz, Kinder im Inland zu behalten oder einen Elternteil in sein Heimatland abzuschieben.

Kindeswohl beschränkt sich aber nicht nur auf Selektion, also die Abwehr von schädigenden Einflüssen oder die Suchaufgabe nach den besseren Bedingungen für das Kind, sondern beinhaltet – gestärkt durch das SGB VIII – einen Herstellungs- und Gestaltungsauftrag,[30] der über den Status quo hinausgeht. Beratung und Hilfe gehen vor Entscheidung des Gerichts.

b) Gemeinsamer Elternvorschlag. Gegenüber der früheren Gesetzeslage steht seit 1.7. 1998 der gemeinsame Elternvorschlag vor dem Kriterium „Kindeswohl", soweit dies

---

[25] *Heilmann* ZfJ 2000, 45.
[26] *Coester*, Kindeswohl als Rechtsbegriff, 1982, S. 229.
[27] Auf den Faktor Zeit weist ausführlich *Heilmann*, Kindliches Zeitempfinden und Verfahrensrecht, 1998, hin.
[28] OLG Stuttgart FamRZ 1978, 827.
[29] OLG Karlsruhe FamRZ 1980, 726, das in diesem Fall eine Geschwistertrennung bevorzugte.
[30] Siehe *Jopt*, Psychologie und Kindeswohl, S. 178.

nicht erkennbar beeinträchtigt ist. Der gemeinsame Elternwille bekam bereits durch das SGB VIII weiteres Gewicht. Nach § 17 Abs. 2 SGB VIII sollen die Eltern bei der Entwicklung eines einvernehmlichen Konzepts für die Wahrnehmung der elterlichen Sorge unterstützt werden, das als Grundlage für die richterliche Entscheidung dienen kann.

Der Verfahrensverbund, bei dem gleichzeitig mit der Scheidung zwingend über das Sorgerecht entschieden werden musste, ist aufgelöst. Einer Entscheidung über die elterliche Sorge oder Teilbereiche der elterlichen Sorge bedarf es nur, wenn ein Elternteil einen Antrag stellt. Es braucht daher nicht mehr ein Antrag auf Beibehaltung einer gemeinsamen Sorge gestellt werden. Der Staat darf in diesen Fällen nicht regelnd tätig werden.[31] Bei einem einvernehmlichen Elternvorschlag findet, außer bei einem widersprechenden Kind, das das 14. Lebensjahr vollendet hat (siehe unten c), keine Kindeswohlprüfung mehr statt. Dadurch wurde die Autonomie der Eltern, die sich nicht nur vorübergehend trennen, erheblich verstärkt. Dem liegt die Erwägung zugrunde, dass die Interessen des Kindes in aller Regel am besten von den Eltern wahrgenommen werden.[32]

aa) Antrag. Stellt ein Elternteil einen Antrag auf alleinige elterliche Sorge oder einen Teil der elterlichen Sorge und stimmt dem der andere Elternteil zu, dann ist das Familiengericht ohne Sachprüfung ebenfalls zwingend an diesen Antrag gebunden, außer das mindestens 14 Jahre alte Kind widerspricht diesem Vorschlag, selbst wenn das Familiengericht der Meinung ist, die gemeinsame Sorge mit Teilübertragung des Aufenthaltsbestimmungsrechtes wäre die dem Kindeswohl angemessenere Regelung.[33] Eltern, die die gemeinsame Sorge nicht wollen, darf sie aber nicht aufgezwungen werden.[34]

Stellen die Eltern einen gemeinsamen Antrag auf Übertragung eines Teilsorgerechtes, z. B. Aufenthaltsbestimmungsrecht, so verbleibt es im Übrigen bei der gemeinsamen Sorge, auch wenn bezüglich der Erziehungseignung eines Elternteils Bedenken vorliegen.[35]

Machen die Eltern einen übereinstimmenden und judikablen Vorschlag, so darf das Familiengericht von diesem nur abweichen, wenn das Kindeswohl dadurch gefährdet wäre. So ist dem elterlichen Antrag auch in fragwürdigen Fällen zu folgen, wenn er beispielsweise vorsieht, dass in den ungeraden Kalenderwochen der Vater die elterliche Sorge allein und in den geraden Wochen die Mutter allein ausübt.[36]

Der gemeinsame Elternvorschlag ist auch bei der Trennung von Geschwistern verbindlich.

Ein gemeinsamer Elternvorschlag liegt vor, wenn sich die Eltern außergerichtlich schriftlich oder mündlich wirksam über eine spätere Regelung des Sorgerechts geeinigt haben und sich nur ein Elternteil gegenüber dem Familiengericht auf diese Einigung beruft.[37] Im Gesetz wird nämlich nicht ein gemeinsamer Elternvorschlag, sondern ein übereinstimmender Vorschlag verlangt. Es genügt folglich, wenn ein Elternteil dem Vorschlag des anderen nicht widerspricht oder lediglich gegen ihn nichts einzuwenden hat.

bb) Entscheidungsvorschlag. Der gemeinsame Vorschlag muss sich auf eine Regelung beziehen, die das Familiengericht auch beschließen kann.[38] Eine Empfehlung des Sachver-

---

[31] *Wend* FPR 1999, 138.
[32] Dazu: *Scholz* FPR 1998, 62–74.
[33] OLG Rostock ZfJ 1999, 351.
[34] OLG Rostock DAVorm 1999, 782.
[35] OLG Nürnberg FamRZ 1999, 1160.
[36] AG Landstuhl FamRZ 1997, 102.
[37] BayObLG, FamRZ 1964, 310; OLG Düsseldorf FamRZ 1983, 293.
[38] *Palandt/Diederichsen,* § 1671 Rn 1.

ständigen in Übereinstimmung mit den Eltern an das Gericht muss judikabel sein. Nicht zulässig ist ein gemeinsamer Vorschlag, wonach die Übertragung der elterlichen Sorge vom Willen des Kindes abhängen soll,[39] die zeitlich beschränkte Übertragung der elterlichen Sorge auf einen Elternteil,[40] der gemeinsame Vorschlag, die elterliche Sorge zunächst auf einen Elternteil zu übertragen, bei einer eventuellen Wiederverheiratung des sorgeberechtigten Elternteils das Sorgerecht aber wieder neu regeln zu lassen,[41] den Zeitpunkt der Regelung oder Änderung der elterlichen Sorge ins Belieben eines Elternteils zu stellen[42] oder den gemeinsamen Vorschlag mit der Auflage zu versehen, dass der künftige Inhaber der elterlichen Sorge bei Meinungsverschiedenheiten mit dem nichtsorgeberechtigten Elternteil über wesentliche Fragen der Erziehung das Familiengericht um Vermittlung bitten solle.[43] So kann das Ergebnis einer interventionsorientierten Begutachtung zwar andere Regelungen vorsehen, wie z. B. jene, dass die Eltern darin übereinstimmen, nach drei Jahren bei einer derzeitigen Übertragung des Sorgerechts auf einen Elternteil den Antrag auf eine gemeinsame elterliche Sorge zu stellen. In dieser Form könnte das Gericht diese Vereinbarung nicht beschließen. Auch sind demzufolge Elternvorschläge, die einen Dritten bei strittigen Fragen zur verbindlichen Entscheidung berufen, nichtig. Die Eltern haben immer höchstpersönlich eine Entscheidung bezüglich des Kindes zu verantworten.[44] Ein gemeinsamer Vorschlag ist des Weiteren unwirksam, wenn die Freistellung von Unterhaltszahlungen mit der Gegenleistung auf Verzicht der elterlichen Sorge und/oder dem Verzicht auf Ausübung des Umgangsrechts getroffen wurde, da dieser damit nicht den Bedürfnissen des Kindes gerecht wird.[45] Weiter ist strittig, ob es zulässig ist, dass zwar ein Elternteil die elterliche Sorge erhalten, das Kind aber nicht nur vorübergehend beim nichtsorgeberechtigten Elternteil leben soll.[46]

Das Familiengericht ist nun prinzipiell an eine wirksame Einigung der Eltern gebunden, außer die Schwelle des § 1666 BGB wäre erreicht.[47] Die Norm des § 1666 BGB greift aber auch dann, wenn der Familienrichter den Hinweis erhält, dass die Elterneinigung auf einem Zusammenwirken der Eltern beruht, das zu Lasten des Kindes geht, wenn die Angaben der Eltern unglaubwürdig sind oder nicht zutreffen.[48]

Ein gemeinsamer Elternvorschlag, der andere Gestaltungen als das gemeinsame Sorgerecht vorsieht, ist erst rechtswirksam, wenn er Gegenstand eines Beschlusses des Gerichts geworden ist oder zumindest vom Familienrichter in Anwesenheit der Beteiligten zu Protokoll genommen worden ist.[49] Fehlt ein solcher Beschluss oder eine dementsprechende Protokollierung, so steht beiden Eltern, solange sie getrennt leben, die elterliche Sorge gemeinsam zu, auch wenn der gemeinsame Vorschlag eine alleinige Sorge vorsieht.

Gelegentlich findet der Sachverständige, der zu einer Sorgerechtsregelung Stellung nehmen soll, in den Akten notarielle Scheidungsvereinbarungen, die auch das Sorgerecht umfassen. Während diese Verträge bezüglich Unterhalt und Vermögensauseinandersetzungen

---

[39] BayObLG FamRZ 1968, 657; hier vierjähriges Kind.
[40] OLG Frankfurt FamRZ 1962, 171.
[41] BayObLG FamRZ 1976, 38.
[42] OLG Stuttgart FamRZ 1975, 167.
[43] OLG Neustadt/W. FamRZ 1964, 91.
[44] *Gernhuber* S. 862.
[45] OLG Karlsruhe FamRZ 1983, 417.
[46] LG Augsburg FamRZ 1967, 406.
[47] OLG Rostock DAVorm 1999, 782 = FamRZ 1999, 1599.
[48] *Weisbrodt* Kind-Prax 2000, 37.
[49] BayObLG FamRZ 1966, 247.

bindend sind, haben sie keine Bindungswirkung für die Sorge- oder Umgangsrechtsfrage.[50] Distanziert sich ein Elternteil von einem solchen Vertrag, so ist vielmehr das Kindeswohl besonders zu überprüfen.[51]

Eltern, die unter Betreuung mit entsprechendem Einwilligungsvorbehalt stehen,[52] können dem Gericht entsprechend der früheren „Geschäftsunfähigkeit" ohne Einwilligung des Betreuers keinen wirksamen gemeinsamen Elternvorschlag unterbreiten.[53]

cc) Änderung der Verhältnisse. Machen die Eltern einen gemeinsamen Vorschlag, so sind sie auch daran gebunden; er kann aber übereinstimmend widerrufen[54] oder gemäß § 1696 BGB abgeändert werden.

Ein gemeinsamer Vorschlag kann auch von einer Partei aufgekündigt werden, wenn sich die Voraussetzungen ändern und die Gründe nicht völlig unverständlich sind.[55] Dies gilt z. B. dann, wenn das versprochene Umgangsrecht nicht in dem vereinbarten Ausmaß gewährt wird; damit ist die „Geschäftsgrundlage" des gemeinsamen Vorschlages hinfällig geworden.[56]

Für die Umgangsregelung ist § 1684 Abs. 1 BGB maßgeblich, für das gerichtliche Eingreifen gilt § 623 Abs. 3 Satz 2 ZPO. Das Gericht entscheidet folglich in der Regel nur auf Antrag. Ein Antrag fehlt aber, wenn die Eltern sich bezüglich der Umgangsregelung einig sind.

Ein gemeinsamer Vorschlag der Eltern im Änderungsverfahren nach § 1696 BGB hat nicht die gleiche Bindungswirkung für das Gericht wie der gemeinsame Vorschlag der Eltern zur Erstregelung der elterlichen Sorge,[57] da hierbei der Kontinuitätsgrundsatz höher zu bewerten ist als der gemeinsame Elternvorschlag. Dem Kindeswohl kommt eine Sperrfunktion zu. Dem gemeinsamen Elternvorschlag ist zu entsprechen, wenn er dem Kindeswohl nicht widerspricht.

In der Regel wird der Sachverständige den gemeinsamen Elternvorschlag im Rahmen eines Begutachtungsauftrages mittragen. Der gemeinsame Vorschlag bringt per se bereits Beruhigung in die familiäre Konfliktsituation, was sich positiv auf das Wohl des Kindes auswirkt. Aus diesem Grund ist es Aufgabe des Sachverständigen, innerhalb eines großen Toleranzbereiches diese Einigkeit nicht zu stören, da die Störung wieder negativen Einfluss auf das Kindeswohl hat. Eine unnötige Problematisierung, die auch durch unangemessene Diagnostik erreicht werden kann, trüge in diesem Falle sicherlich zu einer Beunruhigung bei.

dd) Richter und Sachverständiger. Der Sachverständige kann sich deshalb ebenso wenig wie der Familienrichter ohne schwerwiegenden Grund über einen gemeinsamen Elternwillen hinwegsetzen, auch wenn ihm aus fachpsychologischer Sicht im Einzelfall eine bessere und kindgerechtere Lösung möglich erschiene.

Die Aufgabe des Richters und des Sachverständigen sollte im Falle auftauchender Differenzen bei einem vorliegenden gemeinsamen Elternvorschlag darin bestehen, eine Regelung zu finden, die nicht gegen den gemeinsamen Elternvorschlag gerichtet ist, sondern

---

[50] OLG Dresden FamRZ 1997, 49.
[51] OLG Zweibrücken FamRZ 1986, 1038.
[52] Siehe dazu auch: *Bienwald* FamRZ 1994, 484–487.
[53] Vgl. *Gernhuber* S. 862 für die Geschäftsunfähigkeit.
[54] LG Karlsruhe FamRZ 1975, 167.
[55] OLG Hamm FamRZ 1989, 654.
[56] OLG Stuttgart FamRZ 1981, 704; anderer Ansicht noch BayObLG FamRZ 1966, 249.
[57] BayObLG FamRZ 1976, 41; OLG Hamm FamRZ 1968, 530.

den Vorschlag in Zusammenarbeit mit den Eltern neu ausgestaltet. Der Sachverständige hat das Instrumentarium „Potentiale in der Familie" zu erkennen und Unwissenheit über Regelungsmöglichkeiten und vermeintliche Kompetenzmängel aufzudecken. Wenn z. B. ein Elternvorschlag von einem Besuch des Kindes beim anderen Elternteil absieht, weil man von dem Gedanken ausgeht, das Kind müsse erst zur Ruhe kommen, ist dieser Vorschlag sicherlich nicht in jedem Falle dem Kindeswohl entsprechend. Auch bezüglich einer Geschwisteraufteilung kann es Elternvorschläge geben, die dem Kindeswohl zumindest eines Kindes nicht entsprechen.

Weiter hat der Sachverständige in seiner diagnostischen Arbeit herauszufinden, wo tatsächlich Uneinigkeit zwischen den Eltern konkret vorliegt und ob sie sich tatsächlich auf das Kind auswirkt.

Was zwischen den Eltern nicht strittig und nicht durch die Fragestellung des Gerichts abgedeckt ist, hat der Sachverständige keiner weiteren Überprüfung zu unterziehen. Hinweise auf aus seiner Sicht bestehende Ungereimtheiten oder problematische Regelungsmodalitäten, wenn sie nicht explizit vorgebracht wurden, verbieten sich wegen der Autonomie der Eltern, solange diese Regelungen nicht die Schwelle der Kindeswohlgefährdung erreichen. Der Sachverständige darf erst dann weitere Ermittlungen anstellen und auch empfehlen, vom gemeinsamen Elternvorschlag abzurücken, wenn der übereinstimmende Vorschlag sehr deutlich dem Kindeswohl widerspricht und der Sachverständige erkennen kann, dass dadurch mehr Schaden beim Kind verursacht würde, als die befriedende Wirkung des übereinstimmenden Vorschlages erwarten lässt.[58] Ansonsten gilt der Grundsatz, Einschränkungen der prinzipiell bestehenden gemeinsamen Sorge hat ein Elternteil vorzubringen und zu begründen, nicht der Sachverständige.

Unberührt davon bleibt seine Verpflichtung – im Gegensatz zum außergerichtlichen Berater oder Mediator –, diesen Elternvorschlag mit dem Instrumentarium seiner Fachwissenschaft auf eine Kindeswohlgefährdung zu überprüfen und das Ergebnis dieser Überprüfung, und unter den beschriebenen Voraussetzungen auch mit abweichenden Empfehlungen, den Eltern und dem Gericht mitzuteilen.

Einigen sich die Betroffenen im Rahmen der sachverständigen Intervention in einem ursprünglich strittigen Bereich, so hat der Sachverständige schon die Möglichkeit die gerichtliche Frage in seinem Sinne des Kindeswohls zu beantworten, auch wenn der sachverständige Lösungsvorschlag in Teilen oder völlig von dem der Eltern abweicht.

c) Kindeswille eines über 14 Jahre alten Kindes.
Als beachtlich gilt nach § 1671 Abs. 2 BGB der Kindeswille bei einem über 14-jährigen Kind. Steht der Wille eines Kindes in diesem Alter dem gemeinsamen Elternvorschlag entgegen, so ist das Gericht an diesen nicht gebunden und entscheidet seinerseits nach den Kriterien des Kindeswohls.[59] Das Kind hat also kein eigentliches Vetorecht. Zwar war dem über 14-jährigen Kind nach § 1671 Abs. 3 BGB a. F. die Möglichkeit eingeräumt worden, eigene Vorschläge zur Regelung der elterlichen Sorge zu machen, diese Bestimmung ist nun im § 1671 BGB aufgehoben, die Position des Kindes ist aber durch die §§ 50 (Verfahrenspfleger), 50 b (Anhörung des Kindes) und 50 c FGG (Anhörung der Pflegeperson) deutlich gestärkt.[60] Das Kind über 14 Jahre wird vom Familiengericht zwingend nach § 50 b II FGG selbst in unstrittigen Fällen persönlich angehört.

---

[58] Vgl. *Coester*, Das Kindeswohl als Rechtsbegriff, 1982, S. 304.
[59] BGH FamRZ 1985, 169 = NJW 1985, 1702.
[60] So auch *Finger* ZfJ 1999, 455.

Der abweichende Kindeswille erfordert, dass das Kind dem Vorschlag der Eltern explizit widerspricht, es genügt nicht, wenn der Sachverständige feststellt, dass das Kind eigentlich andere Präferenzen hat. Das Kind darf dann auch nicht vom Sachverständigen in dieser Präferenz bestärkt oder gar überredet werden, dem Elternvorschlag konkret zu widersprechen.

Das Kind ab 14 Jahren hat somit gegenüber dem gemeinsamen Elternvorschlag eine Kontrollmöglichkeit, wobei der Staat nicht ohne weitere Überprüfung dieser Kontrolle durch den Kindeswillen vertrauen darf.[61] So wird z.B. auf die mögliche Gefahr hingewiesen, dass ein in der Pubertät befindliches Kind aus Oppositionsgründen und/oder mit Hilfe von Beratung durch Behörden, die einem bestimmten Erziehungsideal huldigen, sich gegen die Eltern stellen und den familiären Streit verschärfen kann.[62]

Der Sachverständige hat sich also nicht den geäußerten Kindeswunsch als ausschlaggebend anzusehen, sondern sich auch mit den Argumenten beider Eltern und den tatsächlichen Gegebenheiten auseinander zu setzen und diese abzuwägen. Im Rahmen von gemeinsamen Gesprächen sollte eine Annäherung der Standpunkte versucht werden, nicht zuletzt sollten der Jugendliche und die Eltern motiviert werden, die Beratungsmöglichkeiten nach SGB VIII in Anspruch zu nehmen.

Das über 14-jährige Kind hat weiter ein Beschwerderecht im Verfahren nach § 59 FGG, wenn es nicht „geschäftsunfähig" ist. Es kann gegen den Beschluss des Familiengerichts beim OLG und somit in zweiter Instanz der Regelung des Familiengerichts widersprechen, auch wenn z.B. seiner Anregung, dem sorgeberechtigten Elternteil das Aufenthaltsbestimmungsrecht zu entziehen, nicht entsprochen wurde.[63] Dieses Beschwerderecht bezieht sich auf alle seine Person betreffenden Entscheidungen.[64] Ab dem 14. Lebensjahr darf das Kind auch selbständig einen Rechtsanwalt für familiengerichtliche Verfahren bestellen.

Es liegt bisher noch keine Judikatur über den Einspruch eines Minderjährigen gegenüber dem gemeinsamen elterlichen Vorschlag vor, lediglich ein Einspruch von einem 14-jährigen Jungen gegenüber einer Entscheidung des Landgerichts gegen eine Sorgerechtsübertragung.[65]

Weiter haben Kinder und Jugendliche nach § 8 Abs. 2 SGB VIII ohne Altersangabe das Recht, sich in Angelegenheiten der Erziehung und der Entwicklung an das Jugendamt zu wenden. Es handelt sich aber dabei um kein Antragsrecht, sondern faktisch nur um eine Informierung des Jugendamts und Äußerung von Wünschen. Der gesetzliche Vertreter des Kindes ist von diesem Kindesantrag zu unterrichten.[66]

Für Kinder unter 14 Jahren ist die Prozessbeteiligung in Sorge- und Umgangsregelungen nicht gesetzlich geregelt. Kindern unter 14 Jahren ist der Rechtsweg verwehrt, weil sie dazu der Zustimmung des Sorgerechtsinhabers bedürften. Bei widerstreitenden Interessen des Kindes mit denen der Sorgeberechtigten kann dem Kind aber nach § 50 FGG ein Verfahrenspfleger zur Seite gestellt werden.

---

[61] So *Coester*, Das Kindeswohl als Rechtsbegriff, 1982, S. 295.
[62] Vgl. *Strätz* FamRZ 1975, 543.
[63] BayObLG FamRZ 1997, 954.
[64] OLG München FamRZ 1978, 8, 614.
[65] Z. B. BayObLG FamRZ 1975, 3, 169.
[66] *Coester* FamRZ 1991, 257.

3. Schlichtungs- und Vermittlungsgrundsatz vor gerichtlicher Entscheidung

Bereits § 279 ZPO verweist auf die Aufgabe des Gerichts, auf eine einvernehmliche Regelung der Betroffenen hinzuwirken, wie dies allgemein im Zivilprozess gilt. Das Familiengericht ist neben den schon bestehenden Vorschriften der ZPO und des SGB VIII nun besonders durch § 52 FGG gehalten, in Verfahren, die das Kind betreffen, bei den Eltern zu einem Einvernehmen hinzuwirken.

Erfährt der Familienrichter, dass aus der Ehe minderjährige Kinder hervorgegangen sind, so soll er so früh wie möglich die Betroffenen anhören und auf die Möglichkeiten der Beratung bei den einschlägigen Institutionen hinweisen.[67] (In Regensburg wurde dazu eine Beratungsstelle direkt im Amtsgericht angesiedelt.[68]) Dies kann schriftlich erfolgen oder bei einer Anhörung gemäß § 613 Abs. 1 S. 2 ZPO geschehen.

a) Einigung möglich. Besteht Aussicht auf eine Elterneinigung, so kann der Familienrichter das Verfahren aussetzen (§ 52 Abs. 2 FGG) oder im Wege einer einstweiligen Anordnung Zwischenregelungen erlassen (§ 52 Abs. 3 FGG). Der Familienrichter muss sogar das Verfahren aussetzen, wenn die Eltern noch nicht den Versuch gemacht haben, sich mit Hilfe einer Beratung zu einigen bzw. beabsichtigen, eine außergerichtliche Regelung zu erarbeiten und deren Erfolg noch nicht abzusehen ist,[69] wobei darauf zu achten ist, dass bei einem Scheitern keine weitere Entfremdung des Kindes zum anderen Elternteil eintritt.[70] Dies gilt konkludent auch für ein Sachverständigengutachten, wenn es in Auftrag gegeben worden ist, auch mit der Absicht einen Umgang zu initiieren. Der Sachverständige sollte dann schnellstmöglich terminieren, wenn keine aussergerichtliche Einigung in Aussicht steht.

Wenn die Eltern aber eine einvernehmliche Regelung z. B. mit dem Sachverständigen anstreben und dafür noch Zeit brauchen, können sie nach § 227 ZPO die Aufhebung eines anberaumten Termins erwirken oder nach § 251 ZPO die Anordnung des Ruhens des Verfahrens beantragen, wobei im letzteren Fall die Anträge einvernehmlich erfolgen müssen; bei Uneinigkeit der Eltern greifen die Regelungsmöglichkeiten der ZPO nicht, das Verfahren zum Ruhen zu bringen. Das Familiengericht hat aber seinerseits die Möglichkeit, das Verfahren verzögert zu terminieren,[71] wenn die dadurch zu erwartende Aufschiebung den Beteiligten zugemutet werden kann. Das Familiengericht darf also erst eine Entscheidung treffen, wenn sich die Eltern nicht mehr einigen können. Dies kann das Familiengericht aber erst beurteilen, wenn die Hilfsmöglichkeiten nicht gegriffen haben.[72]

b) Einigung unwahrscheinlich. Wurde vom Gericht bereits der Umgang geregelt, treten aber weiterhin Konflikte auf, so sieht das Gesetz mit § 52 a FGG ausdrücklich ein gerichtliches Umgangsvermittlungsverfahren vor, das jeder Elterteil beantragen kann. Das Umgangsvermittlungsverfahren[73] setzt aber das Bestehen einer gerichtlichen Umgangs-

---

[67] Welche das sind, sagt das Gesetz nicht.

[68] *Lossen/Vergho* FamRZ 1998, 1218–1221.

[69] OLG Zweibrücken FamRZ 2000, 627.

[70] *Schlegel* ZfJ 1999, 388.

[71] OLG Dresden FamRZ 2000, 1422.

[72] OLG Zweibrücken FamRZ 2000, VII.

[73] Zum Umgangsvermittlungsverfahren: *Weisbrodt* DAVorm 2000, 203, siehe auch OLG Zweibrücken DAVorm 2000, 694.

regelung oder eine gerichtliche Genehmigung einer Umgangsvereinbarung der Eltern voraus, deren Durchsetzung erschwert oder vereitelt wird.[74] Das Familiengericht hat auch bei Umgangsstreitigkeiten einen frühen ersten Termin anzuberaumen. Hierbei wird der Familienrichter verschiedene Interventionsmöglichkeiten besprechen. Einmal wird er die Eltern von der Notwendigkeit des Umgangs überzeugen wollen, indem er ihnen die juristischen Konsequenzen erklärt aber auch psychologisch argumentierend gut zuredet.

Sollte daraufhin keine Einigung möglich sein, so hat der Richter die Möglichkeit, bewährte Vorschriften zu erlassen. Mit dieser seit dem 1. 7. 1998 nach § 1684 Abs. 3 BGB geschaffenen Eingriffsmöglichkeit kann der Familienrichter praxisnahe Vorschriften und Anordnungen erlassen.[75] Der Familienrichter hat weiter bei Nichteinhaltung seiner Beschlüsse Zwangsmaßnahmen zu diskutieren und durchzusetzen, wie z. B. Zwangsgeld oder gar Zwangshaft. Solange aber das Vermittlungsverfahren im Gange ist, können keine Zwangsmittel durchgesetzt werden, da dies den Vermittlungsbemühungen zuwiderläuft.[76] Sollte auch diese Interventionsmaßnahme des Gerichts keine Folge zeigen, kann der Familienrichter mit dem Sorgerechtsentzug drohen und in der Folge eine Sorgerechtsübertragung auf den anderen Elternteil durchsetzen.

Es besteht keine Möglichkeit, einen oder beide Elternteile oder die Beteiligten zur Wahrnehmung von Beratungsangeboten oder gar zu einer Therapie zu zwingen, auch nicht in Form eines Sachverständigengutachtens.[77] Der Familienrichter hat im Einzelfall die Möglichkeit, das ablehnende Verhalten als Einschränkung der Erziehungsfähigkeit zu werten.[78]

Daneben hat jeder, dem Umgang zusteht, auch das Recht auf Beratung und Unterstützung bei der Durchführung des Umgangs nach § 18 Abs. 3 SGB VIII.

4. Informationspflicht gegenüber dem Jugendamt

Damit das Familiengericht Kenntnis über das Vorhandensein von Kindern erhält, schreibt § 622 Abs. 2 Nr. 1 ZPO vor, dass im Scheidungsantrag Angaben gemacht werden müssen, ob es gemeinschaftliche Kinder gibt. Das Kind wird dadurch nicht Beteiligter am gerichtlichen Verfahren, wohl aber des Beratungsverfahrens.[79]

Das Familiengericht leitet von Amts wegen einen entsprechenden Hinweis mit Angaben der Namen und der Anschrift der Eltern nach Eingang des Scheidungsantrages oder eines Regelungsantrages auf elterliche Sorge an das Jugendamt weiter. Eltern, auch die für ihr Kind die gemeinsame Sorge weiter behalten wollen, werden dann auf das Informations- und Beratungsangebot des Jugendamtes hingewiesen, das Angebot braucht allerdings nicht in Anspruch genommen zu werden.[80] Seitens des Gerichts besteht keine Möglichkeit, die Eltern zur Beratung zu zwingen.

Vom Berater werden wegen den Bestimmungen der §§ 64 ff. SGB VIII aber nur begrenzt Auskünfte an das Gericht erfolgen; regelhaft erfolgt nur die Mitteilung, ob eine Beratung zu-

---

[74] OLG Hamm FamRZ 1998, 1303.
[75] Z. B. gegenseitige Belästigungsverbote: OLG Düsseldorf FamRZ 1995, 183.
[76] OLG Zweibrücken FamRZ 2000, 299.
[77] *Weychardt* ZfJ 1999, 332.
[78] *Runge* FPR 1999, 144.
[79] *Weisbrodt* Kind-Prax 2000, 37.
[80] Auf die Problematik, die sich daraus ergibt, weist *Wend* FPR 1999, 140, hin.

stande gekommen ist oder nicht. Die Mitwirkung an der Beratung kann vom Familienrichter auch als ein Bestandteil der Prüfung des Kindeswohls herangezogen werden. Das Jugendamt als Beratungseinrichtung kann im Verfahren nach § 52 FGG angehört werden.

5. Amtsermittlungsgrundsatz

Verfahren, die das Kindeswohl zum Inhalt haben, gehören in den Bereich der Freiwilligen Gerichtsbarkeit, in der nach § 12 FGG Amtsermittlungspflicht besteht. Der Amtsermittlungsgrundsatz ergibt sich aus dem Wächteramt des Staates, was bedeutet, dass sich die Funktion des Staates nicht nur auf die eines Schlichters reduziert, sondern dass er auch die Kompetenz und Aufgabe hat, kindgerechte Regelungen anzuordnen.

Es gilt die so genannte **Offizialmaxime**, nach der das Familiengericht den Gegenstand des Verfahrens bestimmt und die zur Feststellung der Tatsachen erforderlichen Ermittlungen zu veranlassen hat.

Art und Umfang der Ermittlungen, dies gilt konkludent auch für die Tätigkeit des Sachverständigen, richten sich nach der Lage des Einzelfalls. Der Richter entscheidet darüber nach pflichtgemäßem Ermessen.[81] „Pflichtgemäß" bedeutet auch, dass unzureichende Aufklärung einen Gesetzesverstoß darstellt[82] und zur Beschwerde berechtigt.[83] Zugleich muss die Tatsachenermittlung sachdienlich sein. Als „sachdienlich" gelten nur solche Ermittlungen, von denen nicht von vornherein angenommen werden kann, dass sie keine entscheidungserheblichen Hinweise erlauben.

Gerade diese Sachdienlichkeit wird von Sachverständigen oftmals extensiv ausgelegt. In ihrer Rolle als Gehilfen des Richters unterlaufen sie somit der geforderten Selbstbeschränkung. Im Rahmen dieser Arbeit wird deshalb auch versucht, den sachverständigen Ermittlungsrahmen zu umgrenzen.[84]

Die Ermittlung der entscheidungserheblichen Sachverhalte bleibt in erster Linie Sache des Familiengerichts.[85]

Das Gericht darf sich bei der Sachaufklärung im Ausnahmefall der Hilfe Dritter, wie des Jugendamtes[86] oder des Sachverständigen, bedienen, wobei der Familienrichter die Tatsachenermittlung wiederum nicht ausschließlich dem Jugendamt[87] oder dem Sachverständigen überlassen darf.[88]

Unzulässig ist es deshalb auch, eine Entscheidung ganz allein auf ein eingeholtes Gutachten zu stützen und damit die Entscheidung dem Sachverständigen zu überlassen.[89] Es

---

[81] OLG Braunschweig FamRZ 1970, 417; BayObLG FamRZ 1972, 528; BayObLG FamRZ 1982, 640.

[82] *Coester*, Das Kindeswohl als Rechtsbegriff, 1982, S. 371.

[83] Siehe OLG Zweibrücken Kind-Prax 1999, 98, hier wurde in einem Umgangsverfahren (Verdacht der Vergewaltigung der Mutter und Verletzung mit einem Messer) unterlassen, einen Sachverständigen zu beauftragen.

[84] Als Beispiel sei angeführt: Eine Ermittlung, die sich z.B. auf die sexuelle Beziehung der Ehepartner konzentriert, ist demnach nicht sachdienlich, soweit sich daraus keine Rückschlüsse auf die Erziehungsfähigkeit herleiten lassen. Wenn keine sachdienlichen Ergebnisse zu erwarten sind, ist keine Ermittlung geboten. Vgl. auch BayObLG FamRZ 1976, 363.

[85] *Oelkers* FamRZ 1995, 451.

[86] OLG Frankfurt FamRZ 1992, 206.

[87] BayObLG FamRZ 1975, 223; OLG München FamRZ 1979, 70; OLG Oldenburg FamRZ 1992, 192. OLG Frankfurt FamRZ 1992, 206.

[88] OLG Düsseldorf FamRZ 1979, 7, 631.

[89] OLG Stuttgart FamRZ 1978, 827.

kann aber dem Gericht nicht verwehrt werden, die vom Sachverständigen erhobenen Tatsachen in der Entscheidung zu berücksichtigen.

Der Familienrichter ist also anders als der Zivilrichter nicht daran gebunden, die von den Verfahrensbeteiligten vorgebrachten Tatsachen (Beweisanträge) zum Gegenstand seiner Entscheidungsbasis zu machen,[90] sondern kann auch nicht vorgetragene und zwischen den Beteiligten streitige Tatsachen z. B. mit Hilfe des Jugendamtes oder eines Sachverständigen ermitteln und bewerten.[91] Das Vorbringen der Beteiligten hat der Familienrichter nicht nur dann zu beachten, wenn es innerhalb einer gesetzlichen Erklärungsfrist eingeht, sondern auch bis zuletzt, d. h. bis zur Hinausgabe der Entscheidung bei Gericht.[92] Der Familienrichter muss die Sachverhalte nicht abstrakt-theoretisch bewerten; sie sind mit den Maßstäben des menschlichen Vermögens zu beurteilen. Absolut sicheres Wissen ist nicht zu erhalten, er hat aber die Tatsachen erschöpfend auszuwerten.[93]

Die Ermittlungen dürfen erst dann abgeschlossen werden, wenn von einer weiteren Beweisaufnahme keine Veränderung der Entscheidung mehr zu erwarten ist.[94] Dabei braucht allerdings vom Familiengericht und somit auch vom Sachverständigen nicht jeder nur denkbaren Möglichkeit nachgegangen zu werden.[95]

Das Familiengericht bestimmt schließlich, wann eine mündliche Verhandlung angesetzt wird und wann die Sache entscheidungsreif ist. Über den gesamten Verfahrensinhalt entscheidet das Familiengericht in freier Beweiswürdigung.

6. Maßnahmen gegenüber Kindeswohlschädigung

Das Familiengericht hat die Aufgabe, im Rahmen des § 1666 Abs. 1 BGB die Maßnahmen zu treffen, die zur Abwendung einer Kindeswohlgefährdung nötig sind.

Der Familienrichter kann bei kindeswohlgefährdendem Elternverhalten die Wohnung dem anderen Elternteil zuweisen, kann gegenüber Drittpersonen oder einem Elternteil eine Verfügung[96] erlassen, die den Zutritt zum Hause oder zur Wohnung verbietet,[97] kann das Sorgerecht einem Elternteil oder beiden Eltern entziehen, kann einem Elternteil aber auch Dritten vorschreiben („go-order"),[98] einen gewissen Mindestabstand zum Kind einzuhalten,[99] selbst das Stadtgebiet nicht mehr zu betreten,[100] auch wenn dies einen Umzug bedeutet. Er kann verbieten, jemanden in die Wohnung zu nehmen[101] oder auch das Umgangsrecht einschränken.

Das Familiengericht kann also Anordnungen und Weisungen gegenüber Eltern oder Dritten erteilen, nicht aber gegenüber dem Kind selbst.[102]

---

[90] Siehe auch: OLG Zweibrücken FamRZ 1998, 310.
[91] *Finke* FPR 1996, 160.
[92] BVerfG DAVorm 1989, 329.
[93] BGH NJW 1951, 83.
[94] BGH FamRZ 1978, 405; BGH FamRZ 1984, 1084.
[95] OLG München FamRZ 1979, 70; OLG Naumburg FuR 2000, 120, für Namensänderung.
[96] Zur Verneinung eines Rauchverbots: BayObLG FamRZ 1993, 1350.
[97] AG Osnabrück, AG Tiergarten und AG Westerburg FPR 1995, 74; OLG Zweibrücken FPR 1995, 76.
[98] Siehe OLG Zweibrücken ZfJ 1194, 139.
[99] Anderer Ansicht: AG Groß-Gerau FamRZ 2000, 238, mit widersprechenden Kommentar von *Nagel*.
[100] OLG Köln Kind-Prax 1999, 95.
[101] OLG Zweibrücken FamRZ 1994, 976.
[102] *Willutzki* FamRZ 2000, 274.

Bei Maßnahmen nach § 1666 BGB hat das Familiengericht dem Jugendamt keine konkreten Maßnahmen aufzugeben; die Entscheidung ob und welche Maßnahmen für die Familie und das Kind die geeigneten sind, trifft das Jugendamt in eigener Fachkompetenz, das Familiengericht hat darüber keine Kontrolle. Das Familiengericht kann aber immerhin nach einer gewissen Zeitspanne die Notwendigkeit der angeordneten Maßnahmen überprüfen. Der psychologische Sachverständige sollte sich daher bei Empfehlungen zu Jugendhilfemaßnahmen zurückhalten, deren Beurteilung fällt in den Kompetenzbereich der Fachleute des Jugendamtes.

Bei Kindeswohlgefährdung steht dem sorgeberechtigten Elternteil gemäß § 1004 Abs. 1 S. 2 BGB zivilrechtliche Unterlassungsklage gegenüber Drittpersonen offen.

Derzeit wird vom Gesetzgeber die Einführung eines neuen Straftatbestandes „fortgesetzte häusliche Gewalt" bei Körperverletzung, Nötigung und Vergewaltigung diskutiert.[103]

7. Eilmaßnahmen

Sobald die Ehesache durch den Antrag anhängig ist (§ 620 a Abs. 2 ZPO), kann das Familiengericht in strittigen Fällen einstweilige Anordnungen nach § 620 ZPO über Sorgerecht, Umgangsrecht, Herausgabe des Kindes, Ehewohnung, Unterhalt u. a. m. erlassen. Bei isolierten Verfahren über elterliche Sorge, Umgangsrecht oder Herausgabe des Kindes ist ebenfalls die einstweilige (bzw. vorläufige) Anordnung nach FGG zulässig, aber nur, wenn vorher oder zugleich das Hauptsacheverfahren, z.B. elterliche Sorge, anhängig gemacht wird.[104]

Während das Verfahren zur einstweiligen Anordnung bei der Sorgerechtsregelung auch von Amts wegen eingeleitet werden darf (§ 620 ZPO und § 12 FGG), darf das Gericht das Verfahren zur einstweiligen Anordnung zum Umgangsrecht nur auf Antrag eröffnen,[105] was nur selten zulässig ist.[106]

a) Einstweilige Anordnung. Die einstweilige Regelung hat vorläufigen Charakter, da die Tatsachenerhebung zu diesem Zeitpunkt noch nicht abgeschlossen ist. Grundsätzlich gilt: Der Eingriff in das Elternrecht ist möglichst gering zu halten. Wenn möglich sollen die Kinder vor Erlassung einer Eilmaßnahme angehört werden.[107]

Im Trennungs- und Umgangsverfahren nach § 1671 BGB oder § 1684 BGB ergeht einstweilige Anordnung, wenn besondere Umstände zum Schutz des Kindes dies im konkreten Fall nötig machen.[108] Für die vorläufige Anordnung genügt es nicht, dass die Entscheidung dem Wohl des Kindes am besten entspricht. Erforderlich ist vielmehr, dass eine vermutlich dauerhaft schwierige Situation des Kindes nach der Trennung der Eltern durch diese Anordnung wesentlich und nachhaltig gebessert werden kann und dass ein dringendes Bedürfnis für ein unverzügliches Einschreiten des Gerichts besteht, weil die Sorgerechts-

---

[103] Dazu: *Peschel-Gutzeit* FPR 2000, 55; *Schweikert* FPR 1998, 134–139. Dem Thema „Häusliche Gewalt" ist das Heft FPR 1995 Nr. 11, gewidmet, mit weiteren Literaturhinweisen und Verzeichnis von Beratungsstellen auf S. 299.

[104] *Bassenge/Herbst* Anm. 4 zu § 24 FGG.

[105] OLG Düsseldorf FamRZ 1979, 843.

[106] OLG Karlsruhe FamRZ 1997, 44.

[107] OLG Frankfurt FamRZ 1999, 247.

[108] OLG Karlsruhe FamRZ 1990, 304.

entscheidung zu spät käme und dadurch die Interessen des Kindes nicht genügend berücksichtigt würden.

Gründe für die Anordnung über die elterliche Sorge nach § 620 ZPO oder nach FGG bestehen nur, wenn das Wohl des Kindes eine Regelung noch vor der endgültigen Entscheidung erfordert.

Das Familiengericht ist vor Erlass der Eilmaßnahme nicht gezwungen, den strittigen Sachverhalt vollständig, z.B. mit einem Sachverständigengutachten aufzuklären,[109] es genügt, wenn ein Elternteil oder Betroffener die Tatsachen glaubhaft vorträgt. Ein Beispiel dafür ist, wenn ein Elternteil das Kind eigenmächtig zu sich nimmt[110] und der andere Elternteil die Rückführung anstrebt. Hier ist sofortiges Eingreifen ohne abschließende Klärung erforderlich, und zudem muss wahrscheinlich sein, dass die endgültige Entscheidung in ähnlichem Sinne erlassen wird.[111] Ein anderes Beispiel sind einstweilige Anordnungen zum Aufenthaltsbestimmungsrecht bei bi-nationalen Familien, wenn eine Gefahr einer Entführung durch einen Elternteil glaubhaft vorgetragen wird.

Bei aktuellen Kindeswohlgefährdungen[112] aber auch bei heftigen zum Teil tätlichen Auseinandersetzungen der Eltern im Rahmen von Trennung und Scheidung kann das Familiengericht ebenfalls vorläufige – einstweilige – Anordnungen[113] erlassen. Voraussetzung ist, dass die Gefährdung glaubhaft gemacht ist und ein unverzügliches Einschreiten geboten ist. Dabei muss die dem Kind drohende Gefahr so beschaffen sein, dass nicht bis zur Beendigung der notwendigen Ermittlungen[114] und endgültigen Entscheidung gewartet werden kann,[115] weil Nachteile für das Kindswohl zu befürchten sind.[116] Bei vorläufigen Maßnahmen, die eine Trennung des Kindes wegen § 1666 BGB notwendig machen, müssen aber massiv belastende Ermittlungsergebnisse und ein hohes Gefährdungspotential für das Kind vorhanden sein.[117] Wenn mit den Maßnahmen für das Kind wiederholte Wohnortwechsel verbunden wären, ist der Sachverhalt so weit wie möglich aufzuklären[118] und zu überprüfen, ob durch öffentliche Hilfen die Gefährdung des Kindes abgewendet werden kann.[119]

Nicht zulässig ist eine einstweilige Anordnung, wenn es dem Antragsteller darum geht, den anderen Elternteil bezüglich der Erziehungsentscheidungen zurückzudrängen.[120] Nicht ausreichend ist es, wenn z.B. beide Eltern die Inanspruchnahme des Rechts auf elterliche Sorge ankündigen, aber nur ein Elternteil einen Antrag auf einstweilige Anordnung stellt oder wenn ein Elternteil behauptet, er sei besser zur Erziehung geeignet.[121]

---

[109] OLG Düsseldorf 1995, 182.
[110] OLG Düsseldorf FamRZ 1974, 2, 99.
[111] OLG Karlsruhe FamRZ 1979, 57.
[112] Unter welchen Voraussetzungen eine vorläufige Anordnung zur Entziehung des Aufenthaltsbestimmungsrechtes erfolgen soll: BayObLG FamRZ 1997, 387.
[113] OLG Düsseldorf FPR 1995, 295.
[114] BayObLG NJW 1992, 1971; BayObLG FPR 1999, 179, BayObLG FuR 1997, 56.
[115] *Oelkers* FuR 1999, 419.
[116] OLG Thüringen FamRZ 1997, 573.
[117] OLG Düsseldorf FamRZ 1995, 950.
[118] BVerfG FamRZ 1994, 223.
[119] BayObLG FamRZ 1992, 90.
[120] OLG Karlsruhe FamRZ 1987, 78.
[121] OLG Düsseldorf, FamRZ 1978, 535; FamRZ 1978, 8, 604.

Häufig ermöglicht aber erst eine einstweilige Anordnung die tatsächliche räumliche Trennung des Ehepaares, da ein Antrag nach § 1672 BGB erst gestellt werden kann, wenn die Eltern getrennt leben.

Haben die Eltern noch das gemeinsame Sorgerecht inne und bestehen dringend zu regelnde Konflikte, kann die einstweilige Anordnung zur elterlichen Sorge nur die Aufenthaltsbestimmung regeln. Im Einzelfall kann es geboten sein, den Eltern im Sorgerechtsstreit einstweilig die elterliche Sorge zu entziehen und einen Amtsvormund beizustellen, wenn eine Lösung vorübergehend durch eine gerichtliche Regelung nicht möglich ist und dem Kind der Entscheidungsdruck genommen werden muss.

Ist durch eine einstweilige Anordnung zum Zeitpunkt der Beauftragung eines Sachverständigen die elterliche Sorge vorläufig geregelt worden, so ist der Inhaber dieser elterlichen Sorge zur Einbeziehung des Kindes um Erlaubnis zu fragen.

Die Entscheidung zur Hauptsache hebt die einstweilige Anordnung auf.

b) Rolle des Sachverständigen. Der Sachverständige, der im einstweiligen Verfahren zur Frage der elterlichen Sorge beauftragt worden ist, sollte sich zur Sorgerechtsentscheidung konkret nicht äußern. Meist genügt es, den Aufenthalt des Kindes und/oder den Umgang des Kindes bis zur endgültigen Entscheidung zu regeln. Bis dahin vergeht aber noch einige Zeit und durch voreilige Sorgerechtsempfehlungen sollte kein Vorurteil geschaffen und dadurch eine Einigungsmöglichkeit vertan werden.[122]

Im Rahmen von Verfahren nach § 1666 BGB wird der Sachverständige oftmals beauftragt, nachdem eine einstweilige Maßnahme getroffen worden ist, um eine drohende Gefahr für das Kind zu verhindern. In diesen Fällen ist der Sachverständige gehalten, möglichst zügig tätig zu werden, um nicht durch sein Verhalten zu einer Verfestigung der vorläufigen Situation beizutragen, die er erst zu untersuchen hat.

Es ist ebenfalls zu vermeiden, dass sich ein Gutachten zur Umgangsfrage im einsteiligen Verfahren nach einer Vielzahl von Gesprächen z. B. über sechs Monate hinzieht. Es wäre vielmehr eine kürzere und weniger umfassende Begutachtung angezeigt.[123]

Der Sachverständige selbst wird nur in äußerst seltenen Fällen im Rahmen seiner Tätigkeit eine einstweilige Anordnung empfehlen. Gelegentlich ist jedoch angezeigt, beispielsweise bei familiären Konstellationen, bei denen eine Fremdunterbringung des Kindes gegen die ausdrückliche Vorstellung der Sorgeberechtigten notwendig ist oder wenn der Sachverständige nachvollziehbare Hinweise auf Entzug des Kindes durch einen Elternteil bekommt.

In Einzelfall kann auch im Rahmen sachverständiger Intervention eine Empfehlung zur einstweiligen Übertragung des Aufenthaltsbestimmungsrechtes, verbunden möglicherweise mit einer Aussetzung des Verfahrens nach § 52 Abs. II FGG, stehen,[124] um den Eltern eine Art Bewährungszeit zu schaffen, an deren Ende ein Einvernehmen der Eltern entsteht.

Liegt eine einstweilige Anordnung bei Beschlussfassung zur Begutachtung vor, so besteht die Gefahr, dass der Sachverständige oftmals dieses Faktum als handlungsleitend für eine endgültige Empfehlung ansieht, was im Einzelfall seine Neutralitätsverpflichtung belasten kann.

Zwar ist das Familiengericht gehalten, eine solche Anordnung nur zu treffen, wenn die endgültige Entscheidung in diesem Sinne wahrscheinlich ist, die Rechtspraxis zeigt

---

[122] Siehe auch *Weisbrodt* Kind-Prax 2000, 39.
[123] So das OLG München FamRZ 1995, 1598.
[124] Siehe OLG Hamm FamRZ 1999, 393 f.

jedoch deutlich, dass beim Erlass der Familiengerichte das Mutterprimat vorherrschend ist. So gibt es Familienschicksale, bei denen die Mutter die Familie verlässt, der Vater für längere Zeit das Kind mit großem Aufwand betreut, ohne dass die Mutter Kontakt zum Kind aufnimmt. Wenn nun die Mutter, etwa nach fünf Monaten, nachdem sie eine Wohnung gefunden hat, das Kind im Anschluss an einen vereinbarten ersten Besuchstag nicht mehr zum Vater zurückbringt, wird in der Regel kein Gericht eine einstweilige Anordnung zugunsten des Vaters aussprechen, sondern erst den Jugendamtsbericht einfordern, um die Notwendigkeit einer einstweiligen Anordnung klären zu lassen. Bis dann möglicherweise ein Sachverständiger beauftragt wird, ist häufig aus zeitlichen Kontinuitätsgesichtspunkten ein Faktum geschaffen worden, das ursprünglich möglicherweise nicht dem Kindeswohl entsprochen hat. Zeigt hingegen ein Vater das gleiche Verhalten, so sind die Familiengerichte schnell geneigt, eine einstweilige Anordnung zugunsten der Mutter auszusprechen.

8. Anhörung der Betroffenen

Die persönliche Anhörung dient einerseits der Sachaufklärung, andererseits der Gewährung des rechtlichen Gehörs.[125]

Durch die Anhörung soll sich der Familienrichter einen persönlichen Eindruck von den Betroffenen bilden. Das Ergebnis der Anhörung sollte protokolliert oder vermerkt werden, nicht zuletzt um der nächsten Instanz eine Überprüfungsmöglichkeit einzuräumen.[126] Wird die Anhörung unterlassen, so stellt dies einen schwerwiegenden Verfahrensfehler dar,[127] der zur Aufhebung des erstinstanzlichen Urteils und Rückverweisung führen kann.[128]

Die Anhörungspflicht besteht auch für die nächste Instanz. Nur wenn keine neuen Erkenntnisse erwartet werden können, kann das Beschwerdegericht von einer Anhörung absehen.[129]

Ein Zeitpunkt für die Anhörung ist nicht vorgeschrieben.

a) Anhörung der Eltern. Bei Verfahren zur elterlichen Sorge sollen die Eltern angehört werden, bei Verfahren zu §§ 1666 und 1666 a BGB müssen die Eltern nach § 50 a FGG und § 613 Abs. 1 ZPO gehört werden, auch wenn sie nicht verheiratet sind.[130] Die Anhörungspflicht gilt auch bei Verfahren zur Einbenennung,[131] denn die Erforderlichkeitsprüfung kann nicht mit nur einer schriftlichen Anhörung vorgenommen werden.[132]

Bei Verfahren, die eine Kindeswohlgefährdung zum Inhalt haben, dient die Anhörung auch der Erörterung, wie die Gefährdung abgewendet werden könnte. Es liegt sogar ein Verfahrensfehler vor, wenn einer nichtehelichen Mutter wegen 1666 a BGB das Sorgerecht entzogen wurde, ohne den leiblichen Vater des Kindes angehört zu haben.[133]

---

[125] OLG Hamm FamRZ 1999, 36.
[126] OLG Köln FamRZ 1999, 314; OLG Karlsruhe FamRZ 1997, 688.
[127] OLG Frankfurt FamRZ 1999, 617; OLG Hamm FamRZ 1987, 1288. Ab dem dritten Lebensjahr OLG Zweibrücken FamRZ 1998, 960.
[128] OLG Köln FamRZ 1999, 530; OLG Oldenburg FamRZ 1999, 35; OLG Zweibrücken FamRZ 1999, 246; OLG Hamm FamRZ 1999, 36.
[129] OLG Frankfurt FamRZ 1999, 392.
[130] OLG Köln FamRZ 1999, 530.
[131] OLG Rostock FamRZ 2000, II; OLG Celle FamRZ 1999, 1377.
[132] OLG Naumburg DAVorm, 2000, 178.
[133] OLG Köln FamRZ 1999, VII.

Auch wenn die Eltern keine Regelung des Sorgerechts wünschen, da sie es weiter gemeinsam ausüben wollen, soll der Richter nach § 613 Abs. 1 Satz 2 ZPO die Eltern anhören. Dabei wird er sich über die Vorstellung zu den wesentlichen Gesichtspunkten der Ausübung der elterlichen Sorge informieren und die Rechtsfolgen der gemeinsamen Sorge erläutern, damit sie in die Lage versetzt werden, eine bewusste Entscheidung zu treffen.[134] Es bedarf einiger Fachkompetenz beim einem Richter, z. B. einen in der Familie vorherrschenden Alkoholabusus festzustellen, wenn die Eltern dies nicht vorbringen, da das Kind bei Einigung der Eltern nicht angehört wird.[135]

Besteht kein Einvernehmen bezüglich der Sorgerechtsregelung, gelten die Beratungs-, Hinweis- und Einigungspflichten des § 52 FGG. Diesen Termin soll der Richter so früh wie möglich anberaumen.

Was für den Richter gilt, hat auch konkludent für den Sachverständigen zu gelten. Die Gespräche sollen nicht nur die Erfassung der Konflikte und der Kindeswohlbelastungen zum Inhalt haben, sondern auch die Suche nach Lösungsmöglichkeiten mit den Eltern.

b) Anhörung des Kindes. Das Familiengericht hat das Kind nach § 50 b Abs. 1 FGG in Verfahren, bei denen die Eltern uneins sind,[136] zwingend anzuhören,[137] wovon nur nach § 50 FGG Abs. 3 aus schwerwiegenden Gründen abgesehen werden darf, wenn also durch die Befragung selbst eine Kindeswohlgefährdung erwachsen könnte, was im Beschluss des Gerichtes begründet werden muss.[138] Kinder über 14 Jahren müssen immer persönlich angehört werden (§ 50 b Abs. 2 FGG). Die Anhörungsergebnisse sind im Protokoll oder Aktenvermerk aussagekräftig wiederzugeben.[139] Die Anhörung ist auch geboten, wenn bereits ein Sachverständigengutachten vorliegt, damit der Familienrichter in die Lage versetzt wird, die sachverständige Empfehlung zu überprüfen.[140]

Im Verfahren bzgl. der Namensänderung ist das Kind anzuhören, da es gemäß § 1618 BGB ab dem fünften Lebensjahr selbst in die Einbenennung einwilligen muss. Die Anhörung zur Einbenennung wird vom Rechtspfleger durchgeführt, der für dieses Verfahren zuständig ist.

Die Beachtung des Kindeswillens ist Ausdruck der in der Verfassung festgelegten Beachtung der Selbstbestimmung (Art. 1 und 2 GG). Die Würde des Kindes gebietet es, das Kind nicht nur zum Objekt einer familiengerichtlichen Entscheidung zu degradieren, sondern ihm eine aktive Rolle zuzugestehen und es anzuhören. Dies gilt konkludent auch für den Sachverständigen.

Es bestehen keine Vorschriften bezüglich Ort, Art und Weise sowie Form der Kindesanhörung.[141] Es gilt aber, dass sie in Abwesenheit der Eltern durchgeführt werden soll. Die Beobachtung des Kindes durch eine Einwegscheibe ersetzt keine persönliche Anhörung.[142]

---

[134] *Runge* FPR 1999, 143.

[135] *Zen* FPR 1998, 18; aber: *Bergmann/Gutdeutsch* FamRZ 1999, 422–426.

[136] Unter „Anhörung" versteht das Gericht gelegentlich auch das **schriftliche** Einholen von Stellungnahmen.

[137] OLG Frankfurt FamRZ 1999, 617; OLG Saarbrücken DAVorm 2000, 689 bei Sorgerechtsentzug.

[138] OLG Frankfurt FamRZ 1999, VII.

[139] OLG Karlsruhe FamRZ 1997, 1295.

[140] OLG Rostock FPR 1996, 202 = DAVorm 1995, 1150.

[141] Zur Kindesanhörung: *Kluck* FPR 1995, 90–93. *Balloff* FuR 1994, 9–16. *Fricke* Kind-Prax 1999, 191–193; *Balloff* FPR 1997, 73–78; *Bergmann* Kind-Prax 1999, 78–82.

[142] OLG Karlsruhe FamRZ 1994, 915.

Wenn das Kind durch eine Anhörung so aus dem seelischen Gleichgewicht gebracht werden könnte, dass gesundheitliche Beeinträchtigungen zu befürchten sind, kann von der Anhörung abgesehen werden. Bei Kindern, die an schwerem Asthma oder allergischen Reaktionen wie Neurodermitis leiden, kann dies gegeben sein. Sind Gefährdungen durch die sachverständige Diagnostik festgestellt worden, sollte der Sachverständige den Familienrichter auf mögliche Folgen für eine Anhörung hinweisen. Sollten die Eltern wünschen, dass das Kind nicht angehört werden soll, so hat dies keine bindende Wirkung, die Anhörung muss das Gericht dennoch durchführen.[143]

Die meisten Familiengerichte[144] gehen weiter davon aus, dass von einer Anhörung von Kindern unter drei Jahren abgesehen werden kann.

Will ein Familiengericht ein Kind im Alter von vier Jahren nicht persönlich anhören, so kann das Familiengericht durch die Zuziehung eines Sachverständigen oder einer Person, die in der Kindesvernehmung sachkundig ist, seiner Aufklärungspflicht nachkommen.[145] In einem solchen Falle kann der Sachverständige allein für eine Kindesanhörung geladen werden.

Von der Anwendung von Testverfahren[146] bei der Anhörung ist aus sachverständiger Sicht abzuraten, damit neben der oftmals situationsabhängigen Interpretation nicht der falsche Eindruck einer höheren Objektivität erweckt wird.

c) Anhörung der Pflegeeltern. Nach § 50 c FGG sind die Pflegeeltern vom Familiengericht anzuhören, wenn sich das Kind schon längere Zeit bei ihnen aufhält. Begehren Eltern die Herausnahme des Kindes aus der Pflegefamilie, ist grundsätzlich abzuwägen, ob die Vorteile der Fremdunterbringung die Nachteile einer Trennung vom sorgeberechtigten Elternteil aufwiegen. Wenn dazu die Pflegeeltern nicht angehört werden, stellt dies einen Verfahrensmangel dar.[147]

d) Anhörung des Jugendamtes. Das Familiengericht hört in Verfahren, die das Kindeswohl betreffen, meist auch bei der Frage der Wohnungszuweisung, das Jugendamt gemäß § 49 a Abs. 1 FGG an.

Eine Nichtanhörung bei Verfahren nach § 49 a FGG stellt einen Verfahrensfehler dar.

e) Anhörung von Dritten. Die Anhörung von Dritten kann das Familiengericht vornehmen, wenn es im Rahmen der Amtsermittlungspflicht (§ 12 FGG) der Sache dienlich ist.[148] Meist handelt es sich dabei um Beziehungspersonen des Kindes wie neue Partner, Großeltern, gelegentlich Lehrer oder Ärzte usw. Das Gericht ist im Rahmen der Freiwilligen Gerichtsbarkeit jedoch nicht gezwungen, Auskunftspersonen, die der Sachverständige bereits befragt hat, nochmals anzuhören; es kann die ermittelten Sachverhalte vom Sachverständigen übernehmen.[149] Es kann aber die Anregung vom Sachverständigen oder Verfahrenspfleger aufnehmen und Zeugen befragen.

---

[143] OLG Zweibrücken FamRZ 1999, 246.
[144] So z. B. OLG Zweibrücken FamRZ 1999, 246; OLG Frankfurt FamRZ 1999, 247.
[145] BGH FamRZ 1984, 1084.
[146] Gegen OLG Karlsruhe FamRZ 1995, 1001.
[147] OLG Hamm FamRZ 1999, 36; OLG Köln FamRZ 2000, 1241.
[148] Hierzu *Bergmann/Gutdeutsch* FamRZ 1999, 422–426.
[149] BayObLG NJW 1962, 44, 2012.

9. Gerichtliche Zwangsmöglichkeiten

Ein nicht unumstrittenes Zwangsmittel des Familiengerichts, die Befolgung einer gerichtlichen Entscheidung um z. B. einen Umgang herbeizuführen, kann die Androhung und die Festsetzung eines Zwangsgeldes nach § 33 FGG sein.[150] Gemäß § 52 a FGG können Zwangsmittel aber erst angewandt werden, wenn Vermittlungsbemühungen des Familiengerichts gescheitert sind. Zeitgleiche Androhung von Zwangsmitteln und Anberaumung eines Vermittlungstermins beim Familiengericht schließen sich aus.[151]

Bei Androhung von Zwangsmaßnahmen ist zu berücksichtigen, dass ihre Anordnung und ihr Vollzug auf die Belange des Kindes Rücksicht zu nehmen haben. In der Regel hat es deshalb bei der Androhung von Zwangsgeld sein Bewenden.[152] Diese Maßnahme wendet sich ausschließlich an die Eltern, niemals an das Kind. So darf kein Zwang gegenüber einem 17 Jahre alten Kind angewendet werden, das sich weigert, einen Elternteil zu besuchen,[153] durch Zwangsmittel darf ein Wille des Kindes nicht gebrochen werden.[154]

Ebenso wenig können die Sorgeberechtigten mit Androhung von Zwangsmitteln gezwungen werden, dem Sachverständigen den Kontakt zum Kind zu ermöglichen, damit es an einer familienpsychologischen Begutachtung teilnimmt.[155]

a) Zwangsgeld. Das Familiengericht droht zunächst mit Zwangsgeld. In der Regel erfordert die Festsetzung eines Zwangsgeldes die schuldhafte Nichterfüllung der Verpflichtung, zu deren Erzwingung das Zwangsgeld angedroht war.[156] Hierunter können auch verbindliche Besuchsregelungen fallen, die zwischen den Eltern bestehen. Bei Nichteinhaltung ist das Familiengericht gehalten, den Vereinbarungen – wenn nötig mit Zwangsgeld – Geltung zu verschaffen.

Die festgelegten Voraussetzungen müssen bereits eingetreten sein; so reicht z. B. die bloße telefonische Ankündigung, die Ausübung eines Umgangs zu einem gerichtlich bestimmten Termin zu verweigern, nicht aus, Zwangsgeld festzusetzen.[157] Verreist der sorgeberechtigte Elternteil für längere Zeit mit dem Kind und setzt sich damit über eine Umgangsregelung hinweg,[158] kann dies noch nicht als ahndungswürdige Verfehlung angesehen werden.

Andererseits kann das Zwangsgeld bei schwerwiegenden Meinungsverschiedenheiten der Eltern ohne bereits erfolgte Zuwiderhandlung angedroht werden,[159] auch dann, wenn der Elternteil, bei dem das Kind lebt, zwar nicht schuldhaft, aber aufgrund von Umständen, die er zu verantworten hat (ein Beispiel ist der Fall, wo das Kind in den Ferien an einem Fußballturnier teilnehmen soll, in der Zeit, in der der umgangsberechtigte Elternteil das Kind zu sich nehmen sollte) das Umgangsrecht nicht einhalten wird oder wenn die Umstände befürchten lassen, dass dieser Elternteil die Umgangsregelung nicht respektieren wird. Der Elternteil, bei dem sich das Kind aufhält, hat alles objektiv Zumutbare zu

---

[150] Ausführlich hierzu: *Kraeft* FuR 2000, 417–421.
[151] OLG Zweibrücken FamRZ 2000, 299 = KindPrax 1999, 203.
[152] OLG Karlsruhe FamRZ 1998, 637.
[153] OLG Rostock ZfJ 1999, 399.
[154] Zur Erzwingung des Umgangs siehe auch *Peschel-Gutzeit* FPR 1995, 87.
[155] OLG Karlsruhe FamRZ 1993, 1479; AG Düsseldorf FamRZ 1995, 498; OLG Koblenz FamRZ 2000, 1233.
[156] OLG Celle FamRZ 1998, 1130.
[157] OLG Düsseldorf FamRZ 1978, 619.
[158] OLG Karlsruhe FamRZ 1996, 1094.
[159] OLG Köln FamRZ 1977, 735.

unternehmen, um das Kind zum Umgang zu bewegen.[160] Die nachfolgende Festsetzung eines Zwangsgeldes bedarf der vorherigen Androhung, dies gilt auch bei mehrmaliger Festsetzung.[161] Es muss aber eine konkrete vollzugsfähige gerichtliche Entscheidung vorliegen;[162] zudem muss der Beschluss konkrete Verpflichtungen[163] zum Tun oder Unterlassen über Art, Ort, Zeit und Umfang enthalten.[164] So reicht daher z.B. nur ein zeitlicher Umfang des Umgangsrechts ohne genaue Zeitangaben nicht aus,[165] ebenso wenig nur allgemein gehaltene Klagen über Pflichtverletzungen des sorgeberechtigten Elternteils.[166]

Eine Festsetzung des Zwangsgeldes kann nicht erfolgen, wenn die Nichterfüllung schuldlos ist, etwa wenn der Sorgeberechtigte nachhaltig z.B. durch Kürzung des Taschengeldes) auf das Kind einwirkt, doch den umgangsberechtigten Elternteil zu besuchen, das Kind sich aber standhaft weigert, den Besuch wahrzunehmen;[167] oder der Elternteil kann auf das ältere Kind (etwa 14/15 Jahre) erzieherisch nicht mehr einwirken, den anderen Elternteil zu besuchen.[168] Ein Zwangsgeld kann auch nicht verhängt werden, um die Betroffenen zu verpflichten, eine psychotherapeutische Beratung in Anspruch zu nehmen mit dem Ziel, über diesen Weg ein Umgangsrecht zu ermöglichen.[169] Ein anderes Anschlusskriterium ist ein bereits beauftragtes Sachverständigengutachten zu dieser Frage.[170]

Das Zwangsgeld ist von seiner rechtlichen Natur ein Beugemittel, das ausschließlich dazu dient, die Befolgung gerichtlicher Anordnungen zu erzwingen,[171] jedoch keine Strafe für bereits ergangene Pflichtverletzungen.[172]

Die Zwangsgeldandrohung zum Vollzug einer einstweiligen Anordnung zur Regelung eines Umgangs mit dem Kind ist mit einfacher Beschwerde anfechtbar.[173] Im Verfahren über die Androhung eines Zwangsgeldes ist z.B. aber nicht mehr zu prüfen, ob die Ausübung einer Umgangsregelung gegen den Willen des Kindes dem Kindeswohl zuwiderläuft[174] oder eine mittlerweile erfolgte Unterbringung des Kindes in einem Kindertagesheim eine neue Umgangsregelung erfordert.[175]

Nur in den allernotwendigsten Fällen wird ein Sachverständiger dem Familiengericht die Androhung von Zwangsgeld als geeignete Interventionsmaßnahme empfehlen. Zum einen ist diese Empfehlung meistens nicht durch die Fragestellung gedeckt, zum anderen fehlt es dem Sachverständigen an Hintergrundwissen um die finanzielle Situation der Familie. Häufig sind Betroffene Prozesskostenhilfeempfänger, so dass Zwangsgeldandrohungen ohnehin wenig greifen. Nicht zuletzt wird der Sachverständige kaum abschätzen

---

160 OLG Brandenburg FamRZ 1996, 1092.
161 OLG Frankfurt FamRZ 1980, 933; OLG Hamm, FamRZ 1985, 1, S. 86; OLG Karsruhe, FamRZ 1988, 11, S. 1196.
162 OLG Celle FamRZ 1999, 173; OLG Zweibrücken FamRZ 1999, 173; OLG Düsseldorf FamRZ 1999, 522.
163 OLG Brandenburg FamRZ 1997, 1548; OLG Düsseldorf FamRZ 1998, 838.
164 OLG Zweibrücken FamRZ 1984, 508; OLG Zweibrücken FamRZ 1997, 1548.
165 OLG Köln FamRZ 1999, 172.
166 OLG Bamberg FamRZ 2000, 489.
167 BayObLG FamRZ 1984, 197; AG Charlottenburg FamRZ 1989, 1217.
168 OLG Frankfurt 6 WF 155/95, zitiert bei *Weychardt* ZfJ 1999, 335.
169 OLG Bamberg FamRZ 1999, 173; OLG Frankfurt 6 WF 155/95, zitiert bei *Weychardt* ZfJ 1999, 335.
170 OLG Naumburg ZfJ 1997, 186 = FamRZ 1997, 626.
171 BayObLG DAVorm 1982, 604.
172 OLG Karlsruhe FamRZ 1998, 1131.
173 OLG Stuttgart FamRZ 1999, 1094.
174 OLG Hamm FamRZ 1996, 363.
175 OLG Hamburg FamRZ 1996, 1093.

können, inwieweit Zwangsgeld auch dem Kindeswohl schadet, da dieses Geld dann für das Familieneinkommen nicht mehr zur Verfügung stünde.

Der Sachverständige sollte sich gegebenenfalls darauf beschränken, im Rahmen seiner schriftlichen Ausführungen wiederzugeben, dass eine Bezugsperson des Kindes deutlich gemacht hat, sich an keinerlei Regelungen des Familiengerichtes halten zu wollen.

b) Zwangshaft. Die seit 1990 in § 33 FGG genannte Zwangshaft kommt nur zur Durchsetzung eines Kindesherausgabeanspruchs (§ 1632 BGB) in Betracht.[176] Eine Umwandlung eines nicht beitreibbaren Zwangsgelds in Haft ist aber ausgeschlossen.[177] Die Anordnung zur Herausgabe eines Kindes kann z. B. mit Zwangshaft durchgesetzt werden, wenn der umgangsberechtigte Elternteil das Kind zu Verwandten ins Ausland gebracht hat.[178] In jedem Fall würde eine Inhaftierung eines Elternteils das Kindeswohl nachhaltig berühren, so dass im Rahmen der familienpsychologischen Auseinandersetzung diese Intervention aus psychologischer Sicht nicht empfohlen werden kann.

c) Entzug der elterlichen Sorge. Neben dem Zwangsgeld und der Zwangshaft stehen dem Gericht noch weitere Möglichkeiten zur Verfügung, um seinen Entscheidungen Geltung zu verschaffen, deren Einsatz immer unter dem Gesichtspunkt des Kindeswohls zu überprüfen ist.

Sollte das Umgangsrecht durch das Verhalten der Eltern verhindert werden, kann das Familiengericht eine Ergänzungspflegschaft zur Durchführung des Umgangs anordnen[179] oder das Aufenthaltsbestimmungsrecht zur Sicherstellung des Umgangsrechts zeitweilig begrenzt auf einen Ergänzungspfleger übertragen[180] oder – weiter gehend – die Sorge für die Kinder dem anderen Elternteil oder dritten Personen übertragen.[181]

Bestehen bei erheblichen Umgangsverhinderungen durch den betreuenden Elternteil beim anderen Elternteil ansonsten keine Einschränkungen für das Kindeswohl, so kann vom Sachverständigen durchaus entsprechend ein Sorgerechtswechsel empfohlen werden, wenn alle anderen Maßnahmen nicht gegriffen haben.[182] Häufig genügt bereits die Diskussion eines Sorgerechtswechsels, um bei einem blockierenden Elternteil die Bereitschaft zu fördern, Kontakt mit dem Kind zum anderen Elternteil zuzulassen.

Es ist auch eine Unterbringung des Kindes bei dritten Personen oder in einem Internat möglich, um das Kind aus der ungünstigen Beeinflussung des Sorgeberechtigten herauszunehmen. Bei einer solchen Maßnahme ist jedoch stets zu überprüfen, ob diese nicht mehr Schaden für das Kindeswohl anrichtet, als für den möglichen Umgang gewonnen wird. All diese Maßnahmen können aber nur angewandt werden, wenn ein Eingreifen des Familiengerichts gemäß § 1666 BGB erforderlich ist.

d) Anwendung von Gewalt. Zur Durchsetzung der gerichtlichen Verfügung zum Umgangsrecht kann auch der Gerichtsvollzieher eingesetzt werden. Als Zwangsmaßnahme zur Durchsetzung des Umgangs ist aber die Anwendung von Gewalt gegen ein Kind seit dem 1. 7. 1998 gemäß § 33 Abs. 2, Satz 2 FGG nicht mehr zulässig, was aus psychologischer Sicht nur begrüßt werden kann.

---

[176] Beispiel: OLG Hamm FPR 1995, 103; OLG Nürnberg FamRZ 2000, 369.
[177] BayObLG FamRZ 1993, 823.
[178] OLG Hamm FamRZ 1993, 1479.
[179] AG Aalen FamRZ 1991, 360 mit Anmerkung *Luthin*.
[180] OLG Bamberg FamRZ 1985, 1175; BezG Erfurt FamRZ 1994, 921.
[181] OLG Stuttgart FamRZ 1979, 343.
[182] Kritisch dazu: *Ewers* FamRZ 2000, 787.

Zur Durchsetzung eines Besuchsrechtes kann eine befugte Person, meist der Gerichts-vollzieher, die Wohnung des Elternteils, in der sich das Kind aufhält, mit dessen Erlaubnis betreten. Er darf das Kind aber nicht berühren, sondern darf nur mit angemessenen ver-balen Mitteln, ohne verbale Drohung, versuchen, das Kind zum Umgang zu bewegen. In der Praxis wendet sich der umgangsberechtigte Elternteil oftmals an die örtliche Polizei, die hierzu keinerlei Befugnis einzuschreiten hat, auch wenn sie gelegentlich im familiären Konflikt Partei ergreift, oftmals aber nur für den Augenblick schlichtet. Auch hier gilt, die Polizei darf das Kind nicht berühren oder in irgendeiner Art und Weise Gewalt an-wenden.

Folgerichtig darf zum Zweck des Umgangsrechts ein Gerichtsvollzieher auch keine Poli-zei heranziehen, um das Kind gegen dessen Willen mit körperlicher oder psychischer Ge-walt dem Umgangsberechtigten zuzuführen.

Anders verhält es sich, wenn ein Herausgabebeschluss besteht. In diesen Fällen kann Gewalt angewandt werden, gestützt auf § 33 Abs. 2 FGG, wenn es der Abwendung von Kindeswohlgefährdung dient. Besteht keine unmittelbare Gefährdung des Kindes, dürfen Gerichtsvollzieher und/oder Polizei die Wohnung gegen den Willen des Wohnungsbesit-zers nicht betreten, denn dies würde eine Durchsuchung im Sinne von Art. 13 II GG dar-stellen.[183] Das Gericht muss daher eindeutig in seinem Beschluss zur einstweiligen Anord-nung das Betreten der Wohnung anordnen.

Um Gewalt für eine Herausgabe eines Kindes anwenden zu dürfen, ist eine weitere be-sondere Verfügung des Familiengerichtes notwendig. Es kann einem Elternteil unzumut-bar sein, selbst gegen sein Kind physische Gewalt anwenden zu müssen,[184] deshalb kann auf Gerichtsvollzieher bzw. Polizei zurückgegriffen werden.

Prinzipiell könnte auch Gewalt[185] angewandt werden, wenn ein Elternteil nach einem Besuchswochenende das Kind dem sorgeberechtigten Elternteil[186] oder zur Pflegefamilie nicht mehr zurückbringt.[187] Hier werden aber Maßnahmen des Jugendamtes und ein schneller Gerichtstermin die angemessenen Schritte sein, um dem Kindeswohl gerecht werden zu können.

Ähnliches ergeht, wenn ein Elternteil nach einer familiengerichtlich erfolgten Abände-rung sich weigert, das Kind an den nun allein sorgeberechtigten Elternteil herauszugeben. In diesem Fall kann Gewalt angewendet werden. In der Regel werden diese gewaltsamen Übergaben vermieden, um dem Kind eine Begegnung mit der Polizei und die Auseinan-dersetzung der Eltern zu ersparen. Auch hier bestünden andere Möglichkeiten, z. B. eine Übergabe des Kindes im Familiengericht, nach der Anhörung, am Kindergarten oder an der Schule, ohne Wissen des anderen Elternteils.

Prinzipiell gilt, dass die Anwendung von Gewalt nur als äußerstes Mittel in Betracht kommt, wenn alle denkbaren anderen Maßnahmen gescheitert oder erkennbar aussichts-los sind.[188]

e) Strafverfahren. In der Praxis wird der Familienrichter in hochstreitigen Familien-konflikten, insbesondere wenn sie den Verdacht auf sexuellen Missbrauch zum Inhalt ha-ben, diese Konflikte nicht noch durch ein Strafverfahren verschärfen. Der Familienrichter

---

[183] BVerfG FamRZ 2000, 411.
[184] OLG Zweibrücken FamRZ 1987, 90; KG FamRZ 1986, 503; OLG Köln FamRZ 1998, 961.
[185] Zur rechtliche Begründung: *Diercks* FamRZ 1994, 1226–1230.
[186] OLG Celle FamRZ 1994, 1129.
[187] *Wieser* FamRZ 1990, 693–698.
[188] OLG Düsseldorf ZfJ 1994, 537 = FamRZ 1994, 1541. BGH FamRZ 1977, 126.

ist nicht verpflichtet, eine mögliche Straftat den Strafverfolgungsbehörden anzuzeigen. Dieser Schritt sollte den unmittelbar Betroffenen überlassen bleiben. Im Einzelfall hat aber der Familienrichter zu überprüfen, ob der Schutz des Kindes nicht auch die strafrechtliche Verfolgung des Täters verlangt.[189]

Das Umgangsrecht des nichtsorgeberechtigten Elternteils fällt auch in den Schutzbereich des § 235 StGB. Ein Sorgeberechtigter macht sich strafbar, wenn er dem umgangsberechtigten Elternteil das Kind dauerhaft entzieht.[190] Ein bloßes Entfernen des Kindes vom umgangsberechtigten Vater ins Ausland stellt aber keine Entziehung durch List im Sinn des § 235 Abs. 1 StGB dar.[191]

f) Verfahrenskosten. Im Familiengerichtsverfahren werden in der Regel die Kosten des Verfahrens beiden Parteien auferlegt. Aus Billigkeitsgründen können aber die Kosten einer Partei auferlegt werden, wenn sie aufgrund uneinsichtigen Verhaltens verursacht worden sind. Dies gilt auch für Sachverständigenkosten,[192] was z. B. bei unbegründeten Anträgen auf Ausschluß eines Umgangsrechts der Fall sein kann.[193]

Auch Detektivkosten sind erstattungspflichtig, sofern sie für die erstrebten Feststellungen wirklich notwendig waren.[194] Dies gilt beispielsweise für Pflegeeltern, wenn ein Sorgeberechtigter sein Kind aus der Familie mitgenommen hat, obwohl mit einer Verbleibensanordnung zu rechnen war.[195]

Rückführungskosten eines Kindes bei Kindesentzug und möglicherweise auch die Flugkosten für eine Begleit- und Vertrauensperson sind allein vom Kindesentzieher zu erstatten.[196]

g) Veränderung von Unterhaltsverpflichtungen. Nach § 1579 Abs. 6 BGB (negative Härteklausel) kann prinzipiell der Unterhaltsanspruch eines Elternteils versagt oder herabgesetzt werden, wenn dem Berechtigten ein offensichtlich schwerwiegendes, eindeutig bei ihm liegendes Fehlverhalten gegenüber dem Verpflichteten zur Last fällt. Eine solche Konstellation kann sich ergeben, wenn ein Elternteil den anderen mutwillig eines sexuellen Missbrauches beschuldigt[197] oder den Umgang mutwillig einschränkt.[198] Dies greift aber nicht, wenn die Kindesbelange zur Pflege und Erziehung damit nicht mehr gesichert bleiben. Andererseits kann auch ein Elternteil einen Sonderbedarf geltend machen, wenn der andere Elternteil sein Umgangsrecht nicht wahrnimmt, z. B. um mit dem Kind in den Urlaub fahren zu können.

Im Extremfalle kann auch die Unterhaltspflicht gegenüber dem Kind entfallen.[199]

---

[189] *Rasch* FPR 1995, 152.

[190] BGH FamRZ 1999, 651 in einem Fall, in dem ein in Pakistan geborener Vater das Kind nach Pakistan verbrachte.

[191] StA Karlsruhe FamRZ 1997, 774.

[192] OLG Rostock FamRZ 1994, 252.

[193] OLG Thüringen FamRZ 2000, 47.

[194] OLG Karlsruhe FamRZ 1999, 174.

[195] BVerfG FamRZ 1993, 1420.

[196] OLG Koblenz FamRZ 1995, 36: hier hatte der Vater das Kind nach Brasilien entführt.

[197] OLG Karlsruhe FamRZ 1999, 92.

[198] OLG Celle FamRZ 1989, 1194; OLG Nürnberg FPR 1995, 103; OLG Nürnberg FamRZ 1997, 614; OLG München FamRZ 1998, 750; OLG Nürnberg FuR 1994, 237.

[199] Siehe: LG Kiel FamRZ 1996, 47, die Mutter wurde u. a. im Alter von 14 Jahren durch Vergewaltigung schwanger. Sie wurde von der Unterhaltsverpflichtung gegenüber dem fremd untergebrachten Kind freigestellt.

h) Grenzen der Zwangsmaßnahmen. Ein Elternteil kann nicht gezwungen werden, sich an eine Beratungsstelle zu wenden, das Kind zum Sachverständigen oder zu einer Therapie zu bringen, sich selbst einer Therapie zu unterziehen oder beim Sachverständigen Aussagen zu machen, aber auch nicht, den Umgang wahrzunehmen, wenn er dies nicht möchte oder die elterliche Sorge allein zu übernehmen, wenn er dazu nicht bereit ist. Im Einzelfall können auf dem Umweg eines Ergänzungspflegers zumindest jedoch für das Kind Maßnahmen veranlasst werden, die die Eltern zu unterlassen haben, wenn ansonsten das Kindeswohl gefährdet wäre.[200]

---

[200] Für die Ersetzung der verweigerten Zustimmung zur Begutachtung durch einen Sachverständigen: OLG Frankfurt FF 2000, 176.

C. Familiengerichtliche Beauftragung des psychologischen Sachverständigen

Die familiengerichtlichen Verfahren, die das Kind betreffen und zu denen der psychologische Sachverständige herangezogen werden kann, werden überwiegend nach der Verfahrensordnung des FGG (Freiwillige Gerichtsbarkeit) behandelt. Bei anderen Scheidungsfolgen ist die ZPO (Zivilprozessordnung) außer dem Versorgungsausgleich die maßgebliche Verfahrensordnung. Die Verfahrensordnung des FGG legt dem Familienrichter eine Ermittlungspflicht auf, was weitreichende Auswirkungen auf die Rolle des Familiengerichts und auch auf die des Sachverständigen hat.

Die Amtsermittlungspflicht umfasst nach § 12 FGG auch die Einholung eines Sachverständigengutachtens[1] und gegebenenfalls dessen Erläuterung durch den Sachverständigen.[1] Der Familienrichter kann u. a. ein weiteres Gutachten einholen, wenn das erste Gutachten noch nicht ausreichend erscheint.[2] Bei einer Beauftragung eines Sachverständigen hat der Familienrichter abzuwägen zwischen dem Gewinn an Sachaufklärung und einer Beeinträchtigung des Kindeswohls durch eine verlängerte Verfahrensdauer.[3]

Durch die Bestellung zum Sachverständigen geht der Diplom-Psychologe verschiedene Verpflichtungen ein, die sich aus den gesetzlichen Regelungen der ZPO, des FGG, des BGB, der StPO, dem ZSEG und nicht zuletzt aus dem SGB VIII ergeben. Um diese Auswirkungen und die Möglichkeiten des Sachverständigen im konkreten Begutachtungsfall einschätzen zu können, ist die Kenntnis dieser Gesetzesvorschriften unabdingbare Voraussetzung.

Der Blick in die mit der Kindschaftsrechtsreform einhergehenden Gesetzesänderungen des SGB VIII (KJHG), des FGG und des BGB kann den Berufsstand der psychologischen Sachverständigen je nach Blickwinkel enttäuschen oder erleichtern: Der Sachverständige wird bei all den geänderten Gesetzesvorschriften nicht explizit erwähnt. Eine gesetzliche Definition der Pflichten und Anforderungen des Sachverständigen im FGG-Verfahren findet sich nicht. An seine Tätigkeit wurde entweder nicht gedacht oder man geht davon aus, diese Berufsgruppe passe sich ohnehin angemessen der veränderten Gesetzeslage an bzw. die Anleitungspflicht des Familienrichters sorge schon für entsprechend korrektes Tätigwerden des Sachverständigen.

Die grundlegenden Vorschriften, der auf für das FGG-Verfahren geltenden ZPO für sachverständiges Handeln, schränken einerseits die Handlungsweise ein, können z.B. die Pflicht der persönlichen Erstattung und die Verpflichtung zur Verschwiegenheit, Teamarbeit verbieten. Andererseits geben gerade diese gesetzlichen Vorschriften und in deren Folge Beschlüsse der Familiengerichte dem psychologischen Sachverständigen konkrete Hilfestellungen für sein Verhalten gegenüber den Beteiligten, aber auch Entscheidungshilfen bei Problemen, die gerade im Grenzbereich zwischen Jurisprudenz und Psychologie immer wieder auftreten.

---

[1] *Oelkers* FuR 1999, 417.
[2] OLG Zweibrücken FamRZ 1999, 521.
[3] Vgl. *Coester*, Kindeswohl als Rechtsbegriff, 1982, S. 370.

Nicht zuletzt ist es die Aufgabe der Sachverständigen, mit ihrem Handeln Einfluss auf die Gestaltung der Gerichtsbeschlüsse zu nehmen und damit langfristig ihren Beitrag für die Rechtsentwicklung zu leisten. Dies ist aber nur im Austausch mit den Rechtsanwendern möglich bei ausreichender Kenntnis der Verfahrensvorschriften.

1. Auswahl des Sachverständigen

a) Ermessen. Die Auswahl des Sachverständigen steht dem Gericht nach § 404 Abs. 1 ZPO im Rahmen seiner Amtsermittlung nach pflichtgemäßem Ermessen zu. Der Familienrichter wird aber seine Auswahl in der Regel mit den Betroffenen während der Sitzung besprechen und etwaige Einwände, falls diese als begründet erachtet werden, berücksichtigen. Sollten die Eltern gemeinsam einen Sachverständigen auswählen, wird der Familienrichter in der Regel diesem Vorschlag gemäß § 404 Abs. 4 ZPO Folge leisten, bindend ist der Vorschlag für ihn nicht.

Grundsätzlich ist davon auszugehen, dass die Gerichte zu Sachverständigen nur Personen bestellen, die über die erforderliche fachliche Kompetenz verfügen.[4] Über die Qualität des Sachverständigen kann sich das Gericht häufig kein abgesichertes Urteil leisten. Es ist aber nicht erforderlich, dass das Gericht durch Befragung von Zeugen förmlich Beweis erhebt, ob der Sachverständige sachkundig ist. Auch eine „inquisitorische" Befragung des Sachverständigen zur Prüfung seiner Sachkunde ist unzulässig. Das Gericht kann die Sachkunde nach freiem Ermessen, z.B. durch formlose Einholung von Auskünften, überprüfen.[5] Die vorhandene Sachkunde des Sachverständigen wird nachträglich daran gemessen, ob ein pflichtbewusster Familienrichter darauf seine Entscheidung gründen kann.[6]

b) Qualität. Die Einschätzung der Qualität richtet sich in der Praxis häufig nach der wissenschaftlichen Reputation des Sachverständigen,[7] der Art und Weise seines Vorgehens,[8] der Prozesserfahrung,[9] der Verfügbarkeit des Sachverständigen[10] und den persönlichen Vorlieben des Richters.[11] Nicht zuletzt gewinnt der jeweilige Sachverständige das richterliche Vertrauen, der forensisches Ansehen genießt, weil er sich nicht in juristische Fallstricke, wie z.B. Befangenheit, nicht judikable Empfehlungen, Verzögerung des Verfahrens verfängt, zudem bei Rechtsanwälten angesehen ist und dementsprechend wenig Widerspruch von Seiten der Anwälte herausfordert.

---

[4] Die mangelnde Kompetenz beklagt *Bergmann,* Auswahl und Rolle des Gutachters im familiengerichtlichen Verfahren, 1997.

[5] *Jessnitzer* DS, 1992, 38.

[6] Das OLG Hamburg FamRZ 1983, 1271, empfiehlt, einen Sachverständigen zu beauftragen, der in seiner Berufspraxis mit dem Problem der wechselseitigen Bindungen von Kindern und Bezugspersonen befasst ist und über entsprechende Erfahrungen verfügt.

[7] So *Coester*, Kindeswohl als Rechtsbegriff, 1982, S. 458; *Hartmann*, Psychologische Diagnostik, 1973, S. 89 weist auf den Einfluss der Einstellung des Auftraggebers zum Sachverständigen in Bezug auf die Effektivität eines Gutachtens hin. Wenn der Sachverständige vom Familienrichter als vertrauenswürdig eingeschätzt wird, wird dessen Gutachten erhöhte Glaubwürdigkeit zugebilligt. Die Vertrauenswürdigkeit eines Sachverständigen hängt von seinem Alter, sozialen Status und der Ähnlichkeit mit den Interessen, Werthaltungen und dem sozialen Status des Auftraggebers ab.

[8] Den Status quo erhebend oder beratend; vgl. *Dickmeis* ZfJ 1989, 172.

[9] *Ritter* S. 49.

[10] *Simitis/Rosenkötter/Vogel et al.,* Kindeswohl, S. 38.

[11] *Schreiber*, Zur Rolle des psychiatrisch-psychologischen Sachverständigen im Strafverfahren, 1987, S. 57.

Der Aspekt des Vertrauens in den Sachverständigen[12] ist bei der Auswahl von erheblicher Bedeutung, da der Familienrichter oftmals sowohl die Tatsachen, die der Sachverständige ermittelt hat (nicht auf ihre Entscheidungserheblichkeit) als auch die Schlussfolgerungen, die er daraus zieht, (nicht auf ihre Wissenschaftlichkeit) hin nachprüfen kann und ihm häufig ausreichende Sachkunde zur Widerlegung des Gutachtens nicht zur Verfügung steht.

Bezüglich der Qualität gibt es keinen allgemeinen Erfahrungssatz, dass Gutachten namhafter Hochschulpsychologen gegenüber denjenigen von Diplom-Psychologen in freier Praxis oder beamteten Psychologen den Vorzug verdienen.[13] Die Gutachten namhafter Hochschullehrer werden häufig nicht persönlich erstellt, die eigentliche Begutachtung wird oftmals – unerlaubterweise – an einen Mitarbeiter delegiert. Auch besagt die Zugehörigkeit zu einem gerichtspsychologischen Institut nicht in jedem Falle etwas über eine bessere Qualifikation des Sachverständigen aus.[14]

c) Sachkunde. Nach der ZPO (§ 404 Abs. 2) sollen öffentlich bestellte und beeidigte Sachverständige bei der Beauftragung anderer Sachverständiger vorgezogen werden. Bisher werden nur in Bayern für den Bereich der forensischen Psychologie oder verwandte Spezialgebiete Sachverständige öffentlich bestellt und beeidigt. Ein weiteres Auswahlkriterium könnte der „Fachpsychologe für Rechtspsychologie" sein, der seit dem 1.1. 2000 erworben werden kann und mit einer Qualifikationsprüfung einhergeht.

Das gerichtliche Ermessen wird aber überschritten, wenn das Gericht einen Sachverständigen beauftragt, dessen Fachkenntnis erkennbar nur zum Teil für die Fragestellung ausreicht. Dies könnte der Fall sein, wenn das Gericht ein psychologisches Gutachten etwa bei einem Diplom-Pädagogen in Auftrag gibt. Kompetenzprobleme kann es auch bei der Zuordnung von kinder- und jugendpsychiatrischen und erwachsenenpsychiatrischen[15] oder -psychologischen Fragen an einen Sachverständigen geben.

Der Kinder- und Jugendpsychiater befasst sich mit der Diagnostik und den Interventionsmöglichkeiten bei psychiatrischen Störungen bei Kindern und Jugendlichen. Er sollte immer dann eingeschaltet werden, wenn die Maßnahme mit einem Klinikaufenthalt zu diagnostischen Zwecken und zur Feststellung weiterer Hilfsmaßnahmen verbunden ist. In erster Linie beziehen sich die Gründe, die den Kinderpsychiater notwendig machen, auf das Kind allein. Zuordnungskriterien können frühere stationäre oder ambulante kinder- und jugendpsychiatrische oder neuropsychiatrische Erkrankungen sein, aber auch bei Epilepsie, schwerer Verhaltensprobleme wie Zwangsstörungen, Schulphobie, Leistungsstörungen in der Schule, gelegentlich auch erhebliche Verhaltensauffälligkeiten mit Krankheitswert, wenn diese durch unangemessenes Verhalten der Eltern bedingt sind.

Der Psychiater wird abweichendes Verhalten mit Hilfe eines Krankheitsmodells erklären. Dieses lässt sich durch die Trias: Ursache – Symptom – Behandlung charakterisieren, wobei die Symptome größtenteils als körperlich begründet angesehen werden. Der Psychiater befasst sich demzufolge in erster Linie mit den Ursachen und der Behandlung seelischer Krankheiten und Geistesstörungen.

Das Wissen des Erwachsenenpsychiaters ist unabdingbar bei jenen Verhaltensauffälligkeiten, die nach heutigem Erkenntnisstand eine krankheitswerte Komponente beinhal-

---

[12] *Gschwind/Petersohn/Rautenberg* S. 18; *Pieper* S. 20.

[13] BSG Medizin im Sozialrecht 1986, 355 und BSG Medizin im Sozialrecht 1986, 397 für ärztliche Sachverständige.

[14] OLG Frankfurt Beschluss vom 23. 12. 1997, zitiert bei: *Weychardt* ZfJ 1999, 333.

[15] Eine Abgrenzung versuchen: *Weber/Rüth* Nervenheilkunde 1997, 447–450, *Rüth* ZfJ 1999, 277–281.

ten. Dies trifft z. B. auf die Diagnose von (schizophrenen, depressiven, zyklothymen) Psychosen, von Hirnschädigungen sowie manchen Formen der Geistesstörung zu.

In der Psychologie hingegen betrachtet man abnormes Verhalten als Fehlanpassung, die vor allem aus der jeweiligen persönlichen Lebensgeschichte verständlich wird. Der Psychologe interessiert sich zunächst für das Verhalten, das in der Spannbreite eines Normalbereichs anzutreffen ist. Innerhalb dessen gilt seine Aufmerksamkeit individuellen Differenzen, den Abweichungen von statistischen und sozialen Normen. Vor allem in der klinischen Psychologie sind psychische Auffälligkeiten und Störungen Gegenstand der Untersuchungen und der therapeutischen Einflussnahme.

Ein Betroffener könnte die mangelnde Sachkunde oder eine falsche Auswahl des Sachverständigen bereits damit begründen, dass der Sachverständige nicht für das zu beurteilende Sachgebiet ausgebildet ist. Wenn Zweifel an der Sachkunde bestehen, so hat das Gericht eine Begutachtung durch einen auf dem speziellen Gebiet erfahreneren Sachverständigen neu in Auftrag zu geben.[16] Wird ein Sachverständiger beauftragt, dessen Sachkunde sich nicht ohne weiteres aus seiner Berufsbezeichnung oder aus der Art seiner Berufstätigkeit ergibt, hat der Familienrichter dessen Sachkunde in seiner Entscheidung für das Beschwerdegericht nachvollziehbar darzulegen.[17]

2. Der psychologische „Sachverständige" als Berufsbezeichnung

Als Sachverständige werden Personen bezeichnet, die aufgrund ihrer besonderen Sachkunde bestimmte Erkenntnisse vermitteln können, die im Rechtsstreit zur Entscheidungsfindung benötigt werden.[18] Der Sachverständige nach dieser Definition ist im Gerichtsauftrag tätig.

Es gibt zwar kein Berufsgesetz für den Sachverständigen, das die Anforderungen an seine Tätigkeit regelt. Es kann sich aber nicht jeder Sachverständiger nennen.[19] Die Kriterien sind bezüglich den Anforderungen unscharf, an eine Ausbildung ist die Bezeichnung nicht zwingend gebunden. Ein Sachverständiger muss nur die notwendige Fachkompetenz besitzen, die er sich aber durch Mitarbeit in einem Sachverständigenbüro erworben haben kann,[20] andererseits sind zahlreiche beanstandungslos erstellte Gutachten kein Kriterium für Sachkunde.[21]

Nach § 3 des Gesetzes gegen den unlauteren Wettbewerb ist der Begriff „Gerichts-Sachverständiger" als Berufsbezeichnung unzulässig, weil irreführend, da ein Gerichtssach verständiger nur derjenige sein kann, der in einem konkreten Prozess als Sachverständiger herangezogen wird.[22] Auch eine Bezeichnung wie z. B. „als Sachverständiger eingetragen beim OLG Düsseldorf und Hamm sowie in den Gerichtsbezirken Aachen, Düsseldorf, Köln u. a. m." verstößt gegen § 3 des Gesetzes gegen den unlauteren Wettbewerb, da es keine Eintragung für Sachverständige gibt. Die bei Gericht geführten Sachverständigen-

---

[16] BGH ZSW 1988, 43.
[17] BayObLG FamRZ 1997, 901.
[18] So *Bremer* S. 103.
[19] Ausführlich: *Pause* in: Bayerlein S. 4 ff.
[20] BGH DS 1999, 25.
[21] Hierzu: *Ulrich* DS 1999, 34–35.
[22] Vgl. *Jessnitzer* DS 1988, 6.

Salzgeber

listen repräsentieren keine offiziellen Eintragungen.[23] Es kann der Verein zur Bekämpfung unlauteren Wettbewerbs in Bad Homburg genutzt werden, um unseriöse Sachverständigenbezeichnungen abzumahnen und bei Weigerung auf Unterlassung zu klagen.[24]

In Bayern besteht die Möglichkeit, sich von den Bezirksregierungen öffentlich beeidigen und bestellen zu lassen, wobei die Bestellung nur für ein bestimmtes Fachgebiet gilt. Sachkunde und persönliche Eignung werden von Amts wegen überprüft. Die Vorschriften für die Bestellung sind im Bayerischen Sachverständigengesetz niedergelegt.[25] Die Bezeichnung „öffentlich bestellter und beeidigter Sachverständiger" ist geschützt.[26] Diese Sachverständigen unterliegen der Kontrolle ihrer Bestellungsbehörde. Die Bestellung kann bei unsachgemäßer Sachverständigentätigkeit zurückgenommen werden.

3. Zur Qualifikation des psychologischen Sachverständigen

Der Psychologe[27] erlangt seine Befähigung zum Sachverständigen durch das Hauptstudium der Psychologie, das seit 1942 durch eine Diplom-Studienordnung geregelt ist. Nur Diplom-Psychologen und Psychologen, die das Studium mit Magister oder Promotion abgeschlossen haben, sind berechtigt, die Bezeichnung „Psychologe" zu führen. Jemand, der diese Prüfungen nicht abgelegt hat, macht sich nach § 132 a StGB strafbar, wenn er die Bezeichnung „Psychologe" führt.[28] Das abgeschlossene Studium der Psychologie qualifiziert grundsätzlich für die Anwendung aller Methoden der psychologischen Diagnostik[29] und berechtigt, psychologische Gutachten zu erstellen.[30] Neben den Psychologen erstellen aus Tradition auch Ärzte für Kinder- und Jugendpsychiatrie Gutachten für die Familiengerichte,[31] gelegentlich auch Kinderärzte und Diplom-Pädagogen.

Zu der allgemeinen Qualifikation, die durch das Studium erworben wird, sind für den „Sachverständigen" zweifelsohne zusätzliche Fähigkeiten und Kenntnisse zu fordern.[32] Die Tätigkeit des Sachverständigen bewegt sich im Grenzbereich zwischen Psychologie als empirischer Wissenschaft und Jurisprudenz als normativer Wissenschaft.[33] Vom psychologischen Sachverständigen ist daher zu erwarten, dass er die elementare Literatur und Rechtsprechung für seine Berufsausübung als Gerichtssachverständiger kennt[34] und sich

---

[23] LG Bonn Report Psychologie 1988, 11/12, S. 3.

[24] *Bleutge* Berufliche Perspektiven des Sachverständigenwesens, Der Sachverständige 1999, 11, 23.

[25] Gesetz über öffentlich bestellte und beeidigte Sachverständige vom 11. Oktober 1950 (Bay. BS IV S. 73), zuletzt geändert durch Gesetz vom 24. 7. 1974 (GVBl. S. 354).

[26] Zulässig ist die Bezeichnung „anerkannter Sachverständiger", wenn die anerkennende private Organisation klar genannt wird und somit keine Verwechslung mit staatlichen oder anderen öffentlichen Einrichtungen möglich ist; Vgl. *Volze* DS 1988, 254.

[27] Den Titel „Psychologe" darf gemäß Beschluss des OLG Karlsruhe vom 9. 2. 1987 (6 W 134/86) nur derjenige führen, der einen staatlich anerkannten Abschluss einer Hochschule im Fach Psychologie absolviert hat.

[28] *Jäger/Petermann* Psychologische Diagnostik, S. 130.

[29] *Fehnemann*, Rechtsfragen des Persönlichkeitsschutzes bei der Anwendung psychodiagnostischer Verfahren in der Schule, S. 21.

[30] Vgl. *Klein* S. 83.

[31] *Wegener* ZfJ 1982, 493.

[32] *Zimmermann* DS 2000, 10, 16: es wird überdurchschnittliche Sachkunde und Erfahrung verlangt.

[33] *Markowsky* S. 33 ff.

[34] OLG Bremen, zitiert bei *Ulrich* DS 1999, 16. Die mangelnde Rechtskenntnis und juristisch nicht umsetzbare Empfehlungen erwähnt *Oenning* FPR 1996, 165.

an die Gesetzesvorschriften hält.[35] Um als Sachverständiger tätig werden zu können, muss der Sachverständige die vorgegebenen rechtlichen Normen akzeptieren,[36] soweit sie durch Gesetz und höchstrichterliche Rechtsprechung bestehen, um kompetent und fair sachverständig tätig sein zu können. Wer das geltende Recht nicht anerkennen kann oder will, sollte keine Begutachtungsaufträge vom Gericht annehmen.[37] Nur durch strikte Gesetzestreue kann verhindert werden, dass Gutachter über ihre Expertise subjektive rechtspolitische Ziele − contra legem − zu realisieren suchen.[38] Diese Gesetzestreue muss aber keinen Verzicht auf eine aktive Einflussnahme auf die Weiterentwicklung der Rechtspflege bedeuten, soweit dies im Rahmen der geltenden Gesetze möglich ist.[39] Ein Gutachten, das sich nicht an die bestehenden Gesetze hält, kann vom Gericht nicht verwertet werden und bedingt die Erholung eines neuen Gutachtens nach § 412 ZPO. Zudem kann der Sachverständige seinen Entschädigungsanspruch verlieren.

Die Kritiker dieses Standpunktes[40] sehen darin den Sachverständigen als Machtmittel und Stabilisator der sozialen Kontrolle missbraucht. Für den Familienrechtsbereich gilt diese Kritik, als Stabilisator der sozialen Kontrolle zu dienen, nur bedingt. Gerade die psychologischen Sachverständigen haben durch ihre veränderte Arbeitsweise und Publikationen geholfen, die Intervention im Familienrechtsverfahren einzuführen, ehe sie durch das SGB VIII und das Kindschaftsrechtsreformgesetz handlungsleitend wurde.

Es darf andererseits nicht sachverständige Aufgabe sein, aktuelle Tendenzen oder besondere sozialpolitische Vorlieben im Rahmen einer Begutachtung gegen den Willen der Betroffenen durchsetzen zu wollen. Beispiele hierzu wären die prinzipielle Stärkung der väterlichen Rolle, das gemeinsame Sorgerecht als absoluter Regelfall, die prinzipielle Beachtung der so genannten faktischen Elternschaft und daher die Belassung des Kindes bei Dritten, aber auch der Verzicht auf Diagnostik mit der Auflage an die Eltern, dass diese unbedingt selbst mit Hilfe des Sachverständigen eine Lösung finden müssten. In diesen Fällen mag der Sachverständige gelegentlich „erfolgreich" sein und Akzeptanz bei den Betroffenen finden. Nicht auszuschließen ist dabei allerdings, dass die Akzeptanz durch die Machtstellung des Sachverständigen erzwungen wurde.

Neben den rechtlichen Rahmenbedingungen bleibt der Sachverständige zudem der Ethik seines Berufs verpflichtet und ist den Regeln seiner Wissenschaft unterworfen.[41] Der Sachverständige muss sich innerhalb seiner Wissenschaft bewegen, er darf nicht seine Begutachtung ausschließlich am juristischen Begriffs- und Bezugssystem orientieren, um nicht nur juristische Empfehlungen abzugeben,[42] seine Aufgabe ist eine andere.

Aus ihrer eigenen Erfahrung mit Sachverständigen oder als Sachverständige formulieren verschiedene Autoren weitere Anforderungen an Qualifikationen, wie: Kenntnis der Kinder- und der Erwachsenenpsychologie[43] unter Berücksichtigung entwicklungspsycholo-

---

[35] *Finger* FPR 1998, 227.

[36] *Gschwind/Petersohn/Rautenberg* S. 19 sind der Meinung, der Sachverständige muss in der Grundüberzeugung befangen sein, dieses Recht sei richtig.

[37] So *Foerster* NJW 1983, 2051.

[38] *Coester*, Kindeswohl als Rechtsbegriff, 1982, S. 396, für den Richter *Wegener*, Einführung in die Forensische Psychologie, 1989, S. 15.

[39] *Steller* MSchrKrim 1988, 16.

[40] *Gschwind/Petersohn/Rautenberg* S. 19 f.; *Hartmann/Haubl* Psychologie heute 1985, 4, 61−66.

[41] Für den Arzt *Fritze/Viefhues* S. 1; *Fritze* S. 3.

[42] *Foerster* NJW 1983, 2049−2056 für den psychiatrischen Sachverständigen.

[43] *Ell* ZfJ 1980, 531−535.

gischer Erkenntnisse,[44] Kenntnisse und Fähigkeiten in Diagnostik, Klinischer und Pädagogischer Psychologie, Sozialpsychologie und Angewandter Psychologie.[45]

Trotz aller vielleicht vorhandener Qualifikationen hat sich der psychologische Sachverständige bewusst zu sein, dass es *den* Fachmann für „Kindeswohl" nicht gibt,[46] auch nicht in der Person des Diplom-Psychologen. Die Psychologie ist nicht in der Lage, Kindeswohl in seiner Gesamtheit zu definieren, auch die Psychologie behandelt nur einen Teilausschnitt des Kindeswohls.[47]

Gesichertes Wissen ist generell, aber insbesondere was den Familienrechtsbereich anbelangt, nicht erschöpfend vorhanden.[48] Dies erfordert vom Sachverständigen das Bekenntnis, dass er möglicherweise zu bestimmten Fragen aus fachpsychologischer Sicht eine Antwort, wie sie der Jurist für den rechtlichen Einsatz erwartet,[49] nicht oder nur eingeschränkt geben kann. Seine Stärke sollte er daher in der Diagnostik und Intervention entwickeln, da der Sachverständige bei seinem begrenzten Zeiteinsatz das Kindeswohl des konkreten Kindes in seiner Gesamtheit nur annäherungsweise erfassen kann. Sein wesentlicher Beitrag zum Kindeswohl sollte die Konfliktreduzierung und, im Verein mit den anderen Beteiligten, Hilfestellung sein.

4. Sachverständiger versus sachverständiger Zeuge

Vom Sachverständigen zu unterscheiden ist der sachverständige Zeuge. Darunter wird eine Person verstanden, die aufgrund ihrer besonderen Sachkunde bestimmte Tatsachen hat feststellen können. Eine Bewertung dieser Tatsachen im Sinn der gerichtlichen Entscheidung ist nicht vorgesehen, die Bewertung liegt immer im richterlichen Ermessen. Die Aussage eines sachverständigen Zeugen wird nach der Zeugenentschädigung vergütet.

Es gibt theoretisch die Möglichkeit, dass der Psychologe sowohl als sachverständiger Zeuge als auch als Sachverständiger wirkt. Jede Person darf in der Verhandlung jedoch nur in der Rolle auftreten, für die sie auch geladen ist. Es stellt somit einen Verfahrensfehler dar, wenn ein Sachverständiger als Zeuge vernommen wird oder ein Zeuge als Sachverständiger.[50]

Ein sachverständiger Zeuge ist z.B. ein Diplom-Psychologe in einem heilpädagogischen Kindergarten, der im Rahmen einer Sorgerechtsauseinandersetzung dem Gericht das Verhalten des Kindes im Hort schildert. Sollte das Gericht selbst die Frage stellen oder eine solche zulassen, ob dieses Verhalten in Zusammenhang mit dem Elternverhalten zu bewerten ist, so wäre dies eine Sachverständigenfrage, die der Psychologe als Zeuge nicht zu beantworten hätte, da dies über eine Mitteilung beobachteter Tatsachen hinausgeht und eine sachkundige Wertung enthält. Könnte der Psychologe dazu eine Aussage machen, so hat er das Gericht darauf hinzuweisen, dass seine Antwort eine Sachverständigenaussage wäre, was zur Folge hätte, dass er dann auch im gesamten Verfahren als Sachverständiger zu behandeln und dementsprechend auch zu entschädigen wäre.

---

[44] *Hemminge/Beck* S. 45.
[45] *Grosse* ZfJ 1982, 516.
[46] *Coester* Sechster Deutscher Familiengerichtstag vom 9. bis 12. Oktober 1985 in Brühl, S. 41.
[47] *Coester*, Das Kindeswohl als Rechtsbegriff, 1982, S. 422.
[48] Vgl. *Wegener/Steller* Zeitschrift für Differentielle und Diagnostische Psychologie 1986, 3, 103–126.
[49] So *Coester*, Das Kindeswohl als Rechtsbegriff, 1982, S. 425.
[50] So *Kühne* S. 47.

Wird in einem anderen Verfahren der Sachverständige des ersten Verfahrens zur gleichen Sache vernommen, so wird er dazu meist in der Rolle des sachverständigen Zeugen angehört. Dies kann z. B. beim Rechtshilfegericht der Fall sein, wenn der Sachverständige im deutschen Verfahren als Sachverständiger tätig war, nach einiger Zeit aber ein ausländisches Gericht Amtsermittlung in einem neuen Verfahren betreibt und den Sachverständigen in dem neuen Verfahren – möglicherweise in der gleichen Sache – entweder im Ausland selbst vernimmt oder, was in der Regel der Fall ist, in Deutschland vom Rechtshilfegericht vernehmen lässt. Es ist hierbei auch die Aufgabe des sachverständigen Zeugen, den Familienrichter daraufhinzuweisen, wenn der Befragte seine Rolle als sachverständiger Zeuge verlässt und z. B. Bewertungen abgibt.

Über Tatsachen, die der Sachverständige ermittelt hat oder von denen er ohne Wissen der Betroffenen Kenntnis erlangt hat, die aber über den im gerichtlichen Auftrag vorgesehenen Rahmen hinausgehen, kann der Sachverständige nur als Zeuge vernommen werden; er darf sie nicht in sein Sachverständigengutachten mit aufnehmen.[51] Als Sachverständiger muss er darüber Schweigen bewahren. Dies gilt streng genommen in gleicher Weise für alle Zusatztatsachen, die der Sachverständige erhoben hat, zu deren Ermittlung aber keine Sachkunde gehört.[52] Gleiches gilt, wenn z. B. ein Elternteil dem Sachverständigen eine Straftat gesteht, die keinen Bezug zur Fragestellung hat. Auch in diesem Falle kann der Sachverständige nur als Zeuge bezüglich dieser Aussage vernommen werden.

5. Gerichtlicher Beweisbeschluss und Formulierung der Beweisfrage

a) Beweisschluss. Der Sachverständige ist in der Regel durch einen förmlichen Beweisbeschluss zu beauftragen, wobei dazu vorher die Betroffenen gehört werden müssen. Zur Einholung eines Sachverständigengutachtens bedarf es aber keines Antrags. Ein von den Betroffenen gestellter Antrag nach § 403 ZPO ist als Anregung für das Gericht zu verstehen, ein Gutachten einzuholen, es muss ihm nicht gefolgt werden. Bei fehlender eigener Sachkunde hat das Gericht jedoch das Gutachten in Auftrag zu geben.

§ 358 a Abs. 4 ZPO ermöglicht es dem Familiengericht vor einer mündlichen Verhandlung einen Sachverständigen zu beauftragen, wenn z. B. der Vortrag der Jugendbehörde die Erziehungsfähigkeit des Sorgeberechtigten eingeschränkt erscheinen lässt, um eine Basis für eine mündliche Verhandlung und folgende gerichtliche Interventionen zu haben, die eilbedürftig sind.

Durch den gerichtlichen Beweisbeschluss wird der Sachverständige erst für die Begutachtung legitimiert. Nach § 359 ZPO müssen im Beweisbeschluss, die streitigen Tatsachen und der Sachverständige bezeichnet werden.

Die Beauftragung eines Sachverständigen nach § 15 FGG und §§ 358, 358 a ZPO fällt nicht mit der richterlichen Beweisanordnung zusammen. Für den Zeitpunkt der Auftragserteilung des Sachverständigen ist der Zugang des Beweisbeschlusses beim Sachverständigen maßgeblich, ohne Rücksicht darauf, wann der Beweisbeschluss über die Erhebung des Sachverständigengutachtens verfahrensrechtlich wirksam geworden ist.[53]

---

[51] *Peters* S. 784.
[52] *Roesen* NJW 1964, 443.
[53] OLG Düsseldorf ZSW 1987, 155.

Die Anordnung eines psychologischen Gutachtens ist mit einfacher Beschwerde, also zu jedem Zeitpunkt im Verfahren, nach §§ 19, 20 FGG anfechtbar.[54] Die Begutachtung des Kindes bedarf immer der Zustimmung des Sorgeberechtigten, die aber im Einzelfall nach § 1666 BGB gerichtlich ersetzt werden kann.[55]

b) Inhalt des Beschlusses. Der psychologische Sachverständige in Familienrechtssachen kann auch beauftragt werden, allgemeine Erfahrungssätze seiner Wissenschaft dem Gericht zur Verfügung zu stellen, ohne Bezug auf einen konkreten Fall. Derartige Fragestellungen sind im Familiengerichtsbereich jedoch unüblich. Sie werden am ehesten vom Bundesverfassungsgericht oder dem BGH in Auftrag gegeben, wenn Familienrechtssachen berührt werden.[56] Ebenso selten ist der Fall, dass der Sachverständige nur zur Erhebung von Tatsachen herbeigezogen wird, zu deren Feststellung das besondere Fachwissen nötig ist. Gelegentlich kann dies der Fall sein, wenn z.B. der Familienrichter in Anwesenheit eines Sachverständigen eine Kindesanhörung durchführt, ihn ansonsten aber nicht weiter mit dem Fall betraut.

In der Regel wird der Sachverständige aber beauftragt, aus den durch die Akten zur Verfügung gestellten Tatsachen (Anknüpfungstatsachen)[57] und den von ihm erhobenen Tatsachen (Befundtatsachen) Schlüsse zu ziehen und eine Empfehlung abzugeben.[58] Weiter wird in der Regel vom Sachverständigen eine Intervention erwartet, er darf aber nicht mit dem alleinigen Ziel der Therapie der Eltern beauftragt werden. Der Familienrichter kann ihn aber beauftragen, den Eltern Hilfestellung für die Konfliktbewältigung zu geben und auf eine Einigung der Eltern einzuwirken.[59] Häufig sind in der Praxis die Erwartungen an den Sachverständigen bezüglich seiner Befriedungsmöglichkeit überzogen.[60] In der Folge des SGB VIII und seit 1. 7. 1998 werden vermehrt Beschlüsse gefasst, die den Sachverständigen explizit zur Intervention verpflichten.[61]

Über die Frage, wie konkret der Beweisbeschluss sein muss, gehen die Diskussionen auseinander. Für einen konkreten Beweisbeschluss[62] spreche, dass er dem Familienrichter ermögliche, den Sachverständigen anzuleiten und zu überprüfen, ob eine Berufsgruppe für den speziellen Fall überhaupt sachverständig ist. Daneben erleichtere ein konkreter Beschluss dem Familienrichter, sich klar zu werden darüber, welche konkrete Hilfe er vom Sachverständigen benötigt.[63] Dabei kann dieser auch auf eine Interventionsstrategie festgelegt werden. Der konkret gefasste Beschluss verhindert auch, dass der Sachverstän-

---

[54] OLG Zweibrücken FamRZ 1999, 2, X.

[55] OLG Köln FF 2000, 176.

[56] So die Gutachten von *Fthenakis, Lempp* oder *Pechstein* zur Frage des gemeinsamen Sorgerechts.

[57] Es ist im Familienrechtsverfahren unüblich, dass der Richter bereits die Auswahl trifft, welche Anknüpfungstatsachen für den Sachverständigen wichtig sind. Er wird diese Auswahl in der Regel dem Sachverständigen überlassen, indem er ihm die gesamten Akten zuleitet.

[58] *Müller* S. 238 ff.; *ders.* SozR 1987, 34, S. 352.

[59] OLG Hamm FamRZ 1996, 1557.

[60] So auch: *Fegert* in: Fegert, J. (Hrsg.) Kinder in Scheidungsverfahren nach der Kindschaftsrechtsreform, S. 12.

[61] Als Beispiel sei genannt:
„Der Sachverständige wird aufgefordert, zu versuchen, mit den Eltern eine einvernehmliche Regelung bezüglich der strittigen Bereiche zu erreichen und falls dies nicht mehr möglich sein sollte, auszuführen, welche Maßnahmen ergriffen werden sollten, um die Beziehungen des Kindes trotz des familiären Konfliktes zu beiden Eltern abzusichern." Auch *Dickmeis* ZfJ 1989, 4, spricht sich für die Einschaltung eines beratenden Sachverständigen aus; vgl. auch: *Bergmann* Tagungsdokumentation Nr. 6.

[62] *Böhm* DAVorm 1985, 734; ebenso *Jessnitzer/Frieling* S. 85 f.; *Müller* S. 238 ff.

[63] Vgl. *Luthin* FamRZ 1984, 114.

dige Tätigkeiten ausführt, die das Familiengericht eigentlich nicht gewollt und gebraucht hat.

Umgekehrt wird gelegentlich befürchtet, die vom Familienrichter konkret formulierte Beweisfrage enge den Sachverständigen zu sehr ein, die schriftlichen Ausführungen würden umfangreicher und damit kostenungünstiger werden, da viele Kindeswohlaspekte mehrfach zu beantworten seien. Zudem werden entscheidungserhebliche Tatsachen erst im Laufe der Begutachtung erkennbar.[64] Viele zu berücksichtigende Gesichtspunkte sind verwoben, z. B. ist Förderkompetenz nicht unabhängig vom Familienklima oder vom Kindeswillen zu beurteilen, auch wenn diese nicht eigens erwähnt wurden.

Allgemein gilt, dass das Beweisthema weiter auszulegen ist, wenn der Sachverständige im FGG-Verfahren beauftragt wird, in dem nach § 12 FGG Amtsermittlung besteht, als im ZPO-Verfahren, in dem Parteimaxime herrscht und somit die Beweisfrage streng eingegrenzt wird. Eine pauschale Empfehlung, welche Ausführlichkeit das Beweisthema haben soll, kann aus sachverständiger Sicht nicht gegeben werden. Dies hängt einerseits davon ab, wie konkret der Familienrichter bereits in der Verhandlung mit den Betroffenen den Begutachtungsauftrag besprochen hat. Anderseits wird die Ausformulierung davon abhängen, wie weit die Arbeitsweise und die Person des Sachverständigen dem Familienrichter bekannt ist. Weiß der Familienrichter um die forensische Erfahrung und Fachkenntnisse des Sachverständigen, haben sich allgemeine Fragestellungen, wie z. B.: *„Zur Vorbereitung der Entscheidung zum Sorgerecht ist ein Sachverständigengutachten zu erholen"*, bewährt, da bei eventuellen Auftreten von Unklarheiten im Rahmen der Begutachtung der Sachverständige Rücksprache mit dem Gericht halten wird. Eine Konkretisierung des Auftrages ist immer angezeigt in Bezug auf weitere Personen, die neben den unmittelbar Betroffenen in die Begutachtung einzubeziehen sind.

Sollen bei der Begutachtung besondere Aspekte berücksichtigt werden, die einen außergewöhnlichen diagnostischen Aufwand bedürfen, z. B. Überprüfung einer behaupteten Alkohol- oder Drogenabhängigkeit oder eines vermuteten sexuellen Missbrauches durch einen Elternteil, so sollte dieser zusätzliche Aspekt unbedingt in der Fragestellung erwähnt werden, damit der Betroffene eine Entscheidung bezüglich seiner Mitwirkung an der Begutachtung treffen kann.

Neben den inhaltlichen Auswirkungen bei Begutachtungen, bei denen die Fragestellung nicht richtig interpretiert worden ist, gilt, dass der Sachverständige vor der Erstattung des Gutachtens den Familienrichter bei Zweifeln über Art und Weise sowie Umfang der Begutachtung zu befragen hat und eine Klärung herbeiführen muss, wenn das Gutachten verwertet werden soll[65] und er auch angemessen entschädigt werden will.

Bewährt hat sich auch die Vorgehensweise, dass der Familienrichter bei offenen Fragen häufig schon in der Sitzung mit den Betroffenen mit dem Sachverständigen vor dem Beweisbeschluß telefonischen Kontakt aufnimmt und das Beweisthema erörtert.[66]

---

[64] *Oenning* FPR 1996, 166.

[65] Siehe OLG Stuttgart DAVorm 1993, 1227: hier hatte der Sachverständige bei Vorliegen eines sexuellen Missbrauchs die Frage zu beantworten, ob der Ausschluss eines Umgangsrechts zwischen Vater und Kind erforderlich sei. Der Sachverständige hat sich stattdessen mit der Frage befasst, ob es der Mutter zumutbar sei, die Kinder zum Vater zu lassen, ohne eine Glaubhaftigkeitsbegutachtung durchzuführen.

[66] Den Dialog zwischen Sachverständigen und Gericht empfehlen auch der Arbeitskreis II 4: Kriterien der Verwertbarkeit psychologischer Gutachten, 2. Deutscher Familiengerichtstag, 1979, S. 901; *Kühne* S. 50; *Wegener* ZfJ 1982, 502; *Zenz*, S. 411.

Diese Vorabsprache sollte sich auch auf die in die Begutachtung einzuschließenden Personen beziehen, also neben den Eltern weitere Bezugs- und Auskunftspersonen, wobei darauf zu achten ist, dass der Begutachtungsauftrag nicht unnötig ausgeweitet wird.

Obwohl der Beweisbeschluss häufig offen lässt, ob das Gutachten schriftlich vorzulegen sei, ist eine schriftliche Abfassung in der Regel gefordert.[67]

6. Verpflichtung des Sachverständigen zur Prüfung der Beweisfrage

Nach Auftragseingang, der meist mit dem Übersenden des Beschlusses und der Akten einhergeht (gelegentlich wird der Sachverständige bei eiligen Sachen vom Familienrichter telefonisch beauftragt oder zur Gerichtsverhandlung geladen, der eigentliche Beschluss wird dann erst nachgereicht), hat der Sachverständige gemäß § 407 a Abs. 1 ZPO umgehend zu prüfen, ob die Beweisfragen in seinem Fachgebiet liegen.[68] Danach hat der Sachverständige den Akten- und Auftragseingang zu bestätigen. Meist wird dem Sachverständigen dazu ein Formblatt mitgesandt, das er mit Nennung einer Bearbeitungsfrist dem Gericht zurückleiten sollte.[69] Erachtet sich der Sachverständige als nicht zuständig, hat er die Akten umgehend zurückzuleiten, damit ein anderer Sachverständiger beauftragt werden kann. Das Gericht kann hierzu auch eine Frist setzen.[70]

Die Kompetenzprüfung hat sowohl das psychologische Wissen als auch die juristischen Kenntnisse zu umfassen. Weiter hat der Diplom-Psychologe abzuwägen, ob möglicherweise zuerst Kollegen anderer Fachrichtungen beigezogen werden sollten.[71]

Bei Fragen des sexuellen Missbrauchs sollte die Prüfung der Aussage des betroffenen Kindes, die ein besonderes Fachwissen bedarf, bei der Sorge- bzw. Umgangsfrage vorgezogen werden. Bei psychiatrisch-psychologischen Fragestellungen empfiehlt sich oftmals zuerst die Einschaltung des psychiatrischen Kollegen, da bei Vorliegen erheblicher Befunde eine psychologische Begutachtung überflüssig werden kann, was auch unter den Gesichtspunkten der Verhältnismäßigkeit und der Kostenersparnis gesehen werden sollte.

Es ist die Pflicht des psychologischen Sachverständigen, die Begutachtung zurückzuweisen, wenn eindeutig ist, dass die Begutachtung in den Bereich der Erwachsenen-, der Kinder- und Jugendpsychiatrie fällt oder in den des Kinderarztes.[72] Die Zuordnung von Verhaltensweisen der Eltern oder des Kindes zu bestimmten Krankheitsbildern muss dem Arzt überlassen bleiben,[73] ebenso die Beurteilung des körperlichen Erscheinungsbildes.

Offensichtliche fehlerhafte Fragestellungen, die ein psychologischer Sachverständiger nicht beantworten kann, muss dieser dem Familiengericht gegenüber klarstellen oder berichtigen. So trifft etwa die Frage an den psychologischen Sachverständigen, ob ein Zeugnis eines Internats in Schottland Anerkennung in Deutschland findet, nicht dessen Fachkompetenz.

---

[67] So *Heim* S. 39, für die Beauftragung eines Sachverständigen durch den Jugendrichter.

[68] Siehe auch Auftragsschreiben an einen Sachverständigen.

[69] Bestätigungsschreiben des Sachverständigen (2.77), ZP 42; AG Nr. 1038.

[70] *Thomas/Putzo* § 407 a Rn 2.

[71] Auf diesen Gesichtspunkt weist besonders *Oenning* FPR 1996, 168 hin.

[72] Es wäre zu wünschen, dass diese Berufsgruppen ebenso ihre Fachkompetenz kritisch hinterfragen würden, wenn es sich zu Fragen des Kindeswohl ohne Hinweise auf Krankhaftigkeit handelt.

[73] *Arndt/Oberloskamp* S. 77.

Bei Kindesentführungen, die nach dem Haager Abkommen zu entscheiden sind, wäre eine Fragestellung nach einer Sorgerechtsregelung die falsche Fragestellung. Richtig wäre zu fragen, ob das Kindeswohl gefährdet wäre, wenn das Kind zum Elternteil ins Ausland verbracht werden würde. In diesem Fall wäre es allerdings eher die Aufgabe der Anwälte, den Familienrichter auf die nichtzutreffende Fragestellung hinzuweisen.[74]

Der Sachverständige hat bei der Überprüfung der Fragestellung weiter darauf zu achten, ob nicht bereits durch die Beauftragung das Ergebnis der Begutachtung vorweggenommen wird, denn prinzipiell hat der Sachverständige nur die Fragestellung des Gerichts zu beantworten.

Ist die Fragestellung unklar, zu kurz gefasst oder aber unbeabsichtigt einseitig formuliert – d. h., lenkt sie den Sachverständigen bereits in eine bestimmte Richtung (z. B.: „Soll das Umgangsrecht ausgeschlossen werden…?" oder „Auf welchen Elternteil sollte das Sorgerecht übertragen werden") –, dann hat der Sachverständige um eine Klärung der Fragestellung zu bitten bzw. den Familienrichter auf die Mängel der Beschlussfassung hinzuweisen, da solche Fragestellungen keine alternativen Regelungsmöglichkeiten zulassen. Dieser wird dann die Beschlussformulierung ändern, wenn nicht anderweitige Gründe dagegenstehen. Es steht dem Sachverständigen aber nicht zu, eigenmächtig die Fragestellung auszuweiten.[75]

Bei Fragestellungen, die nur spezielle Aspekte zum Inhalt haben, hat zudem der Sachverständige die Aufgabe, den Familienrichter zu beraten und ihn gegebenenfalls auf eine Klarstellung, Ergänzung oder Einschränkung des Auftrages hinzuweisen.[76] Sehr spezifische gerichtliche Fragestellungen, welche sich beispielsweise nur auf einen Aspekt, z. B. die Bindungen des Kindes, erstrecken, greifen als maßgebliche Grundlage für eine Empfehlung zur elterlichen Sorge aus psychologischer Sicht zu kurz. In Absprache mit dem Auftraggeber werden dann evtl. zusätzlich bedeutsame Daten erhoben, die Kriterien wie „Förderkompetenz der Eltern", „Wille des Kindes", „Kooperationsbereitschaft", „Kontinuität" o. Ä. zuzuordnen sind.

Da sich die sachverständige Empfehlung nicht auf den normativen Bereich beziehen darf, wäre eine gerichtliche Frage nach der „Übertragung des Sorgerechts" bereits unzulässig, da die Kompetenz des Sachverständigen damit überschritten wird;[77] diese Fragestellung ist dennoch üblich. In der Praxis wird der Sachverständige im Gutachten ein Regelungsmodell vorstellen, das den Lebensschwerpunkt des Kindes und den Kontakt des Kindes zum anderen Elternteil gestaltet. Ein großer Unterschied zwischen den Begriffen „Lebensschwerpunkt" und „Sorgerecht" besteht zwar in der juristischen Bedeutung, aber nicht in der Sache, sie lässt aber weitere Sorgerechtsgestaltungen und Einigungsmöglichkeiten zu. Eine solche Beantwortung der Fragestellung hat aber nichts mit der „Richterrolle"[78] zu tun, sondern bleibt sachverständige Tätigkeit.

Nicht zuletzt hat der Sachverständige seine zeitliche Verfügbarkeit abzuschätzen. Es kann sowohl für das Verfahren als auch für die Betroffenen und besonders für das Kind persönlich unzumutbar sein,[79] wenn der Begutachtungsbeginn erst nach mehreren Wochen möglich ist, weil der Sachverständige überlastet ist und keine Zeit hat.

---

[74] Siehe auch *Bach* FamRZ 1997, 1056.

[75] Im Tenor AG Hannover FamRZ 2000, 175.

[76] So *Bayerlein*, Seminar: Der gerichtliche Sachverständige, D 2; *Wellmann* S. 6.

[77] So *Wegener*, in: Deutscher Familiengerichtstag e. V. Brühl (Hrsg.) 1981, S. 96.

[78] Häufig nähmen Sachverständige die Richterrolle gerne auf sich, da es ihrem unbewussten Bedürfnis, Recht zu bekommen, entspricht, meinen *Gschwind/Petersohn/Rautenberg* S. 33.

[79] *Fegert* FPR 1997, 71.

7. Akteneinsicht

Anknüpfungstatsachen sind Tatsachen, auf denen der Sachverständige sein Gutachten aufbaut.[80] Sie werden dem Sachverständigen durch die Akten übermittelt, von denen der Sachverständige bei der Überprüfung der Fragestellung und seiner Kompetenz auszugehen hat.

Sachverständigengutachten zu Fragen des Kindeswohls allein aufgrund der Aktenlage sind im Familienrechtsbereich unüblich und kommen wohl kaum vor.

Andererseits wäre sachverständige Tätigkeit in vielen Sorge- und Umgangsstreitigkeiten auch ohne Einsicht in die oftmals dünnen Akten denkbar, da sich der Sachverständige die Vorträge der Anwälte von den Beteiligten im Rahmen des diagnostischen Interviews unmittelbar erzählen lassen kann; wiewohl auch nicht unerheblich ist, inwieweit die mündlichen Vorträge von den schriftlichen Ausführungen inhaltlich differieren, um damit die Rolle der Anwälte besser abschätzen zu können.

Die allgemeine Gewährung der Akteneinsicht liegt im Ermessen des Gerichts, einen Anspruch darauf hat der Sachverständige nicht.[81] Hingegen ist die Erstellung eines Gutachtens ohne Einsicht in die Akten in der Regel nicht zulässig, wenn von Amts wegen bereits Tatsachen erhoben worden sind.[82] Die Amtsermittlung wird zum Teil durch den Familienrichter und das Jugendamt geleistet und das Resultat dem Sachverständigen durch den Akteninhalt übermittelt.

In der Regel werden dem Sachverständigen die Akten zugestellt, zumindest die Aktenteile, die für die Beantwortung der gerichtlichen Fragestellung relevant sein können. Für die Aktenanalyse aus psychologischer Sicht sind in der Regel nur die Scheidungsakten und/oder die Unterhefte für Elterliche Sorge (SO) und/oder Umgangsregelung (UG) bzw. die Sonderhefte „Einstweilige Anordnung" von Bedeutung. Selten relevant sind für den Sachverständigen all die Akten-Unterhefte, die Hausrat, Wohnungszuweisung, Versorgungsausgleich und dergleichen betreffen.

Nach Erhalt der Akten und Überprüfung der fachlichen Kompetenz und der Fragestellung ist der Akteneingang – mit Eingangsdatum beim Sachverständigen – dem Gericht zu bestätigen. Dies kann entweder mit dem meist beigelegten Formblatt geschehen oder aber mit einem eigenen Schreiben. Es empfiehlt sich, dem Gericht zugleich die Kopien der Anschreiben an die Sorgeberechtigten bzw. die Personen, die von der Begutachtung durch Beschluss betroffen sind, beizulegen, so dass der Familienrichter über den Beginn der Begutachtung informiert ist. Das Familiengericht wird in der Regel die Schriftsätze des Sachverständigen über die Geschäftsstelle an die Anwälte oder Beteiligten weiterleiten. Dabei wäre es für die Geschäftsstelle des Familiengerichts erleichternd, wenn der Sachverständige dem Gericht die Kopien bereits in drei- oder mehrfacher Ausführung zusendet.

Ehe der Sachverständige in die Begutachtung als solche eintritt, sollte er psychologische Kriterien definieren, die in der Regel für die familiengerichtliche Fragestellung wesentlich sein können. Anhand dieser Kriterien ist bereits die Aktenanalyse durchzuführen. Hilfreich können für die Aktenanalyse Strukturierungshilfen[83] sein, handlungsleitend sind die Fragestellung bzw. die in psychologische Gesichtspunkte übersetzten juristischen Krite-

---

[80] *Jessnitzer/Frieling* S. 188.
[81] Vgl. § 299 Abs. 2 ZPO, § 34 FGG; *Liebel/Uslar* S. 39.
[82] Hierzu analog die Ausführung des Bundessozialgerichts, SozR Nr. 7 zu § 118 SGG.
[83] *Salzgeber/Stadler* S. 58. *Westhoff/Kluck* S. 48 ff.

rien. Aus der Aktenanalyse ergeben sich oftmals erste Arbeitshypothesen, die in der konkreten Diagnostik zu überprüfen sein werden.

Bei der Analyse der Akten sollte sich der Sachverständige positiv leiten lassen in Bezug auf die Fragen: Was ist insbesondere nicht strittig zwischen den Betroffenen und zwischen den Betroffenen und dem Kind? Nichtstrittige Bereiche hat der Sachverständige nicht ohne weiteres einer Überprüfung zu unterziehen.

Jugendamtsberichte und gerichtliche Anhörungen liefern Daten, die auf einem höheren Objektivitätsniveau liegen (sollten), als dies für den anwaltlichen Vortrag der betroffenen Personen vorauszusetzen ist. Dies gilt nicht notwendigerweise für von den Eltern beigebrachte Atteste, eidesstattliche Versicherungen und dergleichen. Diesen wird auch gerichtlicherseits oftmals kein größeres Gewicht als dem übrigen Parteivortrag eingeräumt. Der Sachverständige darf sich nicht unkritisch auf Vorbefunde von in den Akten befindlichen Vorgutachten oder ärztlichen Attesten verlassen, vor allem, wenn sie von einer betroffenen Partei eingereicht worden sind. Im Zweifelsfall sollte der Familienrichter gefragt werden, welcher Stellenwert den Vorbefunden zugemessen wird oder ob mit den Vorgutachtern, besonders wenn es sich um psychiatrische Befunde handelt, Kontakt aufgenommen werden soll. Im Zweifelsfall können Vorgutachter als Zeugen oder als sachverständige Zeugen geladen werden.[84]

Wurde bereits zu einem früheren Zeitpunkt oder in einem anderen Verfahren ein psychologisches Gutachten erstellt und fehlt dieses in den Akten, kann der nun beauftragte Sachverständige anfragen, ob er es in seine Tätigkeit mit einbeziehen soll. Oftmals werden vom Familienrichter diese Vorgutachten aus den Akten entfernt, um ein möglichst unvoreingenommenes neues Sachverständigenergebnis zu erhalten. Einen Anspruch hat der Sachverständige nicht, weitere Akteneinsicht über die ihm zur Verfügung gestellten Akten hinaus zu erhalten. Dies gilt auch, wenn Unterlagen möglicherweise von Heimen oder anderen Instituten gewünscht werden. Unzulässig ist es, sich Vorgutachten ohne Rücksprache mit dem Familienrichter von den betroffenen Personen aushändigen zu lassen.

Spätestens nach Beendigung der Begutachtung hat der Sachverständige die Akten mit seinen schriftlichen Ausführungen wieder dem Gericht zurückzuleiten. Auf Verlangen des Gerichts ist er gemäß § 407 a Abs. 4 verpflichtet, seine bei der Begutachtung verwendeten Unterlagen dem Gericht zu überlassen. Wurden die Akten vom Oberlandesgericht zugeleitet, dürfen sie auch nicht ohne Zustimmung des Oberlandesgerichtes an die noch weiter zuständige Erstinstanz weitergegeben werden.

Nicht zulässig ist es ohne Zustimmung des Gerichts dritten Personen Akteneinsicht zu gewähren, auch nicht den Anwälten.

Der Sachverständige sollte sich im Laufe seines Tätigwerdens keine Schriftstücke, Faxe oder E-Mails aushändigen lassen, da er damit auf die Aktenlage Einfluss nimmt, deren Verwaltung allein dem Familienrichter obliegt. Die Personen sollten aufgefordert werden, ihnen wesentlich erscheinende Schriftstücke direkt an das Familiengericht zu leiten, das dann diese Schriftstücke, soweit sie als bedeutsam angesehen werden, dem Sachverständigen und auch den anderen am Verfahren beteiligten Personen zuleiten wird.

Nach Abgabe des Gutachtens oder einer schriftlichen Stellungnahme bittet der Sachverständige oftmals den Familienrichter um den Beschluss, um eine Ergebniskontrolle zu erhalten, inwieweit seinem Gutachten gefolgt wurde und um zu erfahren ob das Verfahren abgeschlossen ist.

---

[84] Siehe BGH FamRZ 1997, 1270.

Eine Qualitätskontrolle im wissenschaftlichen Sinne stellt der Beschluss nicht dar. Er dient eher der Befriedigung der Neugierde, wieweit die Ausführung des Sachverständigen verwertet wurden. Es besteht auch keine Rechtsgrundlage für die Überlassung des endgültigen Beschlusses.

8. Begutachtungspflicht

Jeder Diplom-Psychologe, der zum Sachverständigen öffentlich bestellt ist, hat nach § 407 Abs. 1 ZPO der Aufforderung, ein Gutachten für das Gericht zu erstellen, Folge zu leisten. Die Verpflichtung gilt auch für Diplom-Psychologen, die zwar nicht öffentlich bestellt sind, aber dem Gericht ihre Bereitschaft, Gutachten zu erstellen, angekündigt haben.[85] Daneben besteht eine Gutachtenspflicht aus § 407 Abs. 1 ZPO für Personen, die ihre Wissenschaft öffentlich zum Erwerb ausüben, wie Lehrer, Techniker, Graphiker usw. In diese Personengruppen fallen auch Diplom-Psychologen, die sich mit Familienberatung, Therapie oder Diagnostik, sei es wissenschaftlich, sei es in freier Praxis, beschäftigen.[86]

Eine Person, die nicht aus oben genannten Gründen verpflichtet ist, ein Gutachten zu erstellen, kann jederzeit die Begutachtung ablehnen, ebenso, wer die Tätigkeit aus reiner Nächstenliebe oder als Hobby ausübt.[87]

Die zur Begutachtung verpflichteten Psychologen, und dazu können fast alle in freier Praxis, in Kliniken, Erziehungsberatungsstellen, Universitäten und im klinischen Bereich arbeitenden Diplom-Psychologen gerechnet werden, haben nur die Möglichkeit, die Begutachtung gemäß §§ 383, 384 ZPO d. h. aus Gründen abzulehnen, die auch den Zeugen berechtigen, das Zeugnis aus persönlichen und sachlichen Gründen zu verweigern. Daneben kann sich der Sachverständige nach § 408 ZPO vom Gutachtensauftrag entbinden lassen, wenn er z. B. aufgrund seiner beruflichen Tätigkeit nicht in der Lage ist, das Gutachten in einer angemessenen Frist zu erstellen[88] oder sich nicht für kompetent erachtet.

Zusätzlich bestehen beamtenrechtliche Vorschriften[89] bei der Beauftragung von beamteten Diplom-Psychologen. Hier muss die Genehmigung des Dienstvorgesetzten vorliegen, auch wenn die Begutachtung nebenberuflich erfolgt. Liegt die Genehmigung nicht vor, hat der Sachverständige die Begutachtung abzulehnen.

Das Gericht hat die Möglichkeit, dem Sachverständigen nach § 411 ZPO für die Erstattung des Gutachtens eine Frist zu setzen, bei Fristversäumnis ein Zwangsgeld anzudrohen und – bei erneuter Nichteinhaltung – festzusetzen.[90] Bei ungerechtfertigter Ablehnung (wenn also keine fehlende Kompetenz, keine Befangenheit oder Arbeitsüberlastung vorliegt) des Gutachtenauftrages oder Fehlen des Sachverständigen bei der Gerichtsverhandlung kann das Gericht nach § 409 ZPO ein Ordnungsgeld (in Höhe von DM 5 bis DM 1000 nach Art. 6 EGStGB) festsetzen.

Die Verpflichtung zur Erstellung eines Gutachtens, auch mit der ausdrücklichen Frage nach einem Vorschlag z. B. für eine Sorgerechtsregelung, bedingt nicht, dass der Sachver-

---

[85] § 407 Abs. 2 ZPO.
[86] *Blau* S. 354.
[87] *Bremer* S. 353.
[88] *Fritze* S. 18.
[89] *Bremer* S. 354.
[90] Vgl. *Fritze/Viefhues* S. 2.

ständige zu einer Empfehlung kommen muss. Der Sachverständige kann auch von einem Entscheidungsvorschlag absehen, wenn er sich dazu nicht in der Lage sieht.[91]

9. Selbstablehnung des Sachverständigen

Eine Selbstablehnung des Sachverständigen gibt es nicht. Hält sich der Sachverständige für befangen, so hat er dies unter Nennung der Gründe dem Gericht mitzuteilen, das dann seinerseits über die Freistellung des Sachverständigen entscheidet.[92] Das Gericht wird aber den Sachverständigen nach § 408 Abs. 1 Satz 2 ZPO in der Regel von der Gutachtenerstellung entbinden, wenn sich dieser für befangen erklärt.

10. Verpflichtung zur persönlichen Erstattung des Gutachtens

Der Familienrichter muss den Sachverständigen persönlich beauftragen.[93] Aus den Forderungen, das Gutachten nach bestem Wissen und Gewissen zu erstatten, lässt sich zwingend folgern, dass der Sachverständige das Gutachten auch persönlich erstatten muss;[94] der Sachverständigenbeweis ist wie der Zeugenbeweis eine höchstpersönliche Äußerung der Beweisperson. Der Name des Sachverständigen ist vorab den betroffenen Personen vom Familiengericht mitzuteilen, damit sie dem Gericht gegebenenfalls ihre Bedenken gegenüber dem Sachverständigen vortragen können.

Einem Sachverständigen darf nicht nach seinem Belieben die Auswahl eines Mitgutachters überlassen werden, ohne dass sich das Gericht zuvor über die Qualifikation des Mitgutachters ein Urteil bilden kann.[95] Schon gar nicht darf der beauftragte Sachverständige gemäß § 407 a Abs. 2 ZPO von sich aus einen anderen Sachverständigen beauftragen, an seiner Stelle das Gutachten alleinverantwortlich zu erstellen. Ein solches Tun wäre ein Verstoß gegen die Beweisanordnung bei der Übertragung des Gutachtenauftrages und stünde damit dem allein dem Familiengericht obliegenden Hoheitsakt entgegen, der mit der Ernennung des Sachverständigen das öffentlich-rechtliche Rechtsverhältnis zwischen diesem und dem Gericht begründet.[96]

Die gleichzeitige Bestellung eines Sachverständigen und/oder eines Vertreters durch das Gericht ist unzulässig. Damit würde dem Sachverständigen ein Wahlrecht hinsichtlich derjenigen Person eingeräumt werden, die das Gutachten erstellen soll; das Gericht ist dazu berufen, für ein Fachgebiet lediglich **einen** Sachverständigen zu bestellen. Fehlt es an einer ordnungsgemäßen gerichtlichen Ernennung zum Sachverständigen, so kann gegen den betreffenden Sachverständigen auch kein Ordnungsgeld festgelegt werden.

Nicht zulässig ist damit, eine Klinik oder eine andere Institution nicht personenbezogen zu beauftragen und es dieser dann ohne Mitwirkung des Gerichts zu überlassen, einen geeigneten Sachverständigen mit dem Gutachten zu betrauen. Wird im Einzelfall ohne weiteren Hinweis auf eine Person dennoch ein Institut oder eine Klinik beauftragt, ist eo ipso

---

[91] Für den Sozialarbeiter *Arndt/Oberloskamp* S. 7.
[92] *Peters* in: Undeutsch, U. (Hrsg.), Forensische Psychologie, S. 678–800.
[93] Vgl. *Coester*, Das Kindeswohl als Rechtsbegriff, 1982. S. 458; *Jessnitzer/Frieling* S. 147 und S. 199 ff.
[94] *Müller* S. 354.
[95] OLG Stuttgart ZfJ 1975, 131.
[96] BSG Medizin im Sozialrecht 1986, 379.

immer der Leiter der Institution bestellt und für den Fall seiner Verhinderung die Person, die zur Vertretung des Leiters befugt ist.

In der Praxis ist jedoch folgende Handlungsweise üblich und noch statthaft: Eine Institution wird beauftragt, diese benennt den Psychologen, der durch Unterschrift auch die Verantwortung übernimmt, und das Gericht ergänzt alsdann den Beschluss um den Namen des Sachverständigen.[97] Erst nach dieser Ergänzung und dem Rücklauf des Beschlusses von den Anwälten der Betroffenen darf der Institutsleiter die Akten an den genannten Diplom-Psychologen weiterleiten[98] und dieser kann mit der Begutachtung beginnen. Hierbei wird auch das Problem gesehen, dass damit der Institutsleiter bereits durch die Einsicht in die Akten von einem nicht-öffentlichen Vorgang Kenntnis erlangt, was rechtlich nicht abgedeckt ist.[99]

Nur ein Gutachten, das erkennen lässt, dass der bestellte Sachverständige durch Unterschrift die volle Verantwortung für das Gutachten übernimmt, entspricht nach ZPO und StGB den Anforderungen eines Sachverständigengutachtens.[100] Nur ein solches Gutachten darf auch bei Beauftragung eines Instituts oder einer Klinik gewürdigt werden, mögen auch andere Sachverständige als Hilfskräfte bei der Erstattung des Gutachtens mitgewirkt und das Gutachten mit unterzeichnet haben.[101] Es reicht nicht aus, wenn der beauftragte Sachverständige gemeinsam mit dem Sachverständigen, der die Begutachtung durchgeführt hat, die Mit-Verantwortung übernimmt, der beauftragte Sachverständige muss die alleinige Verantwortung übernehmen.[102]

Die genannten Verfahrensmodi gelten für die Fälle in Familiensachen, die keine Beiziehung zusätzlicher psychologischer oder medizinischer Gutachter nötig machen. Im Familienrechtsbereich kann die Beiziehung eines Kollegen des medizinischen Fachbereiches notwendig sein. Auch wenn der medizinische Kollege kein eigenbeauftragtes Gutachten erstellt, sondern wenn es sich um eine Zusatzbegutachtung handelt, muss die Einschaltung der neuen Fachkompetenz vom Familienrichter vorab genehmigt werden, gegebenenfalls mit einer ergänzenden Bestellung. Dieses Vorgehen gilt auch, wenn der beauftragte Sachverständige für bestimmte Bereiche einen zusätzlichen Sachverständigen wegen dessen höherer Fachkompetenz eingeschaltet haben möchte, sei es bei der Frage eines sexuellen Missbrauchs, die mit einer aussagepsychologischen Exploration überprüft werden sollte oder bei einer speziellen Entwicklungsdiagnostik z. B. zur Abklärung einer Lese-Rechtschreibschwäche.[103]

Dies bedeutet nicht, dass der Sachverständige nicht, wie es auch sonst den Gepflogenheiten seiner Wissenschaft entspricht, Hilfskräfte heranziehen darf.[104] Der Sachverständige darf sich seiner Mitarbeiter bedienen, wenn er bereit ist, die Verantwortung für den Inhalt des Gutachtens allein zu übernehmen.[105]

---

[97] Anmerkung zum Beschluss des OLG Frankfurt FamRZ 1981, 485.

[98] Vgl. *Liebheit* Bestellung von psychologischen Sachverständigen durch Einschaltung des Instituts für Gerichtspsychologie Dr. F. Arntzen in Bochum, 1988 (Präsidentenkonferenz vom 26. Oktober 1988 in Bochum).

[99] *Bergmann* S. 19.

[100] BGH VersR 72, 927; BSG NJW 1985, 1422.

[101] BSG Medizin im Sozialrecht 1986, 349; BSG Medizin im Sozialrecht 1986, 425.

[102] BVerwG NJW 1984, 2645 das ausführt, es sei auch nicht zulässig, wenn der beauftragte Sachverständige ein von einem Mitarbeiter unterzeichnetes Gutachten mit „einverstanden" unterschreibe.

[103] *Thomas/Putzo* § 407 a Rn 4.

[104] Über das Problem der Beiziehung eines Gehilfen und Hilfssachverständigen ausführlich *Jessnitzer/Frieling* S. 323.

[105] Auftragsschreiben an einen Sachverständigen (2.83) ZP 41 b; AG Nr. 1516.

Die Tätigkeit des beauftragten Sachverständigen darf sich aber nicht auf die Nachprüfung des schriftlich vorliegenden Gutachtens beschränken. Der Sachverständige muss zumindest die betreffenden Personen gesehen und **wesentliche Teile** der Untersuchung selbst durchgeführt haben.[106] Es muss gewährleistet sein, dass der vom Gericht bestellte Sachverständige die ihm in Auftrag gegebene Begutachtung aufgrund teilweise eigener Feststellungen und Kontrollen vornimmt.[107]

Es ist rechtlich nicht zulässig, wenn der persönlich beauftragte Sachverständige Kollegen als „Hilfssachverständige" zur Gutachtenerstellung heranzieht und diesen das Gutachten ganz oder teilweise überlässt. Wird das Gutachten von einem anderen als dem gerichtlich bestellten Sachverständigen erstellt und vom Gericht verwertet, so stellt dies einen Verfahrensmangel dar.[108] Der Sachverständige darf Hilfskräfte nur für die Tätigkeiten heranziehen, für die das Sachwissen des beauftragten Sachverständigen nicht unbedingt erforderlich ist.

Unbedenklich ist sicherlich, die Testdurchführung Hilfskräften zu übertragen, wenn diese entsprechend geschult und eingewiesen wurden.[109] Die Auswertung ist in solchen psychologischen Verfahren, die sich mehr oder weniger auf Auszählen beschränken (hohe Auswerteobjektivität), wohl unproblematisch. Anders gestaltet sich dies bei projektiven Verfahren und videographierten Interaktionsbeobachtungen, deren Auswertung intensiver Schulung und erheblicher Fachkompetenz bedarf. Die Testinterpretation schließlich ist vollständig dem Sachverständigen zu überlassen.[110]

Die Rechtswirklichkeit sieht oftmals anders aus: Von den Sachverständigen werden die geforderten und verpflichtenden Verfahrensmodi für die persönliche Erstellung häufig nicht eingehalten und von Anwälten und Familienrichter oftmals wegen Arbeitsüberlastung[111] oder Nichtwissen nicht geahndet.

Die Hospitation von Studierenden zum Zwecke der Ausbildung braucht vom Familiengericht nicht genehmigt und im Gutachten nicht erwähnt zu werden,[112] die Teilnehmenden sind aber auf ihre Schweigepflicht hinzuweisen. Darüber hinaus ist die Einwilligungserklärung der Betroffenen einzuholen und zu berücksichtigen.

11. Anleitungspflicht und Kontrollfunktion des Familienrichters

§§ 402 ff. ZPO regeln die Tätigkeit und Beauftragung des Sachverständigen. Die Revision des § 404 a ZPO (Rechtspflege-Vereinfachungsgesetzes vom 17. 12. 1990, seit 1. 4. 1991 in Kraft) ist in der familien-forensischen Literatur ohne große Beachtung vonstatten gegangen.

Nach § 286 ZPO ist der Familienrichter angehalten, sich eine eigene Überzeugung zu bilden; daraus ist seine Pflicht, einen Sachverständigen bei seiner Tätigkeit zu kontrollie-

---

[106] So auch: *Weychardt* ZfJ 1999, 332. *Böhm* DAVorm 1985, 736.

[107] OLG Frankfurt FamRZ 1981, 485; LSG Hessen Medizin im Sozialrecht 1986, 362.

[108] BSG Medizin im Sozialrecht 1986, 358.

[109] Vgl. *Schmid* NJW 1971, 1862–1868; *Berufsverband Deutscher Psychologen (BDP)*, Grundsätze für die Anwendung psychologischer Eignungsuntersuchungen in Wirtschaft und Verwaltung, 1980.

[110] Vgl. *Klein* S. 81.

[111] Ein solches Gutachten, das per se nicht ungenügend für die gerichtliche Entscheidung ist, wäre aber verfahrensrechtlich wertlos, was die Beauftragung eines neuen Gutachters erfordern würde, mit dem damit verbundenen Zeitaufwand.

[112] *Wegener*, Einführung in die Forensische Psychologie, S. 26.

ren, abzuleiten.[113] Diese Verpflichtung des Familienrichters beinhaltet auch, den Sachverständigen zu ermahnen, wenn das Gutachten nicht in einer angemessenen oder festgelegten Frist erstellt wird (§ 411 Abs. 1 Satz 2, Abs. 2 ZPO). Nach § 407 a Abs. 5 soll das Gericht den Sachverständigen auf seine Pflichten hinweisen.

Sind Anhaltspunkte dafür vorhanden, dass ein Sachverständiger in seiner Beurteilung von falsch verstandenen rechtlichen Begriffen ausgeht, so hat das Gericht die notwendige Klärung herbeizuführen, gegebenenfalls durch eine Anhörung des Sachverständigen in der mündlichen Verhandlung.[114]

Die Aufgabe des Familienrichters umfasst auch die Kontrolle darüber, ob die Untersuchungen des Sachverständigen geeignet sind, zuverlässige Erkenntnisse bezüglich der Fragestellung zu erhalten.[115] Um dem Familienrichter diese Kontrolle zu ermöglichen, sollte der Sachverständige das Familiengericht regelmäßig über den Verlauf seiner sachverständigen Tätigkeit mit der betroffenen Familie informieren.

Das Gericht kann dem Sachverständigen Anregungen für die Durchführung der Begutachtung geben, z.B. ehe der Sachverständige das Kind exploriert, doch zuerst einige Angewöhnungstermine durchzuführen[116] oder den Eltern, die eine Begutachtung verweigern, schriftlich einen Termin nennen.

Manchmal sieht sich das Familiengericht aufgrund der vorhandenen Ergebnisse bereits in der Lage, eine Entscheidung zu fällen, während der Sachverständige für seine abschließende Beurteilung noch weitere Untersuchungen für erforderlich hält.[117]

Der Sachverständige hat bei Zweifeln über Umfang und Inhalt des Auftrages das Gericht zu befragen, schon allein aufgrund der zu erwartenden Gutachtenkosten. Dazu gehören z.B. die Einbeziehung weiterer Bezugspersonen, die Einholung von Attesten oder die Einsichtnahme von gerichtlicherseits anzufordernden Unterlagen von Behörden oder anderen Justizorganen. Auch wenn der Sachverständige erkennt, dass der Kostenvorschuss für den zu erwartenden Aufwand zu gering angesetzt ist, hat das Gericht ihm zu verdeutlichen, wie er weiter vorzugehen hat.[118]

12. Würdigung des Gutachtens

Hat das Familiengericht ein Gutachten in Auftrag gegeben, muss es sich mit dem Gutachten auseinander setzen,[119] es überprüfen[120] und im Beschluss begründen, warum es ihm folgt bzw. nicht folgt.[121] Zwar sind die meisten Gutachten ausschlaggebend für die richterliche Entscheidung;[122] daraus folgt jedoch nicht, dass der Familienrichter einem Gutachten

---

[113] *Pieper* S. 30; *Zimmermann* DS 2000, 11, 13.

[114] BSG Medizin im Sozialrecht 1987, 26.

[115] So *Coester*, Kindeswohl als Rechtsbegriff, 1982, S. 457.

[116] So KG FamRZ 1999, 1516.

[117] OLG Hamm FamRZ 1968, 533.

[118] OLG Brandenburg DS 1997, 13.

[119] Das Problem der Beweiswürdigung durch das Gericht behandeln ausführlich: *Krasney* Die Sozialgerichtsbarkeit 34, 987; *Müller* Der Sachverständige im gerichtlichen Verfahren, 1978.

[120] Ausführlich *Bayerlein* S. 223.

[121] Vgl. BVerfG FamRZ 1999, 1417; BVerfG FamRZ 2000, 413; BayObLG FamRZ 1966, 249; BayObLG FamRZ 1981, 590. = DAVorm 1981, 216.

[122] So geben *Grafe/Klosinski* S. 59, aus ihrer Umfrage an, dass 78 % der Richter in 60–90 % den Empfehlungen des Gutachters folgen, 16 % der Richter in 9 von 10 Fällen.

folgen muss. Es unterliegt ebenso der freien Beweiswürdigung wie andere vorgelegte Beweismittel auch.[123]

Die Gutachtenkontrolle des Familienrichters bezieht sich sowohl auf die formale Richtigkeit des Gutachtens als auch auf die Ergebnisse in Bezug auf das Kindeswohl. Maßstab der Überprüfung ist die richterliche Überzeugung mit den Grundelementen Legalität und Rationalität.[124] Prinzipiell gilt, dass es Aufgabe des Sachverständigen zu sein hat, sein sachverständiges Vorgehen so darzustellen, dass es nachvollzogen werden kann, nicht nur hinsichtlich seiner logischen Stringenz, sondern auch hinsichtlich seiner methodischen Grundlagen, was das angewendete Instrumentarium und seine zugrunde liegende wissenschaftliche Theorie[125] betrifft.

Die Überprüfung sollte auch durch eine mündliche Verhandlung erfolgen. Ehe ein weiteres oder Obergutachten angefordert wird, muss erst ein Anhörungsantrag gestellt werden.[126] Dem Anhörungsantrag muss das Gericht Folge leisten, auch wenn es selbst die schriftlichen Ausführungen des Sachverständigen für ausreichend und überzeugend hält, außer der Antrag wurde verspätet oder rechtsmissbräuchlich gestellt.[127]

Unvollständigkeiten, Unklarheiten und Zweifel hat das Familiengericht von Amts wegen so weit wie möglich auszuräumen.[128] Der Familienrichter hat das Gutachten inhaltlich nachzuvollziehen, bis er in der Frage selbst urteilsfähig wird. Er darf die Feststellungen des Sachverständigen übernehmen, wenn er in freier Beweiswürdigung zu der inneren Gewissheit oder persönlichen Überzeugung hinsichtlich der Richtigkeit des Sachverhalts gekommen ist.[129]

Formulierungen im Rahmen der Urteilsbegründung wie „Aufgrund des guten und nachvollziehbaren Gutachtens wird in Übereinstimmung mit dem Sachverständigen eine Sorgerechtsübertragung auf…" stellen nicht in erster Linie einen Beweis für die Güte eines Gutachtens, sondern eine Formel[130] dar, die ein Urteil des Familienrichters revisionssicherer machen soll, da ihm die eigene Sachkunde fehlt – unabhängig von der tatsächlichen Qualität eines Gutachtens.

Weicht das Gericht vom Gutachten ab, so muss es dieses mit nachhaltigen und wohlerwogenen Gründen darlegen und genügend eigene Sachkunde nachweisen.[131] Dabei hat das Familiengericht die Erkenntnisse der Sozialwissenschaften insoweit zu beachten, als sie allgemein anerkannt und mit dem geltenden Familienrecht vereinbar sind.[132] Hinweise des Familienrichters auf Ausführungen in Sachbüchern reichen nicht aus, seine Sachkunde zu begründen und damit ein Sachverständigengutachten zu widerlegen. Diese erleichtern bestenfalls eine kritische Würdigung des Gutachtens und ermöglichen es dem Familienrichter, kritische Fragen an den Sachverständigen zu stellen.[133]

Es ist aber ein Unterschied, ob sich das Gericht über die vom Sachverständigen festgestellten Tatsachen hinwegsetzt oder ob es nur die Tatsachen anders bewertet.[134] Setzt

---

[123] § 286 ZPO.

[124] So *Coester*, Kindeswohl als Rechtsbegriff, 1982, S. 456.

[125] So auch: *Volckart* R & P, 1999, 189.

[126] *Weychardt* ZfJ 1999, 333.

[127] OLG Zweibrücken FamRZ 1999, 941.

[128] BGH ZSW 1988, 2, S. 45 = DS 1988, 203; und Anmerkung von *Müller* ZSW 1988, 48.

[129] So *Stahlmann* in: Pieper/Breunung/Stahlmann (Hrsg.), Sachverständige im Zivilprozess, S. 97.

[130] *Pieper* in: Pieper/Breunung/Stahlmann (Hrsg.), Sachverständige im Zivilprozess, S. 9–70.

[131] BVerfG FamRZ 1999, 1417 f.; BGH NJW 1997, 146 f.

[132] OLG Frankfurt FamRZ 1983, 297.

[133] BGH VersR, 1984, 354.

[134] BayObLG FamRZ 1980, 482.

sich das Gericht nicht ausreichend mit dem Gutachten auseinander, liegt darin ein Verstoß gegen den Grundsatz der Amtsermittlung und bei Beschwerdeverfahren gegen den Begründungszwang nach § 25 FGG und § 286 Abs. 1 Satz 2 ZPO.

Wird das Gutachten von Betroffenen kritisiert, darf dem nicht mit dem Argument, der Sachverständige sei besonders verlässlich, begegnet werden. Das Familiengericht darf sich in seinem Beschluss auch nicht darauf beschränken, auf ein Gutachten des gerichtlich bestellten Sachverständigen hinzuweisen und dies ohne nähere Begründung als überzeugend zu übernehmen, vor allem dann, wenn ein Betroffener einen gegenteiligen Standpunkt vertritt, möglicherweise auch gestützt durch ein Privatgutachten; dies wäre ein Verstoß gegen Art. 103 Abs. 1 GG.[135]

Bei Widersprüchen im Gutachten wird meist der Sachverständige gebeten, erneut und ergänzend Stellung zu nehmen.[136] Das Gericht kann aber andererseits, wenn keiner der Beteiligten dagegen Widerspruch einlegt, im Rahmen der freien Beweiswürdigung von der Richtigkeit der Mitteilung des Sachverständigen ausgehen.[137]

Ist ein Gutachten mangelhaft, so darf es in dieser Form von Seiten des Gerichts nicht verwendet werden. Das Gericht hat die Möglichkeit, eine Ergänzung eines nicht endgültig unbrauchbaren Gutachtens, z. B. wegen mangelnder Beantwortung der Frage oder unzureichender Datenerhebung, zu verlangen.[138] Es kann auch ein weiteres Gutachten einholen, um die Tatsachen aufzuklären; dies steht aber im Ermessen des Gerichts.[139] Ist ein Gutachten nicht mangelhaft, sind die Parteien aber dennoch mit dem Gutachten nicht einverstanden, so ist der Familienrichter nicht verpflichtet, ein weiteres Gutachten einzuholen.[140]

13. Weiteres Gutachten

Die Einholung eines neuen Gutachtens bedeutet nicht notwendigerweise, dass das vorliegende Gutachten gemäß § 412 ZPO fehlerhaft, der Sachverständige wegen Befangenheit abgelehnt worden oder der Entscheidungsfindung des Gerichts nicht dienlich ist.[141] Es können unterschiedliche Gründe das Gericht zur Einholung eines weiteren Gutachtens bewogen haben, so z. B., dass seit der Gutachtenerstellung neue Verhältnisse eingetreten sind, die zu überprüfen sind, dass ein Sachverständiger über Forschungsmittel verfügt, die jenen des ersten Gutachters überlegen erscheinen[142] oder dass ein besonders schwieriger Fall vorliegt.[143] Es kann auch sein, dass der Sachverständige in der mündlichen Verhandlung Zweifel an seinem schriftlichen Gutachten äußert, was die Erholung eines weiteren Gutachtens geboten erscheinen lässt.[144] Prozessual hat dieses weitere Gutachten keinen höheren Stellenwert. Jedes Gutachten, das zu einer Tatsachenfeststellung und Bewertung

---

[135] BVerfG FamRZ 1997, 151.
[136] *Weychardt* ZfJ 1999, 333.
[137] OLG Zweibrücken FamRZ 1982, 961.
[138] So *Hesse* NJW 1969, 2267.
[139] BGH ZSW 1988, 45, OLG Oldenburg FamRZ 1981, 811.
[140] So *Böhm* DAVorm 1985, 743.
[141] *Fritze* S. 2.
[142] BayObLG FamRZ 1990, 801; BayObLG FamRZ 1991, 1237.
[143] BayObLG FamRZ 1998, 921.
[144] OLG Düsseldorf ZWS 1987, 45.

in Auftrag gegeben wurde, ist vom Gericht auszuwerten und auf seine Entscheidungshilfe hin zu überprüfen.

Eine neue Sachverständigenbeauftragung ist immer dann nötig, wenn gegen das vorliegende Gutachten Beanstandungen substantiiert und detailliert vorgebracht werden, die es als unzureichend erscheinen lassen.

Die Ergebnisse verschiedener Gutachten hat das Gericht gegeneinander abzuwägen.[145] Widersprechen sich zwei Sachverständigengutachten, so hat das Gericht weitere Aufklärungsmöglichkeiten zu nutzen oder es muss logisch einleuchtend begründen, warum es einem Gutachten den Vorzug gibt. Der Widerspruch der Gutachten kann fachlich dadurch begründet sein, dass die Anknüpfungstatsachen oder die Methoden der Sachverständigen unterschiedlich sind[146] oder die Sachverständigen die Tatsachen unterschiedlich beurteilen.[147] Der Familienrichter hat die abweichenden Wertungen kritisch zu würdigen und/oder eine weitere Begutachtung in Auftrag zu geben.[148]

14. Obergutachten

Das Gericht kann ein so genanntes „Obergutachten" einholen, das die vorliegenden Gutachten einer Beurteilung unterzieht. Als „Obergutachten" kann man am ehesten ein Gutachten bezeichnen, das zu zwei und/oder mehreren vorliegenden Gutachten oder mündlich vorgetragenen Sachverständigenäußerungen Stellung nehmen soll.[149] Liegen mehrere gleich lautende Gutachten vor, besteht für die Gerichte keine Notwendigkeit, ein „Obergutachten" einzuholen.[150] Im Übrigen werden im familiengerichtlichen Verfahren nahezu nie Obergutachten eingeholt. Oftmals haben sich aufgrund der Dauer und der dann eingetretenen familiären Änderungen neue Tatsachen ergeben, die eine erneute Begutachtung ohnehin angezeigt sein lassen. Dabei wird dann vom Familienrichter zu überlegen sein, ob es dann noch günstig ist, den gleichen Sachverständigen mit der Begutachtung zu bedenken, wenn erhebliche Vorbehalte gegen sein Gutachten zumindest von einer Partei vorgetragen werden, auch wenn der Aufwand einer Anschlussbegutachtung möglicherweise aus ökonomischer Sicht geringer wäre.

Falsch ist die häufig unter Kollegen anzutreffende Bezeichnung „Obergutachten"[151] für ein weiteres Gutachten. Es gibt kein Gutachten, das rangmäßig über anderen steht.[152]

---

[145] BGH FamRZ 1977, 538 in Bezug auf Abstammungsgutachten.
[146] So *Maisch* MSchrKrim 1973, 197.
[147] *Kurth* S. 12.
[148] BGH ZSW 1988, 40 = DS 1988, 203.
[149] *Krasney* Sozialgerichtsbarkeit 34, 386.
[150] BSG Medizin im Sozialrecht 1986, 348.
[151] Wie weitere Gutachten z. B. bei *Ell* ZfJ 1980, 531; *Jopt/Rohrbach* in: Schorr (Hrsg.), Bericht über den 13. Kongreß für Angewandte Psychologie, 1986, S. 312; *Lempp*, Gerichtliche Kinder- und Jugendpsychiatrie, S. 53 genannt werden.
[152] So *Jessnitzer/Frieling* S. 247 ff.; *Müller* S. 81.

15. Privat- und Parteiengutachten

Wird ein Gutachten im privaten Auftrag[153] erstellt und von einer Partei in das Verfahren eingebracht, so ist dieses Gutachten kein Sachverständigengutachten im Sinne des Beweises durch Sachverständige nach § 402 ff. ZPO, sondern reiner Parteivortrag.[154] Sind beide Eltern mit dem privat erstellten Gutachten einverstanden, so kann das Gericht dieses Gutachten als Urkundenbeweis im Rahmen der freien Beweiswürdigung verwerten und in der Folge von der Einholung eines Sachverständigengutachtens absehen.[155]

Von Privatgutachten ist eine privat erstellte Gutachtenexpertise zu unterscheiden, das die Argumentation einer Partei zu einem vorliegenden gerichtlich beauftragten, schriftlichen Gutachten, unterstützt. Streng genommen kann eine Gutachtenexpertise zu einer gerichtlichen Fragestellung keine Aussage machen, sondern kann ein vorliegendes schriftliches Gutachten nur formal kritisieren, ob es den Anforderungen der Fachwissenschaften genügt, ob die Schlussfolgerungen tatsächlich aufgrund der dargelegten Untersuchungsberichte nachvollziehbar sind; was gelegentlich einen Sinn machen kann.

Leider kranken die Parteigutachten häufig daran, dass sie polemisch verfasst und damit in der Regel nicht geeignet sind, Verständnis für die Anliegen des Auftraggebers zu erreichen. Die Berücksichtigung von Parteiengutachten bei der familiengerichtlichen Entscheidung ist daher in der Praxis eher gering. In der Regel werden diejenigen, die eine Gutachtenexpertise im Auftrag einer Partei erstellt haben, auch nicht zu einer mündlichen Verhandlung geladen.

Es werden auch Privatgutachten eingereicht, die neben der inhaltlichen Auseinandersetzung mit den vorliegenden Gutachten auf eigenen diagnostischen Untersuchungen beruhen und ihrerseits eine (anders lautende) Entscheidungsempfehlung abgeben. Private Parteiengutachten, die sich nur auf die Daten eines Elternteils begründen, können sich einem Kindeswohl nur sehr einseitig nähern. Oftmals haben die Parteigutachter es außerdem unterlassen, den gegenparteilichen Sorgerechtsinhaber bzgl. der Untersuchung des Kindes um Erlaubnis zu fragen und gehen somit ein erhebliches rechtliches Risiko ein.

Privat in Auftrag gegebene Sorge- und/oder Umgangsrechtsgutachten, auf der Basis der Einwilligung aller Sorgerechtsinhaber, außerhalb des Gerichts, sind in der Praxis nicht bekannt.

Gelegentlich werden Sachverständige von einer unabhängigen Behörde, wie z.B. dem Jugendamt oder dem ASD, im Vorfeld eines familiengerichtlichen Verfahrens beauftragt. Selbstverständlich müssen auch hier die beteiligten Personen mit der Begutachtung einverstanden sein.

---

[153] Zur Problematik der Parteiengutachten: *Grosse* ZfJ 1982, 504; *Wegener, H.*, Einführung in die Forensische Psychologie, 1989.
[154] Den man sich sparen kann, so: *Weychardt* ZfJ 1999, 332.
[155] BGH ZSW 1988, 43.

D. Die am familiengerichtlichen Verfahren beteiligten Personen

Der Sachverständige befindet sich in verschiedenen Spannungsfeldern: Er steht einmal zwischen Familiengericht und zugewiesenen Personen, Auftraggeber und zu begutachtende Personen sind also nicht identisch. Zugleich verfolgt er auch das Ziel der eigenen Existenzsicherung und der Selbstdarstellung.

Die Beziehung des Sachverständigen zu den am familiengerichtlichen Verfahren beteiligten Personen ist in weiten Bereichen durch rechtliche Vorschriften geregelt. Diese begrenzen einerseits psychologische Diagnostik und Intervention, andererseits ermöglichen sie die Definition eines Bezugsrahmens, innerhalb dessen sachverständige Tätigkeit möglich und hilfreich sein kann, ohne Rechte anderer zu verletzen, deren Konsequenz der Diplom-Psychologe nicht in jedem Fall abschätzen könnte.

Zu Recht wird auf den Aspekt der „Macht" hingewiesen, die dem Sachverständigen durch die Beauftragung zugeteilt wird.[1] Dieser kann sie aber auch zum Nutzen der Betroffenen einsetzen. Der Sachverständige wird offiziell zum Fachmann gemacht und nimmt ein Stück sozialer Verantwortung auf sich. Die rechtliche Verantwortung für den Ausgang des Verfahrens, in dem der Sachverständige tätig war, bleibt aber beim Familienrichter, die konkrete Ausgestaltung der Kindeswohlregelung letztendlich immer bei den Eltern.

Unzweifelhaft ist, dass das Gericht in den überwiegenden Fällen auch den Empfehlungen des Sachverständigen folgt,[2] wobei es bei Beschlüssen zu Umgangsregelungen noch häufiger die Empfehlungen der Sachverständigen zugrunde legt als in Sorgerechtsverfahren.[3]

1. Stellung des Sachverständigen zum Familienrichter

In der Literatur wird immer wieder auf die Kompetenzverschiebung vom Familienrichter auf den Sachverständigen hingewiesen, der der eigentliche „Urteilsmacher" geworden sei, was rechtlich unzulässig sei.[4] Wird der Gutachtenauftrag aber als Hilfeleistung für die Betroffenen begriffen, so beschränkt sich die Rolle eines „Urteilsmachers" auf nur wenige Fälle, da die Betroffenen so weit wie möglich im Sinne des SGB VIII und des Kindschaftsrechtsreformgesetzes zur Eigenverantwortlichkeit befähigt werden sollen.

---

[1] *Hartmann*, in: Hartmann/Haubl (Hrsg.), Psychologische Begutachtung, 1984, S. 10.
[2] In der Studie von *Kaltenborn* FamRZ 1987, 990, folgte das Gericht in 57 von 62 Fällen den Empfehlungen des Sachverständigen. Auch *Biermann/Biermann* Praxis der Kinderpsychologie und Kinderpsychiatrie 1978, 27, 233 erwähnt, dass nach seiner Studie das Gericht in der überwiegenden Mehrheit dem Vorschlag des Gutachters folgte. Auch nach unserer Erfahrung weicht das Gericht nur in einem von ca. 10 Fällen von der Sachverständigenempfehlung ab.
[3] So *Lempp/Wagner* FamRZ 1975, 70.
[4] *Frommann* S. 164; über die Entwicklung des Sachverständigen vom Richtergehilfen zum „Richter in Weiß" siehe: *Pieper* in Pieper/Breunung/Stahlmann (Hrsg.), Sachverständige im Zivilprozess, 9 ff.

Bisher wird der Sachverständige gemäß ZPO immer noch als „Gehilfe des Richters" definiert, wenn auch andere Autoren[5] fordern, den Begriff des Gehilfen durch den des „Helfers" zu ersetzen.

Diese Auffassungen gehen für die Arbeitsweise des psychologischen Sachverständigen inzwischen weitgehend an der Realität vorbei. Der Sachverständige wird hierbei zu sehr in einer Helferfunktion des Gerichts gesehen, seine tatsächliche Verantwortung für die Betroffenen wird zu wenig beachtet; zugleich wird unterstellt, der Familienrichter sei nur an den Entscheidungen interessiert. Unbestritten ist, dass der Familienrichter einerseits für den Sachverständigen gleichsam Arbeitgeber ist, andererseits aber den kompetenten Sachverständigen benötigt, um zumindest in einigen Fällen beschwerdesichere Verfahren durchführen zu können. Es ist auch Aufgabe des Sachverständigen, jene Tatsachen festzustellen, zu denen seine besondere Sachkunde benötigt wird, um Schlussfolgerungen mittels Anwendung von Erfahrungssätzen seiner Wissenschaft zu ziehen.[6] Weiter wird vom psychologischen Sachverständigen aufgrund seiner Qualifikation erwartet, dass er, um die Entscheidung des Familienrichters zu erleichtern, die menschlichen Verhaltensweisen der Familienmitglieder beurteilt und im Sinn der gerichtlichen Fragestellung bewertet. Gelegentlich wird der Familienrichter ein Gutachten in Auftrag geben, weil ein Elternteil eine fachkundige Bewertung seiner Familiensituation in der Trennung wünscht, um sicherzustellen, alles für das Kindeswohl getan zu haben.

Auf die Beziehung des Sachverständigen zum Familienrichter durch die Auftragssituation wurde oben eingegangen.

Das Rollenverständnis der Familienrichter hat sich aber ebenso gewandelt[7] wie das der Sachverständigen und auch das der Anwälte. Es wird heute anerkannt, dass Kindeswohlregelungen mit juristischen Mitteln nur in sehr seltenen Fällen „herbeigeführt" werden können. Die Mehrzahl sowohl der Familienrichter[8] als auch der Anwälte[9] versuchen mehr und mehr durch Interventionen und einfühlsame Beratung, die Eltern zu motivieren, selbst die bestmögliche Kindeswohlregelung zu finden und zu leben.

Das konkrete Verhältnis des Sachverständigen zum Familienrichter ist nicht pauschal zu beschreiben und hängt vom Einzelfall ab. Mit einigen Familienrichtern besucht der Sachverständige zum Beispiel Fortbildungskurse oder Arbeitskreise und hat aus diesem Grunde intensiven Kontakt, einige Familienrichter wollen von Sachverständigen nur am Ende seiner Tätigkeit eine sachverständige Empfehlung und meiden ansonsten den Kontakt, andere Familienrichter wollen laufend vom Sachverständigen über mögliche Schritte der Intervention informiert werden. Es gibt Familienrichter, die vom Sachverständigen Engagement erwarten, das über den Auftrag hinausgeht, so z.B. die Erkundigungen nach geeigneten Heimplätzen, Familienhilfen usw.; sie fragen gelegentlich den Sachverständigen fernmündlich um psychologischen Rat in Verfahren, die nicht zum Gutachtensauftrag werden, auch mitunter um juristischen Rat bei Verfahrensproblemen, die im weiteren Sinn mit der Begutachtung zu tun haben.[10] Andere Familienrichter sind

[5] *Maisch* MSchrKrim 1983, 190.

[6] Vgl. *Bayerlein*, Seminar: Die Sicherung des Beweises im Zivil- und Strafprozess Hannover: Institut für Sachverständigenwesen e.V., 1986.

[7] *Kleinz* FamRZ 1992, 1390–1391.

[8] *Strecker* FPR 2000, 129–133.

[9] Vgl. *Zillich* FamRZ 1992, 509–510; *Groß* FPR 2000, 136–140. *Hohmann* FPR 2000, 115–123.

[10] So fragen einige Familienrichter schon mal den Sachverständigen, wie sie sich verhalten sollen, wenn z.B. ein Elternteil zur Begutachtung nicht bereit ist, auch das Kind nicht zur Begutachtung bringt, und wie

der Meinung, ihre eigene Lebenserfahrung mache einen Sachverständigen überflüssig.[11]

Die Ausführungen zeigen, dass das Verhältnis auch von der Persönlichkeit sowohl des Familienrichters als auch des Sachverständigen abhängt, eine Kumpanei ist damit keineswegs verbunden. Jedenfalls sollte sie unbedingt vermieden werden. Gerade strikte Neutralität des Sachverständigen im Begutachtungsfall und kompetentes sachverständiges Vorgehen helfen, den Auftragsbestand zu sichern. Jede Kumpanei würde langfristig die Beiziehung des Sachverständigen zum Familienrichter belasten. Zu bedenken ist schließlich, dass Familienrichter wechseln und in der Regel mehrere Sachverständige vor Ort zur Verfügung stehen.

Die Häufigkeit der Heranziehung eines Sachverständigen ist beim einzelnen Familienrichter unterschiedlich. Bei der medizinischen und technischen Sachkunde ist der Familienrichter eher geneigt, eigene Inkompetenz anzunehmen,[12] während dies nicht unbedingt für das psychologische Wissen gilt.[13] Zum anderen kann sich auch erhebliche Skepsis gegenüber Sachverständigengutachten entwickelt haben,[14] die sich womöglich durch die mindere Qualität einiger Gutachten verstärkt hat.[15]

Wie oben erwähnt, weicht die Zurückhaltung der Juristen gegenüber sozialwissenschaftlichen Erkenntnissen aber immer mehr einer Offenheit, wie viele höchstrichterliche Entscheidungen beweisen, die sich explizit mit fachpsychologischen Erkenntnissen auseinander setzen. Einige Familienrichter erhoffen sich zudem vom psychologischen Sachverständigen eine Entschärfung der Konfliktsituation oder bestenfalls darüber hinaus eine Hilfestellung für die Betroffenen, eine einvernehmliche Lösung im Sinne des Kindeswohls zu finden.[16]

2. Stellung des Sachverständigen zu den Betroffenen

Die Beziehung zwischen Sachverständigen und Betroffenen ist nicht freiwilliger Natur, sondern in der Regel vom Familiengericht aufgezwungen. Manchmal wird die Begutachtung aber von einem Elternteil gewünscht, wobei selbst dann keine volle Freiwilligkeit besteht, sondern es sich meist um einen im Gerichtsverfahren möglichen weiteren „Schachzug" handelt, um sein Recht zu bekommen. Die ursprüngliche Erwartung besteht meist darin, mit Hilfe des Sachverständigen seinen eigenen Standpunkt bestätigt zu bekommen. Die Begutachtung beruht auch nicht auf einem Vertragsverhältnis,[17] weder mit dem Familiengericht noch mit den betroffenen Personen.

---

möglicherweise andere Familienrichter in ähnlichen Fällen gehandelt haben. Auch Fragestellungen werden gelegentlich mit dem Sachverständigen besprochen, insbesondere dann, wenn zudem psychiatrische Kollegen einbezogen werden sollen. Bei Begutachtungen im Ausland kann es immer wieder vorkommen, dass der Sachverständige den Familienrichter darauf hinweist, ehe er den Sachverständigen auf die Reise schickt, den Bericht des internationalen Jugendamtes einzuholen.

[11] Dazu: *Ollmann* FamRZ 1997, 323 ff.

[12] So *Krasney* Die Sozialgerichtsbarkeit 1987, 381.

[13] *Rohleder* S. 187; *Simitis et al.*, Kindeswohl, S. 163 f.; *Uffelmann* S. 128.

[14] *Rassek* S. 23 ff.

[15] So *Coester*, Das Kindeswohl als Rechtsbegriff, S. 464.

[16] *Bergmann*, Auswahl und Rolle des Gutachters im familiengerichtlichen Verfahren, Evangelischer Pressedienst 1997, Tagungsdokumentation Nr. 6.

[17] Vgl. v. *Maydell* Die Sozialgerichtsbarkeit 1987, 395 ff.

Obwohl der Auftraggeber des Sachverständigen das Familiengericht ist, hat sich der Sachverständige auch seiner Verantwortung gegenüber den Betroffenen im Klaren zu sein.

Der Sachverständige bestimmt sein sachverständiges Vorgehen eigenverantwortlich, er kann Anregungen oder gar Forderungen der Eltern zurückweisen, wie er sein sachverständiges Tun durchzuführen habe. Er könnte – bei Nichtbeachtung der Verpflichtung, nach bestem Wissen zu handeln – Willkür üben in der Datenerhebung, Auswertung, Auswahl, Darstellung und sachverständigen Empfehlung. Ihm steht somit die stärkste Form der sozialen Kontrolle anderer zur Verfügung, da er allein bestimmen kann, welche Informationen und Verhaltensweisen für das Gutachten entscheidungsrelevant sind.[18] Die Betroffenen stehen dann einem Experten gegenüber, der autonom die Daten sammelt, diese mit seinen Erfahrungen intuitiv verarbeitet und zu einer Empfehlung kommt. In diesem Prozess ist, wenn sich der Sachverständige auf seine Expertenrolle zurückzieht, die Autonomie der Person auf Seiten der Betroffenen mehr oder weniger ausgeschaltet, mit Ausnahme der Möglichkeit, die Begutachtung oder Teile davon zu verweigern oder die Ergebnisse zu verfälschen. Das Gutachten wird in diesem Falle durch die Autorität der Persönlichkeit und die Autorität der Funktion als Sachverständiger gerechtfertigt, ohne dass der Sachverständige dafür in letzter Konsequenz die Verantwortung übernimmt. Die verfahrensrechtliche Möglichkeit, Unzulänglichkeiten oder gar Fahrlässigkeiten nachzuweisen, kann von den Anwälten kaum in Anspruch genommen werden, da ihnen das fachpsychologische Wissen fehlt.

Die Betroffenen selbst stehen gegenüber einem solchen sachverständigen Vorgehen in einem Dilemma. Einerseits geben sie ihre Selbstverantwortung auf, wenn sie völlig der Empfehlung des Sachverständigen folgen, andererseits – wenn sie dieser nicht folgen – geben sie dem Sachverständigen Recht, wenn die Entwicklung dann so eintritt, wie dieser sie vermutet hat.[19] In jeder Situation behält der Sachverständige auf Kosten der Selbstverantwortung der Betroffenen Recht. Eine Verweigerung der Mitwirkung an der Begutachtung kann zudem vom Familienrichter negativ gewertet werden.

Außerdem wird der Sachverständige durch seine gerichtliche Beauftragung als Repräsentant der Rechtspflege gesehen, was bei den von der Begutachtung Betroffenen zu Verunsicherung, Unterlegenheitsgefühlen, aber auch zu vorgespielter Selbstsicherheit führen kann.[20] Bei seiner Tätigkeit hat der Sachverständige immer auch die in der Regel vorhandene ängstliche und skeptische Grundeinstellung[21] oder auch Aggression[22] gegenüber dem Sachverständigen in Betracht zu ziehen und diese Ängste abzubauen, um eine Kindeswohlregelung zu erarbeiten, die den tatsächlichen familiären Verhältnissen entspricht.

Es wäre aber andererseits naiv zu glauben, dass die Eltern sich nicht auch mehr oder weniger bewusst taktisch verhalten, oftmals beraten von ihren Anwälten oder Interessensverbänden,[23] um das Wohlwollen des Sachverständigen zu erhalten. Dies ist das Recht der Betroffenen und zeugt seinerseits von einer gewissen sozialen Kompetenz, auf keinen Fall kann ein solches Verhalten negativ bewertet werden.

Die Zielsetzung sachverständigen Vorgehens bestimmt die Untersuchung und damit auch das Verhalten des Sachverständigen zu den Betroffenen. Der statisch orientierte Sachverständige wird eine günstige Motivationslage der zu Begutachtenden durch Zurück-

---

[18] So *Schuler* S. 57.

[19] *Lang* in: Pulver/Lang/Schmid (Hrsg.), Ist Psychodiagnostik verantwortbar? S. 25.

[20] *Wegener*, Einführung in die Forensische Psychologie, S. 7.

[21] Vgl. *Berk* S. 89.

[22] Vgl. *Wegener/Steller* Zeitschrift für Differentielle und Diagnostische Psychologie, 1986, S. 104.

[23] Siehe homepage: www.pappa.com.

haltung erhoffen. Der eine intervenierende Strategie verfolgende Sachverständige wird eine empathische Atmosphäre schaffen wollen. Dies wird er am ehesten durch Offenheit bezüglich seiner Rolle beim Erstkontakt und durch eine klare Beschreibung seiner Vorannahmen, der Zielsetzung, seines Vorgehens und durch angemessene Rückmeldung erreichen.[24]

Der Sachverständige hat prinzipiell den Eltern keine moralischen Vorwürfe zu machen oder deren Verhaltensweisen moralisch zu bewerten. Er kann aber Rückmeldung bzgl. des Kindeswohls geben. Fair wäre es, wenn der Sachverständige nach ersten diagnostischen Erkenntnissen mit dem Betroffenen sein Vorausurteil diskutiert, vor dem Hintergrund der Kompromissbereitschaft des anderen Betroffenen und der rechtlichen Vorgegebenheiten.

Neben psychologischen Implikationen der Gestaltung der Beziehung zwischen Sachverständigen und Betroffenen sind auch durch gesetzliche Vorgaben und ethische Anforderungen Maßstäbe für die Gestaltung der Beziehung gesetzt. Aus dem besonderen Verhältnis und den vorgegebenen juristischen Rahmenbedingungen ergeben sich verschiedene Anforderungen wie Aufklärungspflicht, Transparenz, Freiwilligkeit, Verhältnismäßigkeit der Begutachtung, die unbedingt zu beachten sind.

a) Kontaktaufnahme. Nach Erhalt der Akten und Überprüfung der fachlichen Kompetenz müssen die im Beschluss genannten Personen benachrichtigt werden, damit der Sachverständige beginnen kann. Da die Rechtsanwälte und Verfahrenspfleger Verfahrensbeteiligte und juristisch die Ansprechpartner der Eltern oder des Kindes sind, können die Anwälte auch direkt eine Kopie des Anschreibens an ihren Mandanten erhalten.

Verfahrensrechtlich ist es einwandfrei, wenn den Betroffenen ein Termin genannt wird, zu dem sie erscheinen sollen oder der Sachverständige sie besuchen will. Dem Kriterium der Freiwilligkeit wird aber besser gedient, wenn der Sachverständige den Betroffenen ein Schreiben mit Nennung der kompletten Fragestellung zukommen lässt, mit der Aufforderung, sich bitte mit dem Sachverständigen zwecks Terminabsprache in Verbindung zu setzen. Bei einem solchen Anschreiben haben die Betroffenen einmal die Möglichkeit, die Fragestellung noch einmal zu überprüfen, die ihnen möglicherweise über das Familiengericht oder ihrem Anwalt nicht zugeleitet worden ist, zum anderen können sie sich beim Familienrichter und bei ihrem Rechtsbeistand rückversichern, ehe sie in Kontakt mit dem Sachverständigen treten. Zudem wird mit der Aufforderung, sich mit dem Sachverständigen in Verbindung zu setzen, die aktive Rolle den Betroffenen zugespielt. Sie können die Begutachtung bereits damit ablehnen, dass sie sich nicht beim Sachverständigen melden. Andererseits können sie in einem Telefongespräch mit dem Sachverständigen erste Fragen klären. Hier kann der Sachverständige bereits Ängste abbauen, er kann die Betroffenen über den Begutachtungsprozess aufklären und auch häufig geäußerte Bedenken, die Begutachtung schade dem Kind, zerstreuen. Nicht zuletzt hat die gegenseitige Terminabsprache, die sich auch nach den Terminwünschen der Betroffenen richten kann, vertrauensbildende Wirkung. Dabei gibt es keinen verbindlichen psychologischen Grund, einen Elternteil für den Erstkontakt mit dem Sachverständigen vorzuziehen.[25] Es können aber Fragen nach der Erziehungsfähigkeit eines Elternteils, bei lange unterbrochenen Umgangskontakten oder wenn ein Betroffener eine Abänderung einer bestehenden Regelung

---

[24] So *Jäger*, Der diagnostische Prozess, S. 221.
[25] Anderer Auffassung: *Klosinski*, in: Lempp/Schütze/Köhnken (Hrsg.), Forensische Psychiatrie und Psychologie des Kindes- und Jugendalters, S. 56, der bei Umgangsbegutachtungen mit dem nichtsorgeberechtigten Elternteil beginnt.

beantragt, eine Vorziehung des Elternteils, bei dem das Kind schwerpunktmäßig lebt, sinnvoll erscheinen lassen, um ökonomischer Hinweise für zugrunde liegende Konflikte zu erhalten.

Natürlich sollte bei der Terminabsprache mit den Betroffenen auf deren Möglichkeiten Rücksicht genommen werden, was nicht heißt, dass der Sachverständige prinzipiell nur am Wochenende oder spätabends für die Gespräche Zeit haben muss, um auf die Berufstätigkeit der Betroffenen Rücksicht nehmen zu sollen. In der Regel haben die Betroffenen auch Termine beim Gericht und bei ihren Anwälten zu büroüblichen Zeiten. Hausbesuche, besonders bei Umgangskonflikten, werden wohl in der Regel am Wochenende, den üblichen Umgangsterminen, stattzufinden haben.

Melden sich die Betroffenen innerhalb einer Frist von ca. zwei Wochen nicht, sollten sie ein weiteres Mal angeschrieben werden, da sie die Post möglicherweise nicht erreicht hat. Wenn auch danach keine Rückmeldung von den Betroffenen erfolgt, sollte das Familiengericht gefragt werden, wie weiter verfahren werden soll. Gelegentlich wird dann geraten, den Betroffenen einen Termin (per Einschreiben mit Rückschein) zu nennen, manchmal versucht auch der Familienrichter im Gespräch mit den Betroffenen oder den Anwälten, die Personen zur Teilnahme an der Begutachtung zu motivieren. Sollten auch diese Versuche fruchtlos sein, hat der Familienrichter verschiedene rechtliche Möglichkeiten, bis hin zum Einsatz eines Ergänzungspflegers, der das betroffene Kind dem Sachverständigen zuführen soll.

Diese Maßnahmen hat das Familiengericht zu ergreifen, sie sind nicht vom Sachverständigen von sich aus vorzuschlagen. Er hat in keinem Fall Druck auf die Betroffenen auszuüben, dem gerichtlichen Beschluss zur Begutachtung zu folgen.

b) Aufklärungspflicht. Ehe der Sachverständige mit seiner Tätigkeit mit den betroffenen Personen beginnt, hat er seine Beziehung mit diesem Personenkreis zu klären.

Da niemand zur Begutachtung gezwungen werden kann, ist es geboten, den Einzelnen darüber aufzuklären, dass er seine Einwilligung auch verweigern kann.[26] Da aber zwischen dem Sachverständigen und den zu begutachtenden Personen kein Vertragsverhältnis besteht, ist daraus rechtlich eine Aufklärungspflicht für den Sachverständigen nicht zwingend ableitbar.[27] Auch kennt das FGG-Verfahren keine Belehrungspflicht, da niemand zur Aussage gezwungen werden kann.[28] Ist eine allgemeine Aufklärungspflicht zwar nicht zwingend herleitbar, so ergibt sich aus der speziellen Situation der familienrechtlichen Begutachtung aber doch eine besondere Verantwortung zur Aufklärung. Hier stehen die zu untersuchenden Personen in der Regel in einem verwandtschaftlichen Verhältnis zueinander. Dies berechtigt alle Beteiligten, von ihrem Zeugnisverweigerungsrecht (§ 383 Abs. 1 Nr. 2 und 3 ZPO) Gebrauch zu machen. Sind die Personen über ihr Aussageverweigerungsrecht nicht belehrt worden, so dürfen die Aussagen in einem eventuellen Strafprozess nicht verwendet werden.[29]

In der Regel ist zwar die Belehrung vom Familiengericht bereits vorgenommen worden, redlicherweise sollte dies aber vom Sachverständigen[30] wiederholt werden, da nur der Psy-

---

[26] *Amelung*, Die Einwilligung in die Beeinträchtigung eines Grundrechtsgutes, 1981.

[27] So *v. Maydell* Die Sozialgerichtsbarkeit 1987, 392.

[28] *Rakete-Dombek* FPR 1997, 219.

[29] BGH FamRZ 1985, 577.

[30] Dem üblichen Auftragsschreiben an den Sachverständigen ist in der Regel ein „Merkblatt B für Hinweise durch den Sachverständigen" beigefügt. Dieses weist den Sachverständigen ausdrücklich darauf hin, die Personen, die bei der Vorbereitung des Gutachtens mitzuwirken haben, über die gesetzlichen Bestim-

chologe eine gründliche Aufklärung über den Begutachtungsprozess leisten kann. Aus diesem Grunde darf sie auch nicht einer Hilfskraft ohne wissenschaftliche Qualifikation überlassen werden.[31]

Sosehr Einigkeit hinsichtlich der grundsätzlichen Pflichten zur Aufklärung besteht, so wenig gibt es ein festes Leitschema für die familienrechtliche Begutachtung. Sie ist auch an keine bestimmte Form gebunden; Informationsblätter sind zwar zur Vorbereitung nützlich, können aber das Gespräch nicht ersetzen.[32]

Die mitwirkenden Personen müssen, um klare Einsicht in die Begutachtungssituation zu bekommen, in die Lage versetzt werden, selbst entscheiden zu können, ob sie die Begutachtung als zumutbar bewerten.[33] Dazu muss der Sachverständige den Betroffenen jeden einzelnen vorgesehenen Verfahrensschritt transparent machen und etwaige Fragen der Betroffenen offen beantworten;[34] eine pauschale und undifferenzierte Aufklärung reicht nicht aus. Insbesondere sind alle Risiken und weiterreichenden, möglicherweise auch strafrechtlichen Folgen, die sich aus einer Begutachtung ergeben können, den Betroffenen mitzuteilen.

Die Aufklärung sollte zum einen den Ablauf der Begutachtung umfassen, zum anderen ausdrücklich auf die Freiwilligkeit hinweisen,[35] insbesondere darauf, dass der Betroffene das ganze Verfahren, aber auch einzelne Teile davon ablehnen könne. In unserer gutachterlichen Praxis hat der Hinweis auf die Freiwilligkeit bisher keine Weigerung, bei der Begutachtung mitzuwirken, nach sich gezogen. Weiter hat der Sachverständige darauf hinzuweisen, dass der Sorgerechtsinhaber die Genehmigung zur psychologischen Begutachtung des Kindes geben muss. Häufig empfiehlt sich auch, die Fragestellung nochmals durchzusprechen, um dadurch den Umfang der Begutachtung näher definieren zu können.

Die Betroffenen haben auch das Recht zu wissen, was und wer in die Begutachtung einbezogen wird, so dass der Sachverständige die Betroffenen darauf hinweisen sollte, dass dritte Personen nur mit ihrem und des Gerichts Wissen und Genehmigung interviewt werden und dass er, der Sachverständige, dem Familiengericht, also dem Auftraggeber, gegenüber verantwortlich ist. Er habe meist ein schriftliches Gutachten zu erstellen, in dem er all die Daten wiedergeben muss, die für die Fragestellung relevant sind. Es ist redlich, auch darauf hinzuweisen, dass jeder Elternteil die Äußerungen des jeweils anderen im Gutachten wiederfinden wird, wenn diese für die Entscheidung relevant sind.

Die Aufklärung sollte auch die Aufklärung über die Verpflichtung des Sachverständigen zum Schweigen über all die Informationen, die keinen engen Bezug zur Fragestellung haben, enthalten sowie den Hinweis, dass entscheidungserhebliche Befunde dem Gericht mitgeteilt werden müssen, auch wenn sie zum Nachteil für eine Partei gereichen.

Versteht der Sachverständige seine Aufgabe auch als intervenierend, so hat er die Beteiligten über seine Vorannahmen und seine diagnostische Strategie zu informieren; diese Verpflichtung besteht wiederum auch dann, wenn der Familienrichter dies möglicherweise von sich aus bereits getan hat.

---

mungen über das Zeugnisverweigerungsrecht und auf das Recht zur Verweigerung der Untersuchung zu belehren.

[31] *Klein* S. 80.

[32] So *Harrer* Forensia 1988, 63.

[33] *Göppinger* FamRZ 1980, 860.

[34] *Horney* Die Sozialgerichtsbarkeit 1987, 374; *Schmid* NJW 1981, 1863.

[35] *Peters*, in: Undeutsch (Hrsg.), Forensische Psychologie, S. 786; gegenteiliger Meinung ist *Wegener*, Einführung in die Forensische Psychologie, S. 24.

Abgesehen vom rechtlichen Aspekt, spielen auch psychologisch-konsultative Momente eine wesentliche Rolle. Ein Gelingen der Intervention ist am ehesten dann anzunehmen, wenn der Sachverständige seine Grundlagen und seine Funktion offen legt und insbesondere auf seinen Rollenkonflikt aus der gleichwertigen Verpflichtung gegenüber dem Gericht hinweist.[36] Es spricht auch nichts dagegen, wenn der Sachverständige dem Betroffenen Fragen zu seiner Person, seiner Ausbildung und seinen rechtlichen Voreinstellungen einräumt.

Die Aufklärung geht nicht so weit, dass diagnostische Verfahren inhaltlich besprochen werden, da sie sonst in vielen Fällen wirkungslos werden würden, aber über die wesentlichen zu erfassenden Bereiche der Verfahren müssen die Personen aufgeklärt werden.[37]

Keine Belehrungspflicht besteht über die Möglichkeit, einen Sachverständigen nach § 406 Abs. 2 ZPO abzulehnen,[38] da der Sachverständige nur über seine Tätigkeit belehren muss.

Es ist auch nicht Aufgabe des Sachverständigen, die Eltern auf mögliche richterliche Wertungen hinzuweisen, z.B. dass eine Weigerung zur Begutachtung dazu führen kann, dass der andere Elternteil das Sorgerecht übertragen bekommt.

Erwartungen der Betroffenen an den Sachverständigen, dass dieser nach relativ kurzer Diagnostik, auf der Basis der bestehenden konflikthaften Familienbeziehung, die für das Kindeswohl beste Lösung findet, sind abzubauen. Es ist vielmehr, je nach Fragestellung, auf den eingeschränkten Aussagewert und die reduzierte prognostische Gültigkeit einer ausschließlich statusorientierten Diagnostik hinzuweisen, aber auch auf die Möglichkeiten, die die Begutachtung bietet, mit den Eltern zusammen eine Regelung zu erarbeiten.

Der Sachverständige wird den Betroffenen seine Hilfsangebote schildern und sie auf mögliche Rückschläge und Schwierigkeiten hinweisen, die Erwartungen sollten nicht zu hoch geschraubt werden. Dass die interventionsorientierte Begutachtung und die damit verbundene Beratung freiwillig angenommen werden muss, ist den Betroffenen zu verdeutlichen.

c) Einwilligung und Freiwilligkeit. *aa) Begriff.* Unter Einwilligung oder Zustimmung wird eine Erklärung verstanden, mit der der Einwilligende kundtut, dass er – beispielsweise – eine Beeinträchtigung seines Rechtsgutes durch einen anderen hinnehmen wird (§ 182 BGB). Im Unterschied zur „Genehmigung" (nachträgliche Zustimmung; § 184 BGB) wird die Einwilligung vor der Beeinträchtigung des Rechtsgutes (vorherige Zustimmung; § 183 BGB) gegeben. Einwilligungen können auch jederzeit frei widerrufen werden.

Für die Einwilligung ist ein „innerer" Wille nicht ausreichend, sondern nur ein nach § 133 BGB „erklärter" Wille der Beteiligten. Die Einwilligung darf nicht durch Zwang oder Überredung zustande gekommen sein. Der Sachverständige hat vielmehr die Betroffenen zu überzeugen, dass die Einwilligung gegeben werden kann. Der Sachverständige sollte prüfen, ob er selbst einer gerichtlich angeordneten Begutachtung unter den gegebenen Umständen bezüglich der Zumutbarkeit zustimmen würde.[39]

Die Durchführung der Begutachtung bedarf trotz der Anordnung des Gutachtens durch das Gericht in jedem Falle der Einwilligung der zu begutachtenden Personen.[40] Kör-

---

[36] Vgl. *Haubl*, in: Hartmann/Haubl (Hrsg.), Psychologische Begutachtung, S. 35.
[37] Vgl. *Böhm* DAVorm 1985, 738; *Klein* S. 89.
[38] BSG Medizin im Sozialrecht 1986, 402.
[39] *Hartmann/Haubl* Psychologie heute. 4/1985, 63.
[40] *Palandt/Diederichsen*, § 1626 BGB Rn 1 ff., auch der *Arbeitskreis II 4*: Kriterien der Verwertbarkeit psychologischer Gutachten, 2. Familiengerichtstag, 1979, S. 901.

perliche oder psychologische Untersuchungen oder Mitwirkung bei der Untersuchung etwa durch Beantwortung von Fragen oder durch Teilnahme an einem Test, können im FGG-Verfahren nicht erzwungen werden.[41] Dies trifft sowohl auf Teile, z. B. die Exploration,[42] als auch auf die gesamte Begutachtung zu.[43] Der Befragte hat das Recht, sich nach dem Sinn einer Sachverständigenfrage zu erkundigen und die Beantwortung zu verweigern. Den Betroffenen ist grundsätzlich das Recht einzuräumen,[44] ohne negative Bewertung durch den Sachverständigen Persönlichkeitsfragebogen und andere Persönlichkeitstests zu verweigern. Psychodiagnostische Verfahren fordern die Betroffenen zu Äußerungen heraus. Jede nicht völlig freie Beteiligung am diagnostischen Verfahren bedeutet einen Zwang zu einer Äußerung gegenüber einem nicht freiwillig ausgesuchten Partner,[45] hier dem Sachverständigen.

Die zu begutachtenden Personen haben ferner das Recht mitzubestimmen, welche dritten Personen der Sachverständige bezüglich des gerichtlichen Auftrags befragen darf; dies gilt insbesondere für neue Lebenspartner oder das Kind betreuende Personen, aber auch Nachbarn, Ärzte, Lehrer usw. – immer vorausgesetzt, dies ist für die Fragestellung bedeutsam. Hier ist für jeden Einzelfall die Einwilligung einzuholen. Eine pauschale Ermächtigung zur Befragung von Dritten ist unwirksam. Ihr hat jeweils eine Aufklärung über Absichten und Fragepunkte des Sachverständigen vorauszugehen, denn eine wirksame Einwilligung kann nur bei vorhergegangener Aufklärung erteilt werden.[46]

bb) Erklärung. Zur Einwilligung verlangt der Gesetzgeber keine wörtliche Erklärung, sie kann auch durch schlüssiges Verhalten abgegeben werden. Einwilligung kann etwa dann angenommen werden, wenn der Betroffene nach der Aufklärung über Sinn und Zweck an den Testverfahren teilnimmt[47] oder den Sachverständigen zum als solchem angekündigten Hausbesuch in sein Haus lässt. Generell ist die Bereitschaft, sich der Begutachtung zu stellen, schon konkludent als Zustimmung und Einwilligung zu werten.[48] Die wirksame Einwilligung nimmt den gutachtlichen Maßnahmen den Eingriffscharakter.[49] Sie gilt allein für die gerichtliche Fragestellung, nicht für weiter gehende Begutachtungen.

Zwar verweigern nur selten die Betroffenen die Teilnahme an der Begutachtung, ungeachtet dessen ist vom Sachverständigen unbedingt zu berücksichtigen, dass Personen nicht gegen ihren oder den Willen ihrer gesetzlichen Vertreter begutachtet werden dürfen.[50] Die psychologische Untersuchung betrifft die Persönlichkeitssphäre der beteiligten Personen

---

[41] OLG Brandenburg FamRZ 1997, 1019; OLG Stuttgart FamRZ 1975, 167; LG Hannover StV 1989, 198.

[42] Vgl. BayObLG FamRZ 1979, 348 und 737–740.

[43] So ist die Erstellung eines graphologischen Gutachtens ohne Einwilligung daher eine schuldhafte Verletzung des Persönlichkeitsrechtes, da die Grenze der Privatsphäre überschritten wird. Eine Einwilligung kann auch nicht angenommen werden, wenn sich in den Akten handschriftliche Unterlagen befinden (für das arbeitsgerichtliche Verfahren: LAG Baden Württemberg NJW 1976, 310; ebenso: ArbG München NJW 1975, 1908). Gleiches gilt für die Erstellung von astrologischen Gutachten.

[44] *Menken* S. 35.

[45] *Fehnemann*, Rechtsfragen des Persönlichkeitsschutzes, S. 83.

[46] *Mallmann/Walz*, in: Mörsberger (Hrsg.), Datenschutz im sozialen Bereich, S. 32.

[47] Vgl. *Klein* S. 50; *Peters*, in: Undeutsch, U. (Hrsg.), Forensische Psychologie, S. 678–800

[48] *Scholz* NJW 1981, 1987.

[49] *Rohlf* S. 222.

[50] *Schuler* S. 51, 104 ff. „informierte Einwilligung" – für das psychologische Experiment; *Gilles* FamRZ 1985, 133; *Zenz* S. 408; Die Ausnahmen nach § 372 a ZPO (Abstammungsgutachten) und § 654 ZPO (Persönliche Vernehmung des zu Entmündigenden) sind spezielle Vorschriften und nicht auf eine psychologische Untersuchung im Familienrechtsstreit anzuwenden; BayObLG FamRZ 1972, 528; BayObLG FamRZ 1979, 348 und 737–740; OLG Hamm FamRZ 1981, 707.

und führt zu einer Offenbarung persönlicher Angelegenheiten, Denkweisen und Verhaltensweisen.

Unzulässig ist trotz Einwilligung die pauschale Erfassung der Gesamtpersönlichkeit oder eines umfänglichen Charakterbildes durch den Sachverständigen, da eine solche Diagnostik nicht klar genug an der Fragestellung orientiert ist.[51] Dies gilt in der Regel für einen pauschalen Einsatz von Persönlichkeitstest,[52] deren Items über die Fragestellung hinausgehen.[53]

cc) Reichweite. Die Einwilligung zur Verwertung betrifft nur jene Daten, die gezielt durch Untersuchungsmethoden gewonnen wurden. Tatsachen, die der Sachverständige aufgrund zufälliger Begebenheiten als entscheidungserheblich erfährt, darf er nicht verwerten, wenn dafür die Einwilligung nicht vorliegt. Dies kann dann beachtlich sein, wenn der Sachverständige zufällig einem Elternteil mit dem Kind begegnet, die er beide zu begutachten hat, und dabei Elternverhalten wahrnimmt, das besonders positiv oder negativ auffällt. Um diese Informationen, die über das Gutachten hinausgehen, weitergeben zu dürfen, benötigt der Sachverständige die Einwilligung der Betroffenen, des Sorgeberechtigten und, soweit die Kinder ein eigenes Einwilligungsrecht haben, des Kindes.[54]

dd) Weigerung. Eine endgültige oder teilweise Weigerung, an der Begutachtung mitzuwirken, hat der Sachverständige ohne Wertung zu akzeptieren. Es besteht keine erzwingbare Verpflichtung im privaten Bereich, außerhalb des Gerichts vor einem Sachverständigen zu erscheinen, da der Sachverständige nur Augenscheinsgehilfe des Gerichts ist.[55] Mündliche und schriftliche Aussagen sind nicht erzwingbar, bei Auskunftspersonen auch nicht das Erscheinen vor dem Sachverständigen.[56] Eine solche Ermächtigung ist dem Verfahrensrecht (§§ 12, 15, 33 FGG, § 372 a ZPO) nicht zu entnehmen.[57]

Sind die betroffenen Personen nicht einverstanden, ist der Sachverständige nicht berechtigt, Dritte zu befragen, jedoch kann das Gericht diesen Personenkreis als Zeugen vorladen und in Gegenwart des Sachverständigen anhören.

Die Eltern können sich zwar der Begutachtung widersetzen; sie sind nach Art. 6 Abs. 1 GG aufgrund ihrer Fürsorgepflicht aber auch verpflichtet, an der Begutachtung mitzuwirken. Dennoch kann eine Begutachtung nicht zwangsweise durchgesetzt werden.[58] Das Gericht kann aber die richterliche Anhörung in Gegenwart des Sachverständigen gegebenenfalls erzwingen.

Anders ist es beim minderjährigen Kind, das nicht selbst einwilligungsberechtigt ist. Für die psychologische Begutachtung des Kindes ist die Einwilligung des Sorgeberechtigten grundsätzlich nötig,[59] da durch die Begutachtung in die Intimsphäre des Kindes eingegriffen wird.[60] Die Einwilligung muss auch für die Teilnahme des Kindes an der testpsychologischen Untersuchung erteilt werden.[61] Der Sorgeberechtigte hat grundsätzlich

---

[51] Vgl. *Schmid* NJW 1971, 1863–1868.
[52] Wie *MMPI, FPI*.
[53] *Klein* S. 38.
[54] OLG Frankfurt FamRZ 1980, 931; LG München, Beschluss vom 29. 8. 1994, 13 T 15370/94.
[55] So BayObLG FamRZ 1979, 348 und 737–740.
[56] *Bassenge et al.* 1999.
[57] BayObLG FamRZ 1972, 528; OLG Hamm FamRZ 1982, 94.
[58] OLG München FamRZ 1991, 1343: hier verweigerte die Mutter jegliche Mitarbeit.
[59] OLG Zweibrücken FamRZ 1999, 521; BayObLG FamRZ 1966, 644; BayObLG FamRZ 1987, 87; OLG Zweibrücken FamRZ 1999, 2, S. X = DAVorm 1999, 139.
[60] OLG Stuttgart NJW 1980, 1229.
[61] OLG Stuttgart NJW 1980, 1229.

das Recht, die Begutachtung des Kindes abzulehnen.[62] Die Einwilligung kann aber dann konkludent als gegeben angenommen werden, wenn der Sorgerechtsinhaber das Kind zur Begutachtung bringt oder den Sachverständigen anlässlich des Hausbesuches zum Zwecke der Begutachtung mit dem Kind in einem Raum allein lässt.

Haben beide Eltern das Sorgerecht inne, genügt es nicht, wenn nur ein Elternteil die Einwilligung erteilt.[63] Ein Elternteil ist allein nicht befugt, das Kind medizinisch und/oder psychologisch untersuchen zu lassen.[64] Diese Frage kann bei Uneinigkeit der sorgeberechtigten Eltern gemäß § 1628 BGB entschieden werden.

Weigert sich ein allein Sorgeberechtigter z. B. bei Umgangsrechtsstreitigkeiten, den Kontakt des Kindes zur anderen Bezugsperson auch im Rahmen der Begutachtung zuzulassen, so hat der Sachverständige keine Möglichkeit, den Kontakt zu erzwingen. Auch das Familiengericht hat in diesen Fällen nur die Möglichkeit, nach § 33 FGG Zwangsgeld anzudrohen und bei schuldhafter Nichterfüllung das Zwangsgeld auch festzusetzen, wenn gegen eine ergangene familiengerichtliche Entscheidung schuldhaft verstoßen wird. Diese gerichtliche Entscheidung kann auch als vorläufige Regelung (z. B. als Umgangsregelung zum Zwecke der Begutachtung) ergehen,[65] ferner hat er die Möglichkeit, in Anwesenheit des Sachverständigen die notwendigen Anhörungen der Eltern, Kinder und weiterer Personen selbst durchzuführen.[66] Die psychologische Untersuchung des Kindes gegen den Willen des Sorgeberechtigten darf aber immer nur erfolgen, wenn es für das Feststellen des Wohls des Kindes notwendig und geeignet ist.[67]

ee) Ersetzung der Einwilligung. Weigert sich ein allein-sorgeberechtigter Elternteil auch nach angemessener Aufklärung über die Konsequenzen,[68] so kann der Staat gezwungen sein, nach § 1666 BGB einzugreifen; eine zwangsweise Begutachtung folgt daraus nicht. Die Einwilligung des gesetzlichen Vertreters kann aber durch das Familiengericht gemäß § 1666 BGB ersetzt[69] werden, wenn die Ablehnung des Sorgeberechtigten missbräuchlich erfolgt.

In sehr schwerwiegenden Fällen kann das Familiengericht durch einstweilige Anordnung nach § 620 Abs. 1 Nr. 1, Abs. 2 ZPO, soweit das Scheidungsverfahren läuft, oder durch einstweilige Anordnung nach FGG bei isolierten Sorgerechtsverfahren, das Sorgerecht der Eltern bzw. des sorgeberechtigten Elternteils einschränken. Die elterliche Sorge oder Teilbereiche können dann einem Ergänzungspfleger übertragen werden[70] mit dem Recht, z. B. Interaktionsbeobachtung des Kindes mit einem Elternteil durchführen zu lassen, wenn der Sorgeberechtigte dies verweigert.[71] Das Familiengericht muss bei einer derartigen Anordnung aber die Verhältnismäßigkeit genau prüfen.

Die Befähigung zur Ausübung der elterlichen Sorge kann auch daran zu messen sein, wie sich ein Elternteil bereit zeigt, bei gesetzlich erlaubter oder vorgeschriebener, dem Wohl des Kindes dienender staatlicher Aufklärung mitzuwirken.[72] Fehlende Mitwirkung

---

[62] BayObLG FamRZ 1979, 348 und 737.

[63] So AG Düsseldorf FamRZ 1995, 498, auch nicht bei Verdacht auf sexuellen Missbrauch.

[64] AG Düsseldorf DAVorm 1995, 1005 = FamRZ 1995, 498.

[65] Siehe: OLG Hamm, Beschluss vom 15. 11. 1993, 4 WF 362/93.

[66] OLG München FamRZ 1997, 45.

[67] *Böhm* DAVorm 1985, 740.

[68] So BayObLG FamRZ 1979, 348 und 737.

[69] OLG Zweibrücken FamRZ 1999, 521; BayObLG FPR 1996, 198; OLG Köln FF 2000, 176.

[70] BayObLG FamRZ 1995, 501 für die stationäre Begutachtung eines Kindes; AG Düsseldorf FamRZ 1995, 499 bei der Begutachtung des sexuellen Missbrauchsvorwurfes.

[71] LG München, Beschluss vom 22. 6. 1994, 13 T 9203/94.

[72] OLG Köln FamRZ 1981, 599.

bzw. Verweigerung der Mitwirkung kann aber nicht per se negativ interpretiert werden, es sei denn, die Einwilligung wurde rechtsmissbräuchlich oder grundlos versagt.[73]

Weigert sich ein Elternteil, so kann ein Gutachten, das über die anderen Personen erstellt worden ist, dennoch verwertet werden.[74]

ff) Sachverständiges Vorgehen. Selbst die erfolgte Einwilligung des von der Begutachtung Betroffenen verpflichtet diesen nicht zur aktiven Mitarbeit. Im Gegenteil: Der Betroffene kann alle Gründe zur Entschuldigung seines Verhaltens anführen, er kann sich so darstellen, wie er meint, dass es ihm am meisten nützt.[75] Neben der intendierten Verfälschung im Sinne von Simulation oder Verheimlichung ist auch an unbeabsichtigte Verfälschungen zu denken wie Aggravation (Übertreibungen) oder Diminution (Verharmlosung). Die zu Begutachtenden haben auch das Recht zu lügen oder die Ergebnisse zu verfälschen.[76]

Der Sachverständige darf, damit ihm die Wahrheit gesagt wird, keinen Druck ausüben oder gar Drohungen aussprechen.

Art. 13 GG garantiert die Unverletzlichkeit der Wohnung. Eingriffe und Beschränkungen sind nach Absatz 2 und 3 möglich. Der Begriff Wohnung umfasst auch Arbeits-, Betriebs- oder Geschäftsräume sowie sonstiges befriedetes Besitztum.[77] Dieses Recht ist verletzt, wenn der Sachverständige ohne Einwilligung der Berechtigten die Wohnung oder auch nur Räume in der Wohnung aufsucht. Sollten die Eltern bestimmte gutachtliche Schritte ablehnen, z.B. Hausbesuche, so hat dies der Sachverständige nicht zu werten, sondern nur darauf hinzuweisen, dass er dies dem Gericht mitteilen werde.

Doch zunächst erwartet der Familienrichter vom Sachverständigen, um die Bereitschaft für die Teilnahme an der Begutachtung zu erhöhen, Motivationsarbeit im Sinn von „angemessener Aufklärung" über Begutachtungsablauf, Testmaterial und deren Sinn.

Dies könnte dadurch geschehen, indem der Sachverständige den Eltern die Möglichkeiten, die er im Rahmen der Begutachtung hat, aufzeigt, zur Konfliktverringerung beizutragen. Motivationsfördernd ist eventuell auch der Hinweis, dass eine Weigerung das Risiko in sich birgt, eine Chance vertan zu haben, die Situation des Kindes und auch die eigene, offensichtlich belastende Situation zu verbessern. Aber auch hierbei sollte der Sachverständige redlich sein und erklären, dass er dazu auf die Mitarbeit aller Beteiligen angewiesen ist.

Sachverständige, die sich bei gegenseitiger Anwesenheit supervisieren, haben die Betroffenen hierauf hinzuweisen. Insbesondere unter dem Gesichtspunkt des Datenschutzes und der Schweigepflicht erfordert es der haftungsrechtliche Schutz des Sachverständigen, sich diese Einwilligung schriftlich bestätigen zu lassen.

d) Transparenz. Eng mit der Freiwilligkeit der Begutachtung verbunden ist die Forderung nach Transparenz des Begutachtungsprozesses, die auch das geänderte Rechtsempfinden widerspiegelt.

Die Transparenz bezieht sich auf den diagnostischen Prozess, auf die Gültigkeit der Methoden, aber auch auf die Theorie und/oder Berufserfahrung, die das sachverständige

---

[73] OLG München FamRZ 1984, 75.

[74] So OLG München Az: 4 UF 218 / 87.

[75] *Haubl* in: Hartmann/Haubl (Hrsg.), Psychologische Begutachtung, S. 62.

[76] Nicht zulässig kann sein, um diese Effekte zu verhindern, den Probanden zu täuschen, wie dies mit „bogus-pipeline"-Anordnungen möglich wäre, z.B. durch fiktiven Anschluss an einen Lügendetektor.

[77] Vgl. *Rohlf* S. 153.

Vorgehen leiten, sowie auf die Rollenauffassung und das Selbstverständnis des Sachverständigen.[78] Der Betroffene sollte erkennen können, ob sich der Sachverständige – wie es bisweilen leider vorkommt – in der Rolle des Staatsdieners sieht, der um jeden Preis etwas von den Betroffenen wissen möchte,[79] der die Betroffenen prüfen möchte[80] oder ob er auch bereit ist, offen mit den Betroffenen zusammen eine Lösung zu suchen und ob sie ihm dabei auch vertrauen können, dass ihre Offenheit beim Scheitern der Bemühungen nicht gegen sie verwendet wird.[81]

Die Forderung nach Transparenz gilt auch für die Person des Sachverständigen. Was später, d. h. im Rahmen der mündlichen Verhandlung, zulässig ist, muss auch für den Begutachtungsprozess gelten. Dies bezieht sich in erster Linie auf Fragen, die der Proband an den Sachverständigen stellen will. Alle zulässigen Fragen hat der Sachverständige zu beantworten, nicht nur mit Rücksicht auf die Aufklärungspflicht, sondern auch im Hinblick auf seine Rolle als Mittler im familiären Konflikt. Es besteht kein Grund, dass der Sachverständige bei Fragen bezüglich seines Alters, Familienstandes usw. die Antwort prinzipiell verweigert,[82] außer er würde durch die Beantwortung in seiner Sicherheit bedroht werden.

Dazu gehört auch, den Eltern Aufklärung über die Auffassung seiner Rolle und seines Expertentums zu geben.[83] Es wäre Hybris, wenn der Sachverständige sich von Anfang an anmaßen würde, mit der wenigen Zeit, die ihm zur Verfügung steht, die Gesamtheit der familiären Konfliktsituation zu erfassen, in jedem Fall eine gültige Regelungsempfehlung abzugeben oder die Familie zur Einigung bewegen zu können.

Transparenz sollte die Mitteilung des Sachverständigen an die Beteiligten über seine wissenschaftliche Voreinstellung und auch über seine Hypothesen umfassen, die er sich auf der Grundlage der Akten gebildet hat. Was für den Familienrichter üblich ist – Nennung seines „Vorurteils" –,[84] sollte dem Sachverständigen billig sein. Erst wenn die Eltern die Vorstellung des Sachverständigen über die familiären Konflikte und deren Regelungsmöglichkeiten kennen, können sie auch gezielt neue Tatsachen vorbringen.

Die Schlüsse, die der Sachverständige im Rahmen einer Modifikationsstrategie aus seinen Informationen zieht, sollten ebenfalls den Beteiligten nicht verborgen bleiben; vielmehr müssen sie mitgeteilt werden, um miteinander eine Regelung im Sinne des Kindeswohls finden zu können.

Grundsätzlich gilt, dass der Sachverständige alle seine Informationsquellen den Verfahrensbeteiligten zugänglich machen muss. Dies gilt auch, wenn der Sachverständige Einsicht in ihm überlassene schriftliche Unterlagen einer Partei nimmt. Den Unterlagen kommt in diesem Rahmen nicht der Status eines Urkundenbeweises zu; es handelt sich vielmehr um einen Sachverständigenbeweis, in dessen Zusammenhang Befundtatsachen vom Sachverständigen ermittelt werden, die von den Eltern dem Gutachten als Beweismittel entnommen werden können. Der Grundsatz des rechtlichen Gehörs ist somit nicht verletzt, da

---

[78] *Maisch* MSchrKrim 1973, 196.

[79] Vgl. *Hartmann*, in: Hartmann/Haubl (Hrsg.), Psychologische Begutachtung, S. 23.

[80] *Junglas* S. 46.

[81] Diese Gefahr ist gegeben bei: *Bergmann,* Evangelischer Pressedienst 1997, Tagungsdokumentation Nr. 6.

[82] So führte die Weigerung einer Sachverständigen, diese Fragen zu beantworten, dazu, dass ein Vater nicht bereit war, der Sachverständigen weitere Informationen zu geben (OLG Hamburg ZfJ 1988, 94). Der Sache war damit sicherlich nicht gedient.

[83] Ein gutes Beispiel dazu gibt: *Rohmann* Praxis der Rechtspsychologie 1997, 38.

[84] *Wendl-Kempmann/Wendl* S. 219.

die Eltern auch Fragen an den Sachverständigen richten können.[85] Voraussetzung ist, dass die Quellen im Gutachten genau genannt werden oder dem Gutachten in Kopie im Anhang beigefügt sind. Besser wird der Transparenz entsprochen, wenn Unterlagen, die dem Sachverständigen von einem Elternteil überlassen werden, in dreifacher Kopie dem Gericht zugeleitet werden, damit auch der andere Elternteil Gelegenheit hat, zu diesen Unterlagen Stellung zu nehmen. Noch dienlicher ist es jedoch, keine Unterlagen in Empfang zu nehmen, sondern den Elternteil anzuhalten, schriftliche Materialien, die dieser für entscheidungserheblich hält, direkt dem Gericht zur Aufnahme in die Akten zu überlassen.

Es muss das Recht bejaht werden, den Personen, die begutachtet wurden, Einsicht in die Unterlagen, die sie selbst betreffen, zu gestatten; dies gilt auch für jene Unterlagen, die keinen Einfluss auf die Begutachtungsergebnisse genommen haben, z. B. Gesamtergebnisse eines Tests, die nur zum Teil entscheidungsrelevant waren und so auch verwertet wurden. Ihnen kommt Urkundencharakter zu im Sinn des § 810 BGB, da sie Auskunft geben, ob die Begutachtung dem Stand der Wissenschaft entsprechend durchgeführt wurde.[86]

Zur Transparenz gehören auch das Durchsprechen des Gutachtens und die Rückmeldung der Ergebnisse des Begutachtungsprozesses, wenn dies von den Betroffenen gewünscht wird. Es ist darauf zu achten, dass alle Betroffenen von der Möglichkeit der Besprechung des Gutachtens erfahren.

Die Transparenz ist ohne Zweifel verletzt, wenn der Sachverständige heimlich Tonbandaufnahmen – auch von Telefongesprächen – mitschneidet, aber auch bei heimlichen Beobachtungen durch Einwegscheiben,[87] Videoaufzeichnungen[88] und der heimlichen Beobachtung der Übergabesituation[89] bei Besuchsregelungen. Im Strafverfahren sind heimlich aufgezeichnete Tonbandaufnahmen nicht verwertbar,[90] nicht zuletzt aufgrund der Verletzung des Persönlichkeitsrechtes.

Mit Einwilligung der Betroffenen vorgenommene Tonbandaufzeichnungen haben dagegen protokollarische Bedeutung und dürfen verwertet werden.[91]

Bei den vielen Testverfahren, insbesondere bei den so genannten projektiven Verfahren, ist die Transparenz sehr gering, da der Proband nicht übersehen kann, ob er „richtig" oder „falsch" antwortet. Dies wird von Psychologen manchmal als der besondere Vorteil dieser Verfahren angeführt und kann möglicherweise im Rahmen der Therapie erwünscht sein, liegt nichtsdestoweniger außerhalb des juristischen Raumes der Begutachtung.

Da der Sachverständige keine Ermittlungsbehörde ist, hat er dem Gebot der Transparenz besondere Beachtung zu schenken. Dies gilt auch, wenn neben den Fragen zu Sorge- und Umgangsregelungen weitere Fragen im Hintergrund stehen, wie z. B. Suchtkrankheiten oder sexueller Missbrauch. Die Klärung dieser Fragen hat transparent durchgeführt zu werden, auch wenn bei etwaiger Weigerung nicht in jedem Falle ein befriedigendes Ergebnis möglich sein wird – befriedigend hier verstanden im Sinne einer umfassenden Aufklärung aller Gegebenheiten durch den Sachverständigen. Andererseits kann nur durch Offenheit und Transparenz die Compliance der Eltern erhöht oder erst erreicht werden,

---

[85] So OLG München ZSW 1988, 74.

[86] *Klein* S. 137.

[87] BDP, Berufsethische Verpflichtungen für Psychologen.

[88] Über den ethischen und rechtlichen Einsatz speziell der Videographie *Meermann et al.*, Forensia 1988, 9, S. 11.

[89] *Böddeker* Schriftenreihe zur Psychoanalyse 1985, 16, S. 47.

[90] BVerfGE 34, 239, zitiert bei *Fehnemann* S. 68.

[91] *Peters*, in: Undeutsch (Hrsg.), Forensische Psychologie, S. 678–800.

sich auf Veränderungsversuche im Rahmen einer intervenierenden Begutachtung einzulassen, die oftmals Voraussetzung zur Schaffung einer zukünftigen kindeswohlgemäßen Regelung sind.

e) Parteiöffentlichkeit. Da der Sachverständige im FGG Verfahren beauftragt wird, gilt der Grundsatz der Parteiöffentlichkeit, wie sie in §§ 169 ff. GVG angesprochen ist, nur für die Erstattung des mündlichen Gutachtens und auch hier nur eingeschränkt, aber nicht für die vorbereitenden Tätigkeiten des Sachverständigen. Die Rechtfertigung ergibt sich daraus, dass bei der Anwesenheit von weiteren Verfahrensbeteiligten bei der Exploration oder Anwendung von anderen diagnostischen Verfahren[92] die Ergebnisse verfälscht werden könnten.[93]

Der Sachverständige kann es den Parteien nicht verwehren, einen Zeugen, den Anwalt oder eine sonstige dritte Person, wenn sie Verfahrensbeteiligte ist, in die Explorationsgespräche mit einzubeziehen. In der familienpsychologischen Begutachtung kommt es sehr selten vor, dass dritte Personen teilnehmen. Die Anwälte haben selten Zeit, so dass sich aus unserer Erfahrung die Anwesenheit meist nur auf die Fälle beschränkt, bei denen sich ausländische Mitbürger durch einen Beistand besseres Verständnis in der Sprache erhoffen. In solchen Fällen empfiehlt es sich aber, von Seiten des Sachverständigen einen neutralen Dolmetscher beizuziehen.

Diese dritte Person hat nicht das Recht, Einfluss auf die Begutachtung zu nehmen.

Werden dritte Personen wie nahe Verwandte oder neue Partner, ohne dem Sachverständigen vorab Bescheid zu sagen, zum Begutachtungstermin mitgebracht, so kann durch ein klärendes Gespräch der Betroffene leicht davon überzeugt werden, dass es günstiger ist, das Gespräch mit dieser dritten Person, sollte es noch gewünscht und für entscheidungserheblich erachtet werden, unabhängig zu führen.

Die Parteiöffentlichkeit findet ihre Grenze aber dort, wo durch die Anwesenheit eines oder mehrerer Verfahrensbeteiligter die Begutachtung unangemessen erschwert wird.[94] Dies ist ohne Zweifel bei der psychologischen Begutachtung regelmäßig dann der Fall, wenn Explorationen und Verhaltensbeobachtungen durchzuführen sind, die durch die Anwesenheit Dritter verfälscht würden.

Das Gleiche gilt prinzipiell auch für die Kindesbefragung. Es dient dem Schutz des Kindes, dass es zwanglos und unbefangen vom Sachverständigen angehört wird. Das Kind ist daher ohne Anwesenheit z. B. der Therapeutin des Kindes anzuhören oder zu testen.[95]

Will der Sachverständige weitere Bezugs- oder Auskunftspersonen über ihre Wahrnehmungen von Tatsachen und Zuständen befragen, haben beide Elternteile das Recht, bei der Befragung anwesend zu sein, wenn es sich um Beschaffung von Zusatztatsachen handelt, die auch vom Gericht im Rahmen einer Zeugenvernehmung erhoben werden könnten.

Werden aber vom Sachverständigen lediglich Auskünfte eingeholt oder will sich der Sachverständige nur einen persönlichen Eindruck verschaffen, so ist dem Recht auf rechtliches Gehör bereits entsprochen, wenn die Beteiligten das Gesprächsergebnis schriftlich oder mündlich mitgeteilt bekommen.[96]

---

[92] Z. B. Anweisung für die Durchführung des Familien-Identifikations-Tests (FIT), *Remschmidt/Mattejat* S. 17.
[93] *Finke* FPR 1996, 161.
[94] So *Müller*, Die SozR 1987, 351.
[95] OLG München, Beschluss vom 17. 7. 2000, 26 UF 714/00.
[96] KG Berlin FamRZ 1959, 509.

Anders verhält es sich, wenn es sich um die Erhebung von Befundtatsachen handelt, zu der der Sachverständige seine speziellen Fachkenntnisse benötigt. In diesem Fall haben die Betroffenen nur das Recht auf Mitteilung der entscheidungsrelevanten Ergebnisse.

Will ein Verfahrensbeteiligter darauf bestehen, die Gespräche mit dem Sachverständigen aufzuzeichnen, so sollte dies abgelehnt werden, da er keine Kontrolle darüber hat, was mit diesen Aufzeichnungen geschieht. Er kann im Einzelfall selbst Gespräche aufnehmen, mit dem Hinweis, dass das Tonbandprotokoll nur dem Familiengericht und nur auf dessen Anforderung überlassen wird, nicht aber den einzelnen Betroffenen direkt.

3. Stellung des Sachverständigen zum Kind

In nahezu fast allen familiären Konfliktfällen wäre das sachverständige Vorgehen mangelhaft, wenn das betroffene Kind nicht mit einbezogen werden würde, wobei sowohl der zeitliche Gesamtablauf,[97] der Beginn als auch der Umfang der Einbeziehung am Kindeswohl orientiert sein muss. Eine Ausnahme dieser Regel ist evtl. die Frage der Erziehungseignung, die zum Ergebnis führt, dass ein Elternteil die elterliche Sorge nicht übernehmen kann; dann ist die Einbeziehung verzichtbar, wenn weitere Bereiche unstrittig sind oder keinen Regelungsbedarf aufweisen.

Die Begutachtung, verantwortungsvoll durchgeführt, gefährdet das seelische Wohl des Kindes aus juristischer und psychologischer Sicht in der Regel nicht. In dem Maße, in dem die Wünsche und Beziehungen eines Kindes für die gerichtliche Entscheidung von Bedeutung sind, kann es aus dem Prozess der gerichtlichen Entscheidungsfindung nicht herausgehalten werden, so dass das Kind mehr oder weniger unvermeidlich belastet wird.

Dem Kind muss der Sachverständige auch im Sinne des SGB VIII neben seiner diagnostischen Absicht zugleich Hilfen für die Bewältigung des familiären Konfliktes anbieten.[98] Dies kann dadurch geschehen, dass den Eltern und anderen Betroffenen die spezielle Konfliktsituation des Kindes deutlich gemacht wird. Manchmal muss der Sachverständige als Vermittler dienen, wenn sich ein Kind aus Gründen eines Loyalitätskonfliktes ein Bedürfnis gegenüber einem Elternteil nicht mehr zu äußern traut und dazu die Hilfe des Sachverständigen wünscht.

a) Kontaktaufnahme. Es ist prinzipiell nicht Sache des Kindes, Kontakt zum Sachverständigen zu finden, vielmehr Aufgabe des Sachverständigen, den Kontakt zum Kind zu suchen und zu finden, wobei sich der Sachverständige am Kind orientieren muss.[99] Ist das Kind über 14 Jahre alt, sollte es selbst auch ein Anschreiben erhalten mit Nennung der Fragestellung und der Bitte, sich mit dem Sachverständigen in Verbindung zu setzen. Der Sachverständige soll Kontaktangebote machen und die Begutachtungssituation für das Kind klären und strukturieren. Manchmal, insbesondere bei Umgangsrechtsfragestellungen, bei denen das Kind einem erheblichen Loyalitätskonflikt gegenüber einem Elternteil ausgesetzt sein kann, ist es ratsam, mehrere Termine in der neutralen Atmosphäre der Praxisräume des Sachverständigen zu veranstalten oder auch einen Hausbesuch zum Zwecke

---

[97] Auf den Faktor Zeit weisen z.B. hin: *Fegert* FPR 1997, 70; *Heilmann*, S. 181 ff.; *Plattner* FamRZ 1993, 384–386.

[98] Vgl. schon *Simitis et al.* in: Goldstein/Freud/Solnit, Diesseits des Kindeswohls, S. 130, bezüglich der Tätigkeit des Jugendamtes, Elternkompromisse herauszuhandeln.

[99] OLG Stuttgart ZfJ 1975, 131.

des Kennenlernens durchzuführen, damit das Kind ohne Furcht – ohne einen Elternteil – beim Sachverständigen verbleiben kann, bei dem dann die Begegnung mit dem anderen Elternteil stattfinden soll. Kindgemäßes Spielzeug, altersangemessene diagnostische Verfahren, die als gesprächsanregende und -unterstützende Verfahren eingesetzt werden können, müssen zum Inventar der Sachverständigenpraxis gehören. Oftmals ist die Phantasie des Sachverständigen gefordert, schnell auf Beziehungsangebote des Kindes einzugehen und auch die Gesprächssituation den veränderten Spielvorstellungen des Kindes anzupassen. So ist das Spielmaterial des Scenotests[100] nur bedingt interessant für jüngere Kinder; Figuren, die modernen Spielanforderungen genügen, wie Playmobil oder Lego, können ihren gesprächserleichternden Zweck oftmals besser erfüllen.

b) Aufklärungspflicht. Ein Sachverständiger hat eine Belehrungspflicht, wenn er zur Vorbereitung seines Gutachtens Personen vernimmt. Zum Inhalt der Belehrungspflicht gehört auch, die zu befragenden Personen auf die Konsequenzen ihrer Aussagen hinzuweisen.[101] Das Recht zur Aussageverweigerung gilt auch für das Kind; daher muss eine adäquate Form der Aufklärung gefunden werden, um dem Kind sein Aussageverweigerungsrecht verständlich zu machen.

Diese Belehrungsvorschrift ist vom Sachverständigen besonders zu beachten, wenn im Rahmen der familienpsychologischen Begutachtung der Vorwurf des sexuellen Missbrauches überprüft werden soll oder Kinder über etwaige strafbare Handlungen der Eltern (Versicherungsbetrug usw.) aussagen wollen. Wird das Kind dennoch exploriert, obwohl das Kind die Aussage verweigerte – dies gilt auch, wenn das Kind nach Belehrung durch den Familienrichter die Aussage verweigerte und dann beim Sachverständigen eine Aussage macht – darf das Gutachten entsprechend § 252 StPO im Strafprozess nicht verwertet werden,[102] was eine erneute Begutachtung zur Folge haben kann. Die Ergebnisse der Begutachtung, die in der Regel auf Aussagen des Kindes beruhen, könnten eine strafrechtliche Konsequenz bei den Eltern haben. Der BGH[103] führt aus, dass einem Kind im Alter von sechs Jahren das Recht der Aussageverweigerung klargemacht werden muss, da einem Kind die Unterscheidung zwischen der Bereitschaft zur Aussage „Ich kann mich nicht mehr erinnern" und dem Aussageverweigerungsrecht „Ich will nicht aussagen" nicht gelingen kann und es sich auch nicht unbedingt über die Tragweite der Aussagebereitschaft im Klaren ist.

Über den Zweck der Begutachtung, die Fragestellung und die Aufgabe des Sachverständigen sollte das Kind grundsätzlich altersgemäß Bescheid wissen,[104] wobei diese Aufklärung den Eltern im Vorfeld überlassen bleiben sollte, der Sachverständige kann aber den Eltern dazu vorbereitend Hilfestellung geben, diagnostisch kann es aber auch ergiebig sein, dabei anwesend zu sein.

Ist das Kind über die Trennungsabsichten der Eltern noch nicht informiert, so ist es nicht Aufgabe des Sachverständigen, das Kind über die bevorstehende Trennung aufzuklären.[105] In einem solchen Falle empfiehlt es sich, die Begutachtung auszusetzen und den Eltern möglicherweise bei der Aufklärung des Kindes zu helfen. Es ist auch nicht Aufgabe

---

[100] Beispiel geben: *Spangenberg/Spangenberg* FamRZ 1992, 637–638.
[101] LG München, Beschluss vom 29. 8. 1994, 13 T 15370/94.
[102] AG Düsseldorf FamRZ 1995, 498.
[103] BGH FamRZ 1985, 577.
[104] So auch: *Fegert* FPR 1997, 72.
[105] So auch: *Hemminger/Beck,* in: Warnke/Trott/Remschmidt (Hrsg.), Forensische Kinder- und Jugendpsychiatrie, S. 47.

des Sachverständigen, das Kind zu informieren, z. B. dass der umgangsersuchende Elternteil der leibliche Vater ist.

c) Einwilligung und Freiwilligkeit. Hat der Gutachter den Eindruck, dass das Kind alt genug ist, um die Aufgabe des Sachverständigen erfassen zu können, so soll er sich vorstellen und das Kind über den Ablauf und zeitlichen Aufwand des zu führenden Gesprächs und gegebenenfalls Tests aufklären und auf die Freiwilligkeit hinweisen. Besonders das Nichtwissen über den gerichtlichen Ablauf des Verfahrens erzeugt Verunsicherung und Angst und stellt eine Belastungsquelle für das Kind dar.

Dem Kind soll bewusst gemacht werden, dass es auf das Verfahren Einfluss nehmen kann, aber nicht muss, es also das Recht hat zu schweigen.[106] Das Kind hat auch das Recht, einzelne Fragen nicht zu beantworten.

Für die Einwilligung ist die natürliche Einsichtsfähigkeit in die Bedeutung der Untersuchung maßgeblich.[107] Eine starre Altersgrenze, ab wann das Kind einsichtsfähig ist und in die Untersuchung einwilligen kann, besteht nicht. Es wird zwischen Handlungsfähigkeit und Mündigkeit unterschieden.[108] Während Letztere an die Erreichung einer bestimmten Altersgrenze gebunden ist, z. B. Religionsmündigkeit, Volljährigkeit, kann Handlungsfähigkeit unabhängig von einer normativen Altersgrenze vorhanden sein (natürliche Handlungsfähigkeit). Das Kind ist demnach zu Abwehrmaßnahmen im rechtlichen Sinn handlungsfähig und erlangt damit Einwilligungsberechtigung, wenn es geistig und sittlich reif ist, die Bedeutung und Tragweite des Eingriffs und seiner Gestattung zu ermessen. Unberührt bleibt dabei die Tatsache, dass das Kind unter 14 Jahren nicht prozesshandlungsfähig ist und somit im gerichtlichen Verfahren vom Sorgerechtsinhaber vertreten wird.

Ist das Kind aussagewillig und hat es auch die erforderliche Verstandesreife, verbietet aber der Sorgerechtsinhaber die Begutachtung, so darf der Sachverständige dennoch nicht das Kind begutachten.[109] Die Einwilligung des Sorgeberechtigten kann aber vom Familiengericht ersetzt werden. In diesem Fall könnte das Familiengericht entscheiden, dass ein Missbrauch der elterlichen Sorge nach § 1666 BGB vorliegt, und für diese Einzelangelegenheit den/dem Sorgeberechtigten die Vertretungsmacht entziehen und gemäß § 1909 BGB eine Ergänzungspflegschaft anordnen. Bei der Entscheidung wird das Gericht berücksichtigen, dass der Sachverständige aufgrund seiner Ausbildung eher imstande ist, die Einsichtsfähigkeit eines Minderjährigen einzuschätzen.[110] Umgekehrt ist der Wille des Kindes, die Begutachtung zu verweigern, maßgeblich, auch wenn der Sorgerechtsinhaber seine Erlaubnis zur Begutachtung erteilt hat.[111]

Der Sachverständige hat zu respektieren, wenn ein Kind keine Aussage machen will. Wenn das Kind etwas nicht offenbaren will oder kann, darf der Sachverständige nicht in den „innersten Bereich" des Kindes eindringen.[112]

Es ist nicht Aufgabe des Sachverständigen, ein Kind entgegen seinem Zeugnisverweigerungsrecht durch Manipulation zu einer Aussage zu bewegen; er darf auch nicht durch beiläufige Fragen das Kind zu einer Aussage veranlassen, wenn eine Einwilligung nicht vor-

---

[106] *Bergmann/Gutdeutsch* FamRZ 1996, 1189.

[107] Vgl. *Palandt/Thomas* § 823 BGB Rn 42.

[108] Hierzu: *Fehnemann* Die Innehabung und Wahrnehmung von Grundrechten im Kindesalter 1983, S. 37; auch BayObLG FamRZ 1987, 87–89.

[109] BayObLG FamRZ 1987, 87.

[110] *Fehnemann* FamRZ 1982, 756.

[111] BayObLG FamRZ 1966, 644.

[112] KG Berlin FamRZ 1983, 1159–1162; KG Berlin FamRZ 1990, 1383.

liegt.[113] Der Sachverständige muss beachten, dass das Kind sich bei jeder Entscheidung für einen Elternteil damit auch gegen den anderen ausspricht, was zu einer Belastung der Eltern-Kind-Beziehungen führen kann. Wenn sich das Kind nicht entscheiden kann und will, ist dies jedenfalls zu respektieren. Unzulässig ist immer, dem Kind die Entscheidung im familiären Konflikt aufzubürden. Gegebenenfalls darf der Sachverständige aber aus anderen Verhaltensweisen des Kindes Schlüsse auf eine Präferenz ziehen.

d) Parteiöffentlichkeit. Die Eltern haben als Sorgeberechtigte zwar prinzipiell das Recht, bei der Exploration des Kindes anwesend zu sein[114] und im Anschluss an das Gespräch mit dem Kind bewusste oder unbewusste Aussageverfälschungen des Kindes mit dem Sachverständigen zu besprechen. Der Ausschluss eines oder beider Elternteile ist aber in der Regel gerechtfertigt, wenn durch deren Anwesenheit eine Belastung des Kindes bewirkt würde oder eine Gefährdung des Untersuchungserfolgs damit verbunden wäre.[115] Die Rücksichtnahme auf die seelische Verfassung des Kindes und die Eigenart der an das Kind zu richtenden Fragen lassen es in der Regel geboten erscheinen, Kinder zwanglos und ohne Gegenwart dritter Personen zu befragen.[116] Die Eltern verzichten in der Regel auf ihr Anwesenheitsrecht, da sie dem Kind zusätzliche Konflikte ersparen möchten. Ein Recht auf prinzipielle Anhörung des Kindes ohne Dritte kann daraus nicht hergeleitet werden. Gelegentlich macht das Alter des Kindes die Anwesenheit einer Bezugsperson nötig, wie bei Übergabesituationen oder Interaktionsbeobachtungen, bei denen dem Kind auch Fragen zur Familie gestellt werden.

4. Stellung des Sachverständigen zum Anwalt

Bei den Familiengerichten besteht nach § 78 ZPO Anwaltszwang für die Ehesachen und für die Folgesachen, somit auch für den Rechtsstreit um die elterliche Sorge, das Umgangsrecht und die Herausgabe des Kindes im Scheidungsverbund. Anwaltszwang bedeutet, dass die Ehegatten nicht allein vor dem Gericht verhandeln können. Hat nur ein Elternteil als Antragsteller (unverzichtbar) einen Rechtsbeistand, muss der andere, anwaltslose Elternteil aber trotzdem angehört werden. Ein Anwalt kann aber nicht beide Eltern vertreten.[117] Bei isolierten Sorgerechtsverfahren oder der späteren Abänderung nach § 1696 BGB besteht dagegen kein Anwaltszwang, ebenso wenig bei Umgangsregelungsstreitigkeiten nach der Scheidung und bei Verfahren zur Herausgabe des Kindes.

Das Verhältnis zwischen Sachverständigen und Anwälten ist in der Praxis von Berührungsängsten gekennzeichnet. Zusammenarbeit bei interdisziplinären Arbeitskreisen führt bereits zu einem besseren Verständnis der beiden Berufsgruppen.

Die Anwälte selbst verhehlen nicht, dass bei ihnen die Beschäftigung mit Sorge- und Umgangsrechtsfragen nicht besonders beliebt ist, vor allem im Hinblick auf das Verhältnis von Aufwand zur Gebührensituation.[118] Werden Anwälte in einschlägigen Veröffentlichun-

---

[113] Vgl. *Lempp*, Gerichtliche Kinder- und Jugendpsychiatrie, S. 41; *Coester*, Das Kindeswohl als Rechtsbegriff, S. 273.

[114] *Westermann/Aderhold* FamRZ 1978, 863–868.

[115] OLG Köln 21 UF 22/87.

[116] KG Berlin FamRZ 1980, 1156 für die Befragung durch den Richter; OLG München, Beschluss vom 17. 7. 2000, 26 UF 714/00.

[117] *Bergschneider* S. 263.

[118] *Born* FamRZ 2000, 396.

gen genannt, dann meist in einer konfliktschürenden Rolle,[119] da sie eine für ihre Partei ungünstigere Empfehlung eines Sachverständigen in Frage stellten.[120]

Mit der Einführung des Fachanwaltes für Familienrecht im Jahre 1998 kann diese pauschale Zuschreibung auf keinen Fall mehr aufrechterhalten werden. Häufig wirken Anwälte bei ihren Mandaten auf eine kindeswohlgemäße Haltung hin.[121]

Es bewährt sich in vielen Fällen, auch vom Sachverständigen aus das Gespräch mit dem Anwalt zu suchen, wenn ein Elternteil bei Fragen, die z. B. einen Regelungsvorschlag des Sachverständigen betreffen, seinen Anwalt beiziehen möchte. Im Zweifelfall lohnt es sich, dazu vorab den Familienrichter um Rat zu fragen. Im Einzelfall kann es sinnvoll sein beim Familienrichter eine mündliche Verhandlung anzuregen, dabei wird aber die Gesprächsführung auf den Familienrichter delegiert.

Auch bei gemeinsamen Gesprächen mit den Betroffenen kann es angeraten sein, die Anwälte beider Parteien einzuladen, da vom Sachverständigen außer den Beweisfragen keine weiteren Folgesachen zu regeln sind, diese aber häufig mit dem Kindeswohl verwoben sind. Meist nehmen die Anwälte aber noch nicht an den Gesprächen teil.

Nicht zulässig ist es, nur einem Anwalt über vorläufige Untersuchungsergebnisse zu berichten.

Gespräche oder Telefonate mit Rechtsvertretern sollten unbedingt im schriftlichen Gutachten erwähnt werden.

Bei Begegnungen auf dem Gerichtsflur vor der mündlichen Verhandlung sollte das Gespräch mit nur einem Anwalt vermieden werden, zumindest darf nicht über den aktuell zu verhandelnden Familienkonflikt gesprochen werden, um sich nicht der Besorgnis der Befangenheit auszusetzen.

Bei einvernehmlich gefundenen Ergebnissen sollte der Sachverständige darauf achten, dass die Betroffenen, ehe sie zustimmen und bevor der Sachverständige diese ans Familiengericht als sachverständige Empfehlung weiterreicht, diese Regelungsvorschläge mit ihren Anwälten besprechen. Häufig beinhalten die Regelungsvorschläge prozessuale Schritte, die der Sachverständige nicht abschätzen kann. Es kann z. B. sinnvoll sein, einen Antrag zurückzuziehen, das Verfahren ruhen zu lassen oder einen Vergleich beim Familiengericht abzuschließen, möglicherweise unter Einschluss anderer strittiger Bereiche, für die der Sachverständige nicht zuständig ist.

Nicht zuletzt hat der Sachverständige während seiner Tätigkeit darauf zu achten, dass er das Familiengericht regelmäßig über seine diagnostischen oder interventionsorientierten Schritte auf dem Laufenden hält, damit über diesen Weg die Anwälte über den Verlauf des Verfahrens informiert werden. Denn häufig haben die Parteien wenig Kontakt zu ihrem Anwalt, wenn sich der Sachverständige aktiv mit den Eltern befasst, da diese dann keinen Handlungsbedarf sehen. Bei Wiedervorlage seiner Akten und fehlender Information muss sich der Anwalt an das Familiengericht wenden, das seinerseits die vermeidbare Sachstandsanfragen an den Sachverständigen versenden wird.

Anwälte verstehen sich als die eigentlichen Kontrolleure des Sachverständigen. Erschwert wird ihnen diese Funktion, indem das Ergebnis und gerichtliche Würdigung der

---

[119] *Schade/Schmidt* FamRZ 1991, 649; *Zillich* FamRZ 1992, 509–510; *Koechel,* Sorgerechtsverfahren, 1995; *Jopt* Im Namen des Kindes, 231–240; *Klosinski,* in: Günter (Hrsg.), Täter und Opfer, S. 165.

[120] *Hermanns/Egner/Dürichen,* in: Simon/Mudersbach (Hrsg.) Die Regelung der elterlichen Sorge auf dem Prüfstand, S. 121.

[121] Siehe: *Hascher-Hug* Kind-Prax 1999, 12–18; *Groß* FPR 2000, 136–140; *Hohmann* FPR 2000, 115–123; *Ward/Harvey* S. 237–245.

Tätigkeit des Sachverständigen erst nach der Beschlussfassung bekannt wird. Sie scheitern aber auch häufig daran, da ihnen die Arbeitsweise des psychologischen Sachverständigen zu wenig vertraut ist.[122]

Im familienpsychologischen Verfahren werden in der Regel schriftliche Sachverständigengutachten erstellt. Im Gegensatz zum Strafverfahren wird der psychologische Sachverständige im Familienrechtsverfahren kaum angehört. Selten werden Einwände gegen das Gutachten erhoben. Meist werden die von einem Elternteil vorgebrachten Bedenken und Kritikpunkte vom Anwalt in seinem Schriftsatz übernommen und führen in der Regel nicht zu einer weiteren Begutachtung, Nachbesserung der Begutachtung oder gar einer Abänderung der gutachtlichen Empfehlung. Dies hat sicherlich auch mit dem familiären Konfliktfall zu tun, da meist zwei Elternteile oder Betroffene für den Konflikt verantwortlich sind und der Anwalt die Konfliktschilderung immer nur von einer Partei zugetragen bekommt und meist auch das betroffene Kind nicht kennt. Dies heißt aber nicht, dass nicht viele Sachverständigengutachten kritikfähig wären. Im Prinzip gilt für ein psychologisches Sachverständigengutachten das Gleiche wie für eine wissenschaftliche Arbeit. Es hat wissenschaftlichen Kriterien zu gehorchen. Auch dem Familienrichter sind häufig Mängel an den Gutachten bewusst. Wenn sie dann korrekt und in der Sprache des Juristen vom Anwalt vorgetragen werden, ist dies wesentlich wirkungsvoller als seitenlange Wiedergaben von Kritikpunkten des Mandanten an einzelnen Untersuchungspunkten des schriftlichen Gutachtens, die nur auf der Wiedergabe der Parteienäußerungen basieren, aber keine wesentliche eigene Leistung des Sachverständigen darstellen.

Anträge wegen Besorgnis der Befangenheit erleben Sachverständige oftmals als persönlichen Angriff seitens des Anwaltes. Der Antrag ist aber meist nur ein weiteres prozessuales Mittel, die Interessen seines Mandanten zu vertreten. Der Sachverständige sollte daher den Einwendungen sachlich entgegentreten, um sich nicht gerade durch seine Schriftsatzerwiderung letztlich doch als befangen zu erweisen.

Nicht zuletzt darf der Sachverständige, bei einer übermäßigen zeitlichen Ausdehnung seiner Sachverständigentätigkeit, auch bedenken, dass Anwälte mit der Vertretung ihr Einkommen beziehen und somit auf ihrer Seite ein legitimes Interesse besteht, einen Fall abzuschließen und abzurechnen.

5. Stellung des Sachverständigen zum Verfahrenspfleger

Gemäß § 50 FGG kann das Gericht dem minderjährigen Kind einen Pfleger für ein seine Person betreffendes Verfahren bestellen, soweit dies zur Wahrnehmung seiner Interessen erforderlich ist oder wenn die Interessen des Kindes von den Sorgeberechtigten ungenügend wahrgenommen werden.[123] Es kann ihm aber keine Weisung erteilen.[124]

Eine Verfahrenspflegerbestellung kann für alle Verfahren erfolgen,[125] die die Personen des Kindes betreffen. Eine Fallaufzählung ist im Gesetz nicht erfolgt.[126]

---

[122] *Oenning* FPR 1996, 166.
[123] OLG Düsseldorf DAVorm 2000, 75.
[124] Somit war der Beschluss der AG Zossen vom 19.11.98, DAVorm 1999, 143 nicht korrekt. Hier wurden an den Verfahrenspfleger explizit Arbeitsaufträge erteilt.
[125] Für die Einbenennung: OLG Rostock FamRZ 2000, 5, S. II.
[126] *Fröhlich*, in: Scholz/Stein (Hrsg.), Praxishandbuch Familienrecht, Teil E, S. 112.

Nach § 50 FGG Abs. 2 ist die Bestellung in der Regel erforderlich, wenn die Interessen des Kindes zu den Interessen des gesetzlichen Vertreters in erheblichem Gegensatz stehen.[127] Die Formulierungen „erforderlich" und „erheblich" weisen darauf hin, dass eine Bestellung nicht bei jedem Interessengegensatz erfolgen soll, insbesondere nicht bei einem Konfliktpotential, das üblicherweise dem Familienverfahren inhärent ist.[128] Maßgeblich für die Erforderlichkeit einer eigenen Interessenvertretung für das Kind wird die aus konkreten Einzelumständen abzuleitende Gefahr sein, wenn die Eltern eines Kindes nicht in der Lage sind, die Interessen des Kindes hinreichend wahrzunehmen.[129]

Eine Bestellung wird die Regel sein (also nicht in jedem Falle zwingend) bei Gefährdung des Kindeswohls, wenn die Trennung des Kindes von seiner Familie oder eine Wegnahme des Kindes von der Pflegeperson oder dem Umgangsberechtigten geboten ist.[130] Es kann auch geboten sein, wenn ein Kind seinen Rechtsanspruch auf Umgang gegen den umgangsverweigernden Elternteil geltend machen möchte.[131]

Der Verfahrenspfleger wird vom Familiengericht dem Kind beigeordnet, er hat keine elterlichen Rechte inne. Er vertritt das Kind im familiengerichtlichen Verfahren neben den Eltern. Bei Konflikten zwischen Elternrechten und dem Vertretungsrecht des Verfahrenspfleger muss das Familiengericht regelnd eingreifen, z. B. indem es die elterlichen Rechte beschneidet und einem Ergänzungspfleger überträgt. Der Verfahrenspfleger ist aber neben den Betroffenen Verfahrensbeteiligter, hat aber kein eigenes Antragsrecht, da auch das Kind keines hat. Seine Tätigkeit endet nach Eintritt der Rechtskraft der gerichtlichen Entscheidung.

Gegen die Bestellung eines Verfahrenspflegers können die Eltern die unbefristete Beschwerde[132] einlegen, das heißt zu jedem Zeitpunkt im Verfahren (nicht erst nach einer 14-tägigen Frist nach der Bestellung), was eine erhebliche Verfahrensverzögerung bedingen kann.[133]

Leider hat der Gesetzgeber es versäumt, die Kompetenz[134] und die Aufgaben des Verfahrenspflegers genau festzulegen.[135] Die Bestimmung seiner Rolle und Aufgaben wurde somit der Praxis[136] und der Rechtsprechung[137] überlassen. Im Gesetz ist an keiner Stelle ausgeführt, dass der Verfahrenspfleger ausschließlich den „Kindeswillen" einzubringen habe[138] oder das „Kindeswohl"[139] gegenüber den Eltern oder gegenüber dem Gericht zu

---

[127] *Mühlens/Kirchmeier/Greßmann/Knittel* S. 57. So steht es auch in der Vorbemerkung für die Begründung des Kindschaftsrechtsreformgesetzes BR-Drs. 13/4899, S. 76 (FamRZ 1999, 1106); siehe auch: OLG Hamm FamRZ 1999, 41; OLG München FuR 1999, 232. Eine Bestellung, wie auch die Unterlassung der Bestellung müssen begründet werden: OLG Rostock ZfJ 1999, 307, OLG Köln FamRZ 1998, 314; anderer Ansicht: OLG Karlsruhe ZfJ 2000, 351.

[128] OLG Frankfurt FamRZ 1999, 1293.

[129] Siehe auch BVerfG, Beschl. v. 29. 10. 1998, 2 BvR 1206/98, FF 1999, 22 ff.; OLG Düsseldorf KindPrax 2000, 132.

[130] Siehe: *Heilmann* KindPrax 2000, 79–83.

[131] *Weisbrodt* Kind-Prax 2000, 9.

[132] OLG München FamRZ 1999, 667; OLG Frankfurt FamRZ 1999, 1293; OLG Dresden FamRZ 2000, 1296.

[133] Diese Rechtsauffassung ist nicht eindeutig, anderer Ansicht: OLG Celle FamRZ 1999, 1589.

[134] Zur Ausbildung: Empfehlungen des 13. Deutschen Familiengerichtstages, FamRZ 2000, 273–274; *Bienwald* FamRZ 2000, 935–936, der ausführt, Angehörige psycho-sozialer Berufe, dürfen bei mangelnder Verfahrenskenntnisse weder bestellt noch vergütet werden.

[135] Auf die vielen offenen Fragen weist *Zitelmann* KindPrax 1998, 131, hin; auch *Kunkel* KindPrax 2000, 139–141.

[136] *Weber/Zitelmann* Standards für VerfahrenspflegerInnen, 1998; *Borth* Kind-Prax 2000, 48–52.

[137] Noch zögerlich: OLG Köln FF 1999, 146.

[138] Wie der amerikanische Kindesanwalt „Sprachrohr des Kindes".

[139] So *Werner*, in: Werner, „Qualifikationsanforderungen und Qualifizierung", S. 46.

bestimmen habe, des weiteren ist für den Verfahrenspfleger keine Beratungs- und Vermittlungsfunktion vorgesehen[140] und er ist keiner Objektivität verpflichtet.[141] Der Verfahrenspfleger ist somit keineswegs eine neue Kindeswohlinstanz neben Jugendamt[142] und ggf. Sachverständigen,[143] seine Rolle entspricht vielmehr der eines *Anwalts des Kindes*.[144]

In dieser Rolle soll der Verfahrenspfleger den Kindeswillen einbringen,[145] die Interessen des Kindes aus seiner Sicht formulieren und das Kind im gerichtlichen Verfahren begleiten.[146] Er soll der parteiliche Vertreter des Kindes sein, dessen Interessen er denen der Eltern gegenüberstellen soll.[147] Damit kann er wesentlich zur Entlastung des Kindes beitragen und dem Kind Verantwortung abnehmen.[148] Der Verfahrenspfleger hat dem Kind bei Familiengericht Gehör zu verschaffen und auf den Verlauf des Verfahrens Einfluss zu nehmen[149] im Sinn seines „Mandanten".

Er kann selbst kein Sachverständigengutachten anfordern, jedoch ein solches beim Familiengericht anregen. Rechtliches Gehör wird aber nur dann ausreichend gewährt, wenn ihm ein Sachverständigengutachten vor Erlass der Entscheidung übermittelt wird.[150]

Nach Abschluss des Verfahrens darf der Verfahrenspfleger nicht mehr tätig sein. Sollte das dann doch der Fall sein, z.B. in Form eines Umgangsbegleiters, müsste seine Funktion in die eines Ergänzungspflegers umgewandelt werden, was dann eine andere rechtliche Rolle beinhalten würde.[151]

Nicht Aufgabe des Verfahrenspflegers ist es, als Gehilfe des Familienrichters tätig zu sein und Teile der Aufgaben des Jugendamtes zu übernehmen. Das Jugendamt bzw. dessen Mitarbeiter können ihrerseits keine Verfahrenspflegschaften übernehmen.[152]

Die Kosten für den Verfahrenspfleger übernimmt das Gericht, das aber diese Kosten wieder auf die Eltern umwälzen kann, wenn es nicht aus Billigkeitsgründen davon absehen möchte.

Da der Verfahrenspfleger keine elterlichen Rechte innehat, ist der Sachverständige auch nicht verpflichtet, mit dem Verfahrenspfleger die Termine, die er mit den Eltern oder mit dem betroffenen Kind plant, abzusprechen. Er hat auch keine Informationsverpflichtung gegenüber dem Verfahrenspfleger. Die Stellung des Verfahrenspflegers berechtigt z.B.

---

[140] Das OLG Naumburg DAVorm 1999, 713, hat eine Bestellung zurückgenommen, da sich die zum Verfahrenspfleger bestellte Person schon vorher jahrelang erfolglos mit den Problemen des Kindes beschäftigt hat; OLG Frankfurt FamRZ 1999, 1294.

[141] *Münde/Jordan/Kreft/Lakies/Lauer/Proksch/Schäfer* S. 328; *Motzer* FamRZ 1999, 1105.

[142] Er hat auch kein Recht, ohne Einwilligung der Betroffenen Jugendamtsakten einzusehen: *Kunkel* FPR 2000, 111–114.

[143] *Bracken* Kind-Prax 1999, 185; auf die Unterschiede weist *Balloff* Praxis der Rechtspsychologie 2000, 99–105 hin.

[144] Zur Rolle des Verfahrenspflegers: *Stadler/Salzgeber* FPR 1999, 329–338; *Salgo* FPR 1998, 91–94; *Balloff* FPR 1999, 221–227; *Kleine* FPR 1996, 2–6.

[145] *Steindorff-Classen* S. 295.

[146] So auch Empfehlungen des 13. Deutschen Familiengerichtstages, FamRZ 2000, 274.

[147] *Will* ZfJ 1998, 4.

[148] Auf diesen Gesichtspunkt weist *Kolb*, Verfahrenspflegschaft in Scheidungsfällen Tagung: Damit auch die Kinder zu Worte kommen, Ev. Akademie, Bad Boll, 4.–5. 2. 1998, S. 40 hin.

[149] Auf die zeitliche Problematik weisen: *Schütt*, „Erfahrungen mit der Interessenvertretung von Kindern – Verfahrenspflegschaften in Scheidungsfällen" Tagung: Damit auch die Kinder zu Worte kommen, Ev. Akademie, Bad Boll, 4.–5. 2. 1998, S. 37, gibt an, dass zwischen der Bestellung des Verfahrenspflegers bis Abschluss des Verfahrens 10 Monate lagen; ebenso: Zeit-Fragen Nr. 39 vom 1. 7. 97, S. 4, Zürich, www.zeit-fragen.ch. hin.

[150] LG München FamRZ 1998, 1183.

[151] *Weychardt* FamRZ 2000, 844.

[152] OLG Naumburg FamRZ 2000, 300.

nicht, bei der Exploration des Kindes durch den Sachverständigen teilzunehmen, da eine Gefahr der Verzerrung der Äußerungen des Kindes besteht.[153]

Die eingeschränkten Rechte des Verfahrenspflegers hindern den Sachverständigen nicht, mit ihm Kontakt aufzunehmen, wenn dies für seine Tätigkeit von Bedeutung ist. Er muss aber die Kontaktaufnahme im Gutachten kenntlich machen, besser noch sollte er vorher den Familienrichter informiert haben. Prinzipiell gilt, dass sich der Sachverständige gegenüber dem Verfahrenspfleger ähnlich zu verhalten hat wie z. B. dem Anwalt der anderen Parteien gegenüber. Wenn der Sachverständige dem Familiengericht Schriftsätze zukommen lässt, sollte er auch eine Kopie für den Verfahrenspfleger beilegen, wie möglicherweise auch für die Anwälte der Parteien.

Es ist davon abzusehen, dass der Sachverständige Aufgaben des Verfahrenspflegers übernimmt, was der Fall sein könnte, wenn er nach Abgabe seines Gutachtens z. B. zum Zweck einer Umgangsanbahnung als Verfahrenspfleger für die gleiche Familie bestimmt würde. Dies ist bedenklich, da der Sachverständige zu einem späteren Zeitpunkt bei der nächsten Instanz oder nach größeren Zeiträumen wieder für die Familie beauftragt werden kann. Eine zwischenzeitliche Bestellung als Verfahrenspfleger würde dann seine unparteiliche Rolle verletzen und ihm damit die Möglichkeit nehmen, weiterhin als Sachverständiger tätig zu sein.

Für die Familie müsste ein anderer Sachverständiger tätig werden, was z. B. einen höheren ökonomischen Aufwand bedeuten würde. Prinzipiell gilt, die Aufgaben und Rollen des Sachverständigen als auch des Verfahrenspflegers nicht zu vermischen.

Problematisch erscheint die Überlegung, der Verfahrenspfleger erübrige zeitintensive Sachverständigengutachten zumindest in der ersten Instanz.[154] Hierbei wird implizit unterstellt, die Aufgabe des Verfahrenspflegers sei der des Sachverständigen vergleichbar.

Der Verfahrenspfleger ist nicht Sachverständiger, er will seiner Aufgabe als parteilicher Interessenvertreter des Kindes gerecht werden. Der Verfahrenspfleger ist weder Nebennoch Obergutachter.[155] Der Sachverständige nicht Anwalt des Kindes, sondern dem Kindeswohl verpflichtet, das dem Kindeswillen entgegenstehen kann, und er hat zudem die Interessen der anderen Betroffenen mit dem Kindeswohl in Einklang zu bringen.

6. Stellung des Sachverständigen zum Vertreter des Jugendamts

Als Organ der öffentlichen Jugendhilfe, das es seit 1923 gibt, hat das Jugendamt bzw. der Allgemeine Sozialdienst (ASD) das berechtigte Interesse, die Belange des Kindes wahrzunehmen.[156]

Das Familiengericht hat unmittelbar nach Eingang des Scheidungsantrages das Jugendamt zu unterrichten, sofern minderjährige Kinder von der Scheidung betroffen sind. Auf-

---

[153] Er hat aber das Recht, bei der richterlichen Anhörung des Kindes teilzunehmen, wenn diese in Anwesenheit des Sachverständigen stattfindet: OLG Bremen FamRZ 2000, 1298.

[154] *Bauer/Schaus*, „Der Anwalt des Kindes im vormundschaftsgerichtlichen Verfahren" – Ein Erfahrungsbericht aus der Frankfurter Gerichtspraxis –, Tagung: Damit auch die Kinder zu Worte kommen, Ev. Akademie, Bad Boll, 4.–5. 2. 1998, S. 27.

[155] *Schnitzler* FamRZ 1995, 398.

[156] Hierzu: *Mann* DAVorm 1994, 225–240; *Mosandl*, in: Buchholz-Graf/Vergho (Hrsg.), Beratung für Scheidungsfamilien, S. 94–121.

grund dieser Mitteilung ist das Jugendamt verpflichtet, den Eltern Beratung anzubieten und nach § 8 Abs. 1 SGB VIII das Kind in die Beratung einzubeziehen. Das Jugendamt hat dann die Möglichkeit, weitere geeignete Maßnahmen zu ergreifen, wenn es sich um eine Problemfamilie handelt: Es muss nicht das Familiengericht informieren, ob die Eltern das Beratungsangebot angenommen haben.

Die Jugendhilfe hat weiter die Aufgabe, bei Kindeswohlgefährdung ein Gerichtsverfahren nach § 1666 BGB einzuleiten und am Verfahren mitzuwirken. Bei Maßnahmen nach § 1666 BGB entscheidet das Jugendamt in eigener Fachkompetenz über die geeigneten Maßnahmen zur Behebung der Kindeswohlgefährdung, das Familiengericht übt darüber auch keine Kontrolle aus.[157]

Ohne gerichtlichen Beschluss kann das Jugendamt nach § 42 SGB VIII ohne Zustimmung des Sorgeberechtigten und nach § 43 SGB VIII bei Kindswohlgefährdung ein Kind in Obhut nehmen, dabei kann das Kind auch beim anderen Elternteil untergebracht werden.[158] Gegebenenfalls hat das Jugendamt in der Folge eine Entscheidung des Familiengerichts herbeizuführen.

Eine wesentliche Aufgabe des Jugendamtes besteht darin, die im SGB VIII festgelegten Hilfsangebote dem Kind und den berechtigten Bezugspersonen zur Verfügung zu stellen.[159] Weiter ist das Jugendamt mit Pflegschaftsverhältnissen befasst und für die Erteilung von Pflegeerlaubnissen zuständig.[160]

Das Jugendamt ist nicht Anwalt des Kindes, sondern wie alle anderen Verfahrensbeteiligten an Art. 6 Abs. 2 und 3 GG gebunden, wonach sich die Rechte der Eltern und des Kindes gleichwertig gegenüberstehen. Das Ziel muss also sein, eine Lösung zu finden, die das Wohl des Kindes unter größtmöglicher Wahrung der Rechte der Eltern gewährleistet.[161] Als Verfahrenspfleger sollten daher Mitarbeiter des Jugendamtes nicht tätig werden,[162] auch weil sie in der Wahrnehmung ihrer Tätigkeit rechtlichen Rahmenbedingungen unterliegen und kontrolliert werden können.

Will der Sachverständige Kontakt mit dem zuständigen Jugendamtsmitarbeiter aufnehmen, so hat er dies zuerst den Betroffenen mitzuteilen und deren Einwilligung einzuholen.

a) Beratung nach §§ 17 und 18 SGB VIII. Das Jugendamt übt seine Funktion als Beratungsinstitution nach § 17 SGB VIII (= KJHG) und § 18 SGB VIII oder als Mitwirkender im Verfahren (§ 50 SGB VIII) gegenüber allen Beteiligten unparteiisch aus.

Nach § 18 SGB VIII haben auch Kinder und Jugendliche das Recht, die Beratung in Anspruch zu nehmen, damit sie sich Unterstützung bei der Ausübung des Umgangsrechts holen können und damit die umgangsberechtigten Personen dieses Umgangsrecht zum Wohl der Kinder ausüben.[163] Dieser Rechtsanspruch ist kaum bekannt.[164]

---

[157] OLG Frankfurt FamRZ 1994, 392.

[158] Siehe OLG Zweibrücken ZfJ 1996, 241.

[159] Einen Überblick über die Hilfsangebote geben: *Balloff* FPR 1999, 164–167; *Balloff* FPR 1995, 304–307; *Bayerisches Staatsministerium für Arbeit und Sozialordnung, Familie, Frauen und Gesundheit* ZfJ 1995, 141–159; *Lohrentz*, Jugendhilfe bei Trennung und Scheidung, 1999.

[160] Ausführlich dazu: *Salgo* FamRZ 1999, 340.

[161] *Arndt/Oberloskamp* S. 5.

[162] OLG Naumburg FamRZ 2000, 300.

[163] Siehe *Radke/Gewinner* FPR 1999, 235–237.

[164] *Salgo.*, in: Lempp/Schütze/Köhnken (Hrsg.), Forensische Psychiatrie und Psychologie des Kindes- und Jugendalters, S. 32.

Die Beratungsangebote des Jugendamtes müssen von den Eltern nicht angenommen werden, sie haben darauf aber einen Rechtsanspruch. Bezüglich der Beratung besteht Schweigepflicht gemäß § 203 I StGB.

Das SGB VIII sieht die Beratung der Eltern bei Familienkonflikten vor und im Fall der Trennung und Scheidung die Unterstützung der Eltern bei der Suche nach einer dem Wohl des Kindes förderlichen Wahrnehmung der Elternverantwortung. Die Konfliktberatung gemäß § 17 SGB VIII ist auf ein Einvernehmen der Eltern ausgerichtet.[165] Der Familienrichter hat keinen Einfluss auf die Beratung.

Das SGB VIII geht aber auch von einer behördlichen Trennung der Beratung gemäß § 17 SGB VIII und des § 50 SGB VIII aus, der die Mitwirkung in Verfahren vor den Familiengerichten bestimmt. Wieweit Beratung und Mitwirkung beim Familiengerichtsverfahren in Einklang zu bringen sind, darüber bestehen keine konkreten Vorschriften. Die Jugendämter sind bemüht, beide Bereiche personell zu trennen.[166]

b) Mitwirkung im gerichtlichen Verfahren nach § 50 SGB VIII. Das Jugendamt muss nach § 50 Abs. 1 SGB VIII im Rahmen der Sorge- und/oder Umgangsrechtsverfahren stets mitwirken, es hat sich als Fachbehörde zum familiären Konflikt fachlich begründet wertend zu äußern.[167] Das Jugendamt wird Verfahrensbeteiligter und kann bei Verletzungen des Kindeswohls von sich aus beim Oberlandesgericht Beschwerde einlegen.[168] Das Jugendamt hat eigenständig die rechtliche Entscheidung des Familienrichters unter erzieherischen Gesichtspunkten vorzubereiten. Als unmittelbares Beweismittel gilt die Stellungnahme des Jugendamtes nicht.[169] Als sachverständige Behörde oder Fachbehörde, die selbständig neben dem Gericht steht, ist dem Jugendamt nach § 34 FGG auch Akteneinsicht zu gewähren. Unterbleibt die Einbeziehung des Jugendamtes, so liegt ein Verfahrensmangel vor,[170] der zwar den Beschluss des Gerichts nicht rechtsunwirksam, aber durch eine Beschwerde des Jugendamtes aufhebbar macht.[171]

Die Ermittlungstätigkeit der Familiengerichtshilfe – anders als in der Jugendgerichtshilfe – wurde im SGB VIII gegenüber früher eingeschränkt, die Informationen müssen, mit wenigen Ausnahmen (Maßnahmen bei Kindeswohlgefährdung, § 1666 BGB), von den unmittelbar betroffenen Personen eingeholt werden (§ 62 Abs. 2 SGB VIII). So ist es in der Regel nicht erlaubt, Daten bei Dritten zu erholen. Der Datenschutz ist im sozialen Bereich sehr strikt und umfassend (siehe: §§ 61 ff. SGB VIII).

Konkret sollten schon bei Eingang der Sorgerechts- oder Scheidungsanträge beim Familiengericht die Parteien über die Möglichkeiten der §§ 17, 28, 50 SGB VIII ausdrücklich informiert werden, auch darüber, dass durch eine personelle Trennung der Beratung gemäß § 17 SGB VIII und der Familiengerichtshilfe gemäß § 50 SGB VIII der Vertrauens- und Datenschutz gewährleistet wird. Nur die strikte organisatorische Trennung der Aufgaben nach §§ 17, 50 SGB VIII erfüllt die Voraussetzungen des Datenschutzes. Keinesfalls darf es im Rahmen des § 50 SGB VIII zu einer Absprache zwischen Jugendamt und Eltern kommen, die dem Gericht wichtige Informationen vorenthält.[172]

---

[165] *Wend* FPR 1999, 138.
[166] Vgl. *Coester* FamRZ 1992, 617–625.
[167] *Kunkel* FamRZ 1993, 506.
[168] KG Berlin FamRZ 1982, 954.
[169] Vgl. *Arndt/Oberloskamp*, S. 5.
[170] KG Berlin 15 UF 3393/77 und 15 WF 2558/77.
[171] Nach §§ 20, 21 FGG. .
[172] *Oelkers* FamRZ 1995, 451.

Ein konkreter Vorschlag für die gerichtliche Entscheidung wird oftmals vom Jugendamt (ASD) nicht mehr gemacht – mit Ausnahme der Kindeswohlgefährdung, da es aus der Sicht der Jugendhilfe Aufgabe des Gerichts ist, die Entscheidung zu finden. Das Jugendamt versteht sich nicht mehr als Ermittlungsbehörde des Gerichts, sondern stellt auf § 12 FGG, Amtsermittlung des Familiengerichts, ab.

Das Familiengericht seinerseits erwartet vom ASD im Falle der Nichteinigung der Eltern eine vollständige gutachtliche Stellungnahme gemäß § 50 SGB VIII.[173] Ein solches Gutachten sollte aus der fachlichen Erhebung von problemrelevanten Fakten aus dem erzieherischen und sozialen Bereich des Kindes und dessen Umfeld sowie der Erklärung vorhandener oder zu erwartender, relativ konstanter Befunde[174] bestehen.

Der Jugendamtsbericht stellt für das Familiengericht dann keine ausreichende Entscheidungsgrundlage dar und genügt nicht den Anforderungen des Amtsermittlungsgrundsatzes des Gerichts gemäß § 12 FGG, wenn nicht auch die örtlichen Verhältnisse sowie das Umfeld der betroffenen Kinder überprüft worden sind[175] und diese auch entscheidungserhebliche Hinweise für das Kindeswohl liefern.

Der Sachverständige wird von vielen Mitarbeitern des Jugendamtes als Konkurrent angesehen. Die Ursache mag im Folgenden liegen: Nachdem sich zuerst der Allgemeine Sozialdienst (ASD) bzw. das Jugendamt um die Familie bemüht und eine eigene Stellungnahme abgibt, gibt der Familienrichter ein Sachverständigengutachten in Auftrag. Bei widerstreitenden Ergebnissen von Jugendamtsbericht und Gutachten folgt das Gericht meist Letzterem.

Unsere Erfahrung zeigt, dass ein Konkurrenzverhältnis der Familiensache nicht förderlich ist, vielmehr ist eine Akzeptanz der verschiedenen Qualifikationen und Möglichkeiten der verschiedenen Dienste sowohl der betroffenen Familie wie auch der Arbeit der jeweiligen Berufsgruppen dienlich.

Da das Jugendamt auch Verfahrensbeteiligter ist, sollte der Sachverständige mit dem zuständigen Mitarbeiter des Jugendamtes Kontakt aufnehmen, und diese sollten zum Gespräch bereit sein.[176] Häufig ist das Jugendamt gleichzeitig mit der Erstellung eines weiteren Jugendamtsberichtes befasst in der Zeit, in der gerade der Begutachtungsprozess in Gange ist. Hier kann einmal die Terminabsprache unnötige Belastungen von der Familie fern halten, gelegentlich kann auch durch eine Koordinierung der Termine, insbesondere wenn der Sachverständige im Rahmen einer Modifikationsstrategie eine Art „Waffenstillstand" erreicht hat, die Intervention fruchtbarer gestaltet werden.

Da das Jugendamt durch häufigen und näheren Kontakt zur Familie das Umfeld besser kennt, sind dessen Informationen auch für den Sachverständigen bedeutsam. Die Informationen müssen aber im Gutachten kenntlich gemacht werden. Nicht zuletzt haben die Jugendämter wertvolle Kenntnisse über angemessene Hilfsangebote für die Familie und kennen die zuständigen Behörden oder Personen, die im Einzelfall die Betreuung der Familie oder der Kinder vor Ort übernehmen können, wenn das Gutachten zum Abschluss gekommen ist.

---

[173] Bzgl. des Inhalts wird auf die beispielhaften Empfehlungen des *Bayerischen Staatsministeriums für Arbeit und Sozialordnung, Familie, Frauen und Gesundheit* ZfJ 1995, 141–159, hingewiesen.

[174] Kritisch dazu: *Ollmann* FamRZ 1997, 325 f.

[175] OLG Köln FamRZ 1999, 1517 (umstritten).

[176] *Hermanns/Egner/Dürichen*, in: Simon/Mudersbach (Hrsg.), Die Regelung der elterlichen Sorge auf dem Prüfstand, S. 122.

Sollte der Sachverständige zur Aufstellung eines Hilfeplans eingeladen werden, so bestehen keine Bedenken mitzuwirken, wenn er dort die Ergebnisse seiner Diagnostik erläutert, die er auch im Gutachten öffentlich gemacht hat, besonders wenn der Sachverständige eingehende Entwicklungsdiagnostik durchgeführt hat. Die Auswahl der Maßnahmen aber hat er den Fachbehörden zu überlassen.

Der Kontakt zum Jugendamt darf genauso wenig wie der zum Familienrichter in Kumpanei ausarten; der Sachverständige hat seiner Tätigkeit nach bestem Wissen und Gewissen nachzukommen, was auch dazu führen kann, dass das Jugendamt und der Sachverständige hinsichtlich ihrer Empfehlungen differieren können und es auch im Rahmen der mündlichen Verhandlung zu intensiven Diskursen kommen kann.

Dem Sachverständigen ist anzuraten, durch Lektüre[177] und Teilnahme an interdisziplinären Arbeitskreisen sich über die Hilfsangebote und Möglichkeiten der Jugendhilfe zu infomieren, um nicht Maßnahmen zu empfehlen, die nicht verhältnismäßig sind, da wegen mangelnder Kenntnis nicht alternative Hilfsmaßnahmen ausgeschöpft worden sind.

7. Stellung des Sachverständigen zum Ergänzungspfleger bzw. Vormund

Nach § 1909 BGB kann das Familiengericht einen Ergänzungspfleger für das Kind bestellen. Wird das gesamte Sorgerecht auf einen Dritten übertragen, so übt dieser die elterliche Sorge als Vormund aus.

Für die Anordnung einer Ergänzungspflegschaft ist das Familiengericht zuständig, die Auswahl der Person obliegt sowohl dem Familiengericht gemäß § 1697 BGB als auch dem Vormundschaftsgericht gemäß § 1779 BGB, für die Bestellung des Pflegers ist aber Letzteres gemäß § 1789 BGB zuständig.[178]

Der Ergänzungspfleger übt anders als die Eltern kein originäres Sorgerecht aus. Es unterliegt die vom Ergänzungspfleger wahrgenommene elterliche Sorge für das Kind der uneingeschränkten Aufsicht durch das Vormundschaftsgericht.[179] Wenn der Ergänzungspfleger das Kindeswohl gefährdet, hat das Vormundschaftsgericht einzuschreiten. Dem Ergänzungspfleger steht aber wie einem Vormund die Beschwerdebefugnis zu.[180]

Während der Vormund die gesamte elterliche Sorge innehat, wird einem Ergänzungspfleger immer nur ein Teil der elterlichen Sorge übertragen. Häufig wird ein Ergänzungspfleger zur Wahrung der Vermögensinteressen des Kindes bestellt. Diese Aufgabe hat im Wesentlichen keine Auswirkungen auf die sachverständige Tätigkeit.

In der Regel wird ein Ergänzungspfleger bestellt, wenn bei Vorliegen einer einseitigen Sorgerechtsregelung ein Elternteil vorübergehend, z. B. wegen Erkrankung, nicht in der Lage ist, die elterliche Sorge auszuüben. Erst wenn ein Elternteil längere Zeit verhindert ist, führt dies zu einem Verfahren nach § 1678 Abs. 2 BGB, wobei dem anderen Elternteil oder, wenn ein solcher nicht bereitsteht, einem Vormund die elterliche Sorge zu übertragen ist, wenn es dem Kindeswohl dient.

---

[177] Einen Überblick zu den Hilfen des SGB VIII geben: *Balloff* FPR 1999, 164–167; *Edinger/Uch* FPR 1998, 23–26.

[178] OLG Stuttgart FamRZ 2000, 439, mit Anmerkung *Coester*; OLG Stuttgart FamRZ 1999, 160.

[179] BayObLG FamRZ 1999, 1155.

[180] OLG Köln FamRZ 2000, 42.

Das Familiengericht wird weiter Teilbereiche der elterlichen Sorge einem Ergänzungspfleger übertragen; so in der Funktion des Aufenthaltspflegers, der den Lebensschwerpunkt des Kindes bestimmen kann, um z.B. den Verbleib des Kindes in einem Heim sicherzustellen.

Häufig wird ein Ergänzungspfleger bestellt, wenn gegen einen Sorgeberechtigten ein Ermittlungsverfahren wegen sexuellem Missbrauchs anhängig ist. Seine Aufgaben für das Kind umfassen dann in der Regel: Ausübung des Zeugnisverweigerungsrechtes, Zustimmung zur Vernehmung im laufenden Ermittlungsverfahren und Zustimmung zur Mitwirkung des Kindes bei einer Begutachtung.[181]

Weiter wird gelegentlich vom Familiengericht ein Ergänzungspfleger bestellt, um einem Kind den Umgang mit bestimmten Personen zu gewähren, sei es zum getrennt lebenden Elternteil, sei es aber auch zur Zuführung des Kindes zum Sachverständigen, damit dieser das Kind anhören kann, weil die Eltern die Mitarbeit völlig verweigern.

Zur Begleitung oder Ermöglichung des Umgangs des Kindes mit dem getrennt lebenden Elternteil tritt der Ergänzungspfleger als „Umgangspfleger" auf, der auch die Möglichkeit hat, dem Gericht gegenüber Mitteilungen über das Gelingen und Scheitern der Umgangsversuche zu machen.

Für die Bereiche, in denen der Pfleger bestellt worden ist, ist er formell Beteiligter im familiengerichtlichen Verfahren. Ist ein Ergänzungspfleger für die Familie bestellt, sei es als „Umgangspfleger" oder als Aufenthaltspfleger, so hat der Sachverständige ihm zu begegnen wie einem anderen Sorgerechtsinhaber. Er hat ihn auch bzgl. der Terminierung zu informieren und ihm Hinderungsgründe mitzuteilen.

Ist ein Ergänzungspfleger bestellt worden, um dem Kind die Gelegenheit zu eröffnen sich beim Sachverständigen aussprechen zu können, weil ein Treffen aufgrund der Weigerung der Eltern nicht möglich ist, einen Hausbesuch durchzuführen oder das Kind zum Sachverständigen zu bringen, so hat sich der Sachverständige an den Ergänzungspfleger zu wenden, der ihm dann z.B. die Möglichkeit einräumen kann, das Kind im Kindergarten oder in der Schule zu explorieren.

Im Einzelfall kennt nur der Aufenthaltspfleger die Adresse des Kindes. Der Sachverständige hat sich daher an den Aufenthaltspfleger zu wenden, um eine Kontaktaufnahme mit dem Kind möglich zu machen. In den übrigen Fällen hat sich der Ergänzungspfleger für den Ausschnitt der elterlichen Sorge, der ihm zusteht, um das Kindeswohl zu kümmern und handelt hier als Verantwortlicher für das Kind.

8. Stellung des Sachverständigen zu den Pflegeeltern

Pflegschaftsverhältnisse kommen vielfältig zustande.[182] Häufig werden die Kinder von den Sorgeberechtigten freiwillig und damit privatrechtlich in Pflegefamilien oder bei Verwandten in Pflege untergebracht. Hier ist kein Eingriff in die elterliche Sorge notwendig, meist besteht ein Pflegevertrag. Im Einzelfall kann die Maßnahme durch gerichtliche Verfügung aufgrund einer Maßnahme der Hilfe zur Erziehung oder der Eingliederungshilfe erfolgen. Hierbei wird in der Regel das Aufenthaltsbestimmungsrecht auf einen Ergänzungspfleger übertragen.

---

[181] Siehe auch: OLG Bamberg FamRZ 2000, 43.
[182] Hierzu ausführlich: *Windel* FamRZ 1997, 716 ff.

Um die Pflege aufnehmen zu können, ist prinzipiell eine Pflegeerlaubnis gemäß § 44 SGB VIII notwendig.

Lebt das Kind seit längerer Zeit in Familienpflege, so hat die Pflegefamilie die Möglichkeit, sich gemäß § 1630 Abs. 3 BGB auf Antrag Angelegenheiten der elterlichen Sorge übertragen zu lassen, wobei für die Übertragung die Zustimmung der Eltern erforderlich ist. Bzgl. dieser Teile der elterlichen Sorge hat dann die Pflegeperson die Rechte und Pflichten eines Ergänzungspflegers. Allein der Umstand, dass das Kind seit längerer Zeit in der Pflegefamilie lebt, rechtfertigt aber neben der Verbleibensanordnung keine weiteren Maßnahmen.[183]

Lebt ein Kind für längere Zeit bei einer Pflegefamilie, so ist die Pflegeperson nach § 1688 BGB berechtigt, in Angelegenheiten des täglichen Lebens zu entscheiden, wie es beim Bestehen einer gemeinsamen Sorge für den Elternteil gilt, bei dem das Kind den Lebensschwerpunkt hat. Die Pflegeeltern haben wie die leiblichen Eltern auch Anspruch auf Beratungshilfe nach dem SGB VIII.[184]

Pflegeeltern genießen zwar nicht den gleichen Grundrechtsschutz wie biologische Eltern oder Adoptiveltern. Der Schutz von Artikel 6, Abs. 1 und 3 des Grundgesetzes erstreckt sich aber auch auf die Pflegefamilie,[185] so dass bei Entscheidungen über die Herausnahme des Kindes aus seiner sozialen Familie die Belange der Pflegeeltern nicht außer Acht gelassen werden dürfen.[186] Bei widerstreitenden Positionen haben grundsätzlich die sorgeberechtigten Eltern vor den Interessen der Pflegeeltern den Vorrang,[187] wobei das Wohl des Kindes immer Richtpunkt ist, so dass bei Interessenskonflikten zwischen dem Kind, seinen Eltern und den Pflegeeltern das Kindeswohl letztlich bestimmend sein muss.

Die Stellung des Sachverständigen zu den Pflegeeltern ist abhängig davon, ob sie selbst Verfahrensbeteiligte sind oder nicht.

Sie haben ein Antragsrecht, wenn durch Umgangsstreitigkeiten zwischen dem sorgeberechtigten und dem umgangsberechtigten Elternteil eine Gefährdung des Kindeswohls des bei ihnen lebenden Kindes im Sinn von § 1666 BGB in Betracht kommt.[188]

Die Pflegeeltern haben das Recht, eine Verbleibensanordnung für das ihnen anvertraute Kind gemäß § 1632 Abs. 4 beim Familiengericht zu stellen. Mit diesem Antrag soll das Kind von einem Herausgabeanspruch des Sorgeberechtigten zur Unzeit geschützt werden, wenn durch die Herausnahme des Kindes aus der Pflegefamilie das Kindeswohl gefährdet werden würde.[189] Dieser Anspruch besteht sowohl gegenüber den leiblichen Eltern als auch dem Aufenthaltspfleger oder Vormund. Verfahrensbeteiligte werden die Pflegeeltern, wenn sie dieses Verfahren mit Einschaltung eines Anwalts selbst, oftmals neben dem Jugendamt, betreiben. Im Rahmen eines Verfahrens nach § 1632 BGB haben sie selbst kein Akteneinsichtsrecht, sie haben es nur über ihre anwaltliche Vertretung. Daher sollten Pflegeeltern einen Anwalt einschalten und sich nicht nur auf das Jugendamt verlassen,

---

[183] OLG Hamm ZfJ 1997, 430 = FamRZ 1998, 447.
[184] *Salgo* FamRZ 1999, 337–347. *Salgo,* in: Dokumenation, Pflegekinder in familiengerichtlichen Verfahren. Stiftung Zum Wohle des Pflegekindes (Hrsg.) Holzminden, 1998 Tagung. 10. Tag des Kindeswohls. S. 10–29.
[185] BVerfG FamRZ 1993, 1420. *Seibert* FamRZ 1995, 1458.
[186] BVerfG NJW 1985, 423.
[187] Siehe auch: BVerfG FamRZ 1993, 1045.
[188] OLG Hamm FamRZ 1994, 391.
[189] Ausführlich dazu: *Salgo* FamRZ 1999, 338. OLG Köln DAVorm 1998, 140.

wenn sie der Meinung sind, die anstehende Herausgabeentscheidung würde dem Kind schaden.[190]

Pflegeeltern sind zwar vom Familiengericht anzuhören, wenn sich das Kind längere Zeit in der Familienpflege befunden hat, sie haben aber nicht das Recht, in der mündlichen Verhandlung anwesend zu sein, außer sie sind formell selbst am Verfahren beteiligt. Das Recht geht davon aus, dass es für Pflegeeltern nicht wesentlich sein kann, ob das Sorgerecht auf die leiblichen Eltern oder das Jugendamt übergeht.

Die Pflegeeltern haben grundsätzlich kein Beschwerderecht gegen die Entlassung des Vormundes des ihnen anvertrauten Kindes, wohl aber gegen die Auswahl eines neuen,[191] da die Beschwerde jedem zusteht, der durch eine persönliche Beziehung zu dem betroffenen Kind verständlichen Anlass hat, für dessen Wohl einzutreten.[192]

Sind die Pflegeeltern per Beschluss in die Begutachtung einbezogen, so ist ihnen so zu begegnen wie einem Elternteil bei der Frage einer Sorgerechtsregelung.

Da der Sachverständige auch bei den Pflegeeltern das Kind aufsuchen wird, hat der Sachverständige auf die Freiwilligkeit zu achten. Wünschen der Pflegeeltern auf Geheimhaltung der Adresse und der Telefonnummer hat der Sachverständige nachzukommen, insbesondere dann, wenn er einen Sachstandsbericht an das Gericht schreibt. Ist den Pflegeeltern ein Ergänzungspfleger beigestellt, so ist ebenso der Ergänzungspfleger neben den Pflegeeltern zu informieren.

9. Ablehnung des Sachverständigen

Die besondere Stellung des Sachverständigen zu den am Verfahren beteiligten Personen unterstreicht das Recht auf Ablehnung des Sachverständigen.

Unabhängig von der Qualität der Beziehung[193] des Sachverständigen zu den Betroffenen haben die Betroffenen das Recht, einen Sachverständigen abzulehnen, wenn sie überzeugt sind, der Sachverständige habe sich während seiner Tätigkeit einseitig oder unkorrekt verhalten. Der Ablehnungsantrag muss aber unverzüglich, das heißt innerhalb einer angemessenen Überlegungsfrist[194] gestellt werden. Abgelehnt kann der Sachverständige nach § 406 ZPO und dem Verweis auf §§ 41, 42 ZPO werden. Gemäß § 406 Abs. 5 ZPO kann auch gegen den Beschluss, einen Sachverständigen zu beauftragen, innerhalb von zwei Wochen nach Verkündigung oder Zustellung des Beschlusses sofortige Beschwerde eingelegt werden. Es gelten die gleichen Gründen, wie bei einem Familienrichter, nämlich die gesetzlichen Gründe wie z. B. nahe Verwandtschaft zu einem Betroffenen und Befangenheit.

Die Ablehnung ist möglich, weil der Sachverständige, im Gegensatz zu einem Zeugen durch einen anderen Sachverständigen ersetzt werden kann.[195] Die Gründe für das Ablehnungsgesuch sind glaubhaft zu machen. Nicht abgelehnt werden können Hilfskräfte von Sachverständigen, da dies im Gesetz nicht vorgesehen ist,[196] außerdem ist der Sachverständige allein verantwortlich für das Gutachten.

---

[190] *Marquardt*, in: Dokumentation, Pflegekinder in familiengerichtlichen Verfahren. Stiftung Zum Wohle des Pflegekindes (Hrsg.) Holzminden, 1998 Tagung. 10. Tag des Kindeswohls. S. 65.

[191] OLG Karsruhe FamRZ 1998, 568.

[192] BGH FamRZ 1954, 219.

[193] Hierzu *Ehinger* FPR 2000, 151–157.

[194] OLG Düsseldorf, OLG Koblenz und OLG Köln DS 1996, 3.

[195] So *Peters*, in: Undeutsch (Hrsg.), Forensische Psychologie, S. 770.

[196] OLG Zweibrücken DS 1991, 198; LSG Bayern Medizin im Sozialrecht 1986, 405.

Wird ein Antrag auf Ablehnung des Sachverständigen gestellt, so muss das Gericht über das Ablehnungsgesuch nach § 406 Abs. 4 ZPO in einem Zwischenverfahren[197] mit besonderem Beschluss entscheiden.[198] Unterlässt dies das Gericht und lehnt das Gesuch erst in der Entscheidung zur Hauptsache ab, so nötigt dies zur Aufhebung der auf dem Gutachten beruhenden Entscheidung.[199] Der Anspruch auf rechtliches Gehör verlangt aber, dem Sachverständigen Gelegenheit zur Stellungnahme zum Ablehnungsgesuch zu geben. Wenn er zudem gebeten wird, zur Richtigkeit der Behauptungen Stellung zu nehmen, so kann vom Sachverständigen erwartet werden, dass er eine solche Erklärung alsbald und ohne Schwierigkeiten abgeben wird.[200] Meist wird eine Beantwortungsfrist genannt.

Nach Einreichung des schriftlichen Gutachtens ist die Ablehnung des Sachverständigen nur zulässig, wenn glaubhaft gemacht werden kann, dass der Ablehnungsgrund vorher nicht geltend gemacht werden konnte (§ 406 Abs. 2 Satz 2 ZPO), wobei der Ablehnungsantrag unverzüglich nach Kenntnis von dem Ablehnungsgrund gestellt werden muss bzw. innerhalb einer angemessenen Überlegungszeit, etwa zwei Wochen,[201] unabhängig vom sonstigen Verfahrensstand vorzubringen ist.[202]

Die Besorgnis der Befangenheit genügt bereits zur Ablehnung. Es ist nicht nötig nachzuweisen, daß der Sachverständige in der Tat befangen ist.[203] Es muss allerdings ein Grund vorliegen, der geeignet ist, Misstrauen gegen die Unparteilichkeit zu rechtfertigen.[204] Dabei muss es sich um einen objektiven Grund handeln, der vom Standpunkt des Ablehnenden aus bei vernünftiger Betrachtung die Befürchtung erwecken kann, der Sachverständige stehe der Begutachtung nicht unvoreingenommen und damit nicht unparteiisch gegenüber. Rein subjektive, unvernünftige Gründe und Gedankengänge scheiden aus.[205]

a) Gründe, die eine Ablehnung nicht rechtfertigen. Kein Ablehnungsgrund ist gegeben, wenn der Sachverständige, der im familiengerichtlichen Verfahren den Verdacht eines sexuellen Missbrauchs durch eine Aussagebegutachtung abklären soll, das Kind auf sein Aussageverweigerungsrecht und die Folgen einer Aussage hinweist.[206] Der Sachverständige kann auch nicht wegen Befangenheit abgelehnt werden, wenn er nicht alle seine Unterlagen für das von ihm erstellte Gutachten zur Einsicht überlässt, da er ein Recht hat zur Verweigerung der Unterlagen.[207]

Auch wenn der Sachverständige in einem anderen Verfahren bereits ein Gutachten zuungunsten der ablehnenden Partei erstellt hat, rechtfertigt dies keine Ablehnung.[208] Dies kommt zum Tragen, wenn der Sachverständige beispielsweise schon bei der ersten Ehe eines Elternteils ein Gutachten bezüglich des Sorgerechts erstellt hat und nun eine Sorgerechtsauseinandersetzung bei der zweiten Ehe ansteht. Auch die Tatsache, dass ein Sachverständiger in erster Instanz bereits tätig und nun in der Beschwerdeinstanz wieder be-

---

[197] BayObLG FamRZ 1993, 1478.
[198] BayObLG FamRZ 1995, 999.
[199] OLG Hamm FamRZ 1976, 46.
[200] OLG Bamberg FamRZ 1993, 1097.
[201] OLG Frankfurt FamRZ 1995, 1208; LG Kassel FamRZ 1997, 889. Rechtsprechung dazu bei: *Ulrich* 1999, 14–17.
[202] BayObLG FamRZ 1986, 829.
[203] BGH NJW 1975, 1363.
[204] OLG München NJW 1963, 1682.
[205] BayObLG FamRZ 1979, 348 und 737.
[206] LG München, Beschluss vom 29. 8. 1994, 13 T 15370/94.
[207] OLG Frankfurt FamRZ 1980, 931.
[208] LSG Schleswig-Holstein Medizin im Sozialrecht 1986, 407.

auftragt ist, begründet keine Ablehnung,[209] oder wenn Spannungen zwischen dem Prozessbevollmächtigten und dem Sachverständigen bestehen,[210] oder wenn der Sachverständige auf die Problematik der Zugehörigkeit zu den Zeugen Jehovas hinweist.[211]

Die Anhörung der Kinder in Abwesenheit der Eltern ist kein Ablehnungsgrund,[212] auch nicht wenn sie erfolgte, ehe der Sachverständige mit den Eltern gesprochen hat.[213] Dasselbe gilt für fehlende Sachkunde des Sachverständigen, vermutete Inkompetenz[214] und einseitige wissenschaftliche Ausrichtung ebenso wie für eine behauptete unsachgemäße Befragung der Kinder.[215] Bei fehlender Sachkunde kann allerdings ein weiteres Gutachten in Auftrag gegeben werden, da möglicherweise das Sachverständigengutachten als Beweismittel nicht ausreichend ist. Unparteilichkeit oder Neutralität ist nicht gleichzusetzen mit gleichmäßiger Gunstverteilung, die auch nicht durch einen Befangenheitsantrag eingefordert werden kann.[216]

In diesem Sinne ist auch eine Freundschaft des Sachverständigen mit dem Anwalt einer Partei, mit dem er sich auch duzt,[217] kein Grund zur Ablehnung.

b) Gründe, die eine Ablehnung rechtfertigen. Gründe, die die Besorgnis der Befangenheit rechtfertigen können, sind dagegen: Freundschaft oder Feindschaft zu einer Partei, Gehässigkeit im Prozess gegen einen Parteienvertreter, ein besonderes Vertrauensverhältnis zwischen Psychologen und Betroffenen, unsachliche Bemerkungen und ähnliche Sachverhalte.[218]

Im Folgenden seien beispielhaft weitere Sachverhalte genannt, die nach der Rechtsprechung eine Ablehnung begründen können:

● Erklärungen des Sachverständigen, wie das Gericht entscheiden wird, eine Äußerung, die jenseits der Kompetenz des Sachverständigen liegt;

● Ermahnungen zur Wahrheit,[219] wenn keine besonderen Hinweise auf Unwahrheit vorliegen;

● Mitfahren des Sachverständigen bei einem Elternteil, z.B. zur Kindesabholung, insbesondere dann, wenn dies und die damit verbundene diagnostische Absicht dem anderen Elternteil nicht mitgeteilt worden sind;

● wenn der Sachverständige mit dem Prozessbevollmächtigten einer Partei verheiratet ist;[220] unsachliche, abfällige, höhnische, kränkende Äußerungen über den Sachstand;[221]

● beleidigende oder kränkende Äußerungen des Sachverständigen gegenüber Verfahrensbeteiligten (beleidigende Äußerungen der Verfahrensbeteiligten gegenüber dem Sachverständigen sind dagegen kein Ablehnungsgrund, selbst wenn der Sachverständige

---

[209] BayObLG FamRZ 1998, 1241.

[210] OLG Frankfurt FPR 2000, 158.

[211] Für den Familienrichter OLG Bamberg FamRZ 1998, 172.

[212] *Böhm* DAVorm 1985, 731–746.

[213] OLG Frankfurt FamRZ 1986, 291; für die richterliche Anhörung.

[214] AG München, 873 F 2561/91.

[215] OLG Frankfurt FamRZ 1980, 931.

[216] OLG Zweibrücken FamRZ 1999, 936.

[217] OLG Frankfurt DS 1996, 2.

[218] *Bremer* DS 1963, 112.

[219] Siehe OLG Zweibrücken FamRZ 1993, 576: Ermahnungen zur Wahrheit mögen als Zumutung empfunden werden.

[220] LSG Schleswig NJW 1998, 2925.

[221] OLG Frankfurt FamRZ 1994, 909, hier hatte die Richterin das Wort „verarschen" benutzt; OLG Hamburg NJW 1992, 2063, hier „Kinkerlitzchen".

Strafantrag stellt.[222] Diese Rechtsvorschrift hat den Sinn, die Möglichkeit auszuschließen, allein durch Beschimpfungen den Sachverständigen aus dem Verfahren zu drängen);

- Gesten können als Abwertung der betroffenen Person interpretiert werden;[223]
- mangelnde Objektivität oder bewußtes Verschweigen entscheidungserheblicher Daten;
- vorausgehende Tätigkeit des Sachverständigen als Privatgutachter für einen Betroffenen;[224]
- einseitige Beratung eines Beteiligten oder außergerichtliche Geldannahme für eine Tätigkeit;[225]
- starke Verzögerung bei einer Umgangsregelung, wenn kein Umgang mehr stattfindet;[226]
- das eigenmächtige Zurückhalten von Schriftsätzen, die der Sachverständige als unsachlich oder unnötig beleidigend interpretiert, auch wenn er überzeugt ist, der Schriftsatz sei dem Kindeswohl abträglich (in diesem Fall empfiehlt es sich, den Familienrichter auf die unsachlichen Passagen hinzuweisen; dieser kann dann von sich aus mit dem Verfasser Kontakt aufnehmen, bestimmte Passagen beanstanden und möglicherweise ankündigen, dass er den Schriftsatz erst weiterleitet, wenn diese Passagen entfernt sind;[227]
- das Ermitteln von Tatsachen mit Wissen nur einer Partei (dies kann der Fall sein, wenn der Sachverständige z. B. nur mit Wissen eines Elternteils, wenn beide noch Sorgerechtsinhaber sind, Bezugspersonen oder Betreuungspersonen wie Kindergärtnerinnen oder Lehrer befragt);[228]
- die Anwendung von unzulässigen Methoden, etwa wenn die Eltern gedrängt werden, sich begutachten zu lassen, obwohl sie die Begutachtung ablehnen, oder wenn Ermittlungen angestellt werden, die nicht im Auftrag vorgesehen sind;[229]
- der Erhalt und die Verwertung von medizinischen Unterlagen, von denen der Sachverständige auf rechtswidrige Weise Kenntnis erhalten hat und für deren Herausgabe eine Schweigepflichtsentbindung nicht vorlag;[230]
- Äußerungen des Sachverständigen gegenüber einem Elternteil bezüglich Ehegatten- oder Kindesunterhalt, da eine Unterhaltsregelung von der Sorgerechtsentscheidung abhängig ist;[231]
- die Überprüfung der Sorgerechtsfrage bei beiden Kindern einer Familie, obwohl nur ein Kind in den Auftrag einbezogen war (es könnte in diesem Falle der Eindruck entstehen, der Sachverständige misstraue von sich aus einem einvernehmlichen Vorschlag der Eltern oder unterziehe den Elternteil, bei dem die Kinder wohnen, einer Überprüfung, die insbesondere in Bezug auf das nicht im Auftrag vorgesehene Kind eine Voreingenommenheit gegenüber diesen Elternteil vermuten lassen);[232]

---

[222] OLG München NJW 1971, 384.
[223] Vgl. OLG Frankfurt FamRZ 1983, 630; dort wurde ein Richter u. a. wegen Tippens mit den Fingern an die Stirn abgelehnt.
[224] OLG Karlsruhe DS 1996, 2.
[225] OLG Hamm FamRZ 1994, 974.
[226] Bezüglich der Befangenheit beim Richter FamRZ 1994, 46.
[227] Vgl. LG Frankenthal FamRZ 1977, 562.
[228] Vgl. OLG München NJW 1963, 1682.
[229] Vgl. *Peters,* in: Undeutsch, U. (Hrsg.), Forensische Psychologie, S. 678–800.
[230] LSG Bremen Medizin im Sozialrecht 1986, 316.
[231] OLG Bremen, 5 WF 234/86.
[232] BayObLG FamRZ 1979, 348 und 737.

- Telefongespräche zwischen dem Sachverständigen und nur einer Partei, wenn bei dem Telefongespräch das Gut achten erörtert worden ist;[233]
- Bezeichnung eines zum Zweck der Kritik angekündigten Privatgutachtens als „Gefälligkeitsgutachten"[234] (aber nicht unsachliche und feindliche Angriffe im Gutachten gegen einen Privatgutachter, da bei Befangenheit allein auf das Verhältnis zum Betroffenen abzustellen ist).[235]

Es kann den Elternteilen oder anderen Parteien nicht verdacht werden, aus prozesstaktischen Gründen zu versuchen, den Sachverständigen abzulehnen, wenn sie z. B. im Verlauf der Begutachtung vom Sachverständigen erfahren, welchen Lebensschwerpunkt des Kindes er dem Kindeswohl gemäß einschätzt, und daraus erkennbar wird, welche Empfehlung er an das Gericht abgeben wird. Gelegentlich ist dies der Fall, wenn der Sachverständige bereits längere Zeit bemüht war, die Eltern durch Interventionen zu einer einvernehmlichen Regelung zu bewegen, ein sich abzeichnendes Ergebnis von einem Elternteil aber nun abgelehnt wird. Sachverständige neigen dann dazu, das Ablehnungsgesuch persönlich zu nehmen und in der Folge in der Tat befangen zu sein, vor allem dann, wenn Supervision oder kollegialer Austausch fehlt.

Eine Partei hat immer das Recht zu versuchen, den Sachverständigen abzulehnen, um möglicherweise mit einem anderen Sachverständigen ein anderes Ergebnis zu erzielen. Unbestritten sind Kindeswohlentscheidungen oftmals mit sehr existentiellen Folgen wie Berufstätigkeit, Hausbesitz und Unterhalt verbunden, was zu derartigen Schritten motivieren kann.

Nach der Kenntnisnahme eines Ablehnungsantrages hat der Sachverständige seinen Begutachtungsprozess zu unterbrechen, bis das Familiengericht eine Entscheidung über diesen Antrag getroffen hat. Auch ein Ablehnungsantrag darf die Neutralität des Sachverständigen nicht verletzen. Nach der Ablehnung eines solchen Antrags durch das Familiengericht hat der Sachverständige gegebenenfalls seine sachverständige Tätigkeit wieder aufzunehmen.

Liegt ein anerkannter Ablehnungsgrund bei einem Sachverständigen vor, so kann der Sachverständige in dem Verfahren nicht mehr als Sachverständiger mitwirken.[236] Das Gutachten ist zwar nicht mehr verwertbar, die von ihm festgestellten Tatsachen können aber u. U. noch berücksichtigt werden; der Sachverständige kann dann darüber als sachverständiger Zeuge vernommen werden.

10. Stellung des Sachverständigen gegenüber nicht verfahrensbeteiligten Informanten

Dritte Personen, wie etwa Kinderärzte, Kindergärtnerinnen, Lehrer, Großeltern u. a., die nicht Verfahrensbeteiligte sind, können nur dann befragt werden, wenn sowohl das Familiengericht als auch die Sorgerechtsinhaber ihre Zustimmung erteilt haben. Streng genommen handelt es sich hier um eine Art vorweggenommener Zeugenvernehmung.

Der Sachverständige sollte den Sorgerechtsinhabern über die Ziele seine Befragung informieren. Es bietet sich an, sich darüber hinaus vom Sorgeberechtigten eine Art Schwei-

---

[233] OLG Frankfurt FamRZ 1989, 410.
[234] OLG Zweibrücken DS 1999, 25.
[235] OLG Frankfurt DS 1996, 2.
[236] Vgl. *Jessnitzer/Frieling* S. 144.

gepflichtsentbindung geben zu lassen, wobei diese Schweigepflichtsentbindung nicht für den Sachverständigen, sondern für die zu befragende Person relevant ist. Der Sachverständige kann auch die Betroffenen bitten, sich an die Auskunftsperson zu wenden und den beabsichtigten Anruf des Sachverständigen zu avisieren.

Die beabsichtigte Einbeziehung der weiteren Personen oder Informanten sollte dem Familiengericht mit einem Zwischenbericht mitgeteilt werden, so dass sichergestellt wird, dass auch die Anwälte der Parteien über die Befragung informiert werden und möglicherweise ihre Bedenken äußern können, denn nicht immer ist sichergestellt, dass die Betroffenen einen engen Informationskontakt zu ihren Anwälten halten.

Sollten sich Dritte von selbst beim Sachverständigen melden, um zu einem Familienkonflikt auszusagen, müssen diese vertröstet werden, bis die Einwilligung der Betroffenen und des Familiengerichtes eingeholt wurde.

In solchen Gesprächen mit Drittpersonen darf der Sachverständige nur Informationen für seine Fragestellung von diesen Personen eruieren und keine Informationen aus seiner Tätigkeit weitergeben. Auch steht ihm keine sachverständige Bewertung, möglicherweise der Familienkonfliktsituation, gegenüber Drittpersonen zu.

Die befragten Personen müssen darauf hingewiesen werden, dass ihre Äußerungen dem Gericht mitgeteilt werden und möglicherweise in dem schriftlichen Gutachten Darstellung finden. Gelegentlich legen die Drittpersonen Wert darauf, die schriftlichen Ausführungen nochmals zur Einsicht zu bekommen. Maßgeblich können aber nicht die autorisierten Äußerungen der Drittpersonen, sondern deren Niederlegung durch den Sachverständigen sein. Im Einzelfall lehnen Drittpersonen eine mündliche Äußerung ab, sind aber bereit, eine schriftliche Stellungnahme auf Fragen des Sachverständigen zu erstellen. Auch hier bietet es sich an, die Fragen gleichzeitig dem Familiengericht und damit ebenso den Anwälten zur Verfügung zu stellen.

Die informativ anzuhörenden Personen können vom Sachverständigen keine Entschädigung für ihren Zeitaufwand oder ihre sonstigen Kosten verlangen. Verweigern sie deshalb die Auskunft, kann der Sachverständige das Familiengericht bitten, diese Personen anzuhören. In diesem Falle können sie dann nach dem ZSEG als Zeugen entschädigt werden.

E. Gesetzliche Verpflichtungen, die das sachverständige Vorgehen regeln

Aus der Eidesformel des § 410 Abs. 1 ZPO und dem § 79 Abs. 2 StPO leiten sich die Verpflichtungen ab, dass der Sachverständige sein Gutachten nach bestem Wissen, unparteilich, nach bestem Gewissen und persönlich zu erstatten hat.[1]

Der Sachverständige ist kraft Gesetz einer anderen Rolle verpflichtet als z. B. der Verfahrenspfleger, auch körperliche Untersuchungen, Rechts-, Finanz- und Steuerberatungen stehen dem psychologischen Sachverständigen – unabhängig von der Kompetenzfrage – aus standesrechtlichen Gründen nicht zu. Er ist nicht Therapeut, gar Familientherapeut oder Mediator der Betroffenen, aber auch nicht Ermittlungsbehörde des Familienrichters, sondern ein eigenständiges Rechtssubjekt. Die in den Vorschriften festgelegten Verpflichtungen geben den Betroffenen Sicherheit, wieweit sie sich auf die Beziehungsangebote des Sachverständigen einlassen wollen und welche Erwartungen sie an ihn stellen können. Dem Sachverständigen wiederum helfen sie, seine Rolle und Aufgaben gegenüber den Verfahrensbeteiligten definieren zu können.

1. Ermittlungstätigkeit

a) Inhalt. Dem Sachverständigen stehen keine Ermittlungsbefugnisse zu für Tatsachen, die nicht durch die Fragestellung gedeckt sind und zu denen der Sachverstand des Diplom-Psychologen nicht zwingend notwendig ist. Zeugenvernehmung steht gemäß §§ 373–401 ZPO dem Familiengericht zu, als Ermittlungsbehörde steht dem Familiengericht das Jugendamt im Rahmen des § 50 SGB VIII zur Verfügung, zudem werden Tatsachen von den Anwälten, den Betroffenen und möglicherweise vom Verfahrenspfleger eingebracht.

Wird ein Sachverständiger beauftragt, hätte das Familiengericht zuvor alle rechtserheblichen Tatsachen, z. B. Berufstätigkeit eines Elternteils und deren Auswirkung auf die Kinderbetreuung, soweit möglich aufzuklären. Stellvertretend kann das Jugendamt nach § 50 SGB VIII Ermittlungen anstellen, und es hat sogar das Recht, im besonderen Ausnahmefall Nachforschungen ohne richterliche Anordnung oder Zulassung zu betreiben[2] und die Befragung von Nachbarn ohne Nennung der Namen durchführen.[3] Solche Rechte gelten nicht für den Sachverständigen.[4]

Die vom Familiengericht ermittelten Tatsachen (Anknüpfungstatsachen) sind dem Sachverständigen durch die Akten mitzuteilen.

Welche Tatsachen (Befundtatsachen) relevanterweise vom Sachverständigen zu erheben sind, ergibt sich aus dem Beweisthema; darauf hat auch das Familiengericht zu achten.

---

[1] So *Müller* S. 353.
[2] OLG Köln FamRZ 1981 S. 599.
[3] OVG Koblenz FamRZ 1983, 300.
[4] Allgemeine Richtlinien zur Gutachtenerstellung gibt es noch nicht, es besteht also immer die Gefahr, dass z. B. noch unerfahrene Kollegen Ermittlungen anstellen oder auch prozessual bedenkliche Untersuchungsmethoden verwenden (*Müller* S. 240), die nicht im Aufgabenbereich des Sachverständigen liegen.

Nicht Aufgabe des Sachverständigen ist es hingegen, weitere Tatsachen, die nichts mit dem aus der Fragestellung unmittelbar folgenden Beweisthema zu tun haben, zu erheben und damit in das Verfahren einzuführen.[5]

Eine sachverständige Empfehlung beruht demnach immer auf den **Anknüpfungstatsachen** und den **Befundtatsachen**.[6]

Ein Sachverständigengutachten muss sich stets auf Tatsachen beziehen und darf nicht auf Mutmaßungen oder Unterstellungen beruhen. Sind dem Sachverständigen entscheidungserhebliche Tatsachen nicht bekannt, muss er sie erfragen und unter Umständen auch die nötigen Ermittlungen anstellen, soweit er dazu seine Fachkenntnis benötigt.

Bleibt sein Bemühen erfolglos, so darf der Sachverständige ausnahmsweise auf Unterstellungen aufbauen; er muss diese jedoch als solche kenntlich machen.[7] So z.B. darf er mutmaßen, dass eine bestimmte freiberufliche Tätigkeit, die ein Elternteil nach langjähriger Angestelltentätigkeit beginnen will, mehr Zeit in Anspruch nehmen wird, als die vom Elternteil behaupteten vier Stunden.

Als dritte Gruppe begegnen uns die sogenannten **Zusatztatsachen.** Darunter werden alle Tatsachen verstanden, die vom Sachverständigen erhoben werden, die aber auch das Familiengericht mit eigenen Erkenntnismitteln, wozu also kein spezieller Sachverstand gehört, hätte erheben können.[8] Diese Zusatztatsachen dürfte nach strenger Auslegung der Verfahrensvorschrift das Familiengericht nicht der Ermittlungstätigkeit des Sachverständigen überlassen.

Die Befragung von Nachbarn oder Arbeitgebern, die unter die Erhebung von Zusatztatsachen fallen würde, ist in der Regel zudem aus Gründen der Verhältnismäßigkeit abzulehnen. Selbst das Familiengericht befragt diesen Personenkreis meist nicht, obwohl es im Gegensatz zum Sachverständigen der Amtsermittlungspflicht unterliegt. Zur Befragung dieses Personenkreises gehört kein psychologisches Fachwissen. Eine solche Befragung könnte gegebenenfalls also ohne weiteres vom Familienrichter geleistet werden. Der Sachverständige ist hierbei eher in der Rolle des Ermittlers und bei seiner mündlichen Anhörung in der des Zeugen. Dem entspricht auch § 62 Abs. 1 SGB VIII, danach dürfen personenbezogene Daten nur erhoben werden, soweit ihre Kenntnis zur Erfüllung der jeweiligen Aufgabe erforderlich ist. Es entspricht aber der Praxis, dass die Befragung in begründeten Fällen vom Familienrichter auf den Sachverständigen delegiert wird, wenn dieser das Familiengericht von seiner Absicht informiert hat und sich z.B. der Sachverständige bei einem Kinderarzt nach den durchgeführten Untersuchungen eines Kindes erkundigt. Bezüglich der Freiwilligkeit der Aussagen hat der Sachverständige die dritten Personen zu belehren. Zudem haben die Betroffenen ihre Einwilligung zu erteilen.

b) Verfahren. Zur Ermittlungstätigkeit des psychologischen Sachverständigen im Rahmen der Befundtatsachenerhebung, bei dem im Auftrag vorgesehenen Personenkreis, gehören diagnostische Interviews, Verhaltensbeobachtung und Testdurchführung.

Diagnostische Interviews sind wesentliche Grundlage sachverständiger Tätigkeit, da es bei psychologisch-psychiatrischen Fragestellungen kaum möglich ist, ausschließlich auf der Grundlage der Akten eine Empfehlung zur konkreten Konfliktsituation abzugeben. Das Interview wird immer Sachverhalte ergeben, die entscheidungserheblich sind, die

---

[5] Vgl. *Peters,* in: Undeutsch (Hrsg.), Forensische Psychologie, S. 783.
[6] *Müller* S. 355.
[7] BGH, Beschluss vom 2. 11. 1983, zitiert bei *Klocke* DS 1988, 190.
[8] *Jessnitzer/Frieling* S. 227.

aber bisher noch nicht Gegenstand des Verfahrens waren. Interviews sind aus rechtlicher Sicht unbedenklich, denn mit der Tatsachenerhebung überlässt das Familiengericht dem Sachverständigen noch nicht die Entscheidung,[9] zudem sind dazu besondere Fachkompetenzen notwendig.

Der Sachverständige hat aber nicht die Aufgabe, „die Wahrheit" herauszufinden, er ist nicht Staatsanwalt oder Richter. Es ist nicht Sache des Sachverständigen, sich dazu zu äußern, ob die Angaben eines Elternteils glaubhaft sind, im Sinne wer objektiv Recht hat, vielmehr hat gerade dies das Familiengericht zu bewerten.[10] So hat der Sachverständige z. B. bei der Klärung des sexuellen Missbrauchsvorwurfes nicht zu klären, ob die Aussage des beschuldigenden Elternteils glaubhaft ist, in dem Sinne, der geäußerte Verdacht würde die prozesstaktische Stellung nur verbessern. In diesem Zusammenhang kann nur entscheidend sein, ob die Aussage des betroffenen Kindes glaubhaft ist. Der geäußerte Verdacht kann auch begründet sein, ohne dass eine Aussage des Kindes glaubhaft sein muss.

Bei offensichtlichen Differenzen in den Äußerungen mehrerer Beteiligter hat der Sachverständige auf die Diskrepanz hinzuweisen und anzugeben, welcher Sachverhaltsschilderung er Glauben schenkt und warum.

Bei Äußerungen und Schriftsätzen eines Elternteils mit charakterlichen Werturteilen über den anderen Elternteil besteht in der Regel kein Ansatz für sachdienliche Ermittlungen, soweit keine konkreten Vorfälle geschildert oder Angaben über deren Auswirkungen auf das Kind gemacht werden.

Die Beantwortung der Fragestellung wäre häufig nicht ausreichend, würden weitere Personen,[11] die aktuell oder zukünftig in Beziehung zum betroffenen Kind stehen, nicht auch in die sachverständige Begutachtung mit einbezogen werden; diese Maßnahme sollte bereits in den Gerichtsbeschluss aufgenommen werden.[12] Gewinnt der Sachverständige erst im Laufe der Begutachtung die Erkenntnis, er müsse diese Personen in die Begutachtung einbeziehen, sollte er beim beauftragenden Familienrichter die Einwilligung einholen und darum bitten, dass die Einwilligung zumindest in einer Aktennotiz festgehalten wird. Dieses Verfahren verhindert, dass dem Sachverständigen später unerlaubte Zeugenvernehmung vorgeworfen werden kann.

Eine nicht vom Familiengericht genehmigte Einbeziehung von Personen ist zu vermeiden und kann sogar zur Ablehnung des Sachverständigen führen, da er Ermittlungen angestellt hat, die nicht im Rahmen seines Gutachtenauftrages liegen; sie ist letztlich rechtswidrig.

c) Andere Quellen. Werden dem Sachverständigen von den beteiligten Personen **Informationsmaterialien** zur Verfügung gestellt, so darf sie der Sachverständige verwenden, soweit diese für die Fragestellung relevant sind, wobei ärztliche Atteste nicht kritiklos übernommen werden sollten.[13] Werden aber diese Informationsquellen verweigert, hat der Sachverständige keine Möglichkeit, die Herausgabe zu erzwingen. In solchen Fällen muss das Familiengericht durch die ihm zur Verfügung stehenden Zwangsmittel die Tatsachen

---

[9] OLG Zweibrücken FamRZ 1982, 961.

[10] OLG Stuttgart ZfJ 1975, 131.

[11] Vgl. BayObLG FamRZ 1987, 619, für die Anhörung des neuen Ehepartners des Sorgeberechtigten bei einer Vormundschaftssache; für die Stiefmutter OLG Oldenburg FamRZ 1977, 751, das ausführt, dass § 12 FGG verletzt sei, wenn das Gericht bei der Verteilung der elterlichen Sorge die Stiefmutter nicht mit einbezieht.

[12] OLG Frankfurt FamRZ 1981, 485.

[13] *Arntzen*, Psychologie der Zeugenaussage, S. 9.

beschaffen und dem Sachverständigen zur Verfügung stellen;[14] der Familienrichter kann diese Kompetenz nicht an den Sachverständigen übertragen. Ebenso wenig hat der Sachverständige das Recht, von sich aus Akten beim Jugendamt oder von anderen Institutionen anzufordern, es sei denn, das Familiengericht und die Parteien gestatten ihm, z. B. Krankenunterlagen, nach Entbindung des Arztes von dessen Schweigepflicht, einzusehen.

d) Hausbesuch. Der **Hausbesuch** ist nicht unter dem Gesichtspunkt der Ermittlung zu sehen, sondern durch ihn sollen aus psychologischer Sicht Hinweise auf die Umwelt und das Umfeld gewonnen werden. Der Hausbesuch muss angemeldet werden, und der Sachverständige darf nicht ohne Wissen und Erlaubnis des Bewohners eigenmächtig Räume oder darin befindliche Schränke (z. B. für die Suche nach Alkohol) examinieren.

Um die Bedeutung des Umfelds abschätzen zu können, bedarf es nur begrenzt des Sachverstandes des Sachverständigen. Der Hausbesuch gilt aber nicht als unzulässige Ermittlungstätigkeit, wenn er dazu dient, das Kind und die Bezugspersonen in ihrer häuslichen Umgebung zu beobachten, es sei denn, er findet ohne ausdrückliche Beauftragung durch das Familiengericht unangemeldet statt.[15]

Der Hausbesuch des psychologischen Sachverständigen ist auch nicht einer Ortsbesichtigung oder einem Beweissicherungsverfahren gleichzusetzen. Dies bringt es mit sich, dass nicht beide Eltern beim Ortstermin anwesend sein müssen oder der Familienrichter eigens informiert werden muss, wie dies unbedingte Voraussetzung beim Ortstermin im Rahmen eines streitigen Zivilprozesses ist.[16]

Der Sachverständige sollte seine Aufgabe nicht ausschließlich im Ermitteln von Tatsachen sehen, sondern mehr in seiner Bemühung um Hilfestellung. Dazu benötigt er Informationen, die er im Rahmen notwendiger Diagnostik zu erheben hat. Hierbei sollten Verhältnismäßigkeit, Angemessenheit der Methode und Ökonomie handlungsleitend sein. Nicht jeder erdenklichen Möglichkeit muss nachgegangen werden, ein Grundsatz, der ebenfalls für die Amtsermittlung des Familienrichters gilt.

2. Die Verpflichtung zur Unparteilichkeit

Die Forderung nach Unparteilichkeit sachverständigen Vorgehens leitet sich auch aus den §§ 406 Abs. 1 und 42 Abs. 1 ZPO ab.

Die Sachverständigenordnung für öffentlich bestellte und vereidigte Sachverständige der Industrie- und Handelskammern stellt unter § 9[17] fest, dass dem Sachverständigen untersagt ist:

– Weisungen entgegenzunehmen, die das Ergebnis des Gutachtens und die hierfür maßgebenden Feststellungen verfälschen können;

– ein Vertragsverhältnis einzugehen, das seine Unparteilichkeit und Unabhängigkeit beeinträchtigen kann;

– sich oder Dritten für seine Sachverständigentätigkeit außer der gesetzlichen Entschädigung oder angemessenen Vergütung Vorteile versprechen oder gewähren zu lassen.

---

[14] *Müller* DS 1997, 351.

[15] Wie ihn *Neugrodda-Biehl* in Psychologie heute 1979, 6, S. 24–27, empfiehlt.

[16] Vgl. *Bayerlein*, Merkblatt für den gerichtlichen Sachverständigen zur Durchführung einer Ortsbesichtigung im streitigen Verfahren nach der Zivilprozessordnung (ZPO), 1981.

[17] Vgl. *Wellmann* S. 157.

Die Unparteilichkeit bezieht sich auf die Gleichbehandlung der streitenden Parteien. Der Sachverständige darf sich nicht als Interessenvertreter einer Partei verstehen.[18] Das Kindeswohl als Entscheidungsmaßstab gemäß der im Gesetz vorgeschriebenen Kindeswohlschwelle ist Aufforderung und Verpflichtung für den Familienrichter und Sachverständigen, zwischen den Betroffenen[19] gleiche Chancen walten zu lassen.[20]

Eine Definition der unparteilichen Haltung des Sachverständigen gegenüber den Betroffenen wird von verschiedenen Autoren versucht. Die Haltung sollte sachlich-ruhig, aggressionsfrei und ohne Voreingenommenheit sein.[21] Diese Grundhaltung gilt es anzustreben, einen Schutz für sachverständige Unparteilichkeit im Rahmen einer konkreten Begutachtung können am ehesten Supervision, regelmäßige Fortbildung und Austausch mit Fachkollegen im Team bieten.

a) Hinweise, die fehlende Unparteilichkeit vermuten lassen. Die Unparteilichkeit wird nicht berührt, wenn sich der Sachverständige allgemein der Familie verpflichtet fühlt,[22] sich also nicht auf die Rolle des Entscheidungshelfers des Familiengerichts beschränken lässt. Gleiches gilt, wenn der Sachverständige fachlich begründete Vorannahmen den Betroffenen mitteilt, etwa, dass ein Kind die Trennung der Eltern in der Regel nicht wünscht, ein Kind häufig Kontakt zu beiden Eltern haben möchte oder, dass ein gemeinsames Sorgerecht die für das Kindeswohl beste Lösung darstellt, wenn die Eltern dazu bereit und in der Lage sind.

Versteht sich der Sachverständige als „Anwalt des Kindes", so besteht keine Gefahr der Parteilichkeit, wenn er im Sinne des Kindeswohls sachverständig vorgeht.

Problematisch wird eine solche Einstellung dann sein, wenn der Sachverständige bereits im Rahmen seiner Tätigkeit Bedingungen zu erreichen versucht oder aus der Sicht des Kindeswohls Empfehlungen abgibt, deren Scheitern vorhersehbar ist, sei es, weil die Betroffenen dazu nicht bereit sind oder die juristische Grundlagen dafür nicht vorhanden sind. So könnte zwar für einen Säugling ein täglich mehrmaliger Kontakt z.B. zum Vater dem Kindeswohl dienen, aber aufgrund der Weigerung der Mutter wegen der zeitlichen und psychischen Belastung nicht durchführbar sein, oder dem Kindeswohl würde zwar ein Verbleib im heilpädagogischen Kindergarten dienen, aber der neue Wohnort der Mutter oder des Vaters bedingen einen örtlichen Wechsel des Kindes, der nur durch eine Aufenthaltspflegschaft verhindert werden könnte, zu deren Anordnung aber keine ausreichenden Gründe vorhanden sind.

Parteilichkeit kann nicht schon dann angenommen werden, wenn der Sachverständige von einer Partei heftig angegriffen wird; dies muss nicht zwangsläufig zu einer Parteilichkeit führen. Es ist im Gegenteil davon auszugehen, dass ein wissenschaftlich vorgebildeter Sachverständiger grundsätzlich in der Lage ist, auch dann objektiv ein Gutachten zu erstellen, wenn er im Laufe des Verfahrens angegriffen wird.[23]

---

[18] *Fritze/Viefhues* S. 2; *Fritze* S. 4.

[19] *Arntzen,* Elterliche Sorge und Umgang mit Kindern aus gerichtspsychologischer Sicht, S. 59, berichtet, dass nicht davon ausgegangen werden kann, dass sich der Sachverständige mit dem gleichgeschlechtlichen Elternteil identifiziert.

[20] So *Coester,* Das Kindeswohl als Rechtsbegriff, S. 143.

[21] *Kurth* S. 70.

[22] So *Sternbeck/Däther* FamRZ 1986, 21–25.

[23] OLG Köln, Az: 21 UF 22/87.

b) Hinweise, die für Unparteilichkeit sprechen. Alle Beteiligten muss der Sachverständige in gleicher Weise zu Wort kommen lassen. Der Sachverständige darf nicht nur mit einer Partei Kontakt aufnehmen. Ein Gutachten in einem Sorgerechtsstreit, das nur auf der Exploration eines Elternteils beruht,[24] ist vom Ansatz her bereits mangelhaft.[25] Dies gilt auch für das Gespräch mit den Rechtsanwälten. Es ist nicht zulässig, nur mit dem Anwalt einer Partei Kontakt aufzunehmen, um z. B. diesen zu einem gemeinsamen Gespräch einzuladen. Es genügt aber, beiden Anwälten die Termine bekannt zu geben. Kommt dann nur der Anwalt einer Partei, kann der Sachverständige die Gespräche dennoch führen.

Zur Unparteilichkeit gehört auch die Vermeidung von einseitigen Sympathiebekundungen.[26] Diese können sich auch in negativen Äußerungen gegenüber einem Elternteil oder schriftlichen Stellungnahmen des Sachverständigen zeigen.[27] Nicht zuletzt gilt die Forderung nach Unparteilichkeit für die Abfassung des Gutachtens, das keine Polemik enthalten darf. Die Ausführungen müssen sachlich formuliert sein.

Die Unparteilichkeit kann bereits in Frage gestellt werden, wenn im schriftlichen Gutachten falsche Angaben über die Datengrundlage gemacht werden.[28] Der Grundsatz der Unparteilichkeit wird ebenso verletzt, wenn der Sachverständige einer Partei, etwa durch Ratschläge (z. B. für Anträge beim Familiengericht) oder Hinweise, beisteht, die dann – wenn einseitig vorgetragen – die prozessuale Stellung dieses Elternteils einseitig verbessern könnten.[29]

Auch ein Standpunkt, der mit „Gerechtigkeitssinn" zu umschreiben wäre, ist fehl am Platz.[30] Deshalb ist immer auch bei einer Überidentifikation mit dem Standpunkt des Familienrichters die Unparteilichkeit gefährdet.[31] Das Kindeswohl kann im Extremfall sogar dann eine Ausschließung des Umgangs erfordern, wenn z. B. den umgangsberechtigten Elternteil an der ablehnenden Haltung des Kindes keine Schuld trifft, der sorgeberechtigte Elternteil seinerseits aber alles daran setzt, den Kontakt zu unterbinden. Obwohl es einerseits also „ungerecht" ist, einen solchen Vater vom Umgang auszuschließen, andererseits (wenn andere Maßnahmen fruchtlos blieben und auch eine Sorgerechtsänderung dem Kindeswohl schaden würde), muss der Sachverständige möglicherweise eine solche „ungerechte" Empfehlung abgeben.

Es ist schwierig, die Unparteilichkeit zu wahren, wenn ein Elternteil entgegen einer früher ergangenen Sorgerechtsentscheidung oder eidesstattlichen Versicherung sein Kind gegen den Willen des Sorgeberechtigten (vielleicht ins Ausland) entführte und das Kind sich dort eingelebt hat. Der Sachverständige hat den neuen Zustand in gleicher Weise zu

---

[24] Dies gilt nur dann, wenn beide Elternteile ihre Bereitschaft erklärt haben, am Gutachten mitzuwirken. Stand nur ein Elternteil zur Verfügung, ist das Gutachten nicht mangelhaft (wenn es auf diese Einschränkung hinweist), es kann aber die Fragestellung des Gerichts nur einschränkend aufgrund der mangelnden Datenbasis beantworten.

[25] *Coester*, Kindeswohl als Rechtsbegriff, S. 458; *Lempp*, Gerichtliche Kinder- und Jugendpsychiatrie, S. 108.

[26] Vgl. *Berufsverband Deutscher Psychologen (BDP)*, Berufsethische Verpflichtungen für Psychologen, 1967.

[27] Auf den Einfluss von Störvariablen wie Testsettings, äußere Merkmale der Probanden und Statusmerkmale auf die Einstellung des Diagnostikers weist *Hartmann*, Psychologische Diagnostik, 1973, hin.

[28] OLG Frankfurt FamRZ 1980, 931.

[29] *Müller* DS 1987, 354, wobei sich Müller hier nicht auf die spezielle Situation des Sachverständigen im Familienrechtsstreit bezieht.

[30] OLG Frankfurt DAVorm 1979, 130.; *Simitis/Rosenkötter/Vogel et al.* S. 290.

[31] So *Maisch* MSchrKrim 1973, 194.

bewerten wie einen Aufenthaltswechsel, dem nicht eine Entführung zu Grunde liegt,[32] (nicht berührt davon ist die Bewertung elterlicher Kooperationsbereitschaft); gerade anders verhält es sich jedoch bei Verfahren nach dem Haager Abkommen, wenn der entführende Elternteil nachvollziehbare Gründe für den Kindesentzug hatte.

Moralische Bewertungen stehen dem Sachverständigen nicht zu,[33] z. B. wenn ein Elternteil mit einem Lebenspartner unverheiratet zusammenlebt. Eine Sorgerechtsempfehlung für einen Elternteil, wenn eine gemeinsame elterliche Sorge nicht möglich ist, allein nur, um damit dessen Ausweisung zu verhindern oder eine Verlängerung des Aufenthaltsrechts zu erwirken, wäre eine Verletzung des Unparteilichkeitsgebotes. Auch eine Empfehlung, die sich nur auf negative Gesichtspunkte bei einem Elternteil stützt, ohne die neuen Lebensverhältnisse beim anderen zu überprüfen, ist parteilich.[34] Unparteilichkeit wird gleichfalls verletzt, wenn der Sachverständige die mütterliche und väterliche Berufstätigkeit unterschiedlich bewertet oder gar die mütterliche Berufstätigkeit moralisch abqualifiziert.[35]

Unzweifelhaft ist die Verletzung der Unparteilichkeit gegeben, wenn der Sachverständige ein sexuelles Verhältnis zu einer zu begutachtenden Person aufnimmt. Zudem werden dadurch die ethischen Verpflichtungen des Berufsstandes verletzt.[36]

Parteilichkeit ist anzunehmen, wenn der Sachverständige vor Beendigung des diagnostischen Prozesses einem Betroffenen einseitig mitteilt, welche sachverständige Empfehlung er abgeben wird. Dies gilt allerdings nicht, wenn der Sachverständige im gemeinsamen Gespräch mit den Betroffenen den Sachstand erklärt bzw. wenn er am Ende der Tätigkeit den Betroffenen das Ergebnis mitteilt. Gerade im Rahmen der intervenierenden Begutachtung werden den Betroffenen Rückmeldungen über das Befinden des Kindes, über den Sachstand der Ergebnisse und deren Interpretation gegeben. Unparteilichkeit kann dabei aber nur gewahrt werden, wenn diese Transparenz und Offenheit gegenüber allen Betroffenen eingehalten wird.

Nicht ratsam ist, dass der Sachverständige nach Abgabe seines Gutachtens einen Elternteil therapeutisch betreut.[37] Zum einen kann der Sachverständige immer wieder in das Verfahren einbezogen werden, müsste dann aber als befangen gelten, zum anderen könnte der andere Elternteil, wenn er mit der Therapie nicht einverstanden ist, auch ohne ein weiteres Verfahren den Sachverständigen im Nachhinein als befangen erleben und somit die sachverständig empfohlene Regelung ablehnen. Anders ist es, wenn beide Elternteile mit der Therapie oder weiterer Beratung durch den Sachverständigen auf privater vertraglicher Basis einverstanden sind. Ergeben sich hieraus im Laufe der Intervention für den Sachverständigen Rollenkonflikte, für den Fall, dass er eine erneute gutachtliche Stellungnahme abzugeben hat, muss der Sachverständige das Familiengericht von seinen Bedenken in Kenntnis zu setzen.

---

[32] Vgl. *Lemp*, Gerichtliche Kinder- und Jugendpsychiatrie, S. 118.
[33] Vgl. *Maisch* MSchrKrim 1973, 193; für den Richter *Rassek* S. 38.
[34] *Coester*, Kindeswohl als Rechtsbegriff, S. 480.
[35] *Coester*, Kindeswohl als Rechtsbegriff, S. 223.
[36] Berufsverband Deutscher Psychologinnen und Psychologen e.V., Berufsordnung für Psychologen, Report Psychologie 1999, 7.
[37] *Arntzen*, Elterliche Sorge und Umgang mit Kindern, S. 59.

3. Die Verpflichtung, nach bestem Wissen zu handeln

Handlungsleitend beim sachverständigen Vorgehen sind in der Realität immer das theoretische Vorverständnis, allgemeine Erfahrungssätze der Wissenschaft, aber auch Vorurteile und Subjektivismen.[38]

Das psychologische Gutachten hat jedoch idealiter den Sinn, psychologische Fragen in einem Familiengerichtsverfahren nicht durch „alltagspsychologische Plausibilität oder erfahrungsbedingte Evidenz anzugehen, sondern mit fachwissenschaftlichen Methoden",[39] mit Fachwissen im engsten Sinn.[40] Fachfremde Einzelgesichtspunkte können nicht zur Empfehlungsfindung herangezogen werden.

Abzulehnen ist auch eine Haltung des Sachverständigen dergestalt, in der Begutachtung eine sozialpolitische Grundeinstellung ausleben zu wollen. So sind gelegentlich die Ergebnisse der Wissenschaft ideologieträchtig und erfüllen nicht den Objektivitätsstandard.[41] Diese Gefahr ist nicht völlig auszuschließen, weil es schwierig ist, valide Kriterien der Kindeswohlbestimmung zu definieren[42] und eine angemessene Gewichtung solcher Kriterien vorzunehmen. Diese Unbestimmtheit verleitet zu Grundannahmen, die über die Sachverständigentätigkeit hinausgehen können. Diesen Alltagstheorien ist eine am Einzelfall ausgerichtete Diagnostik entgegenzusetzen, wenn auch dadurch subjektive Ansichten nicht völlig ausgeschaltet werden können, die eine Interpretation der Daten mitbestimmen.[43] Alltagstheorien legitimieren keine Empfehlung an die Betroffenen oder an das Familiengericht. Zudem wird durch die Berufung auf Erfahrung keine Information mehr zugelassen, die diese Erfahrung in Frage stellt.

Der Stand der Wissenschaft erlaubt es auch nicht, dass der Sachverständige seine Eindrücke verwertet. Im wissenschaftlich-psychologischen Sinn existiert keine Eindruckspsychologie. Der Sachverständige kann seine Informationen aus den Gesprächen, den Untersuchungen und der Verhaltensbeobachtung gewinnen, der persönliche Eindruck darf aber keine wesentliche Rolle spielen und muss auch im Gutachten, falls nicht vermeidbar, als persönlicher Eindruck kenntlich gemacht werden. Eine hohe diagnostische Relevanz kommt diesem Eindruck nicht zu.

Dieser Grundsatz verbietet auch die Unterstellung von entscheidungserheblichen Tatsachen und die Begründung von Entscheidungen mit lediglich vermuteten Motiven.[44]

Das Kriterium „nach bestem Wissen" bezieht sich sowohl auf den in der Psychologie vorherrschenden neuesten Wissensstand und die in der Diagnostik anzuwendenden Methoden seiner Intervention als auch auf die sachverständige Empfehlung, also auf die gesamte sachverständige Tätigkeit von der Übersetzung der Fragestellung bis hin zur abschließenden Stellungnahme.[45] Das Kriterium erfordert vom Sachverständigen also,

---

[38] *Dürr* S. 24; *Jopt/Rohrbach*, in: Schorr (Hrsg.), Bericht über den 13. Kongreß für Angewandte Psychologie, S. 313, die auch von „Aberglauben", „teststatistischer Unschuld" sprechen.

[39] *Wegener* in: Kury (Hrsg.), Ausgewählte Fragen und Probleme forensischer Begutachtung, S. 203.

[40] *Hartmann/Haubl* Psychologie heute, 4, S. 63, 1985.

[41] *Coester*, Kindeswohl als Rechtsbegriff, S. 426.

[42] Über Operationalisierungsprobleme und die Möglichkeit der Definition forensisch relevanter Kriterien bei den anzuwendenden Methoden wie Exploration, Verhaltensbeobachtungen und projektiven Verfahren berichten ausführlich *Wegener/Steller* Zeitschrift für Differentielle und Diagnostische Psychologie 1986, 3, 111 ff.

[43] Vgl. *Davidson/Neale* S. 29.

[44] KG Berlin FamRZ 1979, 69.

[45] *Jäger*, Der diagnostische Prozess, 1983.

seine Vorannahmen für den Einzelfall zu hinterfragen,[46] die Grenzen seines Wissens und Könnens selbstkritisch einzuschätzen und nötigenfalls einen Kollegen mit höherer spezifischer Fachkompetenz zu empfehlen.[47]

Der Sachverständige muss sich bei seiner Arbeit stets im Klaren sein, dass die Einsichten und Methoden der psychologischen Wissenschaft nur in eingeschränktem Maße auf die forensischen Aufgabengebiete zu transferieren sind,[48] da die Erkenntnisse in den geringsten Fällen aus Fragestellungen der Familiengerichte gewonnen wurden,[49] zudem sind statistische Werte nicht ohne weiteres auf den Einzelfall zu übertragen. Auch die Verknüpfungen von Sorgerechtskriterien und Schlussfolgerungen beruhen gegenwärtig noch in erster Linie auf Erfahrungen und weniger auf theoretisch begründetem Wissen.

Heutiger Stand ist, dass die Begutachtung durch Vertreter verschiedener wissenschaftlicher psychologischer Schulen mit unterschiedlichen methodischen Instrumentarien realisiert wird.[50]

Der Sachverständige ist bei der Feststellung der Tatsachen grundsätzlich frei in der Wahl der Methoden, wenn deren Einsatz dem Stand der Wissenschaft entspricht,[51] es sich also um anerkannte diagnostische Verfahren handelt,[52] etwa zur Erfassung der Intelligenz (z. B. *HAWIE* oder *Raven* usw.). Hiervon abzugrenzen sind sogenannte Außenseitermethoden.

Die Testverfahren, wenn sie wesentlich zur Erfassung entscheidungserheblicher Daten beitragen, müssen den Gütekriterien der wissenschaftlichen Psychologie entsprechen: Objektivität, Reliabilität, Validität etc. Nicht zulässig sind daher z.B. astrologische Deutungen oder Charakteranalysen aufgrund graphologischer Untersuchungen, umso weniger, wenn Letztere, wie es die Praxis oft zeigt, ohne Einwilligung der Personen erfolgen.[53] Ebenso unzulässig ist die versuchsweise Erprobung von Untersuchungsmethoden, deren wissenschaftlicher Wert noch nicht feststeht, ohne Erlaubnis der Betroffenen. Personen im Rahmen der Begutachtung dürfen keine Versuchsobjekte sein.[54]

Als Kriterium für den Methodeneinsatz kann zum einen die „wissenschaftliche Vertretbarkeit", „Konsens im Wissenschaftsbereich"[55] bzw. die „wissenschaftliche Gesichertheit"[56] gelten, zum anderen aber auch die „gutachterliche Erfahrung",[57] die sogar Außenseitermethoden berücksichtigen könnte, wenn der Sachverständige sachliche und wohlerwogene Gründe für den Einsatz dieser Methoden vorbringen kann. Dies gilt z.B. für den Einsatz von gesprächsunterstützenden Verfahren bei Kindern. Unwissenschaftliches Verhalten wäre allenfalls gegeben, wenn der Sachverständige entweder seine Empfehlung nur auf der

---

[46] Wie Alltagstheorien bei den familiengerichtlichen Auseinandersetzungen „Schicksal spielen", schildert sehr plastisch *Lamprecht*, Kampf ums Kind, 1982; wie dem zu begegnen ist *Wegener* ZfJ 1982, 499.

[47] *Klocke* DS 1988, 190.

[48] Vgl. *Kluck*, in: Schorr (Hrsg.) Bericht über den 13. Kongreß für Angewandte Psychologie, S. 319.

[49] *Wegener/Steller* Zeitschrift für Differentielle und Diagnostische Psychologie 1986, 3, S. 104, 114.

[50] *Balloff*, in: Schorr (Hrsg.), Bericht über den 13. Kongreß für Angewandte Psychologie, S. 307.

[51] OLG Frankfurt FamRZ 1980, 933; OLG München NJW 1963, 1682; *Kühne* S. 54; bezüglich des Einsatzes der projektiven Verfahren *Berk* S. 73.

[52] OLG Frankfurt FamRZ 1980, 931.

[53] LAG Freiburg NJW 1976, 310.

[54] *Göppinger* FamRZ 1980, 859.

[55] *Willutzki* DAVorm 2000, 386.

[56] BDP, Grundsätze für die Anwendung psychologischer Eignungsuntersuchungen in Wirtschaft und Verwaltung, 1980; *Wolflast* S. 70.

[57] Analog zur ärztlichen Erfahrung als Maßstab der Wissenschaftlichkeit; siehe auch *Kriele* NJW 1976, 355.

Grundlage eines solchen Tests abgäbe oder dessen eingeschränkte Gültigkeit nicht kenntlich machte.

Grundsätzlich kann davon ausgegangen werden, dass sich das Gutachten auf Akteninhalt, Gespräche mit den Betroffenen, Verhaltensbeobachtungen, Probehandlungen[58] sowie eben testpsychologische Untersuchungen (soweit erforderlich) stützen sollte. Letztendlich sind jedoch der Umfang der Erhebung, der Darstellung, die Auswahl und Interpretation der entscheidungsrelevanten Daten sowie die Darstellungsform der fachlichen Kompetenz des Sachverständigen überlassen, soweit er sich hierbei auf den Stand der Wissenschaft bezieht.[59]

Vor dem Hintergrund des Kriteriums „nach bestem Wissen" verliert das Validitätsdilemma[60] aus rechtlicher oder ethischer Sicht sein Gewicht, wenn der Sachverständige nicht den Eindruck gegenüber den Betroffenen und dem Familiengericht erweckt, dass seine mit wissenschaftlichen Methoden gewonnenen Daten und Schlussfolgerungen absoluten Gültigkeitsanspruch haben. Die Empfehlungen von Sachverständigen sind jedenfalls valider als die von Laien.[61]

4. Die Verpflichtung, nach bestem Gewissen zu handeln

Der Sachverständige hat „nach bestem Gewissen" vorzugehen. Nach „bestem Gewissen" bezieht sich auf die ethischen Rahmenbedingungen des Berufsstandes, die der Sachverständige einzuhalten hat, aber auch auf die Pflicht des Sachverständigen, die Richtigkeit seines Tuns und seine sachverständige Tätigkeit einer ständigen Gewissenserforschung zu unterziehen.[62] Der Sachverständige muss überzeugt sein, dass er sorgfältig und gewissenhaft gearbeitet hat.[63]

Die Gewissensprüfung erfordert, dass der Sachverständige gegenüber den Betroffenen und dem Auftraggeber nur dann Behauptungen aufstellt, wenn er von der Wahrheit oder Richtigkeit seiner Äußerungen überzeugt ist. Dazu gehört das Vermögen, das Ausmaß der Unsicherheit seines Wissens und seiner Kompetenz einschätzen zu können. Der Sachverständige darf auch gegenüber den Betroffenen keine falsche Sicherheit seiner Ergebnisse vorgeben.[64]

Das Kriterium nach „bestem Gewissen" schließt Kumpanei oder Identifikation mit dem Familienrichter oder anderen Verfahrensbeteiligten aus.[65] Dies ist z.B. dann der Fall,

---

[58] *Rohmann* Kind-Prax 2000, 71–76.

[59] LG Wiesbaden, Az: 2 Js 179260/86-81 Ls (Ns).

[60] Auf das Validitätsdilemma zwischen Zufall und Macht weist *Hartmann*, in: Hartmann/Haubl (Hrsg.), Psychologische Begutachtung, S. 13 ff., hin. Völlig valide Methoden wären für den Probanden unzumutbar, da er keine Wahlfreiheit mehr hätte, denn eine völlig valide Vorhersage zu missachten, hieße, sein Schicksal herauszufordern; weniger valide Methoden lassen Willkür seitens des Sachverständigen zu.

[61] *Coester*, Kindeswohl als Rechtsbegriff, S. 426. Der Sachverständige beschäftigt sich auch wesentlich zeitintensiver mit der Familie, als dies dem Richter möglich ist. Der Zeitaufwand, den die Sachverständigen im Rahmen der *GWG* mit der einzelnen Familie benötigen, schwankt von 12 Stunden bis zu 50 Stunden.

[62] *Müller* S. 354.

[63] Berufsverband Deutscher Psychologinnen und Psychologen e.V., Berufsordnung für Psychologen, Report Psychologie 1999, 7.

[64] Vgl. *Haubl*, in: Hartmann/Haubl (Hrsg.), Psychologische Begutachtung, S. 64.

[65] Vor dieser Gefahr warnen viele Autoren; z.B. *Hartmann*, in: Hartmann/Haubl (Hrsg.), Psychologische Begutachtung, S. 25. „Überidentifikation": *Liebel/Uslar* S. 36, „Hausgutachter"; „nach dem Munde des Richters reden".

wenn der Sachverständige nicht mehr die Erfahrungssätze seiner Wissenschaft, sondern die Erfahrungssätze der Obergerichte zugrunde legt. Der Sachverständige soll sich in seinem Gutachten nicht durch Jugendamtsberichte, Vorgutachten oder bereits gerichtlich bestehende Regelungen lenken lassen, sondern sein Gutachten unabhängig erstellen.[66] Auch das Andienen mit der Folge, dem Familiengericht möglicherweise gefällig zu sein, um die Auftragslage zu sichern – besonders wenn der Sachverständige hauptberuflich in diesem Bereich tätig ist oder die Eitelkeit einen hohen Auftragsbestand erfordert –, wäre bei strikter Beachtung dieses Kriteriums ausgeschlossen.[67] Der Sachverständige darf sich demzufolge nicht den Anforderungen von Richtern oder anderen Verfahrensbeteiligten beugen, eine gewünschte sachverständige Empfehlung abzugeben, obwohl er sich dazu nicht in der Lage sieht,[68] beispielsweise eine gemeinsame elterliche Sorge deshalb nicht zu empfehlen ist, weil der Familienrichter bereits im Vorgespräch kundgetan hat, dass er eine solche Regelung in dem Fall ablehne, weil er für ein klare Entscheidung sei, oder eine Jugendhilfemaßnahme deshalb nicht in die Empfehlung einzubeziehen ist, da sie am örtlichen Jugendamt nicht verfügbar ist.

Auch ein gutes Gewissen will gepflegt werden. Im Sachverständigenbereich helfen zur Erhaltung eines „guten Gewissens" die regelmäßige Supervision durch und von Fachkollegen und die dauernde Beschäftigung mit den Fachwissenschaften sowohl der Psychologie als auch dem Familienrecht im weiteren Sinn. Um den jeweils aktuellen Wissensstandard zu kennen, ist die Teilnahme an Tagungen und Kolloquien ratsam. Dort kann man sich mit konkurrierenden Fachkollegen austauschen und hat sich der Kritik zu stellen. Nicht zuletzt sollte der Kontakt zu sozialen Einrichtungen und den Vertretern anderer Disziplinen im Umfeld des Scheidungsgeschehens aufgenommen werden, um alle Hilfsangebote zu kennen und mit gutem Gewissen auch die am besten geeigneten dieser Angebote empfehlen zu können.

5. Die Verpflichtung, sorgfältig zu handeln

Der Sachverständige hat die Sorgfalt bei seiner Begutachtung einzuhalten, zu der er nach seinen persönlichen Umständen und nach seinen persönlichen Fähigkeiten und Kenntnissen verpflichtet und in der Lage ist.[69] Weiter erfordert das Gebot der Sorgfalt, den allgemein anerkannten Stand der Wissenschaft einzuhalten. Dies heißt nicht, dass das Gutachten „objektiv richtig" sein muss. Auch wenn die Schlüsse des Sachverständigen aus

---

[66] Vgl. *Fritze* S. 5.

[67] *Salzgeber/Stadler* S. 15. Der Behauptung einiger Fachkollegen, eine hauptberufliche Tätigkeit bedinge bereits eine Einschränkung der Unabhängigkeit, kann nicht zugestimmt werden. Die Forderung, Gutachten dürften nur nebenberuflich erstellt werden, wird vor allem von Kollegen erhoben, die an Universitätsinstituten nebenberuflich Gutachten erstellen. Diese Gutachten werden aber ebenfalls nach ZSEG (privat) abgerechnet (wobei oft der universitäre Apparat benützt wird). Diese Sachverständigen erstellen also Gutachten auch nicht nur wegen ihres sozialen Engagements. Wenn Kollegen leichtfertig öffentlich kritisiert oder Gutachten „begutachtet" werden, soll dies letztlich auch der Absicht dienen, sich selbst dadurch als qualitativ besser darzustellen und die Auftragslage zu erhöhen, ohne dass diese Qualifikation durch besondere fachwissenschaftliche Leistungen belegt wäre.

[68] *Kaltenborn* ZfJ 1989, 65, führt in seiner Studie aus, dass in den von ihm analysierten Gutachten bei 81 betroffenen Kindern die Sachverständigen bei fünf Kindern auf eine Sorgerechtsempfehlung verzichteten, da keine Lösung zu begünstigen gewesen wäre.

[69] *Wolflast* S. 63.

seinen Daten sachlich unrichtig sind, kann er dennoch sorgfältig gehandelt haben.[70] Der Sachverständige handelt bereits dann sorgfältig, wenn sein Vorgehen dem Kriterium „nach bestem Wissen" genügt. Erst Fahrlässigkeit oder gar grobe Fahrlässigkeit können ein objektiv falsches Gutachten bedingen.

„Fehlende Sorgfalt" ist ein möglicher Befangenheitsgrund nach § 42 Abs. 2 ZPO.[71] Fahrlässigkeit orientiert sich gemäß § 276 BGB an dem Begriff der „Sorgfalt". Eine genaue Definition für „Fahrlässigkeit" ist für den Sachverständigen allerdings konkret noch nicht vorgeschlagen worden, es handelt sich um einen beweglichen Begriff.[72]

Maßstab für Fahrlässigkeit ist ein Abweichen von den Anforderungen, die ein besonnener und gewissenhafter Angehöriger der gleichen Berufsgruppe, hier der psychologischen Sachverständigen, an seine Arbeit stellt, deren Erfüllung zu verlangen ist. Gefordert wird also nicht nur die übliche Sorgfalt, sondern die erforderliche Sorgfalt. „Missbrauch, Schlendrian oder besondere Eigenwilligkeit sind keine Sorgfalt mehr."[73] Übliche Sorgfalt würde Schlendrian nicht ausschließen.

Der Begriff „erforderliche Sorgfalt" umfasst die Anforderung, dass alles getan werden muss, was ein „sorgfältiger Sachverständiger" in der gleichen Situation machen würde. Damit ist auch der Standard der Wissenschaft gemeint, der zwar nicht festgelegt ist, aber als normativ-verbindlicher Maßstab gewertet wird; eine Erwartung, die allgemein in der Gesellschaft an diese Wissenschaft gerichtet wird.[74] Als Maßstab gelten die herkömmlichen elementaren Verhaltensregeln des Berufsstandes.

Fahrlässigkeit kann bedeuten, dass der Sachverständige Fehler in der Begutachtung gemacht hat, wie falsches Tun, Unterlassung von diagnostischen Schritten, Vornahme einer nicht angemessenen Handlung oder auch Nichtvornahme einer gebotenen Handlung, Fehlmaßnahmen und unrichtige Dispositionen. Fahrlässigkeit liegt auch vor, wenn der Sachverständige eine Begutachtung weiterführt, obwohl ihm die notwendige Kompetenz fehlt und er die Begutachtung an einen anderen Sachverständigen hätte weiterleiten bzw. den Auftrag an das Familiengericht hätte zurückgeben müssen. Denkbar sind solche Fälle, wenn z. B. ein Kinder- und Jugendpsychiater hätte eingeschaltet werden müssen. Fahrlässigkeit kann auch vorliegen, wenn der Sachverständige einen Elternteil nur fernmündlich exploriert, die Exploration entscheidungserheblich ist und ein persönlicher Kontakt möglich gewesen wäre.[75]

Fahrlässigkeit beinhaltet auch das Merkmal „Zurechnung,"[76] was heißt, eine Verbindung herstellen zu können zwischen der Tat und dem Willen des Sachverständigen. Es reicht aber auch, wenn ein vergleichbarer durchschnittlicher Sachverständiger den Fehler hätte vermeiden können.[77]

Solange sich das Handeln des Sachverständigen innerhalb des Rahmens der erforderlichen Sorgfalt bewegt, kann der Sachverständige nicht für ein Scheitern seiner Interventionsmaßnahmen oder Empfehlung verantwortlich gemacht werden. Der Sachverständige ist, wie der Arzt, nicht für den Erfolg, aber für den Standard seines sachverständigen Tuns verantwortlich.

---

[70] Vgl. *Hesse* NJW 1969, 2265.

[71] OLG Oldenburg FamRZ 1992, 192.

[72] *Deutsch* in: Pohlmeier/Deutsch/Schreiber (Hrsg.), Forensische Psychiatrie heute, 1986, S. 325.

[73] *Deutsch* in: Pohlmeier/Deutsch/Schreiber (Hrsg.), Forensische Psychiatrie heute, S. 324.

[74] So *Wolflast* S. 66.

[75] Vgl. OLG Düsseldorf FamRZ 1989, 889.

[76] *Wienand* S. 82.

[77] So *Deutsch*, in: Pohlmeier/Deutsch/Schreiber (Hrsg.), Forensische Psychiatrie heute, S. 322–328.

Der Begriff Kunstfehler kommt im Gesetz nicht vor. Der *BGH*[78] hat in seinem richtung-weisenden Beschluss festgehalten, dass es bisher keine allgemeine Anerkennung von Re-geln der Wissenschaft gibt. Es existieren auch in der Forensischen Psychologie nur all-gemeine Regeln.[79] Ein Abweichen von diesen in der forensischen Wissenschaft unbestrit-tenen und allgemein anerkannten Diagnoseschritten oder Darstellungsformen könnte als Kunst- oder Berufsfehler bezeichnet und als Fahrlässigkeit bewertet werden. Im Familien-rechtsbereich wäre eine solche Bewertung beispielsweise angebracht, wenn der Sachver-ständige nur mit einem Elternteil Kontakt aufnimmt oder mit dem Kind Testverfahren durchführt, deren Normen erheblich vom Alter des zu untersuchenden Kindes abweichen und er die Testergebnisse entscheidungserheblich interpretiert oder wenn der Sachverstän-dige die nur von einem Betroffenen mitgeteilten Angaben ungeprüft in sein Gutachten übernimmt; er muss vielmehr alle Tatsachen gewissenhaft und persönlich feststellen. Ver-wendet er aber Tatsachenmaterial, das er nicht selbst ermittelt hat, muss er dies mit An-gaben von Quellen im Gutachten eindeutig vermerken.[80]

Grobe Fahrlässigkeit ist dann gegeben, wenn eindeutig und grob gegen die anerkannten Standards der Wissenschaft verstoßen wird, d. h., der Sachverständige allgemeine, be-kannte und elementare Verhaltensregeln außer Acht lässt und seine Sorgfaltspflicht erheblich verletzt.

6. Die Verpflichtung, ökonomisch zu handeln

Diese Forderung ergibt sich aus dem ZSEG. Die Verpflichtung, ökonomisch zu handeln, ist auch eine Forderung, die aus fachpsychologischer Sicht erhoben wird. Ökonomisch be-zieht sich dabei nicht nur auf die finanzielle, sondern auch auf die seelische und organi-satorische Belastung. Der Nutzen einer sachverständigen Begutachtung muss in einem ver-nünftigen Verhältnis zur Belastung stehen, der die Betroffenen in jeder Hinsicht ausgesetzt sind.[81] In deren und auch im Interesse der Staatskasse im Falle von Prozesskostenhilfe ist die Begutachtung stringent vorzustrukturieren, sind die Untersuchungen und Interventio-nen im Rahmen des Erforderlichen zu halten. Dies erfordert auch, sich an den Beweis-fragen zu orientieren.[82]

Diese Forderung wiegt umso mehr, wenn durch das Vorliegen eines Kostenvorschusses ein finanzieller Rahmen vorgegeben ist. Der Sachverständige unterliegt, im Gegensatz zu einem vertraglichen Arbeitsverhältnis, hinsichtlich seines Aufwandes prinzipiell keinen Beschränkungen. Da er aber nicht der allein verantwortliche Kindeswohlgarant ist, kann er nicht nach eigenem Dünken den Begutachtungsprozess hinsichtlich seines Aufwandes gestalten. Vor allem wenn der Sachverständige therapieorientiert vorgeht und mit den Eltern versucht, im Rahmen eines Interventionsprozesses therapeutisch zu arbeiten mit nicht vorher definierten zeitlichen Grenzen, können die Sachverständigenkosten, die zeit-liche Belastung und nicht zuletzt die Folgekosten (z. B. steuerlicher Art, weil ein Elternteil eine neue Ehe nicht eingehen konnte) aufgrund der Verfahrensverzögerung für die Betei-ligten die Unzumutbarkeitsgrenze erreichen.

---

[78] BGH NJW 1953, 257.
[79] BGH-Urteil zur Glaubhaftigkeitsbegutachtung: Beschluss vom 31. 7. 1999 1 StR 618/98, StV 1999, 473 ff.; NJW 1999, 2746 ff.
[80] BGH DS 1999, 25.
[81] *Jäger/Petermann* S. 122.
[82] AG Hannover FamRZ 2000, 176.

7. Datenschutz und Verschwiegenheitspflicht

Während sich der Begriff Schweigepflicht in erster Linie auf mündliche Weitergabe bezieht, besagt der Begriff Datenschutz, dass die Weitergabe von behördlich schriftlich fixierten Daten geschützt ist. Datenschutz umfasst die Speicherung, Änderung, Löschung und Übermittlung von behördlich gespeicherten, personenbezogenen Daten.[83]

a) **Datenschutz.** Der Sachverständige ist konkludent nach § 35 Abs. 3 SGB I, §§ 61–68 SGB VIII; nach § 1 Datenschutzgesetz und nach § 203 StGB gehalten, alle Untersuchungsdaten geheim zu halten, Ausnahmen gelten ausschließlich dem Betroffenen und dem Auftraggeber gegenüber.

Die Geheimhaltung bezieht sich auf Informationen über den persönlichen Lebensbereich der betroffenen Personen, soweit es um das allgemeine Vertrauen in die Verschwiegenheit bestimmter Berufe geht, damit diese im Interesse der Allgemeinheit ihre Aufgaben erfüllen können.[84] Die Geheimhaltungspflicht bezüglich der Daten, die der Privatsphäre zuzuordnen sind, besteht nach § 35 SGB auch für alle personenbezogenen Daten, das sind alle Einzelangaben über persönliche und sachliche Verhältnisse des Betroffenen. Aufgrund dessen ist unzweifelhaft, dass Daten aus Anamnese und Exploration sowie Testergebnisse als Geheimnisse der Person zu behandeln sind.

Probleme ergeben sich im familiengerichtlichen Bereich, da hier die Datenweitergabe großzügiger als im sozialen Bereich geregelt ist. So kann z. B. bei berechtigtem Interesse Akteneinsicht gemäß § 34 FGG auch an Dritte, d. h. nicht am Verfahren Beteiligte, gewährt werden, und im Wege der Amtshilfe gemäß Art. 35 GG können Gerichtsakten an Steuerbehörden, Staatsanwaltschaften und Ausländerämter weitergegeben werden. Dadurch entsteht ein gewisses Misstrauen gegenüber den Gerichten, das die Kooperation behindern kann. Die Gerichte sollten daher die Möglichkeiten der Aktenweitergabe restriktiv handhaben, was vielfach bereits geschieht.

b) **Verschwiegenheitspflicht.** Die Schweigepflicht für Berufspsychologen[85] gibt es erst seit dem 1. 1. 1975, seit sie im § 203 StGB ausdrücklich genannt werden. Bis dahin war ein Psychologe, der die Schweigepflicht verletzte, straffrei. Die Strafmaßnahme kann noch verschärft werden, wenn der Sachverständige öffentlich bestellt und beeidigt ist,[86] oder nach § 204 StGB, wenn der Sachverständige das Geheimnis verwertet, z. B. es an eine Zeitschrift verkauft. Der Geheimnisbruch ist ein so genanntes Antragsdelikt, d. h., er wird nur dann verfolgt, wenn der Verletzte oder dessen Erben einen Strafantrag stellen.[87]

aa) Personal und Gehilfen. Der Sachverständige hat zu beachten, dass auch seine Gehilfen, Praktikanten, Schreibkräfte und andere Bürokräfte wie Reinigungspersonal ebenso dem § 203 Abs. 1 StGB gemäß Abs. 3 unterliegen. Er hat diese Personen in angemessener Form auf ihre Verschwiegenheitsverpflichtung hinzuweisen. Eine entsprechende Erklärung sollte den Mitarbeitern vorgelesen und von diesen unterschrieben werden. Diese Maßnahmen dienen nicht zuletzt dem Schutz des Sachverständigen selbst.

---

[83] *Mörsberger,* in: Mörsberger (Hrsg.), Datenschutz im sozialen Bereich, S. 149.

[84] *Keßler* S. 68.

[85] Diese sind Psychologen, die ihr Diplom oder Promotion an einer deutsche Universität erhalten haben und ihre erworbenen Kenntnisse hauptberuflich, unabhängig, ob freiberuflich oder angestellt, anwenden.

[86] Darauf weist **Art. 15 des SachVG** hin.

[87] §§ 203, 205 Abs. 1, Abs. 2 Satz 2 StGB.

bb) Postmortal. Die Schweigepflicht besteht auch nach dem Tode der Betroffenen fort. Die nächsten Angehörigen oder Erben können den Sachverständigen nicht wirksam von der Schweigepflicht entbinden. Ob der Sachverständige nach dem Tode des Betroffenen Aussagen macht, liegt in der Entscheidungskompetenz des Sachverständigen. Er hat die Würde und Interessen des Toten mit dem Interesse der Hinterbliebenen an seiner Aussage abzuwägen.[88]

c) Verletzungsfolgen. Trotz fehlender vertraglicher Beziehungen zwischen gerichtlich beauftragtem Sachverständigen und den Prozessparteien haftet der Sachverständige für die Folgen seiner Verletzung der Schweigepflicht aus dem Gesichtspunkt der unerlaubten Handlung (§ 823 BGB). Der Sachverständige haftet in diesem Falle nach § 831 BGB auch für das Verschulden seiner Hilfskräfte wie Schreibkräften, Telefonisten, Praktikanten, freier Mitarbeiter usw.[89] Weiter kann Zivilklage auf Unterlassung und auf Schadensersatz erhoben werden.

Eine Geheimnisverletzung liegt auch dann vor, wenn der Sachverständige die Einsichtnahme in seine Unterlagen nicht verhindert, da § 203 StGB auch die Verpflichtung beinhaltet, das Geheimnis zu wahren. Dies muss nicht mündlich oder schriftlich geschehen, es genügt auch, wenn ein Dritter Einsicht in die Unterlagen bekommen hat, da z. B. die Unterlagen vor dem Zugriff Dritter nicht gesichert waren.[90] Hierzu gehören auch die unzureichende Aufbewahrung von Daten im Computer. Der Sachverständige hat dafür Sorge zu tragen, dass keine Unbefugten – auch Servicekräfte – Zugriff auf die Daten haben. Zu empfehlen sind Codewörter, auch für das Versenden von Daten per E-Mail. Selbst die zufällige Einsichtsmöglichkeit in fremde Akten, wenn sie auf einem einsehbaren Schreibtisch oder im Auto liegen, stellt bereits eine Schweigepflichtverletzung dar.

d) Unterlagen. Der Sachverständige hat auch darauf zu achten, dass seine Unterlagen unzugänglich verwahrt werden. Nach dem SachVG (Art. 7 Satz 3[91]) sind die Unterlagen des Sachverständigen zehn Jahre aufzubewahren, zumindest sind sie bis zur Rechtskraft einer Entscheidung zu verwahren. Auch bei der Beseitigung der Unterlagen kann das Schweigegebot verletzt werden, wenn Aufzeichnungen, Erstentwürfe von Gutachten usw., ohne sie unleserlich zu machen, in den öffentlich zugänglichen Abfall entsorgt werden.

Wird das Gutachten wie üblich in dreifacher Ausführung an das Familiengericht versandt, so sollte sich der Sachverständige dieses durch einen Beleg dokumentieren lassen (üblicherweise durch Einschreibebeleg). Zudem ist der Postversand per Einschreiben oder Paket sicherer, Päckchen werden oftmals stark in Mitleidenschaft gezogen, und der Inhalt ist dann den Postbediensteten einsehbar. Werden Akten oder Gutachten persönlich abgegeben, so sollte sich der Sachverständige die Übergabe der Unterlagen in der Geschäfts- oder Posteinlaufstelle bestätigen lassen. Immer wieder kommt es vor, dass Unterlagen bei Gericht unauffindbar abgelegt werden; dann hat der Sachverständige jedenfalls einen Beleg dafür, dass sich die Akten nicht mehr in seinem Verantwortungsbereich befinden.

e) Mitteilungspflicht. Durch die Beauftragung erhält der Sachverständige das Recht zur Akteneinsicht, aber auch die Pflicht, alle entscheidungsrelevanten Daten, die im Zuge

---

[88] Für den Arzt LSG Bayern Medizin im Sozialrecht 1986, 327.

[89] So *Jessnitzer* DS 1988, 4, S. 74; *Mörsberger,* in: Mörsberger (Hrsg.), Datenschutz im sozialen Bereich, S. 163.

[90] *Keßler* S. 70.

[91] **Art. 7 (3) SachVG.** Die Tagebücher und die Akten des Sachverständigen sind mindestens zehn Jahre, gerechnet vom Datum des letzten, in ihnen aufgezeichneten Geschäftsvorgangs, aufzubewahren.

der Begutachtung entstehen, dem Familiengericht mitzuteilen. Er darf sie dem Familiengericht gegenüber auch nicht verschweigen, wenn er von den Auskunftspersonen darum gebeten wurde. Der Sachverständige darf andererseits Akten oder Aktenteile nicht an die Eltern oder dritte Personen aushändigen.[92]

Diese Mitteilungsverpflichtung gilt jedoch nicht unumschränkt. Über all die Daten, die nicht für die Beantwortung der gerichtlichen Fragestellung wesentlich sind, hat der Sachverständige auch gegenüber dem Familiengericht Verschwiegenheit zu wahren.[93] Dies gilt auch für alle Informationen über die Beziehungen der Ehepartner, die keine Relevanz für das Kindeswohl haben. Hier sind in erster Linie Ausführungen über die Vita sexualis als unstatthaft anzusehen. Die Verschwiegenheitspflicht gilt auch und gerade für Aussagen, die – ohne Bezug zur Fragestellung – den Personen zum Nachteil gereichen, möglicherweise dass er/sie Einkommen dem Finanzamt nicht angegeben hat. Auch Straftaten, die noch nicht den Verfolgungsbehörden bekannt sind und keine Relevanz für die gerichtliche Fragestellung haben, hat der Sachverständige, sollten sie ihm gestanden werden, geheim zu halten. Der Sachverständige ist kein Erfüllungsgehilfe der Justizorgane bei der Aufklärung von Straftaten.[94] Nicht berührt von diesen Verschwiegenheitsverpflichtungen werden die Fälle, in denen Gefahr neuer schwerer Straftaten besteht; hier besteht sogar „Offenbarungspflicht".

Gegenüber Dritten fallen auch alle Daten, die nicht zum engen Lebensbereich des Betroffenen gehören, wie z. B. Angaben zu Anschrift oder Arbeitgeber, in den schutzwürdigen Bereich.[95] Auch der Name sowie die Tatsache der Begutachtung stellen bereits ein Geheimnis dar.[96]

Nicht berührt davon, da nicht unbefugt, ist die Kooperation mehrerer Sachverständiger, wenn sie vom Familiengericht beauftragt worden sind, da dann alle Sachverständige zur Geheimhaltung verpflichtet sind, außer ein Betroffener lehnt es ab, an der Begutachtung durch einen dieser Sachverständigen mitzuwirken. Die Weiterleitung der erhobenen Daten muss dann eventuell über das Familiengericht geschehen.

Eine Ausweitung des Kreises der Wissenden ist grundsätzlich abzulehnen. Ohne Zustimmung des Geheimnisträgers darf keinem Fachkollegen (auch nicht anderen Schweigepflichtigen) die Erkenntnis aus der Begutachtung mitgeteilt werden.[97] Ein solch unerlaubter Fall wäre, wenn der Sachverständige einem psychiatrischen Kollegen Einsicht in die Unterlagen gibt, um etwaige psychiatrische Auffälligkeiten abzuklären, ohne die Betroffenen von dieser Absicht in Kenntnis gesetzt zu haben.

Die Verpflichtung zur Schweigepflicht kann den Sachverständigen in ein Entscheidungsdilemma bringen. Denn inwieweit Informationen, die der Sachverständige im Rahmen der Begutachtung erfährt, erheblich im Sinn der Fragestellung sind, bestimmt letztlich der Familienrichter. Außerdem hat der Sachverständige abzuwägen, ob die Informationen schutzwürdig und auch relevant sind, wenn der Bezug zur psychologischen Thematik nicht eindeutig ist. So kann eine langjährig zurückliegende Steuerhinterziehung im Hinblick auf Erziehungskompetenz gewertet werden, sie kann mit etwas gutem Willen aber ebenso in den schutzwürdigen Bereich fallen, wenn der Elternteil dies dem Sachverständi-

---

[92] Vgl. Punkt 11 des Merkblatts für den Sachverständigen; S. 102; Bund S. 243 – Fassung 1.77.

[93] So *Wuermeling*, in: Frank/Harrer (Hrsg.), Der Sachverständige im Strafrecht, Kriminalitätsverhütung, S. 72.

[94] *Späte und Schirmer,* Psychiat. Neurol. med. Psychol. 1987, 39, S. 20.

[95] *Mallmann/Walz*, in: Mörsberger (Hrsg.), Datenschutz im sozialen Bereich, S. 30.

[96] *Menken*, S. 40.

[97] *Klein* S. 58.

gen in einer vertrauensvollen Situation als Beleg für seine Aufrichtigkeit und eine positive Veränderung seines Verhaltens geschildert hat. Hier hat sich der Sachverständige nach seinem Gewissen zu verhalten und möglicherweise auch die nachteiligen Folgen aus seinem Schweigepflichtsgebot zu tragen.

Die Entscheidung, ob der Sachverständige Informationen, die über das schriftliche Gutachten hinausgehen, wie z.B. die Begutachtungsunterlagen, dem Familiengericht oder den Betroffenen zur Kenntnis gibt, bleibt dem pflichtgemäßen Ermessen des Sachverständigen überlassen.[98] Liegt die Einwilligung der Betroffenen vor, hat der Sachverständige diese dem Familiengericht herauszugeben.

Häufig werden von den Sachverständigen die beantworteten Fragebogen in den Anhang des Gutachtens aufgenommen. Hier wird in der Regel die Schweigepflicht verletzt, da viele Fragen keinen engen Zusammenhang mit der gerichtlichen Fragestellung haben und die Informationen im geschützten Bereich der Begutachtungssituation gewonnen wurden.

Die durch die Begutachtung erworbenen Kenntnisse darf der Sachverständige in neutralisierter Form für sich oder für Dritte verwenden. Eine Geheimnisverletzung liegt nur dann vor, wenn die geheimen Tatsachen in Verbindung mit der Person des Geheimnisträgers bekannt gemacht werden. Eine anonymisierte Auskunft erfüllt daher nicht den Tatbestand des § 203 StGB, wobei allerdings strikt darauf zu achten ist, dass durch die mitgeteilten Daten über Beruf, Alter, Wohnort usw. die Identität nicht preisgegeben wird.[99]

Sind Diplompsychologen als Beamte oder Angestellte im öffentlichen Dienst beschäftigt, unterliegen sie der gesetzlichen Schweigepflicht, sie haben zudem die Pflicht zur Amtsverschwiegenheit. Die Genehmigung zu Aussagen vor dem Familiengericht darf von der Behörde nur dann verweigert werden, wenn durch die Aussagen dem Wohl des Bundes oder einem deutschen Lande Nachteile bereitet werden oder die Erfüllung öffentlicher Aufgaben erheblich gefährdet oder gar erschwert würde.[100] Innerhalb der Behörde darf der Psychologe über seine Fälle sprechen, wenn dennoch die Anonymität der Person gewahrt bleibt. Dies gilt u. a. auch für Supervisionsgespräche oder Publikationen. Auch hier ist darauf zu achten, dass über die Geheimnisträger ohne Namensnennung und anderweitige Identifizierungsmöglichkeit gesprochen wird.

In der Praxis sind aller Erfahrung nach nicht anonymisierte Supervisionsgespräche die Regel. Man kann aber nicht davon ausgehen, dass die Betroffenen mit den Teamgesprächen über ihren Fall konkludent einverstanden sind. Hier existiert eine Gesetzeslücke für Sozial- und Gesundheitsberufe, auch für Ärzte, die in Kollegenberatungen über Einzelfälle sprechen,[101] da es in der Praxis kaum durchführbar erscheint, die Teamgespräche völlig in anonymisierter Form durchzuführen.

8. Zeugnisverweigerungsrecht

Der Sachverständige muss dem Familiengericht alle entscheidungserheblichen Daten mitteilen, die er im Rahmen der Begutachtung als Befundtatsachen gewonnen hat. Die Einwilligung zur Begutachtung ist nach Erstellung des Gutachtens von den Betroffenen nicht rücknehmbar. Er darf insoweit gegenüber dem Familiengericht die Aussage nicht verwei-

---

[98] OLG Frankfurt FamRZ 1980, 931.
[99] *DIHT*, Sachverständige, Inhalt und Pflichten ihrer öffentlichen Bestellung, 1986.
[100] *Kaiser* NJW 1971, 492.
[101] *Mörsberger,* in: Mörsberger (Hrsg.), Datenschutz im sozialen Bereich, S. 163.

gern. Ausnahmen sind nach §§ 408 Abs. 1, 383 Abs. 1 Nr. 6 ZPO, die nach § 15 FGG auch für die Begutachtung im Familiengerichtsverfahren gelten, nur möglich, wenn vor oder mit der Begutachtung ein Behandlungs- oder Beratungsverhältnis verbunden war. Nur dann liegt ein „Anvertrauen" vor, auf das der § 83 Abs. 1 Nr. 6 ZPO abstellt.

a) Beratungsverhältnis. Ein derartiges Beratungsverhältnis kann sich als Folge einer Begutachtung gerade in Familiensachen ergeben, wenn der Sachverständige einen einvernehmlichen Elternvorschlag zum Ziel seiner Begutachtung macht und/oder ein entsprechender Auftrag des Familiengerichts vorliegt. Inwieweit ein intervenierendes Vorgehen ein Vertrauensverhältnis zwischen Betroffenen und Sachverständigen unzulässig erzeugt, das zu einem „Anvertrauen" von Informationen führt, die mit dem gerichtlichen Auftrag nicht mehr erfasst werden, hat der Sachverständige selbst verantwortlich zu entscheiden. In diesem Falle hätte der Sachverständige ein Zeugnisverweigerungsrecht, wenn es sich um Gespräche zwischen Ehepartnern handelt, die keinen direkten Bezug zur Fragestellung haben, oder wenn sich das Gespräch mit dem Sachverständigen um das Sexualverhalten oder um den Gesundheitszustand der zu begutachtenden Eltern dreht.[102]

b) Hilfspersonen. § 383 Abs. 1 Nr. 6 ZPO ist auch auf die Hilfspersonen des Diplompsychologen anzuwenden, sonst könnte das Zeugnisverweigerungsrecht durch die gerichtliche Vernehmung der Mitarbeiter des Psychologen umgangen werden. Auch der Jugendamtsmitarbeiter genießt ein Zeugnisverweigerungsrecht gemäß § 15 FGG in Verbindung mit § 383 Abs. 1 Nr. 6 ZPO.

Ein Zeugnisverweigerungsrecht bedeutet aber nie eine Zeugnisverweigerungspflicht.[103] Ein Zeugnisverweigerungsrecht soll nur den Sachverständigen schützen, nicht die begutachteten Personen. Das Zeugnisverweigerungsrecht ermöglicht es dem Sachverständigen, die in einem Beratungs- oder Behandlungsverhältnis anvertrauten Informationen zu verschweigen. Durch die Mitteilung dieser Informationen, ohne Entbindung von der Schweigepflicht, würde sich der Sachverständige nach § 201 StGB strafbar machen.

c) Erklärung. Will der Sachverständige von seinem Zeugnisverweigerungsrecht Gebrauch machen, so hat er seine Absichtserklärung vor dem Termin schriftlich einzureichen, zu Protokoll der Geschäftsstelle zu geben oder im Termin die Tatsachen, auf die sich seine Weigerung bezieht, anzugeben und glaubhaft zu machen (§§ 408 Abs. 1, 386 Abs. 1, Abs. 2 ZPO). Für den vereidigten Sachverständigen genügt zur Glaubhaftmachung die mit Berufung auf einen geleisteten Diensteid abgegebene Versicherung. Der Sachverständige muss dann nach § 386 Abs. 3 ZPO nicht mehr zum Termin erscheinen.[104]

d) Entbindung von der Schweigepflicht. Zu beachten ist, dass bei einer Entbindung von der Schweigepflicht in den Fällen, in denen Gründe gemäß § 383 Abs. 1 ZPO vorliegen, nach § 385 Abs. 2 ZPO kein Zeugnisverweigerungsrecht mehr besteht. Entbinden wiederum können nur die betroffenen Personen[105] in den Fällen, in denen der Sachverständige Schweigepflicht hat.[106]

---

[102] Vgl. *Rohlf* S. 114.

[103] *Menken* S. 42.

[104] Merkblatt B für Hinweise durch den Sachverständigen 2.83; ZP 41 d.

[105] *Arndt/Oberloskamp* S. 127.

[106] Im Strafprozess steht dem Diplompsychologen ein Zeugnisverweigerungsrecht nach § 53 StPO nicht zu, außer er ist Mitglied einer anerkannten Beratungsstelle. Eine Ergänzung des Zeugnisverweigerungsrechtes um den Beruf des Psychotherapeuten und behandelnden Psychologen wäre hier zu fordern.

Salzgeber

e) Unterlagen. Der Sachverständige ist seinerseits nicht verpflichtet, die seiner Begutachtung zugrunde liegenden Unterlagen (Protokolle, Testbogen usw.) den Beteiligten herauszugeben.[107] Der Sachverständige ist vielmehr gehalten, die während seiner Tätigkeit erhaltenen persönlichen Informationen und Materialien, die nicht unmittelbar für die gerichtliche Fragestellung relevant waren, geheim zu halten. Der Sachverständige kann mit Hinweis auf seine berufliche Schweigepflicht die Einsichtnahme ablehnen, dann gilt der absolute Schutz für diese ihm anvertrauten Geheimnisse gemäß § 203 Abs. 1 Nr. 2 StGB. Die Weitergabe von Tatsachen, die der Sachverständige ermittelt, aber dem Familiengericht im Rahmen seines Gutachtens noch nicht zugänglich gemacht hat, liegt im Ermessen des Sachverständigen. Die Freigabe der Unterlagen zur Einsicht ist dann unproblematisch, wenn die Betroffenen ihre Zustimmung erteilt haben.

Liegt nur die Erlaubnis eines Elternteils zur Offenlegung vor, so darf der Sachverständige nur die Daten zur Überprüfung vorlegen, die sich mit dieser Person allein beschäftigen.

Wenn aber ein Gutachten angefochten wird mit der Begründung, der Sachverständige habe wesentliche Begutachtungsergebnisse im schriftlichen Gutachten nicht mitgeteilt, besteht aus ethischen und rechtlichen Gesichtspunkten kein Grund, die Unterlagen gegenüber dem fordernden Familiengericht vorzuenthalten.

Daraus leiten sich zwingend die Handlungsvorgabe und Verantwortung für den Sachverständigen ab: den Betroffenen genau über sein Recht aufzuklären, nur die Daten zu erheben, die für die gerichtliche Fragestellung relevant sind und darauf zu achten, dass ihm keine weiter gehenden Informationen anvertraut werden. Weiter soll er im schriftlichen oder mündlichen Gutachten alle entscheidungsrelevanten Daten darlegen.

Nur die Daten, mit denen in die Persönlichkeitsrechte eingegriffen werden könnte (wie die Offenlegung von nicht fragenbezogenen Daten aus komplexen Persönlichkeitstests), werden nicht vollständig angeführt. Bei einer Schweigepflichtentbindung entfällt allerdings die Berechtigung, diese nicht der Überprüfung durch das Familiengericht zugänglich zu machen. Dem entspricht ein Urteil des *BGH*,[108] das ausführt, dass die Unterlagen des Sachverständigen nur Anerkennung finden können, wenn die Methoden, mit denen sie gewonnen worden sind, nachprüfbar sind. Sollte diese ersuchte Nachprüfung nicht mehr möglich sein, so ist gegebenenfalls ein weiterer Sachverständiger zu beauftragen.

Gerichte können prinzipiell Akten und Unterlagen des Sachverständigen, die der Schweigepflicht unterliegen, beschlagnahmen lassen, wenn sich der Sachverständige weigert, seine Unterlagen einsichtig zu machen. Die Beschlagnahmung von Klientenakten verletzt aber den Grundsatz der Verhältnismäßigkeit, wenn sie sich nur auf einen allgemeinen Verdacht bezieht und der Schaden in keinem Verhältnis zum angestrebten und erreichbaren Erfolg steht.[109]

Obwohl der Sachverständige die Unterlagen nicht einsehbar machen muss, kann es sein, dass bei Kostenstreitigkeiten bezüglich der Sachverständigenentschädigung der Sachverständige aufgefordert wird, seine Unterlagen z. B. einem Kostensenat vorzulegen, um seinen tatsächlichen Aufwand nachzuweisen. Hier ist der Sachverständige vor die Entscheidung gestellt, möglicher eise seinen Aufwand nicht belegen zu können und damit einer angemessenen Entschädigung verlustig zu gehen, wenn er nicht bereit ist, seine Unterlagen einsichtig zu machen und damit seine Schweigepflicht zu verletzen.

---

[107] OLG Frankfurt FamRZ 1980, 931–932.
[108] BGH StV 1989, 141.
[109] BVerfG NJW 1977, 1489 = FamRZ 84, 197.

Eine Behörde hat nach § 985 BGB das Recht, im Rahmen des Herausgabeanspruches die Unter lagen eines bei ihr angestellten oder beamteten Diplompsychologen zu verlangen, da die Behörde prinzipiell Eigentümerin der Unterlagen ist. Es ist aber auch hier das höhere Rechtsgut der Wahrung der geschützten Persönlichkeitsrechte zu sehen und die uneingeschränkte Geltung des § 203 StGB zu bejahen.[110] Die Behörde darf z.B. auch nicht die vollständige Rufnummer des Gesprächspartners, also der zu begutachtenden Person, erfassen, auch nicht, wenn der Sachverständige selbst bei der Behörde tätig ist. Die Geheimhaltungspflicht geht prinzipiell der Dienstpflicht voran.

f) Anonyme Informationen. Eine schwierige Situation ergibt sich, wenn dritte Personen dem Sachverständigen entscheidungserhebliche Informationen geben wollen oder gegeben haben mit der Aufforderung, die Informationsquelle nicht zu nennen. Ein Zeugnisverweigerungsrecht stünde dem Sachverständigen für diesen Fall zu, wenn ihm die Informationen anvertraut worden sind, ohne dass er daraus Nutzen zu ziehen beabsichtigt (§ 383 Abs. 1 ZPO). Wäre der Sachverständige aber willens, diese Informationen von dritter Seite zu verwerten, ohne den Informanten zu nennen, hätte er nach § 384 ZPO dazu keine Legitimation. Zwar gestattet dieser Paragraph, auch bei Einzelfragen, die Aussage zu verweigern, der Name des Informanten fällt aber nicht darunter. Ein Recht, die Identität seiner Informanten zu verweigern, steht dem Sachverständigen also nicht zu.

g) Kindeswünsche. Problematisch stellt sich die Pflicht zur Informationsweitergabe bisweilen bei Gesprächen mit dem Kind dar. Äußert etwa ein Kind den Wunsch, dass der Sachverständige seine – entscheidungserheblichen – Aussagen (wie klare Wunschäußerungen, aber auch Schilderungen von unangemessenem Erziehungsverhalten) nicht ins Gutachten aufnimmt, ist dies dem Sachverständigen nach dem zuvor Gesagten eigentlich nicht möglich. Es ist aber abzuwägen zwischen dem Nutzen der Darstellung und dem möglichen Schaden, den eine negative Elternreaktion bewirken würde. Im Idealfall wird der Sachverständige mit den Eltern die Probleme des Kindes besprechen und eine Änderung der Konfliktlage angehen. Dabei wird er die Aussagen des Kindes, wenn sie zudem durch weitere Ergebnisse gestützt werden, als Begutachtungsergebnisse deklarieren und sich nicht in erster Linie auf die Informationsquelle konkrete Kindesäußerung beziehen. Eine zweite Strategie könnte sein, mit dem Kind über diese Konfliktlage zu sprechen in dem Sinne, wie das belastende Elternverhalten zum Wohl des Kindes modifiziert werden könnte. Das Kind wird möglicherweise zustimmen, seine Aussagen öffentlich zu machen, wenn diese dazu dienen können, das elterliche Verhalten zu ändern und seine Ängste bezüglich der Elternreaktionen abzubauen.

h) Strafverfahren. Der Sachverständige hat im familiengerichtlichen Verfahren ein Zeugnisverweigerungsrecht, soweit die Ergebnisse in einer – eigentlich gegen die Aufgabe des Sachverständigen entstandenen – Beratungssituation erlangt worden sind. Er kann aber im Rahmen einer Vernehmung als sachverständiger Zeuge bei einem Strafprozess verpflichtet werden,[111] bezüglich der von ihm im familiengerichtlichen Verfahren begutachteten Personen über die erfahrenen Tatsachen zu berichten, weil § 53 StPO, der das Zeugnisverweigerungsrecht aus beruflichen Gründen regelt, nur den Arzt, nicht den Psychologen oder den Psychotherapeuten erfasst. In der Praxis wird aber von dieser Möglichkeit des Strafgerichts kaum Gebrauch gemacht.

---

[110] So *Kühne* NJW 1977, 1478.
[111] *Volze* DS 2000, 11, 17.

9. Offenbarungsbefugnis

Eine Weitergabe von Geheimnissen ist nur dann strafbar, wenn sie unbefugt erfolgt. Prinzipiell hat der Sachverständige das Recht und die Pflicht, die im Rahmen seiner Sachverständigentätigkeit erhaltenen Daten dem Familiengericht mitzuteilen. Die Weitergabe ist in der Regel den Eltern und den weiteren betroffenen Personen durch den Beschluss des Gerichts bekannt. Dennoch sollte der Sachverständige alle beteiligten Personen über deren Rechte dahingehend aufgeklärt haben.

Eine Weitergabe von Informationen, die der Sachverständige im Rahmen seines Gerichtsauftrages erhalten hat, an andere Personen oder Institutionen, z. B. an einen Therapeuten oder auch andere Gerichtsbarkeiten, z. B. an das Sozialgericht im Falle eines Verfahrens zur Erwerbsfähigkeit, darf nur erfolgen, wenn die Einwilligung der Betroffenen vorliegt. Das gilt auch für Daten, die über das im schriftlichen Gutachten angeführte Untersuchungsmaterial hinausgehen.[112] Diese Einwilligung muss aber ohne Druck, vom Geheimnisträger persönlich[113] und im Wissen um die Konsequenzen der Weitergabe der Informationen erteilt worden sein. Auch Einflussnahme durch die Autorität des Sachverständigen ist nicht zulässig,[114] wiewohl dieses nicht ganz auszuschließen und zu vermeiden ist.

In der Regel bietet es sich an, sich eine ausdrückliche Einwilligung in schriftlicher Form geben zu lassen. Voraussetzung ist dabei, dass die Person auch einwilligungsfähig ist. Bei minderjährigen Kindern ist die ausdrückliche Einwilligung des Sorgeberechtigten vonnöten. Dem Kind steht aber, neben der Erlaubnis zur Datenweitergabe durch die Sorgeberechtigten, in Abhängigkeit vom Alter ein eigenes Einwilligungsrecht zu.[115]

Prinzipiell gilt, dass für die ausdrückliche Einwilligung keine Form vorgeschrieben ist.

Eine stillschweigende Einwilligung zur Weitergabe von Informationen an einen Kollegen kann angenommen werden, wenn der psychologische Sachverständige z. B. in Absprache mit dem Familiengericht und den Betroffenen ohne ausdrücklichen weiteren Beschluss einen Kollegen beizieht, der in Kinderdiagnostik besonders erfahren ist, um spezielle Bereiche testpsychologisch abzusichern, oder wenn ein Teilbereich psychiatrisch abzuklären wäre.

Eine weitere Befugnis zur Weitergabe ist gegeben, wenn der Sachverständige bzgl. der Informationen der Offenbarungspflicht unterliegt oder ein rechtzufertigender Notstand nach § 34 StGB vorliegen sollte. An diesen sind sehr strenge Maßstäbe anzulegen. Kann der Sachverständige nicht entscheiden, ob die Gefahr, die er z. B. bei einem Interview mit einer Familie im Rahmen seines Tätigwerdens im Verfahren nach § 1666 BGB über eine Nachbarfamilie erfährt, den Grad eines rechtfertigenden Notstandes erreicht, so sollte eine Weitergabe dieser Informationen wohl am besten an den beauftragenden Familienrichter erfolgen. Damit wäre eine juristische Kontrolle gewährleistet, und zudem wäre es die richtige Stelle, um eine Gefahr, in der Folge nach Einschaltung der Jugendhilfebehörde, zu beseitigen.

Im Zweifelsfalle sollte immer rechtlicher Rat bei einer Fachkraft eingeholt werden.

---

[112] OLG Frankfurt FamRZ 1980, 931.
[113] *Scholz* NJW 1981, 1987–1991.
[114] Vgl. *Kühne* NJW 1977, 1479.
[115] OLG Frankfurt FamRZ 1980, 931.

10. Offenbarungspflicht

Neben der Schweigepflicht existiert nach den §§ 138, 139 StGB für den Sachverständigen eine Offenbarungspflicht. Diese gilt nur für die Daten, die unter das Schweigepflichtsgebot gehören. Alle Daten, die für die Fragestellung relevant sind, hat der Sachverständige dem Familiengericht mitzuteilen.

Wenn Gefahr für einen Dritten in Verzug ist, hat der Sachverständige seine Schweigepflicht zu vernachlässigen. „Der Schutz des Privatgeheimnisses endet, wo die Gefahr für die Öffentlichkeit beginnt."[116] Diese Fälle betreffen auch die Ausbreitung gefährlicher ansteckender Krankheiten (§ 6 Infektionsschutzgesetz).

Die Offenbarungspflicht besteht unabhängig von der gerichtlichen Situation und trifft den Sachverständigen als Staatsbürger. Die Abwägung zwischen Offenbarung und Verschwiegenheit liegt allein in der Verantwortung des Sachverständigen. Eine absolute Anzeigepflicht besteht immer dann, wenn der Sachverständige von einem ernstlichen Tatplan erfahren hat in Bezug auf Straftaten, die in den §§ 138, 139 StGB erfasst werden. Die Anzeigepflicht besteht nur so lange, als die Ausführung oder der Erfolg der Straftat noch abgewendet werden können, eine Offenbarungspflicht bezüglich einer vollendeten Straftat gibt es nach dem Gesetz nicht.[117]

Nicht unter die Offenbarungspflicht fällt zwar das Bekanntwerden von inzestuöser Beziehung, Vergewaltigung, Körperverletzung oder Kindesmisshandlung, da diese Taten nicht von § 138 StGB erfasst werden. Da in der Regel besonders inzestuöse Beziehungen und Kindesmisshandlungen die Fragestellung an den Sachverständigen im familiengerichtlichen Verfahren berühren, ist er gehalten, diese Tatsachen im Gutachten mitzuteilen. Diese Information allein reicht nicht aus, die Strafbehörden schon aktiv werden zu lassen, da das Familiengericht Akten nicht weiterleiten muss. Ist dies aber doch der Fall, dienen sie der Staatsanwaltschaft zur Begründung eines Anfangsverdachts, der die Einleitung eines Strafverfahrens erfordern kann. Wenn der Sachverständige vom stattgehabten sexuellen Missbrauch erfährt, der ein Kind betrifft, das keinen Bezug zur betroffenen Familie hat, unterliegt er der Schweigepflicht, außer er könnte sich auf einen rechtzufertigenden Notstand nach § 34 StGB beziehen (z.B. bei fortgesetztem sexuellen Missbrauch). Sinnvoll ist es in jedem Fall, bei Vorliegen eines ernsten Verdachts die Jugendhilfebehörde zu informieren.

Eine Offenbarungspflicht besteht insbesondere, wenn der Sachverständige erkennt, dass die zu untersuchende Person sich in einer solchen seelischen oder geistigen Situation befindet, dass sie eine Gefahr für sich selbst darstellen kann.[118] Der Schweigepflicht unterliegen jedenfalls Äußerungen, die spontan erfolgen, wobei der Sachverständige gehalten ist, die aktuelle Gefahr durch gezielte Fragen zu ergründen.[119] Die beiläufige Erwähnung einer möglichen Selbsttötung im Rahmen der Exploration rechtfertigt noch keine Mitteilung. Die Gefahr muss mit einem hohen Wahrscheinlichkeitsgrad existieren. Die explizite Androhung des Selbstmordes durch eine zu begutachtende Person stellt einen Grenzfall dar, der in der Praxis auftreten kann, wenn der Verlust oder Entzug des Sorgerechtes droht. Hier steht dem Gebot der Schweigepflicht das des Offenbarungsgebots entgegen. Im Zwei-

---

[116] *Tarasoff* I S. 137, zitiert nach *Wienand* S. 75.
[117] *Mörsberger*, in: Mörsberger (Hrsg.), Datenschutz im sozialen Bereich, S. 155.
[118] *Tarasoff* I, S. 137, zitiert nach *Wienand* S. 75.
[119] Vgl. *Wolflast* S. 133.

felsfall ist eine Güterabwägung zu treffen, wobei der Schutz des Lebens über das Schweigegebot geht.

Nach deutschem Recht ist die unterlassene Verhinderung eines Suizides nicht strafbar.
Die Handlungspflicht des Sachverständigen träte allenfalls dann ein, wenn der Suizidgefährdete nicht mehr handlungsfähig wäre. Handlungsfähigkeit kann in der Regel angenommen
werden, wenn der Betroffene klar und rational begründet seinen Wunsch nach Selbsttötung
vorträgt. Unterlassene Hilfeleistung ist dann nicht strafbar, wenn der Suizidentschluss auf
freier, unbeeinflusster Entscheidung beruht und der Suizidgefährdete genau wusste, was er
wollte und tat. Analoges gilt, wenn die Person ärztliche Behandlung ablehnt.[120]

Der Wunsch zur Selbsttötung darf also nicht einer augenblicklichen Laune entspringen.
Es ist Aufgabe des psychologischen Sachverständigen, mit Hilfe gezielter Diagnostik zu
eruieren, ob die Selbsttötung wirklich gewollt ist. Nicht zuletzt hat der Sachverständige in
beratenden Gesprächen bei der Begutachtung die Gefahr der Selbsttötung anzugehen. Der
Sachverständige ist aber nicht Aufpasser seiner Probanden.[121] Ist dagegen die Selbsttötung
aufgrund psychiatrischer Erkrankung nicht gewollt und ist Gefahr im Verzug, so hat der
Sachverständige die Öffentlichkeit (sozialpsychiatrischer Dienst) oder Dritte davon in
Kenntnis zu setzen. In einigen Fällen ist die Unterbringung in einer geschlossenen Anstalt
herbeizuführen, wofür es eines Unterbringungsbeschlusses bedarf.

Im Gutachtensfall ist dies für den Sachverständigen unproblematisch, da der Auftraggeber das Familiengericht ist und der Proband darüber aufgeklärt worden ist, dass alle entscheidungsrelevanten Daten dem Familiengericht mitgeteilt werden. Eine nicht nur drohende oder beiläufig geäußerte Selbstmordabsicht berührt unzweifelhaft die Fragestellung
des Familiengerichts und kann somit weitergegeben werden. Die Einwilligung, dass die
ernsthafte Selbstmordabsicht dem Familiengericht mitgeteilt wird, kann als konkludent
erteilt gelten.

11. Haftung

Jeder Sachverständige haftet für seine Tätigkeit in uneingeschränkter Höhe. Materieller
Schaden wird nach § 249 BGB zu ersetzen sein, in der Regel durch Zahlung eines Geld-
betrages (§ 251 BGB). Immaterielle Schäden, d. h. solche, die der Sachverständige dem
Untersuchten im Hinblick auf dessen Ehre, Psyche oder körperliches Wohlbefinden zugefügt hat, sind nach §§ 249, 253, 847 BGB durch Schmerzensgeld abzugelten. Ein immate-
rieller Schaden ist auch dann gegeben, wenn der Sachverständige ohne Einwilligung der
Personen Erkenntnismittel eingesetzt hat, die dem Sachverständigen eine Einschätzung
der Persönlichkeitseigenschaften ermöglicht haben.[122]

Da es keinen Straftatbestand des Verbrechens am Seelenleben von Menschen[123] gibt, vergleichsweise etwa dem Tatbestand der Körperverletzung durch Behandlungsfehler des Arztes, sind die Ahndungsmöglichkeiten gegenüber fehlerhaftem Verhalten des Psychologen
realiter jedoch eher gering.[124]

---

[120] BGH FamRZ 1983, 694.
[121] *Wolfslast* S. 157.
[122] Vgl. *Wienand* S. 30.
[123] Zur Ungleichbehandlung psychischer Gesundheitsschäden gegenüber Persönlichkeitsrechtsverlet-
zungen im Rahmen der Gewährung von Schmerzensgeldern: BVerfG FamRZ 2000, 943.
[124] So *Fehnemann*, Rechtsfragen des Persönlichkeitsschutzes, 1976.

Es bestehen bislang keine speziellen Normen für die Haftung des Sachverständigen; seine Tätigkeit wird nach dem BGB beurteilt. Es fehlt darüber hinaus an einer Bestimmung, die dem Betroffenen bei einer fahrlässigen Verletzung der Sorgfaltspflicht – bei einem unrichtigen Gutachten oder einem, das eine Verletzung der persönlichen Freiheit oder des allgemeinen Persönlichkeitsrechtes zur Folge hat[125] – einen Schadensersatzanspruch gewährt.[126]

Allgemein folgt die Schadensersatzpflicht wegen unerlaubter Handlung aus § 823 Abs. 1 oder 2 BGB oder § 826 BGB mit der Voraussetzung, dass der Schaden konkret benennbar sein muss.[127] Nur § 826 BGB, der den Vorsatz und Sittenverstoß (leichtfertiges, grob fahrlässiges, gewissenloses Handeln) voraussetzt, bringt eine Haftung des Sachverständigen auch für Vermögensschäden mit sich.[128]

Eine Haftung des Sachverständigen gegenüber den im Gutachtenauftrag genannten Personen kann bisher nur über § 832 Abs. 2 BGB gewährleistet werden, d. h. bei vertraglicher Aufsichtspflicht, die für den Sachverständigen im familienrechtlichen Verfahren in der Regel nicht gegeben ist.

§ 823 Abs. 1 BGB (unerlaubte Handlung) greift nur dann, wenn Fahrlässigkeit oder Vorsatz vorliegen.[129] Da der Vorsatz kaum nachgewiesen werden kann, scheidet diese Tatbestandsvariante meist aus, um den Sachverständigen haftbar zu machen, so dass in der Regel grobe Fahrlässigkeit vorliegen muss,[130] doch ist die Haftung bei einfacher Fahrlässigkeit nicht generell ausgeschlossen. § 823 Abs. 2 BGB in Verbindung mit § 163 StGB ermöglicht hier Schadensersatzpflicht bei beeidigten Gutachten auch bei einfacher Fahrlässigkeit, wenn Vermögensschäden benannt werden können.[131] Nicht schadensersatzpflichtig sind nach § 823 Abs. 2 BGB fahrlässig falsche, uneidliche Aussagen[132] im Gegensatz zu vorsätzlich oder fahrlässig falschen eidlichen oder vorsätzlich falschen, uneidlichen Gutachten.[133]

Die Berufung auf einen öffentlich geleisteten Eid kommt einer fallbezogenen Vereidigung gleich. Die öffentliche Vereidigung als solche wirkt für sich jedoch noch nicht haftungserhöhend. Ein Haftungsausschluss für den Gerichtsgutachter ist nicht möglich; immerhin besteht eine Versicherungsmöglichkeit.

Weder die Beziehung des Sachverständigen zum Familiengericht noch die zu den zu untersuchenden Personen ist vertraglicher Natur,[134] vielmehr handelt es sich um eine verfahrensrechtliche bzw. öffentlich-rechtliche Beziehung.[135] Erst ein Vertragsverhältnis könnte die Haftungsbedingungen modifizieren und somit vertragliche Haftung ermöglichen. Nach der derzeitigen Rechtslage ist somit die Haftung wegen der Beschränkung auf die Anspruchsgrundlagen der §§ 823, 826 BGB sehr begrenzt.[136]

---

[125] Über den Stand der Diskussion bezüglich der Sachverständigenhaftung ausführlich: *Pieper* in: Pieper/Breunung/Stahlmann (Hrsg.), Sachverständige im Zivilprozess, S. 9–70.

[126] BGH NJW 1965, 298.

[127] *Deutsch* NJW 1976, 2289–2293.

[128] Vgl. *Wessel* S. 6.

[129] *Palandt/Thomas* § 823 Rn 54 ff.; *Wellmann* S. 22.

[130] BVerfG NJW 1979, 305; auch OLG Nürnberg FamRZ 1988, 1270.

[131] *Pieper*, in: Pieper/Breunung/Stahlmann (Hrsg.), Sachverständige im Zivilprozess, S. 41.

[132] BGH NJW 1968, 787.

[133] So *Wessel* S. 6.

[134] BGH a.a.O. Fn. 5; *von Maydell* DS 1987, 395 ff.; *Palandt/Thomas* § 823 Rn 44.

[135] So *Hesse* NJW 1969, 2263.

[136] *Ullmann* FamRZ 1988, 1127–1130, befasst sich auch unter dem Gesichtspunkt der Haftung ausführlich mit den Auswirkungen des Heilpraktikergesetzes, das nach seiner Ansicht für den psychologischen Sachverständigen und für den Jugendamtsmitarbeiter in Familienrechtssachen verpflichtend ist.

Es ist nicht möglich, dass der Sachverständige von einer Partei, zu deren Nachteil sich das Gutachten auswirkt, zur Haftung herangezogen wird mit dem Argument, es sei fahrlässig unrichtig erstellt worden.[137]

Ist ein Gutachten im Familienrechtsbereich unrichtig erstellt worden, so stehen den Eltern einmal die Ablehnungsmöglichkeit des Sachverständigen offen, ferner Rechtsmittel gegen den Beschluss und zuletzt, wenn das Urteil rechtskräftig geworden ist und die Voraussetzungen vorliegen, die Restitutionsklage (Wiederaufnahme des Verfahrens) gemäß § 580 Nr. 3 ZPO; dies gilt aber nur dann, wenn sich der Sachverständige einer strafbaren Verletzung der Wahrheitspflicht schuldig gemacht hat.

Beeinträchtigungen, wie sie auch alltäglich geschehen können, müssen von den Betroffenen hingenommen werden. So können Streit, Ärger und Enttäuschung keine Abwälzung des Schadens auf den Sachverständigen bedingen.[138] Die Grenze ist überschritten, wenn der vom Sachverständigen ursächlich bedingte psychische Schaden so groß ist, dass er aus therapeutischer Sicht behandlungsbedürftig ist.

Keine Haftung besteht, wenn es durch die Intervention des Sachverständigen, z.B. während der Zeit der Trennung, zu einer endgültigen Scheidung der Ehepartner kommt, die nur von einem Ehepartner gewollt ist. Denkbar wäre ein solcher Fall, bei dem der nicht in die Scheidung einwilligende Ehepartner versucht, die materiellen und finanziellen Schäden, die die Scheidung mit sich bringt, vom Sachverständigen ersetzt zu bekommen, da er die Aktivität des Sachverständigen für die Trennung als maßgeblich erachtet. Eine solche Scheidungsdynamik wäre nicht dem Sachverständigen anzulasten, zum einen weil die Verletzung der Sorgfaltspflicht nicht greift, zum anderen weil die psychische Beeinträchtigung des Ehepartners nicht durch die Intervention des Sachverständigen bedingt wäre, sondern durch die Partnertrennung (es herrscht bei Scheidung das Zerrüttungsprinzip). Er wäre also folglich nicht direkt, sondern lediglich mittelbar vom Sachverständigen geschädigt. Anders läge z.B. der Fall, wenn der Sachverständige mit der zu begutachtenden Ehefrau ein intimes Verhältnis begonnen, dann eine mögliche Abhängigkeit ausgenutzt und die Frau zur Scheidung gedrängt hätte. Hier wäre grobe Fahrlässigkeit gegeben, wenn der Sachverständige zudem ein falsches Gutachten erstattet.

Auch Schadensersatz aufgrund der Verletzung der Persönlichkeitsrechte durch die Begutachtung, von der der Untersuchte erst im Nachhinein durch das Gutachten erfährt, ist in der Praxis fast nicht zu erlangen; selbst dann nicht, wenn bereits durch das Gutachten Maßnahmen ergriffen worden sind, die zum Schaden des Begutachteten gereichen. In diesem Fall besteht nämlich für die Verletzten die Schwierigkeit, den Schaden zu beziffern und die Kausalität des Schadens nachzuweisen. Anders läge der Fall, wenn ein grob fahrlässiges oder vorsätzlich falsches Gutachten, z.B. bei Bestätigung eines sexuellen Missbrauches ohne reale Grundlage, eine Verletzung des Freiheitsrechtes nach sich zieht, ein Inkriminierter also zu Unrecht eine Haftstrafe verbüßt.[139] Zugleich können durch eine solche Freiheitsverletzung Vermögensschädigungen vorliegen, da der Geschädigte seiner Erwerbstätigkeit nicht nachgehen konnte. Auch grob fahrlässige Begutachtung zu Fragen der Erwerbsfähigkeit, wenn der Sachverständige nur auf der Grundlage der Akten begutachtet und die Person nicht selbst diagnostiziert hat, könnte den Schaden bezifferbar machen.

---

[137] BGH NJW 1974, 312.
[138] *Wolflast,* Psychotherapie in den Grenzen des Rechts, 1985.
[139] Vgl. OLG Nürnberg NJW 1988, 791.

Eine Schädigung durch den Sachverständigen könnte sich ebenfalls ergeben, wenn dieser auf einen Elternteil in rechtlichen Belangen Einfluss nähme, sei es im Hinblick auf Unterhaltsverzicht, Zugewinnverzicht oder Geldtransaktionen. Hier überschritte der Sachverständige eindeutig seine Kompetenz, und der Schaden könnte beweisbar sein.

Prinzipiell hat sich der Sachverständige seiner besonderen Rolle bewusst zu sein, insbesondere dann, wenn er im Rahmen von Mediation und Scheidungsvermittlung im Rahmen der Begutachtung versucht, auf finanzielle Regelungen Einfluss zu nehmen, ohne über die juristischen Gestaltungsmodelle ausreichend informiert zu sein. Wenn er dann sogar im Rahmen der Begutachtung noch durch Unterschrift verbindliche einvernehmliche Regelungen dem Familiengericht unterbreitet, ohne dass diese Regelungen von den jeweiligen Anwälten überprüft und abgesprochen worden sind, so handelt ein solcher Sachverständiger grob fahrlässig und außerhalb seines Auftrages.

Der Sachverständige darf sehr wohl finanzielle Belange im Rahmen der psychologischen Begutachtung besprechen, wenn dies von den Betroffenen gewünscht wird. Der Anlass wird gegeben sein, sollte der finanzielle Streit die Eltern von einer selbstverantwortlich getragenen Kindeswohlregelung abhalten. In diesem Falle jedoch sollten sowohl der Familienrichter als auch die Anwälte über das Bedürfnis der Eltern, sich mit dem Sachverständigen – zu dem sie ein Vertrauensverhältnis aufgebaut haben – zu besprechen, informiert sein. Dieser darf aber in keinem Falle eine mit Unterschrift versehene Regelung dem Familiengericht als verbindlich überlassen. Es kann sich bei einer Einigung beim Sachverständigen immer nur um ein „Basispapier" handeln, das einer weiteren Diskussion mit Anwälten und Familienrichter bedarf.

Da die Rechtslage bezüglich der Sachverständigenhaftung nicht ganz eindeutig ist und die Grenzen zwischen „grob fahrlässig" und „leicht fahrlässig" fließend sind und von der richterlichen Beurteilung im Einzelfall abhängen, kann man nur empfehlen, bei der Gutachtenerstellung immer so gewissenhaft wie möglich vorzugehen. Insbesondere wenn die Möglichkeit besteht, dass eine Person infolge eines Gutachtens in Haft kommen kann, ist besonders penibel und korrekt vorzugehen, da der Sachverständige hierbei für jede Art von Verschulden, die zu einem Freiheitsentzug führt, haften kann.[140]

12. Widerruf eines Gutachtens durch den Sachverständigen

Die Betroffenen haben das Recht, bei unrichtigen Tatsachenbehauptungen *Widerruf* zu verlangen; dies gilt nicht bei Werturteilen.[141] Der Widerruf ist nur unter der Voraussetzung möglich, dass er das geeignete Mittel ist, nachteilige Auswirkungen zu vereiteln. Die Empfehlung, zu der der Sachverständige kommt, ist regelmäßig ein Werturteil und keine Tatsachenbehauptung; dies gilt auch, wenn der Sachverständige seine Empfehlung wie eine Tatsachenbehauptung formuliert. Dies hat u. a. zur Folge, dass man bei einem Sachverständigengutachten in der Regel keinen Anspruch auf Widerruf hat,[142] außer es ist grob fahrlässig, ohne Sachkunde oder ohne erforderliche Befunderhebung zustande gekommen.[143]

---

[140] Vgl. *Wessel*, in: Bayerlein (Hrsg.), Praxishandbuch Sachverständigenrecht, S. 528.
[141] OLG Frankfurt NJW 1969, 557.
[142] BGH NJW 1978, 751.
[143] BGH R & P 2000, 36.

Zivilrechtliche Klagen oder gar Anzeige des Sachverständigen wegen unrichtiger Behauptungen führen in der Regel nicht zum Erfolg.[144] Anzeigen einer enttäuschten Partei bei der Polizei sind für den Sachverständigen etwas problematisch dahingehend, dass er aufgefordert wird, sich der Polizei gegenüber der Anzeige zu äußern. Dies wird er wohl in der Regel ablehnen, da die Tatsache der Begutachtung der Schweigepflicht unterliegt. In der Regel wird das Verfahren von der Staatsanwaltschaft eingestellt.

13. Dokumentationspflicht

Hinsichtlich der Dokumentationspflicht der öffentlich beeidigten und bestellten Sachverständigen gilt, dass die Daten zehn Jahre lang für andere unzugänglich zu verwahren sind.[145] Die ZPO gibt darüber keine Auskunft. Daher wird gelegentlich die Meinung vertreten, die Aufbewahrungsfrist endige mit dem rechtskräftigen Abschluss des Verfahrens. Häufig erfahren aber die Sachverständigen nach Erstattung des Gutachtens nicht mehr, ob das Verfahren bereits in der Erstinstanz oder beim OLG abgeschlossen worden ist. Nicht zuletzt kann der Sachverständige bei einer späteren Abänderung wieder beauftragt werden, so dass die Unterlagen möglicherweise wieder hilfreich sein können.

Gelegentlich kann es für Auseinandersetzungen bezüglich der Sachverständigenentschädigung sinnvoll sein, die Unterlagen auch über die Rechtskraft einer Entscheidung hinaus aufzubewahren, da Anwälte bezüglich der Sachverständigenkostennote erst spät Erinnerung einlegen und Verfahren in streitigen Entschädigungssachen auch bis zur zweiten Instanz (Kostensenate) oftmals sehr zeitintensiv sind. Dies kann bei vorzeitiger Vernichtung der Unterlagen den Sachverständigen in die Verlegenheit bringen, seine Aufwendungen mit seinen Unterlagen nicht mehr belegen zu können.

In der Praxis gilt, dass eine Aufbewahrung über ca. drei Jahre hinweg in der Regel ausreichen würde. Die familiäre Entwicklung hat oftmals in diesem Zeitraum erhebliche Veränderungen durchgemacht, die eine erneute sachverständige Diagnostik und Interventionsstrategie zur aktuellen Konfliktsituation nötig macht. Das früher erstellte Gutachten könnte dann im Rahmen der Akteneinsicht erneut zur Kenntnis genommen werden, die zugrunde liegenden Unterlagen sollten im schriftlichen Gutachten dargelegt sein. Wurde dagegen nur ein schriftlicher Kurzbericht erstellt oder das Gutachten in der Verhandlung mündlich erstattet, wären allerdings längere Fristen vorteilhaft.

Die Unterlagen sind schadenssicher aufzubewahren. Es empfiehlt sich hier ein verschließbarer Schrank für die Unterlagen und andere Datenträger.

---

[144] Siehe Beschluss des OLG Bremen vom 16. 2. 1998, Az. 7-0-1487/1997.

[145] Art. 7 Abs. 3 SachVG. Die Tagebücher und die Akten des Sachverständigen sind mindestens zehn Jahre, gerechnet vom Datum des letzten, in ihnen aufgezeichneten Geschäftsvorgangs, aufzubewahren.

F. Fragestellungen an den Sachverständigen

Seit dem 1.7. 1998 haben sich die familiengerichtlichen Bereiche, in denen der psychologische Sachverständige beauftragt werden kann, erheblich erweitert, doch weiterhin wird der Sachverständige überwiegend bei Fragen zur Sorge- und Umgangsregelung bei Trennung und Scheidung beauftragt.

1. Regelung der elterlichen Sorge bei Trennung und Scheidung

Nach dem neuen Recht behalten Eltern die gemeinsame elterliche Sorge bei Trennung und Scheidung, wenn sie keine anderweitigen Anträge stellen. Gemeinsame Sorge ist nur zwischen Eltern möglich,[1] nicht zwischen einem Elternteil und einer Pflegeperson des Kindes.

Noch nicht möglich ist die gemeinsame Sorge bei gleichgeschlechtlichen Partnerschaften,[2] auch wenn sie auf Dauer angelegt sind.

Erst durch einen Antrag zumindest eines Elternteils wird ein Verfahren zur Regelung der elterlichen Sorge oder Übertragung eines Teil des elterlichen Sorge nach § 1671 BGB eingeleitet, wenn die Eltern nicht nur vorübergehend getrennt leben. Eine Sorgerechtsentscheidung erfordert das dauernde Getrenntleben der Eltern, eine Absichtserklärung reicht nicht aus. Bis dahin können die Eltern bei nicht lösbaren Konflikten das Familiengericht nur nach § 1628 BGB anrufen.

Voraussetzung für den Antrag gemäß § 1671 BGB ist das Bestehen der gemeinsamen Sorge. Es kann jeder Elternteil den Antrag auf Alleinsorge für sich selbst stellen, nicht die Übertragung auf den anderen Elternteil. Das Familiengericht kann aber das Sorgerecht zugunsten eines Elternteils gegen dessen Willen übertragen, da § 1626 Abs. 1 BGB ausdrücklich von „Pflicht" und „Recht" spricht.[3]

Die alleinige Sorge bedarf eines Antrags, auch im Verbundverfahren, damit einem Elternteil die alleinige Sorge oder Teile der elterlichen Sorge zugeteilt werden können. Einen Sorgerechtsantrag kann weder das betroffene Kind noch das Jugendamt stellen,[4] wenn auch das mindestens 14 Jahre alte Kind (§ 1671 Abs. 2 Nr. 1 BGB) ebenso wie das Jugendamt nach § 59 FGG ein Beschwerderecht bezüglich einer Sorgerechtsentscheidung haben.

Stimmen die Eltern bei einem Sorgerechtsantrag überein, muss das Familiengericht dem folgen, außer das Kindeswohl wäre gemäß § 1666 BGB gefährdet. Eine Kontrolle der Elternentscheidung im Hinblick auf das Kindeswohl erfolgt nicht mehr.[5] Damit hat sich

---

[1] Das AG Rastatt, AZ 8 X 74/90, Beschluss vom 25. 11. 1994, hat die elterliche Sorge dem Vater und dem Jugendamt Rastatt gemeinsam übertragen.

[2] Zu diesem Bereich *Verschraegen* FamRZ 2000, 65–69.

[3] OLG Karlsruhe FF 1999, 150.

[4] *Motzer* FamRZ 1999, 1101.

[5] Zum gemeinsamen Sorgerecht: *Keller,* Das gemeinsame Sorgerecht nach der Kindschaftsrechtsreform, 1999.

Salzgeber

der Staat aus seinem Wächteramt nach Art. 1 Abs. II GG weit zurückgezogen.[6] Widerspricht ein über 14 Jahre altes Kind dem Elternvorschlag, muss das Familiengericht gemäß § 1671 Abs. 2 Nr. 2 BGB prüfen, ob der Eltervorschlag dem Wohl des Kindes am besten entspricht.

Stellen die Eltern nur auf einen Teil des Sorgerechts einen Antrag, z. B. Übertragung des Aufenthaltsbestimmungsrechts auf einen Elternteil bei ansonsten bestehender Einigung bezüglich der Beibehaltung der gemeinsamen Sorge, darf das Familiengericht nur über diesen Teil entscheiden. Auch den Sachverständigen haben, bei entsprechender Fragestellung des Familiengerichts, weitere Bereiche nicht zu interessieren, sein Vorgehen hat sich nach dieser „eingeschränkten Kindeswohlprüfung"[7] auszurichten.

Es gilt also, dass die Eltern, wenn sie die gemeinsame Sorge nach der Trennung oder Scheidung beibehalten wollen, nicht tätig werden müssen. Wollen sie eine einvernehmliche, vom gemeinsamen Sorgerecht abrückende Regelung, muss das Familiengericht eine solche Regelung beschließen. Dies hat zur Folge, dass das gemeinsame Sorgerecht als Regelfall angesehen wird. Gelegentlich führt dies nun dazu, dass ein davon abweichender Sorgerechtsantrag, der auch Beratung und Jugendhilfemaßnahmen auslösen würde, trotz erheblicher familiärer Konflikte nicht mehr gestellt wird.[8] Gemeinsame Sorge bringt per se noch keine Klärung darüber, wo das Kind nach der Trennung lebt, wer sich um dessen schulischen Belange kümmert usw. Zudem entstehen den Eltern bei vom gemeinsamen Sorgerecht abrückenden Entscheidungen höhere Kosten.[9] Grundsätzlich gilt aber, dass die alleinige Sorge keine Ausnahme gegenüber der gemeinsamen Sorge darstellt, entscheidend ist das Kindeswohl.[10]

Die gemeinsame Sorge wirkt als Sperre gegen alleinige Entscheidungen eines Elternteils, die erhebliche Konsequenzen für das Kind und den anderen Elternteil hätten. So verhindert das im gemeinsamen Sorgerecht enthaltene Aufenthaltsbestimmungsrecht einen einseitig beschlossenen Wohnortwechsel des Kindes. Bei gemeinsamer Sorge ist kein Elternteil allein berechtigt, den Aufenthalt des Kindes wesentlich – über eine gewisse Entfernung vom bisherigen Wohnort hinaus – zu verändern. Ein eigenmächtiger Umzug würde zu einem Rückführungsanspruch nach § 1632 Abs. 1 BGB berechtigen.[11] Eine Auswanderung würde Maßnahmen nach dem Haager Abkommen aktivieren, da sie nach Art. 3 a in Verbindung mit 5 des Vertragswerks eine Entführung des Kindes bedeutet.

Stimmt ein Elternteil dem das gemeinsame Sorgerecht abzuändernden Antrag nicht zu oder stellen beide Eltern einen solchen Sorgerechtsantrag jeweils für sich, dann hat das Familiengericht zu überprüfen, ob die gewünschte Regelung für das Kindeswohl eine Verbesserung gegenüber dem Status quo darstellt, andernfalls verbleibt es bei der gemeinsamen Sorge.

Ehe das Sorgerecht auf einen Elternteil allein übertragen wird, muss überprüft werden, ob es nicht ausreicht, Teile der Sorge auf einen Elternteil zu übertragen. Maßgeblich und handlungsleitend für das Familiengericht ist aber nach wie vor das Kindeswohl. Dessen

---

[6] *Oelkers* FuR 1999, 349.

[7] *Oelkers* FuR 1999, 355.

[8] Auf diese Gefahr hat schon *Coester* FamRZ 1996, 1181–1187 hingewiesen.

[9] Siehe: *Brehme,* in: Fegert (Hrsg.), Kinder in Scheidungsverfahren nach der Kindschaftsrechtsreform, S. 115.

[10] BGH FamRZ 1999, 1646.

[11] OLG Stuttgart FamRZ 1999, 39, dazu weiter: *Gutdeutsch/Rieck* FamRZ 1998, 1488–1491. Der Elternteil dagegen, der das Kind nicht betreut, kann seinerseits umziehen, selbst wenn ihm dadurch der Kontakt zum Kind erheblich erschwert wird.

Prüfung erfolgt zweistufig: Im ersten Schritt wird geprüft, ob die Aufhebung der gemeinsamen Sorge dem Wohl des Kindes am besten entspricht, und im zweiten Schritt, ob die Übertragung gerade auf den Antragsteller im Sinne des Kindeswohls in Betracht kommt.

Diese Vorgehensweise sollte auch für den Sachverständigen gelten. Erst der zweite Schritt würde umfangreichere Psychodiagnostik im Sinne der großen Kindeswohlprüfung rechtfertigen.

2. Fragen zur elterlichen Sorge bei Trennung und Scheidung

Das Bundesverfassungsgericht hat nach einer Vorlage des *Amtsgerichtes Königstein/Taunus*[12] den § 1671 Abs. 4 Satz 1 BGB a. F. für verfassungswidrig erklärt.[13] Das bis zum 31. 12. 1979 geltende Recht sprach noch davon, dass die „elterliche Gewalt" *in der Regel* einem Elternteil allein übertragen werden solle (§ 1671 Abs. 4 Satz 1 BGB alte Fassung bis 1980); gemeinsames Sorgerecht war bis dahin also möglich.[14] Ab dem 1. 1. 1980 galt jedoch, dass die elterliche Sorge stets nur einem Elternteil zu übertragen sei.

a) Beurteilungskriterien für die Übertragung der gemeinsamen elterlichen Sorge. Der Gesetzgeber zwar nicht explizit die gemeinsame Sorge zum Regelfall erklärt, de facto stellt sie ihn dar.[15] Über 90 % aller Scheidungsfälle mit minderjährigen Kindern behalten die gemeinsame Sorge seit dem Kindschaftsrechtsreformgesetz bei.[16] Auch das SGB VIII hebt im § 17 ausdrücklich ein einvernehmliches Konzept für die Wahrnehmung der elterlichen Sorge sich trennender Eltern als Ziel für jugendhilferechtliche Bemühungen hervor. Alle Gesetzesvorschriften enthalten sich in dem Punkt, ein Modell der gemeinsamen Sorge zu entwerfen; den Eltern ist dazu ein weiter Spielraum gelassen. Es sind keine Vorschriften formuliert, inwieweit die Belange des Kindes dabei zu berücksichtigen sind. Einen Sorgerechtsplan brauchen die Eltern nicht vorzulegen.

Es besteht keine gesetzliche Vermutung, dass die gemeinsame Sorge die für das Kind beste Form der Wahrnehmung der elterlichen Verantwortung sei, sie darf auch den Eltern nicht aufgezwungen werden;[17] Gemeinsamkeit lässt sich nicht verordnen.[18] Dennoch kann von den getrennt lebenden Eltern verlangt werden, Konsens zu suchen und zu finden.[19]

b) Beurteilungskriterien für die Übertragung der alleinigen elterlichen Sorge. Entschließen sich beide Eltern für die Übertragung der elterlichen Sorge auf einen Elternteil, so ist dies für den Familienrichter bindend und hat die gleiche Wertigkeit, wie wenn sie sich für die gemeinsame elterliche Sorge entscheiden würden (nur muss in diesem Fall

---

[12] FamRZ 1980, 483.

[13] BVerfG FamRZ 1982, 1179–1184.

[14] LG Wiesbaden FamRZ 1977, 60: „Es ist zulässig und geboten, den geschiedenen Eltern auf gemeinsamen Vorschlag hin die gemeinsame elterliche Gewalt zu belassen, und zwar dann, wenn das Kindeswohl nicht entgegensteht, im Gegenteil dies dem Wohl des oder der Kinder am besten entspricht"; ähnlich OLG Düsseldorf FamRZ 1978, 266.

[15] *Motzer* FamRZ 1999, 1103; OLG Hamm FamRZ 1999, 1597; OLG Hamm FamRZ 1999, 38; AG Chemnitz FamRZ 1999, 321; OLG Hamm FamRZ 1999, 38.

[16] *Willutzki* Kind-Prax 2000, 45. Aktuelle Zahlen: www.bmj.bund.de, Stichwort Gesetzesvorhaben; Unterabschnitt Berichte und Gutachten.

[17] *Oelkers* FPR 1999. 133.

[18] Amtliche Gesetzesbegründung, BT-Drs. 13/4899, 63; hierzu auch: *Sittig/Störr* FuR 2000, 199–201.

[19] OLG Zweibrücken Kind-Prax 1998, 189.

das Gericht dem Antrag stattgeben, bei gemeinsamer Sorge bedarf es keiner gerichtlichen Entscheidung).

Es gilt auch nicht, dass im Streitfalle die Übertragung der Alleinsorge die „Ultima Ratio" darstellt.[20] Handlungsleitend für das Familiengericht ist das Kindeswohl.[21]

Beantragen beide Eltern jeweils unabhängig voneinander die alleinige Sorge, so werden die psychologische Abwägung und das sachverständige Vorgehen ähnlich wie bis zum 1. 7. 1998 zu erfolgen haben, sollte eine Intervention des Sachverständigen zu einer Einigung erfolglos sein. Nach § 1671 Abs. 2 BGB ist einem Sorgerechtsantrag stattzugeben, wenn zu erwarten ist, dass die Aufhebung der gemeinsamen Sorge und die Übertragung des Sorgerechts auf einen Elternteil dem Wohl des Kindes „am besten entspricht".

Stellt nur ein Elternteil einen Antrag (und der andere Elternteil nicht), so kann Letzterem das Familiengericht – mit Ausnahme der Abwehr einer Kindeswohlgefährdung[22] – das Sorgerecht nicht übertragen.[23]

Im Streit um das alleinige Sorgerecht steht in erster Linie der zukünftige Lebensschwerpunkt des Kindes im Mittelpunkt. Dieser Konflikt gewinnt an Bedeutung, wenn bei binationalen Familien auch die Frage, in welchem Land das Kind aufwachen soll,[24] verbunden mit unterschiedlichsten Religionen, entschieden werden muss.

c) Einschränkung der gemeinsamen Sorge durch den Alltagsentscheid. Die gemeinsame elterliche Sorge nach Trennung oder Scheidung entspricht nicht der gemeinsamen elterlichen Verantwortung, wie sie vor der Trennung oder Scheidung der Eltern besteht (oder von 1982 bis zum 1. 7. 1998 nach der Scheidung einvernehmlich möglich war). Vielmehr gilt gemäß § 1687 BGB, dass der nun getrennt lebende Elternteil, bei dem sich das Kind aufhält, die Befugnis hat, in „Angelegenheiten des täglichen Lebens", was nicht „unwichtigen Entscheidungen"[25] entspricht, des Kindes alleinverantwortlich zu bestimmen. Der Elternteil, in dessen Obhut sich das Kind befindet, ist zudem berechtigt, die Unterhaltsansprüche des Kindes gegenüber dem anderen Elternteil geltend zu machen.[26] Den „Angelegenheiten des täglichen Lebens" stehen die „Angelegenheiten von erheblicher Bedeutung" gegenüber,[27] die weiterhin Einvernehmen der gemeinsam sorgeberechtigten Eltern erfordern. Diese Regelung wurde vom Gesetzgeber eingeführt, damit die Eltern nicht dem Zwang unterworfen sind, sich ständig über das Kind austauschen zu müssen.[28] Mit dieser Regelung hat der Gesetzgeber implizit der Eingliederung des Kindes in einen elterlichen Haushalt den Vorzug vor dem so genannten Wechselmodell gegeben.

Es ist aber weiterhin möglich, dass sich die Eltern auf eine „umfassende" gemeinsame Sorge einigen, die dem gemeinsamen Sorgerecht von 1982 bis zum 1. 7. 1998[29] entspricht, und diese gerichtlich bestätigen lassen, sie können sich dazu auch gegenseitig bevollmäch-

---

[20] BGH FamRZ 1999, 1647; OLG Dresden FamRZ 1999, 1156; OLG Zweibrücken FuR 2000, 435.

[21] So auch: *Maccoby/Mnookin* FamRZ 1995, 16, *Sittig/Störr* ZfJ 2000, 368–371.

[22] So das OLG Karlsruhe, das einem Elternteil gegen dessen Antrag und Willen das Sorgerecht übertragen hat, FamRZ 1999, 801 = ZfJ 1999, 352.

[23] *Schwab* FamRZ 1998, 457–472.

[24] OLG Hamm FamRZ 1999, 320; OLG Frankfurt FamRZ 1999, 182.

[25] Wie OLG Köln FamRZ 1999, 249, meint.

[26] LG München FamRZ 1999, 875; OLG Karlsruhe FamRZ 1998, 563; OLG Frankfurt FamRZ 1995, 754.

[27] Zu Angelegenheiten des täglichen Lebens und von erheblicher Bedeutung siehe: *Schwab* FamRZ 1998, 468 ff.

[28] *Wend* FPR 1999, 139.

[29] BVerfG FamRZ 1982, 1179.

tigen.[30] § 1687 Abs. 2 BGB eröffnet diese Möglichkeit indirekt, insofern als er die Möglichkeit vorsieht, den Alltagsentscheid einzuschränken. Sowohl den Eltern als auch dem Familiengericht und damit auch dem Sachverständigen stehen somit eine Reihe von Gestaltungsmöglichkeiten für eine individuell zugeschnittene Sorgerechtsregelung offen.

Prinzipiell hat jeder Elternteil, bei dem sich das Kind aufhält, den Alltagsentscheid inne. Die Gestaltung des Aufenthalts des Kindes beim getrennt lebenden Elternteil bestimmt dieser allein[31] in Bezug auf Freizeitaktivitäten oder Kontakte des Kindes zu dritten Personen. Dennoch reicht der Alltagsentscheid desjenigen Elternteils, bei dem das Kind seinen Lebensschwerpunkt hat, in einzelnen Fällen auch in die Kompetenz des anderen Elternteils hinein, z. B. wenn das Kind eine medizinische Behandlung begonnen hat, die dann über die Zeit hinweg geführt werden muss, in der sich das Kind beim anderen Elternteil aufhält. Hier hat der andere Elternteil nicht die Möglichkeit, von sich aus die Medikation abzusetzen und eine alternative Behandlung zu beginnen. Dies gilt auch für diätische Vorschriften, die über längere Zeit eingehalten werden müssen. Andererseits kann der Elternteil, bei dem sich das Kind nicht ständig aufhält, im Rahmen seines Alltagsentscheides das Kind z. B. bei einem Fußballverein anmelden, wenn er dafür Sorge trägt, dass er in dieser Zeit, wenn das Kind bei ihm ist, für die Aktivitäten verantwortlich sein kann.

Im Übrigen ist der Elternteil, bei dem das Kind im Alltag überwiegend lebt und der damit den Alltagsentscheid innehat, verpflichtet, den anderen Elternteil bezüglich aller wesentlichen Bereiche des Kindes zu informieren, damit dieser von seinem Mitwirkungsrecht Gebrauch machen kann.

Sollten sich Eltern bei gemeinsamer elterlicher Sorge im Rahmen einer Intervention wieder so weit einigen, dass sie die räumliche Trennung aufheben und wieder zusammenziehen, um es „nochmals zu versuchen", so üben beide Eltern wieder die Sorge völlig gemeinsam aus, auch wenn z. B. die Mutter im Rahmen der örtlichen Trennung den Alltagsentscheid innehatte.

d) Entscheidungen von erheblicher Bedeutung. Die gemeinsame elterliche Sorge nach Scheidung oder Trennung ohne gerichtliche Regelung oder aufgrund einer Abänderung einer zuvor bestehenden alleinigen Sorge bezieht sich nur auf Angelegenheiten von „erheblicher Bedeutung", auf das Kind wesentlich berührende Entscheidungen, die schwer abzuändernde Auswirkungen auf die Entwicklung des Kindes haben, wie Einschulung, Schulwechsel,[32] Umschulung, Religionswechsel, Berufsauswahl, besondere medizinische oder operative Behandlung[33] und Bestimmung des Aufenthaltes. Im Einzelfall kann dies auch auf Fernreisen[34] mit kleineren Kindern zutreffen, wenn z. B. Gesundheitsgefahren bestehen.[35] Eine weitere wesentliche Entscheidung ist die Grundentscheidung, das Ob und Wie des Umgangs des Kindes zum getrennt lebenden Elternteil.[36]

Übergeht der betreuende Elternteil bei erheblichen Entscheidungen den anderen Elternteil, kann dieser auf der Grundlage des § 1628 BGB für eine Entscheidung im Einzel-

---

[30] Vorschläge dazu macht *Reeckmann-Fiedler* FPR 1999, 146–148.
[31] *Weisbrodt* DAVorm 2000, 195.
[32] OLG München Kind-Prax 1998, 195.
[33] Die ärztliche Verwendung von nicht zugelassenen „off-label" Medikamenten bedarf der Zustimmung beider Eltern, ist also nicht vom Alltagsentscheid gedeckt, *Fegert* Deutsches Ärzteblatt 97, 2000, 1–2, S. A-30, mit dem Hinweis, dass in der Kinder- und Jugendmedizin 80 % der angewandten Medikamente „off-label" sind.
[34] OLG Naumburg FuR 2000, 235, mehrstündiger Flug mit Kind unter zwei Jahren.
[35] OLG Köln FamRZ 1999, 249 (Urlaub in Ägypten), wobei dieses Urteil sicherlich diskussionswürdig ist.
[36] *Weisbrodt* DAVorm 2000, 195.

fall oder des § 1696 BGB für eine Abänderung der bestehenden gemeinsamen Sorge das Familiengericht anrufen.

e) Gemeinsame Sorge und Teilübertragungen. Das Sorgerecht setzt sich aus verschiedenen Teilbereichen zusammen. Im Einzelnen betrifft es die Fragen, wer bestimmt den Aufenthalt, die schulische Erziehung und Förderung, die religiöse Ausrichtung, die medizinische Versorgung, die Vermögensangelegenheiten des Kindes, oder auch Verantwortungsbereiche, die den Alltagsentscheid einschränken würden. Deshalb können diese bei Einigung der Eltern und im Konfliktfall gemäß dem Kindeswohl vom Familiengericht zwischen den Eltern aufgeteilt werden, z.B. Aufenthaltsbestimmungsrecht auf die Mutter und Vermögenssorge auf den Vater oder das Aufenthaltsbestimmungsrecht und der Regelungskompetenz der mit dem Schulbesuch zusammenhängenden Fragen auf einen Elternteil.[37] Die gerichtliche Regelung eines Teilbereichs der elterlichen Sorge unterliegt aber den gleichen Eingriffsvoraussetzungen wie die Regelung der elterlichen Sorge insgesamt.[38]

Teilübertragungen des Sorgerechts müssen sich am Kindeswohl ausrichten. Beliebige Aufspaltungen, wie sie bereits in der älteren Rechtsprechung nicht möglich waren, sind auch heute meist nicht sinnvoll, z.B. elterliche Sorge allein auf die Mutter, Aufenthaltsbestimmungsrecht allein auf den Vater;[39] das Aufenthaltsbestimmungsrecht kann aber einem Pfleger oder Vormund übertragen werden;[40] die Übertragung der elterlichen Sorge auf die Mutter und der religiösen Erziehung auf den Vater.[41] Auch wenn z.B. der sorgeberechtigte Elternteil Anhänger der Zeugen Jehovas ist, die Bluttransfusionen ablehnen, darf dem nichtsorgeberechtigten Elternteil das Recht der religiösen Erziehung und die Bestimmung über Bluttransfusion nicht (allein) übertragen werden.[42]

Getrennt werden können Personen- und Vermögenssorge (nach § 1671 Abs. 4 Satz 2 BGB), wenn ein Elternteil für die Verwaltung des kindlichen Vermögens besser geeignet ist und der andere Elternteil eine Gefährdung für das Vermögen des Kindes darstellt. Bloße Zweckmäßigkeit reicht für die Aufteilung nicht aus, die Verteilung muss sich als notwendig erweisen. Von dieser Möglichkeit wird aber in der Praxis wenig Gebrauch gemacht. Findet eine prinzipielle Aufteilung statt, so ist die Geltendmachung von Kindesunterhaltsleistungen der Personensorge zuzuordnen.[43]

Unzweifelhaft können Aufteilungen im Einzelfall zur Beruhigung des Elternkonfliktes zu einem bestimmten Zeitpunkt beitragen und sich dabei positiv auf das Kindeswohl auswirken. Andererseits muss auch überprüft werden, ob bei einer weitgehenden Aufteilung von Teilsorgerechten nicht in Zukunft Streitigkeiten über die restlichen, gemeinsam ausgeübten Bereiche entstehen werden.[44]

f) Aufenthaltsbestimmungsrecht. Bei Uneinigkeit der Eltern, wo das Kind seinen Lebensschwerpunkt findet, wird eine Übertragung des Aufenthaltsbestimmungsrechtes in den meisten Fällen genügen. Eine Abweichung vom ansonsten gemeinsamen Sorgerecht

---

[37] OLG Nürnberg FuR 1999, 332.
[38] OLG Zweibrücken ZfJ 2000, 331.
[39] OLG Hamm FamRZ 1976, 284; OLG Hamm FamRZ 1979, 177; OLG Karlsruhe FamRZ 1984, 91.
[40] OLG Zweibrücken FamRZ 1983, 1055, führt in seinem Beschluss vom 11. 7. 1983 aus, dass die Abspaltung des Aufenthaltsbestimmungsrechts vom Sorgerecht zugunsten des nichtsorgeberechtigten Elternteils unzulässig ist, auch wenn dieser die Furcht hat, dass der Sorgeberechtigte Deutschland verlassen könnte.
[41] BayObLG FamRZ 1963, 192.
[42] BayObLG NJW, 1976, 2017 = FamRZ 1976, 43.
[43] *Palandt/Diederichsen*, § 1671 Rn 8 ff.
[44] Siehe dazu: KG Kind-Prax 1999, 200.

ist nur geboten, wenn dies das Kindeswohl erfordert.[45] Der alleinige Inhaber des Aufenthaltsbestimmungsrechts für das Kind ist nicht gehindert, den Wohnort des Kindes festzulegen, selbst wenn er in das Ausland verziehen möchte.[46]

Das Aufenthaltsbestimmungsrecht räumt aber nicht das Recht ein, den Umgang des Kindes mit dem anderen Elternteil zu bestimmen.[47]

Nicht möglich ist, dem Elternteil das Aufenthaltsbestimmungsrecht zuzuweisen, bei dem das Kind nicht lebt, damit er einen möglichen Umzug des anderen Elterteils mit dem Kind verhindern könnte. Es kann aber dem anderen Elternteil ein Mitspracherecht eingeräumt werden, sollte der betreuende Elternteil seinen Wohnsitz außerhalb einer bestimmten Region verlegen wollen[48] (z. B. Großraum Hamburg oder S-Bahnbereich München).

Es kann geboten sein, das Aufenthaltsbestimmungsrecht zu entziehen und einem Elternteil allein zu übertragen[49] oder auch gerade deshalb beiden gemeinsam zu belassen, wenn ein Elternteil droht, das Kind zu entziehen,[50] oder es nach Besuchstagen nicht mehr zurückbringen will oder wenn ein ausländischer Elternteil seine in Deutschland aufgewachsenen Kinder in seine Heimat bringen möchte, um sie dort nach traditionellen, z. B. islamischen, Wertvorstellungen zu erziehen.[51]

Bei der Herausnahme eines Kindes mit der Folge der Unterbringung des Kindes bei dritten Personen oder der Gefahr der unangemessenen Rückführung des Kindes genügt ebenfalls häufig, nur das Aufenthaltsbestimmungsrecht dem Sorgeberechtigten zu entziehen und einem Aufenthaltspfleger zu übertragen. Aus psychologischer Sicht wäre in diesen Fällen die Übertragung des Aufenthaltsbestimmungsrechts auf neutrale dritte Fachpersonen anstelle von nahen Verwandten in der Regel vorzuziehen, um der Familie bei Konflikten Beratung zur Seite zu stellen. Nicht zuletzt bedingt die Übertragung von elterlicher Kompetenz auf Großmutter, Tante oder ältere Geschwister oftmals eine ständige Quelle familiärer Konflikte, die sich auch auf das Kindeswohl auswirken können.

g) Die alleinige elterliche Sorge. Wird das Sorgerecht nur einem Elternteil übertragen, werden juristisch aus Eltern Elternteile mit unterschiedlichen Rechtsbefugnissen. Die biologische Verwandtschaft des Nichtsorgeberechtigten behält aber ihre Bedeutung in einem Vorrang gegenüber dritten Personen, wenn der Sorgeberechtigte ausfällt, und bezüglich des Umgangsrechtes, das ihm als Teil des Sorgerechts bleibt. Einem Elternteil wird faktisch das Sorgerecht aberkannt mit der Folge, dass er wichtige Entscheidungen über sein Kind nicht mehr mittreffen kann, wenn nicht der personensorgeberechtigte Elternteil von sich aus den Nichtsorgeberechtigten an wichtigen Entscheidungen teilhaben lässt. Hat ein Elternteil die elterliche Sorge allein inne, kann er dem getrennt lebenden Elternteil verbieten, sich über die Belange des Kindes z. B. beim Arzt oder in der Schule zu informieren, dieser Personenkreis darf auch keine Auskünfte erteilen.[52] Dem kann in Form von Vollmachten oder einer Generalvollmacht – die einem gemeinsamen Sorgerecht schon sehr nahe kommt – entgegengetreten werden; beide Formen sind aber jederzeit widerrufbar.

---

[45] OLG Köln Kind-Prax 1999, 201.

[46] OLG Nürnberg ZfJ 2000, 338.

[47] OLG Zweibrücken ZfJ 2000, 331 = Kind-Prax 2000, 94.

[48] AG Hamburg FamRZ 2000, 499.

[49] OLG München FamRZ 1999, 1007.

[50] OLG Hamm FamRZ 1999, 394.

[51] KG Berlin FamRZ 1985, 97, oder in die USA, FamRZ 2000, 1603.

[52] Für die Schule VGH Baden-Württemberg FamRZ 1993, 828.

Wurde einem Elternteil die Sorge allein übertragen, so trifft dieser nicht nur alle Alltagsentscheidungen, sondern auch über alle Fragen von besonderer Bedeutung allein, selbst Entscheidungen über Bestattungsart, Bestattungsort und Gestaltung der Grabstätte des Kindes.[53]

Ebenso wenig ist möglich, seitens des Familiengerichts für ein Kind eine Internatsunterbringung[54] anzuordnen, wenn der oder die Sorgeberechtigten dazu nicht bereit sind und die Voraussetzungen des § 1666 BGB nicht vorliegen.

In der Regel hat das Familiengericht nicht die Möglichkeit, einem Elternteil die elterliche Sorge für einen bestimmten Zeitabschnitt zu übertragen,[55] dies wäre aus psychologischer Sicht auch nicht sinnvoll, ebenso nicht die Übertragung des Sorgerechts auf einen Elternteil, wenn dieser dem anderen Elternteil ohne zeitliche Begrenzung die Ausübung der elterlichen Sorge überlässt, auch wenn dieser Regelung ein gemeinsamer elterlicher Vorschlag zugrunde liegt.[56] Es böte sich in solchen Fällen das gemeinsame Sorgerecht an, ein Abänderungsantrag kann immer gestellt werden, wenn das Kindeswohl dies erfordert. Gleichwohl ist die Entscheidung bezüglich des Sorgerechts von den Familiengerichten als endgültige Entscheidung bis zur Volljährigkeit des Kindes gedacht.[57]

h) Fortbestand der gemeinsamen Sorge bei fehlender Übereinstimmung der Eltern. Die bisherige Rechtsprechung geht meist davon aus, dass die gemeinsame elterliche Sorge den allgemeinen Regelfall darstellt. Strittig ist insbesondere, ab wann dem Antrag eines Elternteils auf Übertragung der alleinigen Sorge stattgegeben werden sollte, wenn der andere Elternteil auf der Beibehaltung der gemeinsamen elterlichen Sorge besteht.

Beantragt ein Elternteil die alleinige Sorge und stimmt der andere dem nicht zu oder nur einer Teilübertragung, weil er am gemeinsamen Sorgerecht festhalten möchte, so ist der Eingriff in das gemeinsame elterliche Sorgerecht so gering wie möglich zu halten. Ehe die gesamte elterliche Sorge einem Elternteil allein übertragen wird, ist unter dem Aspekt der Verhältnismäßigkeit zu prüfen, ob nicht die Übertragung des Aufenthaltsbestimmungsrechtes (gegebenenfalls mit einer vorläufigen Anordnung, verbunden mit Aussetzung des Verfahrens nach § 52 Abs. 2 FGG) ausreicht, eine dem Kindeswohl entsprechende Regelung zu treffen.[58]

Der beantragende Elternteil muss sein Begehren mit dem Kindeswohl begründen, eine Übertragung der alleinigen Sorge oder von Teilen des Sorgerechtes auf einen Elternteil muss dem Kindeswohl am besten entsprechen. Die Zustimmung des anderen Elternteils zum gemeinsamen Sorgerecht ist also nach neuem Recht nicht mehr zwingend erforderlich. Ein Elternteil allein kann also nicht wegen einer vehement vorgebrachten Ablehnung das gemeinsame Sorgerecht verunmöglichen. Kann ein Elternteil nicht begründen, dass es für das spezielle Kind geboten ist, ihm das alleinige Sorgerecht oder Teile davon zu übertragen, bleibt es beim gemeinsamen Sorgerecht.

Die Schwelle, die zu einer Übertragung der alleinigen elterlichen Sorge oder von Teilen davon auf einen Elternteil führen kann, liegt seit dem 1.7.1998 höher als bisher bei der

---

[53] AG Biedenkopf FamRZ 1999, 736.

[54] OLG Köln FamRZ 1998, 1461, hier hatte ein Sachverständiger eine Internatsunterbringung vorgeschlagen.

[55] KG Berlin FamRZ 1957, 176; OLG Frankfurt FamRZ 1962, 171.

[56] OLG Köln FamRZ 1977, 62. Ausnahme: OLG Karlsruhe FamRZ 1977, 479. Bei zeitlicher Begrenzung z.B. bis zum 6. Geburtstag des Kindes, ist die zeitliche Regelung möglich.

[57] So *Coester*, Das Kindeswohl als Rechtsbegriff, S. 355.

[58] OLG Hamm FamRZ 1999, 393.

streitigen elterlichen Sorge. Es müssen triftige Gründe vorliegen, die eine Aufhebung der ehelichen gemeinsamen Sorge nötig machen, und zugleich muss überprüft werden, ob die Übertragung der alleinigen Sorge auf den antragstellenden Elternteil dem Wohl des Kindes am besten dient.[59] Sie entspricht nun in etwa der Schwelle des § 1696 BGB alter Fassung (Abänderung von gerichtlichen Anordnungen). Es trifft nicht zu, dass zur Aufhebung der gemeinsamen Sorge bei uneinigen Eltern die Schwelle des § 1666 BGB erreicht werden muss. Diese Regelung gilt auch, wenn bei nicht miteinander verheirateten Eltern eine gemeinsame Sorgeerklärung vorliegt, von der ein Elternteil abweichen möchte.[60] Prinzipiell gilt, wenn die Aufhebung der gemeinsamen Sorge keinen Vorzug gegenüber der Beibehaltung erkennen lässt, wird der Antrag auf Alleinsorge zurückgewiesen.[61]

Da den Eltern die Verantwortung für ihr Kind zukommt, sollte ein Elternteil die alleinige Sorge nur dann übertragen bekommen, wenn der andere Elternteil erhebliche Einschränkungen in der Erziehungseignung und/oder -fähigkeit vorweist oder ein erheblicher Streitstoff zwischen den Eltern entstanden ist, der jegliche Kooperation ausschließt und der auch nicht durch Interventionen in absehbarer Zeit verringert werden kann. Die Eltern sind grundsätzlich verpflichtet, im Rahmen der elterlichen Sorge Konsens zu suchen und zu finden,[62] und sie sind nicht aus ihrer gemeinsamen Elternverantwortung zu entlassen, solange ein gemeinsames Erziehungshandeln zum Wohle des Kindes zumutbar und die darauf gerichtete Erwartung nicht unbegründet erscheint.[63] Ehe also das Familiengericht in einer streitigen Sache eine Entscheidung fällt, müssen zuerst die beraterischen Angebote erschöpft und gescheitert sein und es muss sicher feststehen, dass diese Anstrengungen auch zukünftig erfolglos bleiben.[64]

Als wesentliches Entscheidungskriterium für eine alleinige Sorge hat sich die Kooperationsbereitschaft und -fähigkeit sowohl bezüglich der Angelegenheiten von erheblicher Bedeutung[65] als auch der Umgangsgestaltung der Eltern gezeigt.

i) Gründe, die eine Aufhebung der gemeinsamen Sorge nicht rechtfertigen.

Innere Entfremdung eines Elternteils vom anderen rechtfertigt keine Aufhebung der gemeinsamen Sorge, da sie keinen unmittelbaren Bezug zur Ausübung des Sorgerechts hat.[66]

Wenn sich die Eltern in der Vergangenheit in der Lage gesehen haben, tragfähige Einigungen zu erzielen und zudem Fragen von grundsätzlicher Bedeutung erst in einigen Jahren anstehen, verbunden mit der Aussicht, dass im Laufe der Zeit eine Versachlichung der Beziehung eintreten wird, dann besteht kein Grund, die gemeinsame Sorge aufzuheben, trotz aktuell fehlender Kooperationsbereitschaft.[67] Wenn sich die fehlende Kooperationsbereitschaft oder die Kommunikationsschwierigkeiten nicht zum Nachteil des Kindes auswirken,[68] da sich die Eltern über relativ untergeordnete Angelegenheiten streiten,[69] die

---

[59] OLG Nürnberg FuR 1999, 332.
[60] Bisher ist dazu noch keine Entscheidung veröffentlicht: *Willutzki* Kind-Prax 2000, 47.
[61] OLG Brandenburg FuR 1998, 324.
[62] OLG Köln FamRZ 2000, 499; OLG Hamm ZfJ 2000, 328.
[63] OLG Zweibrücken FamRZ 1999, 40.
[64] OLG München FamRZ 1999, 1007; aus psychologischer Sicht: *Maccoby/Mnookin* FamRZ 1995, 15.
[65] KG FamRZ 1999, 1518 f.
[66] OLG Nürnberg FuR 1999, 335.
[67] OLG Hamm FamRZ 1999, 1159; AG Chemnitz FamRZ 1999, 321; OLG Frankfurt Kind-Prax 1999, 98.
[68] OLG Brandenburg ZfJ 1999, 28; OLG München FuR 2000, 434 „Bluttransfusion".
[69] OLG Bamberg FamRZ 1999, 1005.

Salzgeber

durch einen Vermittler lösbar sind,[70] und bei Angelegenheiten von erheblicher Bedeutung keine Uneinigkeit besteht,[71] weil der getrenntlebende Elternteil nicht negativ interveniert,[72] braucht die gemeinsame Sorge nicht aufgehoben zu werden. Dies gilt auch, wenn sich der Elternteil trotz der früher vorgebrachten Bereitschaft zur Übernahme an Mitverantwortung nun nicht an Maßnahmen beteiligt (wie Fahrten zum Kindertherapeuten), maßgeblich ist die Beziehung des Elternteils zum Kind.[73] Deshalb sind Straftaten eines Elternteils kein zwingender Grund, die gemeinsame elterliche Sorge auszuschließen,[74] ebenso wenig Alkoholprobleme und fehlende Unterhaltszahlungen.[75] Wenn ein Elternteil eine Streitfront aufbaut mit der Begründung, er könne mit dem anderen nicht mehr zusammenarbeiten und daher die alleinige Sorge beansprucht, kann dies zum Wohl des Kindes nicht hingenommen werden.[76]

Selbst unterschiedliche Erziehungsauffassungen der Eltern sind kein Grund,[77] die gemeinsame Sorge aufzuheben, da auch beim ehelichen Zusammenleben die Eltern nicht immer gleicher Meinung sind, insbesondere wenn sie sich lediglich bei Nebenfragen uneinig sind[78] und wenn die Eltern Auseinandersetzungen bezüglich des Kindesunterhaltes austragen, ist abzuwägen, ob die Eltern nicht die gleichen Konflikte wegen des Umgangs hätten, da sie deswegen weiterhin Kontakte haben werden.[79]

Problematische Umgangsregelungen[80] oder völlig sprachlose Übergabesituationen,[81] bedeuten noch keine Aufgabe der gemeinsamen Sorge, da der Umgang im einzelnen vom Familiengericht geregelt werden kann.

Auch die örtliche Entfernung,[82] selbst wenn ein Elternteil mit dem Kind in die USA auswandert,[83] und die damit verbundene eingeschränkte Möglichkeit des Kindes, den anderen Elternteil zu sehen, kann keine prinzipielle Einschränkung der gemeinsamen elterlichen Sorge bedeuten, selbst dann nicht, wenn das Kind erst nach der Trennung der Eltern geboren wurde,[84] da die Eltern schriftlich oder telefonisch die ohnehin seltenen Fragen von erheblicher Bedeutung abklären können.

Der Verdacht allein, der andere Elternteil würde das Kind in das Ausland verbringen, rechtfertigt nicht die Alleinsorge,[85] da eine mildere Maßnahme, die Übertragung des Aufenthaltsbestimmungsrechts ausreicht,[86] die Gefahr einzuschränken.

---

[70] OLG Bamberg FamRZ 1999, 803.
[71] OLG Oldenburg FamRZ 1998, 1464.
[72] OLG Stuttgart FamRZ 2000, VII.
[73] OLG Hamm FamRZ 2000, 26.
[74] Wegen begangener Vermögensstraftaten: OLG Hamm FamRZ 1999, 1597.
[75] AG Ratzeburg FamRZ 2000, 505.
[76] OLG Bamberg ZfJ 1999, 393.
[77] OLG Zweibrücken FamRZ 1999, 40; OLG Köln FamRZ 2000, 2, S. VI; OLG Köln FamRZ 2000, 509.
[78] OLG Bamberg FuR 1999, 423.
[79] OLG Karlsruhe FamRZ 2000, 112.
[80] OLG Nürnberg FuR 1999, 334.
[81] AG Offenbach FF 1999, 151.
[82] OLG Celle DAVorm 1995, 866; anderer Meinung: OLG Hamm FamRZ 1999, 320; KG Berlin FF 1999, 50; siehe auch: OLG Celle FamRZ 1985, 527; bereits OLG Frankfurt FamRZ 1954, 21, das die Ausübung der elterlichen Gewalt durch den Aufenthalt des Vaters in Kanada nicht verhindert sah.
[83] OLG Nürnberg ZfJ 2000, 338.
[84] OLG Dresden FamRZ 2000, 501.
[85] OLG Frankfurt FamRZ 1999, 1004.
[86] OLG München FamRZ 1999, 1006.

j) Gründe, die eine Aufhebung der gemeinsamen Sorge rechtfertigen. Die Aufhebung der bestehenden gemeinsamen Sorge muss am Wohle des Kindes ausgerichtet sein.

Folgende Gründe finden sich im Schrifttum, die eine Aufhebung rechtfertigen:[87] Sucht und psychische Krankheit; nachhaltiger Kindesunterhaltsentzug trotz Leistungsfähigkeit; Gewalt in der Ehe; nachhaltiges Stören der Beziehung des Kindes zum anderen Elternteil;[88] fehlende Verlässlichkeit; Unfähigkeit zum Konsens und zur Kommunikation; Gleichgültigkeit am Wohle des Kindes und Verzicht auf einen Umgang; unpassende äußere Lebensverhältnisse und Ungeeignetheit zu Pflege und Erziehung des Kindes, wobei nicht zwingend die Schwelle des § 1666 BGB erreicht werden muss.[89]

Ist ein Elternteil nicht in der Lage, das Kind zu erziehen und zu pflegen, besteht keine Basis für die gemeinsame Sorge. Dies gilt z. B. bei Gewalt gegen das Kind, sexuellem Missbrauch oder Vernachlässigung gemäß § 1666 BGB. Äußert ein Elternteil Selbstmordabsichten und kann befürchtet werden, daß er die gemeinsamen Kinder in den Tod mitnehmen wird, sprechen schwerwiegende Gründe gegen die Übertragung der elterlichen Sorge auf diesen Elternteil.[90]

Gemeinsames Sorgerecht kann nicht der ausschließlichen Kontrolle des jeweils anderen Elternteils dienen, bei dem das Kind überwiegend in der Obhut lebt – es kann auch nicht dazu herhalten, eine Trennung der Ehepartner zu verhindern.

Eine Haltung, die davon ausgeht, dass ein Elternteil täglich den anderen informieren muss, mit wem das Kind die Freizeit verbringt, welche Nahrung es zu sich nimmt und wer das Kind beaufsichtigt, kann nicht Grundlage für ein gemeinsames Sorgerecht sein, wenn der andere Partner mehr Distanz wünscht. Das gemeinsame Sorgerecht kann auch nicht belassen werden, wenn zu erwarten ist, dass die Eltern bei der nächsten anstehenden erheblichen Entscheidung das Gericht anrufen werden,[91] da dieses neue Verfahren wieder zu einer Belastung für das Kind führen würde.[92]

Falsch ist die Auffassung, dass bereits der Antrag auf alleinige Sorge ein Hinweis auf fehlende Kooperationsbereitschaft sei[93] und die Aufhebung der gemeinsamen Sorge rechtfertige und immer beide Eltern dem gemeinsamen Sorgerecht zustimmen müssten.[94] Problematisch ist die Einstellung des Elternteils, bei dem das Kind lebt, wenn er sich entschieden gegen das gemeinsame Sorgerecht ausspricht.[95]

Wenn keinerlei Kommunikationsfähigkeit[96] oder objektive und subjektive Kooperationsbereitschaft[97] herstellbar ist, die Eltern nur noch über Anwälte kommunizieren[98] (selbst wenn beide Eltern geeignet sind, das Kind aufzuziehen[99]), die Eltern sich in grund-

---

[87] Empfehlungen des 13. Deutschen Familiengerichtstages, FamRZ 2000, 274.

[88] OLG Köln DAVorm 2000, 691.

[89] *Schwab* FamRZ 1998, 463 f.; *Bode* FamZR 1999, 21, 1400–1403.

[90] BayObLG FamRZ 1975, 169.

[91] Wohl dann, wenn eine solche Entscheidung bald anstehen würde.

[92] OLG Frankfurt FamRZ 2000, 510.

[93] OLG Bamberg FamRZ 1997, 48.

[94] So *Oelkers* FPR 1999, 132–137.

[95] So KG FamRZ 1999, 808.

[96] KG Berlin FamRZ 2000, 2, VI.; OLG Düsseldorf FamRZ 1999, 1158; OLG Dresden FamRZ, 1999, 324; OLG Frankfurt FamRZ 1999, 392; OLG Hamm FamRZ 2000, 501; KG FamRZ 2000, 504; OLG Bamberg Kind-Prax 1999, 134.

[97] KG FamRZ 1999, 616; KG FamRZ 2000, 504; OLG Köln FF 2000, 177.

[98] AG Solingen FamRZ 1999, 183.

[99] OLG Dresden FamRZ 2000, 109, wenn die Kooperationsunfähigkeit auf nachvollziehbaren Gründe beruht.

sätzlichen Erziehungsfragen nicht einigen können[100] oder sich ihre Konflikte auf verschiedene Teilbereiche der elterlichen Sorge beziehen;[101] ein Elternteil meint, der Erziehung des anderen Elternteils gegensteuern zu müssen,[102] sich die Eltern gegenseitig[103] bzw. selbst die Fähigkeit absprechen, das Kind ordnungsgemäß zu erziehen,[104] kann die gemeinsame Sorge aufgehoben werden.

Als weitere wesentliche Gründe für die Aufhebung der gemeinsamen elterlichen Sorge werden in der Rechtsprechung die Fälle gesehen, wo es bei Umgangsgestaltungen zu tätlichen Auseinandersetzungen im Beisein des Kindes kommt,[105] wenn ein Elternteil ein völlig flexibles, allein von seinem Willen abhängiges Umgangsrecht wünscht,[106] ohne gerichtliche Hilfe keine praktikable Umgangsregelung gefunden werden kann,[107] die Eltern nicht in der Lage sind, auf die Belange des Kindes Rücksicht zu nehmen,[108] durch einen Umzug eine große Entfernung entsteht und der Umgangsberechtigte dies beanstandet und vom Fortbestehen einer Kompromissbereitschaft nun nicht mehr ausgegangen werden kann.[109]

Trotz des weitreichenden Alltagsentscheides und trotz möglicher Übertragung des Aufenthaltsbestimmungsrechtes[110] wird es auch in Zukunft bei einigen Familien zur Übertragung der alleinigen elterlichen Sorge gegen den Willen des anderen Elternteils kommen, da nur so dem Kindeswohl entsprochen werden kann. Häufig entspricht es in dieser Situation dem Kindeswohl mehr, das Umgangsrecht angemessen zu gestalten.

Bei positiver Veränderung des Elternverhaltens oder aufgrund von neu gewonnenen Kompetenzen des Kindes kann eine einmal ergangene Sorgerechtsregelung jedoch zu einem späteren Zeitpunkt wieder abgeändert werden.

k) Aufgabe des Sachverständigen. Die gemeinsame elterliche Sorge ist die juristische Konsequenz aus einer sozialwissenschaftlichen Forderung, dass diese Regelung am ehesten dem Wohl des Kindes entspreche.[111] Dieses Wohl ist darin zu sehen, dass ein Kind in dem Gefühl von Sicherheit aufwächst, weiterhin zwei verlässliche, es liebende Eltern zu haben, die nicht um es konkurrieren und es nicht in starke Loyalitätskonflikte bringen.[112] Nicht zuletzt wegen der symbolischen Bedeutung der gemeinsamen Elternschaft für das Kind. Viele Diskussionen zum gemeinsamen Sorgerecht, seiner Ausgestaltung und Bedeutung für das Kindeswohl sind ideologisiert geführt. Es finden sich bei Gegnern wie Befürwortern nachvollziehbare Argumente und entsprechende Studien.[113]

---

[100] OLG Düsseldorf FuR 1999, 473; KG ZfJ 1999, 396; OLG Bamberg FamRZ 1999, 806; KG FamRZ 1999, 737; KG ZfJ 2000, 326.

[101] BGH FamRZ 1999, 1646.

[102] OLG Bamberg FuR 1999, 365.

[103] OLG Dresden FamRZ 1999, 1156.

[104] OLG Hamm Kind-Prax 1999, 59.

[105] OLG Düsseldorf FamRZ 1999, 1597 f.

[106] OLG Stuttgart FamRZ 1999, 1596.

[107] OLG Dresden FamRZ 1999, 1156.

[108] OLG Düsseldorf FamRZ, 1999, 1597 f.

[109] KG FF 1999, 59.

[110] So: KG DAVorm 2000, 261.

[111] Vgl. *Wallerstein*, in: Steinhausen (Hrsg.), Risikokinder, 1984; *Wallerstein/Blakeslee*, Gewinner und Verlierer, 1989.

[112] KG FamRZ 2000, 502.

[113] Siehe dazu den Beitrag von *Figdor*, in: Brauns-Hermann/Busch/Dinse (Hrsg.), Ein Kind hat das Recht auf beide Eltern, 1997.

Salzgeber   137

Das gemeinsame Sorgerecht kommt der Vorstellung vieler Väter entgegen, in Zukunft nicht nur als „Zahlvater" wirken zu können.[114] Untersuchungen ergaben, dass Eltern, die das gemeinsame Sorgerecht ausüben, häufigere und intensivere Kontakte zum Kind aufrechterhalten,[115] was zwar zu erhöhten Wiederversöhnungshoffnungen bei den Kindern geführt hat, die aber im Laufe der Zeit abnahmen. Auf der anderen Seite ist der Schluss nicht konkludent, durch die gemeinsame Sorge werde bereits elterliche Einigkeit verordnet,[116] vor diesen Fehlschluss warnt sozialwissenschaftliche Forschung.[117] Untersuchungen in anderen Ländern weisen auf die Gefahr für das Kindeswohl hin, wenn bei Eltern mit erheblichem Konfliktpotential die gemeinsame Sorge im Sinn von tatsächlicher Ausübung einer gemeinsamen Verantwortung ausgeübt wird.[118] Die Ergebnisse sind nicht völlig auf unsere Verhältnisse übertragbar, da z.B. das amerikanische Recht den Alltagsentscheid nicht vorsieht. Weiter wird befürchtet, dass sich der Streit auf viele Einzelbereiche verlagern könne,[119] da mit dem Sorgerechtsmodell gemeinsame Sorge nicht entschieden sei, bei wem das Kind lebt. Dennoch gilt, dass die juristische Form der Sorgerechtsregelung ein Kind bis zum Alter von ca. 12 Jahren wenig berührt, vielmehr sind die Auswirkungen, die eine juristische Regelung auf die Lebensbereiche des Kindes hat, entscheidend.

Es werden unterschiedliche Betreuungsmodelle diskutiert, wobei das *Nestmodell* – das Kind bleibt im gleichen Haushalt, und die Eltern wechseln sich in bestimmten Abständen in der Betreuung und Erziehung ab – meist nur für gewisse Übergangszeiträume praktiziert wird, da ein Elternteil immer wieder in den Privatbereich des anderen Elternteils eindringt und damit Einblick in dessen private Dinge erhält. Wird es erfolgreich praktiziert, ist es ein Modell für reiche Eltern, da sie sich meist drei Haushalte leisten können. Das *Wechselmodell* – das Kind lebt abwechselnd beim Vater und bei der Mutter – kann durchgeführt werden, wenn die Betreuung tatsächlich in beiden Haushalten gesichert ist und die sozialen Bezüge, soweit sie für das Kind wesentlich sind, erhalten bleiben können. Meist fehlen dazu die Voraussetzungen der räumlichen Nähe beider Wohnungen und des notwendigen kooperativen ko-elterlichen Verhaltens, so dass sich häufig niemand mehr richtig für das Kind verantwortlich zeigt.[120] In der Regel wird daher das **Domizil- oder Residenzmodell**[121] gewählt, das Kind lebt schwerpunktmäßig bei einem Elternteil und hält die Beziehung zum anderen Elternteil durch Besuchskontakte aufrecht.[122]

Häufig besteht bei den Betroffenen ein erheblicher Aufklärungsbedarf bzgl. der möglichen Sorgerechtsregelungen,[123] wenn diese zum Sachverständigen kommen. Es ist zwar nicht Aufgabe des Sachverständigen, eine Rechtsberatung durchzuführen, aber sein diagnostisches Vorgehen und seine Rolle hat er transparent zu machen. Aus diesem Grund gehört es zu seinen Aufgaben, die Eltern über die Zielrichtung seiner Tätigkeit zu informieren und die Interventions- und Regelungsmöglichkeiten innerhalb seiner Rahmen-

---

[114] So auch: *Born* FamRZ 2000, 397; *Gründel,* Gemeinsames Sorgerecht, 1995.

[115] *Walter,* Alleinerziehende und gemeinsame elterliche Sorge nach Trennung und Scheidung. Unveröffentliche Disseration, 1990, S. 320 ff.

[116] BGH FamRZ 1999, 1647; dagegen: *Bode* FamRZ 2000, 478.

[117] *Wallerstein/Blakeslee,* Gewinner und Verlierer, 1989; *Maccoby/Mnookin* FamRZ 1995, 14; weitere Literaturhinweise bei: *Balloff* ZfJ 1996, 266–269.

[118] *Maccoby/Mnookin* FamRZ 1995, 42; *Furstenberg/Cherlin,* Geteilte Familien, 1993.

[119] *Schwab* FamRZ 1998, 462.

[120] Darauf weisen: *Maccoby/Mnookin* FamRZ 1995, 16 hin.

[121] *Lempp,* in: Hommers (Hrsg.), Perspektiven der Rechtspsychologie, S. 158.

[122] Auf die unterhaltsrechtlichen Folgen der Modelle weist *Affeldt* FPR 1998, 186–191 hin.

[123] *Born* FamRZ 2000, 397.

bedingungen zu erklären. Gelegentlich können Hinweise auf die Rechtswirklichkeit aus sachverständiger Sicht als wirksame Intervention wirken, wenn z. B. einem Elternteil erklärt wird, dass der Sachverständige keine alleinige elterliche Sorge dem Familiengericht gegenüber empfehlen könne, da er dazu die Voraussetzungen nicht habe feststellen können. Es ist auch ein immer wieder von Eltern vorgebrachtes Missverständnis, dass sie nach der Trennung etwa gleich viel Zeit mit den Kindern verbringen oder zeitintensive Gespräche miteinander führen müssten, wenn sie das gemeinsame Sorgerecht ausüben. Die Erörterung des Alltagsentscheides kann oftmals Befürchtungen abbauen. Häufig kann der Vorschlag zur Erteilung von gegenseitigen Vollmachten Reibungen zwischen den Eltern reduzieren, gerade wenn es um Unterschriften, z. B. für die Ausstellung von Kinderausweisen und dergleichen, geht.

Die Intervention des Sachverständigen wird häufig darin bestehen, unrealistische Erwartungen bezüglich des gemeinsamen Sorgerechts abzuklären. Mit dem gemeinsamen Sorgerecht werden nicht per se Interaktionsprobleme gelöst oder Gemeinsamkeit hergestellt. So wie nichteheliche Lebensgemeinschaften ohne Sorgeerklärung existieren, in denen die Entscheidungsbefugnis wie bei geregelter gemeinsamer Sorge gehandhabt wird, so haben auch Eltern die gemeinsame Sorge inne, obwohl ein Elternteil keinen Kontakt mehr zu seinem Kind unterhält.

Bei Konflikten, die zwischen den Eltern in der Trennungszeit vorherrschen, gibt der Alltagsentscheid beiden Eltern Hinweise für ihren Umgang miteinander. Der Elternteil, der getrennt vom Kind leben wird, hat sich in vielen Bereichen des Kindes nicht mehr um die alltäglichen Belange zu kümmern und kann damit auch keine Kontrolle ausüben, während der andere Elternteil, bei dem das Kind lebt, keine störenden Interventionen des anderen Elternteils erwarten muss, da er im Rahmen des Alltagsentscheides allein verantwortlich für das Kind sorgen kann.

Der Sachverständige hat in seiner diagnostischen Arbeit herauszufinden, wo tatsächlich Uneinigkeit zwischen den Eltern auf der konkreten Ebene vorliegt, wie sie sich im Laufe der Zeit entwickeln werden und ob sich diese Uneinigkeiten tatsächlich auf das Kind auswirkt. Vor allem hat er zu prüfen, ob sich bei einer Teilübertragung familiäre Konflikte gegenüber dem bestehenden Zustand verringern.[124]

Der Sachverständige hat die Argumente des Elternteils, der vom gemeinsamen Sorgerecht abweichen will, bezüglich ihrer Auswirkung auf das Kindeswohl zu überprüfen, da der Alltagsentscheid dem erziehenden Elternteil bereits wesentliche Kompetenzen gewährt.

Hinsichtlich der Anforderungen an die Kooperationsbereitschaft im Falle einer Beibehaltung der gemeinsamen Sorge bestehen keine verbindlichen Kriterien, so dass die Folgen fehlender Kooperationsfähigkeit und -bereitschaft vor dem Hintergrund der Befindlichkeit des betroffenen Kindes individuell festzustellen und für die Zukunft unter Einschluss möglicher Interventionen zu prognostizieren sind. Der Alltagsentscheid bedeutet für eine Sachverständigenintervention, dass nicht mehr die umfassende Kooperation[125] der Eltern, sondern Konsens bezüglich Kompetenzverteilungen zu entwickeln und die grundsätzliche Akzeptanz des jeweiligen Elternteils bzgl. potentiellen Entscheidungen für

---

[124] Siehe auch OLG Bamberg Kind-Prax 1999, 96, hier hatte der Sachverständige die Alleinsorge empfohlen, dem nicht entsprochen worden ist. In der Anmerkung zum Urteil wird hervorgehoben, dass Sachverständige sich möglichst differenziert mit dem Familienkonflikt befassen und auch die Neuregelung des § 1687 BGB in ihre Argumentation mit einbeziehen sollten.

[125] Siehe auch: *Bode* FamZR 1999, 1400–1403; OLG Hamm FamRZ 1999, 19, S. II.

das gemeinsame Kind anzustreben sind, wenn gerade der andere Elternteil mit diesem zusammen ist. Verlangt wird weniger ein Miteinander, auch keine dauernden Gespräche und Entscheidungen,[126] als vielmehr ein relativ friedliches Nebeneinander im Sinne paralleler Elternschaft. Es wird im Interesse des Kindes in Zweifelsfällen eine Empfehlung zugunsten der Alltagssorge zu treffen sein.[127]

In Einzelfragen kann auch das Familiengericht nach § 1628 BGB angerufen werden, wenn es wegen aktueller Differenzen in einzelnen Angelegenheiten zu Konflikten kommt. Kann aber bei Konflikten während der Trennungsauseinandersetzung auch mit Hilfe des Sachverständigen in entscheidungserheblichen Fragen des Kindes keine Einigung erzielt werden, so sollte der Sachverständige bedenken, ob im nächsten Zeitraum weitere erhebliche Entscheidungen anstehen. Kann kein schulischer Konsens hergestellt werden, so sind bei voraussichtlich wechselnden Leistungen des Kindes Dauerkonflikte bei notwendigen Entscheidungen (freiwillige Wiederholung der Klasse,[128] Wechsel der Schule, Internatsunterbringung, Wechsel in einen anderen Schulzweig) zu erwarten. Anders verhält es sich aus psychologischer Sicht, wenn die nächste erhebliche Entscheidung Jahre später, z. B. erst zur Berufswahl des Kindes ansteht.

Es bleibt zu hoffen, dass einerseits wegen der Zweifel an der Zuständigkeit für den Alltagsentscheid bzgl. jedes Umzugs, Schulwechsels innerhalb des Ortes und dergleichen nicht das Familiengericht angerufen wird, andererseits der Alltagsentscheid nicht durch Rechtsprechung der Obergerichte so weit ausgedehnt wird, dass die gemeinsame Sorge völlig ausgehöhlt wird.

Der Sachverständige sollte sich nicht mit dem Erreichen einer normativen Lösung zufrieden geben, keinesfalls hat er die Eltern zu einer gemeinsamen Sorge zu zwingen oder zu überreden.[129] Er sollte als Psychologe und Sachverständiger in Trennungsfällen mit den Eltern konkrete Regelungsmodelle entwerfen, die am speziellen familiären Alltag orientiert sind.[130] Es ist nicht prinzipiell dem Kindeswohl dienlich, wenn die Betreuung des betroffenen Kindes gleichmäßig zwischen den Eltern aufgeteilt wird,[131] ohne die Beziehungen oder das soziale Umfeld des Kindes zu betrachten oder die Förderkompetenz der Eltern in bezug auf die entwicklungsmäßigen Bedürfnisse des Kindes zu berücksichtigen. Die Intervention sollte auch Alternativregelungen bei zeitweisem Nichtgelingen vorsehen. Dies erfordert erhebliches Fach- und Erfahrungswissen sowie Einfühlungsvermögen.[132]

Wenn zwischen den Eltern Sorgerechtsbereiche unstrittig und nicht durch die Fragestellung des Gerichts abgedeckt sind, hat sie der Sachverständige keiner weiteren Überprüfung zu unterziehen. Einschränkungen der prinzipiell bestehenden gemeinsamen Sorge hat ein Elternteil vorzubringen und zu begründen, nicht der Sachverständige. Hier sind ähnliche Vorgaben anzuwenden, wie sie der BGH in seinem Urteil zur Glaubhaftigkeitsbegutachtung[133] festgelegt hat. Handlungsleitend kann für den Sachverständigen eine Null-

---

[126] OLG Hamm ZfJ 2000, 156.

[127] So auch Empfehlungen des 13. Deutschen Familiengerichtstages, FamRZ 2000, 274.

[128] OLG Nürnberg FamRZ 1999, 673.

[129] Für das Gericht *Born* FamRZ 2000, 399.

[130] Beispiel für Elternvereinbarung gibt: *Krabbe* FPR 1995, 98–101.

[131] Wie *Man*, in: Brauns-Hermann/Busch/Dinse (Hrsg.), Ein Kind hat das Recht auf beide Eltern, 1997, mit vielen Studien zu belegen versucht.

[132] Siehe: *Willutzki* Praxis der Rechtspsychologie 1998, 139.

[133] BGH FamRZ 1999, 1648.

Hypothese sein: Die fortgesetzte gemeinsame Sorge entspricht dem Kindeswohl am besten. Mit seinem diagnostischen Instrumentarium, mit dem er die psychologischen Fragen überprüft, wird er dann darlegen, inwieweit diese Hypothese verworfen werden muss.[134] Ein Abrücken von der gemeinsamen Sorge wird am ehesten zu überlegen sein, wenn der Elternteil, bei dem das Kind nicht lebt, keinerlei nachvollziehbare Akzeptanz für die Beziehungs- und Erziehungsleistung des anderen aufbringen kann, so dass trotz Beratung keine Beruhigung der familiären Konfliktsituation erwartet werden kann. Im umgekehrten Fall wird eine Übertragung des alleinigen Sorgerechts auf den anderen Elternteil dann zu diskutieren sein, wenn er von einer tatsächlichen Notwendigkeit eines Kontaktes des Kindes zu diesem Elternteil nicht überzeugt werden kann.

Zur Entscheidungsfindung soll der Sachverständige die Eltern ermutigen, durchaus ihre Befürchtungen und Probleme bei der Gestaltung der Nachtrennungssituation des Kindes anzusprechen. Es besteht bei Eltern und Betroffenen oft die Voreinstellung, vorschnell einem Kompromiss zuzustimmen, um nicht Anlass zu geben, das Sorgerecht ganz zu verlieren. Aus diesem Grund werden von den Anwälten und Eltern Konflikte und Enttäuschungen gegenüber dem Jugendamt oder dem Familiengericht verschwiegen, um die gemeinsame Sorge nicht zu gefährden; nach Abschluss des Verfahrens treten sie häufig dann dennoch zutage.

Haben sich die Betroffenen im Rahmen der Sachverständigenintervention auf eine Übertragung der alleinigen elterlichen Sorge auf einen Elternteil geeinigt, so hat der Sachverständige diese Einigung nicht weiter zu hinterfragen oder zu problematisieren, außer eine solche Regelung würde zu einer erheblichen Belastung für das Kindeswohl führen. Der Sachverständige ist aber nicht gehindert, die Eltern hinsichtlich der konkreten Ausgestaltung zu beraten, etwa auf die Möglichkeit einer Bevollmächtigung hinzuweisen, wenn ein Elternteil positives Engagement und Interesse zeigt, sich z.B. bei Schule oder Kindergarten über das Befinden des Kindes zu erkundigen.

Sollte in der Beschlussfassung auch nach einer Umgangsregelung gefragt sein, so hat der Sachverständige möglichst konkrete Vorschläge zu formulieren, ohne die Eltern zu sehr in ihrer Entscheidungskompetenz und Autonomie einzuengen. Wurde eine solche Fragestellung nicht gestellt, ist der Sachverständige dennoch nicht gehindert, entsprechende Überlegungen und Verabredungen der Eltern in seinen schriftlichen Ausführungen festzuhalten.

Bestand bei beiden Eltern die Absicht, die alleinige Sorge allein übertragen zu bekommen, und haben sie sich im Laufe der Sachverständigenintervention nicht geeinigt, so sollte sich der Sachverständige einer juristischen Beantwortung der Fragestellung enthalten. Es ist vielmehr seine Aufgabe, die Ressourcen und Belastungsfaktoren des Kindes zu formulieren, einen Vorschlag zu machen, bei welchem Elternteil das Kind seine Entwicklungspotentiale am ehesten entwickeln kann und somit bzgl. des Lebensschwerpunktes eine Aussage zu machen und zugleich die Beziehungsstruktur des Kindes zu beiden Eltern zu erhellen. Sollten tatsächlich Eingriffe in die Verantwortung der Eltern vorgenommen werden müssen, so sollten die hochstrittigen Bereiche dargestellt und erörtert werden, wie weit sich diese auf das Kindeswohl auswirken. Erst wenn das Gesamt der elterlichen Teilbereiche hochstrittig ist und auch von den Eltern keine Annäherung erwartet werden kann, sollte der Sachverständige eine Zuordnung von einzelnen Verantwortungsbereichen vorschlagen. Er sollte aber vermeiden, eine globale Sorgerechtszuordnung vorzuschlagen, da sich die Eltern auch vor dem Hintergrund anderer Scheidungsfolgen bis zum gericht-

---

[134] Siehe auch: *Fegert*, Deutscher Familiengerichtstag, 13, 1999, S. 54.

lichen Termin noch auf eine anders geartete Sorgerechtsregelung einigen können. Trotz Fehlens eines eindeutigen Sorgerechtsvorschlages bietet ein solches Gutachten dennoch dem Familienrichter die Möglichkeit, eine Entscheidung auch für eine alleinige elterliche Sorge treffen zu können.

Zugleich hat der Sachverständige bei seinen Empfehlungen immer auch die Folgen für die Eltern zu beachten. Es sind Fälle denkbar, in denen ein Elternteil aufgrund der Belastung, die ein gerichtliches Verfahren mit sich bringt, als Bezugsperson für das Kind ausfällt. Ein angemessenes sachverständiges Vorgehen bietet den Eltern einen geschützten und neutralen Raum, Schritte für persönliche Stabilisierung und Neuorientierung zu beginnen und zugleich das Risiko zu minimieren, durch diese Veränderungen Rechtsnachteile zu erleiden.

Der Sachverständige hat die Situation eines Kindes zu bedenken und abzuwägen, welchen Verlust ein Kind erleidet, wenn es zwar einerseits derzeit optimal plaziert ist, jedoch eine Bezugsperson verliert oder diese nur noch eingeschränkt zur Verfügung steht. Gerade in solchen Fällen zeigt sich die Begrenztheit einer ausschließlich am Status orientierten Diagnostik.

3. Regelung der elterlichen Sorge bei nicht verheirateten Eltern

Seit dem 1. 7. 1998 besteht auch für nicht miteinander verheiratete Eltern die rechtliche Grundlage, die elterliche Sorge gemeinsam auszuüben.

a) Rechtliche Vorgaben. Nicht verheiratete Eltern können die gemeinsame Sorge für ihr Kind ausüben, wenn sie gemäß § 1626 a BGB dazu ihre Zustimmung erteilen. Einer Sorgerechtserklärung,[135] die persönlich, aber nicht von beiden gleichzeitig beim Notar oder Jugendamt abgegeben werden muss, steht auch nicht entgegen, wenn einer der Elternteile noch mit einem anderen Partner verheiratet ist.[136] Es muss kein gemeinsamer Haushalt geführt werden, die Erklärung kann sogar nach einer Trennung der Eltern erfolgen.[137] Prinzipiell gilt, dass der nicht verheiratete Vater damit rechtlich in die elterliche Verantwortung gegenüber dem Kinde eingebunden ist.

Eine Sorgerechtserklärung kann nicht rückgängig oder widerrufen werden, sie kann nur auf Antrag im Rahmen der §§ 1696, 1671 BGB vom Familiengericht abgeändert werden.[138] Zeitlich befristete Sorgerechtserklärungen sind unwirksam (z. B. dass die skeptische nichteheliche Mutter für zwei Jahre dem gemeinsamen Sorgerecht zustimmt, danach soll die Bewährung dieser Regelung überprüft werden) und können folglich auch nicht vom Sachverständigen empfohlen werden.

Eine Alleinsorge oder gemeinsame Sorge des nichtehelichen Vaters ohne die Zustimmung der Kindesmutter ist nach § 1626 a BGB, selbst wenn sich der Lebensschwerpunkt des Kindes in seinem Haushalt befindet, nicht möglich.

Eine Sorgerechtserklärung von der nicht verheirateten Mutter kann bisher nicht erzwungen oder gerichtlich ersetzt werden,[139] selbst wenn sie willkürlich verweigert

---

[135] Zu Formalien der Sorgerechtserklärung: *Knittel* ZfJ 2000, 140–143.
[136] *Willutzki* Praxis der Rechtspsychologie 1998, 137.
[137] *Finger* ZfJ 2000, 185.
[138] *Keller* S. 48.
[139] AG Pankow/Weißensee FamRZ 2000, 1241.

wird.[140] Auch wenn die Mutter wegen eigener Erkrankung das Kind mit Zustimmung des Jugendamtes auf nicht absehbare Zeit in einer Pflegefamilie unterbringt, rechtfertigt dies nicht die Übertragung der elterlichen Sorge auf den Vater; das gilt auch für den Fall, dass dieser längere Zeit das Kind mit betreut hat.[141] Ein Sorgerechtswechsel ist ohne Zustimmung der Mutter nur dann möglich, wenn das Kindeswohl gemäß § 1666 BGB in Verbindung mit § 1680 Abs. 3 BGB gefährdet ist[142] oder andere Einschränkungen, wie Tod der Mutter, Entzug oder Ruhen der elterlichen Sorge eintreten.

b) Gestaltungsmöglichkeiten des Sachverständigen. Die Sorgerechtsauseinandersetzungen bei nichtehelichen Lebensgemeinschaften erfordern ein großes Maß an individueller Diagnostik, da sich die Lebensformen und die Beziehungsstrukturen der nichtehelichen Familie in ihren vielfältigen Ausprägungen oftmals von ehelichen Lebensformen unterscheiden. Hier ist zu denken an die familiären Belastungen, die sich aus den unterhaltsrechtlichen Gegebenheiten (die nicht verheiratete Mutter ist nach neuerem Recht für drei Jahre unterhaltsberechtigt, nur noch bei Einzelfällen etwas länger, wogegen die verheiratete Mutter, wie bei anderen „Scheidungsfolgen", so z. B. Zugewinn und Wohnungszuweisungsfragen, gesetzlich deutlich besser gestellt ist), ergeben und ohne Zweifel Auswirkungen auf das Kindeswohl haben werden. Erste Erfahrungen lassen erheblich, familiäre Konflikte befürchten, da oftmals schon wenige Wochen nach der Sorgerechtserklärung beim Familiengericht hochstreitige Sorgerechtsverfahren anhängig gemacht werden.[143]

Die verschiedenen Familienkonstellationen erfordern unterschiedliche psychologische Bewertungen und Interventionsstrategien.[144] Kriterien wie Kontinuität und Kooperationsbereitschaft werden neu zu bestimmen sein. Auch Beratungsstellen sind auf die neuen Fragestellungen noch nicht genügend vorbereitet, so dass sich eine Vernetzung, ein entsprechender Erfahrungsaustausch aus der Zusammenarbeit mit anderen Stellen, erst noch entwickeln muss.

Die hohe Schwelle des § 1666 BGB gilt derzeit auch noch, wenn ein nichtehelicher Vater bei Fehlen einer Sorgerechtserklärung gegen den Willen der Mutter die elterliche Sorge wünscht, selbst wenn die Kinder dies wünschen oder wenn die Kinder langjährig mit beiden Eltern zusammengelebt haben. Hier sind die ehelichen Kinder den nichtehelichen Kindern rechtlich nicht gleichgestellt. In diesen familiären Konfliktfällen sollte es Aufgabe des Sachverständigen sein, die Situation der Kinder nachvollziehbar darzustellen. Die Maßgabe des § 1666 BGB definiert kein festes Kriterium, eine Kindeswohlgefährdung muss im Einzelfall und in ihren Funktionszusammenhängen[145] bestimmt werden. So kann eine Kindeswohlgefährdung gegeben sein, wenn bei einer langjährigen nichtehelichen Lebensgemeinschaft das Kind von der sorgeberechtigten Mutter gegen dessen und des Vaters Willen in ein Internat verbracht wird, während es bei einer Familie, bei der die Eltern z. B.

---

[140] Die willkürliche Ablehnung kann gegen Art. 6 II GG verstoßen: OLG Düsseldorf FamRZ 2000, 4, S. VII und OLG Stuttgart FamRZ 2000, 632 = DAVorm 2000, 273; AG Korbach FamRZ 2000, 629; AG Groß-Gerau FamRZ 2000, 631; dazu: *Finger* FamRZ 2000, 1204–1207.

[141] BayObLG FamRZ 1993, 846.

[142] So OLG Hamm FamRZ 2000, 1239; BayObLG FamRZ 1993, 843, der Wille des Kindes, beim Vater leben zu wollen, reicht nicht aus.

[143] *Brehme,* in: Fegert (Hrsg.), Kinder in Scheidungsverfahren nach der Kindschaftsrechtsreform, 1999, S. 116.

[144] *Ollmann* ZfJ 2000, 454–458.

[145] *Suess/Fegert* FPR 1999, 157–164.

aufgrund von Alkoholkrankheit nicht in der Lage sind, das Kind zu betreuen, gerade die angemessene Maßnahme gegen eine Kindeswohlgefährdung sein könnte.

Bezüglich des Umgangs zum getrennt lebenden Elternteil oder zu weiteren Bezugspersonen gemäß § 1685 BGB sind nichteheliche Kinder den ehelichen Kindern gleichgestellt.

4. Übertragung der elterlichen Sorge auf den anderen Elternteil bei tatsächlicher Verhinderung, Ruhen der elterlichen Sorge, Entziehung der elterlichen Sorge und Tod

Wird der Sachverständige zu diesen Fragestellungen eingeschaltet, hat er unterschiedliche Kindeswohlschwellen zu beachten, je nachdem, ob es sich bei dem ausfallenden Elternteil um eine nichteheliche Mutter handelt, die keine Sorgerechtserklärung abgegeben hat, oder ob es sich um ein eheliches Kind handelt, bei dem die elterliche Sorge durch einen familiengerichtlichen Beschluss geregelt ist.

a) Rechtliche Vorgaben. Die maßgeblichen Gesetzesvorschriften sind die §§ 1678, 1680 und 1681 BGB.

Bei Tod eines Elternteils übt der verbliebene, gemeinsam sorgeberechtigte Elternteil nach § 1680 BGB die elterliche Sorge allein aus, ohne dass das Familiengericht eingreift. Ein Stiefelternteil hat nur die Möglichkeit, gemäß § 1682 BGB eine Verbleibensanordnung für das Kind zu erwirken.

Waren die Eltern nicht verheiratet oder geschieden mit alleiniger Sorge beim verstorbenen Elternteil, dann hat das Familiengericht die elterliche Sorge dem überlebenden Elternteil zu übertragen, wenn dies dem „Wohl des Kindes nicht widerspricht" bzw. wenn ein anders gelagerter Wechsel mit dem Kindeswohl nicht in Einklang zu bringen ist.[146] In diesen Fällen findet folglich eine Kindeswohlprüfung statt, und es bedarf zur Übertragung der elterlichen Sorge eines gerichtlichen Beschlusses.[147] Diese Kindeswohlprüfung findet ihre Berechtigung darin, wenn das Kind z. B. fest in der Stieffamilie oder bei älteren Geschwistern[148] integriert ist und es einen Wechsel zum verbliebenen Elternteil ablehnt[149] oder seit langer Zeit zu diesem keinen Kontakt mehr hatte. In diesem Falle könnte die elterliche Sorge der betreuenden Bezugsperson als Vormund übertragen werden.[150]

Bei tatsächlicher Verhinderung eines Elternteils, also meist dann, wenn dieser Elternteil wegen Erkrankung für längere Zeit nicht in der Lage ist, sich persönlich um sein Kind zu sorgen und die elterliche Sorge für längere Zeit daher ruht, setzt § 1674 BGB die Rahmenbedingungen.

Wenn ein Elternteil in Untersuchungshaft ist, kann daraus nicht prinzipiell abgeleitet werden, dass er die elterliche Sorge nach § 1674 BGB nicht ausüben kann, auch wenn die Haft schon längere Zeit dauert oder die Dauer der Untersuchungshaft nicht abzusehen ist.[151] Anderes gilt bei Strafhaft, da hierbei längere tatsächliche Verhinderung angenommen wird.[152]

---

[146] BayObLG FamRZ 1988, 873; BayObLG FamRZ 2000, 972; OLG Schleswig FamRZ 1993, 832.
[147] Ausführlich dazu: *Hinz* FPR 1998, 76–80.
[148] BayObLG FuR 2000, 19.
[149] Fallbeispiel findet sich: BayObLG FamRZ 1999, 103.
[150] OLG Schleswig DAVorm 1994, 524.
[151] OLG Köln FamRZ 1978, 623.
[152] Vgl. *Palandt/Diederichsen*, § 1674 Rn 1.

Bei beschränkter Geschäftsfähigkeit bleibt ein Personensorgerecht möglich. Ist für einen Elternteil nach §§ 1896 ff. BGB ein Betreuer bestellt, so steht dies der Ausübung der Personensorge nicht grundsätzlich entgegen. Ist ein Elternteil geschäftsunfähig, ruht seine elterliche Sorge in vollem Umfang, es bleibt jedoch nach § 1684 Abs. 2 Satz 2 BGB ein Umgangs- bzw. Auskunftsrecht erhalten. Nur einem erziehungsunfähigen Elternteil darf die elterliche Sorge nicht übertragen werden. Hier treten dann §§ 1673, 1675 BGB in Kraft. Ist der Elternteil jedoch geistig behindert oder sonst geschäftsunfähig, so kann er das Sorgerecht nicht ausüben (§ 1673 Abs. 1 BGB). Inwieweit ein Betreuer des Elternteils die Rolle des „Mit-Sorgeberechtigten" übernimmt, hängt auch vom Engagement des Betreuers und von den individuellen Unterstützungsmöglichkeiten ab; in der Praxis wird wohl meist eine Pflegefamilie oder ein Heim gesucht werden müssen, wenn beide Elternteile das Sorgerecht nicht wahrnehmen können.[153]

Ist die elterliche Sorge nach §§ 1671 oder 1672 Abs. 2 BGB geregelt worden und begehren die leiblichen Eltern oder ein Elternteil, weil der andere verstorben ist, eine Herausgabe des Kindes, das bei Dritten untergebracht ist, mit der Folge des Überwechselns in den eigenen Haushalt, so erfolgt die Übertragung der elterlichen Sorge gemäß § 1696 BGB in Form einer Abänderung der früher ergangenen familiengerichtlichen Entscheidung. Das Familiengericht und damit auch der Sachverständige haben dann zu überprüfen, ob die Übertragung in diesen Fällen dem Kindeswohl widerspricht. Die Kindeswohlprüfung hat hier die Funktion einer negativen Sperre,[154] es findet also keine positive Kindeswohlprüfung statt. Die Alternative wäre, für das Kind einen Vormund zu bestellen, was im Einzelfall angezeigt sei kann.

b) Gestaltungsmöglichkeiten des Sachverständigen. Prinzipiell übernimmt bei verheirateten Eltern oder bei gemeinsam ausgeübter Sorge im Falle des Ausfalls eines Partners der anderer die elterliche Sorge, die gemeinsame Sorge wandelt sich in eine alleinige Sorge. Einer Kindeswohlprüfung bedarf es nicht, folglich auch keiner sachverständigen Hilfe.

Stammt das Kind von nicht miteinander verheirateten Eltern und liegt keine gemeinsame Sorgerechtserklärung vor, genügt es nicht, die Übertragung der elterlichen Sorge auf den Kindesvater zu empfehlen, wenn es dem Kindeswohl nicht widerspricht, sondern es muss dem Kindeswohl dienen. Es muss also – im Gegensatz zu Kindern ehemals verheirateter Eltern (s. o.) – eine positive Kindeswohlprüfung erfolgen. Dies entspricht der Schwelle, die vor dem Kindschaftsrechtsreformgesetz für den Umgangs des nichtehelichen Vaters mit seinem Kind galt. Die Schwelle findet ihre Berechtigung darin, dass möglicherweise bei nichtehelichen Lebensgemeinschaften der Vater des Kindes keinen Kontakt zum Kind hatte, so dass der Sachverständige den Einzelfall zu überprüfen hat, inwieweit der Vater tatsächlich bereit ist, die elterliche Sorge zu übernehmen, inwieweit er beziehungsfähig ist und auch Bereitschaft zeigt, auf eine Beziehungsanbahnung einzugehen, um dem Kind eine stabile Bezugsperson zu sein.

Der Sachverständige muss Interaktionsbeobachtungen des Kindes mit dem anderen Elternteil, möglicherweise mit Hilfe von Video, durchführen, um dem Elternteil Hilfestellungen bei Schwierigkeiten in der Interaktion zu geben. Möglicherweise müssen erst bei dem Kind vertrauensbildende Maßnahmen ergriffen werden, um den Kontakt im Rah-

---

[153] Ausführlich dazu: *Walter* FamRZ 1991, 765 ff.
[154] *Huber* FamRZ 1999, 1627, der sich mit der Problematik der Kindeswohlprüfung und den Schwellen auseinander setzt.

men der Begutachtung anbahnen zu können. Bei älteren Kindern ist deren Wille, bei wem sie leben wollen, mit ausschlaggebend. Der Wille fällt umso mehr ins Gewicht, je weiter sich das Kind der Volljährigkeit nähert.[155]

Die gleichen Regelungsschwellen sind anzuwenden bei Tod eines Elternteils oder wenn diesem Elternteil die elterliche Sorge gemäß § 1666 BGB entzogen worden ist. Auch hier ist die Messlatte der Kindeswohlprüfung bei den nichtverheirateten Vätern ohne Sorgerechtserklärung höher als für den Elternteil, der mit dem anderen Elternteil verheiratet war. Während die Schwelle, wenn es dem „Wohl des Kindes nicht widerspricht", für früher mit der Mutter verheiratete Väter (oder bei Vorliegen einer Sorgeerklärung) gilt, liegt die Schwelle bei nicht verheirateten Vätern ohne Sorgerechtserklärung bei „wenn es dem Wohl des Kindes dient" (§ 1680 BGB).

Der Sachverständige, der mit diesen Fallkonstellationen befasst ist, hat die Bedingungen des familiären Umfeldes des Kindes mit zu erfassen. Sollte der Elternteil seit längerer Zeit erkrankt sein, so sind meist schon andere Versorgungs- und Pflegepersonen, meist aus der Verwandtschaft, einbezogen worden, um die Pflege und Versorgung des Kindes zu gewährleisten. Möglicherweise hat das Kind zu diesen Personen bereits einen engen Bezug aufgebaut. Bei einem Überwechseln des Kindes zum anderen Elternteil sollte der Erhalt der Beziehungen zu diesen Personen berücksichtigt werden.

Häufig wird der Elternteil, der bisher wenig Kontakt zu seinem Kind hat, erst Kompetenzen in erzieherischer Hinsicht erwerben müssen. Erziehungsberatungsstellen können hier unterstützend helfen. Auch für diese familiären Notlagen gilt, dass Anspruch auf die Hilfen der Jugendbehörden besteht.

5. Herausnahme eines Kindes aus einer Stieffamilie

Seit dem 1. 7. 1998 ist die Stellung der Stieffamilie rechtlich gestärkt worden, die faktische Elternschaft findet ihren Niederschlag im Gesetz.

a) Rechtliche Vorgaben. Als Stieffamilie[156] gilt eine Familienkonstellation, bei der die Partner verheiratet sind und mindestens ein Elternteil nicht der leibliche Elternteil des Kindes ist.[157] Verstirbt der leibliche Elternteil oder kann er die elterliche Sorge nicht mehr ausüben und begehrt der andere leibliche Elternteil die Herausnahme des Kindes, um es in seinem oder in einem anderen Haushalt unterzubringen, so eröffnet § 1682 BGB dem Stiefelternteil die Möglichkeit, beim Familiengericht eine Verbleibensanordnung zum Schutze des Kindes zu erlassen. Die Verbleibensanordnung ermöglicht, das Kind von einem Herausgabeanspruch des Berechtigten zur Unzeit zu schützen, wenn durch die Herausnahme des Kindes aus der Stieffamilie das Kindeswohl gefährdet würde. Der Maßstab entspricht der Verbleibensanordnung des Kindes in der Pflegefamilie gemäß § 1632 BGB.

---

[155] BayObLG FamRZ 2000, 972, die Vormundschaft eines 16-jährigen Mädchens wurde der älteren Schwester übertragen, nicht dem Vater.

[156] Zu Stieffamilien: *Krähenbühl/Jellouschek/Jellouschek-Kohaus/Weber*, Stieffamilien, 1986; *Ewering*, Stieffamilien, 1996, mit weitern Literaturhinweisen. *Visher/Visher*, Stiefeltern, Stiefkinder und ihre Familien, 1987; *Friedl/Maier-Aichen*, Leben in Stieffamilien, 1991; *Giesecke*, Die Zweitfamilie, 1987; *Willenbacher*, in: Kath. Sozialethische Arbeitsstelle (Hrsg.), Ehescheidung – was wird aus den Kindern?, 1985; *Walper/Schwarz*, Was wird aus den Kindern, 1999.

[157] *Puttkamer/Radziwill* Kind-Prax 2000, 19.

Die Stieffamilie[158] ist im Übrigen ebenso in den Schutz des Art. 6 Abs. 1 GG einbezogen.[159] Dem Stiefelternteil steht nach § 1685 BGB ein Umgangsrecht zu.

Wenn der Elternteil mit den Großeltern oder den Geschwistern des Kindes zusammengelebt hat und bei Herausnahme der Verlust dieser Bezugspersonen für das Kind eine Kindeswohlgefährdung darstellen würde, kann dem nur mit der Vorschrift des § 1666 BGB begegnet werden.

b) Gestaltungsmöglichkeiten des Sachverständigen. Beim Verfahren im Rahmen einer Verbleibensanordnung zugunsten eines Stiefelternteils ist der sorgeberechtigte Elternteil verstorben oder nicht in der Lage, die elterliche Sorge auszuüben. Bei Verhinderung des leiblichen Elternteils muss vom Sachverständigen bedacht werden, wie lange voraussichtlich der sorgeberechtigte Elternteil bei der Ausübung seiner elterlichen Sorge ausfallen wird, meist wird dazu ein medizinisch/psychiatrisches Gutachten notwendig werden.

Psychologisch unterscheidet sich die Stieffamilie[160] von der Pflegefamilie.[161] Die Stieffamilie ist im Vergleich zur Pflegefamilie nicht zeitlich begrenzt zustande gekommen. Das Kind in der Stieffamilie hat zudem eine Phase der Elterntrennung erlebt und meist zeitweise mit einem Elternteil allein gelebt. Die Trennung hat sich zwischen den Eltern vollzogen, die Elternschaft beider Eltern ist nicht in Frage gestellt. Dagegen ist bei der Pflegefamilie zwischen dem Kind und den Eltern oder dem allein sorgenden Elternteil die elterliche Verantwortung insgesamt für das Kind neu zu bewerten. Bei der Stieffamilie besteht meist weiterhin Kontakt des Kindes zum anderen Elternteil. Häufig hat das Kind Lebenserfahrung in zwei Haushalten. Die Primärbeziehung zum anderen Elternteil ist nicht in Frage zu stellen, solange sie nicht den Maßstab des § 1666 BGB erreicht.

Die Häufigkeit der Fremdplazierungen von Stiefkindern (in Pflegefamilien sind sie überrepräsentiert), lässt aber den Schluss zu, dass Elternteil-Kind-Beziehungen in der Stieffamilie weniger stabil sind.

Häufig wünscht sich der Stiefelternteil eine Unterbrechung des Kontaktes des Kindes zum getrennt lebenden Elternteil, vor allem dann, wenn sich bereits in der Vergangenheit die Stieffamilie als Kernfamilie verstanden hat und den anderen Elternteil auszugrenzen versuchte. Häufig haben Stiefeltern den Kontakt des Kindes zum getrennt lebenden Elternteil behindert, um ihre Familie komplettieren zu können gegen störende Einflüsse des anderen Elternteils. Die Aufgabe des Sachverständigen wird dann häufig darin bestehen, Begegnungsmöglichkeiten des Kindes mit dem getrennt lebenden Elternteil zu schaffen, um über eine bestimmte Zeit hinweg die Reaktionen der Betroffenen beobachten zu können.

Wenn seitens des Stiefelternteils keine Kooperationsbereitschaft oder Bindungstoleranz vorhanden ist, ist im Einzelfall abzuwägen, ob nicht ein sofortiges Überwechseln des Kindes zum getrennt lebenden Elternteil dem Kindeswohl weniger schadet als ein Verbleib in der Rest-Stieffamilie mit andauerndem Konflikt beim Umgang.

Um eine Kindeswohlgefährdung im Falle der Herausnahme beurteilen zu können, muss in jedem Falle die Beziehungsqualität des Kindes zum anderen Elternteil bestimmt

---

[158] Dazu auch: *Coester,* in: Horstmann (Hrsg.), Stieffamilie/Zweitfamilie, S. 133–149.

[159] BVerfG NJW 1964, 1563; *Seibert* FamRZ 1995, 1458.

[160] Hierzu *Fiala*, Mein Kind, dein Kind, unser Kind, 1989; *Thalmann* FamRZ 1990, 342.; *Griebel,* Die Stieffamilie im Vergleich zu anderen Familienformen, in: Horstmann (Hrsg.), Stieffamilie/Zweitfamilie, S. 53–75; *Textor,* in: Textor (Hrsg.), Hilfen für Familien, S. 70–91.

[161] Ausführlich hierzu mit vielen Literaturhinweisen *Müller-Schlothmann* Familiendynamik 1998, 252–262.

werden. Dabei werden die Intensität der Kontakte des Kindes zum getrennt lebenden Elternteil, dessen Repräsentanz in der Stiefelternfamilie, Kooperationsbereitschaft in der Vergangenheit und nicht zuletzt angestrengte Namensänderungs- oder Adoptionsverfahren[162] Hinweise geben können. Wesentlich werden weiter der Kindeswille sein, die Beziehung, die Eingebundenheit des Kindes in die Stieffamilie und das soziale Umfeld.[163]

Als weiterer Gesichtspunkt bei der Verbleibensanordnung muss die Geschwisterbeziehung berücksichtigt werden, dabei können Halbgeschwister oder Stiefgeschwister in der Stieffamilie zusammen aufgewachsen sein.

Wie auch immer eine Verbleibensanordnung ausfällt, das Kind wird Umgang entweder mit dem getrennt lebenden Elternteil oder im Fall der Herausnahme des Kindes mit dem Stiefelternteil (und eventuellen Stiefgeschwistern) pflegen sollen, wenn dieser das Umgangsrecht anstrebt. Auch wenn der Umgang nicht Fragestellung des Familiengerichts ist, sollte dieser im gemeinsamen Gespräch mit den Betroffenen angesprochen werden. Das gemeinsame Gespräch eröffnet zudem die Möglichkeit, unterschwellige Rivalität zwischen leiblichem Elternteil und Stiefelternteil aufzudecken und anzusprechen. Häufig kann erst auf der Grundlage eines wieder zustande gekommenen Umgangs ein in Zukunft liegender Wechsel des Kindes in die Familie des getrennt lebenden Elternteils möglich gemacht werden.

6. Entzug der elterlichen Sorge oder Teile der elterlichen Sorge und Übertragung auf dritte Personen

Für die Fragestellung einer Kindeswohlgefährdung – in anderen Fällen als bei Trennung und Scheidung – war bis zum Kindschaftsrechtsreformgesetz das Vormundschaftsgericht für Kinder und Jugendliche zuständig, mit dem Beschwerdezug zum Landgericht. Sachverständige, die bisher nur mit familiengerichtlichen Fragestellungen vertraut waren, sind nun vor neue Aufgaben gestellt, die besonderes Fachwissen erfordern. Dies betrifft in erster Linie die Herausnahme des Kindes aus bestehenden Familien oder von einem sorgeberechtigten Elternteil. Meist liegt ein Jugendamtsbericht vor, der bereits eine Gefährdung konstatiert, die nun vom Sachverständigen überprüft werden sollte.

a) Rechtliche Vorgaben. Wird einem Elternteil die Personensorge, die Vermögenssorge oder die gesamte elterliche Sorge entzogen, so übt der andere Elternteil kraft Gesetzes nach § 1680 Abs. 1 Satz 1 BGB diese Sorge allein aus, bei geschiedenen Eltern nur dann, wenn das Familiengericht keine abweichende Regelung trifft.

Das Familiengericht hat die Möglichkeit, die elterliche Sorge bei Trennung oder Scheidung nicht nur den Eltern, sondern auch dritten Personen zu übertragen, wenn es das Kindeswohl dringend erforderlich macht. Sind beide Eltern nicht in der Lage, das Kind zu erziehen, wird meist vom Familiengericht eine Vormundschaft für das Kind angeordnet.

Heiraten die Eltern eines gemeinsamen Kindes, so stehen den Eltern nach der Heirat nur die Teile der elterlichen Sorge gemeinsam zu, die die Mutter vorher innehatte. Waren ihr vorher Teilbereiche gemäß § 1666 BGB entzogen, so kann das Familiengericht auf Antrag dem Vater die Sorge nach § 1680 Abs. 3 BGB in Verbindung mit § 1680 Abs. 2 BGB im vollen Umfang übertragen, wenn es dem Wohl des Kindes entspricht.[164]

---

[162] Dazu: *Oberloskamp/Griebel/Fthenakis/Baer/Paulitz*, in: Paulitz (Hrsg.), Adoption, S. 66–121.
[163] Siehe: OLG Schleswig FamRZ 1993, 832.
[164] OLG Nürnberg ZfJ 2000, 334.

Die staatliche Eingriffsschwelle gegenüber dem Elternrecht ist durch den Rahmen, den die §§ 1666 und 1631 a Abs. 2, 1631 b BGB vorgeben, definiert. Eine Trennung des Kindes von den Eltern ist in der Regel nur unter den Ausfüllungsnormen der §§ 1666 und 1666 a BGB möglich. § 1666 BGB ist auch die Ermächtigungsgrundlage für gerichtliche Eingriffe zum Schutz des Kindes und seines Vermögens.

Eingriffe ins Elternrecht bei Kindeswohlgefährdung sind nach §§ 1666, 1666 a BGB nur zulässig, wenn die Basisbedürfnisse des Kindes von den Bezugspersonen des Kindes nicht mehr erfüllt werden, aus welchen Gründen auch immer, wenn also die körperliche, seelische oder geistige Entwicklung des Kindes ernsthaft beeinträchtigt ist.[165] Wenn kindeswohlgefährdendes Verhalten Dritter vorliegt, sind Eingriffe nach § 1666 BGB nur zulässig, wenn die Eltern zur Gefahrenabwehr nicht gewillt oder nicht befähigt sind und sich Maßnahmen gegen den Dritten als unzureichend erwiesen haben.[166]

Das Familiengericht kann aber nicht die elterliche Sorge pauschal insgesamt entziehen, sondern nur das Gesamt der Teilrechte bzw. der Einzelbestandteile.[167] Ist das Sorgerecht zu entziehen, ist dennoch zu überprüfen, ob neben der Personensorge auch die Vermögenssorge zu entziehen ist.[168] Da Personensorge und Umgangsrecht zwei selbständige Rechte sind, folgt aus der Entziehung des Sorgerechts auch keinesfalls die Entziehung des Umgangrechtes.[169]

Die Maßnahme der Trennung eines Kindes von seiner Familie ist als stärkster Eingriff in das Elternrecht nur bei strikter Wahrung des Grundsatzes der Verhältnismäßigkeit mit dem Grundgesetz vereinbar,[170] insbesondere nur, wenn mildere Mittel zur Abwehr von Gefahren für das Kind nicht ausreichen.[171] Das Familiengericht hat, ehe es Eingriffe in das Elternrecht vornimmt, immer abzuwägen, ob familiäre Hilfen, ohne dass es zur Trennung des Kindes von seinen Bezugspersonen kommt, oder die Entziehung des Aufenthaltsbestimmungsrechtes ausreichen, um die Gefahr abzuwenden. So kann es genügen, die elterliche Sorge für eine psychotherapeutische Behandlung und stationäre kinderpsychiatrische Untersuchung auf einen Pfleger zu übertragen, wenn die Eltern nur eine ambulante Therapie wünschen, diese aber nicht ausreichend ist.[172] Es ist auch zu prüfen, ob nicht eine zeitweise Entziehung der Personensorge und Trennung des Kindes von den Eltern ausreicht, um die Chance zu eröffnen, mit Erziehungshilfen die Konflikte zu bearbeiten.[173] Dies gilt auch im besonderen Fall, wenn Pflegeeltern die Absicht haben, mit dem Kind auszuwandern. Bei der Bestimmung des Kindeswohls ist abzuwägen zwischen Verbleib des Kindes bei der Pflegefamilie und völligem Abbruch des Kontakts zum Elternteil.[174]

Befindet sich ein Sorgeberechtigter in einem vorübergehenden Ausnahmezustand, der eine Gefährdung des Kindeswohls mit sich bringt, ist meist nur das Aufenthaltsbestim-

---

[165] BayObLG FamRZ 1999, 179.

[166] OLG Düsseldorf FamRZ 1995, 950.

[167] BayObLG FPR 1999, 174.

[168] Siehe BayObLG FamRZ 1996, 1352; BayObLG FPR 1999, 182.

[169] *Oelkers* FuR 1999, 413.

[170] BVerfG NJW 1982, 1379 = FamRZ 1982, 567.

[171] OLG Düsseldorf FamRZ 1988, 1195; OLG Hamm FamRZ 1992, 201; LG Berlin FamRZ 1988, 1308.

[172] BayObLG FamRZ 1995, 1437.

[173] OLG Köln FamRZ 1996, 1027.

[174] Das besonders betreuungsbedürftige Kind lebte schon seit der Geburt bei den Großeltern, die Mutter verstarb, der Vater hatte bisher kaum Kontakt, möchte das Kind aber besuchen, OLG Karsruhe FamRZ 1994, 1544.

mungsrecht für bestimmte Zeit zu entziehen,[175] wenn der andere Elternteil ebenfalls die elterliche Sorge nicht übernehmen kann.[176] Das Aufenthaltsbestimmungsrecht bietet bereits eine ausreichende Rechtsgrundlage für die Unterbringung des Kindes in einer Pflegefamilie oder einem Heim und für die Übertagung der notwendigen Befugnisse auf die in einer solchen Einrichtung mit der Pflege und Erziehung des Kindes betrauten Personen. Das Aufenthaltsbestimmungsrecht versetzt, so die noch umstrittene Meinung, den Berechtigten auch in die Lage, für das Kind Maßnahmen nach §§ 33, 34 SGB VIII herbeizuführen (Inanspruchnahme von Erziehungshilfen).[177] Wenn für eine Entscheidungsfindung eine stationäre Begutachtung eines Kindes notwendig ist, kann das Aufenthaltsbestimmungsrecht befristet entzogen werden.[178] Das Aufenthaltsbestimmungsrecht räumt aber nicht das Recht ein, den Umgang mit den leiblichen Eltern zu bestimmen, vielmehr ist es Aufgabe des Berechtigten, zu einer einvernehmlichen Regelung des Umgangs beizutragen.[179] Bei jeder Unterbringung des Kindes in einer Pflegschaft ist sogar dringend eine Umgangsregelung geboten, besonders dann, wenn eine Unterbringung nach § 1666 BGB erfolgte.

Wurde einem Elternteil das Aufenthaltsbestimmungsrecht entzogen, so hat er nicht mehr die Möglichkeit, einer Unterbringung des Kindes in einer Pflegefamilie zu widersprechen, er ist auch nicht an der Aufstellung des Hilfeplans oder der Auswahl der Pflegestelle zu beteiligen.[180]

Die Pflichten, die für den Elternteil gelten, bei dem das Kind wohnt, gegenüber dem getrennt lebenden Elternteil, gelten auch im Verhältnis der Pflegefamilie zu den leiblichen Eltern. Beide haben alles zu unterlassen, was das Verhältnis des Kindes zur Pflegeperson oder zu den umgangsberechtigten Eltern beeinträchtigen würde.[181]

Zur Gefahrenabwendung für das Kindeswohl können auch gerichtliche Zwangsmittel angewandt werden.[182] Im Gefahrensfall wäre auch die Voraussetzung nach § 42 Abs. 3 SGB VIII erfüllt, also eine Inobhutnahme möglich, bis das Familiengericht entschieden hat.

Nach § 1631 b BGB kann das Familiengericht eine freiheitsentziehende Maßnahme für das Kind anordnen. Die Bestellung eines Verfahrenspflegers ist dabei zwingend. Diese Maßnahme schränkt die elterliche Sorge der Eltern ein, da diese ohne familiengerichtliche Genehmigung das Kind nicht anderweitig unterbringen dürfen.

Unberührt bleibt der Grundsatz, dass die Eltern-Kind-Beziehung gegenüber dritten Personen mehr Gewicht hat, auch wenn Letztere möglicherweise von den äußeren und persönlichen Bedingungen her das Kindeswohl besser gewährleisten könnten. Das Elternrecht verhindert hier die Eingriffe des Staates, das Kind an dritte Personen wegzugeben, um das Kind anderweitig einer optimalen Erziehung zuzuführen. Auch das Kindeswohl besagt nicht, dass es zur Ausübung des Wächteramtes des Staates nach Art. 6 Abs. 2 Satz 2 GG gehört, gegen den Willen der Eltern für eine den Fähigkeiten des Kindes bestmögliche Förderung zu sorgen.[183] Die primäre Entscheidungszuständigkeit der Eltern beruht auf der Erwägung, dass die Interessen des Kindes in aller Regel am besten von den Eltern

---

[175] BayObLG FamRZ 1999, 318.
[176] Z. B. wegen Inhaftierung, BayObLG FamRZ 1995, 502.
[177] LG Darmstadt FamRZ 1995, 1435 = LG Darmstadt ZfJ 1995, 761.
[178] BayObLG FamRZ 1995, 501.
[179] OLG Düsseldorf FamRZ 1996, 45.
[180] OLG Düsseldorf FamRZ 1997, 105.
[181] *Salgo* FamRZ 1999, 338.
[182] BayObLG FamRZ 1995, 500.
[183] BVerfG NJW 1982, 1379; AG Mönchengladbach FamRZ 1981, 84–85.

wahrgenommen werden. Dabei wird die Möglichkeit in Kauf genommen, dass das Kind durch Entscheidungen der Eltern wirkliche oder vermeintliche Nachteile erleidet, die im Rahmen einer nach objektiven Maßstäben betriebenen Begabtenauslese vielleicht vermieden werden könnten.[184]

Die aufgrund § 1666 BGB ergangenen Maßnahmen sind nach § 1696 Abs. 2 BGB aufzuheben, wenn eine Gefahr für das Wohl des Kindes nicht mehr besteht. Bei der Kindeswohlprüfung kommt es aber nicht nur darauf an, ob die Gründe weggefallen sind, die zu der früher ergangenen Maßnahme nach §§ 1666, 1666 a BGB geführt haben, sondern auch, ob nicht nun aus anderen Gründen eine Gefährdung des Kindeswohls zu erwarten ist.[185] Selbst wenn ein Elternteil seine Erziehungsfähigkeit wieder zurückgewonnen hat, muss das entzogene Sorgerecht nicht wieder rückübertragen werden, wenn das Sorgerecht erneut zum Schaden der Kindes ausgeübt werden kann, z.B. wenn der Elternteil bisher kaum Kontakt zu seinem Kind hatte und kein Verständnis für die Bedürfnisse des Kindes aufbringt[186] oder wenn die Gefahr besteht, dass der Elternteil das Kind gegen dessen Wohl von den Pflegeeltern wegnimmt.[187]

Sind Maßnahmen nach § 1666 BGB ergangen, als die Eltern nicht nur vorübergehend getrennt waren, so heben sich diese Maßnahmen nicht auf, wenn die Eltern wieder zusammenleben, es muss hierzu eine gerichtliche Abänderung ergehen.[188]

b) Ergänzungspfleger oder Vormund. Wird nur ein Teilbereich der elterlichen Sorge entzogen, z.B. die Personensorge, ist für diesen Teil für das Kind ein Ergänzungspfleger zu bestellen.[189] Die Bestellung eines Pflegers kann sich auf einzelne Teilbereiche der elterlichen Sorge beschränken oder auf die gesamte Personen- oder Vermögenssorge.[190] Bei Trennung und Scheidung ist die Bestellung eines Pflegers nur statthaft, wenn der Gefährdung des Kindes nicht durch Anordnung der Alleinsorge eines Elternteils hinreichend begegnet werden kann.

Mit der Bestellung eines Vormundes ist dagegen der Entzug der gesamten elterlichen Sorge verbunden, nicht aber das Recht auf Informationen über die Lebensumstände des Kindes, einschließlich des Rechts, in die familiengerichtlichen Akten einzusehen. Das Akteneinsichtsrecht kann eingeschränkt werden, wenn das Recht auf Leben des Kindes oder der Pflegeeltern auf dem Spiel stehen.[191]

Bei der Auswahl des Vormundes sind bei mehreren geeigneten Personen der mutmaßliche Wille der Eltern, die Verwandtschaft oder Schwägerschaft mit dem Kind sowie dessen religiöses Bekenntnis zu berücksichtigen. Die vorzugsweise Berücksichtigung von Verwandten und Verschwägerten des Kindes ist verfassungsmäßig geboten, sofern keine Interessenkollision besteht oder der Zweck der Fürsorgemaßnahme aus anderen Gründen die Bestellung eines Dritten verlangt.[192] Das Kind kann auch gegen die Zustimmung der Mutter in Vollpflege zum nichtehelichen Vater gebracht werden, gegen den Willen der Mutter.[193]

---

[184] BVerfG NJW 1973, 133.
[185] OLG Karlsruhe ZfJ 1982, 245.
[186] BayObLG FamRZ 1993, 463, Vater will das Kind sofort nach Korea bringen.
[187] OLG Celle FamRZ 1998, 1188.
[188] KG FamRZ 1994, 119.
[189] BayObLG FamRZ 1999, 316; BayObLG FamRZ 1997, 1553.
[190] *Schwab* FamRZ 1998, 466.
[191] OLG Köln FamRZ 1998, 307.
[192] OLG Hamm Kind-Prax 1999, 61.
[193] Siehe AG Kamen DAVorm 1995, 996.

Nicht immer ist mit der Übertragung der elterlichen Sorge auf einen Vormund oder des Aufenthaltsbestimmungsrechts auf einen Aufenthaltspfleger – meist das Jugendamt – eine Trennung des Kindes von einem Elternteil verbunden. In einigen Familien dient der Pfleger als amtlicher Erziehungsbeistand, der bei zu erwartenden Konflikten zwischen den Eltern regulierend eingreifen soll, wenn durch die elterlichen Konflikte das Kindeswohl erheblich belastet wird. In unserer Praxis haben bisher zweimal Eltern – unter Belassen des Kindes bei der Mutter – einen Aufenthaltspfleger gewünscht, um in elterlichen Streitfällen wegen des Kindes einen Mittler zu haben.

c) Gründe, die Eingriffe nicht rechtfertigen. Maßnahmen einer Trennung können sich nicht auf bloßen Verdacht[194] stützen. Sie sind unzulässig, wenn ein sexueller Missbrauch durch den Lebensgefährten der Kindesmutter vorgebracht wurde, aber noch nicht abgeklärt ist.[195] Auch Zweckmäßigkeitsgründe rechtfertigen keine eingreifenden Maßnahmen; es genügt nicht, wenn das Kind anderswo besser versorgt,[196] betreut oder erzogen würde als dort, wo es sich nach dem Willen des Personensorgeberechtigten befindet.[197] Selbst wenn die positiven Sozialisationsfortschritte nicht auf die Erziehungsmaßnahmen der Eltern zurückzuführen sind, sondern z. B. auf die Kindertagesstätte oder auf die Erziehungsleistung der Großeltern, ist dies kein ausreichender Grund, den Eltern das Kind zu entziehen.[198] Entscheidend ist, dass der Sorgeberechtigte für eine angemessene Erziehung und Pflege für das Kind sorgt, wobei nicht maßgeblich ist, ob diese in jedem Falle von ihm selbst geleistet werden. Es ist nicht mit Art. 6 Abs. 2 Satz 2 GG vereinbar, eine Trennung des Kindes von den Eltern mit der Begründung herbeizuführen, die Eltern garantierten nicht eine sich mit „den wandelnden Normsystemen und schulischen wie beruflichen Anforderungen bewegende Sozialisation".[199]

Die Maßnahme der Trennung des Kindes von seinen Bezugspersonen selbst muss kindeswohldienlich sein.[200] Dies gilt auch, wenn das Kind sich vehement gegen die Eltern ausspricht. Bei Interessenkollisionen zwischen dem Kind und seinen Eltern kommt den Interessen des Kindes zwar grundsätzlich der Vorrang zu,[201] Kinder dürfen aber gegen den Willen der Sorgeberechtigten nur aufgrund von Kindeswohlgefährdung von der Familie getrennt werden, wenn die Erziehungsberechtigten versagen oder die Kinder aus anderen Gründen zu verwahrlosen drohen. Steht der elterlichen Erziehung der verweigernde Kindeswille entgegen, so hat das Kind diese Erziehung zu dulden, wenn sie dem Kindeswohl nicht entgegensteht.[202]

Eine Trennung ist in den Fällen unzulässig, wenn ausländische Eltern ihre Kinder in die Heimat mitnehmen wollen, auch wenn sich die Kinder bereits in Deutschland eingelebt haben[203] oder wenn eine nichteheliche Mutter durch eine neurotische Fehlhaltung das

---

[194] Z. B. sexuellen Missbrauch: LG Köln FamRZ 1992, 712.

[195] OLG Düsseldorf DAVorm 1996, 273.

[196] BayObLG FamRZ 1984, 933.

[197] BayObLG FamRZ 1982, 638; BayObLG FamRZ 1985, 522; BayObLG FamRZ 1984, 1259.

[198] Ausführliche Falldarstellung bei *Simitis*, in: Goldstein/Freud/Solnit, 1979; BVerfG NJW 1982, 1379.

[199] BVerfG NJW 1982, 1379 = FamRZ 1982, 567, in dem ein Sachverständigengutachten mit einer solchen Begründung zitiert worden ist.

[200] *Heilmann* ZfJ 2000, 46.

[201] BVerfG FamRZ 1982, 1179; BayObLG FamRZ 1985, 312.

[202] Ähnlich argumentieren auch *Knöpfel* FamRZ 1985, 1211; *Schütz* FamRZ 1986, 528; kontroverser Ansicht ist *Lempp* FamRZ 1986, 530.

[203] LG Berlin FamRZ 1982, 841.

Kind gegen den leiblichen Vater beeinflusst, und den Kontakt verwehrt, sie aber ansonsten das Kind ordnungsgemäß betreut.[204]

Das Aufenthaltsbestimmungsrecht kann z. B. auch nicht entzogen werden, wenn sich ein 16-jähriger Jugendlicher wehrt, Jugendhilfemaßnahmen in Anspruch zu nehmen, da dann gleichfalls das Jugendamt trotz Aufenthaltsbestimmungsrechts keine Möglichkeit hat, durch eine anderweitige Unterbringung eine positive Persönlichkeitsentwicklung zu fördern. Die Entziehung eines Elternrechts setzt immer voraus, dass diese Maßnahme geeignet ist, einer Gefährdung des Kindeswohls entgegenzuwirken.[205]

Hat ein Elternteil sein Kind bei einer Pflegefamilie untergebracht und hat das Kind nun über längere Zeit Bindung zu den Pflegeeltern entwickelt, so rechtfertigt dieses nicht den Entzug der elterlichen Sorge, auch nicht, wenn der Elternteil im Rahmen seines Umgangs das Kind zu den das Kind schädigenden Großeltern bringt. Hier müssen weniger einschneidende Maßnahmen erfolgen, z. B. Verbot, das Kind zu den Großeltern zu bringen.[206]

d) Gründe, die Eingriffe rechtfertigen. Der Entzug der elterlichen Sorge und Trennung des Kindes von einem Elternteil kann gerechtfertigt sein, bei lebenslanger Haft, speziell wenn das Kind in der Vollzugsanstalt geboren wird und nicht absehbar ist, dass Mutter oder Vater vor Eintritt des Kindes in die Schule entlassen werden,[207] wenn ein Strafverfahren wegen Mord an der Mutter noch nicht rechtskräftig abgeschlossen ist,[208] wenn eine an chronischer schizophrener Psychose leidende Mutter ihr geistig behindertes Kind einer stark sexualisierten Atmosphäre aussetzt[209] oder wenn eine psychische Erkrankung des Sorgeberechtigten in Schüben auftritt, auch wenn ein Jahr lang kein Schub mehr aufgetreten ist, die Gefahr aber weiterhin besteht.[210]

Ebenso liegt ein Grund vor, wenn ein Vater die Wohnsituation nicht ändert und die 16-jährige Tochter deshalb das Ehebett mit ihm teilen muss oder ohne zulässige Bezugsperson emotional zu verwahrlosen droht,[211] aber auch bei unverhältnismäßiger Züchtigung eines 13-jährigen Kindes.[212] Die Entziehung des Sorgerechts kommt in Betracht, wenn das Kind im Familienverband keine ausreichenden Chancen für eine eigenständige Lebensführung erhält, ihm also die Chance auf eine normale Lebenstüchtigkeit genommen wird[213] oder wenn die Eltern-Kind-Beziehung tiefgreifend gestört ist.[214]

Das Sorgerecht kann völlig entzogen werden, wenn der Kindesvater den Tod der Mutter vorsätzlich verursacht hat,[215] weil damit allein schon die rechtlich verbliebene Stellung als Inhaber der elterliche Sorge, auch wenn er sie wegen der Haft nicht ausüben kann, sich nachteilig auf das Wohl des Kindes auswirkt.

Befindet sich das Kind in einem Heim und dient sein Verbleib dort dem Kindeswohl mehr als das Aufwachsen bei einem nun getrennt lebenden Elternteil und besteht zugleich

---

[204] BayObLG FamRZ 1998, 1044; das Vormundschaftsgericht hatte der Mutter das Sorgerecht auf der Basis eines Gutachtens entzogen.
[205] BayObLG FamRZ 1995, 948.
[206] OLG Hamm ZfJ 1997, 336.
[207] KG Berlin FamRZ 1981, 590, Vater und Mutter waren wegen Mordes verurteilt.
[208] OLG Hamm FamRZ 1996, 1029.
[209] BayObLG FamRZ 1996, 1031.
[210] BayObLG FamRZ 1997, 956.
[211] OLG Köln FamRZ 1996, 1027.
[212] BayObLG FamRZ 1994, 975.
[213] OLG Oldenburg DAVorm 1998, 934.
[214] AG Hannover FamRZ 2000, 1241.
[215] OLG Hamm FamRZ 1996, 1029.

die Gefahr, dass ein Elternteil das Kind aus dem Heim nimmt, wird oftmals Vormundschaft angeordnet. Dies ist besonders dann der Fall, wenn der in Frage kommende Elternteil die Erziehung des Heimes behindert, indem er z. B. Krankenbehandlungen ablehnt und die Übertragung des Aufenthaltsbestimmungsrechts allein auf einen Aufenthaltspfleger nicht ausreicht, das Kindeswohl zu garantieren. Es kann u. U. sogar die Heimunterbringung in einem entfernten Heim angezeigt sein, wenn die Familie und Bekannte eine näher liegende Institution belagern.[216]

Eine Maßnahme nach § 1666 BGB kann auch von Amts wegen erfolgen, wenn sich ein Elternteil bei bestehender gemeinsamer Sorge weigert, in Angelegenheiten von erheblicher Bedeutung für das Kind mit dem anderen Elternteil Einvernehmen herzustellen. Diesem Elternteil kann die Mitsorge oder das gesamte Sorgerecht entzogen werden.[217]

Eine Trennung der Kinder von den Eltern ist ohne die Voraussetzungen des § 1666 BGB möglich, wenn sie bereits früher erfolgt ist, die Kinder eine neue Bezugsperson gefunden haben und eine Trennung von diesen für die Kinder eine erhebliche Belastung darstellt.[218] Häufig ist das der Fall, wenn das Kind bei Pflegeeltern aufwächst. Würde die Herausnahme des Kindes zur Unzeit zu einer Kindeswohlgefährdung führen, kann das Familiengericht eine Verbleibensanordnung gemäß § 1632 Abs. 4 erlassen. Dies trifft auch zu, wenn die nicht verheiratete Mutter ihr Kind abrupt aus dem Haushalt des Vaters herausnimmt, bei dem es seit längerer Zeit lebt.[219]

Dem Elternteil, dessen Kind bei Dritten wohnt, kann der Kontakt mit dem Kind versagt werden, wenn er selbst[220] oder eine ihm beim Umgang begleitende Person durch die Gestaltung des Umgangs dem Kindeswohl schadet.[221]

e) Gestaltungsmöglichkeiten des Sachverständigen. Stellt der Sachverständige z. B. nach einem Hausbesuch bei einem Elternteil eine akute Gefährdung des Kindes fest, so hat er dies umgehend dem Familiengericht mitzuteilen, damit eine geeignete Maßnahme, bis hin zur Herausnahme des Kindes, erfolgen kann. Dies kann bei psychischer Krankheit der Eltern der Fall sein oder bei Verwahrlosung des Kindes.

Häufig sind die Familien, bei denen Kindeswohlgefährdung angenommen wird, seit langem dem Jugendamt bzw. der Jugendgerichtshilfe bekannt. Viele Bemühungen, der Familie Hilfestellungen zu geben, sind gescheitert, meist ist ein Verfahrenspfleger bestellt worden.

War die Ursache der Herausnahme des Kindes eine psychische Erkrankung eines Elternteils, beider Eltern oder auch des Kindes, so hat der psychologische Sachverständige zuerst zu klären, ob er die nötige Fachkompetenz und Erfahrung besitzt, die an ihn gestellte Frage abzuklären. Liegen bereits Gutachten von Psychiatern oder Kinder- und Jugendpsychiatern vor, so sollte der Sachverständige beim Gericht nachfragen, ob die Einbeziehung dieser Berichte dem Familiengericht genügt oder ob ein unabhängiger Sachverständiger auf dem Fachgebiet der Erwachsenen- oder Kinder- und Jugendpsychiatrie zusätzlich eingeschaltet werden soll.

---

[216] BayObLG FamRZ 1993, 229.

[217] *Soiné* FF 2000, 45.

[218] Schwere und nachhaltige Schäden in körperlicher oder seelischer Hinsicht, BVerfG FamRZ 1985, 39; BayObLG FamRZ 1981, 999; OLG Frankfurt FamRZ 1978, 488; OLG Karlsruhe FamRZ 1979, 57; OLG Frankfurt FamRZ 1978, 448; OLG Oldenburg FamRZ 1981, 811; „Entwicklungsstörungen" OLG Frankfurt FamRZ 1983, 297.

[219] AG München DAVorm 1995, 1004.

[220] BayObLG FamRZ 1995, 1438.

[221] BayObLG ZfJ 1994, 540.

Bei den Fragen zu § 1666 BGB sollte der Sachverständige nach Rücksprache mit dem Familiengericht und mit Einwilligung der Sorgeberechtigten auf Drittquellen zurückgreifen. Aussagekräftige Hinweise können Kindergarten, Schule oder andere mit dem Kind befasste Institutionen geben.

aa) Zum sachverständigen Vorgehen. Ist das Kind in einer Bereitschaftspflege untergebracht, (meist bei Kindern unter drei Jahren), d. h., ist die Herausnahme bereits einstweilig erfolgt, hat der Sachverständige beschleunigt vorzugehen. Bei der Bereitschaftspflege handelt es sich um besonders qualifizierte Pflegeeltern, die in der Regel für nicht länger als ein halbes Jahr das Kind zur Pflege nehmen, bis das Familiengericht eine endgültige Entscheidung getroffen hat, ob das Kind in einer Dauerpflegestelle untergebracht werden soll oder eine Rückführung in den elterlichen Haushalt möglich ist. Da die Kinder Beziehungen und Bindungen zu den Pflegeeltern aufbauen, die Bereitschaftspflege aber nur vorübergehender Natur ist, muss der Sachverständige äußerst schnell tätig werden, um nicht dem Kind eine weitere belastende Herausnahme aus seinem Beziehungsgefüge zuzumuten. Nicht zuletzt ist daran zu denken, dass nicht nur das Kind zu den Pflegeeltern Beziehungen aufbaut, sondern umgekehrt auch die Pflegeeltern zu ihrem Mündel.

Ist das Kind bereits einstweilig bei einer Pflegefamilie untergebracht, sind die Pflegeeltern in die Begutachtung mit einzubeziehen, insbesondere dann, wenn dieses Kind aufgrund seiner Persönlichkeit und seiner Entwicklung einer besonderen Förderkompetenz bedarf. Bei den Pflegeeltern ist ebenfalls zu erheben, inwieweit sie dem Kind genügend Zuwendung und Stabilität geben können, um den besonderen Anforderungen des Kindes gerecht zu werden. Meist gehören Kinder, bei denen Maßnahmen nach § 1666 BGB erforderlich sind, zu sozialen Randgruppen und weisen deshalb ein erhöhtes Entwicklungsrisiko auf.

Handlungsleitend muss für den Sachverständigen die Annahme (Nullhypothese) sein, dass Kindeswohlgefährdung vorliegt, die er mit Hilfe seines Vorgehens widerlegen muss. Bei der Frage nach Kindeswohlmissbrauch mit der Folge eines Entzugs der elterlichen Sorge geht es nur um Gefahrenabwehr und größtmögliche Sicherheit für das betroffene Kind, nicht um die Feststellung möglichst positiver Lebens- und Entwicklungsbedingungen.[222] Im Einzelfall kann dabei die Abgrenzung einer „dem Wohl des Kindes nicht entsprechende Erziehung", wie es im § 27 SGB VIII formuliert ist, von der im § 1666 BGB genannten Kindeswohlgefährdung nur schwer gelingen. Der Sachverständige sollte darlegen, welche familiären und außerfamiliären Faktoren bei dem Kind die Entwicklungsbedrohung ausmachen, dabei sind auch Angaben über Form, Ausmaß, Häufigkeit und Anlass der elterlichen Verhaltensweisen, die zu der Bedrohung führen, notwendig. Neben den Belastungsfaktoren, die zweifelsohne durch elterliches Verhalten entstehen können, sind auch die Bewältigungsmechanismen des Kindes zu erheben.[223]

Die Prognose sollte berücksichtigen, ob das Umfeld unverändert beibehalten wird oder ob und welche Interventionen für das Kind nötig sind, um eine Gefährdung abwehren zu können. Für die Dauer einer zu empfehlenden Maßnahme hat der Sachverständige auch das Alter zu berücksichtigen.[224] Kleinstkinder befinden sich im Bindungsaufbau. Der gleiche Zeitraum hat für ein Kind im Alter von drei Jahren eine andere Auswirkung für dessen Wohl als für ein Kind von 10 Jahren. Weiter ist herauszuarbeiten, ob der Elternteil

---

[222] Siehe auch: *Fegert*, Deutscher Familiengerichtstag, 13, 1999, 2000, S. 54.

[223] Hierzu: *Mattejat/Wüthrich/Remschmidt* Der Nervenarzt 2000, 164–172; *Kindler* Kindheit und Entwicklung 2000, 222–230.

[224] Siehe auch *Heilmann* S. 119.

in der Lage und bereit ist, die notwendigen Hilfen anzunehmen. Ein Verschulden der Eltern hat der Sachverständige dagegen nicht festzustellen; dies ist Aufgabe des Familiengerichts.

Bei Misshandlungen sollte differenziert werden, ob es sich um physische Misshandlung mit häufigen nachhaltigen körperlichen Bestrafungen, um emotionale Misshandlung, wie ständiges Kritisieren des Kindes, Drohen, Verächtlichmachungen, Einsperren u. a., oder Vernachlässigung handelt. Meist handelt es sich aber um Mischformen. Misshandlung ist auch in Abhängigkeit vom Alter des Kindes zu bewerten. Während körperliche Bestrafung eines Säuglings als Misshandlung anzusehen ist, gilt dies nicht zwingend für ein älteres Kind, ein Kleinkind kann schon Schaden nehmen, wenn es geschüttelt wird, was für ein älteres Kind nicht gleichermaßen gefährlich ist.[225]

Häufig bleiben Fragen zu sexuellem Missbrauch oder körperlicher Misshandlung bei Kleinkindern und Säuglingen offen, die Täterschaft kann wegen fehlender Aussagetüchtigkeit nicht geklärt werden. In diesen Fällen sollte der Sachverständige daran denken, ob nicht mit der Methode der psychophysiologischen Aussagebegutachtung klärende Hinweise auf den Verursacher gefunden werden können.

Bei Vernachlässigung gilt es, den speziellen vernachlässigten Bereich zu erfassen, um sowohl die noch vorhandenen Kompetenzen bzw. Defizite der Bezugsperson, die auch aus der eigenen Sozialisationserfahrung resultieren können, als auch die des Kindes bestimmen zu können. Vernachlässigung kann sich auf Ernährung, Sauberkeit, Hygiene, Schutz, Förderung, emotionale, soziale und kognitive Zuwendung und Beaufsichtigung, auch im Umgang mit dritten Personen, beziehen.[226]

Im Fall von Erkrankung oder Sucht sind die Stützmöglichkeiten für das Kind mit zu erheben. So kann der Ehepartner, Lebensgefährte oder Verwandte eine Kompensation der Erziehungsdefizite bewirken. Nicht zuletzt sind sozio-ökonomische Rahmenbedingungen zu beachten.

bb) Zur Empfehlung. Der Eingriff in das Elternrecht muss so gering wie möglich ausfallen, wobei zuerst die ambulanten Hilfen auszuschöpfen sind, bevor Maßnahmen wie die Herausnahme des Kindes aus der Familie ergriffen werden dürfen. Da mangelnde Erziehungsfähigkeit aus familienpsychologischer Sicht häufig ihre Ursache in finanziellen und persönlichen Problemen der Eltern hat, bieten sich im Einzelfall die Delegation an Beratungsstellen und/oder Therapeuten an. Hier sollte der Sachverständige bemüht sein, die Betroffenen zur Annahme dieser Maßnahmen zu motivieren.[227]

Ehe bei Kindeswohlgefährdungen eine Trennung des Kindes von der Familie erfolgt, muss der Sachverständige überprüfen, ob alle Maßnahmen, wie sie § 1666a Abs. 1 BGB und §§ 27 ff. SGB VIII (KJHG) vorsehen, ausgeschöpft sind. Hier sind zu nennen: freiwillige Erziehungshilfe (§ 27 SGB VIII), Erziehungsberatung (§ 28 SGB VIII), Erziehungsbeistandschaft (§ 30 SGB VIII); sozialpädagogische Familienhilfe (§ 31 SGB VIII). Der Sachverständige, der mit diesen Fragen befasst ist, sollte die verschiedenen Hilfsangebote kennen,[228] ohne jedoch konkrete Vorschläge zu machen, da dies in die Kompetenz der Jugendhilfebehörden fällt.

---

[225] Dazu: *Dornes* S. 214 ff. mit weiterführender Literatur.

[226] Weitere Hinweise: *Harnach-Beck* NDV 1995, 373–378.

[227] So auch *Rüth* Prax. Kinderpsychol. Kinderpsychiat. 1998, 495.

[228] Einen Überblick zu den Hilfen des SGB VIII geben: *Balloff* FPR 1999, 164–167; *Balloff* FPR 1995, 304–307; *Edinger/Uch* FPR 1998, 23–26.

Weiter hat er bezüglich Eingriffen in das Elternrecht zu überprüfen, ob nicht die Übertragung von Teilbereichen der elterlichen Sorge ausreicht, die Gefährdung abzuwenden, und ob sich die Maßnahmen – bei Gefährdung des Kindes in der Familie – nicht gegen einen Elternteil allein richten sollten. Der Familienrichter hat auch die Möglichkeit, Verfügungen zum Verhalten gegenüber Dritten zu erlassen, z. B. dass das Kind von der Mutter getrennt wird, wenn sie Kontakt zum missbrauchenden, nicht verheirateten Vater zulässt, ohne dass eine dritte Person anwesend ist. Der Sachverständige hat grundsätzlich zu bedenken, ob nicht derartige anordnende Maßnahmen ausreichen, um dem Kind zumindest eine primäre Bezugsperson zu erhalten. Eine ständige Überwachung der Familie ist aber mit zumutbarem Aufwand nicht zu verwirklichen.[229] Weiter kann das Familiengericht dem Sorgeberechtigten auferlegen, die Wohnung sauber zu halten und eine kindgerechte Ernährung zu gewährleisten oder das Kind regelmäßig dem Kindergarten zuzuführen.[230] Selbst die Anordnung einer Aufsichtspflegschaft durch das Familiengericht ist möglich, z. B. wenn sich ein alkoholgefährdeter Elternteil wieder zu stabilisieren beginnt.[231]

Der Sachverständige hat abzuwägen, ob nicht eine zeitweise oder gar nur stundenweise Fremdunterbringung des Kindes die Familie wieder stabilisiert. Die Frage einer Vollzeitpflege oder Tagespflege ist abhängig vom Entwicklungsstand, den Stress- und Risikofaktoren in der Familie, dem Willen und den Wunschvorstellungen des Kindes sowie der Beziehungsqualität in der Familie. Die Vollzeitpflege kann befristet oder in Einzelfällen auf Dauer angelegt sein.

Bei Bedingungen, die die Herausnahme des Kindes aus der Familie nötig machen, kann nach Verabredung des Familienrichters in Absprache mit dem Jugendamt oder der Abteilung für Fremdunterbringung überlegt werden, welche Institution für das Kind angemessen ist. Der Sachverständige hat aufgrund seiner Diagnostik möglicherweise wertvolle Hinweise auf die Befindlichkeit des Kindes und die Bedürfnisse im Einzelfall, die auch für die Jugendhilfe wertvoll sein kann. Diese sind umso aussagekräftiger, wenn der Sachverständige mit seiner Diagnostik mögliche Risiko-[232] und Stützfaktoren der betroffenen Familien erfasst hat.

7. Herausnahme oder Rückführung eines Kindes aus einer Pflegefamilie

Unabhängig davon, wie ein Pflegeverhältnis zustande gekommen ist, es sollte nicht so verfestigt werden, dass die leiblichen Eltern den ständigen Verbleib des Kindes in der Pflegefamilie befürchten müssen.[233] Das Pflegeverhältnis ist prinzipiell auf Zeit angelegt, es soll entweder zur Rückführung des Kindes zu den leiblichen Eltern oder zur Adoption des Pflegekindes durch die Pflegeeltern oder Dritte kommen. Die Maßnahme der Trennung des Kindes von seiner Familie nach § 1666 a BGB hat unter den Gesichtspunkten der Ab-

---

[229] BayObLG FPR 1999, 179 = FamRZ 1999, 178.

[230] BayObLG FPR 1999, 182.

[231] *Palandt/Diederichsen*, § 1671 Rn 26.

[232] Hilfreich: *Bender/Lösel*, in: Egle/Hoffmann/Joraschky (Hrsg.), Sexueller Missbrauch, Misshandlung, Vernachlässigung, S. 35–53; *Dornes*, in: Egle/Hoffmann/Joraschky (Hrsg.), Sexueller Missbrauch, Misshandlung, Vernachlässigung, S. 65–78; *Lutzker*, Handbook of Child Abuse Research and Treatment, 1998.

[233] BVerfG FamRZ 1985, 39; BVerfG FamRZ 1987, 786; OLG Hamm FamRZ 1995, 1507.

wehr der Kindeswohlbeeinträchtigung stattgefunden, so lange, bis die Eltern oder der Elternteil in der Lage sind, die elterliche Sorge ohne Gefährdung des Kindeswohls zu übernehmen. Dies bedeutet, dass den Pflegeeltern die Kompetenz für Entscheidungen in zukunftsprägenden Erziehungsfragen fehlt.[234]

Minderjährige Kinder, deren Erziehung Stiefeltern, Großeltern oder Verwandten bis zum dritten Grad überlassen worden ist, sind keine Pflegekinder. Ein solches Erziehungsverhältnis genießt den gleichen Schutz wie die Erziehung durch die Eltern.[235]

a) Rechtliche Vorgaben. Stellt ein Elternteil einen Antrag nach § 1632 Abs. 1 BGB auf Herausgabe des Kindes aus der Pflegefamilie, wird in der Regel vom Familiengericht ein Verfahrenspfleger eingeschaltet. Eine Herausgabe ist nur dann anzuordnen, wenn mit hinreichender Sicherheit auszuschließen ist, dass die Trennung des Kindes von seinen Pflegeeltern mit psychischen oder physischen Schädigungen verbunden sein kann.[236] Die Kindeswohlrisiken sind aber unterschiedlich zu bewerten, je nachdem, ob der Sorgeberechtigte sein Kind aus einem Pflegeverhältnis herausnehmen will, um es in seinen Haushalt zu übernehmen, oder ob er sein Kind bei einer anderen Pflegefamilie unterbringen will.[237]

Hat die oder der Sorgeberechtigte ursprünglich freiwillig das Kind in der Pflegefamilie untergebracht, ohne gerichtliche Bestellung eines Aufenthaltspflegers, kann der Sorgeberechtigte jederzeit die Herausgabe des Kindes verlangen, außer diese Maßnahme würde aktuell und konkret[238] eine Kindeswohlgefährdung bedingen. Bei Fragen zur Herausnahme eines Kindes bei bestehenden Konflikten mit den Pflegeeltern wird oftmals ein Sachverständiger beauftragt.[239]

Wird von den leiblichen Eltern oder einem sorgeberechtigten Elternteil die Herausgabe des Kindes aus der Pflegefamilie begehrt, steht den Pflegeeltern die Möglichkeit offen, beim Familiengericht einen Antrag auf Verbleibensanordnung gemäß § 1632 Abs. 4 zu stellen. Ein solcher Anspruch der Pflegeeltern besteht sowohl gegenüber Eltern als auch dem Aufenthaltspfleger oder einem Vormund. Die Verbleibensanordnung eröffnet die Möglichkeit, das Kind vor einem Herausgabeanspruch des Berechtigten zur Unzeit zu schützen, wenn durch die Herausnahme des Kindes aus der Pflegefamilie das Kindeswohl gefährdet werden würde.[240] Damit ist eine Entkoppelung von der Maßgabe der aktuellen Kindeswohlgefährdung nach § 1666 BGB gegeben. Dies bedeutet, dass trotz des Verbleibens des Kindes in der Pflegefamilie die Eltern weiterhin Inhaber des Sorgerechts, mit Ausnahme des Aufenthaltsbestimmungsrechts, bleiben.[241]

Liegt bereits Vormundschaft vor, so ist trotz eines notwendigen Verbleibs des Kindes bei den Pflegeeltern zu überprüfen, ob dazu der Erlass einer Verbleibensanordnung ausreicht und ob der Sorgerechtsentzug weiterhin geboten ist.[242]

Nicht entscheidend für die Rechtmäßigkeit einer Verbleibensanordnung ist, ob die frühere Herausnahme aus der Ursprungsfamilie rechtswidrig war, es kommt allein darauf an,

---

[234]   Siehe *Windel* FamRZ 1997, 715.
[235]   BVerwG FamRZ 1977, 541.
[236]   So das BVerfG FamRZ 1987, 786.
[237]   BVerfG FamRZ 1987, 786; BayObLG FamRZ 1991, 1080; BayObLG FamRZ 2000, 633.
[238]   BGH NJW 1956, 1434; EuGHMR FamRZ 2000, 1353.
[239]   *Siedhoff* NJW 1994, 618, 620.
[240]   Ausführlich dazu: *Salgo* FamRZ 1999, 338; OLG Köln DAVorm 1998, 140.
[241]   *Siedhoff* FamRZ 1995, 1255.
[242]   BVerfG FamRZ 1993, 782.

ob zwischen den Pflegeeltern und dem Kind ein Eltern-Kind-Verhältnis entstanden ist und dass das Kind durch diese nun anstehende Trennung gefährdet wäre.[243]

Der Antrag auf Verbleibensanordnung kann bereits gestellt werden, wenn die Sorgeberechtigten erst ankündigen, das Kind zurückzuführen, ehe noch ein Herausgabeantrag gestellt worden ist.

Wird einem Herausgabeanspruch stattgegeben, steht den Pflegeeltern nach § 1685 BGB ein Umgangsrecht mit dem Kind zu.

b) Gründe, die eine Verbleibensanordnung nicht rechtfertigen. Eine Verbleibensanordnung kann nicht deswegen ergehen, weil die Pflegeeltern für die Betreuung der Kinder besser geeignet sind[244] oder der Verbleib des Kindes bei den Pflegeeltern die relativ bessere Alternative darstellt. Vielmehr ist die Rückführung anzuordnen, wenn die Gefahr für das Wohl des Kindes gemäß § 1666 BGB nicht mehr besteht. Selbst wenn das Kind durch jahrelange liebevolle Zuwendung durch die Pflegeeltern seine sozialen Eltern gefunden hat, gilt prinzipiell, dass die verfassungsmäßig garantierte Zusammenführung von Kind und leiblichen Eltern nicht verhindert werden darf,[245] auch wenn die Pflegeeltern eine bessere erzieherische Eignung aufweisen. Sogar ein achtjähriger Verbleib des Kindes bei einer Pflegefamilie stellt noch keinen notwendigen Grund dar, eine Verbleibensanordnung zu erlassen, wenn das Kind eine persönliche Beziehung zum Sorgeberechtigten hat und bei diesem die Voraussetzungen für eine weitere gedeihliche Entwicklung gegeben und keine nachhaltigen Schäden beim Kind zu erwarten sind.[246]

c) Gründe, die eine Verbleibensanordnung rechtfertigen. Eine Verbleibensanordnung wird wahrscheinlich, wenn der Aufenthalt eines zum Zeitpunkt der Unterbringung noch nicht dreijährigen Kindes in der Pflegefamilie ca. 12 Monate dauerte. Für das Alter bis sechs Jahren werden 24 Monate,[247] bis 12 Jahren 36 Monate Aufenthalt als Dauer angenommen, um einen Beziehungsaufbau des Kindes zur Pflegefamilie anzunehmen, der bei einer Herausnahme zu einer Gefährdung führen würde.[248]

Wenn ein 16-jähriges Mädchen seit über einem Jahr in der Pflegefamilie untergebracht ist und sich nun weigert zurückzukehren, kann das Verbleiben angeordnet werden,[249] ebenso wenn ein Kind wieder in ein Kriegsgebiet zurückgeführt werden soll, ohne dass dort die Angehörigen auffindbar sind.[250]

Hat ein Kind schon mehrere Beziehungsabbrüche erlitten und ist zu erwarten, dass das Kind in der Pflegefamilie stabil verbleiben kann, wird eine Verbleibensanordnung in der Regel eine Kindeswohlgefährdung abwenden. Dies gilt umso mehr, wenn der Herausgabeanspruch dazu dienen soll, das Kind nur einer anderen Pflegefamilie zuzuführen. Anders gestaltet es sich, wenn das Kind zu den Großeltern oder nahen Verwandten verbracht werden soll.

---

[243] BVerfG 1968, zitiert bei *Marquardt* FPR 1995, 148.

[244] BayObLG FamRZ 1984, 817.

[245] BVerfG FamRZ 1987, 186.

[246] BayObLG FamRZ 1995, 626.

[247] Siehe auch: *Lakies/Münder* RdJB 1991, 428 f.

[248] *MünchKommBGB/Hinz* § 1632; dem entspricht auch die Rechtsprechung des Bundesfinanzgerichtshofes: Hat das schulpflichtige Kind über zwei Jahre und länger keine ausreichenden Kontakte zu seinen leiblichen Eltern, so reicht dies aus, einen Abbruch des Obhuts- und Pflegeverhältnisses zwischen dem Kind und den leiblichen Eltern anzunehmen, FamRZ 1996, 613.

[249] BayObLG FamRZ 1998, 1040.

[250] BVerfG FamRZ 1995, 24.

d) Weitere rechtliche Gestaltungsmöglichkeiten. Versuchen die Eltern im Rahmen ihrer Umgangskontakte das Kind in ihre Familie vorschnell zu reintegrieren, kann das Umgangsrecht für eine bestimmte Zeit ausgeschlossen werden, um eine Gefährdung abzuwenden.[251]

Haben die Eltern im Rahmen eines Verfahrens zur Verbleibensanordnung das Kind ohne Absprache bei sich behalten, können die Pflegeeltern in diesem Verfahren die Rückführung des Kindes in ihre Familie anstreben.[252] Das Familiengericht kann auch die Herausgabe eines für ein ausländisches Kind ausgestellten Reisepasses an die Pflegeeltern verlangen,[253] da er dem Kind dienen soll.

Wurde das Kind vom Jugendamt durch Inobhutnahme nach § 42 SGB VIII untergebracht, setzt sich ein Herausgabeanspruch des Sorgeberechtigten nicht durch, ehe nicht das Familiengericht über den Antrag bezüglich der Inobhutnahme entschieden hat.[254]

e) Gestaltungsmöglichkeiten des Sachverständigen. Aufgabe des Sachverständigen ist, darauf einzugehen, wann und unter welchen Maßnahmen eine Rückführung des Kindes zu seinen leiblichen Eltern in Betracht kommt.[255] Hat ein Kind für lange Zeit in Dauerpflege bei einer Familie gelebt und wünschen die sorgeberechtigten Eltern nun eine Rücknahme des Kindes in ihren Haushalt, so muss geprüft werden, ob das Begehren zur Unzeit erfolgt, so dass durch die Herausnahme des Kindes eine Gefährdung des Kindeswohls zu befürchten ist. Diese stellt eine hohe Hürde dar, die vor allem für den Sachverständigen schwierig einzuschätzen ist, wenn über Jahre hinweg kaum eine Beziehung vom Kind zu den leiblichen Eltern bestand. Die psychischen Bedingungen, die zu einer faktischen Elternschaft geführt haben oder eine solche Entwicklung verhinderten, sollten hervorgehoben werden.[256] Wesentliche Faktoren für die psychologische Begutachtung sind Vorbelastungen des Kindes, die Häufigkeit eines Wechsels von Bezugspersonen, die Ressourcen des Kindes und das Vorhandensein stabiler Beziehungsstrukturen. Nicht zuletzt sind an die Erziehungskompetenz der leiblichen Eltern erhöhte Erwartungen zu stellen.[257] Hierzu kann ein längerer Aufenthalt des Kindes bei den Eltern (z. B. in den Ferien) erwogen werden, um die Beziehungs- und Förderkompetenz der leiblichen Eltern feststellen zu können. Gleichzeitig sollte ein enger Kontakt des Sachverständigen mit den Eltern gepflegt werden, um Belastungen des Kindes rechtzeitig erkennen zu können.

Eine Prognose sollte vermieden werden, wenn der Sachverständige keine verlässliche Datenbasis hat,[258] weil er z. B. keine Möglichkeit hatte, das Kind anlässlich eines längeren Aufenthaltes bei den Sorgeberechtigten zu sehen. Das Familiengericht kann aber anord-

---

[251] LG Aurich FamRZ 1998, 449.

[252] BayObLG FamRZ 1997, 223.

[253] OLG Frankfurt FamRZ 1997, 571, hier musste die sorgeberechtigte philippinische Mutter den Reisepass an die Pflegefamilie herausgeben.

[254] OLG Zweibrücken FamRZ 1996, 1026.

[255] OLG Bamberg FamRZ 1999, 665; dazu auch: *Richard-Kopa*, in: Dokumenation, Pflegekinder in familiengerichtlichen Verfahren. Stiftung Zum Wohle des Pflegekindes (Hrsg.), Holzminden, 1998, S. 83.

[256] Hilfreiche Literatur zum Thema: *Gintzel*, Erziehung in Pflegefamilien, 1996; *Nienstedt/Westermann*, Pflegekinder, 1992; *Rosenfeld/Steiner*, Paragraphenkinder, 1991; *Wiemann*, Pflege- und Adoptivkinder, 1979; *Zenz*, Kindesmißhandlung und Kindesrechte, 1979; *Textor*, in: Textor (Hrsg.), Hilfen für Familien, S. 91–109; *Stein-Hilbers*, Wem gehört das Kind?, 1994, S. 100; *Zenz* ZfJ 2000, 321–360.

[257] Hierzu: BVerfG FamRZ 2000, 1489: die Mutter ist psychisch erkrankt.

[258] Dazu: *Siedhoff* NJW 1994, 619.

Salzgeber

nen, dass ein Kind von der Pflegefamilie in die Herkunftsfamilie verbracht wird, damit der Sachverständige feststellen kann, ob eine Rückkehr des Kindes in die Herkunftsfamilie ohne Gefährdung möglich ist.[259]

Die Rückführung selbst bei lang dauerndem Aufenthalt eines Kindes bei Pflegeeltern stellt nicht per se eine Gefährdung dar, wenn die Eltern in der Lage sind, die Beziehungen zum Kind angemessen aufzubauen und auf die Besonderheiten der Situation Rücksicht zu nehmen. Schwierig wird es sein, wenn die Eltern keine Bereitschaft zeigen, hierbei fachkundige Hilfe in Anspruch zu nehmen.[260]

Die leiblichen Eltern erleben die Pflegefamilie und Behörden häufig als ihren Interessen entgegenstehend, so dass Vorbehalte vorherrschen. Hier kann der Sachverständige vermittelnd helfen und bei einer Kontaktanbahnung mitwirken, um in der Folge ein Überwechseln des Kindes in den elterlichen Haushalt zu ermöglichen.

Auch von Pflegepersonen wird erhebliche Kooperationsbereitschaft verlangt, wenn sie die Rückkehr des Pflegekindes zur leiblichen Familie fördern sollen, vor allem dann, wenn die Pflegeeltern das Kind unter der Maßgabe einer Dauerpflege oder mit Aussicht auf Adoption zu sich genommen haben. Eine anstehende Rückführung des Kindes würde dann eine Adoption in Frage stellen, so dass eine Kooperationsbereitschaft der Pflegeeltern nicht erwartet werden kann. Zwar müssen die Pflegeeltern immer davon ausgehen, dass eine Pflegesituation nicht auf Dauer angelegt ist, dennoch entwickeln sich häufig starke familiäre Beziehungen, oftmals auch zwischen dem Pflegekind und den Kindern der Pflegefamilie. Unter der Einflussnahme der Pflegeeltern erleben dann gerade kleinere Kinder die Rückführbemühungen der leiblichen Eltern als existentielle Bedrohung und lehnen in der Folge selbst den Kontakt zu ihnen ab.

Im Einzelfall kann, wenn vom Sachverständigen eine Gefährdung des Kindes bei der Pflegefamilie festgestellt wurde und ein direktes Überwechseln des Kindes zum Sorgeberechtigten aufgrund von Beeinflussungen seitens der Pflegefamilie nicht möglich ist, eine Unterbringung für eine gewisse Zeit in einer therapeutischen Einrichtung angezeigt sein.

Auf der anderen Seite wird der Sachverständige nicht selten mit starken Willensäußerungen des Kindes konfrontiert, zu dem immer noch erziehungsunfähigen Elternteil oder den Eltern zurückkehren zu wollen. Oftmals sind die Eltern vereinsamt und üben erheblichen Druck auf ihr Kind aus, doch zurückzukehren. Dann hat sich der Sachverständige mit dem meist eindeutigen Votum des Verfahrenspflegers auseinander zu setzen und kritisch zu überprüfen, inwieweit dem Willen des Kindes gefolgt werden kann, ohne es einer weiteren Gefährdung auszusetzen. Nicht in jedem Fall kann dem Kindeswillen entsprochen werden.

Bei der Einbeziehung der Jugendhilfe zu Rückführungsmaßnahmen sollte bedacht werden, dass das Jugendamt einerseits für die Pflegefamilie verantwortlich ist, andererseits auch dem Kindeswohl und der Sorgerechtsfamilie verpflichtet ist, was häufig zu Rollenkonflikten führt.

Eine besondere Konstellation ergibt sich, wenn die Herausgabe des Kindes aus der Pflegefamilie in eine Adoptionsfamilie erfolgen soll. Grundsätzlich wird davon ausgegangen, dass Adoption einem Pflegekindschaftsverhältnis vorzuziehen ist. Hier ist bei den Adoptionseltern zu prüfen, ob sie geeignet sind, die mit der Trennung des Kindes von sei-

---

[259] OLG Köln FamRZ 2000, 4, S. VII.
[260] BVerfG ZfJ 2000, 71.

nen Pflegeeltern auftretenden Konflikte zu mildern.[261] Die mit der Trennung verbundenen schädlichen Folgen müssen mit Sicherheit von den Adoptiveltern aufgefangen werden können.[262]

8. Freiheitsentziehende Unterbringung eines Minderjährigen

Seit dem Kindschaftsrechtsreformgesetz ist dieses ehemalige vormundschaftsgerichtliche Verfahren an das Familiengericht verlagert.

Eine Freiheitsentziehung liegt immer dann vor, wenn das Kind oder der Minderjährige in einem bestimmten Raum festgehalten wird (selbst wenn das Fenster nicht vergittert ist),[263] wenn sein Aufenthalt ständig überwacht oder die Aufnahme von Kontakten mit Personen außerhalb des Raumes oder der Institution durch Sicherungsmaßnahmen verhindert wird. Der Zweck dieser Maßnahme liegt darin, der betroffenen Person nicht den Willen zu lassen, sich frei zu bewegen, wann und wohin sie will. Das ist der Fall, wenn die Türen verschlossen sind und somit die minderjährige Person die Räume nicht ohne Aufsicht oder Begleitung verlassen darf. Auch das Verfügungsrecht über persönliche Gegenstände und selbst Besteck ist eingeschränkt. Diese Einschränkung ist in der Regel nur bei Unterbringung in geschlossenen Anstalten eines Heimes und in geschlossenen Abteilungen der Kinder- und Jugendpsychiatrie der Fall.

Keine Freiheitsentziehung läge vor, wenn Eltern das Kind altersgemäß in diesem Sinn beaufsichtigt und die Freiheit eingeschränkt hätten. Dazu gehören auch Beschränkungen von Ausgangszeiten, Lernzeiten, Verschließen der Haustüre.

a) Rechtliche Vorgaben. In einem Verfahren nach § 1631 b BGB, das die geschlossene Unterbringung regelt,[264] wird das Personensorgerecht der Eltern eingeschränkt, da sie das Kind nicht anderweitig unterbringen können, wenn die Unterbringung mit Freiheitsentzug für das Kind verbunden ist. Das Aufenthaltsbestimmungsrecht der sorgeberechtigten Personen ist somit eingeschränkt. Die Einschränkung umfasst auch die Auswahl der Institution, bei der das Kind untergebracht werden kann.

In diesen Verfahren ist in der Regel ein Verfahrenspfleger zu bestellen.

Gemäß § 42 Abs. 3 SGB VIII kann auch mit jugendhilferechtlichen Maßnahmen eine Freiheitsentziehung durch Inobhutnahme erfolgen, wenn eine akute Gefahr für Leib und Leben des Minderjährigen oder für Dritte besteht. Diese Vorschrift dient der Krisenintervention und stellt keine eigenständige Rechtsgrundlage für die freiheitsentziehenden Maßnahmen dar. Sie bedarf immer der richterlichen Genehmigung, spätestens nach Ablauf des Tages. Aus einer früheren Inobhutnahme kann bei erneutem Gefährdungsverdacht nicht auf die Notwendigkeit einer erneuten Inobhutnahme geschlossen werden.[265]

Eine gerichtliche Genehmigung für die Unterbringung in einer geschlossenen Abteilung, z.B. einer kinder- und jugendpsychiatrischen Klinik, ist nicht zwingend notwendig,

---

[261] BVerfG FamRZ 1989, 31.

[262] BVerfGE 79, 51, 67 zitiert bei *Salgo*, in: Dokumentation, Pflegekinder in familiengerichtlichen Verfahren, Stiftung Zum Wohle des Pflegekindes (Hrsg.), Holzminden, 1998, S. 13.

[263] AG Kamen FamRZ 1983, 1999.

[264] Hilfreich: *Saage/Göppinger*, Freiheitsentziehung und Unterbringung, 1994; *Haase*, Familiengerichtliche Genehmigung der geschlossenen Unterbringung eines Kindes gemäß § 1631 b BGB, unveröffentlichtes Manuskript.

[265] *Trenczek* ZfJ 1999, 372.

wenn der Jugendliche eine wirksame Einwilligung erteilt, die unter Berücksichtigung der körperlichen, seelischen Reife sowie der Schwere des Eingriffs zu beurteilen ist. Möglicherweise muss das Familiengericht unter Zuhilfenahme eines Sachverständigen klären, ob der Jugendliche einwilligungsfähig ist, ob er unter Medikamenteneinfluss oder dem Druck der Sorgeberechtigten steht.[266] Die Versicherung der Eltern allein, mit dem Kind alles besprochen zu haben, reicht dazu in der Regel nicht. Liegt eine wirksame Einwilligung des Jugendlichen vor, kann er sie jederzeit widerrufen. Bei Gefahr kann der Jugendliche aber nicht aus der Institution entlassen werden, da damit in das Aufenthaltsbestimmungsrecht der Eltern eingegriffen werden würde. Gegebenenfalls muss dann eine einstweilige Anordnung nach § 70 h FGG eingeleitet werden. Nach § 70 h Abs. 1 FGG bedarf die Gewaltanwendung inklusive der Unterstützung durch die Polizei eines gesonderten gerichtlichen Beschlusses. Problematisch stellt sich die Situation dar, wenn der gefährdete jugendliche Patient in der Institution abgängig ist. Bei Fehlen eines Genehmigungsbeschlusses gemäß § 1631 b BGB für die Unterbringung könnte der Jugendliche gegen seinen Willen nach den Unterbringungsgesetzen der Länder mit der Polizei zurückgebracht werden.[267] Die landesrechtliche Unterbringung erfolgt aber unter dem Gesichtspunkt der Abwehr von Gefahren, beim § 1631 b steht Hilfe und Fürsorge für den Minderjährigen im Vordergrund.[268]

Sollte der Minderjährige freiwillig in eine geschlossene Einrichtung gehen, wird daher in der Regel eine gerichtliche Verfügung erfolgen, da angenommen wird, dass der Minderjährige die Bedeutung einer solchen Einwilligung nicht erkennen und kinderpsychiatrisch auffällige Kinder eine rechtswirksame Einwilligung nicht erteilen können. Ausnahmen können Drogenabhängige sein, die sich zum freiwilligen körperlichen Entzug in eine geschlossene Abteilung eines Nervenkrankenhauses begeben wollen. Hier wird dann im Einzelfall geprüft, ob tatsächlich eine rechtswirksame Zustimmung vorliegt.

Selbst wenn die Eltern oder auch der Jugendliche einer geschlossenen Unterbringung zustimmen, sind sie durch § 1631 b BGB einer Kontrolle unterworfen.

Verweigern die Eltern oder der Sorgerechtsinhaber eine geschlossene Unterbringung des Minderjährigen, muss das Familiengericht gemäß § 1666 BGB dem Sorgeberechtigten zuerst die elterliche Sorge entziehen. Die Schwelle der Prüfung ist also erhöht, da auch eine Gefährdung des Kindeswohls durch missbräuchliche Ausübung der elterlichen Sorge vorliegen muss.

Das Familiengericht kann aber selbst nicht eine geschlossene Unterbringung anordnen, sondern hat lediglich die Rechtmäßigkeit einer solchen Maßnahme der Jugendhilfe zu überprüfen und zu genehmigen.[269]

Da in § 1631 b BGB eine gerichtliche Genehmigung für die Einnahme von Medikamenten oder Fixierung nicht erwähnt worden ist,[270] kann der Paragraph möglicherweise so ausgelegt werden, dass diese Maßnahmen ohne ausdrückliche Genehmigung des Familiengerichts möglich seien.

Im Gegensatz zum § 1906 Abs. 1 BGB, der die Unterbringung von Erwachsenen regelt, kann eine Unterbringung nach § 1631 b BGB auch gerechtfertigt sein, wenn vom Minderjährigen eine akute Fremdgefährdung ausgeht. Die freiheitsentziehende Unterbringung

---

[266] *Wille* ZfJ 2000, 452.

[267] Dazu: *Gollwitzer/Rüth* FamRZ 1996, 1389.

[268] Zum Verhältnis dieser Rechtsvorschriften zueinander siehe: *Wille* ZfJ 2000, 449.

[269] *Trenczek* ZfJ 2000, 128.

[270] Siehe: LG Essen FamRZ 1993, 1347, mit Anmerkung *Dodegge*.

muss erforderlich sein und darf nur angewandt werden, wenn andere pädagogische und psychologische Hilfen völlig ausgeschöpft worden sind. Dem entsprechen auch die §§ 70 e ff. FGG. Diese Unterbringung gemäß § 70 f Abs. 1 FGG darf höchstens ein Jahr andauern, bei offensichtlich längerer Unterbringungsbedürftigkeit maximal zwei Jahre. Eine weitere Verlängerung ist nicht möglich. In § 70 e FGG wird ausdrücklich erwähnt, dass vor der Anordnung einer Unterbringungsmaßnahme ein Gutachten eines Sachverständigen einzuholen ist. In der Regel soll dieser Sachverständige ein Arzt für Psychiatrie oder ein Arzt mit psychiatrischer Erfahrung sein, im Einzelfall wird dies auch ein Diplompsychologe sein, der die notwendigen Kenntnisse in der Kinder- und Jugendpsychiatrie erworben hat. Diese Untersuchung nach § 68 b Abs. 3 FGG darf nur ambulant erfolgen, dazu kann das Kind auch zugeführt werden. Andererseits wäre nach § 68 b Abs. 4 FGG vorzugehen. Die vorläufige Unterbringung kann bis sechs Wochen dauern, u. U. bis zu drei Monaten insgesamt ausgeweitet werden. Die Vorführung kann insbesondere bei älteren Kindern und Jugendlichen angezeigt sein, die sich nicht freiwillig der Untersuchung in einer Einrichtung oder bei einem Sachverständigen stellen, da sie sich dem erzieherischen Einfluss des Sorgeberechtigten oder eines Vormunds völlig entzogen haben.

Bei Suizidversuchen oder ernsthafter Suiziddrohung kann das Kind sofort stationär untergebracht werden.

Die Unterbringung muss sofort aufgehoben werden, wenn die Voraussetzung weggefallen ist.

b) Gestaltungsmöglichkeiten des Sachverständigen. Häufig wird der Sachverständige eingeschaltet, wenn eine Unterbringung bereits durch das Jugendamt erfolgt ist und nun die einstweilige Maßnahme vom Familiengericht im Nachhinein zu genehmigen ist.

Bei kindeswohlgefährdenden psychiatrischen Erkrankungen, wenn es sich z. B. um eine chronische Schulphobie handelt und alle ambulanten stützenden Maßnahmen für die Familie gescheitert sind, wird in der Regel der Kinder- und Jugendpsychiater der zuständige Sachverständige sein;[271] bei Frühverwahrlosung und dissozialer Entwicklung auch ein auf diesem Gebiet erfahrener Diplompsychologe. Häufig ist die Unterbringung in einer psychiatrischen Abteilung notwendig.

Bei all diesen Notlagen wird der Sachverständige Kontakt mit den nahen Bezugspersonen und dem Jugendamt aufnehmen, um die stützenden Faktoren, weitere Bezugspersonen und deren Bedeutung für das Kind eruieren zu können. Nur so wird er abschätzen können, inwieweit das Kind möglicherweise durch ambulante Maßnahmen gestützt werden kann.

Die Auswahl hat sich an der konkreten Bedürfnislage des Jugendlichen zu orientieren. So kann eine halbgeschlossene psychiatrische Jugend- oder Kinderstation angezeigt sein, wenn z. B. das Kind an Magersucht leidet, oder eine geschlossene Jugendhilfeabteilung mit therapeutischer Begleitung, um ein Fortlaufen und Streunen eines schwangeren Mädchens zu verhindern, das durch seine Lebensführung eine Gefahr für den Fötus darstellt. Bei Frühverwahrlosung oder dissozialer Entwicklung wird wohl der geschlossenen Einrichtung der Vorzug gegeben werden, während bei psychiatrischen Erkrankungen, hirnorganisch beeinträchtigten und minderbegabten Jugendlichen mit Schwächen der Impulssteuerung und akuter Suizidalität die Unterbringung in der psychiatrischen Abteilung

---

[271] *Klosinski*, in: Lempp/Schütze/Köhnken (Hrsg.), Forensische Psychiatrie und Psychologie des Kindes- und Jugendalters, S. 70.

anzuraten ist.[272] Nicht an allen kinderpsychiatrischen Klinken sind geschlossene jugendpsychiatrische Stationen vorhanden, da sie besondere Behandlungsbedingungen voraussetzen.[273]

Die geschlossene Fremdunterbringung, die immer mit Freiheitsentziehung verbunden ist, kann auch gegen den Willen des Kindes angeregt werden, wenn aktuelle Eigen- oder Fremdgefährdung durch das betroffene Kind gegeben ist. Trotz vehementer Ablehnung für eine Unterbringung kann eine geschlossene Unterbringung für den Minderjährigen auch als Entlastung empfunden werden. Bleibt aber die Ablehnung trotz Motivationsarbeit in der Klinik bestehen, muss über Alternativen für den Jugendlichen nachgedacht werden.[274]

Der Sachverständige sollte über in Frage kommende Unterbringungsmöglichkeiten Kenntnis haben, denn für die Unterbringung Minderjähriger stehen relativ wenig geschlossene Einrichtungen zur Verfügung. In Bayern besteht je eine Einrichtung für Mädchen und für männliche Jugendliche.

Der Sachverständige sollte auch angeben, wie häufig die erneute gerichtliche Überprüfung der beschlossenen Maßnahmen notwendig ist.

Bei geschlossenen Abteilungen werden im Laufe der Zeit sukzessive Lockerungen eingeführt, über die Maßnahme vor Ort haben die dortigen Fachpersonen zu entscheiden.

Prinzipiell ist es nicht Aufgabe des Sachverständigen, eine geschlossene Unterbringung deshalb zu empfehlen, weil der Minderjährige kriminell geworden ist und strafrechtlich noch nicht belangt werden kann oder die Maßnahme als Abschreckungsmittel eingesetzt werden soll.[275] Die geschlossene Unterbringung ist nur zum Schutz für den Minderjährigen vorgesehen, nicht zum Schutz anderer.

9. Rückführung eines Kindes nach dem Haager Übereinkommen

Am 1.12.1990 ist das Haager Übereinkommen[276] über die zivilrechtlichen Aspekte internationaler Kindesentführung in Kraft getreten.[277] Das Haager Übereinkommen soll Kindesentführungen bei bi-nationalen Familien möglichst verhindern oder deren Regelung zumindest auf einen sicheren rechtlichen Boden stellen.[278] Es regelt zudem, wann von einer Rückführung des Kindes abgesehen werden kann.[279]

---

[272] *Klosinski,* in: Fegert (Hrsg.), Kinder in Scheidungsverfahren nach der Kindschaftsrechtsreform, S. 104.

[273] *Gollwitzer/Rüth* FamRZ 1996, 1388.

[274] *Wille* ZfJ 2000, 451.

[275] Zu dieser Diskussion *Trenczek* ZfJ 2000, 121–160.

[276] Ausführlich dazu: *Bach/Gildenast,* Internationale Kindesentführung, 1999.

[277] FamRZ 1991, 407. Der Text ist abgedruckt bei *Jayme/Hausmann,* Internationales Privat- und Verfahrensrecht, 6. Auflage 1992, Nr. 109. Auf europäischer Ebene ist ein Gesetzesvorhaben in Bearbeitung, das das grenzüberschreitende Umgangsrecht näher regeln und Schutzvorkehrungen vorsehen soll.

[278] Siehe auch: *Salzgeber* Praxis der Rechtspsychologie 1995, 1/2, 43–48; *Vamberg* DRiZ 2000, 448–451.

[279] Gründe sind (zitiert nach *Bruch* FamRZ 1993, 745–754):

1. dass die Person, die die Rückgabe des Kindes begehrt, das Sorgerecht zzt. des Verbringens oder Zurückhaltens tatsächlich nicht ausgeübt, dem Verbringen oder Zurückhalten zugestimmt oder dieses nachträglich genehmigt hat oder

2. dass die Rückgabe mit der schwerwiegenden Gefahr eines körperlichen oder seelischen Schadens für das Kind verbunden ist oder das Kind auf eine andere Weise in eine unzumutbare Lage bringt oder

a) Rechtliche Vorgaben. Nach Art. 3 Abs. 1 a HKiEntÜ gilt das Verbringen oder Zurückhalten eines Kindes von einem Vertragsstaat in einen anderen bereits dann als widerrechtlich, wenn dadurch das Sorgerecht, das einer Person allein oder gemeinsam nach dem Recht des Staates zusteht, in dem das Kind unmittelbar vor dem Verbringen oder Zurückhalten seinen gewöhnlichen Aufenthalt hatte, verletzt wird.[280] Es geht prinzipiell davon aus, dass die sofortige Rückgabe des Kindes dem Kindeswohl am besten entspricht.[281] Das EuSorgÜ[282] ist inhaltlich ähnlich auf die Staaten der europäischen Gemeinschaft bezogen.

Das Übereinkommen sieht vor, dass Familiengerichte, die aufgrund des ständigen Aufenthalts der Familie verfahrensrechtlich zuständig sind, die Rückgabe des oder der Kinder in den Staat anordnen können, in welchem das Verfahren anhängig ist. Dies gilt nur dann, wenn ein Elternteil das Kind oder die Kinder unter Verletzung des Sorgerechts in einen anderen Staat, der dem Haager Abkommen beigetreten ist, verbracht hat. Die Rückkehr kann auch dann angeordnet werden, wenn das Kind bei einem rechtmäßigen Besuch des Elternteils in einem Vertragsstaat zurückgehalten wird. Steht die Widerrechtlichkeit der einseitigen Entführung fest, ist die Anordnung der Rückgabe des Kindes verpflichtend, das heißt, ein Familiengericht des Landes, in das das Kind verbracht wurde, hat dem Auslieferungsbegehren des Heimatlandes nachzukommen, auch wenn keine genaue Kenntnis über das Land besteht.[283] Das Land, in das das Kind widerrechtlich verbracht worden ist, darf keine Sachentscheidung zum Sorgerecht oder Aufenthaltsbestimmungsrecht treffen.[284]

Das Abkommen ist nur für Minderjährige anwendbar. Es besteht keine feste Altersgrenze, ab wann der eine Rückkehr verweigernde Kindeswille zu berücksichtigen ist.[285] Als abkommensrelevante Altergrenze wird 16 Jahre genannt, da dann das Kind gegen seinen Willen nicht mehr Opfer einer Entführung sein kann.[286] Die Entscheidung bezüglich eines entscheidungserheblichen Alters ist den nationalen Behörden (Gerichten) überlassen.[287]

Wenn der entführende Elternteil dem Rückgabebeschluss nicht folgt, werden in der Regel gerichtliche Zwangsmaßnahmen eingeleitet. Dabei ist der Gerichtsvollzieher gehalten, die Vollziehung der Rückgabeanordnung beschleunigt durchzuführen.[288]

---

3. dass sich das Kind der Rückgabe widersetzt und es ein Alter und eine Reife erreicht hat, angesichts derer es angebracht erscheint, seine Meinung zu berücksichtigen, oder

4. dass der Antrag auf Rückgabe erst nach Ablauf eines Jahres nach dem widerrechtlichen Verbringen oder Zurückhalten bei der Behörde des Vertragsstaates eingeht und das Kind sich in seine neue Umgebung eingelebt hat oder

5. dass die Rückgabe nach den im ersuchten Staat geltenden Grundwerten über den Schutz der Menschenrechte und Grundfreiheiten unzulässig ist.

[280] OLG Koblenz FamRZ 1993, 97; OLG Zweibrücken FuR 2000, 432; *Roth* Kind-Prax 2000, 179–181.

[281] BVerfG FamRZ 1999, 405.

[282] Europäisches Übereinkommen über die Anerkennung und Vollstreckung von Entscheidungen über das Sorgerecht für die Kinder und die Wiederherstellung des Sorgerechtsverhältnisses. Es ist in Deutschland am 1. 2. 1991 in Kraft getreten.

[283] AG Mannheim FamRZ 1997, 1101, hier hat der Vater das Kind unbekannten Orts wahrscheinlich nach Argentinien entführt.

[284] Hierzu: *Bach* FamRZ 1997, 1053; OLG Hamm FamRZ 2000, 373; OLG Frankfurt 1997, 1100; BVerfG FamRZ 1997, 1269; BGH FamRZ 2000, 1502.

[285] OLG Hamm FamRZ 1999, 949.

[286] *Bach/Gildenast* S. 43.

[287] BVerfG ZfJ 2000, 69.

[288] OLG Stuttgart FamRZ 2000, 374.

Einer Anordnung der sofortigen Rückführung von minderjährigen Kindern stehen nur ungewöhnlich schwerwiegende Beeinträchtigungen des Kindeswohls, die sich als besonders erheblich, konkret und aktuell darstellen, entgegen,[289] die über die mit einer Rückführung gewöhnlich verbundenen Schwierigkeiten hinausgehen.[290] Meist wird kein Sachverständigengutachten eingeholt,[291] im Einzelfall wird auf die präzise Beschlussfassung hingewiesen,[292] die auch eine Fristvorgabe enthalten sollte. Bei gegenläufigen Rückführungsanträgen muss dem Kind ein Verfahrenspfleger zur Seite gestellt werden.[293]

b) Gründe, die eine Rückführung nicht rechtfertigen. Als Gründe, eine Anordnung der Herausgabe zu versagen, werden in der Rechtsprechung genannt: Wenn sich das Kind bereits sozial fest in seiner Umgebung eingelebt hat, da es schon über ein Jahr in Deutschland lebt,[294] und eine Rückführung zu erheblichen psychischen Belastungen führen würde,[295] wenn beim Kind Angst und Panik bemerkbar ist,[296] wenn es aus seinem bisherigen Sprachraum herausgerissen und im Ursprungsland fremden Personen anvertraut wird;[297] weil er sich in Haft befindet[298] bei einem Kleinkind, wenn durch die Rückführung die Trennung von dem Elternteil verbunden ist, der es bis dahin ganz überwiegend betreut hat,[299] wenn ein 4 Jahre altes Kind in ein für es mittlerweile fremdes Land zurückgebracht werden soll, der Elternteil aber das Kind nicht zurückbegleiten kann, da er aus einer neuen Ehe einen Säugling zu betreuen hat,[300] wenn die Befürchtung besteht, dass das Kind im Heimatland missbraucht[301] oder misshandelt wird,[302] der antragstellende Elternteil an Suchtmittelabhängigkeit leidet,[303] das Kind in ein Kriegsgebiet zurückgeführt werden soll, wenn der antragstellende Elternteil die elterliche Sorge und das Umgangsrecht im Heimatland nicht ausgeübt hat,[304] wenn sich 11- und 12-jährige Geschwister der Rückführung widersetzen und aufgrund ihres Alters und ihrer Reife ihre Meinung zu berücksichtigen ist.[305] Ein Grund kann darin bestehen, dass der Elternteil, dem das Kind zurücküberstellt werden soll, seinerseits die Absicht hat, das Kind widerrechtlich in ein Land zu verbringen, das dem Haager Abkommen nicht beigetreten ist.[306]

c) Gründe, die eine Rückführung rechtfertigen. Kein Grund besteht, von einer Rückführung abzusehen, selbst wenn das z.B. neunjährige Kind in der neuen Umgebung bereits gut integriert ist und sich weigert, zurückzukehren.[307]

---

289 So das BVerfG FamRZ 1999, 641; KG FamRZ 1997, 1098.
290 BVerfG FamRZ 1996, 405.
291 So *Bach* FamRZ 1997, 1056, dagegen *Klosinski* FuR 2000, 416, mit Beispielen.
292 *Bach* FamRZ 1997, 1056.
293 BVerfG FamRZ 1999, 777.
294 OLG Koblenz FamRZ 1994, 183; OLG Düsseldorf KindPrax 1998, 120, hier lebte ein Kind wegen der Kriegswirren in Jugoslawien in Deutschland, der Vater begehrt nach über einem Jahr die Rückführung.
295 OLG Karlsruhe FamRZ 1999, 947 Entscheidung nach EuSorgÜ; OLG Frankfurt 1994, 1339.
296 OLG Frankfurt FamRZ 1996, 689.
297 BVerfG FamRZ 1995, 663 bei einem 16 Monate alten Kind; OLG München FamRZ 1998, 386.
298 OLG Karlsruhe FamRZ 2000, 1428.
299 So der Tenor des BVerfG FamRZ 1995, 663.
300 AG Weilburg FamRZ 1995, 242.
301 OLG Schleswig FamRZ 2000, 1426.
302 AG Charlottenburg, Beschluss vom 7. 10. 1992, Az: 178 F 11427/92.
303 AG Lübeck, Beschluss vom 25. 2. 1993, Az 125 F 171/92.
304 KG FamRZ 1996, 691.
305 OLG Brandenburg FamRZ 1997, 1098.
306 BVerfG FamRZ 1996, 479, hier von Niederlanden nach Ägypten.
307 OLG Frankfurt FamRZ 1995, 1372.

Bei einem Kind unter sechs Jahren, das sich gegen ein Zurückbringen ausspricht, kann dem Kindeswillen nicht entsprochen werden, da der mit ihm lebende Elternteil positiv auf das Kind einwirken könnte.

Für die Ablehnung der Rückführung genügt es nicht, dass sich das Kind noch im Kleinkindalter befindet und an den länger andauernden Kontakt mit dem entführenden Elternteil gewöhnt ist, wenn gleichzeitig keine Hinweise vorhanden sind, dass dem Kind bei einer Rückkehr zum anderen Elternteil schwere Schäden zugefügt werden würden[308] oder das Kind im Heimatland des Entführers weniger anfällig für Erkrankungen ist,[309] selbst wenn das Kind an Asthmaanfällen leidet.[310] Die Eltern-Kind-Beziehung ist allein nicht maßgeblich, da es sich nicht um eine Sorgerechtsentscheidung handelt.[311]

Wenn der entführende Elternteil im Heimatland mit einer Verurteilung wegen Kindesentführung rechnen muss, steht dies einer Rückführung nicht entgegen.[312]

d) Gestaltungsmöglichkeiten des Sachverständigen. Der psychologische Sachverständige, der überprüfen soll, ob aus psychologischer Sicht schwerwiegende Beeinträchtigungen des Kindeswohls zu befürchten sind, sieht sich meist vor eine weniger fachlich als ethisch und menschlich belastende Situation[313] gestellt. In der Regel wird sich bei binationalen Familien ein deutscher Elternteil aus nachvollziehbaren Gründen nach Deutschland begeben haben, um hier mit den Kindern auf Dauer zu bleiben. Gelegentlich hat er Anspruch auf eine in Deutschland bessere Sozialhilfe und die Möglichkeit, Kindergeld und die Unterstützung der Primärfamilie zu erhalten, für die Entscheidung eine wesentliche Rolle gespielt.

Verkompliziert wird die Familiensache zusätzlich durch mehrere Faktoren, die bei einer sich in Deutschland trennenden Familie nicht auftreten. So unterscheidet sich die Familienrechtsprechung im Ausland oftmals erheblich von der in Deutschland und ist gelegentlich für den Sachverständigen persönlich schwer nachvollziehbar. Im Iran z. B. ist eine Sorgerechtsentscheidung von der religiösen Erziehung abhängig; in den USA kann der Familienrichter es zur Auflage machen, dass ein Elternteil den Landkreis mit dem Kind nicht ohne die Erlaubnis des anderen Elternteils verlassen darf. Die Gesichtspunkte dürfen aber für das sachverständige Vorgehen keine Rolle spielen.

Eine weitere familiäre Belastung wird durch das in der Regel eingeleitete Strafverfahren verursacht. Am Ort der Familie – von Deutschland gesehen im Ausland – hat der dort lebende Elternteil meist eine Anzeige bei der Polizei wegen Kindesentführung gestellt. In der Folge liegt nun in diesem Lande ein Haftbefehl zuungunsten des in Deutschland lebenden Elternteils vor, der sich möglicherweise bereits über Interpol auf Deutschland ausgedehnt hat. Dieses Strafvergehen wird hierzulande, sicher aber im Ursprungsland, mit der möglichen Konsequenz der Inhaftierung des Elternteils verfolgt. Auch wenn der Elternteil nicht bereit ist, in das frühere Heimatland zurückzukehren, muss dies für die Familiengerichte nicht bedeuten, eine Rückgabe zu verhindern, da der Elternteil durch die Kindesentziehung selbst die Anzeige bei der Strafbehörde verursacht hat.[314] Die Rechtsprechung

---

[308] OLG Bamberg FamRZ 2000, 371.

[309] OLG Bamberg FamRZ 1994, 182.

[310] OLG Düsseldorf FamRZ 1999, 949.

[311] OLG Düsseldorf FamRZ 1994, 185.

[312] BVerfG FPR 1997, 5, S. I.

[313] Eine Reihe von tragischen Familienkonflikten stellt *Bruch* FamRZ 1993, 745–754 vor, ebenso *Klosinski* FuR 2000, 408–416.

[314] AG Darmstadt FamRZ 1994, 184.

Salzgeber

geht meist davon aus, dass der Elternteil die Folgen seiner unrechtmäßigen Tat selbst zu tragen hat.

Den psychologischen Sachverständigen, der von den Familiengerichten in diesen Verfahren eingesetzt wird, haben all diese Erschwernisse nur am Rande zu interessieren. Er hat auch nicht davon auszugehen, was dem Kindeswohl im konkreten Fall vorrangig dienen würde, sondern sich den strengen Kriterien des Haager Abkommens zu unterwerfen, wie sie meist im Beweisbeschluss formuliert worden sind. Der Sachverständige soll im Rahmen eines Gutachtensauftrages seiner persönlichen Hilflosigkeit keinesfalls dadurch Raum geben, dass er sich aus psychologischer Sicht über das Haager Übereinkommen im konkreten Fall kritisch äußert,[315] da der Familienrichter dies unter Umständen als Einmischung in ein internationales Vertragswerk ansieht, was dem Sachverständigen nicht zusteht.[316]

Die Aufgabe des psychologischen Sachverständigen allein besteht darin, zu überprüfen, ob eine „schwerwiegende Gefahr bei einer Rückführung" oder „ungewöhnlich schwerwiegende Beeinträchtigung des Kindeswohls"[317] besteht oder ob ein sich widersetzender Kindeswille maßgeblich ist. Eine Klärung einer Sorgerechts- oder Umgangsrechtsentscheidung ist damit nicht gefragt, ebenso wenig, ob die Rückführung dem Kindeswohl entspricht.[318] Es kann der Fall eintreten, dass das Gericht in dem Land, in dem der ständige Aufenthalt der Familie ist, die elterliche Sorge dennoch dem Elternteil zuspricht, der das Kind ursprünglich widerrechtlich in das andere Land verbracht hat.

Häufig wird von einem Sachverständigengutachten abgesehen, da eine weitere zeitliche Verzögerung befürchtet wird.[319] Bei den Rückführungsverfahren gilt der Beschleunigungsgrundsatz des Art. 11 HKiEntÜ auch konkludent für das sachverständige Vorgehen. Die Vorschrift geht von einer Sechs-Wochenfrist zwischen Antragseingang und erstinstanzlicher Entscheidung aus.[320]

Trotz der heftig und juristisch aufwendig geführten Auseinandersetzungen in Verfahren im Rahmen des Haager Übereinkommens sollte der psychologische Sachverständige seine Möglichkeiten, intervenierend zu begutachten, ausschöpfen. So sollte er sich, falls der andere Elternteil nach Deutschland kommt, mit beiden Eltern an einen Tisch setzen, um eine Regelung für die Zukunft zu versuchen oder zumindest alsbald einen Kontakt des verlassenen Elternteils mit seinem Kind in Deutschland zu ermöglichen. Er kann in neutralen Räumen seiner Praxis eine Situation schaffen, die es dem entziehenden Elternteil ohne Angst ermöglicht, dem verlassenen Elternteil mit seinem Kind, dessen Aufenthalt ihm oftmals nicht bekannt war, Umgang zu gestatten, ohne zugleich wieder eine Rückentführung befürchten zu müssen.

Hilfreich ist zur Vorbereitung einer beratenden Intervention in jedem Falle die Zusammenarbeit mit Organisationen, die sich mit binationalen Familien beschäftigen und die Besonderheiten des jeweiligen Landes kennen. Fachanwälte, die von speziellen rechtlichen Gegebenheiten einzelner Staaten, z.B. islamischen, Kenntnisse haben, können wertvolle Hinweise geben. Weiter sind im Einzelfall Anfragen an die Konsulate hilfreich, um Infor-

---

[315] Siehe Verfahren AG Marburg, Geschäftsnummer 20 F 409/93.
[316] Dies bedeutet nicht, dass sich Sachverständige nicht mit den psychologischen Implikationen des Haager Abkommens befassen sollen. Nur ist der konkrete Begutachtungsauftrag dazu der falsche Anlass.
[317] OLG Hamm FamRZ 2000, 371.
[318] OLG Hamburg FamRZ 1996, 685.
[319] Siehe OLG Hamm FamRZ 1999, 949.
[320] *Bach* FamRZ 1997, 1053.

mationen über unterschiedliche Rechtsprechung, wie z. B. in den USA, die Bedeutung von „joint custody" und „physical custody" u. a. zu erhalten.

Sind Interventionen nicht möglich, muss der Sachverständige umgehend tätig werden. Häufig wird der andere Elternteil gar nicht oder nur telefonisch zu sprechen sein. Der Sachverständige ist somit weitgehend auf die Aktenlage bezüglich der Lebensumstände beim anderen Elternteil angewiesen, für weitere Sachverhaltsaufklärung fehlt oftmals die Zeit, da diesbezüglich Fragen nur über den langen Weg des Internationalen Sozialdienstes zu erhalten sind, der mit den lokalen Behörden zusammenarbeitet.

Bei der Beachtung des Kindeswillens enthält die Vorschrift des Haager Abkommens keine starre Altersgrenze im Sinne eines Mindestalters für die Berücksichtigung des Kindeswillens. Die persönliche Reife und damit die Gewichtung des Willens ist daher im Einzelfall zu bestimmen und nicht abstrakt und nicht am Maßstab des Kindeswohls im Hinblick auf eine anstehende Sorgerechtsentscheidung.[321]

Unter Berücksichtigung der Bindungstheorie ist das erste bis dritte Lebensjahr die sensible Phase, in der es aus psychologischer Sicht kaum begründbar sein dürfte, das Kind von der Hauptbindungsperson zu trennen. Hierbei ist aber zu berücksichtigen, ob nicht auch der andere Elternteil bisher eine sichere Bindungsperson war, der dem Kind Stabilität vermitteln konnte.

Bei Kindern unter einem Jahr (natürlich unter Berücksichtigung des Stillens und der Pflege des Säuglings) und bei Kindern über drei Jahren hat der sachverständige Psychologe zu berücksichtigen, wie lange eine Trennung des Elternteils vom Kind andauern wird. Dies wäre z. B. gegeben, wenn der Elternteil aufgrund der Aktivitäten der Strafverfolgungsbehörde eine Rückreise – auch zum Zwecke der Gerichtsverhandlung – ablehnen müsste. In diesem Fall ist es angeraten, dass sich der Sachverständige vom Gericht eine Zeitdauer nennen lässt, wie lange man für die Trennung des Kindes vom Elternteil rechnet. Es macht einen Unterschied, ob ein dreijähriges Kind 14 Tage zum Zwecke der Gerichtsverhandlung in ein Land gebracht wird oder ob sich das Rechtsverfahren im anderen Land über ein Jahr hinziehen und somit die Trennung entsprechend lang andauern wird. Bei Geschwistern kann auch eine Trennung angezeigt sein.[322]

In der konkreten Begutachtungspraxis wird der Sachverständige wohl aus fachpsychologischer Sicht meist eine Rückgabe des Kindes empfehlen können.

10. Meinungsverschiedenheiten der Eltern

Vor dem 1. 7. 1998 war diese Befugnis zur Entscheidung bei Meinungsverschiedenheit der Eltern in einzelnen Angelegenheiten, die das Kind betreffen, dem Vormundschaftsgericht zugeordnet. Diese Möglichkeit stand nur verheirateten Eltern zu. Heute ist das Familiengericht zuständig und kann bei streitigen Fragen von Bedeutung auch von unverheirateten Eltern angerufen werden.

a) Rechtliche Vorgaben. Können sich Eltern, verheiratet oder nicht, wenn sie das Sorgerecht gemeinsam ausüben, in Angelegenheiten, die für das Kind von Bedeutung sind, nicht einigen, kann das Familiengericht nach § 1628 BGB angerufen werden, das die das Kind betreffende Entscheidung dann auf einen Elternteil überträgt. Das Familiengericht

---

[321] OLG Celle FamRZ 1995, 955.
[322] OLG München, Geschäftsnummer 2 UF 1173/94.

fällt somit keine Sachentscheidung, sondern bestimmt die Entscheidungsbefugnis für einen Elternteil. Sind sich die Eltern nicht einig, bei welchem Elternteil das Kind leben soll, könnte dieser Konflikt als Sorgerechtsstreit nach § 1671 BGB (Übertragung der alleinigen Sorge oder nur eines Teilbereiches wie Aufenthaltsbestimmungsrecht) geregelt werden oder von den Eltern als Verfahren nach § 1628 BGB ans Familiengericht gebracht werden. Die Hürden nach § 1671 BGB sind höher,[323] da sich § 1628 BGB auf situative Konflikte bezieht und nicht auf Entscheidungen, die bis zur Volljährigkeit des Kindes anhalten sollten.

b) Gestaltungsmöglichkeiten des Sachverständigen. Bei der Sachverständigenüberprüfung zur Regelung von Meinungsverschiedenheiten hat der Sachverständige zwei verschiedene Ausgangspositionen zu bedenken.

Leben beide Eltern zwar schon länger, aber nicht auf Dauer, getrennt und haben sie keine Absicht, einen Sorgerechtsantrag gemäß § 1671 BGB zu stellen oder sich scheiden zu lassen, kann das Familiengericht nur nach § 1666 BGB eingreifen, oder aber nach § 1628 BGB entscheiden in den von den Eltern vorgebrachten Konfliktbereichen. Meist wird dies das Aufenthaltsbestimmungsrecht sein, wenn sich z. B. das Kind für den Verbleib in der Wohnung des einen Elternteils entscheidet, der andere Elternteil seine Zustimmung dazu verweigert. Der Sachverständige hat nur diesen Konfliktbereich zu bearbeiten, der in Frage steht.

Sind die Eltern bereits getrennt oder geschieden und streiten sich z. B. im Rahmen eines gemeinsamen Sorgerechts, unabhängig davon, ob sie das gemeinsame Sorgerecht kraft Eherecht oder aufgrund einer Sorgerechtserklärung ausüben, in Bereichen, die über die alltäglichen Belange hinausgehen, so kann in diesem Fall das Familiengericht angerufen werden.

Die strittigen Fragen können das Aufenthaltsbestimmungsrecht sein, aber auch die Auswahl der Schule oder des religiösen Bekenntnisses, wenn ein Elternteil einen Konfessionswechsel vorgenommen hat.

In jedem Fall hat sich der Sachverständige mit dem einzelnen strittigen Problemfeld zu befassen, andere Problemfelder hat er nicht weiter zu eruieren. Sein Bestreben sollte sein, den Konflikt gütlich zu einigen.

Sollte die Intervention des Sachverständigen scheitern, so hat er auf der Grundlage seiner psychologischen Diagnostik zu dem Einzelfall dem Gericht eine entsprechende Empfehlung für die Einzelentscheidung abzugeben, aber eben nicht zu einer Sorge- oder Umgangsregelung insgesamt.

11. Regelung des Umgangs des Kindes mit den Eltern

Umgangsprobleme gehören zu den heftigsten Familienkonflikten, mit denen der psychologische Sachverständige zu tun hat. Eine Diagnostik allein, die den Status quo des Konfliktes darstellt, hilft den Betroffenen oftmals wenig, dem Familienrichter noch weniger, da diesem das Problem bereits geläufig war,[324] als er den Sachverständigen beauftragt hat. Wesentlich wird die Aufgabe darin bestehen, Möglichkeiten aufzuzeigen, wie die Bezie-

---

[323] *Schwab* FamRZ 1998, 467 und zu dem Problem der Abgrenzung von § 1628 zu § 1671 BGB.

[324] Es gibt Ausnahmen: OLG Zweibrücken FamRZ 1999, 1009 (hier bestand Verdacht gegen den Vater, die Mutter vergewaltigt und mit Tötungsabsicht erheblich verletzt zu haben, das Kind glaubt aber aufgrund der Darstellung des Vaters, die Mutter habe sich in Suizidabsicht selbst verletzt und wolle den Vater zu Unrecht beschuldigen).

hungen der Betroffenen zum Positiven ausgestaltet werden können. Häufig gehören hierzu konkrete Handlungsanleitungen und Erprobung, die innerhalb des forensischen Rahmens stattfinden müssen.

a) Rechtliche Vorgaben. Das Umgangsrecht ist nicht an ein Alter des Kindes gebunden, es besteht auch für Säuglinge[325] und Kleinkinder;[326] über Umfang und Ausgestaltung besteht keine festgelegte gesetzliche Regelung.

Der Zweck des Umgangsrechts[327] liegt darin, eine harmonische Eltern-Kind-Beziehung, auch nach dem Scheitern der Beziehung zwischen den Eltern, aufrechtzuerhalten[328] und einer Entfremdung vorzubeugen, nicht zuletzt deshalb, da bei Erkrankung oder Tod des sorgeberechtigten Elternteils ein Sorgerechtswechsel erforderlich werden kann.[329]

Es entspricht prinzipiell dem Wohl des Kindes, Umgang mit beiden Elternteilen zu pflegen. Es wäre aber zu weitgehend, wenn unter Bezug auf sozialwissenschaftliche Forschung postuliert würde, dass Kinder, um sich gesund entwickeln zu können, in jedem Falle den Umgang zu beiden Eltern benötigen.[330]

Der Verzicht auf die Formulierung „persönlicher Umgang", wie es in der alten Fassung (§ 1634 Abs. 1 a. F.) hieß, schließt nun auch andere Formen des Umgangs mit ein.[331] Nicht umgangsberechtigt ist der nicht mit der Mutter verheiratete Vater, wenn das Kind als ehelich gilt,[332] auch nicht der biologische Vater, wenn das Kind bereits von einem anderen Mann adoptiert worden ist. Wenn jemand nur formell der Vater ist, es aber nicht sein kann und auch selbst behauptet, nicht der Vater zu sein, hat er kein Umgangsrecht per se, bestehen aber emotionale Bindungen, kann ein Umgangsrecht gemäß § 1685 BGB zugestanden werden.[333]

Die für das Umgangsrecht maßgeblichen Gesetze sind in § 1626, § 1684 und § 1686 BGB formuliert.[334]

Kinder nicht verheirateter Eltern sind bezüglich des Umgangs den Kindern verheirateter Eltern gleichgestellt und orientiert sich am Kindeswohl.[335] Die bis zum 1. 7. 1997 gültige unterschiedliche Bewertung, ob ein Umgang des Kindes mit dem leiblichen ehelichen Vater dem Kindeswohl schadet und bei nichtehelichen Kindern dem Kindeswohl dient (§ 1711 Abs. 2 BGB a. F.), ist nicht mehr gültig.

Im § 1684 Abs. 1 BGB wird die Pflicht zum Umgang mit dem Kind betont.[336] Es besteht nicht nur ein Umgangsrecht der Eltern, auch das Kind hat ein Recht auf den Umgang, und der Elternteil, bei dem das Kind lebt, hat die Pflicht, dem Kind den Umgang mit dem anderen Elternteil zu ermöglichen. Ein Verzicht auf das Umgangsrecht ist grundsätzlich unwirksam und nichtig, da sittenwidrig.[337]

---

[325] OLG Zweibrücken FamRZ 1986, 714; OLG Celle FamRZ 1990, 1026; OLG Celle FamRZ 1990, 1026.

[326] OLG Bamberg FamRZ 1984, 507.

[327] Immer noch lesenswert: *Peschel-Gutzeit, Das Recht zum Umgang mit dem eigenen Kinde*, 1989.

[328] BVerfG FamRZ 1989, 1159.

[329] *Oelkers* FamRZ 1995, 453.

[330] So das AG Bielefeld FamRZ 1995, 1011.

[331] *Motzer* FamRZ 2000, 925.

[332] OLG Köln FamRZ 1997, 112.

[333] Im Tenor: OLG Frankfurt FamRZ 1990, 655; OLG Bamberg FamRZ 1993, 726.

[334] Zur Rechtsnatur und Geschichte des Umgangsrechts: *Peschel-Gutzeit* FPR 1995, 82; *Peschel-Gutzeit, Das Recht zum Umgang mit dem eigenen Kinde*, 1989. Zum Umgangsverfahren *Affeldt* FPR 1999, 215–221.

[335] AG Stuttgart FamRZ 2000, 1598.

[336] Siehe: AG Hann. Münden FamRZ 2000, 1599.

[337] BGH FamRZ 1984, 778; BGH FamRZ 1986, 444.

Auch eine Verwirkung des Umgangsrechts tritt nicht ein, selbst wenn das Umgangsrecht jahrelang nicht ausgeübt worden ist und es zu einer tief greifenden Entfremdung zwischen Kind und Elternteil gekommen ist.[338] Das Umgangsrecht hängt auch nicht von der Erfüllung bestehender Unterhaltsverpflichtungen trotz Leistungsfähigkeit ab,[339] es gilt auch dann, wenn der sorgeberechtigte Elternteil das Kind bei einem Dritten unterbringt. Die Reform des Kindschaftsrecht sieht vor, dass das über 12-jährige Kind sein Umgangsrecht ohne Zustimmung des Sorgeberechtigten geltend machen kann.[340] Zwar könnte das Familiengericht auf Antrag oder von Amts wegen dem Kind zur Durchsetzung seines Umgangsrechts mit einem gleichgültigen Elternteil verhelfen (§ 1684 Abs. 1 BGB), in Praxis wird dieser Schritt aber so gut wie nicht beschritten.[341]

Ist ein Elternteil allein sorgeberechtigt, kann er für das Kind nach § 1684 BGB einen Antrag stellen, dass der andere Elternteil seinen Umgang mit dem Kind wahrnimmt. Haben noch beide das Sorgerecht inne, muss zuerst der Antrag auf Alleinsorge gestellt werden, ehe im Interesse des Kindeswohls ein Antrag nach § 1684 BGB gestellt werden kann. Das Familiengericht hätte die Möglichkeit – unabhängig, ob ein erzwungener Umgang dem Kindeswohl dienlich ist –, den Elternteil zum Umgang zu verpflichten; ob ein Zwangsverfahren eröffnet werden kann, ist umstritten.[342]

Die Umgangsregelung richtet sich bei einvernehmlicher Scheidung nach § 630 Abs. 1 Satz 2 ZPO nach dem Willen der Eltern. Die Einigung der Eltern über das Umgangsrecht ist bindend und kann nur abgeändert werden, wenn das Kindeswohl aus triftigen Gründen nachhaltig berührt ist.[343]

In der Regel wird das gerichtliche Verfahren zur Regelung des Umgangs auf Antrag eines oder beider Elternteile (nach § 623 Abs. 2 Satz 2 ZPO) eingeleitet. Grundsätzlich sind aber die Verfahren der Freiwilligen Gerichtsbarkeit Amtsverfahren und können vom Gericht eröffnet werden. Bei Vorliegen bestimmter Voraussetzungen muss das Gericht tätig werden, etwa dann, wenn ohne gerichtliche Regelung eine Gefährdung des Kindeswohls droht und wenn die Eltern entweder nicht gewillt oder nicht in der Lage sind, die Gefahr abzuwenden. Im Einzelfall kann ein Antrag auf Regelung eines Umgangs zurückgewiesen werden, wenn dies durch besondere Umstände gerechtfertigt erscheint.[344] Eine Umgangsregelung kann auch unterbleiben, wenn das Kind schon fast erwachsen ist.[345] Das Familiengericht darf sich dabei nicht auf die Ablehnung einer gerichtlichen Regelung beschränken,[346] es hat aber bei Vorliegen eines Antrages jedoch die Möglichkeit zu beschließen, eine Regelung des Umgangs abzulehnen,[347] wenn z. B. das Jugendamt eine solche Regelung vorschlägt und/oder die Kinder den Kontakt ablehnen, vorausgesetzt, sie sind alt genug, ihre Gründe verständlich und nachvollziehbar vorzubringen[348] oder der umgangsberech-

---

[338] *Peschel-Gutzeit* FPR 1995, 84.

[339] BayObLG FamRZ 1968, 269; KG ZfJ 1978, 372.

[340] *Peschel-Gutzeit* FPR 1999, 256.

[341] *Motzer* FamRZ 2000, 928.

[342] Hierzu *Vogel* FPR 1999, 230.

[343] *Palandt/Diederichsen*, § 1696 Rn 21.

[344] OLG Frankfurt FamRZ 1995, 1431; hier waren die vier Kinder Zeuge einer Bluttat des Vaters, der zu einer langjährigen Haftstrafe verurteilt worden ist.

[345] OLG Zweibrücken FPR 1995, 102.

[346] BGH DAVorm 1994, 103 = FamRZ 1994, 158.

[347] Siehe die nicht allgemein akzeptierte Entscheidung des AG Groß-Gerau FamRZ 1995, 313, das es ablehnte, über Übernachtungen des Kindes zu entscheiden, da dies nicht eine Sache des Rechts, sondern der Pädagogik sei.

[348] KG Berlin FamRZ 1979, 448; OLG Düsseldorf FamRZ 1979, 857; OLG Zweibrücken FamRZ 1993, 728, hier bestand Briefkontakt.

tigte Elternteil trifft nach einer Beratung keine Anstalten, sein Umgangsrecht gegen das Kindeswohl durchzusetzen.[349]

Können sich die Eltern über die Ausübung des Umgangsrechts nicht einigen, hat das Familiengericht eine Entscheidung zu treffen, die sowohl die beiderseitigen Grundrechtspositionen der Eltern als auch das Wohl des Kindes und dessen Individualität als Grundrechtsträger berücksichtigt.[350] Beim Konflikt zwischen Umgangsrecht und Sorgerecht unter dem Gesichtspunkt des Kindeswohls ist dieser nach dem Grundsatz zu regeln, dass dem Sorgerecht der Vorrang gebührt und der Zweck des Umgangsrechts zu gewährleisten ist.[351]

Wenn zwischen den Eltern ein schwerer persönlicher Konflikt besteht, in den das minderjährige Kind mit einbezogen ist, so darf das Familiengericht einen Umgang nur mit sachverständiger Beratung anordnen.[352] Hat über längere Zeit kein Umgang des Kindes mit dem getrennt lebenden Elternteil stattgefunden, kann nicht, trotz Vorliegen heftiger elterlicher Konflikte, ein Umgangsausschluss für längere Zeit empfohlen werden, ohne dass zuerst vom Sachverständigen ein Kontakt zwischen diesem Elternteil und dem Kind hergestellt, beobachtet und beurteilt worden ist.[353]

Die gerichtliche Regelung des Umgangs bedarf konkreter Anweisungen[354] über die Ausgestaltung des Umgangs nach Ort, Zeit, Häufigkeit, auch bezüglich Übernachtung,[355] Abholung und gegebenenfalls Überwachung,[356] es genügt nicht nur eine zeitliche Angabe.[357] Das Familiengericht hat auch die Möglichkeit, alternative Regelungen zu treffen für den Fall, dass Umgangstermine ausfallen.

Wenn die Eltern Vereinbarungen getroffen haben, die auslegungsbedürftig sind, so hat das hierzu angegangene Familiengericht eine Konkretisierung vorzunehmen und darf dies nicht den Eltern selbst überlassen.[358] Ohne diese konkretisierende Festlegungen können gerichtliche Zwangsmaßnahmen nicht erlassen werden. Sind aber bei Umgangsregelungen auf Dauer keine festen Termine festlegbar, weil die Eltern im Schichtdienst arbeiten oder weit entfernt voneinander wohnen, kann der Familienrichter nach freiem Ermessen eine Fristbestimmung festlegen, innerhalb derer der Nichtsorgeberechtigte den Beginn der Ausübung seines Besuchsrechts dem Sorgeberechtigten mitteilt. Ist ein Monat im Jahr festgelegt, in dem der Nichtsorgeberechtigte sein Kind z.B. für zwei Wochen zu sich nehmen will, so kann dem Nichtsorgeberechtigten die nähere Bestimmung der Auswahl des Zeitraums in dem festgelegten Monat überlassen werden.[359]

Der Familienrichter kann weiter gehende Anordnungen erlassen, z.B. untersagen, bei der Ausübung des Umgangsrechts das Kind in ein Kraftfahrzeug zu verbringen, aufgeben, mit dem Kind einmal wöchentlich 10 Minuten zu telefonieren,[360] den Umgang nur im In-

---

[349] OLG Hamburg FamRZ 1988, 1316; ähnlich: OLG Karlsruhe FamRZ 1990, 655, wenn der Sorgeberechtigte seinerseits den Umgang zulässt, falls das Kind den Kontakt wünscht.

[350] BVerfG FamRZ 1993, 662.

[351] OLG München FamRZ 1998, 974.

[352] OLG Zweibrücken FamRZ 1999, 1009, bei einem Fall der Vergewaltigung der Mutter mit Verletzungen mit einem Messer.

[353] OLG Hamm FamRZ 1999, 326; noch deutlicher: EuGHMR DAVorm 2000, 679.

[354] BGH FamRZ 1994, 158, kritisch dazu: *Spangenberg* FamRZ 1996, 1058–1059.

[355] AG Holzminden FamRZ 1997, 47.

[356] OLG Frankfurt FamRZ 1999, 717.

[357] Wie drei Stunden im Monat, OLG Karlsruhe FamRZ 1996, 1092.

[358] OLG Zweibrücken FamRZ 1998, 975.

[359] BayObLG FamRZ 1965, 155.

[360] OLG München FamRZ 1998, 976.

land stattfinden zu lassen.³⁶¹ Das Familiengericht kann den Umgang mit Auflagen versehen; z.B. dass der umgangsberechtigte und noch verheiratete Elternteil das Kind nur dann zu sich nehmen darf, wenn der vom Kind vehement abgelehnte Partner nicht beim Besuch anwesend ist,³⁶² dass der Umgangsberechtigte sich nicht bis auf eine bestimmte Distanz der Wohnung oder Schule des Kindes nähern darf, der Elternteil an einer neutralen Stelle die Pässe hinterlegen muss. Das Familiengericht kann den Eltern eine gegenseitige Benachrichtigungspflicht auferlegen, sollten im Hinblick auf die Durchführung des Umgangs Hindernisse auftauchen. Gerade die vergeblichen Anfahrten des Besuchsberechtigten sind eine erhebliche Quelle von psychischen Verletzungen und Enttäuschungen.

Das Familiengericht kann zur Erfüllung der Wohlverhaltenspflicht auch die Anordnungen erlassen, z.B. das Kind vor dem Besuchstag zu einer bestimmten Zeit ins Bett zu bringen, damit es am Besuchstag nicht übermüdet ist.

Die Verhinderung der Aufrechterhaltung der Beziehung des Kindes zum getrennt lebenden Elternteil kann eine Kindeswohlgefährdung darstellen, was eine Prüfung der Maßnahmen nach §§ 1666, 1671 BGB erforderlich macht und zu einer Einschränkung des Sorgerechts bis hin zur Sorgerechtsänderung führen kann (§ 52 a Abs. 5 FGG), da der Verdacht besteht, der Elternteil erkenne die Bedürfnisse des Kindes nicht oder könnte auf die ablehnende Haltung des Kindes pädagogisch nicht angemessen reagieren. Zur Durchführung des Umgangs kann auch das Aufenthaltsbestimmungsrecht des sorgeberechtigten Elternteils eingeschränkt und auf einen Ergänzungspfleger übertragen werden, der Art, Ort und Dauer des Umgangs in eigener Verantwortung bestimmen kann.³⁶³

Die Verantwortlichkeit für den Bereich Umgangsregelung kann in seltenen Fällen auch dem nichtbetreuenden Elternteil übertragen werden.³⁶⁴

Die Prüfung der Verhältnismäßigkeit,³⁶⁵ ob ein Eingriff in das Elternrecht notwendig ist, sollte aber mit sachverständiger Hilfe durchgeführt werden, nicht zuletzt mit der Absicht, mit der intervenierenden Hilfe des Sachverständigen eine solche Maßnahme zu vermeiden.³⁶⁶

b) Umgang und Kindeswille. Der Wortlaut des § 50 b FGG umfasst nur bei Sorgerechtsstreitigkeiten die Anhörung des Kindes durch den Richter, aber nach allgemeiner Meinung findet das Gesetz seine Anwendung auch bei Verfahren nach § 1684 BGB. Dies ist auch aus Art. 103 Abs. 1 GG, dem Anspruch auf rechtliches Gehör, zu folgern. Dies hat auch Eingang in die Rechtspraxis gefunden.

Der Kindeswille erscheint in seiner Bedeutung und Gewichtung bei der Frage nach dem Umgang mit dem getrennt lebenden Elternteil wesentlich weniger gewichtig zu sein, da im § 1626 BGB festgehalten ist, dass der Umgang in der Regel zum Wohl des Kindes gehört. Damit besteht die Gefahr, dass Elternrechte auf Umgang mit dem Kind höher geachtet werden als das Kindeswohl und genauere sachverständige Diagnostik zum Kindeswohl, vielleicht bedingt durch die Fragestellung des Gerichts, unterbleibt.

Zwar wird in § 1684 BGB ausdrücklich festgehalten, dass das Kind das Recht auf Umgang mit jedem Elternteil hat, in der gutachterlichen Praxis wird dieser Gesichtspunkt

---

³⁶¹ OLG München FamRZ 1993, 94.
³⁶² OLG Nürnberg FamRZ 1998, 976.
³⁶³ AG Ettlingen, zitiert bei *Kodjoe* Kind-Prax 1998, 174.
³⁶⁴ OLG Zweibrücken FamRZ 2000, 627.
³⁶⁵ OLG Köln FamRZ 1998, 695.
³⁶⁶ *Affeldt* FPR 1999, 220.

Salzgeber

eher vereinzelt als Argumentation des um Umgang vor Gericht streitenden Elternteils mit angefügt.

Bei der Ausgestaltung des Umgangs des Kindes mit dem nicht im Haushalt lebenden Elternteil sind neben den Elternvorschlägen bezüglich des Umgangs autonome Willensäußerungen des Kindes zu beachten[367] und diese im Rahmen des wohlverstandenen Interesses des Kindes gegen das Interesse des umgangsberechtigten Elternteils abzuwägen.[368] Bei Kindern unter zehn Jahren wird dem Kindeswillen allgemein noch keine Entscheidungserheblichkeit zugestanden.[369]

Unbestreitbar ist die Würdigung des Kindeswillens bezüglich des Umgangs für alle Beteiligten, Eltern wie Familienrichter und Sachverständiger, schwierig. Andererseits stimmt es bedenklich, wenn in Sachverständigengutachten der Kindeswille keinen Einfluss auf eine gutachterliche Empfehlung hat, da er als konfluierend mit dem mütterlichen Willen eingeschätzt wird.[370] Der psychologische Sachverständige hat zu bedenken, dass er kein eindeutiges Kriterium hat, zwischen echtem Wunsch und Willen eines Kindes und einer Vereinnahmung durch einen Elternteil zu trennen oder gar eine klare Folgerung ziehen kann, dass einem durch Suggestion zustande gekommenen Willen nicht, sondern gerade dem Gegenteil zu folgen sei.[371]

Grundsätzlich gilt bei der Willensäußerung eines Kindes, den getrennt lebenden Elternteil nicht sehen zu wollen, dass dieser Kindeswille zwar maßgeblich,[372] aber nicht allein entscheidungserheblich sein kann.[373] Ein absolutes Vetorecht gegen den Umgang mit Eltern oder weiteren Personen hat das Kind nicht.[374] Es muss aber im Einzelfall sorgfältig geprüft werden, ob vom Übergehen oder von der Erfüllung dieses Willens die größeren Gefahren für das Kindeswohl ausgehen.[375] Auch wenn sich das Kind nach einer langjährigen Unterbrechung gegen einen Kontakt ausspricht, darf dieser Wille allein nicht entscheidungserheblich sein, da sich das Kind aus eigener Erinnerung kaum mehr ein Bild vom Nichtsorgeberechtigten machen kann.[376] Bei einem Kind muss der Kindeswille in subjektiv beachtlicher, kategorischer Abneigung vorhanden sein[377] oder auf verständlichen Beweggründen beruhen,[378] um Berücksichtigung zu finden.

Es kann auch eine erhebliche Reduzierung des Kontakts angezeigt sein, wenn z. B. ein 10-jähriges Kind keinen Kontakt zum umgangsberechtigten Elternteil wünscht, aber ein Ausschluss des Umgangs einen völligen Abbruch der Beziehung mit sich bringen würde. Ein minimaler Kontakt würde die Möglichkeit einräumen, langsam das Verhältnis wieder zu normalisieren. Eine ablehnende Haltung des Kindes ist als Indiz für und Schutzfunktion gegen eine erhebliche Belastung aus dem Umgang zu werten,[379] wobei damit noch

---

[367] Anders noch OLG Frankfurt FamRZ 1993, 729.

[368] BGH FamRZ 1993, 662.

[369] *Oelkers* FamRZ 1995, 454.

[370] Bei *Fegert/Geiken* FPR 1996, 184.

[371] Deutlich dazu *Lehmkuhl/Lehmkuhl* Kind-Prax 1999, 161.

[372] Vgl. OLG Bamberg ZfJ 1989, 261.

[373] KG Berlin FamRZ 1980, 1156; AG Alsfeld FamRZ 1987, 622.

[374] *Knöpfel* FamRZ 1977, 608.

[375] OLG Bamberg ZfJ 1996, 194.

[376] So KG Berlin FamRZ 1980, 1156.

[377] KG Berlin FamRZ 1978, 829.

[378] OLG Hamm FPR 1995, 101; OLG Bamberg FPR 1995, 104, Kinder leben in einer Pflegefamilie und lehnen den Kontakt zum leiblichen Vater ab; OLG Brandenburg DAVorm 2000, 72.

[379] AG Bad Iburg FamRZ 1988, 537.

nichts über die auslösenden Ursachen gesagt ist. Weigert sich ein Kind hartnäckig, den anderen Elternteil zu besuchen – und zwar aus eigenem Antrieb und nicht nur vorübergehend –, so ist nicht allein der Wille des Kindes maßgeblich, sondern vielmehr zu erwägen, ob durch eine zeitweise Aussetzung des Umgangs der Kindeswohlgefährdung abgeholfen werden kann. In diesem Zeitraum könnte versucht werden, mit therapeutischen Maßnahmen den zugrunde liegenden Ängsten des Kindes zu begegnen.[380]

Jüngere Kinder können sich aus Gründen, die nicht im Verhalten des Umgangsberechtigten zu suchen sind, nicht verbindlich gegen den Umgang aussprechen. Es ist in solchen Fällen zu prüfen, ob eine Regelung des Umgangsrechtes und dessen nachhaltige Durchsetzung sowohl mit seinem Zweck als auch mit dem Persönlichkeitsrecht des Kindes vereinbar sind.[381] Lehnt ein Kind aus einer inneren Einstellung heraus den Kontakt ab und ist es wegen seiner psychischen Verfassung auch nicht in der Lage, Konfliktsituationen, die sich aus einem Umgang ergeben könnten, zu bewältigen, würde eine Durchsetzung des Umgangsrechts seinen Zweck verfehlen und wäre mit dem Persönlichkeitsrecht des Kindes unvereinbar.[382] Dem umgangsbegehrenden Elternteil wird aber nicht der Umgang abgesprochen, es besteht nur keine Möglichkeit, das Umgangsrecht in eine konkrete Regelung umzusetzen.[383]

Spricht sich z. B. ein 16,5-jähriges Kind gegen den Umgang mit dem getrennt lebenden, schwer erkrankten Elternteil aus und ist dieser Widerstand auch nicht durch Gespräche mit Dritten auszuräumen, kann kein erzwungener Kontakt bis zur Volljährigkeit erfolgen.[384] Gegen einen Vater wurde auch entschieden, weil ein 15 Jahre altes Kind den Umgang ablehnte, obwohl die Gründe jeglicher Grundlage bezüglich Verhalten und Persönlichkeit des Umgangsberechtigten entbehren, das Kind aber in der festen Vorstellung lebte, der jetzige Ehemann der sorgeberechtigten Mutter sei sein leiblicher Vater. Hier wurden dem Kindeswohl Vorrecht gegenüber dem Vaterrecht eingeräumt.[385]

c) Pflichten des Elternteils, bei dem das Kind lebt, in Bezug auf den Umgang.

Im § 1684 Abs. 2 BGB wird, wie schon im § 1634 Abs. 1 BGB a. F., ausdrücklich betont, dass beide Eltern alles zu unterlassen haben, was das Verhältnis des Kindes zum jeweils anderen Elternteil beeinträchtigt oder die Erziehung erschwert. Bei der Ausgestaltung des Umgangs kann von beiden Eltern alles Erforderliche und Zumutbare verlangt werden.[386] Es kann davon ausgegangen werden, dass beide Elternteile aktiv mitwirken müssen, damit das Kind Umgang mit dem getrennt lebenden Elternteil pflegen kann.[387] Gegen diese Wohlverhaltens- und Friedenspflichtklausel wird bei den Auseinandersetzungen häufig in einer für das Kind belastenden Weise verstoßen.[388] Besonders der Elternteil, bei dem das Kind wohnt, hat mit allen zumutbaren erzieherischen Mitteln den Umgang des Kindes mit dem anderen Elternteil zu fördern, positiv auf das Kind einzuwirken[389] und es zum Umgang be-

---

[380] OLG Schleswig FamRZ 2000, 49.
[381] OLG Karlsruhe FamRZ 1981, 203.
[382] OLG Hamm FamRZ 2000, 45.
[383] OLG Hamm FamRZ 1997, 307.
[384] OLG Thüringen FamRZ 1996, 359.
[385] OLG Bamberg FamRZ 1998, 970.
[386] Vgl. KG Berlin FamRZ 1989, 656.
[387] Das OLG Bamberg FamRZ 1985, 1175, spricht von Pflicht des Sorgeberechtigten, die Begegnung mit dem Nichtsorgeberechtigten zu ermöglichen.
[388] *Peschel-Gutzeit* FPR 1995, 85.
[389] OLG Köln FamRZ 1998, 961; OLG Bamberg FamRZ 1985, 1175.

reitzuhalten.[390] Grundsätzlich kann der Elternteil, bei dem ein unter zehn Jahre altes Kind lebt, mit sachgerechtem Einsatz seiner erzieherischen Mittel das Kind bewegen, den anderen Elternteil zu besuchen[391] und einen möglichen Widerstand zu überwinden.[392] Das Umgangsrecht schränkt somit das Recht des Sorgeberechtigten in gewisser Weise ein.

Der allein Sorgeberechtigte oder der Elternteil, der das Aufenthaltsbestimmungsrecht innehat, kann seinen Wohnort jederzeit verlegen, auch ins Ausland, selbst wenn dadurch das Umgangsrecht des anderen Elternteils erschwert wird.[393] Verlegt aber ein Elternteil seinen Wohnort, um damit absichtlich das Umgangsrecht zu unterlaufen, kann auch das Sorgerecht entzogen werden.

d) Rechte und Pflichten des Elternteils, mit dem das Kind Umgang pflegt. Trotz der Formulierung im § 1684 Abs. 1 BGB, der die Pflicht der Eltern zum Umgang hervorhebt, lässt sich keine Konsequenz bei Nichteinhaltung der Pflicht ableiten, den Umgang wahrzunehmen. Es besteht auch keine Möglichkeit, den nicht mit dem Kind zusammenlebenden Elternteil zum Kontakt mit dem Kind zwangsweise anzuhalten, wenn er dazu nicht bereit ist, oder − was gelegentlich geschieht − ihn aufzugeben, einen Umgang häufiger wahrzunehmen oder ihm bei Weigerung einen höheren Kindesunterhalt aufzuerlegen. Diesen nachvollziehbaren Vorschlag machen gelegentlich in der Begutachtungspraxis Eltern, die bei finanziell eingeschränkten Verhältnissen auch auf die Einsparung hinweisen, die wahrgenommenen Besuchswochenenden oder Ferien für ihre Haushaltskasse bedeuten würden. Gelegentlich sind andererseits auch Ausweitungswünsche von Umgangsregelungen finanziell motiviert, um Unterhaltszahlungen[394] zu reduzieren.

In der Regel ist davon auszugehen, dass das Umgangsrecht als eigenständiges Recht neben dem Sorgerecht nicht an Bestimmungen des Sorgerechts gebunden ist.[395] So ist das Umgangsrecht unabhängig von der Pflicht, Unterhaltszahlungen zu leisten, wie auch der umgangsberechtigte Elternteil den Kindesunterhalt nicht kürzen kann, wenn sich das Kind bei ihm in den Ferien befindet, selbst wenn die Ferien länger als üblich sind.[396]

Der Umgangsberechtigte bestimmt den Alltag, den das Kind während der Umgangszeit mit ihm verlebt, d. h. wie er die Freizeit mit dem Kind verbringt und mit welchen Freunden das Kind spielt.

aa) Umgang bei gemeinsamer Sorge. Haben beide Eltern die elterliche Sorge inne, kann und sollte das Engagement des getrennt lebenden Elternteils etwas umfassender sein als in den Fällen, in denen die elterliche Sorge einem Elternteil übertragen worden ist.

Prinzipiell gilt, dass der umgangsberechtigte Elternteil nicht gehindert ist, in seiner Zeit mit dem Kind Aktivitäten zu unternehmen, ohne Einschränkungen durch den anderen Elternteil, bei dem das Kind überwiegend lebt, da er während der Umgangszeit die so genannte kleine Alltagssorge innehat. Er sollte sich auch um die persönlichen Belange des Kindes mit sorgen, z.B. das Kind bei den schulischen Verpflichtungen unterstützen, er kann auch je nach der Zeit, die er mit dem Kind verbringen kann, ergänzend zur Sozialisation des Kindes beitragen.

---

[390] OLG Frankfurt FamRZ 1996, 876.
[391] BezG Frankfurt/O. FamRZ 1994, 58.
[392] OLG Hamm FamRZ 1996, 363; OLG Zweibrücken FamRZ 1987, 90.
[393] BGH FamRZ 1990, 392; OLG Karlsruhe FamRZ 1984, 91, Elternteil wandert nach Griechenland aus; OLG Oldenburg FamRZ 1980, 78, Elternteil wandert nach Australien aus.
[394] Siehe OLG Hamm FamRZ 1994, 529.
[395] OLG Köln FamRZ 1982, 1236.
[396] BGH FamRZ 1984, 470.

Bei gemeinsamer elterlicher Sorge legt der Alltagsentscheid des Elternteils, bei dem das Kind schwerpunktmäßig lebt, dem getrennt lebenden Elternteil Einschränkungen auf, auch für die Zeit des Umgangs. Dazu gehört z. B. die medizinische und diätische Versorgung des Kindes, soweit sie medizinisch angezeigt ist. Ist ein Kind krank und hat der Elternteil, bei dem sich das Kind in der Regel aufhält, für das Kind bestimmte Medikamente erhalten, so hat der andere Elternteil die medizinische Behandlung fortzuführen und kann nicht mit einer alternativen Heilbehandlung beginnen. Auch wenn das Kind ärztlicherseits zu einer bestimmten Diät angehalten wird, hat der getrennt lebende Elternteil nicht das Recht, sich darüber hinwegzusetzen, wenn er anderer Meinung ist oder anderen medizinischen Rat erhalten hat.

Der getrennt lebende Elternteil kann auch nicht das Kind bei einem Verein anmelden, wenn die Aktivitäten des Vereins in die Zeit fallen, in der sich das Kind bei dem Elternteil, wo das Kind hauptsächlich lebt, aufhält.

bb) Umgang bei bestehender alleiniger elterlicher Sorge. Wurde vom Familiengericht die elterliche Sorge einem Elternteil übertragen oder steht es der nicht verheirateten Mutter allein zu, dann dient das Umgangsrecht eines Nichtsorgeberechtigten nach dem Gesetz nur dem Erhalt verwandtschaftlicher Beziehungen,[397] der Aussprache und der gegenseitigen Information, nicht der Erziehung des Kindes.[398] Erziehung steht nur dem Sorgeberechtigten zu. Es ist dann nicht Zweck des Umgangsrechts, eine Ersatzerziehung nach eigenen Vorstellungen zu betreiben[399] oder vermeintliche Versäumnisse des Sorgeberechtigten bei der Erziehung nachzuholen.[400]

Die Autonomie des Umgangsberechtigten findet ihre Grenzen dort, wo das Recht des Sorgeberechtigten tangiert ist. So hat der Umgangsberechtigte kein Recht, das Kind, außer in Notfällen, ärztlich untersuchen zu lassen, wie er übrigens ebenso wenig berechtigt ist, bei ärztlichen Untersuchungen des Kindes, die vom Sorgeberechtigten veranlasst werden, anwesend zu sein. Er darf auch nicht das Kind einer Begutachtung zuführen, da damit in die Persönlichkeitsrechte des Kindes und der Mutter eingegriffen wird. Bei Zuwiderhandeln kann ein entsprechender Beschluss erwirkt werden, mit Androhung eines Zwangsgeldes.[401] Verbietet der sorgeberechtigte Elternteil dem Kind, auf dem Rücksitz eines Motorrads mitzufahren, hat dies der Umgangberechtigte zu beachten.[402]

Verwöhnt andererseits ein besuchsberechtigter Elternteil sein Kind an den Besuchswochenenden, so kann ihm daraus kein Vorwurf gemacht werden.[403] Dies wird anders zu beurteilen sein, wenn diese Verwöhnung von der Motivation getragen ist, das Kind zu einem Wohnortwechsel zu animieren.

e) Umgang des fremduntergebrachten Kindes mit den Eltern. Lebt das Kind bei dritten Personen und wünscht ein Elternteil oder die Eltern Umgang mit ihrem Kind, so ist der Umgang ebenfalls gemäß § 1684 Abs. 3 und Abs. 4 BGB zu regeln.

Die Wohlverhaltensklausel gilt auch für die Personen wie Pflegeeltern, Pfleger oder Vormund, in deren Obhut das Kind sich befindet, die also tatsächlich für das Kind sorgen und

---

[397] OLG Hamm FamRZ 1980, 485.
[398] KG Berlin FamRZ 1978, 728.
[399] *Ell*, Besuch vom eigenen Kind, S. 25.
[400] LG Tübingen FamRZ 1975, 167.
[401] OLG Frankfurt FamRZ 2000, 52.
[402] OLG München FamRZ 1998, S. 974.
[403] OLG Bamberg ZfJ 1988, 239.

die es betreuen. Das Familiengericht kann diesen Personenkreis durch Anordnungen zur Erfüllung dieser Pflicht anhalten.[404]

Bei Kindern, die in Pflegeverhältnissen aufwachsen, kommt dem Umgangsrecht eine besondere Bedeutung zu, um einer weiteren Entfremdung entgegenzutreten, dies vor allem dann, wenn ein Kontakt zu den leiblichen Eltern längere Zeit nicht mehr stattgefunden hatte. Ein Ausschluss des Umgangs für längere Zeit kann daher nur ausnahmsweise bei Kindeswohlgefährdung erfolgen.[405] Unzulässig ist es, einem theoretischen Konzept den Vorzug zu geben, wie: der Umgang erschwere prinzipiell die Integration des Kindes. Für die Umgangsregelung ist der konkrete Einzelfall zu untersuchen und die Art und Weise eines Umgangs des Kindes mit seinen leiblichen Eltern zu bestimmen,[406] dabei kann von allen Beteiligten Engagement verlangt werden und die Hilfsmöglichkeiten müssen in Anspruch genommen werden.

Versuchen aber die Eltern, im Rahmen ihrer Umgangskontakte das Kind in ihre Familie vorschnell zu integrieren, kann das Umgangsrecht für eine bestimmte Zeit ausgeschlossen werden, um eine Gefährdung abzuwenden.[407] Der Umgang mit dem leiblichen Vater kann ausgeschlossen werden, wenn die Gefahr des sexuellen Missbrauchs vorliegt.[408]

f) Kosten des Umgangs. Die Verwirklichung des Besuchsrechts ist, wenn keine anderweitige Regelung besteht, in der Regel Sache des umgangsberechtigten Elternteils.[409] Dies bedeutet, dass Abholen und Zurückbringen des Kindes dem Umgangsberechtigten obliegen,[410] auch bei gemeinsamer Sorge,[411] selbst wenn dies eine große Belastung für diesen Elternteil oder die Eltern in finanzieller und zeitlicher Hinsicht darstellt.[412] Der umgangsberechtigte Elternteil hat aber die Möglichkeit, einen entsprechenden Anspruch an die Sozialhilfe zu stellen.[413]

Auch die Kosten für Fahrt, Übernachtung und Verpflegung hat in der Regel der getrennt lebende Elternteil zu tragen, solange dieser Aufwand noch zumutbar ist und das Unterbleiben einer Mitwirkung des Sorgeberechtigten nicht zu einer faktischen Vereitelung des Umgangs führt[414] (z. B. wenn Flugkosten zu tragen sind) oder finanziell ein erhebliches Ungleichgewicht zwischen den Eltern besteht.[415] Dies geschieht aber bisher nur in Ausnahmefällen. Ausstehender Fahrtkostenersatz kann dann sogar gerichtlich eingefordert werden.[416] Auch nutzlos aufgewendete Fahrtkosten können dem verweigernden Sor-

---

[404] *Fröhlich* FPR 1999, 201.

[405] OLG Schleswig FamRZ 2000, 48; auf eine Notwendigkeit, das angstbesetzte Kind vor direkten Kontakten zu schützen, weisen *Nienstedt/Westermann* S. 220 f hin.

[406] Auf die theoretische Unterscheidung Ersatzfamilie zur Ergänzungsfamilie weist im Zusammenhang auf Umgangsgestaltung *Richard-Kopa*, in: Dokumentation, Pflegekinder in familiengerichtlichen Verfahren. Stiftung Zum Wohle des Pflegekindes (Hrsg.), Holzminden, 1998, S. 84 ff. hin.

[407] LG Aurich FamRZ 1998, 449; OLG Bamberg FamRZ 1993, 726.

[408] OLG Bamberg FPR 1997, 234.

[409] OLG Koblenz FamRZ 1996, 560.

[410] *Lempp*, Die Ehescheidung und das Kind, S. 145 spricht von „Holschuld".

[411] OLG Hamm FamRZ 1995, 1432.

[412] OLG Zweibrücken FamRZ 1982, 531; steht im Widerspruch zum Beschluss des OLG Saarbrücken FamRZ, 1983, 1054, das auch den Sorgeberechtigten verpflichtete.

[413] VerwG Münster FamRZ 1996, 702.

[414] OLG Nürnberg FamRZ 1999, 1008; BGH FamRZ 1995, 215; OLG Karlsruhe FamRZ 1992, 58; OLG Frankfurt FamRZ 1988, 866.

[415] *Oelkers* FamRZ 1995, 456.

[416] OLG Zweibrücken FuR 1999, 21.

Salzgeber

geberechtigen auferlegt werden.[417] In der Mehrheit der Fälle hat der Umgangsberechtigte die Kosten für den Umgang aus seinem Selbstbehalt zu bestreiten und kann sie weder auf dem Weg der Erstattung vom unterhaltsbeziehenden Elternteil, noch über dem Weg einer Minderung des unterhaltsrechtlichen Einkommens geltend machen.

Existiert eine notarielle Einigung bezüglich der Regelung des „Holens und Bringens", ist diese verbindlich,[418] bis das Familiengericht eine andere Regelung getroffen hat, wobei auch bei einer familiengerichtlichen Änderung der ursprünglichen Vereinbarung erhebliche Kindeswohlgründe vorliegen müssen.[419] Hat sich der Sorgeberechtigte verpflichtet, das Kind zum Nichtsorgeberechtigten zu bringen, so ist diese bindende Verpflichtung auch gültig, wenn sich die Umgangsregelung ausdehnt.[420]

Der Sachverständige hat sich mit den Kosten, die der Umgang des Kindes mit dem getrennt lebenden Elternteil auslöst, nicht näher zu befassen, da diese möglicherweise auch im Zusammenhang mit Unterhaltszahlungen und Vermögensauseinandersetzungen mit geregelt werden können.

g) Ort des Umgangs. Derjenige Elternteil, der das Umgangsrecht ausübt und das Kind zu Besuch hat, bestimmt auch den Aufenthaltsort des Kindes, ohne dass es dazu einer besonderen gerichtlichen Verfügung bedarf.[421] Der getrennt lebende Elternteil kann verlangen, dass er den Besuch in seiner Wohnung, ohne Anwesenheit des anderen Elternteils, durchführen kann,[422] falls damit keine Gefahren für das Kind entstehen. Der Sorgeberechtigte hat kein Recht, bei Besuchen des Kindes beim Umgangsberechtigten anwesend zu sein. Umgekehrt ist die Wohnung des Sorgeberechtigten in der Regel nicht als Ort des Umgangs zu bestimmen,[423] wenn dieser nicht zustimmt.

Im Ausnahmefall kann eine Aufsichtsperson in der Wohnung des Umgangsberechtigten im Sinne eines begleiteten Umgangs eingesetzt werden, wenn ansonsten z. B. die Gefahr eines Alkohol- oder sexuellen Missbrauchs beim getrennt lebenden Elternteil besteht oder eine Pflegerin für Kinder im Säuglingsalter anwesend sein muss, weil ansonsten das Kindeswohl gefährdet wäre, ferner bei möglicher Entführungsgefahr. In der Regel muss diese dritte Person vom umgangsberechtigten Elternteil privat entlohnt werden.

h) Umgang des Kindes mit dritten Personen. Der Umgangsberechtigte bestimmt in der Zeit des Umgangs, wo und wie er den Umgang mit dem Kind gestaltet. Wird vom Gericht nicht anders entschieden, hat der Umgangsberechtigte das Recht, auch den Kontakt zu Dritten während der Umgangszeit zu bestimmen. Dies gilt auch in Bezug auf die neuen Lebenspartner des Elternteils oder ein Großelternteil. Dieses Recht wurde selbst für den Fall bejaht, wo ein Großvater das Kind früher missbrauchte.[424] Der Gesetzgeber geht davon aus, dass auch der Elternteil, bei dem sich das Kind gerade aufhält, beurteilen kann, ob ein Kontakt dem Kindeswohl schadet oder nicht.

Eine einschränkende Bestimmung durch das Familiengericht hinsichtlich Kontakten und deren Gestaltung zu Dritten kann nur getroffen werden, wenn dadurch nicht der

---

[417] AG Essen FamRZ 2000, 5, S. II.
[418] *Reinecke* FPR 1999, 239.
[419] OLG Zweibrücken FamRZ 1998, 1465.
[420] OLG Frankfurt FamRZ 1988, 866.
[421] OLG Frankfurt FamRZ 1999, 1008.
[422] OLG Düsseldorf FamRZ 1988, 1196.
[423] BayObLG FamRZ 1965, 155.
[424] Siehe auch: OLG Hamm FamRZ 1996, 562.

Zweck des Umgangs über Gebühr eingeschränkt wird und wenn Tatsachen in der Person oder im Verhalten der Beteiligten den Ausschluss gebieten.[425] Innerhalb der Trennungszeit wäre ein Ausschlussgrund für den Kontakt des Kindes zum neuen Lebensgefährten gegeben,[426] wenn der sorgeberechtigte Elternteil an der Ehe festhält. Dann könnte nämlich das Ziel der Wiederherstellung der Ehe eher dem Kindeswohl dienen als der Kontakt des Kindes zum neuen Lebensgefährten des Nichtsorgeberechtigten.[427]

i) Ausgestaltung des Umgangs. Über den Umfang und die konkrete Ausgestaltung der Umgangsregelung gibt es keine Gesetzesvorschrift und es lässt sich auch keine allgemein gültige Regelung aufstellen.[428] Bei der Ausgestaltung des Umgangsrechts wird nicht der Grund für den Verlust der Personensorge berücksichtigt; maßgebend sind also nicht die Gründe, die für die Übertragung der elterlichen Sorge auf den anderen Elternteil oder auf einen Vormund wesentlich waren, sondern allein das Kindeswohl. Allgemeine Richtwerte und Vermutungen können nicht entscheidungserheblich sein.[429] Es kommt nicht auf die Quantität des Umgangs an, sondern auf die Qualität des Kontaktes zwischen dem Kind und dem nicht im Haushalt lebenden Elternteil.[430]

Der Kontakt zum anderen Elternteil kann umso mehr dem Kindeswohl dienen, je konfliktfreier er stattfinden kann. Je regelmäßiger und damit selbstverständlicher Besuche des Kindes beim anderen Elternteil stattfinden, umso geringer ist es dadurch belastet, dass es sich auf eine neue Umgebung und anderen Menschen einstellen muss.[431]

In der Rechtsprechung und von Sachverständigen werden Besuchsregelungen uneinheitlich, aber meist nach festen Schemata empfohlen bzw. festgelegt. Einige Autoren verstehen sich eher kindzentriert, andere sehen die Position des nichtsorgeberechtigten Elternteils zu wenig beachtet.[432]

Für eine grobe Orientierung entsprechend der Altersstufen des Kindes können Umgangsmodelle[433] hilfreich sein. Die in der älteren Literatur[434] empfohlenen Umgangsregelungen finden in der Psychologie keine Grundlage mehr. Auch angesichts des unterschiedlichen Zeitverständnisses in einzelnen Entwicklungsphasen des Kindes sind generelle Normen für Umgangsrhythmen nicht sinnvoll.[435] Uhrzeitorientierte Vorgaben von Besuchszeiten widersprechen in der Regel den kindlichen Erlebens- und Verhaltensweisen, dagegen entspricht Regelmäßigkeit den Bedürfnissen der Vorhersehbarkeit und Kontrolle.

---

[425] BGH FamRZ 1969, 148; OLG Hamm FamRZ 1982, 93; OLG Köln FamRZ 1982, 161.

[426] OLG Nürnberg FPR 1998, 148 = FamRZ 1998, 976, hier Urlaub mit Kind und neuer Partnerin.

[427] So OLG Köln FamRZ 1982, 1236.

[428] AG Kerpen FamRZ 1994, 1486; auch über die Ferien hinaus siehe: AG Detmold FamRZ 2000, 1605.

[429] BVerfG FamRZ 1993, 662.

[430] *Hetherington*, University of Virginia, USA, Vortrag zum Thema Longterms-Consequences of Divorce am 27. 9. 1991 im Staatsinstitut für Frühpädagogik und Familienforschung.

[431] AG München ZfJ 1994, 291.

[432] Dazu *Karle/Klosinksi* Prax. Kinderpsychol.Kinderpsychiat. 1999, 166.

[433] *Fthenakis* FPR 1995, 94–98.

[434] *Ahlbrecht/Bengsohn* S. 138 empfahlen einen Sonntag im Monat; *Arntzen*, Elterliche Sorge und Umgang mit Kindern, S. 39 ein Wochenende im Monat und eine Ferienregelung, der Jurist *Dürr*, Verkehrsregelungen gemäß § 1634 BGB S. 73 gab Hinweise auf die Stundenanzahl, gestaffelt nach Alter, *Kluβmann/Stötzel* S. 222 ff.; auch *Stender*, in: Remschmidt (Hrsg.), Kinderpsychiatrie und Familienrecht, S. 99 hielt einmal monatlich ein langes Wochenende oder zweimal monatlich einen halben Tag für kindeswohlangemessen.

[435] *Plattner* FamRZ 1993, 385.

Eine psychologische Begründung für die Häufigkeit der Umgangskontakte durch den Sachverständigen kann nicht geliefert werden,[436] es können nur qualitative Aussagen gemacht werden. Obwohl sich rechtstatsächlich ein oft wiederkehrender Besuchsrhythmus herausgebildet hat, ist vom Sachverständigen gleichwohl zu erwarten, die Umgangsregelung am individuellen Fall, unter Berücksichtigung der Möglichkeiten der Eltern, der Bedürfnisse des Kindes und der Beziehungsqualität zu finden. Bei der Umgangsgestaltung sind in jedem Falle Wünsche, die persönlichen Umstände wie Krankheiten, Freizeit, Wohnverhältnisse, neue Partner usw. der Betroffenen zu berücksichtigen.

In der Praxis wird meist ein 14-tägliches Besuchswochenende festgelegt, wobei diese Regelung voraussetzt, dass die Beziehung des Kindes zu beiden Eltern nicht erheblich belastet ist.

Bei der Ausgestaltung sollte der Umgang mit den Augen des Kindes gesehen werden. Interessen der Eltern sind nachrangig. Eine Überforderung des Kindes muss vermieden werden, das Umgangsrecht dient nicht als Ausgleich oder „Trostpflaster" für den auf das Sorgerecht verzichtenden Elternteil.[437]

Die Zeitabstände für Besuchszeiten für Kleinstkinder sollten kürzer gehalten werden,[438] dabei muss besonders auf eine vorhandene Elternteilgebundenheit des Kindes Rücksicht genommen werden. Bei einem Kleinkind ist ein häufigeres Zusammensein mit dem anderen Elternteil dem Kindeswohl förderlicher als seltenere Treffen in größeren Abständen. Leben die Eltern sehr weit auseinander und kommen deshalb monatliche ein- oder mehrtägige Besuche nicht in Frage, sind die Aufenthalte möglicherweise in den Ferien zu verlängern. Damit die getrennt lebende Bezugsperson zu einer Vertrauensperson werden kann, sollte das Kind mittels Übernachtungen erfahren, dass die Person am nächsten Tag auch noch da ist.[439]

Bei der Formulierung der Besuchswochenendregelung treten immer wieder Schwierigkeiten auf. Der Sachverständige sollte mit den Eltern klar die Modalitäten absprechen und sich vergewissern, ob die Eltern die Regelung auch beide verstehen. So bedeutet die Formulierung „jedes zweite Wochenende im Monat", dass nur einmal am zweiten Wochenende im Monat ein Umgang stattfinden soll und nicht alle zwei Wochenenden im Monat.

j) Ferienregelung. Meist wird eine hälftige Ferienregelung vereinbart; auch die großen kirchlichen Feste sind angemessen zu berücksichtigen[440] und nicht zuletzt die persönlichen Festtage wie z. B. Geburtstage. Unter den Begriff Schulferien fallen nicht die Faschingsferien, also Ferien, die durch die beweglichen Ferientage zustande kommen.[441]

Für die Weihnachtsfeiertagsregelung haben sich verschiedene Regelungen bewährt, so kann z. B. der 24. 12. bei demjenigen verbracht werden, bei dem das Kind seinen Lebensschwerpunkt hat und der erste Weihnachtsfeiertag ab Nachmittag beim anderen Elternteil, oder Heiligabend wird jährlich alternierend im mütterlichen oder väterlichen Haushalt gefeiert. Gemeinsame Weihnachtsabende der Eltern mit dem Kind haben sich nur ausnahmsweise bewährt.

---

[436] *Karle/Klosinksi* Prax. Kinderpsychol.Kinderpsychiat 1999, 171, unterlassen es, Begründungen für Häufigkeiten des Umgangs zu formulieren.
[437] OLG Karlsruhe Kind-Prax 1998, 270.
[438] AG München DAVorm 1999, 310; LG Arnsberg DAVorm 1996, 205.
[439] *Plattner* FamRZ 1993, 385.
[440] OLG Bamberg FamRZ 1990, 193.
[441] OLG Stuttgart FamRZ 2000, 50.

Bei einer Ferienregelung sollte der Sachverständige beachten, dass – entgegen der offiziellen Zählung, nach der beispielsweise der erste Ferientag ein Montag und der letzte ein Freitag ist – die Ferien am letzten Schultag (hier ein Freitag) beginnen und am ersten Schultag (hier ein Montag) enden. Es wird sinnvoll sein, das Zurückbringen des Kindes etwa zwei Tage vor Schulbeginn festzulegen, da das Kind wieder in einen anderen Rhythmus finden muss und Vorbereitungen für die Schule zu treffen sind.

Die Gestaltung der Ferien ist an den Urlaubsplänen der Eltern auszurichten. Es empfiehlt sich auch bei hälftiger Regelung der Ferienzeiten, größere Blöcke zusammenzulegen, z. B. dass die Osterferien das Kind ganz bei einem Elternteil verbringt und dafür die Pfingstferien beim anderen Elternteil.

Nicht zutreffend ist die immer wieder vorgebrachte Meinung mancher Eltern, eine Wochenendregelung gelte auch dann, wenn sich das Kind in den Ferien beim anderen Elternteil aufhalte und dieser nicht wegfahre. Tatsächlich setzen Ferienregelung und Festtage die Wochenendregelung außer Kraft.[442]

k) Andere Umgangskontakte. Das Umgangsrecht des getrennt lebenden Elternteils beschränkt sich nicht allein auf persönliche Besuche. Es kann auch andere Beziehungsformen mit dem Kind wie briefliche und telefonische Kontakte umfassen, die im Streitfall vom Familiengericht im Sinn des Kindeswohls zu regeln sind.[443] Der telefonische Kontakt wird, solange er nicht vom Familiengericht anders geregelt ist, vom Sorgeberechtigten bestimmt.[444] Der Umgangsberechtigte hat auch keinen Anspruch auf Mitteilung der Telefonnummer und telefonische Erreichbarkeit der Kindesmutter.[445] Telefonischer Kontakt zum Kind gegen den Willen des Sorgeberechtigten ist zwar einerseits unzulässig; ein Elternteil, der den Umgang oder auch nur die Korrespondenz oder Telefonate mit dem umgangsbegehrenden Elternteil und dem Kind mutwillig behindert oder nicht billigt, begeht aber andererseits einen erzieherischen Fehlgriff. Der Sorgeberechtigte ist sogar verpflichtet, Briefe des getrennt lebenden Elternteils an das Kind weiterzureichen.[446] Eine Weigerung kann einen Beschluss nach § 52 a Abs. 5 FGG oder eine (Umgangs-)Ergänzungspflegerbestellung zur Folge haben.[447]

Bei Geschenken hat der Umgangsberechtigte mit zu berücksichtigen, dass die Erziehung Sache des Sorgeberechtigten ist und er damit auch Art und Größenordnung der Geschenke mitbestimmen kann. Zumindest bei größeren Geschenken muss eine Abstimmung mit dem Sorgerechtsinhaber erfolgen.[448]

Bei Ausschluss oder zeitweiligem freiwilligem Verzicht auf das Umgangsrecht kann gerade die Zulassung des telefonischen und brieflichen Kontakts[449] geboten sein, um einer Entfremdung gegenzusteuern.[450] Ein persönlicher Kontakt älterer Kinder (ab 10 Jahren) zum unbekannten Elternteil kann erst dann aufgenommen werden, wenn auf andere Weise, z. B. durch Briefe und Geschenke, eine persönliche Beziehung aufgebaut worden ist.[451]

---

[442] OLG Frankfurt FamRZ 1996, 362.

[443] Vgl. AG Deggendorf FamRZ 1979, 1061, das den Telefonkontakt ablehnte, da ein solcher das Kind unvermittelt erreichen kann.

[444] *Peschel-Gutzeit* FPR 1995, 87.

[445] OLG Düsseldorf FamRZ 1997, 46.

[446] AG Zossen DAVorm 1999, 143.

[447] *Oelkers* FuR 2000, 99.

[448] *Oelkers* FamRZ 1995, 455.

[449] Beispiel gibt OLG Braunschweig FamRZ 1999, 185.

[450] OLG Hamm FamRZ 1979, 1062.

[451] OLG Bamberg FamRZ 1989, 890.

Zur zwischenzeitlichen Kontaktanbahnung haben sich regelmäßige Zeichen der Zuneigung des getrennt lebenden Elternteils zum Kind bewährt, in Form von Kinderzeitschriften oder Comics, die der getrennt lebende Elternteil seinem Kind regelmäßig zukommen lässt, möglicherweise mit ein paar Zeilen, persönlichen Worten, die aber nicht emotional belastend sind und von Traurigkeit und Sehnsüchten handeln. Das Kind erlebt dann den getrennt lebenden Elternteil als präsent, vor allem, wenn gelegentlich Fotos beigelegt sind. Der Schriftverkehr kann dann im Laufe der Zeit in einen telefonischen Kontakt übergeleitet werden.

Häufig sind Telefonate ein Konfliktstoff zwischen den Eltern. Hier bedarf es oftmals der Vermittlung durch den Sachverständigen; sei es, dass über die Art der Telefonate beraten werden muss, wenn der getrennt lebende Elternteil seine emotionalen Anliegen mit dem Kind bespricht, sei es, dass das Kind, was häufig vorkommt, nicht besonders gerne telefoniert; ein Kurzangebundensein ist nicht zwingend auf Störeinflüsse des anderen Elternteils zurückzuführen ist. Zur Reduzierung von Konfliktpotentialen haben sich feste Telefonzeiten bewährt, die an den Lebensrhythmus des Kindes angepasst werden sollten. So sollten bei kleineren Kindern kurz vor dem Schlafengehen keine Telefonate erfolgen, und möglichst auch nicht zu den Mahlzeiten, um die Familie nicht aus der Alltagsroutine zu bringen.

Womöglich kann ein zweiter Telefonapparat für das Kind, der vom getrennt lebenden Elternteil bezahlt werden sollte, Konflikte verringern helfen. Damit lässt sich vermeiden, dass die Eltern Telefonate zum Anlass nehmen, in Gegenwart des Kindes am Telefon zu streiten. Bei älteren Kindern kann auch ein Handy hilfreich sein, um ungestört mit seinem Kind telefonieren zu können, bei weiten Entfernungen wird schon das Bildtelefon geschätzt.

Oftmals helfen vorübergehend auch Faxgeräte, um zwischen den Betroffenen Besuchszeiten schriftlich abzumachen, ohne in verbale Kommunikation treten zu müssen.

l) Begleiteter und betreuter Umgang. Gemäß § 1684 Abs. 4 Satz 3 BGB kann das Familiengericht einen begleiteten Umgang beschließen, soweit dies zum Wohl des Kindes erforderlich ist.[452]

Zur Qualifikation des mitwirkungsbereiten Dritten beim begleiteten Umgang bestehen keine expliziten Vorschriften.[453] Es kann sowohl eine sachkundige Person eines Trägers der Jugendhilfe,[454] aber auch eines Vereins, eine Fachkraft oder eine der Familie vertraute Laienperson sein, die diese Aufgabe wahrnimmt. Die Kosten, die durch den begleiteten Umgang anfallen, hat in der Regel das Jugendamt zu tragen, wobei die Höhe der Vergütung noch nicht geregelt ist.

Mit der Aufnahme dieser bereits vor der Reform des Kindschaftsrechts möglichen Umgangsbegleitung in das Gesetz wurden Rahmenbedingungen geschaffen; Konzepte, wann und wann nicht eine Anordnung des begleiteten Umgangs angezeigt ist und in welcher Form oder Abfolge er tatsächlich dem individuellen Kindeswohl dient,[455] sind erst in der

---

[452] Ausführlich dazu: *Leyhausen*, Der beschützte Umgang gemäß § 1684 Abs. 4 BGB als Möglichkeit zur Aufrechterhaltung einer Eltern-Kind-Beziehung in problematischen Trennungs- und Scheidungsfamilien, 2000.

[453] Vorschläge finden sich in den Empfehlungen des 13. Deutschen Familiengerichtstages, FamRZ 2000, 274.

[454] *Schlegel* ZfJ 1999, 387.

[455] Vorschlag macht *Weisbrodt* Kind-Prax 2000, 15 f., aus der Praxis berichtet: *Stephan* Kind-Prax 2000, 141–143.

Entwicklung.[456] Auf ausländische Erfahrungen wird zurückgegriffen, erste Forschungs-vorhaben sind in Durchführung.[457] So besteht z. B. Uneinigkeit, ob − bei Gewalterfahrung des Kindes − gegenüber ihm selbst oder gegenüber dem anderen Elternteil in Anwesen-heit des Kindes, bei Drogenabhängigkeit und bei verschiedenen psychischen Problemen Umgangsbegleitung angeboten werden soll. Einigkeit besteht immerhin darin, dass das Kind alkoholisierten Bezugspersonen nicht ausgesetzt sein soll.

Es besteht somit die Gefahr, dass ohne Konzeption begleiteter Umgang vorschnell emp-fohlen oder angeordnet wird, vor allem vor dem Hintergrund, da gemäß § 1684 Abs 4 BGB ein Umgangsausschluss für längere Dauer erst ab der Grenze des § 1666 BGB, also einer Kindeswohlgefährdung, möglich ist.

aa) Begleiteter Umgang. Begleiteter Umgang bedeutet nicht zwangsläufig einen Um-gang mit Begleitung während der gesamten Zeit, in der der nicht hauptbetreuende Eltern-teil mit seinem Kind zusammen ist. In vielen Fällen macht es das Kindeswohl nur er-forderlich, dass eine dritte Person das Kind − aufgrund unkontrollierter emotionaler Aus-brüche der Eltern − für einen absehbaren Zeitraum bei demjenigen Elternteil abholt, bei dem das Kind lebt, und zum anderen Elternteil bringt oder entsprechend die Übergabe bei der Rückkehr organisiert. Eine besondere Fachkompetenz wird häufig nicht benötigt, es kann somit auf ehrenamtliche Personen zurückgegriffen werden, die sich z. B. beim Kin-derschutzbund engagieren. Erschwerend ist hierbei allerdings, dass Besuche meist am Wochenende stattfinden.

bb) Betreuter Umgang. Bei einigen Familien kann es bei der Umgangsgestaltung dienlich sein, wenn anfänglich eine psychologische Fachperson involviert ist.[458] Häufig haben die Eltern das Bedürfnis, einer neutralen Fachperson gegenüber ihre Erfahrungen bezüglich der Kinder an den Besuchstagen und danach zu berichten. Die begleitende Person sollte anlässlich der Übergabe fachlich abschätzen können, ob sich ein Kind beim umgangsberechtigten Elternteil wohl fühlt und ob darauf folgende kindliche Verhal-tensauffälligkeiten besorgniserregend sind. Die begleitende neutrale Person sollte dazu bei Problemen bezüglich kindlichem Trennungsverhalten den Eltern beratend zur Ver-fügung stehen können. Diese Funktion kann zeitweise auch der Sachverständige über-nehmen.

Andere familiäre Konstellationen erfordern eine Fachperson, die es den Eltern ermög-licht, eine Übergabe des Kindes zu strukturieren. Dies ist besonders dann angezeigt, bei bindungsängstlichen Kindern, die sich nicht von einem Elternteil lösen können. Ver-schärft wird die Situation, wenn zudem der andere Elternteil wenig kompetent erscheint, das Kind in der Loslösung zu unterstützen.

cc) Beaufsichtigter Umgang. Daneben gibt es Familienkonstellationen, die einen beglei-teten Umgang auch während der Zeit des Zusammenseins eines Elternteils mit dem Kind erforderlich machen, um einen geschützten Rahmen für das Kind zu schaffen. Ein so ge-stalteter Umgang kann eine sachgerechte und verhältnismäßige Möglichkeit darstellen, un-terbrochene Umgangskontakte wieder aufzunehmen.[459]

---

[456] Siehe *Walter* FPR 1999, 204−211; *Jugendamt Siegburg* Kind-Prax 1999, 125−127; *Mitrega* FPR 1999, 212−215; *Normann-Kossak/Mayer* Kind-Prax 1999, 74−78; *Duzy*, in: Fegert (Hrsg.), Kinder in Scheidungs-verfahren nach der Kindschaftsrechtsreform, S. 119−126; *Vergho*, in: Buchholz-Graf/Vergho (Hrsg.), Bera-tung für Scheidungsfamilien, 2000.

[457] Siehe *Fthenakis* Infodienst des Staatsinstituts für Frühpädagogik 1999, Heft 2.

[458] Dazu *Mitrega* FPR 1999, 212−215.

[459] AG Keroen FamRZ 1998, 254.

Bei einem Elternteil, bei dem tatsächliche Entführungsgefahr besteht, kann der begleitete Umgang über eine längere Zeit hinweg empfohlen werden, vor allem dann, wenn dieser Elternteil aus dem Ausland angereist kommt, um Umgang mit seinem Kind zu pflegen. Die Entführungsgefahr muss aber konkret dargelegt werden. Hier sollte der überwachte Umgang so lange stattfinden, bis das Kind von sich aus Distanz zum Elternteil herstellen und die Situation eigenverantwortlich mitgestalten kann. Dies ist häufig ab einem Alter von 12/13 Jahren zu erwarten. Ab diesem Alter kann das Kind von sich aus Hilfe bei einer dritten Person suchen oder das Telefon (Handy) bedienen, um eventuelle Hilfe anzufordern. In Einzelfällen kann das Familiengericht anordnen, dass der Umgang nur mit Beobachtung durch einen Detektiv stattfinden kann.[460] Besteht Entführungsgefahr durch einen im Inland lebenden Elternteil, kann der Umgang auch im Haus des Sorgeberechtigten angeordnet werden, wobei der Sorgeberechtigte nicht gezwungen werden kann, sein Haus zu verlassen.[461] Umstritten ist es, um einer Entführungsgefahr vorzubeugen, die Umgangsregelung von der Hinterlegung des Passes abhängig zu machen, da der Pass der Passhoheit des ausländischen Staates unterliegt.[462] Dem steht aber nicht eine freiwillige Hinterlegung des Reisepasses und eventuell des ausländischen Kinderpasses entgegen.[463]

Im Falle des sexuellen Missbrauchs ist die Situation differenziert zu betrachten. Soll der sexuelle Missbrauchsvorwurf erst im Rahmen einer Glaubhaftigkeitsbegutachtung oder polygraphischen Begutachtung überprüft werden, sollte in dieser Zeit – wenn er nicht völlig ausgesetzt werden muss – Umgang nur in Begleitung stattfinden. Der begleitete Umgang wäre aber dann besser in der Wohnung des besuchsberechtigten Elternteils als in einer Institution durchzuführen. Bei erwiesenem sexuellen Missbrauch sollte wohl erst ein Umgang stattfinden, wenn dieser aus der Sicht des Therapeuten des missbrauchenden Elternteils und des Kindes verantwortet werden kann.

Befindet sich ein Elternteil in Haft, ist eine absolute Besuchssperre für nahe Familienmitglieder unzulässig,[464] der Umgang könnte in der Strafanstalt im Einzelfall überwacht werden.

Ehe ein langfristig begleiteter Umgang empfohlen wird, sollte bedacht werden, welche Belastungen hieraus für beide Eltern und besonders auch für das Kind zu erwarten sind. Es erfordert erhebliches pädagogisches Geschick, in einer fremden Umgebung mit einem z. B. 6- oder 7-jährigen Kind in einem geschlossenen Gebäude über vier Stunden hinweg eine befriedigende Interaktion aufrechtzuerhalten. Diese kann nicht bei jedem Elternteil vorausgesetzt werden, Kinder zeigen häufig auch Langeweile und bevorzugen gerade bei schönem Wetter Aktivitäten im Freien. Bald führt diese Unzufriedenheit beim Kind zu einer Ablehnung weiterer Besuche. Es sollte daher von vornherein ein begleiteter Umgang mit Aktivitäten im Freien (z. B. Zoobesuch, Spielplatz) in Betracht gezogen werden.

Häufig wird nicht bedacht, welche Rolle dem schwerpunktmäßig betreuenden Elternteil zukommt. Er muss dem Kind erklären, warum ihm nur in der besonderen Situation der Kontakt zum nichtbetreuenden Elternteil gestattet wird. Es wäre naiv anzunehmen, dass bei vielen Vorgeschichten, die zu dem begleiteten Umgang geführt haben, der Elternteil den zu besuchenden positiv schildern würde. Falsche Erklärungen werden leicht durchschaut

---

[460] OLG München FamRZ 1998, 976.
[461] OLG Celle FamRZ 1996, 364 = FPR 1997, 235.
[462] Siehe OLG Karlsruhe ZfJ 1996, 334 = FamRZ 1996, 424; dazu auch *Koritz* FPR 2000, 243.
[463] Siehe auch OLG München FamRZ 1998, 977.
[464] OLG Nürnberg FamRZ 1999, 961, hier zwar für die Ehefrau, ist aber auch auf ein Kind übertragbar.

und schüren Angst vor dem zu besuchenden Elternteil. Nicht zuletzt kann es z. B. bei Schulkindern zu einer Stigmatisierung führen, wenn sie ihren Kameraden erklären müssen, dass sie den getrennt lebenden Elternteil nur unter geschützten Bedingungen sehen können.

Der begleitete Umgang sollte in den meisten Fällen nur eine vorübergehende Maßnahme sein.

Langfristig kann ein begleiteter Umgang nur dann dem Kindeswohl dienen, wenn auch der hauptsächlich betreuende Elternteil von dessen Wert überzeugt wird, er Hilfestellung bei der Beantwortung von Fragen des Kindes bekommt und das Ziel, eine von den Betroffenen autonom getragene Umgangsregelung zu realisieren, akzeptiert.

Bei hohem Konfliktniveau der Eltern oder bei starken Belastungsreaktionen des Kindes sollte der begleitete Umgang eine beratende psychologische Intervention, auch über längere Zeit hinweg, mit einschließen. Die beratende oder intervenierende Umgangsbegleitung gilt dabei auch dem Elternteil, bei dem das Kind lebt. So kann mit Hilfe von Videoaufzeichnungen dem Elternteil aufgezeigt werden, welche Impulse er dem Kind gibt, um es an sich zu binden und dessen Loslösungstendenzen zu unterlaufen oder welche positive Reaktionen das Kind auf den anderen Elternteil gezeigt hat. Möglicherweise liegt das Problemverhalten auch beim umgangsberechtigten Elternteil, der es nicht schafft, dem Kind ein adäquates Beziehungsangebot zu unterbreiten.

Wurde vom Gericht begleiteter Umgang angeordnet und nehmen die Eltern diesen bei einer mitwirkungsbereiten Institution wahr, so dürfen die Ergebnisse der Umgangsbegleitung nach § 65 SGB VIII Abs. 1 Satz 2 an das Familiengericht weitergeleitet werden.

dd) Kindertherapeutische Intervention. Ein Sonderfall des begleiteten Umgangs ist die kindertherapeutische Intervention, die dann angezeigt sein kann, wenn jahrelang kein Kontakt mehr stattgefunden hat, das Kind erhebliche Angst und Abneigung entwickelt hat[465] oder das Verhältnis des Kindes zum besuchenden Elternteil erheblich zerrüttet ist, sei es durch Beeinflussungen des sorgeberechtigten Elternteils, sei es durch Fehlverhalten des besuchsberechtigten Elternteils oder durch ein Zusammenwirken von mehreren Faktoren, wie weite Entfernung, Fehlverhalten beider Elternteile, eigene psychische Anteile des Kindes u. a.

Eine solche Intervention erfordert erhebliche freiwillige Anstrengungsbereitschaft beider Eltern, vor allem des umgangsberechtigten Elternteils, wenn dieser ursächlich für die Belastung des Kindes verantwortlich ist. Erst wenn die Eltern bereit sind, ihre Anteile am Konflikt zu sehen und zu bearbeiten, kann ein befriedigender Kontakt mit dem Kind aufgebaut werden, immer unter der Verantwortung des Therapeuten. Ehe es zu einer direkten Begegnung des Kindes mit dem zu besuchenden Elternteil kommt, muss das Kind in der Therapie so weit stabilisiert worden sein und Vertrauen in die Person des Therapeuten aufgebaut haben, dass es die ersten Begegnungen unbeschadet erleben kann.

Diese Intervention kann vom Gericht nicht angeordnet werden, sondern muss auf freiwilliger Basis erfolgen,[466] die Aufgabe des Sachverständigen wäre es, die Eltern zu dieser Maßnahme zu motivieren.

m) Ausschluss des Umgangs für längere Zeit. Die Beurteilungskriterien für den Umgangsausschluss gemäß § 1684 Abs. 4 BGB haben sich gegenüber der alten Rechtslage bis zum 1. 7. 1998 geändert. Für kurze Zeit kann ein Umgang nur ausgeschlossen werden, so-

---

[465] *Peschel-Gutzeit* FPR 1995, 86.
[466] Siehe BGH DAVorm 1994, 104; BGH FPR 1995, 106, Anordnung einer Therapie unter Einbeziehung der Eltern bzw. gegen den Willen eines Elternteils.

weit dies zum Wohle des Kindes erforderlich ist. Ein Ausschluss über einen längeren Zeitraum, der in der Rechtspraxis ab drei Monaten gilt, oder dauernd, ist nur dann möglich, wenn andernfalls das Wohl des Kindes gefährdet wäre.[467] Dazu bedarf es einer konkreten, in der Gegenwart bestehenden Gefährdung des Kindeswohls.[468] Die Begründung hat der Sorgeberechtigte vorzutragen, und er muss zudem Anstrengungen unternommen haben, die bestehenden Probleme zu überwinden.[469] Der völlige Ausschluss des Umgangsrechtes darf nur dann angeordnet werden, wenn einer körperlichen oder seelischen Gefährdung des Kindeswohls nicht durch weniger einschneidende Maßnahmen, wie Einschränkung des Umgangs oder Veränderung der bestehenden Regelung, begegnet werden kann,[470] und wenn alle anderen Maßnahmen nicht mehr greifen, selbst die Vermittlungsbemühungen des Gerichts gemäß § 52 a FGG und des Jugendamtes vergeblich waren, oder auch ein Sachverständigengutachten keine Lösung aufzeigt, wie der Besuch angebahnt werden kann.[471]

Ein Ausschluss ist immer ein schwerwiegender Eingriff in eine grundgesetzlich besonders geschützte Rechtsposition,[472] der als äußerste Maßnahme zur Abwendung der Gefährdung ergriffen werden darf, dies muss auch in der familiengerichtlichen Entscheidung dargelegt werden.[473] Wird ein Umgangsrecht ausgeschlossen, so hat das Gericht ein Enddatum für die Ausschlussmaßnahme anzugeben.[474]

Der Maßstab Kindeswohlgefährdung entspricht dem § 1666 BGB. Diese hohe Einschränkung dient dazu, voreiligen langjährigen (über ein oder zwei Jahre[475]) Umgangsausschlüssen vorzubeugen, andererseits ist diese Grundschwelle im Einzelfall zu hoch. Problematisch ist die Grenze des § 1666 BGB dann, wenn ältere Kinder (im Alter von 8 bis 14 Jahren) vehement einen Umgang ablehnen, aber aus psychologischer Sicht eine Kindeswohlgefährdung nicht vorliegt. Die Altersgrenze wird bereits in einigen Bundesländern diskutiert. So wird unter Umständen ein Antragsrecht des Kindes auf Umgang auf 12 Jahre herabgesetzt. Die Argumentation der Juristen geht dahin, dass das Selbstbestimmungsrecht des Kindes im Laufe des Alters immer höher wird, was damit den Erziehungseinfluss des Elternteils, bei dem es lebt, auch reduziert.

Der Ausschluss des Umgangsrechts ist nicht zulässig, wenn dieser dem Kind dient[476] oder weil bei zukünftigen Durchführungen des Umgangs von Seiten des Sorgeberechtigten Schwierigkeiten zu befürchten sind.[477] Auch das Alter des Kindes kann keinen Ausschluss der Umgangsbefugnis begründen.

---

[467] OLG Hamm FamRZ 1999, 326.

[468] OLG Celle FamRZ 1990, 1026, es reicht nicht aus, dass der Nicht-Sorgeberechtigte nach der Geburt geäußert habe, er werde das Kind totschlagen.

[469] OLG Thüringen FamRZ 2000, 47.

[470] BGH FamRZ 1980, 131.

[471] OLG Hamburg FamRZ 1991, 471.

[472] BGH FamRZ 1990, 392; OLG Karlsruhe FamRZ 1984, 91; OLG Oldenburg FamRZ 1980, 78; *Oelkers* FamRZ 1995, 453.

[473] OLG Köln FamRZ 1997, 1097.

[474] BGH FamRZ 1984, 1084; KG Berlin FamRZ 1980, 399.

[475] OLG Hamm Kind-Prax 1999, 63, zwei Jahre sind längere Zeit.

[476] Hier zeigte sich ein Wandel in der Einstellung der Richter und Sachverständigen. 1972 führte *Lempp* NJW 1972, 315–323 aus, dass der Umgang bei Eltern, die ihren Trennungskonflikt noch nicht verarbeitet haben, zu einer Belastung für das Kind führen müsste; auch *Haffter*, Kinder aus geschiedener Ehe, 1960; *Lempp/Röcker* Zeitschrift für Kinder- und Jugendpsychiatrie 1973, 1, S. 25–36, haben in nahezu allen Fällen die Umgangsregelungen entweder zur Aussetzung oder Einschränkung empfohlen; dazu auch *Karle/Klosinski* ZfJ 2000, 343–347.

[477] OLG Karlsruhe FamRZ 1990, 901.

Es kann sinnvoll sein, bei sehr konflikthaften Familien einen Umgang für längere Zeit auszuschließen, mit gleichzeitigen Maßnahmen, die Probleme zwischen den Erwachsenen z. B. durch angemessene Beratung oder Therapie zu minimieren.

Sind die Gründe, die zum Ausschluss führten, nicht vom umgangsberechtigten Elternteils verursacht worden, sollte die Zeit, in der der Umgang ausgeschlossen ist, zu therapeutischen Maßnahmen beim Kind genutzt werden.[478] Dabei ist aber darauf zu achten, dass der Konflikt nicht nur auf das Kind verschoben wird, da das Kind Symptomträger des elterlichen Konfliktes ist, der eigentlich nur bei den Eltern behoben werden kann.

Die Dauer eines Ausschlusses ist individuell zu bestimmen, dabei ist das Alter des Kindes zu berücksichtigen. Bei sehr kleinen Kindern können schon Zeiträume über drei/vier Wochen zu einer Veränderung der Beziehungsqualität und damit zu einer Kindeswohlgefährdung führen.[479]

Ein Ausschluss für länger als drei Monate ist z. B. dann angeraten, wenn sich ein Kind aufgrund von dramatischen Erlebnissen mit einem Elternteil in der Vergangenheit in therapeutischer Behandlung befindet, die Therapie noch andauert, der Elternteil aber nicht bereit ist, mit dem Therapeuten zusammenzuarbeiten

Durch den Ausschluss sollte immer eine Verbesserung zu erwarten sein. Ist keine Veränderung zu erwarten, hat er auch zu unterbleiben, außer eine Kindeswohlgefährdung hat bereits bestanden. Ohne begleitende Maßnahme bringt ein längerer Ausschluss es in der Regel mit sich, dass danach meist kein Besuch mehr zustande kommt.

n) Gründe, die einen Ausschluss des Umgangs nicht rechtfertigen können.
In der Rechtsprechung finden sich folgende Gründe, die den Umgangsausschluss nicht rechtfertigen: Wenn sich die Eltern bereits vor der Geburt getrennt haben und der Vater das Kind noch nie gesehen hat,[480] wenn der Vater die Ehelichkeit angefochten hat,[481] wenn das Kind durch Fremdbefruchtung gezeugt worden ist,[482] wenn der andere Elternteil jahrelang keinen Kontakt zu seinem Kind gehabt hat[483] oder wenn ein vorläufiges Attest vorliegt, das die Vaterschaft des Ehemannes in Zweifel zieht, denn selbst wenn die Vaterschaft ausgeschlossen wird, sollte ein Kontakt nicht abrupt beendet werden.[484]

Wurde die Mutter schon vor der Geburt des Kindes verlassen und will das Kind den Vater kennen lernen, ist der Wunsch des Kindes stärker zu bewerten als der ablehnende Wille der Mutter.[485]

Es ist grundsätzlich kein Grund, einen Umgang auszuschließen, weil die Kinder noch ein geringes Alter haben oder weil damit die Integration des Kindes in die Stieffamilie belastet werde.[486]

Ein Umgang kann bloß deshalb nicht ausgeschlossen werden, weil es bei zufälligen Treffen der Eltern zu heftigen Auseinandersetzungen kommt.[487]

---

[478] So *Weisbrodt* DAVorm 2000, 199.

[479] Siehe auch *Heilmann* S. 103.

[480] OLG Hamm FamRZ 1994, 58.

[481] BGH FamRZ 1988, 711 = DAVorm 1988, 530; OLG Nürnberg FamRZ 1987, 1178.

[482] OLG Frankfurt FamRZ 1988, 754.

[483] OLG Düsseldorf FamRZ 1994, 1277; OLG Hamm FamRZ 1996, 424.

[484] AG Kerpen FamRZ 1994, 1486.

[485] BVerfG FamRZ 1993, 1296; OLG Hamm FamRZ 1994, 58.

[486] OLG Karlsruhe FamRZ 1999, 184; OLG Brandenburg DAVorm 2000, 72; *Peschel-Gutzeit* FPR 1995, 85.

[487] OLG Hamm FamRZ 1999, 326.

In einem Fall hatte der Vater die Mutter entführt, um das Umgangsrecht zu erzwingen;[488] selbst hier meinte das OLG, darf der Umgang allein deshalb nicht ausgeschlossen werden. Fehlende Unterhaltszahlungen trotz Leistungsfähigkeit sind kein hinreichender Grund, den Umgang auszuschließen, allenfalls ein Indiz für Interessen- und Lieblosigkeit.[489]

Eine dauerhafte Einschränkung des Umgangs kann nicht angeordnet werden, wenn der sorgeberechtigte Elternteil eine Entführung befürchtet oder vermutet,[490] selbst wenn der Verbleib der Kinderpässe ungeklärt sei, wenn andererseits eine Integration in Deutschland erfolgt ist.[491]

Ein Umgang z. B. mit der betreuenden Mutter kann bei Fremdunterbringung nicht ausgeschlossen werden, wenn gegen den Vater ein Ermittlungsverfahren wegen sexuellen Missbrauchs des Kindes anhängig ist und daher eine Beeinflussung des Kindes durch die Mutter erfolgen könnte[492] (ein Ausschluß hat sich nach dem Kindeswohl zu richten, keinesfalls aber nach strafprozessualen oder ermittlungstaktischen Erwägungen[493]). Ein Umgangsausschluss erfolgt auch nicht, wenn nur ein Verdacht gegen den Vater wegen sexuellen Missbrauch besteht[494] oder der Vater „sexuell gefärbtes" Verhalten bei seinem Sohn zeigt.[495] Pädophilie, wenn das Kind nicht gefährdet ist, führt nicht grundsätzlich zum Ausschluss.[496]

Der Umgang kann nicht prinzipiell ausgeschlossen werden, wenn sich ein Elternteil in Untersuchungshaft befindet. Die Haftanstalt muss dafür Sorge tragen, dass Besuche mit dem Kind stattfinden können.[497] Allein die Tatsache, dass ein Elternteil eine langjährige Haftstrafe verbüßt, kann den Ausschluss des Umgangsrechts ebenso wenig begründen.[498]

Auch die Tatsache, dass der Vater wegen Körperverletzung in Haft war und in der Vergangenheit gegen die Mutter handgreiflich geworden ist, rechtfertigt nicht den Schluss, dass dadurch das Kind konkret gefährdet sei,[499] auch nicht, wenn der Vater in der Vergangenheit angeblich geäußert habe, er werde das Kind totschlagen, sonst jedoch keine Anzeichen bestehen, er werde das Kind gefährden.

Die unangemessene Form einer Kontaktaufnahme durch den Nichtsorgeberechtigten (Beispiel: heimliche Telefonanrufe mit der Aufforderung an das Kind, dem Sorgeberechtigten nicht von diesen Telefonaten zu erzählen) rechtfertigt genauso wenig einen Umgangsausschluss wie der Umstand, dass ein Kleinkind beim Nichtsorgeberechtigten „fremdelt" und schon gar nicht, wenn der Sorgeberechtigte bei dem erforderlichen Zusammentreffen mit dem anderen Elternteil nervöse Beschwerden bekommt.[500] Es muss zunächst immer geprüft werden, ob nicht eine veränderte Regelung – dazu gehört auch eine allmähliche und vorsichtige Kontaktaufnahme – dem Kindeswohl eher entspricht.

---

[488] OLG Hamm FamRZ 1997, 1095.
[489] KG ZfJ 1978, 372.
[490] OLG Köln FuR 2000, 238.
[491] KG ZfJ 1999, 396.
[492] OLG Frankfurt FamRZ 1995, 1432.
[493] OLG Bamberg FamRZ 2000, 43.
[494] AG Düsseldorf DAVorm 1995, 1005; OLG Stuttgart FPR 1995, 73 = FamRZ 1995, 718; OLG Stuttgart FamRZ 1994, 718, kritische Anmerkung dazu: *Storsberg* FamRZ 1994, 1543; OLG Brandenburg FPR 1999, 245; OLG Stuttgart DAVorm 1993, 1127.
[495] OLG Hamm FamRZ 1996, 423.
[496] OLG Hamm FamRZ 1993, 1233.
[497] BVerfG FamRZ 1993, 1296.
[498] BayVerfGH FamRZ 1974, 37.
[499] BGH FamRZ 1984, 1084; OLG Celle FamRZ 1990, 1026.
[500] OLG Bamberg FamRZ 1984, 507.

Auch Verhaltensauffälligkeiten des Kindes nach den Besuchstagen, wenn sie nicht gravierend sind, können keinen Ausschluss rechtfertigen.[501] Den Verhaltsauffälligkeiten ist mit einer angemessenen Gestaltung des Umgangs zu begegnen, dies gilt auch bei körperlichen Beeinträchtigungen eines Kindes, z.B. Neurodermitis,[502] wobei es auf den Einzelfall ankommt. Starke psychosomatische Reaktionen bedürfen meist zuerst therapeutischer Hilfe für das Kind und die Eltern, ehe ein Umgang stattfinden kann.

o) Gründe, die einen Ausschluss des Umgangs rechtfertigen können. Der Umgang kann ausgeschlossen werden, wenn das Kind beim anderen Elternteil vor einer ansteckenden Krankheit zu schützen ist. Aids-Infizierung ist dabei kein Grund,[503] Entsprechendes kann für Hepatitis angenommen werden.

Bei Drogen- und Alkoholabhängigkeit ist auf die akute Gefährdung und die Einsichtsfähigkeit des umgangspflegenden Elternteils abzuheben, ebenso bei Umgang mit einem Strafgefangenen, z.B. ob zu befürchten ist, dass die durch die Straftat erlittenen Traumata des Kindes wieder aufleben.[504]

Bei inzestuösen Eltern-Kind-Beziehungen dagegen ist das Umgangsrecht meist auf unbestimmte Zeit auszusetzen[505] (der Vater, dessen Umgangsrecht unbefristet ausgesetzt worden ist, kann nach § 1696 BGB eine Änderung durch das Familiengericht prüfen lassen, wenn sich neue Tatsachen ergeben haben[506]), wenn ein erhöhte Wahrscheinlichkeit besteht für die Vornahme sexueller Handlungen an dem Kind,[507] nachdem ein Sachverständigengutachten die Äußerungen des Kindes als glaubhaft einstuft,[508] selbst wenn das Strafverfahren wegen sexuellen Missbrauchs eingestellt worden ist, wenn zugleich die Konfliktlage nicht bewältigt worden ist;[509] dies gilt auch, wenn der Verdacht des sexuellen Missbrauchs weitgehend ausgeräumt ist, das Kind aber dennoch auch aufgrund der Beeinflussungen durch Mutter und Stiefvater eine stark ablehnende Haltung gegenüber dem Vater zeigt.[510] Ist der Elternteil noch nicht rechtskräftig wegen sexuellen Missbrauchs verurteilt, so ist das Umgangsrecht nur befristet auszusetzen.[511]

Bei straffälligen Eltern führen die Taten zum Ausschluß, wenn sie in Verbindung mit der Person des Kindes oder dessen Familie stehen, entweder, wenn der Vater die Mutter getötet hat[512] oder, wenn sich Gewalt gegen das Kind selbst oder sexueller Missbrauch gegen dessen enge Freundin gerichtet hat.[513] Auch wenn Gewalt gegen den anderen Elternteil in Anwesenheit des Kindes angewandt wurde, kann dies bei fehlender Einsicht des Täters zu einem Umgangsausschluss führen, ebenso wenn der Elternteil das Kind schon einmal rechtswidrig ins Ausland verbracht hat, der andere nun erneut eine Entführung befürchtet

---

[501] KG Berlin FamRZ 2000, 49.
[502] KG FamRZ 1989, 656.
[503] OLG Hamm NJW 1998, 2336; OLG Frankfurt NJW 1991, 1554.
[504] OLG Frankfurt FPR 1997, 234.
[505] AG Kerpen FamRZ 1998, 254.
[506] AG Bad Iburg FamRZ 1988, 537; OLG Düsseldorf FamRZ 1992, 205; OLG Bamberg FamRZ 1994, 719.
[507] OLG Bamberg FamRZ 1994, 719.
[508] OLG Bamberg FamRZ 1995, 719.
[509] OLG Düsseldorf FamRZ 1992, 205.
[510] OLG Celle FamRZ 1998, 971.
[511] OLG Celle FamRZ 1998, 973, der Vater wurde vom Jugendgericht wegen sexuellen Missbrauchs verurteilt, der Vater hat Berufung eingelegt, über die noch nicht entschieden ist.
[512] BGH FamRZ 1981, 659.
[513] KG FamRZ 1968, 262; OLG Hamm FamRZ 1980, 481.

und ein schwerwiegendes Misstrauen entwickelt hat und sich diese Ängste auf das Kind übertragen,[514] vor allem dann, wenn für das Kind unzumutbare Spannungen bestehen.[515] Ein Ausschluss kann bejaht werden, wenn sich ein Elternteil über einen langen Zeitraum nicht um sein Kind kümmert und kein Interesse an ihm zeigt, was zu erheblichen Enttäuschungen beim Kind geführt hat und es zu einer Entfremdung gekommen ist,[516] oder wenn der Vater mit seinem Umgangsantrag nur eigensinnige Motive verfolgt und es ihm gar nicht mehr um die Wiederherstellung der familiären Bande zu seinem Kind geht.[517] Es kann gerechtfertigt sein, den Umgang zumindest zeitweilig auszuschließen, wenn er nur dazu missbraucht wird, das Sorgerecht des anderen Elternteils auszuhöhlen, mit dem Ziel, es selbst zu bekommen; damit wäre das Kindeswohl erheblich gefährdet,[518] wenn das Kind gegen den anderen Elternteil aufgehetzt wird[519] oder die Gefahr besteht, der Elternteil würde das Kind entziehen.[520]

Der Umgang kann auch für die Dauer von zwei Jahren ausgesetzt werden, wenn der Widerstand des Kindes gegen den anderen Elternteil – selbst wenn er durch den betreuenden Elternteil fremdinduziert ist – nicht überwunden werden und das Kind die Konflikte durch den Umgang nicht bewältigen kann.[521]

Ein Grund für den Ausschluss kann vorliegen, wenn das Kind einen starken Widerstand gegen den Umgang entwickelt hat,[522] wobei die Verweigerung auf einer inneren Ablehnung beruhen muss und nicht auf einer nicht sachgerechten Verarbeitung der Ereignisse,[523] wenn es durch den familiären Konflikt überfordert ist,[524] selbst wenn die Besuchskontakte selbst zufriedenstellend verlaufen.[525]

p) Auskunftsanspruch. Nach § 1686 BGB besteht ein Auskunftsanspruch eines jeden Elternteils gegenüber dem anderen über das Kind, und zwar dies neben dem persönlichen Umgang, nicht nur anstelle des konkreten Kontaktes.[526] Es bedarf für den Auskunftsanspruch keiner Feststellung, dass er dem Kindeswohl dient.[527] Ein berechtigtes Interesse auf Auskunft liegt regelmäßig vor, wenn der Elternteil sich nicht ausreichend durch persönlichen oder brieflichen Kontakt vom Wohlergehen und von der Entwicklung des Kindes überzeugen kann. Auch wenn kein Eltern-Kind-Kontakt durchführbar ist, verbleibt dem Umgangsberechtigten bei berechtigtem Interesse der Anspruch auf Informationen über sein Kind bezüglich dessen Entwicklung[528] und Wohlergehen, dessen persönlicher Verhältnisse, soweit dies dem Wohl des Kindes nicht zuwiderläuft.

---

[514] OLG Hamm FPR 1997, 236.
[515] OLG Bamberg FamRZ 1998, 969.
[516] *Peschel-Gutzeit* FPR 1995, 85.
[517] OLG Hamm FamRZ 1997, 693, der Vater nahm Termine beim Jugendamt nicht wahr.
[518] KG Berlin FamRZ 1980, 399; OLG Bamberg FamRZ 1993, 762.
[519] *Peschel-Gutzeit* FPR 1995, 85.
[520] OLG Köln FuR 2000, 239.
[521] OLG Hamm FamRZ 1996, 361.
[522] OLG Düsseldorf, Umgang des Kindes mit den Eltern, das bei Pflegeeltern lebt, FamRZ 1998, 1460; OLG Rostock ZfJ 1999, 399, hier 17 Jahre altes Kind.
[523] OLG Hamm FamRZ 2000, 45; OLG Bamberg ZfJ 1997, 337 zum Ausschluss des Umgangs von Kindern, die in der Pflegefamilie leben.
[524] BayObLG FamRZ 1998, 1458.
[525] OLG Hamm FamRZ 1995, 314.
[526] OLG Zweibrücken FamRZ 1990, 779; BayObLG NJW 1993, 1081.
[527] OLG Schleswig FamRZ 1996, 1355.
[528] AG Gemünden FamRZ 1977, 408; KG Berlin FamRZ 1986, 503.

Der Auskunftsanspruch erlischt nicht, wenn sich der Elternteil in der Vergangenheit nicht um das Kind gekümmert hat. Lästigkeit der Erfüllung des Auskunftsanspruches führt nicht zu seiner Verwirkung.

Das Auskunftsrecht richtet sich gegen den jeweils anderen Elternteil, nicht gegen das Kind selbst oder andere Personen wie neue Partner oder Großeltern. Über das Auskunftsrecht kann daher kein direkter telefonischer Kontakt zwischen Elternteil und dem Kind hergestellt werden.

Ein Auskunftsrecht besteht nicht über die Verhältnisse des fast volljährigen Kindes gegen dessen Willen, z. B. bezüglich Informationen über seine Kontakte zu Dritten.[529]

Das Auskunftsrecht beinhaltet keine Verpflichtung des Sorgeberechtigten, behandelnde Ärzte von der Schweigepflicht zu entbinden,[530] und kein Recht, sich unabhängig vom Sorgeberechtigten bei der Schule oder beim Kindergarten über sein Kind zu erkundigen.

Ein Auskunftsanspruch kann eingeschränkt oder ausgeschlossen werden, wenn er missbräuchlich genützt wird, wenn der Nichtsorgeberechtigte Auskünfte über den Aufenthalt des Kindes oder über Schule, Arbeitsstelle usw. verlangt, in der Absicht, einen dem Kindeswohl abträglichen persönlichen Kontakt herzustellen. Dies kann umgekehrt auch für die Bekanntgabe der Wohnanschrift an den Umgangsberechtigten gelten.[531] Hierbei sind strenge Maßstäbe anzulegen.[532] Es ist wohl dann gerechtfertigt, wenn der getrennt lebende Elternteil diese Information zu Lasten des Kindeswohls verwertet.

Der Auskunftsanspruch wird im familienrechtlichen Verfahren häufig vernachlässigt. Gerade der Alltag zeigt, wie enttäuschend es für den Elternteil ist, wenn er über die Entwicklung seines Kindes kaum etwas erfährt. Unabhängig von der Höhe des Konfliktniveaus wird es wenige Gründe geben, die dagegen sprechen, dem Elternteil eine Kopie des Zeugnisses oder einmal/zweimal im Jahr Fotos,[533] die dem ausgeschlossenen Elternteil Entwicklungsverläufe zumindest optisch verdeutlichen, zuzusenden.

In einigen Fällen bilden bei nicht wiederherstellbarem Kontakt diese seltenen schriftlichen Informationen eine letzte Brücke zwischen dem außenstehenden Elternteil und dem Kind. Auch wenn die Zusendung von Informationen an den getrennt lebenden Elternteil möglicherweise für das konkrete Kindeswohl wenig Bedeutung hat, so ist es aus psychologischer Sicht geboten, den Bedürfnissen des getrennt lebenden Elternteils nachzukommen.

q) Auskunftspflicht. Die Auskunftspflicht des Sorgeberechtigten gegenüber dem Umgangsberechtigten erstreckt sich auf Informationen über Gesundheitszustand,[534] insbesondere schwere Erkrankungen und notwendige Operationen, aktuelle Fotos, Einschulung, auch Einblick in die Zeugnisse und Berufswahl, kann aber auch Freizeit-, Feriengestaltung und Vereinsaktivitäten umfassen, damit der getrennt lebende Elternteil seine Freizeit mit dem Kind besser abstimmen kann.[535] Erkrankt das Kind, so hat die Auskunft an den anderen Elternteil spontan zu erfolgen.

---

[529] AG Hamburg FamRZ 1990, 1382.

[530] OLG Hamm FamRZ 1995, 1288.

[531] KG FamRZ 1999, 876.

[532] OLG Köln FamRZ 1997, 111.

[533] OLG Frankfurt FamRZ 1998, 577.

[534] OLG Zweibrücken FamRZ 1990, 779, das ausführt, dass nur in Ausnahmefällen die Überlassung von ärztlichen Belegen dazu gehört, nicht jedenfalls die Überlassung von Kopien des Vorsorgeuntersuchungsheftes.

[535] OLG Brandenburg DAVorm 2000, 74.

Sie geht aber nicht weiter, als wenn der Nichtsorgeberechtigte Umgang mit dem Kind hätte. Informationen über Hobbys und Freundschaften usw. fallen nicht darunter,[536] auch nicht die Überlassung des Vorsorgeuntersuchungsheftes, aber unter Umständen ärztliche Atteste.[537]

Bezüglich der Häufigkeit der Auskunft besteht keine Vorschrift, die Rechtsprechung schwankt zwischen monatlicher und halbjährlicher Auskunft.[538] Im Schul- und Vorschulalter ist ein halbjähriger Abstand angemessen.[539]

r) Gestaltungsmöglichkeiten des Sachverständigen. *aa) Kontakt zu den Eltern.*

Die Scheidungsforschung belegt, dass Kinder die Trennungsfolgen besser verarbeiten, wenn sie ungestörten Kontakt zum getrennt lebenden Elternteil haben.[540] Dabei sollte das Kind nicht in die Konflikte der Eltern mit einbezogen sein. Ob aber der Umgang des Kindes seinem Wohl dient oder es gar gefährdet, hängt von vielen Einflussgrößen ab, die oftmals ineinander verwoben sind.

Es ist die Aufgabe des Sachverständigen, die Bedingungszusammenhänge der Belastungs-, aber auch der Stütz- und Bewältigungsfaktoren zu bestimmen und wenn möglich eine bestehende kindeswohlbelastende Situation mit angemessener Intervention einer positiven Veränderung zuzuführen. Ziel sollte sein, durch seine Bemühungen die Betroffenen zu einer eigenverantwortlich getragenen Umgangsregelung zu bewegen. Gerade bei älteren Kindern können nicht alle Details eines Umgangs festgelegt werden, da sie beim Kontakt zum getrennt lebenden Elternteil mitreden und mitgestalten wollen und sollen.

Der Sachverständige hat zu bedenken, dass es im Rahmen einer Auseinandersetzung um den Lebensschwerpunkt des Kindes oftmals eine Überforderung für einen Elternteil bedeutet, das Kind unbeschwert dem anderen zu belassen, oder es wird von ihm die Trennung des Konflikts in eine Partner- und eine Elternebene verlangt. Es ist viel gefordert, von einem Elternteil zu erwarten, das Kind im Verhältnis zum anderen positiv zu beeinflussen, solange das Sorge- und/oder Umgangsverfahren noch streitig ist.[541] Häufig ist unkooperatives elterliches Verhalten auch auf Anregung der Prozessvertreter oder sonstiger Ratgeber veranlasst.

Wer in diesem Zusammenhang den Eltern Vorwürfe macht, dass sie die Kinder in ihrem Sinne beeinflussen, verkennt die emotionale Situation, in der sich trennende und streitende Eltern befinden. Aufgabe des Sachverständigen ist es, einerseits Verständnis für die Sichtweise der jeweiligen Betroffenen aufzubringen, andererseits auf die Folgen dieser Einstellung für das Kind und letztlich auf die Bewertung der Erziehungskompetenz hinzuweisen. Erst wenn trotz Interventionsbemühungen aller Beteiligten und Abklärung der Kindeswohlfolgen keine Einstellungsänderung erfolgt, können weiter gehende Maßnahmen gemäß § 52 a Abs. 3 FGG überlegt werden.

Eine ausschließlich normative oder paradigmatische Auslegung des Umgangsrechts durch den Sachverständigen kann zu Diskrepanzen mit den psychologischen Erkenntnissen führen, wenn dem Elternrecht oder einer statistischen Aussage mehr Gewicht zukommt als dem konkreten individuellen, mit seinem spezifischen Umfeld verflochtenen

---

[536] AG Hamburg FamRZ 1990, 1382.
[537] OLG Zweibrücken FamRZ 1990, 779.
[538] *Peschel-Gutzeit* FPR 1995, 87; OLG Brandenburg FuR 2000, 171.
[539] BayObLG FamRZ 1996, 813.
[540] Über die Folgen der Nicht-Verfügung über den getrennt lebenden Elternteil sei auf *Wallerstein/Blakeslee*, Gewinner und Verlierer, 1989, verwiesen.
[541] Schon *Lempp* NJW 1963, 1661.

Kindeswohl. Diese Diskrepanzen können z. B. bei Umgangsfragen in Pflegschaftsverhältnissen bei langjähriger Unterbrechung der Eltern-Kind-Beziehung gegeben sein, oder wenn ein Vater, aufgrund der Partnertrennung in der Schwangerschaft, sein Kind mehrere Jahre nicht gesehen hat und nun sein Umgangsrecht wahrnehmen möchte, obwohl im Einzelfall das Kind keinen Nutzen von dem meist mühseligen Beziehungsaufbau zu einer ihm bis dahin fremden Person hat. Die rechtlichen Vorgaben haben aber auch die sachverständige Tätigkeit mit zu leiten. So gilt, dass bei der Abwägung zum Umgangsrecht immer sowohl das individuelle Kindeswohl, aber auch das Elternrecht zu berücksichtigen ist.[542]

bb) Pflegefamilie. Lebt das Kind in einer Pflegefamilie, ist von Bedeutung, ob das Kind in absehbarer Zeit wieder in den elterlichen Haushalt zurückkehren soll. Steht eine Rückkehr nicht an, sind Loyalitätskonflikte des Kindes zu erwarten, wenn die Eltern nicht in der Lage sind, ihren Wunsch zu verbergen, es bald wieder in ihren Haushalt zurückzuführen, so dass das Kind nach den Besuchszeiten mit Verhaltensauffälligkeiten reagiert. Wenn dies der Fall ist, sollte der Umgang nicht in der Wohnung der Eltern stattfinden.[543] Besuchsregelungen bedeuten für die Pflegeeltern oftmals eine erhebliche Mehrbelastung, die abhängig ist vom Alter des Pflegekindes, vom Alter der Pflegemutter, von der Existenz eigener Kinder und der Einbettung in ein soziales Netz;[544] dies sollte bei der konkreten Ausgestaltung mit berücksichtigt werden.

Spricht sich ein Kind ausdrücklich und vehement gegen einen Umgang aus, so hat der Sachverständige dessen zugrunde liegenden Beweggründe zu prüfen; es ist nicht ungeprüft von einem „Parental Alienation Syndrom = PAS" auszugehen.

cc) Aufklärungspflicht. Der Sachverständige darf sich nicht allein auf die Äußerungen des Elternteils verlassen, bei dem das Kind wohnt, und auf seine kinderpsychologischen Untersuchungen. Er hat auch dem Wahrheitsgehalt der Äußerungen nachzugehen, was am ehesten mit einer Interaktionsbeobachtung erfolgen kann.

Im weiteren Schritt ist zu überprüfen, ob trotz des entgegenstehenden Willens und in Anbetracht des Alters und der entwicklungspsychologischen Vorgegebenheiten ein Umgang zu einer Gefährdung des Kindes führen würde.[545] In jedem Falle hat der Sachverständige die angemessenen Interventionen[546] durchzuführen, zu der er gerade aufgrund seiner Profession geeignet ist, um mit hochstrittigen Betroffenen umgehen zu können, nicht zuletzt auch aufgrund seiner informellen Macht und als Mittler im familiengerichtlichen Verfahren. Im Rahmen des § 18 SGB VIII haben die Beteiligten ein Recht auf Unterstützung bei der Ausübung der Personensorge und bei der Ausübung des Umgangsrechts. Erst wenn diese beraterischen Maßnahmen keinen Erfolg versprechen, kann ein zeitweiser Ausschluss gerechtfertigt werden,[547] der aber für Interventionsmaßnahmen zu nutzen ist. Eine Empfehlung eines Umgangsausschlusses muss auch darlegen, weshalb eine solche Maßnahme gegenüber dem bestehenden Zustande besser sei.[548]

dd) Herstellung des Elternkontaktes. Der Sachverständige wird bei unterbrochenen Besuchen den Kontakt wieder unter günstigeren Bedingungen anzubahnen versuchen, um

---

542 BVerfG FPR 1995, 102.
543 OLG Celle FamRZ 2000, 48.
544 Ausführlich hierzu: *Kötter,* Besuchskontakte in Pflegefamilien, 1994.
545 AG Groß-Gerau DAVorm 2000, 433.
546 Hierzu machen *Jopt/Behrend* ZfJ 2000, 223–232 hilfreiche Vorschläge.
547 Siehe Drei-Stufen Plan: *Peschel-Gutzeit* FPR 1995, 86.
548 OLG Hamm ZfJ 1999, 398.

überhaupt erst eine Stellungnahme zum Umgang abgeben zu können.[549] Hierzu sind vorbereitende Gespräche mit dem Kind und den Bezugspersonen notwendig. In diesem Gespräch müssen die Rahmenbedingungen erklärt, der Ablauf geplant und Abbruchkriterien[550] für die Intervention vorgestellt werden. Vor allem ist dem Schutzbedürfnis des Kindes Rechnung zu tragen, das meist unter starker Anspannung, wie auch immer der ablehnende Kindeswille zustande gekommen ist, steht. Der Sachverständige sollte mit dem Kind die Begegnungssituation besprechen und bei den Gesprächen mit dem besuchenden Elternteil anwesend sein. Ein zeitweises Verlassen der Interaktionssituation, um dem Elternteil und dem Kind persönliche Nähe zu ermöglichen, sollte nur nach vorheriger Absprache mit dem Kind erfolgen. Sicherheit kann vermittelt werden durch Videoaufnahmen, die Ankündigung, wo sich der Sachverständige aufhalten wird, und dem Hinweis, dass das Kind jederzeit von sich aus eine belastende Situation beenden kann. Hilfreich ist es, den Elternteil, bei dem das Kind lebt, in die Übergabesituation beim Sachverständigen mit einzubeziehen. Eigentlich wäre es Aufgabe dieses Elternteils, für die Begegnung zu sorgen und damit dem Kind entsprechende Stützung zu geben. Oftmals wird es notwendig sein, ihn auf sein Verhalten hinzuweisen, wenn es deutlich wird, dass das Kind in einem starken Loyalitätskonflikt steht und sich nicht von diesem Elternteil trennen möchte.

Häufig kann der Sachverständige im Rahmen der Begutachtung einen begleiteten Umgang initiieren. In diesen Fällen kann zudem vom Familiengericht beim Scheitern der Bemühungen auf die Untersuchungsergebnisse, die sich aus der Auswertung der Beobachtungen ergeben haben, für eine gerichtliche Regelung zurückgegriffen werden.

Wurde der Umgang initiiert, sollte vom Sachverständigen dafür Sorge getragen werden, dass er auch bis zu einer endgültigen gerichtlichen Entscheidung weiter beibehalten wird. Häufig werden die Umgangskontakte nach Beendigung der sachverständigen Bemühungen nicht fortgeführt und kommen bis zum Gerichtstermin wieder zum Erliegen.

Im Einzelfall steht der Sachverständige in einem Dilemma, einerseits inkompetentes Elternverhalten des Umgangsberechtigten zu eruieren, andererseits die Begegnung so zu gestalten, dass sie dem Kindeswohl nützt. So kann es angemessen sein, einen umgangssuchenden Elternteil auf den Kontakt nicht vorzubereiten, um diagnostische Erkenntnisse zu erhalten. Erst in einem zweiten Schritt sollten dann in Absprache mit den Bezugspersonen Hilfestellungen gegeben werden, um die Anspannung für das Kind, z. B. durch Mitbringen von kleinen Geschenken, zu verbessern und darüber hinaus feststellen zu können, inwieweit der Elternteil bereit oder in der Lage ist, sein Verhalten im Sinne des Kindeswohls zu verändern. Andere Eltern brauchen Hinweise, wie sie positiv und abwechslungsreich die Umgangszeit mit ihrem Kind gestalten können.

ee) Zwangsmittel. Als Zwangsmittel gegen einen umgangsverhinderten Elternteil könnte nur das Zwangsgeld empfohlen werden. Zwangshaft, die den Entzug der betreuenden Person für das Kind bedeutet, und weitere Zwangsmaßnahmen können vom psychologischen Sachverständigen fachlich begründet nicht empfohlen werden. Eine weiter gehende Beratung, Teilnahme an Mediation oder Therapie kann andererseits nicht gerichtlicherseits erzwungen werden.

Im Einzelfall kann die Empfehlung einer Ergänzungspflegschaft angezeigt sein.[551] Die elterliche Verantwortung für den Umgang des Kindes mit dem anderen Elternteil wird da-

---

[549] So auch: *Spangenberg* FamRZ 1996, 1059; *Karle/Klosinski* ZfJ 2000, 343–347.
[550] *Rohmann* Kind-Prax 2000, 71–76.
[551] OLG Köln Kind-Prax 1998, 157; OLG Frankfurt FamRZ 2000, 1240.

mit einem Dritten, einem Ergänzungspfleger, zur Verantwortung und Entscheidung übertragen. Da es sich um einen Eingriff in das Elternrecht handelt, kann dies aber nicht nur
aus Zweckmäßigkeitsgesichtspunkten empfohlen werden.

ff) Wechsel des Lebensschwerpunktes. Es ist auch nicht auszuschließen, dass im Einzelfall für das Kind ein Wechsel des Lebenschwerpunktes zum anderen Elternteil angezeigt
ist, wenn der bisher sorgeberechtigte Elternteil jede Umgangsregelung zum Schaden des
Kindes unterläuft und dem Kind ohne Gefährdung der Wechsel zugemutet werden
kann.[552] Ohne dass der Sachverständige die Gelegenheit hatte, das Kind in der Interaktion
mit dem anderen Elternteil zu beobachten, fehlt aber zu einer solchen Empfehlung aus
psychologischer Sicht die Datengrundlage.

gg) Einschränkungsversuche eines Elternteils. Häufig versuchen Eltern, auch wenn ein
Sachverständigengutachten in Auftrag ist, einen gerichtlich festgelegten Umgang einzuschränken mit der Argumentation, dass dieser dem Kindeswohl schade oder das Kind den
Umgang verweigere. Hier helfen die Relativierung des Kindeswillens, die Erklärung von
Zusammenhängen und der Scheidungsreaktionen bei Kindern sowie die Verdeutlichung
des Verhaltens des Kindes gegenüber dem Elternteil, mitunter dem Elternteil, seinen, von
der Trennungssituation gekennzeichneten Standpunkt zu überdenken.[553] Bei schulpflichtigen Kindern kann ihm beispielsweise vor Augen geführt werden, dass das Kind nicht
immer gern in die Schule geht, nicht immer mit freiem Willen andere Bezugspersonen
oder gar den Zahnarzt besucht, es ein verantwortungsbewusster Elternteil aber dennoch
schafft, das Kind zu bewegen, seine Anordnungen zu befolgen.

hh) Beeinflussungsversuche eines Elternteils. Häufig wird im Trennungskonflikt der Vorwurf geäußert, der nun getrennt lebende Elternteil zeige überraschend engagiertes Verhalten gegenüber dem Kind, ködere es gleichsam mit Geschenken und teuren Urlauben,
während andererseits um Unterhaltszahlungen gestritten werde, was dazu führe, dass der
versorgende Elternteil und damit auch das Kind in finanziell sehr eingeschränkter Lage
seien. Der Sachverständige sollte hier das Positive des elterlichen Engagements herausstel-
len, auch vor dem Hintergrund der schwierigen Situation, in der sich das Kind durch die
elterliche Trennung befindet, und es wird sich dieses elterliche Verhalten bei Ausdehnung
der Besuchszeiten in der Regel verändern, wenn Normalität im Trennungsalltag eingetreten ist. Ferner sollte der Sachverständige seine Bewertungskategorien offen legen, wonach
z. B. der betreuende Elternteil durch seine finanzielle schwierige Situation nicht als weniger „erziehungsgeeignet" angesehen wird.

ii) Empfehlungen des Sachverständigen. Will ein Elternteil beim Sachverständigen Rat
einholen, wie er sich bei einem verweigernden Kind[554] bei einer anstehenden Umgangsregelung verhalten soll, ehe der Sachverständige das Kind gesehen hat, hat der Sachverständige auf die gerichtlich festgelegte Umgangsregelung hinzuweisen; liegt noch keine vor,
auf die Verantwortung der Eltern. Wenn es ihm nicht mehr möglich ist, kurzfristig[555] einen
Termin mit dem Kind durchzuführen, hat er sich – bei Ausschluss einer Kindeswohlgefährdung – einer konkreten Empfehlung möglichst zu enthalten, ehe der Elternteil
eigenmächtig eine Besuchsregelung verändert. Sinnvollerweise wird sich der Sachverstän-

---

[552] Siehe auch OLG München FamRZ 1991, 1343; OLG Celle 1995, 10 UF 195/94; OLG Frankfurt ZfJ
1998, 343.

[553] Hilfreich hierzu: *Spangenberg/Spangenberg* FamRZ 1996, 332–333.

[554] Beispiele hierfür aus der Praxis: *Klosinski,* in: Lempp/Schütze/Köhnken (Hrsg.), Forensische Psychiatrie und Psychologie des Kindes- und Jugendalters, 1999, S. 58 ff.

[555] Nicht selten rufen Eltern kurz vor dem Zeitpunkt der Übergabe beim Sachverständigen an.

dige als Mittler anbieten, die Situation aus der Sicht des Kindes vortragen. Sind seine Bemühungen vergeblich, sollte der Elternteil auf seinen Anwalt verwiesen werden, damit er nicht vorschnell Schritte unternimmt, die für ihn in der Folge nachteilig sind. Es wäre ein Hinweis auf Verdacht der Befangenheit des Sachverständigen, wenn er, ohne eingehende Diagnostik und Rücksprache mit dem anderen Elternteil, diesen Elternteil in seinem Bestreben unterstützen würde.

jj) Einstweilige Regelungen. Strebt ein Elternteil während einer Begutachtung per einstweiliger Anordnung eine veränderte Umgangregelung an, die bereits Gegenstand von Erörterungen des Sachverständigen mit den Betroffenen und dem Kind ist, sollte das Familiengericht über den Stand der Begutachtung möglichst schriftlich informiert werden.

Sind bei andauerndem Ablehnungsverhalten des Kindes gegenüber dem neuen Partner des nichtsorgeberechtigten Elternteils für das im Verhalten dieses neuen Partners keine Gründe zu finden, wird der Sachverständige die Beziehungsdynamik, meist Eifersucht des Kindes auf den neuen Partner, durch geeignete Interventionen zu bearbeiten versuchen, um ungezwungenen Kontakt für die Zukunft zu ermöglichen. Meist hilft in diesen Fällen ein vorübergehender Verzicht des nichtsorgeberechtigten Elternteils auf die Anwesenheit seines neuen Partners beim Besuch des Kindes.

Aufgabe des Sachverständigen ist aber immer, den Hinweisen des besorgten Elternteils wegen bestehender Umgangsregelungen umgehend nachzugehen, die Ursachen der Verhaltensauffälligkeiten von Kindern zu erheben[556] und sie zur Basis eines gemeinsamen Elterngesprächs zu machen.[557] Dabei ist nicht ausgeschlossen, dass im Einzelfall eine Reduzierung von Kontakten des Kindes zum anderen Elternteil oder zu anderen Personen empfehlenswert sein kann, bis sich die elterliche Konfliktsituation weniger belastend für das Kind auswirkt. Der Sachverständige kann bei den Eltern die Akzeptanz dadurch verbessern, dass er die Reduzierung als eine zeitlich begrenzte Maßnahme vorschlägt und die veränderte Umgangsregelung noch nicht als Empfehlung an das Gericht proklamiert.

kk) Scheitern der Intervention. Scheitert die Intervention oder werden weitere Lösungsansätze des Sachverständigen abgelehnt, ersetzt wieder die bestehende gerichtliche Regelung die vorübergehend von den Eltern beim Sachverständigen vereinbarte. Erst eine gerichtliche Abänderung der bestehenden Umgangsregelung, dann meist auf der Grundlage des Sachverständigengutachtens, berechtigt im Konfliktfalle die Eltern, eine veränderte Umgangsregelung durchzuführen. Solange ein Umgangsregelungsbeschluss besteht, kann er nicht aus Gründen, die gegen den Fortbestand sprechen, abgelehnt werden,[558] auch hat das Gericht ihm im Interesse des Kindes Geltung zu verschaffen.[559] Dies bedeutet nicht, dass es dem Sachverständigen verwehrt wäre, mit den Eltern in Gesprächen eine Modifizierung einer bestehenden gerichtlichen Umgangsregelung zu erarbeiten und zu versuchen. Die Eltern können selbstverständlich einvernehmlich eine bestehende Regelung ihren Vorstellungen anpassen.[560]

ll) Vorschläge zur einvernehmlichen Ausgestaltung. Bei der konkreten Ausgestaltung des Umgangs des Kindes mit dem nicht im Haushalt lebenden Elternteil sind vom Sachverständigen seine beraterischen Qualitäten gefordert. Er sollte die Umgangsgestaltung

---

[556] Auf die zugrunde liegenden Probleme der Bezugspersonen weist *Weisbrodt* Kind-Prax 2000, 9–18 hin.
[557] Argumentationshilfen bei: *Suess/Scheuerer-Englisch/Grossman* FPR 1999, 148–157.
[558] AG Alsfeld FamRZ 1987, 622.
[559] OLG Frankfurt FamRZ 1979, 75.
[560] Ein Beispiel für eine intensiv ausgearbeitete Elternvereinbarung zum Umgang gibt *Fthenakis* FPR 1995, 96 f.

den persönlichen Bedürfnissen der Eltern anpassen. Es gibt aus psychologischer Sicht keine Hinweise zum Kindeswohl, die belegen, dass ein Kind um 17 Uhr oder 18 Uhr zurückgebracht werden soll. Es sind vielmehr Zubettgehenszeiten des Kindes zu berücksichtigen, die wieder abhängig sind von den Jahreszeiten oder Gewohnheiten des Elternteils, z. B. Durchführung des gemeinsames Abendessens.

Der Sachverständige kann auch den getrennt lebenden Elternteil ermutigen, sich als Babysitter zur Verfügung zu stellen. Diese Rolle wird zwar ungern eingenommen, vor allem dann, wenn der Verdacht besteht, dem getrennt lebenden Partner dadurch die Möglichkeit einzuräumen, die Zeit mit seinem neuen Lebenspartner zu verbringen.

Häufig sind es Kleinigkeiten, die anzusprechen sind, wie die Telefonzeiten, Übergabe von Kleidungsstücken, ob gewaschen oder nicht gewaschen; wie es mit Geschenken, saisonalen Kleidungsstücken oder Sportgeräten zu handhaben ist. Bei anhaltenden elterlichen Konflikten kann das Familiengericht in diesen Bereichen Anordnungen erlassen, die dann für den Elternteil verpflichtend sind.

Häufig bewährt es sich, bei schulpflichtigen Kindern die Besuchsregelung mit der Übergabe an der Schule beginnen und enden zu lassen, wobei es dem Kind nicht zugemutet werden sollte, Kleidung und die Dinge, die es für den Verbleib beim anderen Elternteil benötigt, in die Schule mitnehmen zu müssen. Für das Kind bedeutet die Schule einen neutralen Puffer, durch den es nicht direkt von einem Elternteil zum anderen wechseln muss. Zudem hat der Elternteil, bei dem das Kind nicht lebt, die Möglichkeit, bzgl. der schulischen Anforderungen mit einbezogen zu sein, da das Kind die Schulsachen freitags mit zu ihm bringt. Diese Regelung kann dann empfohlen werden, wenn sich dieser Elternteil angemessen um die schulischen Belange kümmert.

Wohnen die Eltern weit voneinander entfernt, gibt es aus psychologischer Sicht keinen Hinweis, dass lange Fahrten mit dem Auto das Kindeswohl belasten. Sinnvoll wäre aber dennoch, nicht zuletzt wegen der Verkehrsgefährdung, so genannte Fenstertage (Tage, die zwischen Feiertagen und Wochenende liegen) zu nutzen und dem Kind damit einen längeren Aufenthalt beim anderen Elternteil zu gestatten; dafür kann man dann das eine oder andere Fahrtwochenende ausfallen lassen.

Haben sich die Eltern beim Sachverständigen auf ein Umgangsmodell[561] geeinigt, dass bei Abschluss der sachverständigen Tätigkeit einen Zeitraum von mindestens einem Jahr in die Zukunft gerechnet umfassen soll, sollte noch eine Schiedsklausel[562] in das Einigungsprotokoll aufgenommen werden. Hiermit sollen sich die Betroffenen verpflichten, bei anstehenden Konflikten zuerst eine geeignete Beratungsstelle aufzusuchen, ehe sie sich erneut ans Familiengericht wenden.

12. Regelung des Umgangs des Kindes mit weiteren Personen

Im Kindschaftrechtsreformgesetz wurde der Umgang von weiteren Bezugspersonen mit dem Kind geregelt. Seit dem 1. 7. 1998 kann das Familiengericht nicht nur den Kontakt des Kindes mit den Eltern, sondern nach § 1685 BGB auch die Ausgestaltung des Umgangs des Kindes mit den Großeltern, Geschwistern, Stief- oder Pflegepersonen regeln.

---

[561] Vorschläge dazu: *Oelkers/Oelkers* FPR 2000, 250–255.
[562] *Fröhlich* FPR 1999, 201.

a) Rechtliche Vorgaben. Bei Fragen des Umgangs mit diesen im Gesetz genannten dritten Personen gilt eine höhere Schwelle: der Umgang solle dem Wohl des Kindes „dienen", im Vergleich zum § 1684 Abs. 1 BGB, das „Kind hat das Recht auf Umgang" und der „Elternteil ist verpflichtet und berechtigt". Es wird bei diesen dritten Personen also eine positive Feststellung der Dienlichkeit für das Kindeswohl gefordert. Die geplante weitere Reform des Kindschaftsrechtsgesetzes sieht auch beim § 1685 BGB ein Recht des Kindes auf Umgang vor.[563]

Es besteht keine vorgegebene Rangfolge, wer z.B. von den Großeltern väterlicherseits oder mütterlicherseits eher Anspruch auf Umgang hat.

Der Personenkreis der „weiteren Personen" ist im Gesetz bezeichnet. Es gehören nicht dazu Tanten und Onkel,[564] Vettern, Cousinen und Urgroßeltern,[565] nicht der biologische Vater, wenn die Ehelichkeit des Kind nicht angefochten oder wenn das Kind adoptiert worden ist. Andere dritte Personen als die im Gesetz genannten, auch wenn der Umgang des Kindes mit diesen seinem Wohl dienen würde, haben keinen eigenständigen Anspruch auf Umgang, er kann nur mit Zustimmung des oder der Sorgeberechtigten zustande kommen. Diesen Personen kann gerichtlich nur ein Umgang eingeräumt werden, wenn er nötig ist, um eine Gefahr für das Kindeswohl nach § 1666 BGB abzuwenden.[566] Der weiteren Personen ist neben einem Verfahren nach § 1685 BGB verwehrt, gleichzeitig eine Umgangsgewährung gemäß § 1666 BGB anzustrengen.[567]

Dazu gehört bisher auch der nicht mit der Mutter verheiratete Lebensgefährte oder ein ehemaliges Mitglied einer gleichgeschlechtlichen Partnerschaft,[568] selbst wenn er zum Kind ein vaterähnliches Verhältnis (vergleichbar einem Stiefvater) aufgebaut hat[569] oder zum „psychologischen Vater" geworden ist.[570] Dies bedeutet aber nicht, dass ein Elternteil dem Partner des anderen Elternteils, mit dem dieser in einer nichtehelichen Gemeinschaft lebt, den Umgang mit dem Kind verbieten kann. Der nicht verheiratete Partner genießt durch das Zusammenleben mit dem anderen Elternteil ein faktisches Umgangsrecht, das im Streitfalle gemäß § 1684 Abs. 3 BGB auf Antrag näher geregelt werden kann. Aber der nichteheliche Partner hat alles zu unterlassen, was den Umgang des Kindes mit dem getrennt lebenden Elternteil erschweren kann.[571]

Großeltern oder die anderen Personen haben im Rahmen ihres Umgangsrechts keinen Anspruch, einen Urlaub z.B. mit ihrem Enkel zu verbringen. Im Streitfalle kann auch nicht davon auszugehen sein, dass z.B. die Großeltern es gegen die Sorgeberechtigten erzwingen können, von dem Kind allein in ihrer Wohnung aufgesucht zu werden. Eine kindeswohlgemäße Umgangsregelung wird wohl im Streitfalle entweder durch Besuch der Großeltern in der Wohnung des Kindes bei diesem Elternteil oder durch Besuch des Elternteils mit dem Kind bei den Großeltern zu gestalten sein.

Die „dritten Personen" haben keinen Auskunftsanspruch gegenüber dem oder den Sorgeberechtigten, wie dies z.B. für die Eltern des Kindes gegenseitig gilt. Weiter steht den

---

[563] *Peschel-Gutzeit* FPR 1999, 256.
[564] OLG Zweibrücken Kind-Prax 1999, 203.
[565] *Oelkers* FuR 2000, 99.
[566] OLG Zweibrücken FamRZ 1999, 1161.
[567] OLG Köln Kind-Prax 1998, 121.
[568] OLG Hamm FamRZ 2000, 1600.
[569] OLG Bamberg FuR 1999, 426 = FamRZ 1999, 810; OLG Dresden DAVorm 2000, 176 = Kind-Prax 2000, 98.
[570] BayObLG FuR 1998, 26.
[571] Zu dieser Problematik: *Otto* FamRZ 2000, 44–45.

dritten Personen während ihres Umgangs mit dem Kind kein Umgangsbestimmungsrecht zu, der Vorrang des elterlichen Erziehungsrechtes bleibt beim Sorgeberechtigten. Anders als der Elternteil gemäß § 1687 Abs. 1 BGB, bei dem das Kind nicht lebt, haben diese Personen, während sich das Kind bei ihnen aufhält, also nicht das Recht zur alleinigen Entscheidung in Angelegenheiten des täglichen Lebens. In der Praxis bedeutet dies, dass der oder die Sorgeberechtigten entscheiden können, ob bei dem Besuch noch z. B. weitere Verwandte zugegen sein dürfen. Den „dritten Personen" ist es auch nicht erlaubt, z. B. das Kind medizinisch untersuchen zu lassen, „weil es immer so blass ist".

Die Obergerichte gehen in der Regel davon aus, dass der Kontakt der Kinder zu den Geschwistern[572] und Großeltern im Interesse der Kinder liegt,[573] insbesondere dann, wenn die Großeltern zu wichtigen Bezugspersonen geworden sind. Häufig haben die Großeltern wesentlichen Anteil an der Betreuung des Enkelkindes übernommen und sind oftmals in der Trennung der Eltern das Kind stabilisierende Bezugspersonen. Nicht zuletzt haben sie nach § 1601 BGB die Unterhaltspflicht gegenüber den Enkelkindern, wenn diese hilfsbedürftig werden, und würden als nächste Verwandte beim Tod beider Eltern als Sorgeberechtigte in Anspruch genommen werden.

Besteht ein Umgang, hat der Sorgeberechtigte das Kind auf die Besuche der Großeltern vorzubereiten und das Kind darauf einzustimmen.[574]

b) Gründe, die einen Umgang rechtfertigen. Selbst wenn Spannungen zwischen einem Elternteil und den Großeltern bestehen, ist dies kein Grund, den Kontakt des Kindes zu den Großeltern zu verbieten. Dies gilt sogar dann, wenn der Sorgeberechtigte von den Großeltern psychisch verletzt worden ist.[575] Es müssen vielmehr Gründe vorliegen, die darauf hinweisen, dass die Großeltern einen ungünstigen Einfluss auf das Kind ausüben, z. B. dass sie das Kind gegen den mit ihnen verfeindeten Elternteil aufhetzen.

c) Gründe, die einen Umgang nicht rechtfertigen können. Bei irrational überhöhten Spannungen zwischen den Eltern der verstorbenen Mutter und dem Vater der Kinder, der seinerseits die Kinder negativ beeinflusst, ist der Umgang zeitlich begrenzt auszuschließen, da ein solcher Umgang dem Kindeswohl nicht förderlich ist.[576] Ebenso, wenn die Großmutter väterlicherseits engen Kontakt zum Vater des Kindes hat, der unter Missbrauchsverdacht steht und damit den Therapiefortschritt des Kindes gefährden würde.[577]

Sind die Spannungen zwischen Sorgeberechtigtem und Großeltern sehr groß, dass sogar Strafanzeigen erstattet werden,[578] und ist daher eine Gefährdung für das Kindeswohl zu befürchten, muss der Kontakt unterbunden werden.[579]

d) Gestaltungsmöglichkeiten des Sachverständigen. Der Sachverständige hat bezüglich des Kindeswohls bei Fragen zum Umgang eines Kindes mit dritten Personen die Schwelle, der Umgang solle dem Wohl des Kindes „dienen", zu beachten. Das Umgangsrecht dieser dritten Personen ist eine nur am Kindeswohl ausgerichtete Bestimmung, nicht

---

[572] OLG Hamm FamRZ 1985, 1078.
[573] BayObLG FamRZ 1982, 737; KG FamRZ 2000, 1520.
[574] BayObLG DAVorm 1982, 604.
[575] BayObLG FamRZ 1981, 707.
[576] OLG Koblenz DAVorm 2000, 70.
[577] AG Köln DAVorm 1999, 311.
[578] OLG Frankfurt Kind-Prax 1998, 122.
[579] BayObLG FamRZ 1982, 737, wenn die Großeltern den elterlichen Erziehungsvorrang nicht respektieren; BayObLG FamRZ 1984, 199; BayObLG FamRZ 1984, 614.

Salzgeber

ein Gesetz zur Durchsetzung von Umgangsrechtsansprüchen dieser dritten Personen, z. B. der Großeltern mit ihrem geliebten Enkel. Großeltern sehen ihren Enkel ungeachtet der Scheidung als Nachkommen an, zu dem sie eine konstante Beziehung aufrechterhalten wollen, möglicherweise auch unabhängig von ihrem Kind.[580] Wenn der oder die Sorgeberechtigten dagegen sind und sich diese Haltung gegen das Kindeswohl auswirkt, entsteht eine ähnliche Situation wie bei den bisherigen nichtehelichen Umgangsrechtsfällen, bei denen die Mutter einen Kontakt zum Vater völlig ablehnte. Im Zweifelsfall ist es für das Kind besser, mit seiner Kernfamilie mit weniger Konflikten zu leben als einen konflikthaften Umgang mit den weiteren Bezugspersonen zu pflegen.[581]

Es gilt auch beim Versuch, sich dem Kindeswohl zu nähern, nicht nur den Beziehungsaspekt, der bei dieser gesetzlichen Regelung im Vordergrund stand, zu berücksichtigen, auch Aspekte wie Erziehungskontinuität, soziale Kontakte zu Gleichaltrigen, Kindeswille und schulische Notwendigkeiten sind bei den Umgangsauseinandersetzungen mit einzubeziehen.

Der Sachverständige hat bei seiner Datenerhebung und Intervention darauf zu achten, dass das Kindeswohl im Hinblick auf den Umgang mit diesem Personenkreis positiv festgestellt werden muss. Im Einzelfall kann die Feststellung, ob der Umgang dem Kindeswohl dient, sehr schwer zu bestimmen sein. So kann der Umgang mit dem Großvater eines verstorbenen Vaters als einzigem Verwandten aus der väterlichen Familie dem Kindeswohl dienen. Wie ist es aber zu bewerten, wenn das Kind bisher noch keinen Kontakt zum Großvater hatte, da er wegen seines Sohnes mit der Familie zerstritten war?[582]

Die Pflegeeltern sind explizit in den weiteren Personenkreis aufgenommen worden. Bei Verfahren zur Rückführung aus der Pflege- zur Herkunftsfamilie kann die Möglichkeit, auch weiterhin mit dem Kind in Kontakt bleiben zu können, den Pflegeeltern die Kontaktanbahnung zu den leiblichen Eltern erleichtern, ohne die Konsequenz, völlig vom weiteren Leben des Kindes abgeschnitten zu sein, fürchten zu müssen.

Im Rahmen einer Modifikationsstrategie wird der Sachverständige versuchen, den Konflikt zu minimieren bzw. vom Kind wegzulenken. Auch beim Umgangsrecht der weiteren Personen gilt es, auf die zeitliche Entwicklung zu achten. Hat ein Pflegekind die Pflegeeltern lange nicht mehr gesehen und hat dies zu einer Entfremdung geführt, kann es geboten sein, wenn das Kind zu den Pflegepersonen die einzige tragende Bindung entwickelt hat, das Umgangsverfahren zu beschleunigen und möglicherweise einen Verfahrenspfleger zu bestellen.[583] Der Sachverständige sollte umgehend mit seiner Tätigkeit beginnen, um nicht weitere Entfremdungen zu verursachen.

Das Kindeswohl umfasst bei systemischer Sichtweise alle Bezugspersonen des Kindes, und der weitest gehende Erhalt der Beziehungen sollte in den Fällen, in denen weitere Bezugspersonen zu stützenden Personen geworden sind, das Ziel der Verhaltensmodifikationsstrategie sein. Das Kind kann auch in diesen Fällen unter Loyalitätskonflikten leiden, die in ihrer Heftigkeit den Loyalitätskonflikten zu den Eltern nicht nachstehen. Sinnvoll werden hier ein oder mehrere gemeinsame Gespräche aller Betroffenen sein, um Regelungsmodalitäten zu vereinbaren, die einen möglichst störungsfreien Kontakt – möglicherweise nicht in der gewohnten Häufigkeit – des Kindes zu den Bezugspersonen ermöglichen.

---

[580] Siehe auch *Moch* S. 280.
[581] OLG Hamm FamRZ 2000, 1601.
[582] Dieses Beispiel aus der Praxis erwähnt *Brehme,* in: Fegert (Hrsg.), Kinder in Scheidungsverfahren nach der Kindschaftsrechtsreform, S. 116 f.
[583] BVerfG FamRZ 2000, 413.

Nicht ausgeschlossen werden kann ein Scheitern der Bemühungen der Beteiligten, was in der Folge zu einem Abbruch der Kontakte führen wird, um das Kind aus dem familiären Konflikt und den damit verbundenen emotionalen Belastungen herauszuhalten.

Dieser weitere Personenkreis hat ebenso wie Eltern und Kinder nach § 18 (3) SGB VIII Anspruch auf Beratung und Unterstützung bezüglich des Umgangsrechtes. Der Sachverständige sollte sich nicht scheuen, auf das Beratungsangebot hinzuweisen.

13. Begutachtung der Aussage eines Kindes über sexuellen Missbrauch

Besteht der Verdacht auf sexuellen Missbrauch eines Kindes, so wird bei der wissenschaftlich fundierten Verdachtsklärung entscheidend sein, ob das Kind hierzu eine Aussage machen kann bzw. schon im Vorfeld einer gutachtlichen Überprüfung gemacht hat. Im Rahmen einer Glaubhaftigkeitsbegutachtung wird eine solche Aussage auf ihren Realitätsgehalt hin überprüft.

a) Rechtliche Vorgaben. An dieser Stelle kann diese aussagepsychologische Begutachtung nur im Überblick in ihrer Grundlogik und Methodik vorgestellt werden.[584] Der Glaubhaftigkeitsbegutachtung liegt ein eigenständiges forensisches Fachgebiet[585] mit einer Reihe von Fachbüchern[586] insbesondere bezogen auf den Strafrechtsbereich, in dem es häufig vor allem um die Prüfung einer Zeugenaussage zu Sexualdelikten geht, zugrunde. Dieses ist auch auf das familiengerichtliche Verfahren zu übertragen. Im Urteil des BGH[587] wurden die Mindeststandards einer solchen Begutachtung, die sich aus der empirischen rechtspsychologischen Forschung abgeleitet hat, definiert.[588] Dieser Standard ist auch für eine Begutachtung im familienrechtlichen Bereich inhaltlich gültig.[589]

Zentral an der aussagepsychologischen Begutachtung ist die Analyse des Inhaltes der Aussage des Kindes bzw. Zeugen im Hinblick auf ihren Realitätsgehalt. Dies geschieht anhand verschiedener Qualitätskriterien, sog. Realitätskennzeichen.[590] Die grundlegende Annahme der aussagepsychologischen Begutachtung besteht darin, dass Aussagen über selbst erlebte Ereignisse sich in ihrer Qualität von Aussagen unterscheiden, die nicht auf eigenem Erleben beruhen.[591]

Die Inhaltsanalyse geschieht vor dem Hintergrund verschiedener Rahmenkriterien und ist nur in der Zusammenschau mit diesen sinnvoll. Es gilt außerdem neben der Persönlichkeit des Kindes bzw. Zeugen im Hinblick auf seine Aussagetüchtigkeit und Aussagegenauigkeit vor allem die Entstehungs- und Entwicklungsbedingungen der Aussage zu rekonstruieren sowie Überlegungen zur Motivlage des Aussagenden anzustellen.

---

[584] Zur eingehenden Darlegung der Methode: *Greuel/Fabian/Stadler* (Hrsg.), Psychologie der Zeugenaussage, 1997; *Greuel/Offe/Fabian/Wetzels/Fabian/Offe/Stadler,* Glaubhaftigkeit der Zeugenaussage, 1998.

[585] Vgl. *Undeutsch,* in: ders. (Hrsg.): Handbuch der forensischen Psychologie, S. 26–185.

[586] *Aymans* Politische Studien 1997, 2, S. 124–133; *Volbert,* Z. Kinder-Jugendpsychiat 1995, 20–26; *Endres/Scholz* SNStZ 1994, 466–473; *Schade/Erben/Schade* Kindheit und Entwicklung 1995, 197–205; *Scholz/Endres* NStZ 1995, 6–12; *Steller* FPR 1995, 60–62; *Kühne/Kluck* FamRZ 1995, 981–986.

[587] BGH NJW 1999, 2746 ff.

[588] *Steller/Volbert* Praxis der Rechtspsychologie 1999, 2, S. 46–112; *Fiedler/Schmidt* Praxis der Rechtspsychologie 1999, 2, S. 5–45.

[589] *Balloff* Prax. Kinderpsychol. Kinderpsychiat 2000, 261–274.

[590] Z. B. *Köhnken,* Glaubwürdigkeit, 1990.

[591] *Busse/Volbert,* in: Greuel u. a. (Hrsg.), Psychologie der Zeugenaussage, S. 131–142.

b) Sachverständiges Vorgehen. *aa) Hypothesenbildung.* Die allgemeine diagnostische Leitfrage einer aussagepsychologischen Untersuchung einer Zeugenaussage lautet wie folgt:[592] „Könnte dieser Zeuge mit den gegebenen individuellen Voraussetzungen unter den gegebenen Befragungsumständen und unter Berücksichtigung der im konkreten Fall möglichen Einflüsse von Dritten diese spezifische Aussage machen, ohne dass sie auf einem realen Erlebnishintergrund basiert?"

Es gilt nach dem Leitgedanken der empirischen Forschung, Alternativhypothesen bezüglich der Glaubhaftigkeit der Aussage zu konstruieren, die anhand des Datenmaterials bestätigt oder verworfen werden. Diese Hypothesen müssen bei der Darlegung eines Begutachtungsablaufes präzise aufgeführt werden, um die Transparenz und Nachvollziehbarkeit des gesamten diagnostischen Prozesses zu gewährleisten.

Neben der Hypothese, dass es sich bei der Aussage um die in Grundzügen realitätsnahe und damit richtige Wiedergabe von selbst Erlebtem handelt (Alternativhypothese), müssen je nach spezifischem Einzelfall weitere Hypothesen aufgestellt werden, die eine Form der Falschaussage zum Inhalt haben. Sie leiten sich aus den Anknüpfungstatsachen ab. Dabei wird zwischen absichtlichen Falschaussagen, Falschaussagen als Produkt von Fremdbeeinflussung und Falschaussagen als Produkt von Autosuggestion unterschieden.[593]

Zum Standardrepertoire der Glaubhaftigkeitsbegutachtung gehört in der Hypothesengruppe der möglichen Falschaussagen die Annahme, dass die Aussage das Produkt reiner Phantasietätigkeit[594] ist. Im Einzelfall kann auch die Hypothese untersuchungsleitend sein, die die Aussage als Produkt oder Teilprodukt suggestiver Befragungseinflüsse unterstellt.[595] Diese Hypothesenbildung ist insbesondere dann angezeigt, wenn sich aus der Entstehungsgeschichte der Aussage Hinweise auf derartige suggestive Einflüsse ergeben.[596] Eine weitere, in der Praxis des öfteren aufzustellende Hypothese prüft die Frage, ob die Aussage zwar einen realen Wahrnehmungshintergrund[597] hat, aber keinen ich-nahen Erlebnisbezug. Dies kann dann der Fall sein, wenn Kinder in ihrer Umgebung sexuelle Handlungen Dritter beobachtet haben und nun fälschlicherweise auf sich als Mitakteur beziehen. In einigen Fällen wird auch zu prüfen sein, ob ein reales Erlebnis eines Missbrauches des Kindes von diesem nicht fälschlicherweise auf einen unbeteiligten Dritten als Täter übertragen wird. In seltenen Fällen mag auch die Überprüfung der Frage anstehen, ob es sich bei der kindlichen Aussage um das Produkt einer bewussten Induktion durch einen Dritten handelt. Hierbei wäre dem Kind eine derartige Aussage bewusst eingeredet worden, z.B. um das Kind als Instrument in einem Sorgerechtsstreit zu instrumentalisieren.

bb) Aussagetüchtigkeit. In der allgemeinen diagnostischen Leitfrage sind die Konstrukte einer Glaubhaftigkeitsbegutachtung enthalten. Zunächst muss in jedem Fall die Aussage-

---

[592] *Undeutsch* in: Wellek (Hrsg.), Bericht über den 19. Kongreß der Deutschen Gesellschaft für Psychologie in Köln 1953, S. 132–154; *Steller/Volbert* Praxis der Rechtpsychologie 1999, 2, S. 46–112.

[593] *Steller/Volbert/Wellershaus,* in: Montada (Hrsg.), Bericht über den 38. Kongreß der Deutschen Gesellschaft für Psychologie in Trier 1992, Band 2, S. 367–376; *Sporer/Bursch* Psychologische Rundschau 1997, 141–162.

[594] Hierzu hilfreich: *Volbert/van der Zanden,* in: Davies/Lloyd-Bostock/McMurran/Wilson (Hrsg.), 1995 Psychology and Law: Advances in research.

[595] Hierzu auch *Fegert,* in: Warnke/Trott/Remschmidt (Hrsg.), Forensische Kinder- und Jugendpsychiatrie, S. 74.

[596] Dazu: *Ceci/Bruck* Psychological Bulletin, 113, 403–439; *Volbert/Pieters* Psychologische Rundschau, 1996, 47, 183–198.

[597] Hierzu *Kopecky-Wenzel/Hipfner/Frank* Prax. Kinderpsychol. Kinderpsychiat 1996, 230–238.

tüchtigkeit eines Kindes bzw. Zeugen geprüft werden. Dabei ist zu beantworten, ob die aussagende Person den in Frage stehenden Sachverhalt zuverlässig hat wahrnehmen können und ob die aussagende Person ihn in der zwischen dem Geschehen und der Befragung liegenden Zeit im Gedächtnis hat bewahren können. Zeugen, die eine analysierbare und damit verwertbare Aussage machen, müssen zudem über ein ausreichendes Sprachverständnis für die Befragung sowie über ausreichende sprachliche Ausdrucksfähigkeiten für die Schilderung des Geschehnisses verfügen, ein ausreichendes Maß an Kontrollmöglichkeiten gegenüber Suggestiveinflüssen zur Verfügung haben und Erlebtes von Phantasievorstellungen unterscheiden können. Insbesondere bei Kleinkindern unter vier Jahren ist zu erfassen, ob sie die für eine strukturierte Befragung notwendige Konzentration und Aufmerksamkeit in einem erforderlichen Mindestmaß überhaupt schon besitzen.

Zur Untersuchung der Aussagetüchtigkeit werden anamnestische und gegebenenfalls fremdanamnestische Explorationen erforderlich sein, in Einzelfällen auch der Einsatz testpsychologischer Verfahren.

Bei der Prüfung der Aussagetüchtigkeit müssen demnach Daten über die persönlichkeitsbedingte Ausformung dieser Fähigkeiten in speziellem Bezug zu den Charakteristika des in Frage stehenden Sachverhaltes erhoben werden. Hierzu, wie auch zur sinnvollen Auswertung dieser Daten, sind spezielle Kenntnisse über Entwicklungs- und Gedächtnispsychologie erforderlich. Wird die individuelle Aussagetüchtigkeit verneint, so ist es nicht mehr sinnvoll, mittels einer Aussageanalyse den Erlebnisgehalt einer Aussage einzuschätzen. In der Praxis sind es insbesondere kleine Kinder unter vier Jahren, bei denen sich entwicklungsbedingt eine noch nicht ausreichende Aussagetüchtigkeit herausstellt.

cc) Aussagequalität. Zentral ist sodann die Beurteilung der Qualität der Aussage. Sie geschieht anhand einer komplexen qualitativen Inhaltsanalyse der Aussage selbst. Voraussetzung hierfür ist das Vorliegen einer wörtlich protokollierten Aussage, bei der auch das Zustandekommen durch die Fragen oder Vorhalte des Befragers ersichtlich ist. Im Rahmen einer aussagepsychologischen Untersuchung muss eine solche Aussage des Kindes bzw. Zeugen erhoben und technisch aufgezeichnet werden (Tonbandprotokoll mit Transkript[598] zumindest der begutachtungsrelevanten Passagen oder Videoaufzeichnung mit derselben Darlegung). Weiterhin ist Voraussetzung, dass eine ausreichend umfangreiche Aussage vorliegt, die den fraglichen Handlungsablauf im Zusammenhang darlegt. Die Aussage wird im Hinblick auf ihre Qualitätsmerkmale analysiert. Dabei handelt es sich um Merkmale, die eine glaubhafte Aussage auszeichnen und auf deren Erlebnisbezug hindeuten. Eine solche Aussage muss allgemein logisch konsistent und nachvollziehbar sein sowie ausreichend detailreich. Darüber hinaus finden sich in erlebnisbezogenen Aussagen spezielle Merkmale, je nach Art und Beschaffenheit des Geschehens und je nach Alter und persönlicher Kompetenz des Zeugen. Die vorgefundenen Merkmale müssen vor dem Hintergrund der Zeugenpersönlichkeit bewertet werden. Es handelt sich dabei nicht um ein checklistenartiges Suchen nach solchen Merkmalen, sondern um einen komplexen hypothesenorientierten und qualitativen Analyseprozess.

Bei der Frage nach der Konstanz der Aussagen ist zu prüfen, ob Abweichungen Anlass zu Zweifeln am Realitätsgehalt der Aussage begründen, oder aber aufgrund gedächtnispsychologisch nachvollziehbarer Schwankungen gerade auf Erlebnisbezug hindeuten, zumindest aber der Annahme, es handle sich bei der Darlegung um selbst Erlebtes, nicht entgegenstehen.

---

[598] Vgl. *Fabian/Stadler* Kriminalistik 1990, 338–343.

Die Methoden einer aussagepsychologischen Begutachtung sind im Wesentlichen klar definiert und leiten sich aus den dargelegten Konstrukten ab: Zentrale Methode ist dabei die Erhebung einer Aussage über einen fraglichen sexuellen Missbrauch beim Kind bzw. Zeugen selbst. Hierzu ist Wissen über und Erfahrung mit der speziellen Befragungstechnik erforderlich.[599] Es wird prinzipiell darum gehen, vom Kind bzw. Zeugen einen möglichst vollständigen und genauen sowie durch Fragen unbeeinflussten Bericht über das fragliche Geschehnis zu erhalten. Dabei ist trichterförmig vom freien Bericht zu einer strukturierten Befragung überzugehen, bei der auf den Verzicht ungeeigneter Frageformen – wie suggestive und inhaltlich einseitig vorgebende und geschlossene Fragen – zu achten ist.[600]

Die Verwendung anatomisch ausgebildeter Puppen hat stark suggestive Effekte[601] und sollte vermieden werden.[602] Andere diagnostische Verfahren, die eingesetzt werden – etwa projektive Verfahren wie Sceno-Test, TGT, CAT, die Analyse von Kinderzeichnungen –, können ebenso wenig wie anamnestische Daten oder festgestellte körperliche, wie andere Symptome, allein eine zuverlässige Bewertung im Hinblick auf den Verdacht des sexuellen Missbrauchs ermöglichen. So ist an dieser Stelle vor einer Überinterpretation von kindlichen Zeichnungen[603] oder einem „verdächtigen" Spielen mit dem Sceno-Kasten zu warnen.

Auch wiedergegebene Äußerungen von Kindern durch Drittpersonen, so z. B. durch die Mutter, können aus der Sicht der Aussagepsychologie nicht als objektives Datenmaterial angesehen werden. Es bereitet nämlich im Allgemeinen große Schwierigkeiten, Aussagen einzubeziehen, die ein Kind gegenüber Familienmitgliedern gemacht hat. Personen, die nicht für Vernehmungen ausgebildet sind, können nur unzuverlässig wiedergeben, was jemand ihnen erzählt hat. Sie ändern diese Aussage oft unbewusst[604] nach eigenen Vorstellungen, auch modifizieren sie häufig die Formulierung von Fragen und Antworten. Eine Beurteilung aufgrund der Angaben von Drittpersonen ist deshalb nicht möglich, weil man nicht mit endgültiger Sicherheit nachvollziehen kann, wie diese Aussage zustande gekommen ist. Zur Eruierung der Entstehungsbedingungen einer Aussage werden neben den Einlassungen des Zeugen im Einzelfall auch Drittangaben erforderlich sein. Hierbei sollte darauf geachtet werden, dass diese Erhebungen nicht eigenmächtig vom Sachverständigen vorgenommen werden, sondern in Absprache mit dem Familiengericht erfolgen.

dd) Weiteres Vorgehen. All diese Verfahren und Informationen können also lediglich als Explorationshilfen im Zusammenhang mit einer unmittelbaren Aussage des Kindes bzw. des Zeugen verwendet werden.

Durch die Erhebung von aussagenahen Leistungsstichproben (Berichte über fallneutrale tatsächliche Erlebnisse, Berichte über frei Erfundenes) wird eine qualitative vergleichende Einschätzung möglich, über welchen individuellen Berichtstil der Zeuge verfügt und zu welchen kognitiven Konstruktionen er in der Lage ist.

---

[599] *Arntzen* Vernehmungspsychologie, 1978; *Köhnken* Praxis der forensischen Psychologie 1992, 2, 85–91.

[600] *Köhnken/Brockmann* Zeitschrift für Differenzielle und Diagnostische Psychologie 1988, 247–258.

[601] BGH NJW 1996, 206; OLG Bamberg NJW 1995, 1684; *Wetzels* Praxis der Rechtspsychologie 1993, 88–107, betont den suggestiven Effekt der Untersucher, die Puppen verwenden.

[602] Anderer Meinung *Fegert* in: Warnke/Trott/Remschmidt (Hrsg.), Forensische Kinder- und Jugendpsychiatrie, S. 78. Siehe auch Sammelband *Fegert/Mebes*, Anatomische Puppen, 1993.

[603] *Richter* Sexueller Missbrauch im Spiegel von Zeichnungen, 1999; dazu Rezension: *Dettenborn* Praxis der Rechtspsychologie 2000, 124.

[604] *Salzgeber/Scholz/Wittenhagen/Aymans* FamRZ 1992, 1249–1256.

Die Beurteilung der Aussagequalität ist für sich genommen noch nicht hinreichend, um die übergeordnete Frage nach der Glaubhaftigkeit einer Aussage zu beantworten. Es müssen in jedem Fall zusätzliche Validierungsfaktoren erhoben und bewertet werden. In jedem Fall müssen die psychologischen Leistungsbesonderheiten der aussagenden Person eingeschätzt werden. So kann im Einzelfall der sachverhaltsbezogene Erfahrungshintergrund des Zeugen die Qualität einer Aussage erheblich mindern. Ebenfalls sind kognitive Besonderheiten des Sprachverhaltens und des individuellen Kenntnisstandes zu berücksichtigen. Im Einzelfall kann auch die Persönlichkeitsstruktur eines zumindest jugendlichen Zeugen für die Bewertung des Aussageinhaltes erheblich sein.

Zur Prüfung der allgemeinen Hypothese einer willentlichen Falschaussage ist weiterhin eine Analyse der Motivation des Zeugen zu dieser Aussage erforderlich. Hierbei muss der Anlass der Erstbekundung und deren weitere Entwicklung der Aussage rekonstruiert und im Hinblick auf die individuelle Motivation, die hierzu geführt hat, bewertet werden. Besonderes Augenmerk ist auf die Entstehungsbedingungen der Aussage zu legen. Dies gilt vor allem für Fälle, in denen der Verdacht einer Fremdbeeinflussung aufgrund der Gesamtdynamik zur Hypothese einer Suggestivaussage geführt hat. Gerade in Fällen der familienrechtlichen Auseinandersetzung, in denen der Verdacht eines sexuellen Missbrauches aufgekommen und in diesem Rahmen eine Aussage des Kindes entstanden sind, wird zu prüfen sein, ob diese nicht das Produkt einer willentlichen oder unwillentlichen Beeinflussung durch Erwachsene und deren Fragen an das Kind ist. Erweist sich das Suggestionspotential im Einzelfall durch die Rekonstruktion der Aussagebedingungen als hoch, so ist eine Aussageanalyse nicht mehr sinnvoll durchzuführen. Die Methode der Aussageanalyse ist nur geeignet, um erlebnisbezogene Aussagen von frei erfundenen Aussagen zu unterscheiden, nicht aber von suggerierten Aussagen, die auch den augenscheinlichen Charakter qualitätsreicher Aussagen haben können, ohne dass sie auf eigenem Erleben des Zeugen beruhen.

Die in der Inhaltsanalyse vorgefundenen und auf ihren Gehalt hin analysierten Merkmale der Aussage werden in einem hypothesengeleiteten Prozess vor dem Hintergrund der Rahmenkriterien gewichtet (Integration der Daten aus den drei Konstruktbereichen), und zwar im Hinblick auf eine Bewertung der gegeneinander aufgestellten Hypothesen. Es handelt sich bei der Aussagebegutachtung um eine komplexe qualitative Analyse, deren Ergebnisse immer nur Wahrscheinlichkeitsangaben beinhalten können.

Die Grenzen einer sinnvoll integrativen Glaubhaftigkeitsbegutachtung sind dann gegeben, wenn die zu untersuchenden Kinder bzw. Zeugen ein zu geringes Alter aufweisen, so dass nach entsprechender Prüfung die Aussagetüchtigkeit eindeutig verneint werden muss. Weiterhin stößt sie an ihre Grenzen, wenn zu wenig vom vermeintlich betroffenen Kind über das fragliche Geschehen in Erfahrung gebracht werden kann bzw. wenn die Aussage nur aus einem oder mehreren Fragmenten besteht, die einer umfassenden Aussageanalyse nicht zugänglich sind. Ebenfalls ist eine solche Glaubhaftigkeitsprüfung nicht angezeigt, wenn sich – wie dargelegt – das Suggestionspotential im Vorfeld der Aussage als zu hoch erweist.

14. Begutachtung der Aussage eines mutmaßlichen Täters mit dem psychophysiologischen Verfahren („Lügendetektor")

Der Polygraph kommt seit einiger Zeit auch in Deutschland im familiengerichtlichen Bereich zum Einsatz.[605] Bei der psychophysiologischen Begutachtung[606] handelt es sich um ein psychologisches Vorgehen,[607] das in den meisten Fällen zu einer erheblichen Entlastung der familiären Situation beitragen kann, gelegentlich aber auch zu einer Klärung der familiären Konfliktsituation, die mit anderen Methoden nur sehr zeitintensiv, mit großen Unabwägbarkeiten und mit erheblichen Belastungen für die Familienmitglieder angegangen werden könnte.[608]

a) Rechtliche Vorgaben. Der BGH[609] hat in seinem jüngsten Urteil zum Polygraphen festgestellt, dass eine freiwillige Teilnahme an einer Untersuchung nicht gegen die Verfassungsgrundsätze oder den § 136a StPO verstößt und wendet sich somit gegen ein älteres Urteil. Gleichzeitig führt er aus, dass die Untersuchung im Strafrechtsbereich nicht angewandt werden kann, da sie zu dem völlig ungeeigneten Beweismittel im Sinn des § 244 Abs. 3 Satz 2 StPO gerechnet wird. Dieses Urteil, das in Fachkreisen heftige Diskussionen auslöste, ist aber für Verfahren nach dem FGG nicht verbindlich; auch weiterhin kann der Familienrichter eine polygraphische Untersuchung beauftragen.[610]

b) Anwendungsgebiete des Polygraphen. Der Polygraph kann im Rahmen der familienpsychologischen Verfahren z. B. dann sinnvoll eingesetzt werden, wenn der Vorwurf des sexuellen Missbrauchs im Raum steht.[611] Es bietet sich der Einsatz immer dann an, wenn das Kind so jung ist, dass weder eine konkrete Aussage vorliegt noch erwartet werden kann oder wenn möglicherweise durch falsche Begutachtung oder falsche aufdeckende Arbeit die Aussage bereits so manipuliert worden ist, dass auf eine zugrunde liegende Tat nicht mehr geschlossen werden kann, der Vorwurf aber dennoch weiter im Raum bleibt.[612] Im familiengerichtlichen Verfahren, anders als im Strafprozess, ist der Familienrichter immer gehalten, dem Kindeswohl zu dienen. Selbst bei einem eher vagen Verdacht wird er in der Regel einen Umgang unter Begleitung anordnen, um einen möglichen Schaden vom Kind abzuwenden, was eine Stigmatisierung desjenigen Elternteils bedeutet, der zu Unrecht verdächtigt wird. Sollte jemand zu Unrecht beschuldigt werden, und dies ist im Familierechtsverfahren nicht selten der Fall, so wird damit ja nicht nur die familiäre Beziehung zum Kind belastet, wenn nicht gar zerstört, sondern auch möglicherweise eine berufliche Karriere und soziale Eingebundenheit behindert. Über die langfristigen Folgen für die Eltern-Kind-Beziehung, insbesondere unter den Bedingungen, dass der Umgang nur unter Aufsicht stattfindet, liegt noch kein publiziertes Erfahrungswissen vor.

---

[605] *Schütz* FPR 1997, 226 f.; *Schulz,* in: Willutzki/Salzgeber (Hrsg.), Polygraphie, S. 117–129.

[606] Hierzu der Sammelband mit vielen weiteren Literaturhinweisen: *Willutzki/Salzgeber* (Hrsg.), Polygraphie, S. 117–129, und Praxis der Rechtspsychologie, 1999, Thema: Psychophysiologische Aussagebeurteilung. *Abrams,* The complete polygraph handbook, 1989; Matte, J. A. (1996), Forensic Psychophysiology using the Polygraph, 1996.

[607] *Vehrs* Politische Studien 1997, 2, S. 134–140.

[608] *Salzgeber/Stadler/Vehrs* Praxis der Rechtspsychologie 1997, 2, S. 213–221.

[609] BGH FamRZ 1999, 587.

[610] Dazu: *Willutzki,* in: Willutzki/Salzgeber (Hrsg.), Polygraphie, S. 95–105.

[611] Siehe: *Undeutsch* FamRZ 1996, 329–331.

[612] Siehe: *Endres/Scholz* NStZ 1994, 473.

Neben den sexuellen Missbrauchsvorwürfen bietet sich der Polygraph auch bei Verfahren an, bei denen körperliche Misshandlung vorgekommen ist, aber eine klare Täterschaft nicht feststeht. Die Mutmaßung besteht oftmals, dass es eine der Mutter nahe Bezugsperson – der Lebensgefährte oder ein naher Verwandter – war, die das Kind körperlich misshandelt hat, aber eindeutige Schuldbeweise liegen nicht vor. Als Intervention werden dann erhebliche Eingriffe in das familiäre Leben vorgenommen, bis hin zu lang andauernden Aufenthalten der Kindesmutter mit dem Kind in einem Mutter-Kind-Heim und Ausschluss vom Kontakt mit dem möglicherweise misshandelnden Kindesvater. Hier würde der Polygraph schnell helfen, die Täterpersonen einzugrenzen bzw. den Nichttäter zu erfassen.

Der Polygraph ist kein hundertprozentig sicheres Verfahren,[613] er ist aber dennoch wesentlich valider als die meisten anderen psychologischen Verfahren, insbesondere als die, die ansonsten bei diesen Fragestellungen zum Einsatz kommen. Ohne Zweifel ist die polygraphische Untersuchung abhängig von der Qualität des Untersuchers und den Bedingungen, unter denen die Untersuchung stattfindet. Sie ist keine rein apparative Methode. Vor allem muss der polygraphische Untersucher in der Lage sein, ein spezifisch entwickeltes Explorationsgespräch mit dem Probanden zu führen, um auf die einzelnen Fragen fokussierend die Aufmerksamkeit zu lenken. Selbstverständlich sollte die Untersuchung in einem möglichst störungsfreien Raum durchgeführt werden. Die methodische Vorgehensweise bei der Durchführung und Auswertung der Untersuchung bedarf einer intensiven Ausbildung[614] und Supervision,[615] um dem Einzelfall gerecht zu werden.

c) Die polygraphische Untersuchungsmethode. Mit psychophysiologischen Reaktionen beschäftigt sich die Psychologie nahezu seit Anbeginn. Immer wieder wurde versucht, diese psychophysiologischen Reaktionen in Bezug auf Lügen und wahrheitsgemäße Aussagen zu eruieren. Es liegt eine sehr forschungsintensive Geschichte der Aussagepsychologie in Europa vor.[616] Auch heute noch spielt die Einschätzung von psychophysiologischen Reaktionen, unabhängig von der Polygraphie, bei der Bewertung von Aussagen eine Rolle und wird als legitim angesehen. Erröten bei Aussagen, Stammeln, zittrige Hände, Schweißausbrüche, Speichelsekretion werden allgemein, auch im Rahmen von Explorationen, als Hinweise interpretiert und registriert.

In Deutschland ist die Geschichte der Polygraphie von einer Rechtsprechung geprägt, die leider nicht in jedem Fall dem Verfahren gerecht geworden ist.[617]

d) Rahmenbedingungen für die polygraphische Untersuchung. Ohne Freiwilligkeit kann keine Polygraph-Untersuchung durchgeführt werden. Die Freiwilligkeit bezieht sich sowohl auf die gesamte Untersuchung wie auch auf einzelne Teilbereiche bis hin zu einzelnen Fragen. Zudem ist der Polygraph leicht verfälschbar im Sinne einer Nichtauswertbarkeit und bedarf der Mitwirkung. Niemand kann gezwungen werden, sich die psychophysiologischen Abnehmer anlegen zu lassen. Selbst wenn bei einzelnen Testformaten[618] keine aktive Antwort notwendig ist, um ein Ergebnis zu erreichen, muss eine Mit-

---

[613] Zur Kritik am Polygraphen: *Wilhelm* FPR 1997, 227–230; *Fiedler* Praxis der Rechtspsychologie 1999, 5–45.

[614] *Vehrs*, in: Willutzki/Salzgeber (Hrsg.), Polygraphie, S. 19–31.

[615] Siehe auch: *Steller* S. 15.

[616] Kurzen Abriss zur Geschichte geben *Rüsch* S. 33 ff.; *Steller* S. 19; *Berning* S. 6.

[617] Z. B. das Urteil des BGH NJW 1954, 649 ff.; der Beschluss des Bundesverfassungsgerichts NJW 1982, 375 ff.

[618] Beim Tatwissenstest könnte auf eine verbale Aussage verzichtet werden.

arbeitsbereitschaft (Duldung) vorhanden sein, dahingehend, dass keine störenden Bewegungen die polygraphische Untersuchung unauswertbar machen.[619]

Bei der psychophysiologischen Untersuchung besteht eine höhere Transparenz, als es für die anderen Verfahren, die in der psychologischen Begutachtung zum Einsatz kommen, gilt. Das Verfahren wird dem Probanden genau erklärt, sowohl die apparative Untersuchung, als auch, was gemessen wird. Zudem werden in einem ausführlichen Explorationsgespräch alle (in der Regel um 10) Fragen, die dem Probanden gestellt werden, entwickelt und ihm zusammenfassend vorgelesen. Dem Probanden ist somit völlig klar, welche Fragen ihm gestellt werden. Es werden ihm keine überraschenden Fragen, die nicht besprochen worden sind, gestellt, die dann mit dem Polygraphen auf Reaktionen überprüft würden.

e) Ablauf einer Begutachtung. Die polygraphische Untersuchung besteht keineswegs nur aus der apparativen Untersuchung, die fälschlicherweise als die eigentliche polygraphische Untersuchung bezeichnet wird, sondern aus drei Hauptteilen. Dabei handelt es sich um einen Vortest, die eigentliche Testphase mit dem Polygraphen und die Nachtestphase. Ein wesentlicher Bestandteil beinhaltet ferner die Erklärung zur Freiwilligkeit.

Die Vortestphase dient zum einen der Erhellung des biographischen Hintergrundes, des Weiteren der Etablierung derjenigen Fragen, die zu Vergleichszwecken entwickelt werden. Wesentlicher ist die Etablierung des psychologischen Settings für die vergleichende Untersuchung.

Die auf die angebliche Tat bezogenen Fragen resultieren einmal aus den Vorkenntnissen, wie sie entweder den Akten zu entnehmen waren, den Vorwürfen des anderen Elternteils entsprechen oder den Ausführungen des Probanden. Dabei wird eine Hierarchie subjektiv belastender Vorwürfe erstellt.

Eine Testung im familiengerichtlichen Verfahren erfolgt meist mit einem Kontrollfragentest. Die Kontrollfragen müssen für den Probanden so etabliert werden, dass diese Fragen für die unschuldige Person bedrohlichen Charakter haben, die relevanten Fragen aber weiterhin für die schuldige Person gewichtigere emotionale Bedeutung bewahren.

Weiter wird ausführlich einerseits die Funktionsweise des Polygraphen erklärt, andererseits die psychophysiologischen Reaktionen, die bei Stresssituationen eintreten.

Nachdem gemeinsam mit dem Probanden die Fragen entwickelt worden sind (das Explorationsgespräch dauert in der Regel eineinhalb bis zwei Stunden), erfolgt der Vortest, der dem Probanden die Arbeitsweise des Polygraphen deutlich macht. Hierbei handelt es sich um eine neutrale Frage, so etwa der Art, dass sich der Proband eine Zahl merken soll. Anschließend werden ihm eine Reihe von Zahlen genannt werden, wobei der Proband die von ihm gewählte Zahl verleugnen soll.

Dieses Vorverfahren (Stim-Test) dient dazu, einmal den Polygraphen auf die individuelle Reaktionsweise einzustellen (das Gerät zu kalibrieren) und dem Probanden zu verdeutlichen, dass auch bei relativ emotionslosen Fragen, wie nach einer Zahl, dennoch deutliche psychophysiologische Reaktionen erkennbar werden. Dies gibt dem unschuldigen Probanden die Sicherheit, dass das polygraphische Gerät präzise und zuverlässig arbeitet. Für den schuldigen Probanden wird dagegen deutlich, dass mit einer sehr hohen Wahrscheinlichkeit Lügen erkannt werden.

Der Erklärung des Verfahrens schließt sich die eigentliche psychophysiologische Untersuchung mit dem Polygraphen an. Es werden die meist 10 Fragen, die vorab dem Proban-

---

[619] Eine Beschreibung der unterschiedlichen Verfahren findet sich bei *Berning* MSchKrim 1993, 242–255.

den vorgelesen wurden, nun in einer anderen Reihenfolge und mit einem bestimmten Zeit-limit dargeboten. Dabei werden die Reaktionen auf die Fragen aufgezeichnet. Die Fragen werden in der Regel dem Probanden in einem dreimaligen Durchgang angeboten, mit da-zwischenliegenden Pausen. Bei Irritationen und Störungen kann die Zahl der Durchgänge verlängert werden.

Als Aufnahmegerät können unterschiedlichste Geräte dienen, Mehrkanalschreiber mit einem Endlospapier oder die moderne Generation der Polygraphen, mit einer apparativen Vorrichtung, bei der die mechanischen und elektronischen Impulse als Reaktionen direkt auf dem Bildschirm ablesbar sind und auch auf Diskette gespeichert werden können.

Nachdem die Reaktionen auf die gestellten Fragen erfasst sind, werden die Reaktions-kurven ausgedruckt und ausgewertet. Dazu existieren genormte Auswertrichtlinien, die sich einerseits nach der zeitlichen Dimension orientieren, d. h., innerhalb einer bestimm-ten Zeitfrist auf die Fragestellung kann eine Reaktion ausgewertet werden, andererseits nach unterschiedlichen Veränderungen der Reaktionen auf Fragen nach dem inkriminier-ten Geschehen im Vergleich zu Fragen (Vergleichsfragen), die im Vorgespräch entwickelt worden sind und die eine besondere emotionale Bedeutung für den Probanden haben.

Im Einzelfall kann die Durchführung eines weiteren Verfahrens oder Testdurchgangs nötig werden, gelegentlich mit einer Umformulierung der einzelnen Fragen. Die Entschei-dung darüber kann nicht routinemäßig getroffen werden, sondern bedarf großer Erfah-rung, möglicherweise auch Unterstützung durch einen Supervisor.

Der Vorteil des Polygraphen ist die Möglichkeit, recht schnell zur Klärung des Verdachts beitragen zu können.

Ein gewisser numerischer Wert lässt dann die Schlußfolgerung zu, ob der Proband die ihm gestellten relevanten Fragen wahrheitsgemäß verneint hat oder nicht. Als dritte Ergeb-nisebene gilt die Kategorie „nicht entscheidbar".

Das Ergebnis der Auswertung wird dem Probanden mitgeteilt.

Ist die Person als die relevanten Fragen „wahrheitsgemäß verneinend" bewertet worden, wird dies kurz mitgeteilt und es werden die Reaktionsweisen auf die weiteren Fragen mit ihm durchgesprochen.

Ist eine Person als die Fragen „nicht wahrheitsgemäß verneinend" eingestuft worden, so wird ihm die Möglichkeit gegeben, eine Erklärung für seine Reaktionsweisen abzuge-ben. Es kann sein, dass die Reaktion von einem Ereignis überlagert worden ist, welches im Vorgespräch nicht zur Sprache gekommen ist. Dies kann dazu führen, dass möglicher-weise eine neue Testdurchführung ansteht, mit der Entwicklung veränderter Fragen.

Kann der Proband keine Erklärung für das negative Ergebnis vorbringen, schließt sich ein Gespräch an, das die Folgen und die Möglichkeiten einer Lösung für alle Beteiligten zum Inhalt hat. Nicht selten erfolgen weit reichende Eingeständnisse des Probanden mit der Folge, dass sich der Proband in Therapie begibt und das Kind geschützt werden kann.

f) Polygraphische Untersuchung bei sexuellen Missbrauchsvorwürfen. Der Po-lygraph ist derzeit die einzige Alternative, die Vorwürfe, ohne Einbeziehung des Kindes, abzuklären und einen zu Unrecht beschuldigten möglichen Täter zu exkulpieren. Sicher-lich kann auch der Polygraph nicht in jedem Fall zu einem validen Ergebnis[620] kommen,

---

[620] Durchgängig wird eine Trefferquote von 90 % bei schuldigen Personen nachgewiesen, siehe: *Berning,* „Lügendetektion" aus interdisziplinärer Sicht, Band 1 und Band 2, 1992; *Berning* MSchKrim 1993, 247. Wei-tere Untersuchungen dazu: *Undeutsch/Klein* Praxis der Rechtspsychologie 1999, 45–127.

und weitere Forschung ist nötig. Da gerade der Vorwurf des sexuellen Missbrauchs auch beim Unschuldigen ein erhöhtes Erregungsniveau auslösen kann, ist der Formulierung der Kontrollfragen besondere Aufmerksamkeit zu widmen,[621] und im Rahmen der Forschung ist die Aufgabe anzugehen, standardisierte Verfahren zu entwickeln. Dabei ist die Gefahr der Rationalisierung und Minimalisierung der relevanten Fragen für den Schuldigen weniger gegeben,[622] da der Polygraph nur dann eingesetzt wird, wenn das Missbrauchsthema dem Probanden in der gesamten Bedeutung sowohl vom Familienrichter als auch von seinem Anwalt verdeutlicht wurde. Zudem wird der Proband nie mit verallgemeinernden Fragen wie: „Haben Sie Ihre Tochter sexuell missbraucht?" konfrontiert, die bei fehlender Schuldeinsicht tatsächlich mit wenig Reaktion begleitet sein können. Fragen dagegen wie: „Haben Sie das Genital Ihrer Tochter angefasst?" lassen bei Schuldigen diese Vermeidungsstrategie nicht zu. Voraussetzung für die Anwendung des Polygraphen ist, dass sich die Vorwürfe nicht völlig diffus auf einen sexuellen Missbrauch beziehen, da dann keine konkreten relevanten Fragen formuliert werden können. In diesen Fällen kann im Rahmen einer Glaubhaftigkeitsbegutachtung festgestellt werden, ob überhaupt eine Aussage des Kindes vorliegt.

Die polygraphische Untersuchung bei sexuellen Tätern macht eine veränderte Vorgehensweise gegenüber anderen inkriminierten Straftaten wie Diebstahl, Körperverletzung usw. nötig. Da der potentielle Täter pädophil veranlagt sein kann, kann möglicherweise eine Vergleichsfrage, die sich ebenfalls auf sexuelles Verhalten gegenüber Minderjährigen bezieht, für einen Pädophilen bereits zu einer relevanten Frage werden. Die Folge könnte sein, dass diese bedrohlicher erlebt wird als eine relevante Frage.

Die polygraphische Untersuchung ist nicht die alleinige Methode zur Klärung eines sexuellen Missbrauchs, eine Alternative zur Glaubhaftigkeitsbegutachtung ist sie vor allem in den Fällen, bei denen es im Sinne des Opferschutzes zu einer Vermeidung der Begutachtung des Kindes kommen soll. Der Polygraph sollte in erster Linie als Methode zu Exkulpation eingesetzt werden. Im familiengerichtlichen Verfahren kann er ohne schädliche Folgen für den inkriminierten Elternteil eingesetzt werden, da ein unerwünschtes Ergebnis ihm nicht weiter schadet, weil der Familienrichter bei Vorliegen eines Verdachts ohne Aufklärung auch nur einen begleiteten Umgang zulassen würde.[623]

Daneben ist es aber auch sinnvoll, den Polygraphen einzusetzen, um die Mütter und die Kinder von dem Rechtfertigungsdruck zu befreien und der inkriminierten Person die aktive Rolle zuzuschreiben.

15. Abänderung einer familiengerichtlichen Entscheidung

Familiengerichtliche Entscheidungen zum Kindeswohl treten in der Regel nicht durch Veränderung der Lebensverhältnisse außer Kraft, sondern bleiben so lange gültig, bis das Familiengericht sie aufgehoben oder abgeändert hat.[624] Das Einleiten eines Änderungsverfahrens verändert nicht per se eine bestehende Regelung.

---

[621] Die Problematik wird ausführlich bei *Cross/Saxe* Journal of Child Sexuale Abuse 1992, 1 (4), 19–33 diskutiert.

[622] Diesen Gesichtspunkt betonen *Steller/Dahle* Praxis der Rechtspsychologie 1999, 127–205.

[623] Siehe OLG München FuR 1999, 335.

[624] *Schwab* FamRZ 1998, 471.

a) Rechtliche Vorgaben. Gemäß § 1696 BGB muss das Familiengericht seine früher ergangenen Anordnungen, sowohl was Sorgerechts- als auch was Umgangsrechtsfragen betrifft, ändern, wenn triftige, das Wohl des Kindes nachhaltig berührende Gründe vorliegen. Während in der alten gesetzlichen Fassung[625] das Gericht eine Entscheidung abändern „konnte", wird nun seit dem 1. 7. 98 die Pflicht zur Abänderung betont. Bei ergangenen Entscheidungen nach § 1666 BGB ist die Änderungspflicht sogar gesteigert. Das Familiengericht muss die Entscheidung abändern, wenn eine Gefahr für das Wohl des Kindes nicht mehr besteht,[626] zudem sind länger dauernde Maßregeln in angemessenen Zeitabständen zu überprüfen (§ 1696 Abs. 3 BGB). Eine Abänderung einer gerichtlichen Regelung ist immer auch dann angezeigt, wenn ein Sorgeberechtigter nicht mehr in der Lage ist, die elterliche Sorge auszuüben (§ 1678 BGB), weil er langfristig erkrankt ist, weil er unbestimmten Aufenthalts oder weil er verstorben ist (§ 1680 BGB). Das Abänderungsverfahren nach § 1696 BGB mit seiner höheren Kindeswohlschwelle greift auch, so die noch strittige Rechtsauffassung, wenn eine familiengerichtliche Entscheidung nach altem Recht für die Zeit des Getrenntlebens ergangen ist und für die Scheidung eine Abänderung und endgültige Entscheidung beantragt wird.[627] Auch bei Familien nicht verheirateter Eltern kann eine erfolgte gemeinsame Sorgerechtserklärung nur durch gerichtlichen Beschluss geändert werden.

Das Abänderungsverfahren eröffnet am Familiengericht ein eigenständiges Verfahren mit neuer Geschäftsnummer, aber wenn möglich gleichem Richter, wie bei der Erstentscheidung. Der Sachverhalt muss neu geprüft werden, ebenso die Zuständigkeit des Gerichts, da das Kind seinen ständigen Wohnort geändert haben kann.

Einem gemeinsamen Elternvorschlag wird in der Regel gefolgt, er ist jedoch beim Abänderungsverfahren für das Familiengericht nicht völlig bindend, es können gewichtige Kontinuitätsgesichtspunkte dem Kindeswohl widersprechen. Dabei muss nicht erst die Schwelle der Kindeswohlgefährdung nach § 1666 BGB erreicht werden. Ein über 14-jähriges Kind kann dem gemeinsamen Elternvorschlag widersprechen und löst damit eine gerichtliche Kindeswohlprüfung aus.

Ein Abänderungsverfahren ist grundsätzlich nur zulässig, wenn sich die tatsächlichen Verhältnisse geändert haben und eine Abänderung notwendig wird.[628] Bei einer Abänderung einer familiengerichtlichen Entscheidung nach § 1696 BGB kommt es also nicht darauf an, dass sich die Umstände geändert haben; es ist vielmehr zu prüfen, ob das Wohl des Kindes eine Änderung der früheren Sorgerechtsregelung angezeigt erscheinen lässt.[629] Für das Kind müssen Vorteile erkennbar sein. Der Vorteil durch eine Abänderung muss deutlich die Gründe der Erstentscheidung überwiegen,[630] und es muss zu erwarten sein, dass ohne diesen Eingriff eine ungünstige Entwicklung des Kindes einträte.[631] Der Prüfungsmaßstab in Bezug auf das Kindeswohl ist bei der Abänderung höher als bei der Sorge-

---

[625] Zur Bewertung der „schwerwiegenden Gründe" sei auf ein Urteil des OLG Stuttgart verwiesen: FamRZ 1975, 105.

[626] OLG Karlsruhe FamRZ 1994, 393, der Eingriff in das Elternrecht kann nur bestehen bleiben, wenn das Kindeswohl gefährdet wäre.

[627] OLG Zweibrücken Kind-Prax 1999, 136 und Stellungnahme zu der in der Literatur problematisierten Rechtslage.

[628] *Ewers* FamRZ 1999, 478.

[629] KG Berlin FamRZ 1959, 259.

[630] OLG Karlsruhe FamRZ 1998, 1046.

[631] BayObLG FamRZ 1962, 32; KG Berlin FamRZ 1959, 253; OLG Karlsruhe FamRZ 1959, 258; OLG Hamburg FamRZ 1982, 5, 532.

rechtsübertragung nach § 1671 BGB. Eine einmal erfolgte Regelung der elterlichen Sorge soll nicht beliebig abänderbar sein. Bei einem „Unentschieden" der Situation bleibt es bei der bestehenden Regelung.[632]

Auch der Sachverständige hat sich bei Empfehlungen zur Änderung des Sorgerechts mit der Frage auseinander zu setzen, warum eine Herausnahme des Kindes aus den meist lange bestehenden Bindungen und Beziehungen aus Gründen des Kindeswohls nötig ist[633] und ob die Voraussetzungen zur Sorgerechtsübernahme beim anderen Elternteil vorhanden sind. Nicht allein maßgeblich sind Interesse oder Wunsch eines Elternteils oder des Kindes.[634]

Prinzipiell gilt also, dass ändernde gerichtliche Eingriffe nur im Ausnahmefall zugelassen werden.[635] Immer sind der Kontinuitätsgesichtspunkt und der beachtliche Kindeswille[636] vorrangig, vor dem sich jede Änderung legitimieren muss.[637] Dies trifft auch zu, wenn eine bestehende gemeinsame Sorge gegen den Willen eines Elternteils in eine alleinige Sorge abgeändert werden soll.[638]

Beim Abänderungsverfahren gilt, dass der Eingriff in das Sorgerecht so gering wie möglich gehalten werden soll. So kann bei einem bestehenden alleinigen Sorgerecht auch das Aufenthaltsbestimmungsrecht auf beide übertragen werden, wenn z.B. ein Elternteil den Entzug des Kindes durch den anderen Elternteil z.B. ins Ausland befürchtet.[639]

Pflegeeltern haben im Abänderungsverfahren, z.B. bei Rückübertragung der elterlichen Sorge auf die leiblichen Eltern nach § 1696 BGB, weder ein Antragsrecht noch ein Beschwerderecht gegenüber einer ergangenen familiengerichtlichen Entscheidung. Sie sind materiell nicht am Verfahren beteiligt, haben daher auch keinen Anspruch auf rechtliches Gehör.[640]

b) Zur Abänderung bei alleiniger Sorge in gemeinsame Sorge bei nichtehelichen Eltern. Hatten nicht verheiratete Eltern früher eine gemeinsame Sorgerechtserklärung dahingehend abgegeben, dass ein Elternteil in einer früheren Beziehungskrise durch Antrag beim Familiengericht die alleinige Sorge zugesprochen bekam. Wollen die Eltern nun wieder zur gemeinsamen Sorge zurückkehren, können sie dies nur über den Weg der Heirat[641] oder der Abänderung nach § 1696 Abs. 1 BGB.

c) Zur Abänderung alleiniger Sorge in gemeinsame Sorge. Sollte ein gemeinsamer elterlicher Vorschlag vorgebracht werden, eine vor dem 1.7.1998 ergangene einseitige Sorgerechtsentscheidung nun in eine gemeinsame elterliche Sorge abzuändern, sind an das Kriterium „das Wohl des Kindes nachhaltig berührende Gründe" andere Maßstäbe anzulegen. Gerichtlich ergangene Sorgerechtsentscheidungen müssen in jedem Falle auch gerichtlich abgeändert werden. Wurde z.B. einer Mutter die alleinige elterliche Sorge übertragen und nehmen die Eltern das familiäre Leben, ohne Wiederverheiratung, wieder auf, so hat die Mutter auch in der neuen Lebenskonstellation die alleinige elterliche Sorge inne. Beide Eltern können nicht wie unverheiratete Eltern nun einfach eine Sorgerechtserklä-

---

[632] *Weychardt* ZfJ 1999, 333.
[633] OLG Stuttgart FamRZ 1978, 827.
[634] OLG Karlsruhe FamRZ 1998, 1046.
[635] OLG Stuttgart FamRZ 1957, 27; OLG Stuttgart FamRZ 1978, 827.
[636] OLG Düsseldorf FamRZ 1989, 204.
[637] *Coester*, Das Kindeswohl als Rechtsbegriff, S. 328.
[638] OLG Karlsruhe Kind-Prax 1998, 267.
[639] OLG Hamm FamRZ 1999, 293.
[640] BGH FamRZ 2000, 219 f. = DAVorm 1999, 888.
[641] *Huber* FamRZ 1999, 1628.

rung beim Notar oder Jugendamt abgeben, sie müssen wieder das Gericht bemühen. Die Schwelle, die nach § 1671 Abs. 2 BGB für die gerichtliche Abänderung von gemeinsamer Sorge auf alleinige Sorge gilt, ist aber nicht anzuwenden, wenn eine Abänderung von alleiniger Sorge *übereinstimmend* in eine gemeinsame erfolgen sollte. Rechtlich genügt dazu die Aufhebung der alleinigen elterlichen Sorge. Damit wird automatisch die gemeinsame Sorge hergestellt.

Auch hier gilt, der einvernehmliche Vorschlag der Eltern ist für eine Entscheidung gemäß § 1696 BGB für das Gericht richtungweisend, außer triftige, das Kindeswohl nachhaltig berührende Gründe stünden dagegen. Die Einigung der Eltern stellt per se bereits einen Abänderungsgrund gemäß § 1696 BGB dar.[642]

Es wäre aus sachverständiger Sicht wünschenswert gewesen, die gesetzliche Regelung so zu gestalten, dass geschiedenen Eltern die Rückkehr zur gemeinsamen elterlichen Sorge mit öffentlich beurkundeter Erklärung ohne Gerichtsverfahren ermöglicht würde. Die Perspektive, in Zukunft eine alleinige Sorge relativ unaufwendig abändern zu können, würde bei der gerichtsanhängigen Scheidung in vielen Fällen die Konfliktdynamik der Eltern entschärfen und damit dem Kindeswohl dienen.

d) Zur Abänderung der alleinigen Sorge in eine gemeinsame Sorge bei Uneinigkeit der Eltern.
Häufig begehrt der nichtsorgeberechtigte Elternteil im Rahmen eines Verfahrens nach § 1696 Abs. 1 BGB ohne Zustimmung des sorgeberechtigten Elternteils die Abänderung der bestehenden Regelung in ein gemeinsames Sorgerecht.

Hier ist durch den Sachverständigen zu prüfen, ob trotz der Uneinigkeit der Eltern ein triftiger Grund, das Wohl des Kindes nachhaltig berührend, vorliegt und wie der Eingriff in das Elternrecht so gering wie möglich gehalten werden kann. So könnte zwar das Aufenthaltsbestimmungsrecht einem Elternteil übertragen, ansonsten die gemeinsame Sorge belassen werden.

Bei Abänderung gilt nicht die Kindeswohlnorm, dass die alleinige Sorge anzuordnen ist, wenn sie dem Wohl des Kindes am besten entspricht, wie im § 1671 Abs. 2 formuliert,[643] sondern die Vorschrift des § 1696 Abs. 1 BGB. Im Zweifelsfall hat sich der Sachverständige an den Familienrichter zu wenden, wenn der Beweisbeschluss keine oder unklare Kindeswohlschwellen nennt.

e) Zur Frage der Abänderung einer bestehenden Sorgerechtsregelung in eine alleinige Sorge bei Uneinigkeit der Eltern.
Wenn ein Elternteil eine Abänderung einer Sorgerechtsregelung zu einer alleinigen Sorge für sich begehrt, gilt, dass er begründen muss, warum eine solche Änderung für das Kindeswohl angezeigt ist und welches die nachhaltig kindeswohlberührenden Gründe sind. Die Begründung muss der Antragsteller liefern.

Die Motivation, eine Sorgerechtsänderung herbeizuführen, kann vielfältig sein. Sie kann einmal die tatsächlichen Belange des Kindes betreffen, aber auch nur dem Bedürfnis der Eltern entsprungen sein. Es kann sich weiter gezeigt haben, dass die Erstentscheidung des Gerichts fehlerhaft war und nicht dem Kindeswohl entsprochen hat. Prognosen sind meist unsicher, und das Verhalten der Eltern ist besonders durch die Trennung und für die Zeit danach schwer vorherzusehen. Manchmal zeigen sich Entlastungen oder Überforderungen erst nach längerer Zeit.[644]

---

[642] AG Würzburg FamRZ 1999, 1448.
[643] Dieser Auffassung: *Ewers* FamRZ 1999, 477–480.
[644] Vgl. *Wallerstein/Kelly*, Surving the Breakup., S. 121 ff.

Die Änderungsmöglichkeit nach § 1696 BGB kann auch missbraucht werden, um den Trennungskonflikt durch Stellung wiederholter Anträge beim Gericht zu perpetuieren. Es ist unzweifelhaft, dass durch jeden, nicht von beiden Eltern getragenen Änderungsantrag Konflikte in die Familie getragen werden, die regelmäßig zu einer Belastung aller Familienmitglieder führen.

f) Rechtsfolgen nach Abänderung. Ist ein Abänderungsbeschluss zur alleinigen elterlichen Sorge ergangen, hat der nun allein Sorgeberechtigte damit auch nach § 1632 Abs. 1 BGB den Herausgabeanspruch gegenüber jedem, der ihm das Kind widerrechtlich vorenthält, auch wenn das Kind ins Ausland entführt worden ist.[645] Der andere Elternteil, der bis dahin die elterliche Sorge inne hatte und bei dem das Kind lebt, ist zur Herausgabe des Kindes verpflichtet. Das Kindeswohl ist im Falle der Weigerung zur Herausgabe im Herausgabeverfahren nur noch eingeschränkt zu überprüfen, da dies bereits im Rahmen des Abänderungsverfahrens erfolgt, was eben zu der Abänderung geführt hat.[646] Weigert sich der nun besuchsberechtigte Elternteil, das Kind herauszugeben, so kann ein Herausgabebeschluss des Gerichts ergehen. Notfalls kann mit Hilfe des Gerichtsvollziehers und mit Hilfe der Polizei, die nur nach eigens zu erlassendem gerichtlichem Beschluss gegen das Kind unmittelbare Gewalt nach § 33 FGG anwenden darf, das Kind zum Sorgeberechtigten verbracht werden.[647] Die Anwendung von Gewalt wird sich auf die Fälle beschränken müssen, in denen der nichtsorgeberechtigte Elternteil das Kind gegen dessen ausdrücklichen und konstanten Willen bei sich festhält oder wenn ansonsten für das Kind erhebliche Schäden zu erwarten wären. Ist das Kind an einen dem nun sorgeberechtigten Elternteil unbekannten Ort entzogen worden, hat der Sorgeberechtigte die Möglichkeit, mit Hilfe eines Detektivs den Wohnort ausfindig machen zu lassen. Die Kosten sind ihm vom anderen Elternteil zu erstatten.[648]

g) Abänderung einer Umgangsregelung. Auch für die Abänderung eines bestehenden Umgangs sind die Vorschriften des § 1696 BGB maßgeblich. Ein bestehender Umgangsbeschluss kann nur vom Familiengericht geändert werden, wenn mindestens ein sorge- oder umgangsberechtigter Elternteil eine Änderung dieser Regelung wünscht. Ein Abänderungsgrund ist immer dann gegeben, wenn bei der Erstentscheidung des Familiengerichts Umstände nicht berücksichtigt worden oder nachträglich eingetreten sind oder eine Änderung der bestehenden Regelung aus triftigen, das Kindeswohl nachhaltig berührenden Kriterien geboten scheint. Die Gründe können darin liegen, dass die Eltern nun wegen des Umfangs so zerstritten sind, dass sich diese Uneinigkeit negativ auf das Kindeswohl auswirkt.[649]

h) Gründe, die eine Abänderung der Sorgeregelung nicht rechtfertigen können. Der Kindeswille allein oder der Wille eines Elternteils, das Sorgerecht nicht mehr gemeinsam ausüben zu wollen, kann keine Änderung bewirken. Es müssen Gründe eingetreten sein, die eine Abänderung im Interesse des Kindes dringend verlangen.[650] Die abstrakte Gefahr, wenn also keine konkreten Anhaltspunkte vorhanden sind, dass ein

---

[645] Vgl. OLG Koblenz FamRZ 1989, 204.
[646] Vgl. OLG Hamm FamRZ 1991, 102.
[647] Ausführlich zur Anwendung von Zwang: *Wieser* FamRZ 1990, 693.
[648] BGH FamRZ 1990, 966.
[649] OLG Karlsruhe Kind-Prax 1998, 271.
[650] OLG Karlsruhe Kind-Prax 1998, 267.

sorgeberechtigter Elternteil mit dem Kind ins Ausland verzieht und die Integration des Elternteils in Deutschland gegeben ist, rechtfertigt allein noch keine Abänderung der elterlichen Sorge.[651] Kein Grund ist gegeben, wenn das Kind wechseln will, weil es beim anderen Elternteil eher verwöhnt wird oder weniger in der Schule tun muss. Die Begründung, dass das Kind in der anderen Wohnumgebung bessere soziale Verhältnisse vorfinde oder sich dort vielleicht wohler fühle, ist nicht allein ausreichend.[652] Der Kindeswille ist beachtlich, aber nicht ausschlaggebend.

Eine Änderung der elterlichen Sorge muss nicht angezeigt sein, wenn das Kind schon lange bei den Großeltern statt beim Sorgeberechtigten lebt, obwohl die emotionale Beziehung des Kindes zu dem getrennt lebenden Elternteil enger ist als zu dem Elternteil, bei dessen Eltern das Kind aufwächst.[653]

Wenn der sorgeberechtigte Elternteil in hasserfüllter Weise das Kind gegen den Nichtsorgeberechtigten einnimmt, muss dies nicht eine Änderung der elterlichen Sorge bewirken, auch wenn die erzieherische Eignung damit erheblich in Frage gestellt ist; denn diese ist nur ein Gesichtspunkt der Kindeswohlprüfung.[654]

Auch ein Zusammenleben einer sorgeberechtigten Mutter mit einem verheirateten Mann kann keine Änderung begründen, ebenso nicht finanzielle Interessen.[655] Moralische Gesichtspunkte dürfen keine Rolle bei der Begründung einer Änderung spielen, es sei denn, sie beeinträchtigen konkret das Kindeswohl.

i) Gründe, die eine Abänderung der Sorgeregelung rechtfertigen können. Familiäre Konflikte treten häufig auf, wenn das Kind vom Nichtsorgeberechtigten entzogen worden ist oder wenn der Sorgeberechtigte das Kind einen längeren Zeitraum dem Nichtsorgeberechtigten, aus welchen Gründen auch immer, zur Pflege und Erziehung überlassen hat und diese Veränderung des Lebensschwerpunktes durch einen Abänderungsantrag legitimiert werden soll.[656] Durch das Abänderungsverfahren soll dann der rechtliche Zustand mit den faktischen Lebensverhältnissen zur Übereinstimmung gebracht werden.[657]

Eine Abänderung kann weiter berechtigt sein, wenn sich die Lebensverhältnisse des Sorgeberechtigten gegenüber denen des Nichtsorgeberechtigten erheblich verschlechtert haben und wenn davon das Kindeswohl nachhaltig berührt wird. Die Veränderungen können gesundheitlicher[658] oder finanzieller Natur sein, weil der Stiefelternteil vorbestraft ist[659] oder wenn das Kind besonderer Förderung oder Pflege bedarf, z. B. wegen Behinderung, die der bisher Nichtsorgeberechtigte besser leisten kann.[660]

Ein weiterer erheblicher Grund für eine Änderung ist gegeben, wenn sich das Kind selbständig für den Verbleib beim getrennt lebenden Elternteil entscheidet, und zwar mit Konstanz und nicht nur vorübergehend, und wenn der Wunsch den tatsächlichen Beziehungsstrukturen entspricht. Der Grund kann auch in tatsächlichen Veränderungen liegen, die

---

[651] OLG Frankfurt FamRZ 1999, 1005.

[652] *Lempp*, Gerichtliche Kinder- und Jugendpsychiatrie, S. 38.

[653] OLG Hamm FamRZ 1980, 485.

[654] BGH FamRZ 1985, 169 = NJW 1985, 1702, wobei sich die Kinder eindeutig für den Verbleib bei der sorgeberechtigten Mutter aussprachen.

[655] LG Mannheim FamRZ 1964, 93, in Bezug auf Kindergeld.

[656] OLG Bamberg FuR 1990, 232.

[657] OLG Düsseldorf FamRZ 1978, 621; OLG Hamm FamRZ 1981, 600–601; *Ehring* S. 48.

[658] KG Berlin FamRZ 1977, 65.

[659] *Ehring* S. 102.

[660] Siehe: *Ehring* S. 49.

nichts mit der Erziehungseignung oder Förderkompetenz zu tun haben. Oftmals werden neue Partner des Vaters oder der Mutter vom Kind abgelehnt,[661] so dass familiäre Probleme auftauchen und das Kind wünscht, zum anderen Elternteil zu ziehen. Von vielen Elternpaaren wird dann meist in Absprache eine einvernehmliche Abänderung beantragt.

Besteht ein gemeinsames Sorgerecht und zeigt ein Elternteil keinerlei Kooperationsbereitschaft, kann dies eine Abänderung begründen. Eine anhaltende Weigerung des Sorgeberechtigten, das Kind dem Umgangsberechtigten zuzuführen, kann eine Sorgerechtsänderung bewirken, auch wenn ansonsten die Erziehungseignung des Sorgeberechtigten gegeben ist.[662]

Wenn der sorgeberechtigte Elternteil das Kind von seinen Eltern[663] erziehen lässt, kann es geboten sein, dem anderen Elternteil nun die Sorge zu übertragen.[664] Persönliche Betreuung durch einen Elternteil wird als förderlicher angesehen als Drittbetreuung. Betreuungskontinuität ist aber auch im Einzelfall zu prüfen.

Des Weiteren können objektive Gründe wie Erziehungsungeeignetheit, Verhinderung und Tod eines Elternteils wie auch des Stiefelternteils die Änderung rechtfertigen. Auf der anderen Seite kann sich eine Wiederverheiratung positiv auswirken, so dass damit eine persönliche Betreuung wieder möglich wird, wenn ein Elternteil nun in geordneten Verhältnissen lebt und nicht berufstätig ist.

j) Gestaltungsmöglichkeiten des Sachverständigen. Jede Abänderung ist im individuellen Fall zu begründen, dabei ist die Ausgangssituation wesentlich. Stellt ein Elternteil einen Abänderungsantrag, weil das Kind schon lange bei ihm oder bei seinen Eltern lebt, will er die faktische Situation rechtlich abgesichert oder seine elterliche Verfügungsgewalt erhalten wissen. In diesen Fällen hat der Sachverständige zu prüfen, ob das Kind bei diesem Elternteil oder diesen Bezugspersonen bleiben will und ob Gründe dagegen sprechen. Weiter hat er abzuwägen, ob dieser Absicherung eine gemeinsame Sorge entgegensteht. Im Einzelfall sollten das Aufenthaltsbestimmungsrecht oder andere Teilrechte geregelt werden.

In anderen Familienkonflikten wird ein Abänderungsantrag gestellt, weil der Sorgeberechtigte das Umgangsrecht behindert und der Nichtsorgeberechtigte mit diesem Antrag Druck ausüben möchte, ihm aber eigentlich nur an einer verbesserten Umgangsgestaltung gelegen ist. Bei diesen Familienkonflikten wird der Sachverständige seine Intervention auf die Umgangsgestaltung ausrichten.

Im Einzelfall werden von einem Elternteil immer wieder Abänderungsanträge gestellt, als Ausdruck nicht verarbeiteter Trennungskonflikte und um den anderen Elternteil in seiner weiteren Lebensgestaltung, z. B. erneute Heirat, zu beschränken. Meist wird der Sachverständige mit seiner Intervention bald an seine Grenzen stoßen. Häufig bestand die Absicht des Familienrichters, mit Hilfe des Sachverständigengutachtens dem Elternteil sein kindeswohlschädigendes Verhalten vor Augen zu halten. Im Einzelfall kann es dem Kindeswohl mehr dienen, diesen familienrichterlichen Erwartungen zu entsprechen, um die abzusehende Beschwerde am Oberlandesgericht abzusichern.

Schwierig sind die Konflikte für den Sachverständigen, wenn der Elternteil, der bis zum Auszug die Hauptbezugsperson war, ursprünglich das Kind mit sich nehmen wollte,

---

[661] *Weychardt* ZfJ 1999, 334.
[662] OLG München FamRZ 1991, 1343; OLG Celle FamRZ 1998, 1045.
[663] OLG Hamm FamRZ 1980, 487.
[664] OLG Stuttgart FamRZ 1976, 34.

ihm dies aber aus beruflicher oder persönlicher Sicht nicht möglich war und er das Kind aus Verantwortungsbewusstsein beim anderen Elternteil belassen hat. Nachdem es nun seine Lebensverhältnisse erlauben, das Kind zu sich zu nehmen, stellt er den Abänderungsantrag für die früher nicht aufgrund von Bindungen des Kindes, sondern aufgrund von Versorgungsaspekten ergangene Sorgerechtentscheidung. Häufig hat sich der sorgeberechtigte Elternteil mit erheblichen Umstellungen auf die Erziehung und Pflege des Kindes eingerichtet und kann für das Verhalten des anderen Elternteils, der nun die Änderung beantragt, kein Verständnis aufbringen. Wesentlich wird auch hier für den Sachverständigen sein, wie die Beziehungsqualität des Kindes zu seinen Bezugspersonen ist und wie das Kind unter Berücksichtigung seines Alters sozial eingebettet ist.

Bei Fragen der Abänderung, zu denen der Sachverständige herangezogen wird, sollte dieser versuchen, den Eltern zu einer Einigung zu verhelfen. Häufig geht das Abänderungsverfahren auf den Wunsch des antragstellenden Elternteils zurück, mit dem Kind zusammenleben zu wollen. Dies gilt besonders für Mütter, die weit weniger bereit sind, sich mit dem Verlust der elterlichen Verantwortung abzufinden. Von ihnen wird auch die Mehrzahl der Abänderungsverfahren zum Sorgerecht eröffnet.[665] Da der Wunsch allein nicht entscheidungserheblich sein kann, werden Argumente angeführt, die meist in der Schärfe nicht den Tatsachen entsprechen. Häufig werden Abänderungsanträge gestellt, deren Hintergrund seelische Verletzungen sind, in deren Folge unredlich an der Erziehungskompetenz oder Beziehungsfähigkeit des anderen Elternteils zum Kind gezweifelt wird.

Oftmals befindet sich das Kind in einem starken Loyalitätskonflikt, insbesondere dann, wenn der Abänderungsantrag auf seinen Wunsch zurückgeht, da es für seine Entwicklung das Leben beim bisher getrennt lebenden Elternteil besser erachtet. Ist der Wechsel des Lebensschwerpunktes dem Kindeswohl dienlich, so besteht die Aufgabe, auch aus berufsethischer Sicht, dem bis dahin betreuenden Elternteil aufzuzeigen, dass der Wille des Kindes zum Wechsel nicht unbedingt mit einer mangelnden Erziehungskompetenz korrespondiert, sondern, dass entwicklungspsychologisch häufig z. B. der Sohn im Pubertätsalter die Nähe zum Vater sucht. Weiter ist vorzusorgen, dass der meist enttäuschte Elternteil sich nicht von seinem Kind zurückzieht, sondern offen bleibt und dem Kind Beziehungsangebote macht, auch vor dem Hintergrund, dass ein Wechsel zurück möglich ist. Immer gilt es auch bei Abänderungsverfahren, die in der Regel länger als zwei Jahre andauern,[666] umgehend mit der Begutachtung zu beginnen, um den familiären Konflikt nicht noch zu verstärken.

Der Kontinuitätsgesichtspunkt setzt dem Kindeswillen Grenzen. So kann sich z. B. ein Kind im Pubertätsalter für den Wechsel zum anderen Elternteil entscheiden, um familiären Konflikten aus dem Weg zu gehen.[667] Es empfiehlt sich in diesen Fällen eine Probezeit von einem halben Jahr, wobei ein eventueller Wechsel zurück mit begleitender Beratung erfolgen sollte. Diese Möglichkeit sollte von den Eltern einvernehmlich und außerhalb des Gerichtsverfahrens oder mit sachverständiger Begleitung durchgeführt werden. Es ist aber nicht zulässig, ein Kind auf Probe für längere Zeit bei dem bisher nichtsorgeberechtigten Elternteil unterzubringen, nur um so zu erfahren, ob sich das Kind bei diesem Elternteil wohler fühlt als beim anderen.[668]

---

[665] *Ehring* S. 123.
[666] *Ehring* S. 29.
[667] *Lempp,* Gerichtliche Kinder- und Jugendpsychiatrie, S. 113.
[668] OLG Hamm FamRZ 1968, 533.

Im Rahmen der Begutachtung besteht die Möglichkeit, eine solche versuchsweise Regelung in den Ferien durchzuführen. Wenn kein Schulwechsel damit verbunden ist, kann auch das probeweise Leben beim nichtsorgeberechtigten Elternteil während des Schuljahres im Rahmen einer interventionsorientierten Begutachtung versucht werden.

Nicht zu beantworten hat der Sachverständige die Frage, ob das Umgangsrecht schwerer wiegt als das Recht des Sorgeberechtigten, sich dauerhaft ins Ausland zu begeben, auch wenn die Auswanderung von der Motivation getragen ist, den Umgang mit dem Nichtsorgeberechtigten zu verhindern. Eine solche Entscheidung kann eine Änderungsempfehlung nicht rechtfertigen. Der Maßstab ist das Kindeswohl.[669]

Beim Scheitern sachverständiger Intervention hat sich die Kindeswohlprüfung auf die Verhältnisse zum Zeitpunkt des potentiellen Wechsels zu beziehen.[670] Dies gilt auch, wenn der nichtsorgeberechtigte Elternteil das Kind gegen den Willen und ohne Wissen des Sorgeberechtigten zu sich genommen hat – möglicherweise in ein anderes Land. Die Sorgerechtsentscheidung hat auch in diesem Fall zum Wohle des Kindes zu ergehen. Dabei sind die Dauer des dortigen „gewöhnlichen" Aufenthaltes und die Eingliederung in die soziale Umwelt zu berücksichtigen.[671] Ist der Wohnort des Kindes beim umgangsberechtigten Elternteil auf Dauer angelegt, hat dieser Wohnort die Bedeutung eines gewöhnlichen Aufenthalts (die Rechtsprechung geht von einer Dauer von 6 Monaten aus, um soziale Bindungen zu festigen[672]). Es kommt für die Sorgerechtsentscheidung nicht darauf an, wie der neue Aufenthaltsort begründet worden ist, ob er also z.B. durch Rechtsbruch zustandegekommen ist.[673] Eine Sorgerechtsentscheidung darf nicht eine Bestrafung des unbotmäßigen Elternteils sein, auch wenn damit die rechtswidrig geschaffene Situation bestätigt werden muss.[674] Eine Sanktion oder die Herbeiführung von Gerechtigkeit ist, wenn überhaupt, Sache des Gerichts.

Der Sachverständige sollte sich bewusst sein, dass Prognosen über die Folgen eines Wechsels häufig schwer zu geben sind. Dies gilt besonders für die Besuchsgestaltung, wenn der sorgeberechtigte Elternteil bisher den Kontakt verhinderte und nun das Kind bei dem bisher Nichtsorgeberechtigten lebt. Verbal bekundete Kooperationsbereitschaft kann nach Abschluss des Gerichtsverfahrens widerrufen werden. Auch das Kind kann sich entgegen seiner früher ergangenen Willensäußerung neu orientieren.

---

[669] LG Mannheim FamRZ 1976, 167; OLG Karlsruhe FamRZ 1978, 201; OLG Düsseldorf FamRZ 1979, 965, die Besuchsmöglichkeit ist ein Gesichtspunkt des Kindeswohls; anderer Ansicht OLG Oldenburg FamRZ 1980, 78, das bei Auswanderungswünschen das Umgangsrecht dem Sorgerecht gleichwertig betrachtet und der Auswanderung eines Elternteils mit dem Kind nur zustimmt, wenn triftige Gründe für eine Auswanderung – im Sinn des Kindeswohls – vorliegen; ähnlich auch OLG München FamRZ 1981, 389.

[670] *Coester,* Das Kindeswohl als Rechtsbegriff, S. 311.

[671] OLG Hamm FamRZ 1989, 1109.

[672] OLG München FamRZ 1981, 389.

[673] OLG Hamburg ZfJ 1988, 94. Ausführlich zum Problem der Kindesentziehung durch einen Elternteil: *Hüppi,* Straf- und zivilrechtliche Aspekte der Kindesentziehung gemäß Art. 220 StGB, 1988; *IAf,* Kindesmitnahme durch einen Elternteil, 1988.

[674] OLG Bamberg FamRZ 1987, 185.

16. Ehefähigkeit, Prozessfähigkeit bzw. Geschäftsfähigkeit

Die Begutachtung zu Fragen der Ehefähigkeit fällt zumeist in die Fachkompetenz des Psychiaters, im Einzelfall des fachkundigen Diplompsychologen. Oftmals müssen beide Fachkompetenzen ergänzend herangezogen werden. Ehefähigkeit entspricht der Geschäfts- oder Testierfähigkeit. Relevant ist diese Fragestellung auch beim Abschluss von Eheverträgen, bei der Abgabe von Sorgerechtserklärungen[675] wie auch bei der Eheschließung selbst.

a) Rechtliche Vorgaben. Die Geschäftsfähigkeit oder Prozessfähigkeit orientiert sich hinsichtlich der forensischen Beurteilung an den juristischen Vorgaben der § 104 Abs. 2 BGB, § 1314 BGB und der § 607 ZPO.

Wer geschäftsunfähig ist, hat keine rechtliche Macht, Willenserklärungen abzugeben, d. h. insbesondere Verträge zu schließen, Kündigungen auszusprechen, Testamente zu errichten. Die Geschäftsfähigkeit ist ein Sonderfall der Handlungsfähigkeit.

Das BGB unterscheidet drei Stufen der Geschäftsfähigkeit: volle Geschäftsfähigkeit, beschränkte Geschäftsfähigkeit und Geschäftsunfähigkeit.

Geschäftsunfähig sind Kinder unter 7 Jahren sowie Personen, die sich in einem Zustand befinden, der die freie Willensbestimmung ausschließt (sofern nicht vorübergehend). Willenserklärungen geschäftsunfähiger Personen sind nichtig, also rechtlich unwirksam.

Beschränkt geschäftsfähig sind Personen zwischen 7 und 18 Jahren. Schenkungen dürfen sie auch ohne Zustimmung annehmen und frei über Taschengeld verfügen. Ist für eine betreute Person ein Einwilligungsvorbehalt nach § 1903 BGB angeordnet, so gelten für diesen Fall auch die Bestimmungen über die beschränkte Geschäftsfähigkeit (§§ 108–113 BGB).

Wer geschäftsunfähig oder beschränkt geschäftsfähig ist, kann nicht selbständig Rechtsgeschäfte tätigen. Er bedarf eines gesetzlichen Vertreters, der ihn vor Gericht und in anderen Dingen vertritt. Gesetzlicher Vertreter von minderjährigen Kindern sind die Eltern. Ist diesen das Sorgerecht entzogen, ist ein Vormund der gesetzliche Vertreter.

Bei einer Betreuung Volljähriger ist der Betreuer innerhalb des Aufgabenkreises der gesetzliche Vertreter (§ 1902 BGB). Allerdings kann die betreute Person weiterhin selbst Rechtsgeschäfte abschließen. Die Betreuung hat aber keinen Einfluss mehr auf die Geschäftsfähigkeit, wenn kein Einwilligungsvorbehalt besteht (§ 1903 BGB) oder die Person nicht geschäftsunfähig ist (§ 104 Ziff. 2 BGB).

Bei Geschäftsunfähigkeit besteht auch in Ehesachen keine Prozessfähigkeit,[676] daher ist ein gesetzlicher Vertreter, sei es ein Prozesspfleger oder Betreuer, erforderlich.[677] Allerdings besteht die Bestimmung im § 1304 BGB, dass derjenige, der geschäftsunfähig ist, eine Ehe nicht eingehen kann (siehe auch § 104 Ziffer 2 BGB). Eine Ehe kann aufgehoben werden, wenn einer der Ehegatten zur Zeit der Eheschließung geschäftsunfähig war (§ 1314 Abs. 2 BGB).

Hat der Standesbeamte Zweifel an der Geschäftsfähigkeit der Personen, die eine Ehe eingehen wollen, kann er eine gerichtliche Entscheidung beantragen.[678]

---

[675] Zum Begriff „Sorgerechtsfähigkeit" siehe: *Knittel* ZfJ 2000, 141.
[676] BGH FamRZ 1971, 243.
[677] *Sedemund-Treiber,* in: Johannsen/Henrich (Hrsg.), Eherecht, § 607 ZPO Rn 5.
[678] *Böhmer* StAZ 1990, 213.

Psychisch Kranke oder geistig Behinderte können grundsätzlich eine Ehe eingehen. Für Eheschließungen ist ein Einwilligungsvorbehalt (§ 1903 BGB) nicht zulässig. Somit können auch unter Betreuung stehende Personen grundsätzlich heiraten[679] (anders als im früheren Vormundschaftsrecht), ohne den Betreuer fragen zu müssen. Eine Ehefähigkeit liegt nur dann nicht vor, wenn sich die Personen in einem, die freie Willensbestimmung ausschließenden Zustand krankhafter Störung der Geistestätigkeit befindet, es sei denn, dieser Zustand ist seiner Natur nach ein vorübergehender (§ 104 Abs. 2 BGB). Der Kranke muss also in der Lage sein, die Bedeutung der von ihm abgegebenen Willenserklärung einzusehen und nach dieser Einsicht zu handeln.[680] Es kommt also nicht allein auf die freie Willensbildung an, sondern auf die geistig-willensmäßige Fähigkeit, wie es auch für die Testierfähigkeit gilt.

Hinsichtlich der „Ehefähigkeit" wird also davon ausgegangen, dass es sich hier um ein besonderes „Rechtsgeschäft" handelt, dessen Inhalt wesentlich mehr als sonstige Rechtsgeschäfte von in der Gesellschaft fest verankerten Vorstellungen geprägt wird. Es soll daher im Einzelfall geprüft werden, ob eine festzustellende Beeinträchtigung der Geistestätigkeit sich auch auf das Erfassen dessen erstreckt, was eine Eheschließung inhaltlich bedeutet, und ob ein Betroffener hier zur freien Willensentscheidung in der Lage ist, auch wenn diese ihm für andere Rechtsgeschäfte fehlt. Es kann dann eine partielle Geschäftsfähigkeit des sonst Geschäftsunfähigen angenommen werden.

Nach § 1314 Abs. 2 BGB kann der Ehegatte die Aufhebung der Ehe begehren, wenn er zur Zeit der Eheschließung in seiner Geschäftsfähigkeit beschränkt war. Eine Ehe ist aufhebbar, wenn ein Ehepartner zur Zeit der Eheschließung sich in einem die freie Willensbildung ausschließenden Zustand der Bewusstlosigkeit oder vorübergehenden Störung der Geistestätigkeit befand.[681] Bewusstlosigkeit bedeutet dabei nicht völliges Fehlen des Bewusstseins. Gemeint ist vielmehr eine hochgradige Bewusstseinstrübung, wie sie auch bei Trunkenheit oder Drogeneinfluss gegeben sein kann.[682]

b) Gestaltungsmöglichkeiten des Sachverständigen. Ausgehend von der Diagnose ist die Auswirkung des diagnostizierten Krankheitsbildes auf die Fähigkeit eines Menschen zu beschreiben, einen freien Willen zu bilden. Zu beurteilen sind gemäß § 105 BGB auch Willenserklärungen, die im Zustand von Bewusstlosigkeit oder vorübergehender Störung der Geistestätigkeit abgegeben werden. Eine freie Willensbildung kann ausgeschlossen werden bei krankhaften Störungen der Geistestätigkeit, die ihrer Natur nach nicht nur vorübergehend sind.

Als Bedingung einer Geschäftsunfähigkeit kommen aus sachverständiger Sicht nur schwere seelische Störungen, z.B. bei Psychosen, organische Erkrankungen des Gehirns oder als Folge schwerer Schädel-Hirn-Traumata in Frage. Auch bei schweren Suchterkrankungen ist eine Aufhebung der freien Willensbildung wohl erst dann sicher anzunehmen, wenn eine toxische Schädigung des Gehirns vorliegt.

---

[679] Siehe LG Saarbrücken FamRZ 2000, 819.
[680] AG Rottweil FamRZ 1990, 626.
[681] BGH FamRZ 1970, 641.
[682] *Henrich*, in: Johannsen/Henrich (Hrsg.), Eherecht, § 1314 BGB Rn 38.

17. Ehemündigkeit

Unter dem Begriff Ehefähigkeit wird auch die so genannte Ehemündigkeit subsumiert, die den Gesichtspunkt eines Mindestalters und der damit verbundenen Reife einer Person für die Eheschließung bezeichnet. Gelegentlich erfolgt die Frage nach der Ehemündigkeit an den psychologischen Sachverständigen, sie bezieht sich nur auf den heiratswilligen Minderjährigen.

a) Rechtliche Vorgaben. Die Ehemündigkeit ist in § 1303 Abs. 1 BGB geregelt. Danach sollte die Ehe prinzipiell nicht vor Eintritt der Volljährigkeit, also mit 18 Jahren, geschlossen werden. Das Familiengericht kann aber dem ehewilligen Mann oder der ehewilligen Frau die Erlaubnis zur Ehe erteilen, wenn der betreffende Antragsteller das 16. Lebensjahr vollendet hat und sein künftiger Ehepartner volljährig ist. Den Antrag kann nur der Minderjährige selbst stellen. Bei Fragen der Ehemündigkeit mit ausländischen Mitbürgern gilt, dass die Rechtsvorstellungen in Deutschland anzuwenden sind. Andere Altersgrenzen, wie sie oftmals in anderen Staaten gelten, sind nicht anzuwenden[683] und widersprechen dem inländischen „ordre public".

In der Regel wird die Erlaubnis erteilt, wenn Sorgeberechtigter und Heiratswilliger einen gleichlautenden Antrag stellen und keine dem Kindeswohl entgegenstehenden Gründe erkennbar sind.

Die Befreiung muss sogar erteilt werden, wenn das Wohl des Minderjährigen diese Entscheidung nicht verbietet, sie also nur rechtfertigt.[684] Die Befreiung ist nur zu versagen, wenn nach den gesamten Umständen ein begründeter Anlass besteht, dass die beabsichtigte Ehe dem wohlverstandenen Interesse des Minderjährigen nicht entspricht.

Im Falle des Widerspruches des gesetzlichen Vertreters darf das Familiengericht die Befreiung jedoch nur nach der Maßgabe des § 1303 Abs. 2 BGB erteilen, wenn der Widerspruch unbegründet ist. Im Falle des Widerspruchs hat das Familiengericht die Prüfung vorzunehmen, ob triftige Gründe für den Widerspruch vorhanden sind. Hierbei muss die Befreiung dem Wohl des minderjährigen Antragstellers dienen.[685] Die beabsichtigte Eheschließung muss dem wohlverstandenen Interesse des Minderjährigen entsprechen und zu seinem Besten sein.

Die familiengerichtliche Erlaubnis erübrigt dann das fehlende Einverständnis des gesetzlichen Vertreters bzw. die Zustimmung des Sorgeberechtigten. Durch die vorliegende familiengerichtliche Befreiung wird der minderjährige Heiratswillige hinsichtlich der Eheschließung einem Volljährigen gleichgestellt.

aa) Gründe, die eine Einwilligung rechtfertigen können. Schwangerschaft der Braut oder die zu erwartende Geburt eines Kindes, der am häufigsten angegebene Anlass, stellt für sich allein noch keinen Grund für die Befreiung dar. Im Einzelfall kann ein Unterbleiben der Ehe möglicherweise die größere Hilfe bedeuten. Auch wenn beide zukünftigen Ehegatten Sozialhilfe beziehen, kann die Einwilligung nicht versagt werden.[686]

bb) Gründe, die eine Einwilligung nicht rechtfertigen. Wenn der Sachverständige sichere Hinweise erlangt, dass Anhaltspunkte bestehen, die bereits das Scheitern sehr wahrschein-

---

[683] Z.B. OLG Köln FamRZ 1997, 1240, ein 10-jähriges iranisches Mädchen kann in Deutschland nicht als volljährig behandelt werden als Voraussetzung der Ehefähigkeit.

[684] LG Augsburg FamRZ 1998, 1106.

[685] OLG Hamm FamRZ 1965, 562.

[686] OLG Karlsruhe FamRZ 2000, 819.

lich machen, was besonders bei einem großen Altersunterschied, einer typischen Schein-ehe (z. B. weil die Ehe zwecks Aufenthalt oder Verlängerung des Aufenthalts eines Aus-länders in Deutschland beabsichtigt ist, geschlossen wird) anzunehmen ist, kann keine Empfehlung ausgesprochen werden.

b) Gestaltungsmöglichkeiten des Sachverständigen. Der Sachverständige sollte feststellen, ob der Heiratswillige aufgrund seiner entwicklungspsychologischen Situation auch als 16- bis 18-jähriger überhaupt die persönliche Reife hat, eine Ehe einzugehen oder aufgrund seines Entwicklungsstandes und seiner Persönlichkeitseigenschaften Entwick-lungsdefizite vorweist. Dabei steht andererseits kein Kriterium für „persönliche Reife" des Heiratswilligen fest, da der § 1303 BGB keine Ausnahmevorschrift für frühreife Jugend-liche ist.[687] Es wird auch nicht gefordert, dass der Minderjährige in seiner Entwicklung einem Volljährigen gleichsteht. Der Sachverständige wird also wohl nur bei erheblichen Entwicklungsdefiziten im Einzelfall von einer Einwilligung aus psychologischer Sicht abraten.

Die Psychodiagnostik des Ehewilligen muss strikt unter dem Verhältnismäßigkeits-grundsatz durchgeführt werden. Es sind nicht alle erdenklichen persönlichkeitsdiagnosti-schen Verfahren anzuwenden.

Eine wesentliche Aufgabe besteht zum einen darin zu erheben, ob der Jugendliche einen autonomen Heiratswunsch hat, der vom Drängen Dritter unbeeinflusst oder von wirtschaftlichen Faktoren abhängig ist. Zum anderen wird für die Erfassung der Bezie-hung entscheidungserheblich sein, ob eine echte wechselseitige Bindung zwischen den Partnern, die auf einem eigenen inneren Antrieb beruht, besteht, ob die Partner die Pflich-ten einer Ehe übernehmen wollen und ob Aussicht besteht, dass die geplante Ehe Bestand haben wird.[688] Ist bereits ein Kind vorhanden, muss geprüft werden, ob eine geordnete Er-ziehung des Kindes gewährleistet ist.[689]

Da der Bestand einer Ehe sich kaum vorhersagen lässt, ist die Befreiung nur abzulehnen, wenn bestimmte besondere Gründe unter Berücksichtigung aller konkreten Umstände des Falls ein Scheitern sehr wahrscheinlich befürchten lassen. Die Erkenntnis, dass Früh-ehen im Allgemeinen besonders gefährdet sind, reicht zur Versagung nicht aus.

Nicht zuletzt sollte angesprochen werden, ob die notwendige wirtschaftliche Grund-lage besteht, dabei ist aber nicht eine sichere Existenz zu verlangen.

Bei Fragestellungen zur Ehemündigkeit wird zuerst statusorientierte Diagnostik an-zuwenden sein. Auf der Basis von Ergebnissen, die aus psychologischer Sicht eine Einwilli-gung nicht ausschließen, sollten gemeinsame Gespräche mit den Sorgeberechtigten und den Ehewilligen angeregt werden, um auszuloten, ob eine Annäherung erreicht werden kann. Das Familiengericht sollte darüber in Kenntnis gesetzt werden, da sich der Begut-achtungsauftrag nur an den Ehewilligen richtet.

Der Sachverständige hat weiter darauf zu achten, dass abwertende oder stigmatisierende Formulierungen vermieden werden. Auf eine Beigabe der Testunterlagen sollte verzichtet und diese sollten nur auf Anforderung des Familiengerichts nachgereicht werden, da die Testdaten andere Fragestellungen als die, die vom Familiengericht gestellt worden ist, be-antwortbar machen.

---

[687] KG FamRZ 1960, 500; AG Ravensburg DAVorm 1976, 433.
[688] LG Augsburg FamRZ 1998, 1106.
[689] OLG Thüringen FamRZ 1997, 1274.

Salzgeber

18. Sorgerechtserklärung bei Minderjährigen

Bisher sind im Schrifttum keine Fälle bekannt, in denen ein Sachverständiger das Wohl des Elternteils im Hinblick auf die Abgabe einer Sorgerechtserklärung zu beurteilen hatte.

a) Rechtliche Vorgaben. Gemäß § 1626 c BGB kann eine Sorgeerklärung eines minderjährigen und damit beschränkt geschäftsfähigen Elternteils vor dem Jugendamt oder Notar nur mit der Zustimmung seines gesetzlichen Vertreters abgegeben werden. Auch diese Sorgeerklärung ist bedingungsfrei und unbefristet zu erklären und kann ebenfalls schon vor der Geburt erteilt werden.[690] Diese Zustimmung kann ersetzt werden, wenn sie dem Wohl dieses Elternteils nicht widerspricht. Damit kann ein Minderjähriger den anderen Elternteil an der elterlichen Sorge beteiligen, wenn er nicht verheiratet ist, oder selbst im Rahmen der tatsächlichen Personensorge gemäß § 1673 Abs. 2 daran beteiligt werden.

Diese Vorschrift entspricht auch der Einwilligung zur Eingehung der Ehe durch den gesetzlichen Vertreter.

b) Gestaltungsmöglichkeiten des Sachverständigen. Der psychologische oder psychiatrische Sachverständige wird abzuklären haben, wieweit eine echte Willensbildung, unbeeinflusst vom Drängen Dritter oder von wirtschaftlichen Faktoren vorliegt oder ob eine Übervorteilung dahingehend belegt werden kann, dass nach einer gemeinsamen Sorgeerklärung vom anderen Elternteil der Versuch unternommen wird, eine alleinige elterliche Sorge zu erreichen, um damit den minderjährigen Elternteil aus der elterlichen Verantwortung zu drängen.

19. Einwilligung in einen Schwangerschaftsabbruch

Gelegentlich kann es zu einer Sachverständigeneinschaltung führen, die die Frage nach der Einwilligung in einen Schwangerschaftsabbruch bei Minderjährigen ab 16 Jahren bei fehlender elterlicher Zustimmung zum Inhalt hat.

a) Rechtliche Vorgaben. Das Regelungsbedürfnis bezieht sich auf die §§ 1626 BGB und 218 StGB.

Die Einwilligung in einen Schwangerschaftsabbruch ist ähnlich wie ein ärztlicher Heileingriff kein Rechtsgeschäft, für das nach § 107 BGB grundsätzlich die Zustimmung der gesetzlichen Vertreter erforderlich ist, sondern die Gestattung einer tatsächlichen Handlung.

Wenn sich eine Minderjährige gegen einen Schwangerschaftsabbruch entscheidet, die Eltern aber dafür sind und sie drängen, handeln sie kindeswohlgefährdend gemäß § 1666 BGB.[691] Es ist allein der Wunsch der Minderjährigen maßgeblich,[692] es können sogar Maßnahmen gegen Dritte wie Ärzte ergriffen werden.

---

[690] *Knittel* ZfJ 2000, 141.

[691] Siehe AG Dorsten DAVorm 1978, 131.

[692] Der Sachverständige sollte sich dafür hüten, eine Abtreibungsmöglichkeit der Minderjährigen anzuraten.

Die Frage, ob eine Minderjährige die Folgen und die Tragweite des Schwangerschaftsabbruchs einzuschätzen vermag, kann nicht generalisierend beantwortet werden, sondern bedarf einer sorgfältigen Prüfung des Einzelfalls.[693]

Die Einwilligung in den Schwangerschaftsabbruch einer Minderjährigen ist anzuerkennen und wirksam, wenn die einwilligende Minderjährige geistig und sittlich reif genug sind, die Bedeutung und Tragweite des Eingriffs für ihr Leben zu erkennen. Sie bedarf dann nicht der Zustimmung des Sorgeberechtigten.[694] Die Reifeschwelle wird entweder bei 14 Jahren (entsprechend Religionsmündigkeit) oder 16 Jahren (Ehemündigkeit) angenommen.

Verweigern die Eltern die Zustimmung, da ein Abbruch in den Rahmen des § 218a Abs. 1 StGB fällt, halten sie ihr Kind damit nur von einer rechtswidrigen Handlung ab.[695] Verweigern die Eltern ihrer schwangeren Tochter Hilfe, kann das Familiengericht die Unterbringung in einem Mutter-Kind-Heim anordnen.

Verweigern die Eltern den Schwangerschaftabbruch und liegt ein Fall des § 218a Abs. 2 und 3 StGB vor, bedeutet die Schwangerschaft eine Gefährdung des körperlichen oder seelischen Gesundheitszustandes der Schwangeren oder wurde diese durch eine Straftat hervorgerufen, so stellt dieses Verhalten der Eltern eine Gefährdung des Kindeswohls gemäß § 1666 Abs. 1 BGB dar.[696]

Die Einwilligung in den Willen des Kindes könnte im Einzelfall versagt werden, wenn sich die Minderjährige im Drogenmilieu aufhält,[697] nicht aber, wenn die Eltern der Schwangeren sich bereit erklärt haben, die Tochter tatkräftig zu unterstützen.[698]

b) Gestaltungsmöglichkeiten des Sachverständigen. Im Wesentlichen wird der Sachverständige die Einsichtsfähigkeit der Schwangeren im Rahmen einer Entwicklungsdiagnostik zu erfassen suchen, aber auch im Zweifelsfall stützende Maßnahmen eruieren helfen, die für die minderjährige Schwangere zur Verfügung stehen.

Es ist nicht seine Aufgabe festzustellen, ob der Schwangerschaftsabbruch schwere psychische oder physische Folgen für die Minderjährige hat oder nicht, sondern es geht in erster Linie darum, ob die Person bereits den Reifegrad entwickelt hat, entscheiden zu können, ob sie einen Schwangerschaftsabbruch vornehmen lassen möchte,[699] während die Eltern sie zur Geburt des Kindes zwingen wollen.

20. Aufrechterhaltung der Ehe

Die Begutachtung zur Frage, ob eine besondere Härte anzunehmen ist, die eine Scheidung aufschieben kann, wird äußerst selten in Auftrag gegeben. Bisher sind auch nur fünf Entscheidungen zur Kinderschutzklausel im juristischen Schrifttum veröffentlicht.[700] Es handelt sich dabei um ganz besondere Ausnahmefälle. Bei der Härtefallregelung nach § 1565

---

[693] AG Schlüchtern FamRZ 1998, 968, anderer Ansicht AG Celle FamRZ 1987, 738.

[694] AG Schlüchtern FamRZ 1998, 968.

[695] Hierzu *Scherer* FamRZ 1997, 589–595.

[696] AG Helmstedt FamRZ 1987, 621, das aber den Antrag auf Einschränkung der elterlichen Sorge zurückwies. *Scherer* FamRZ 1997, 593.

[697] Hierzu LG Berlin FamRZ 1980, 285.

[698] Hierzu LG München FamRZ 1979, 850.

[699] *Siedhoff* FamRZ 1997, 589.

[700] *MünchKommBGB/Wolf* § 1568.

BGB bestehen Parallelen zum Begutachtungsfall, wie er für eine Zwangsversteigerung eines Hauses oder einer Wohnung maßgeblich ist, der aber vom Vollstreckungsgericht beauftragt (und hier nicht weiter ausgeführt) wird.

a) Rechtliche Vorgaben. Gemäß § 1568 BGB soll eine Ehe nicht geschieden werden, wenn und solange die Aufrechterhaltung der Ehe im Interesse der aus der Ehe hervorgegangenen minderjährigen Kinder aus besonderen Gründen ausnahmsweise notwendig ist. Prinzipiell hat das Gericht die Kinderschutzklausel von Amts wegen zu prüfen, auch wenn eine einvernehmliche Scheidung nach § 1565 BGB vorliegt.

Es ist unwesentlich, ob das gemeinsame Kind tatsächlich vom Ehemann abstammt. Entscheidend ist, ob die Ehelichkeit angefochten worden ist oder nicht. Dies gilt auch für adoptierte Kinder, Pflegekinder werden vom § 1568 BGB nicht erfasst. Der Schutz des Kindes umfasst alle Altersstufen bis hin zur Vollendung des 18. Lebensjahres des Kindes. Der Schutzzweck fällt bei Verheiratung des minderjährigen Kindes weg.

Mit dem § 1568 BGB ist nicht beabsichtigt, die Scheidung einer Ehe auf Dauer zu verhindern. Die Härteklausel hat vielmehr die Aufgabe, dem Ehepartner oder dem Kind eine gewisse Schonzeit zu gewährleisten, um sich auf die durch die Scheidung eintretende neue Situation vorzubereiten.

Voraussetzung für die Abwendung einer Scheidung ist, dass es trotz sachkundiger Beratung nicht gelingen kann, die Gefahr abzuwenden. Die konkrete Gefährdung des Kindes muss durch die Abweisung des Scheidungsantrages ausgeschlossen werden können. Bleibt es zweifelhaft, ob die Aufrechterhaltung der Ehe für das Kind notwendig ist, ist diese zu scheiden.

Prinzipiell haben Ehen mit Kindern keinen besonderen Bestandsschutz, da auch die Scheidung gegenüber der nicht zu verhindernden Trennung in der Regel keine faktisch schlechtere Stellung der Kinder mehr mit sich bringt. Es genügt nicht, dass die Scheidung für das Kind eine besondere Härte bedeutet. Die Ansicht, die davon ausgeht, dass eine Scheidung prinzipiell dem Kindeswohl schade, reicht nicht aus, da es nicht auf einen Vergleich zwischen einer funktionierenden Ehe und der Trennung ankommt, sondern um die Realität der konflikthaften, gescheiterten Ehe, die auch ohne Scheidung für das Kind wenig Vorteil bringt.

Die Nachteile, die sich durch die Scheidung für das Kind sich ergeben können, können nur berücksichtigt werden, wenn sie auf besonderen Gründen beruhen. Übliche trennungsbedingte Konflikte werden dem Kind zugemutet und sind selbst kein Grund, eine Scheidung abzulehnen. Die Vorschriften des § 1568 können nicht herangezogen werden, um die Hoffnung aufrechtzuerhalten, dass sich die Eltern wieder versöhnen. Auch eine sozial-psychologische Einstellung, das Kind bedürfe der väterlichen und mütterlichen Zuneigung, deshalb dürfe die Ehe nicht geschieden werden, wird durch diese Rechtsvorschrift nicht gedeckt.[701]

b) Gründe, die den besonderen Härtefall nicht rechtfertigen. Sind die Konflikte des Kindes durch eine Intervention zugänglich, kann die Scheidung nicht verhindert werden. Nicht einmal die Drohung mit Selbstmord eines Elternteils kann eine Scheidung aufhalten, da einer Selbstmordgefahr in zumutbarer Weise durch eine Psychotherapie begegnet werden kann.[702] Selbst wenn das Kind an Depressionen leidet und Suizidgefahr

---

[701] OLG Celle FamRZ 1978, 508.
[702] OLG Hamm FamRZ 1990, 60.

besteht, kann nicht von der Scheidung abgesehen werden, wenn die Depression behandlungsfähig ist.[703] Dasselbe ergibt sich für die Notwendigkeit, ein nervenkrankes Kind gemeinsam zu betreuen.[704]

Wenn sich ein Kind nicht zwischen zwei Eltern entscheiden kann, kann dies ebenfalls kein Grund sein. Selbst Nachteile für die Erziehung des Kindes sind unvermeidbar. Ebenso ist ein Wohnungswechsel für das Kind hinzunehmen und eine Veränderung der elterlichen Rolle, z. B. wenn die nun betreuende Mutter berufstätig sein wird. Auswirkungen in wirtschaftlicher Hinsicht sind kein Grund, die Scheidung zu verhindern. Im Übrigen können auch öffentliche Hilfen beansprucht werden.

Wenn sich das Kind dem Elterteil nicht besonders verbunden fühlt, greift die Kinderschutzklausel nicht, ebenso nicht, wenn ein ausländischer Elternteil das Kind auf Dauer nicht mehr besuchen kann.[705]

c) Gründe, die den besonderen Härtefall rechtfertigen können. Angezeigt ist wohl immer dann ein Härtefall, wenn ein Kind aktuell mit Selbstmordabsichten droht[706] oder dem Kind aufgrund von Krankheit oder erheblichen seelischen Belastungen ein Umzug nicht zugemutet werden kann.

Auch bei einer kinderreichen Familie kann durch die Scheidung das seelische Befinden der Kinder nachhaltig beeinträchtigt werden.[707]

Eine Scheidung kann versagt werden, wenn die rechtzeitige erfolgreiche Behandlung der therapiebedürftigen Mutter nicht gesichert ist.[708]

d) Gestaltungsmöglichkeiten des Sachverständigen. Der Sachverständige hat zu beachten, dass die Begründung für die Anwendung der Härteklausel immer vor den Eltern vorgebracht werden muss. Sie kann nicht seitens des Sachverständigen für einen Elternteil erarbeitet werden, wenn er der Meinung ist, dass eine Scheidung an sich das Kindeswohl erheblich gefährden würde. Der Sachverständige hat weiter zu bedenken, dass ein Härtefall nur dann vorliegt, wenn die Härte durch den Scheidungsausspruch selbst verursacht oder wesentlich mit verursacht wird. Die Kinderschutzklausel verhindert die Scheidung nur zur Unzeit. Sie hat nur so lange Bestand, solange die Härte für ein Kind andauert. Allein die durch das Scheitern der Ehe verursachten Konflikte und Probleme genügen nicht, eine Scheidung nach § 1567 BGB aufzuschieben. Dies gilt auch für binationale Familien, wenn z. B. einem ausländischen Elternteil die Ausweisung droht, selbst wenn dem Kind damit ein Elternteil nur erschwert zugänglich gemacht wird.

Obwohl die Gutachtenfälle, in denen nach § 1568 BGB ein Auftrag erteilt worden ist, selten sind, kommen Selbsttötungen von Kindern gerade in Trennungssituationen der Familie eher überproportional vor. Bei Jugendlichen liegt die Selbsttötung an neunter Stelle der Todesursachen, Jungen sind drei- bis viermal öfter davon betroffen als Mädchen, und Selbstmordversuche liegen um ein Zehnfaches höher.[709]

Für den Sachverständigen gilt, dass die Belastungssituation des Kindes genau zu diagnostizieren ist. Belastungen dürfen nicht nur angenommen werden, sie müssen ermittelt

---

[703] OLG Köln NJW 1982, 2262.
[704] So OLG Celle FamRZ 1978, 508.
[705] OLG Köln FamRZ 1998, 827.
[706] OLG Hamburg FamRZ 1986, 469.
[707] AG Schwelm, Az. 32 F 288/99, eine Familie mit 12 Kindern.
[708] OLG Hamburg FamRZ, 1986, 469.
[709] *Jost* Report Psychologie 1999, 30–31.

werden und über die üblichen Konflikte, die Kinder in Trennungs- und Scheidungsverfahren erleben, hinausgehen. Der Zustand des Kindes kann sich auch durch eine Scheidung, bei einer gleichzeitig vorhandenen schweren Krankheit, erheblich verschlechtern.

Die Krankheit eines Kindes kann eine außergewöhnliche Härte darstellen. Dabei kommt es nicht darauf an, dass ein krankes Kind den Einsatz beider Eltern besonders verlangen wird, da dies auch nicht gewährleistet wäre, wenn die Scheidung nicht erfolgen würde. Es kann aber sein, dass der Elternteil, der das Kind betreut, durch die Scheidung in eine besondere Stresssituation gebracht wird, der diesen außergewöhnlichen Umstand rechtfertigt.

Bei Fragestellungen, ob eine besondere Härte vorliegt, die eine Scheidung zumindest vorübergehend verhindert, befindet sich zumindest ein Elternteil in einer für ihn nahezu ausweglosen Lage. In diesen Familienfällen sollte auf der Basis der Diagnostik versucht werden, mit den Eltern eine Lösung zu finden, unabhängig von dem Faktum der juristischen Scheidung. Vor allem die Situation des Kindes sollte den Betroffenen im Rahmen eines Gespräches vermittelt werden. Im Einzelfall können mit Hinweisen auf die Hilfemaßnahmen Interventionen diskutiert werden, die die aktuell bestehende Gefährdung für das Kind abmildern. Abhängig vom Alter der Kinder wird es geboten sein, das Kind in das Elterngespräch zu involvieren, wobei hier sensibel mit der psychischen Situation des einzelnen Kindes umgegangen werden muss. Möglicherweise bestehen so erhebliche Konflikte, dass das Kind erst durch eine externe psychotherapeutische Stützung in die Lage dazu gebracht werden muss.

Es kann nicht die eigentliche Aufgabe des Sachverständigen sein, die Eltern von einer Scheidung abbringen zu wollen. Wesentlich ist wohl, die elterliche Verantwortung so zu organisieren, dass sie mit den Nöten des Kindes in Einklang gebracht wird und beide Eltern ihr Möglichstes tun, um ihrem Kind zu helfen.

Im Einzelfall wird die Delegation an externe Hilfen notwendig sein. Möglicherweise benötigt auch ein Elternteil psychotherapeutische Hilfe.

21. Wohnungszuweisung

Bei der Zuweisung der Wohnung kann dem Gesichtspunkt des Kindeswohls entscheidende Bedeutung zukommen, dann nämlich, wenn das Kindesinteresse an einer geordneten, friedlichen und entspannten Wohnsituation höher zu bewerten ist als das Interesse des aus der Wohnung ausgewiesenen Elternteils am Verbleib in der Wohnung.[710]

a) Rechtliche Vorgaben. Die Wohnungszuweisung wird nach § 1361 b BGB in Verbindung mit § 620 Nr. 7 ZPO mit Verweis auf § 2 HausrVO geregelt. Sollte eine einstweilige Anordnung nach § 620 ZPO, Nr. 7 erlassen werden, muss eine Härte vorliegen, die noch über die „schwere Härte" hinausgeht.[711] Die Formulierung „schwere Härte"[712] sollte das verfrühte Hineinziehen des Familienrichters in die eheliche Auseinandersetzung verhindern.[713] Bloße Bequemlichkeitsgründe oder Spannungen zwischen Ehepartnern, wie sie bei Trennungen typisch sind, können keine schwere Härte begründen.[714]

---

[710] OLG Bamberg FuR 1995, 237.
[711] OLG Rostock FamRZ 1995, 558; OLG Schleswig FamRZ 1990, 546.
[712] Die Schwelle soll im Gesetzesentwurf auf „unbillige Härte" reduziert werden.
[713] *Coester* FamRZ 1993, 249.
[714] OLG Bamberg FamRZ 1995, 560.

Die Gewichtung der Kindesinteressen hängt vom Einzelfall ab. Sollte der betreuende Elternteil weichen müssen, ist die Zuweisungsschwelle für den anderen Elternteil höher.

Für viele Elternteile, meist Mütter, eröffnet die Wohnungszuweisung erst die Trennung vom anderen Ehepartner. Sie wollen den Partner ohne Kind nicht verlassen, können aber keine angemessene Wohnung beziehen, da dazu die materiellen Voraussetzungen fehlen. Die Kinder dürfen aber auch kein Faustpfand für die Wohnung werden.

Die Einräumung einer angemessenen Frist, um sich eine andere Wohnung zu suchen, kommt nur in Betracht, wenn darin keine unmittelbar bevorstehende, drohende Gefährdung des anderen Ehepartners und des Kindes gesehen werden kann.[715] Wer sich nicht um kleine Kinder sorgen muss, kann schneller auf eine andere Wohnung ausweichen. Die Mitnahme der eigenen Sachen bei der Räumung der Wohnung kann dem weichenden Elternteil nur unter bestimmten Umständen aufgegeben werden.[716] Im Einzelfall kann auch der Pkw der Haushalts- und Lebensführung zugeordnet werden.[717]

b) Gründe, die eine Wohnungszuweisung nicht rechtfertigen. Wenn die Kinder im Internat leben, kann keine besondere Härte begründet werden,[718] auch nicht, dass das Kind durch die Trennung belastet wird.[719]

c) Gründe, die eine Wohnungszuweisung rechtfertigen können. Als Gründe werden genannt: schwere Störungen des Familienlebens etwa durch fortdauernde Gewalttätigkeit, ständiges Randalieren, besonders zur Nachtzeit und Drogenabhängigkeit.[720] Bei getrennt lebenden Eltern kann eine schwere Härte angenommen werden, wenn ein Elternteil durch Alkohol dem Familienleben schwere Störungen zumutet und es u. a. zu körperlichen Misshandlungen kommt.[721] Psychische Härte wurde bisher noch nicht definiert. Man kann auch davon ausgehen, dass das Zusammenleben in der Ehewohnung unzumutbar ist, wenn ein Elternteil häufig übermäßig Alkohol trinkt und damit die Restfamilie keinen Schlaf findet.

Besondere Härte liegt vor, wenn das Kind immer die Streitigkeiten der Eltern miterleben muss, bis hin zu tätlichen Auseinandersetzungen,[722] und damit erheblich beeinträchtigt wird oder wenn dadurch schwere Gesundheitsgefährdungen beim Kind zu befürchten sind.[723]

Wiederholte Misshandlung eines einjährigen Kindes durch den Vater stellt einen Alleinzuweisungsgrund der Ehewohnung an die Mutter dar.[724]

d) Gestaltungsmöglichkeiten des Sachverständigen. Den Sachverständigen haben nur Kindeswohlgesichtspunkte zu interessieren, keine Schuldvorwürfe. Die Beweise für die schwere Härte muss der Wohnungsbegehrende erbringen, der andere Elterteil muss nicht das Nichtvorliegen der schweren Härte beweisen.

---

[715] OLG Bamberg FuR 1995, 237.
[716] OLG Karlsruhe, Beschluss vom 6. 9. 1993, 16 WF 123/92.
[717] OLG Oldenburg FamRZ 1997, 942.
[718] OLG München FamRZ 1996, 730.
[719] OLG Celle FamRZ 1992, 676.
[720] OLG Hamm FamRZ 1991, 1440.
[721] OLG München FPR 1998, 45.
[722] OLG Bamberg FuR 1995, 237.
[723] OLG Koblenz FamRZ 1987, 852; OLG Celle FamRZ 1992, 676; OLG Bamberg FamRZ 1990, 1353; OLG Düsseldorf FamRZ 1988, 1058.
[724] OLG Köln FamRZ 1996, 1220.

Für den Sachverständigen kann das Vorliegen von Belegen nützlich sein, dass die Frau mit Hilfe der Polizei ins Frauenhaus gebracht worden ist, oder von ärztlichen Attesten (Alkohol) oder Jugendamtsberichten, die nachvollziehbar Misshandlungen in der Familie bestätigen.[725]

Befragungen des Kindes und möglicherweise Interviews mit dritten Personen können Hinweise auf ein kindeswohlschädigendes Zusammenleben in der Wohnung geben. Eventuelle Informationen bei Wohnungsnachbarn dürfen nur mit Einwilligung der Betroffenen und des Familienrichters eingeholt werden.

22. Erwerbsfähigkeit

Gelegentlich wird der psychologische Sachverständige beauftragt, ein Gutachten zu Fragen der Erwerbsfähigkeit eines Elternteils im Rahmen der Trennung oder Scheidung zu erstellen. Hierbei kann entweder der unterhaltspflichtige Elternteil betroffen sein, der angibt, aufgrund einer möglichen Erkrankung nicht mehr in der Lage zu sein, einer Berufstätigkeit und somit seinen Unterhaltsverpflichtungen nachzukommen. Die Begutachtung kann sich aber auch auf den anderen Elternteil beziehen, der bisher nicht berufstätig war und behauptet, aufgrund von Krankheiten oder Pflegebedürftigkeit des Kindes einer Erwerbstätigkeit nach der Trennung oder Scheidung nicht nachgehen zu können.

a) Rechtliche Vorgaben. Die Regelung des Unterhalts bei Einschränkungen der Erwerbsfähigkeit erfolgt nach § 1572 BGB. Danach kann ein geschiedener Elternteil vom anderen Unterhalt verlangen, solange und soweit von ihm von bestimmten Zeiten an, wegen Krankheit oder anderer Gebrechen oder Schwächen seiner körperlichen oder geistigen Kräfte eine Erwerbstätigkeit nicht erwartet werden kann.

In einzelnen Fällen kann auch ein erhöhter Betreuungsbedarf eines Kindes dazu führen, dass ein Elternteil an der Ausübung der Berufstätigkeit gehindert ist oder zumindest nur eingeschränkt einer Erwerbstätigkeit nachgehen kann. In diesen Fällen hat sich der Sachverständige auch am Kindeswohl auszurichten. Rechtsgrundlage ist dann § 1570 BGB.

In verschiedenen Bereichen der Rechtsprechung werden unterschiedliche Begriffe verwandt, die die Fähigkeit eines Menschen unter den Bedingungen des allgemeinen Arbeitsmarktes zu arbeiten, bzw. das Fehlen dieser Fähigkeit beschreiben. Eine Definition der Begriffe Krankheit, Gebrechen oder Schwäche wird im BGB nicht gegeben.

Im Sozialrecht sind die Begriffe wie „Berufsunfähigkeit" und „Erwerbsunfähigkeit", im Schwerbehindertenrecht der Begriff der „Minderung der Erwerbsfähigkeit" von Bedeutung. Der Begriff der „Arbeitsfähigkeit" fällt in den Bereich des Arbeitsrechts, soweit es Rechtsbeziehungen zwischen dem Arbeitsunfähigen und seinem Arbeitgeber betrifft.

Im Familienrechtsverfahren ist nach § 1572 BGB nur der Begriff der nicht erwartbaren Erwerbstätigkeit von Bedeutung, der von den Begriffen Berufsunfähigkeit und Arbeitsunfähigkeit zu unterscheiden ist.

Die Beweisfragen an den Sachverständigen sollten daher keine Rechtsfragen wie Erwerbsfähigkeit oder Berufsunfähigkeit enthalten, sondern nach Leistungsvermögen bzw.

---

[725] Siehe: *Coester* FamRZ 1993, 252.

Restleistungsvermögen, Zeitpunkt des Krankheitsbeginns, Prognose und Behandlungsmöglichkeiten ausgerichtet sein.[726]

Im § 1247 Abs. 2 RVO, der auch auf § 1572 BGB anzuwenden ist, heißt es: „Erwerbsunfähig ist der Versicherte, der infolge von Krankheit oder anderen Gebrechen oder von Schwäche seiner körperlichen oder geistigen Kräfte auf nicht absehbare Zeit eine Erwerbstätigkeit in gewisser Regelmäßigkeit nicht mehr ausüben oder nicht mehr als nur geringfügige Einkünfte durch Erwerbstätigkeit erzielen kann." Die Formulierung lässt erkennen, dass hierunter jede Abweichung von der normalen körperlichen, geistigen oder seelischen Verfassung, gleichgültig welcher Genese, verstanden werden kann, sofern diese nicht nur vorübergehender Natur ist und sofern sie sich auf die Leistungsfähigkeit für Erwerbstätigkeiten auswirkt. Es handelt sich hierbei also keineswegs nur um Krankheiten im engeren Sinne, sondern auch um Defektzustände (Gebrechen) und um anlagemäßige Leistungsminderungen. Auch therapieresistente psychogene Fehlhaltungen oder konversionsneurotische Syndrome (z.B. psychogene Lähmungen) können zum Unterhalt berechtigen, sofern sie nicht als bewusste Simulation oder vorgetäuschte Störung einzuordnen sind (was im Einzelfall differentialdiagnostisch schwierig sein kann). Bei einer anlagemäßigen Störung muss unter Umständen darauf hingewiesen werden, ob sich diese bereits bei Eintritt in das Berufsleben ausgewirkt hat oder auch inwieweit bestimmte Faktoren (z.B. zusätzliche krankheitsbedingte Leistungsstörungen, die sich auf das gleiche Organ beziehen) dazu beigetragen haben, dass sie sich jetzt verstärkt auswirkt. Die Ursache der Störung spielt auch hier keine Rolle. Im Übrigen setzt die Anwendung des § 1572 BGB nicht voraus, dass die Erkrankung ehebedingt ist.

Die Dauer der Leistungseinschränkung wird in der RVO als Voraussetzung der Berufsunfähigkeit nicht festgelegt. Bei der Erwerbsunfähigkeit wird jedoch eine Leistungseinschränkung „auf nicht absehbare Zeit" gefordert.

Nach der Rechtsprechung des Bundessozialgerichts werden inzwischen auch Gesundheitsstörungen als Krankheit angesehen, bei denen das früher nicht der Fall gewesen ist. So wird z.B. inzwischen Alkoholismus als Krankheit im Sinne der Rechtsprechung angesehen, wenn die Suchterscheinungen, die sich im Verlust der Selbstkontrolle und in der krankhaften Abhängigkeit von Suchtmitteln äußern, ohne ärztliche Behandlung nicht behoben, gebessert oder auch nur von Verschlimmerung bewahrt werden können. Auch neurotisches Fehlverhalten (Neurose) ist als Krankheit im versicherungsrechtlichen Sinne anerkannt.

b) Gestaltungsmöglichkeiten des Sachverständigen. In der Regel wird bei der Frage nach der Erwerbsfähigkeit die Beiziehung eines entsprechenden Facharztes angezeigt sein, auch bei der Bestimmung eines erhöhten Betreuungsbedarfs für ein Kind, wenn körperliche oder geistige Behinderungen dafür der Grund sind.

Rein psychologische Fragestellungen können gegeben sein, wenn es sich um eine Schulphobie bei dem Kind handelt, um Delinquenz, die sich in Streunen und Schuleschwänzen äußert, oder auch bei magersüchtigen Kindern. Der Sachverständige hat zu überprüfen, ob er die nötige Fachkompetenz hat. Auch wenn ein psychotherapeutischer Sachverständiger die Approbation innehat, muss er dennoch nicht die nötige Sachkunde zur Beurteilung der Erwerbsfähigkeit haben.

Für die Begutachtung der Erwerbsfähigkeit gelten, was das sachverständige Vorgehen betrifft, die gleichen formalen Voraussetzungen wie für den psychologischen Sachverständi-

---

[726] *Vogel,* in: Deutscher Familiengerichtstag e.V. (Hrsg.), 12ter Deutscher Familiengerichtstag, 1998, S. 98; Empfehlungen des 12. Deutschen Familiengerichtages, FamRZ 1998, 475.

gen, der zu Fragen des Kindeswohls Stellung nehmen soll, mit folgender Ausnahme: In der Regel werden die für die Begutachtung nötigen Unterlagen vom Sachverständigen zu beschaffen sein.[727] Meist bestehen die Anknüpfungstatsachen aus einem kurzen ärztlichen Attest. Sollten Beschwerden beim Familiengericht nur anlässlich einer mündlichen Verhandlung vorgetragen werden, muss der Sachverständige die Betroffenen bitten, bereits vorhandene Krankenunterlagen dem Sachverständigen zu überlassen.

Bezieht sich die Frage der Erwerbsfähigkeit auf den Pflegebedarf eines meist über 14 Jahre alten Kindes, wobei die Pflegebedürftigkeit des Kindes nicht mit dem 18. Lebensjahr erlischt, so muss der Sachverständige zwingend Kenntnis für die notwendigen Pflegemaßnahmen des meist schwerbehinderten Kindes vorweisen können. Bettlägrigkeit verhindert nicht zwangsweise zumindest halbtägliche Erwerbstätigkeit. Wesentlich wird sein, ob aus hygienischen Gründen oder wegen spontaner Ausfällen eine fast ständige Anwesenheit einer Betreuungsperson notwendig ist. Um einschätzen zu können, ob sich der psychologische Sachverständige in der Lage sieht, die gerichtliche Fragestellung umfassend zu beantworten, sollte vorab in medizinische oder sozialpädiatrische Unterlagen eingesehen werden können. Hilfreich sind vorhandene ärztlicher Berichte, bereits erstellte Gutachten, insbesondere Gutachten des MDK (Medizinischer Dienst der Krankenkassen), in denen bereits das Ausmaß der Pflegebedürftigkeit festgestellt worden sein müßte.

Weiter sollte der Sachverständige bei den früher involvierten Ärzten oder Therapeuten ergänzende Information einholen können. Dazu muss dieser Personenkreis vom Betroffenen von der Schweigepflicht entbunden werden. Gerichtlich erzwungen kann dies nicht werden, da diesem Personenkreis das Schweigerecht zusteht.

Im Gegensatz zur Kindeswohlbestimmung beim Sachverständigengutachten hat der Sachverständige bei der Bestimmung der Erwerbsfähigkeit keine intervenierende Aufgabe. In diesem Fall hat der Sachverständige eine entscheidungsorientierte Begutachtung[728] durchzuführen.

Problematisch ist die Beurteilung der Erwerbsfähigkeit bei den Zuständen und Vorgängen, die im Grenzbereich zwischen Gesundheit und Krankheit anzusiedeln sind, bei den weniger handfesten, diskreten Krankheiten, vor allem bei denjenigen ohne gravierende medizinisch-technische Messdaten, bei den Befindlichkeitsstörungen und bei den seelischen Störungen im weitesten Sinne des Wortes. Hier hat im Zusammenhang mit den Begriffen Erwerbsunfähigkeit und Berufsunfähigkeit das Bundessozialgericht entschieden, eine Störung müsse „durch Willensanstrengung nicht mehr überwindbar" sein, damit ihr in Abgrenzung zur Simulation und Aggravation Krankheitswert zukomme.

c) Zur Beantwortung der gerichtlichen Fragestellung. Während die Sozialgerichte in den Beweisbeschlüssen im Einzelnen auf qualitative und quantitative Leistungsstörungen und auf ein noch vorhandenes Restleistungsvermögen abstellen, fragen die Familiengerichte in der Regel nur allgemein nach der Erwerbsunfähigkeit.

Diese globale Frage nach der Erwerbsunfähigkeit hat der Sachverständige in einzelne Kriterien aufzuschlüsseln:

Beispielhaft für qualitative Leistungseinschränkungen sind z. B.
– die Unfähigkeit zu Arbeit unter Zeitdruck,
– die Unfähigkeit zu Nacht- oder Wechselschicht,
– die Unfähigkeit, schwer zu heben, schwer zu tragen,

---

[727] *Griesche* FPR 1999, 64–72.
[728] *Westhoff* FPR 1999, 85–89.

– die Unfähigkeit der Exposition gegenüber bestimmten Reizstoffen oder Hitze und Kälte,
– die Unfähigkeit, im Freien oder geschlossenen Räumen zu arbeiten,
– die Unfähigkeit zu Arbeiten im Sitzen, Stehen oder Gehen.

Die quantitativen Einschränkungen bedeuten eine Reduktion des Leistungsvermögens in zeitlicher Hinsicht, z.B. die Unfähigkeit, vollschichtig arbeiten zu können. Diese Einschränkungen in zeitlicher Hinsicht treten dann auf, wenn aufgrund eines Krankheitsbildes das noch vorhandene Leistungsvermögen nicht mehr acht Stunden täglich verfügbar erscheint. Dies kann z.B. der Fall sein bei psychischen Erkrankungen, die das

– Durchhaltevermögen,
– die Leistungsmotivation,
– die Ausdauer,
– die nervliche Belastbarkeit,
– die Anpassungsfähigkeit
– und die geistige Beweglichkeit beeinträchtigen.

Das kann bei körperlichen Erkrankungen der Fall sein, wenn aufgrund vorzeitiger Ermüdung, z.B. bei bestimmten Stoffwechselerkrankungen, längere Arbeitspausen zur Regeneration notwendig sind.

Im Zusammenhang mit der Begutachtung in familienrechtlichen Verfahren, in denen es um das berufliche Leistungsvermögen eines Betroffenen geht, kann also vom medizinischen und/oder psychologischen Sachverständigen gefordert werden, dass er zunächst beschreibt,

– ob Gesundheitsstörungen vorliegen,
– ob sie Krankheitswert haben und
– welchen Einfluss sie auf das berufliche Leistungsvermögen unter den Bedingungen des allgemeinen Arbeitsmarktes haben.

Der Sachverständige kann qualitative und quantitative Einschränkungen beschreiben und dazu Stellung nehmen, welches Restleistungsvermögen der Untersuchte hat. Dabei sollte der Sachverständige Stellung nehmen

– zur Dauer der Erkrankung,
– ob sich der Gesundheitszustand und die Erwerbsfähigkeit in absehbarer Zeit bessert,
– sowie zu den therapeutischen Möglichkeiten zur möglichen Wiederherstellung der Erwerbsfähigkeit.

Damit kann zur Beurteilung der Frage, inwieweit dem Verfahrensbeteiligten eine Arbeit zumutbar ist, der Sachverständige die für die juristische Wertung notwendigen Grundlagen von Seiten seines Fachgebietes darstellen.

23. Namensänderung

Seit dem 1. 7. 1998 werden Namensänderungsverfahren auch am Familiengericht behandelt.[729]

Das eheliche Kind erhält nach § 1616 BGB den Ehenamen seiner Eltern. Führen die Eltern keinen Ehenamen und hat nur ein Elternteil die elterliche Sorge inne, so erhält das Kind nach § 1617a BGB den Namen, den dieser Elternteil im Zeitpunkt der Geburt des

---

[729] Ausführlich dazu: *Wagenitz* FamRZ 1998, 1545–1553.

Kindes führt. Mit dem neuen Recht wurde der Mutter die Möglichkeit eröffnet, im Rahmen von § 1617 a BGB dem Kind im Rahmen ihrer Alleinsorge entweder ihren Namen oder auch den Namen des Vaters zu erteilen, wenn dieser die Einwilligung dazu gibt. Mit der Kindschaftsrechtsreform sollte auch die namensmäßige Eingliederung des Kindes in die Stieffamilie möglich werden. Bisher konnte die Eingliederung nur durch eine behördliche Namensänderung für eheliche Kinder angestrengt werden.

Bei Namensänderung des Kindes in den angenommenen Mädchennamen der geschiedenen Mutter bleibt weiterhin die untere Verwaltungsbehörde mit Klagemöglichkeit gemäß § 4 NÄG beim Verwaltungsgericht zuständig,[730] ebenso wenn der Name des Kindes in den Familiennamen der Pflegefamilie abgeändert werden soll oder das Kind den Mädchennamen der Mutter annehmen will,[731] während das Kind nach der Scheidung den einbenannten Ehenamen der Stieffamilie trägt.[732] Dazu bedarf es der Genehmigung des Pflegers oder des Vormundes. Seltsamerweise bleibt das Verwaltungsgericht auch für eine Einbenennung des Kindes zuständig, wenn die Eltern die gemeinsame Sorge ausüben, mit der dort gültigen geringeren Kindeswohlschwelle.[733] Will ein geschiedener Elternteil eine Umbenennung des Kindes in einen neuen Familiennamen, den der neue Ehepartner eingebracht hat, dann ist das Familiengericht mit den höheren Anforderungen an das Kindeswohl zuständig.

Das Verfahren zur Ersetzung der Einwilligung, wenn der andere Elternteil der Einbenennung nicht zustimmt, könnte vom Familienrichter,[734] wird aber nach § 3 Nr. 2 a RpflGesetz vom Rechtspfleger geführt, Das Verfahren zur Namensänderung gehört nach § 14 RpflG nicht zu den zwingenden Aufgabengebieten des Familienrichters. Der Rechtspfleger kann auch einen Sachverständigen beauftragen.

a) Rechtliche Vorgaben. Die Verfahren, in denen der Sachverständige bzgl. der Einbenennung des Kindes beauftragt wird, regelt § 1618 BGB. Die Möglichkeit der Einbenennung wurde mit § 1618 BGB auf eheliche Kinder erweitert.[735] Damit hat das neue Recht die Einbenennung von Stiefkindern erleichtert, um die Integration zu fördern.[736] Neu im Gesetz wurde aufgenommen, dass ein über fünfjähriges Kind einer Namensänderung zustimmen muss. Bis zum Alter von 14 Jahren muss diese Erklärung gemäß § 1617 c Abs. 1 BGB durch den gesetzlichen Vertreter formgerecht vor dem Standesbeamten abgegeben werden.[737]

Die Änderung des Namens des Kindes bedarf der Einwilligung des anderen Elternteils. Die Einwilligung kann vom Familiengericht ersetzt werden, wenn nach § 1618 BGB die Erteilung oder Voranstellung oder Anfügung zum „Wohl des Kindes erforderlich" ist.

---

[730] *Michalski* FamRZ 1997, 978.

[731] Hier gleichen die Verwaltungsgerichte die Kindeswohlschwellen dem § 1618 BGB an: siehe: NdsOVG ZfJ 2000, 513.

[732] LG Fulda FamRZ 2000, 689.

[733] Auf den Handlungsbedarf des Gesetzgebers weist: *Willutzki* Kind-Prax 1999, 87, hin, da derzeit an einen allein sorgeberechtigten Elternteil höhere Anforderungen gestellt werden als bei einem gemeinsam sorgeberechtigten Elternteil. *Willutzki* KindPrax 2000, 76.

[734] OLG Dresden FamRZ 1999, 1378.

[735] Ausführlich *Wagenitz* FamRZ 1998, 1545–1553.

[736] *Mühlens/Kirchmeier/Greßmann/Knittel* S. 197; die Ehe muß mit dem Stiefelternteil schon geschlossen sein: OLG Karlsruhe FamRZ 2000, 1437.

[737] OLG Köln FamRZ 1999, 735.

Die Schwelle „erforderlich" liegt über den Anforderungen der Verwaltungsgerichtsbarkeit, bei der „dem Kindeswohl förderlich"[738] oder „dient",[739] die bisher, in der Folge einer Entscheidung der Verwaltungsbehörde, für die Einbenennung zuständig war.

Das familiengerichtliche Verfahren kann zur Ersetzung der Einwilligung bei der Umbenennung des Kindes eröffnet werden, wenn ein Elternteil allein sorgeberechtigt und mit einem Dritten verheiratet ist. Eine Namensänderung kann nicht beim Familiengericht erfolgen bei gemeinsamer elterlicher Sorge,[740] auch wenn beide Eltern damit einverstanden sind, da das Gesetz gemäß § 1618 BGB vorsieht, dass nur ein Elternteil, dem die elterliche Sorge zusteht, den Namen des Kindes ändern kann. Aus diesem Grund muss bei gemeinsamer elterlicher Sorge das Recht, die Namensänderung des Kindes herbeizuführen, einem Elternteil zuerst zugewiesen werden.[741]

Die Rechtsprechung[742] setzt für die Ersetzung der Einwilligung mit „erforderlich" eine hohe Schwelle.[743] Die Gründe für die Erforderlichkeit müssen positiv festgestellt werden, sie sind schwerwiegender als die bei der Einbenennung von nichtehelichen Kindern nach altem Recht.[744] Mit der Formulierung im Gesetz, dass es zum Wohl des Kindes erforderlich sein muss, sind Kindeswohl als auch Elterninteresse gleichrangig gestellt worden. Damit würde die Tatsache, dass es dem Kindeswohl förderlich wäre, keinen Ausschlag zugunsten einer Einbenennung geben können.[745]

Angesichts der vielfältigen Möglichkeiten des neuen Namensrechts, innerhalb der Familie verschiedene Namen zu führen, hat der Gesichtspunkt der Namensgleichheit in der Familie an Bedeutung verloren.[746] Erforderlichkeit setzt so schwerwiegende Gründe voraus, dass sich diesen Gründen auch ein verständiger, um das Wohl des Kindes besorgter Elternteil nicht entziehen könnte[747] und daher auch nicht auf die Erhaltung der Namensbande bestünde.[748] Es wird nicht verkannt, dass Elterninteressen vorherrschen, das Kindesinteresse muss aber grundsätzlich die Stiefelterninteressen überschreiten.[749] Dabei wird davon ausgegangen, dass der Name sozusagen die Versinnbildlichung der Restbindung zum getrennt lebenden Elternteil darstellt und diese nicht, wenn schon kein Umgang mehr stattfindet, noch durch eine Namensänderung gekappt wird. Wenn das Kind nur noch namensmäßig mit dem nichtsorgeberechtigten leiblichen Elternteil verbunden ist, was in der Regel bei ehelichen Kindern der Fall ist, ist die Schwelle der Einbenennung höher. Aus diesem Grund wurde auch die Möglichkeit des Doppelnamens zugelassen. Die Zulassung des Doppelnamens soll dazu führen, dem nichtsorgeberechtigten Elternteil die Zustimmung zur Einbenennung seines Kindes in die neue Stieffamilie zu erleichtern.[750]

---

[738] BVerwG FamRZ 1994, 439; FamRZ 1996, 937.

[739] *Willutzki* Kind-Prax 2000, 77.

[740] OVG Münster FamRZ 2000, 698; anders: OVG Lüneburg ZfJ 2000, 353.

[741] AG Lemgo FamRZ 1999, 1382.

[742] OLG Koblenz FamRZ 2000, 690; OLG Köln FamRZ 1999, 734; OLG Hamm FamRZ 1999, 736; OLG Düsseldorf FamRZ 2000, 691; OLG Hamm FamRZ 2000, 692; OLG Stuttgart FamRZ 2000, 692; OLG Hamm FamRZ 2000, 693; OLG Rostock FamRZ 2000, 695; OLG Saarbrücken ZfJ 2000, 437.

[743] Siehe auch *Oelkers/Kreutzfeldt* FamRZ 2000, 647.

[744] OLG Hamm FamRZ 1999, 736.

[745] Auf den Widerspruch zwischen Kindeswohl und Elternrecht weist *Willutzki* hin: Kind-Prax 1999, 87.

[746] OLG Hamm DAVorm 1999, 787.

[747] OLG Rostock FamRZ 2000, 5, S. II.

[748] OLG Oldenburg Kind-Prax 2000, 59.

[749] OLG Stuttgart FamRZ 2000, 692.

[750] *Willutzki* Kind-Prax 1999, 87.

Die Kindeswohlprüfung hat immer zu berücksichtigen, ob eine additive Einbenennung, also ein Doppelname den Interessen der Stieffamilie ausreicht, um dem Kindeswohl gerecht zu werden.[751]

Gegen den Ersetzungsbeschluss des Rechtspflegers kann befristete Beschwerde nach § 621 ZPO eingelegt werden.

b) Gründe, die eine Ersetzung der Zustimmung zur Einbenennung nicht rechtfertigen. Einer Namensänderung kann nicht zugestimmt werden, wenn der Name nur verdecken soll, dass das Kind aus einer geschiedenen Ehe stammt,[752] die Namensänderung soll nicht dazu beitragen, dem Kind die Tatsache zu verheimlichen, dass es zwei Väter hat. Der Wunsch des Kindes und eine derzeitige Ablehnung des Kindes zum Kontakt mit dem Vater reichen in der Regel nicht aus, eine Namensänderung zu erreichen. Kein Grund ist, die Integration der (Stief-)Familie nach außen zu bekunden,[753] ebenso nicht ein Erklärungsbedarf des Kindes gegenüber Mitschülern,[754] da mögliche Hänseleien nur vorübergehender Art seien.[755]

c) Gründe, die eine Ersetzung der Zustimmung zur Einbenennung rechtfertigen können. Als Gründe, die eine Namensänderung rechtfertigen können, finden sich in der Rechtsprechung: Wenn sich der Elternteil kaum um das Wohl des Kindes gekümmert hat,[756] wenn sein Aufenthalt unbekannt ist,[757] wenn er selbst infolge einer Wiederheirat einen neuen Namen angenommen hat oder selbst keine Gründe vorweisen kann, die gegen die Namensänderung des Kindes sprechen, sondern sich nur pauschal äußert, die Namensänderung werde nicht dem Wohl des Kindes dienen.[758] Ein Grund könnte auch sein, wenn der andere Elternteil von sich aus über Jahre hinweg keinen Kontakt mehr zum Kind aufgenommen hat.[759] Eine Restbindung hängt auch nicht mehr nur noch von den Äußerlichkeiten wie der Namensgestaltung ab. Entscheidend ist eine echte und gelebte Beziehung, die durch die Beibehaltung des Namens unterstrichen werden müsse. Besteht aber kaum noch eine nennenswerte Bindung zum getrennt lebenden Elternteil, ist diese durch eine Einbenennung auch nur noch marginal berührt.[760]

Weitere Gründe können gegeben sein, wenn der Vater eine Vaterschaftsanfechtung ankündigt oder durchführt, aber auch Unregelmäßigkeit bei Unterhaltsleistungen.[761]

d) Gestaltungsmöglichkeiten des Sachverständigen. Als Bewertungsmaßstab für den Sachverständigen für die Erforderlichkeit kann der des Abänderungsverfahrens nach § 1696 Abs. 1 BGB herangezogen werden, der ebenfalls nachhaltig das Kindeswohl berührende Gründe voraussetzt.[762]

In der Regel wird der Sachverständige in den familiären Fällen eingesetzt, in denen ein Umgangskontakt zum getrennt lebenden Elternteil schon seit längerer Zeit nicht mehr

---

[751] OLG Frankfurt FamRZ 1999, 1376.
[752] OLG Nürnberg FamRZ 1999, 1380.
[753] OLG Oldenburg FamRZ 1999, 380; OLG Koblenz FuR 2000, 170.
[754] OLG Bamberg FuR 2000, 21.
[755] OLG Hamm DAVorm 1999, 787.
[756] OLG Dresden FamRZ 1999, 1378.
[757] OLG Hamm FamRZ 2000, 695.
[758] OLG Nürnberg FamRZ 1999, 1379 = FuR 1999, 475.
[759] OLG Oldenburg FamRZ 2000, 694.
[760] OLG Dresden DAVorm 1999, 906.
[761] OLG Köln FamRZ 1999, 734.
[762] *Oelkers/Kreutzfeldt* FamRZ 2000, 648.

stattgefunden hat oder zumindest sich die Umgangsgestaltung sehr problematisch gestaltet. Häufig sind in der Stieffamilie des betroffenen Kindes weitere Kinder vorhanden. Das Halbgeschwister trägt in diesem Fall den Namen der Stiefelternfamilie.

Fast immer werden Kinder, die das fünfte Lebensjahr vollendet haben, einer Namensänderung zustimmen, so dass vom Sachverständigen insbesondere das Kriterium der Erforderlichkeit des Kindeswohls genau zu überprüfen ist.

Kinder werden sehr häufig damit konfrontiert, dass sie einen anderen Namen als die übrigen Familienmitglieder führen. Häufig sind im städtischen Bereich im Klassenverband ca. ein Viertel bis ein Drittel Kinder, die einen anderen Namen als ihre Stieffamilie haben. In ländlichen Gebieten, verstärkt durch einen neu erfolgten Umzug, kann sich die Situation des Kindes psychisch belastend darstellen, wenn dazu noch ein weiteres gemeinsames Kind des Elternteils mit dem Stiefelternteil geboren wurde und sich das Kind aufgrund des unterschiedlichen Namens als Außenseiter erlebt.

Die Motivation der Stieffamilie ist häufig darin zu sehen, die Integration des Kindes in die Stieffamilie nach außen hin zu dokumentieren und ein Gefühl der Komplementierung der Familie zu haben.[763] Häufig übernimmt das Kind die Argumente, manchmal spielen auch Eifersuchtsgefühle des Kindes gegenüber dem neuen Halbgeschwister eine Rolle oder das Problem, nicht genügend in die Familie integriert zu sein, insbesondere dann, wenn das Neugeborene besondere Zuwendung des Stiefelternteils, aber auch vom leiblichen Elternteil bekommt. Zudem ist dem Kind häufig nicht mehr die Möglichkeit offen, den anderen leiblichen Elternteil zu besuchen und einen Beziehungsausgleich zu erfahren.

Fast immer hat der Name an sich für ein Kind bis ca. 9 oder 10 Jahren kaum eine Bedeutung. Bei Nachfragen des Sachverständigen wird er vom Kind erfahren, dass es selten mit dem Familiennamen angesprochen wird. In der Schule wird es mit dem Vornamen gerufen, ebenso im Kindergarten, auch von Amtspersonen oder anderen Drittpersonen, mit denen das Kind gelegentlich Kontakt hat, wie Zahnarzt, Kinderarzt. Das Kind wird erklären, dass es sich meist am Telefon mit dem Vornamen meldet.

Aus psychologischer Sicht besteht vom Kind aus meist kein Bedürfnis, den Namen abgeändert zu bekommen. Vielmehr liegen die Konfliktsituationen eher darin, dass es Symptomträger eines familiären Konfliktes ist, der ihn zum Außenseiter stempeln kann. Dieser Konflikt kann verstärkt werden, wenn der nun getrennt lebende Elternteil eine andere Lebensauffassung vertritt oder sich einem anderen religiösen Bekenntnis zugewandt hat. In der Folge wird von der Stieffamilie der andere Elternteil immer mehr abgelehnt, und es wird versuchen, auch über den Namen eine völlige Ausgrenzung zu erreichen. Das Kind als alleinige namentliche Verbindung mit diesem ausgegrenzten Elternteil wird dies zu spüren bekommen.

Die Aufgabe des Sachverständigen hier unterscheidet sich von der Aufgabe zum Umgangsrecht, dass er zwar die psychosoziale Situation des Kindes, die familiären Beziehungen der Nachscheidungssituation zu erheben hat und auch die Empfehlung unter Berücksichtigung des Elternrechtes des getrennt lebenden Elternteils ausführlich zu begründen hat;[764] in der Regel wird aber das Namensrechtsverfahren Ausdruck einer zutiefst zerrütteten Familiensituation sein. Eigentlich wäre es angebracht, eine Umgangsgestaltung herbei-

---

[763] So auch: *Klosinski*, in: Warnke/Trott/Remschmidt (Hrsg.), Forensische Kinder- und Jugendpsychiatrie, S. 91–97.

[764] OLG Frankfurt FamRZ 1999, 1379.

zuführen, was aber derzeit noch nicht möglich ist, da sich der Rechtspfleger an seinen engen Aufgabenbereich hält, während möglicherweise der Familienrichter das Namensänderungsverfahren im größeren Zusammenhang beurteilen würde.

Es genügt nicht, vom Sachverständigen festzustellen, dass die Einbenennung des Kindes die soziale Integration in das neue Bezugsfeld fördert. Entscheidend können aber die Beziehungen und Bindungen zum getrennt lebenden Elternteil und den dort möglicherweise noch lebenden weiteren Geschwistern[765] sein. Von Bedeutung wird auch sein, wie stabil die neue Familie ist. Es sollte eine günstige Prognose möglich sein, dass das betroffene Kind in dem neuen Familienverband verbleibt.

Hilfsweise kann vom Sachverständigen eruiert werden, wie sich eine Umgangsgestaltung anbahnen lässt.

Der Sachverständige hat auch zu prüfen, ob nicht die Voranstellung oder Anfügung des Ehenamens an den bisherigen Familiennamen ausreichen würde, eine Kindeswohlschädigung abzuweisen.[766] Die Stellung des Namens könnte eine Interventionsfunktion haben; ob der Name des Elternteils, zu dem das Kind die intensivere Beziehung hat, für die Stellung beim Doppelnamen ausschlaggebend sein soll.[767]

---

[765] Siehe OLG Köln Kind-Prax 1999, 57.

[766] OLG Celle FamRZ 1999, 1374.

[767] Wie *Klosinski* in: Lempp/Schütze/Köhnken (Hrsg.), Forensische Psychiatrie und Psychologie des Kindes- und Jugendalters, S. 110, ausführt.

G. Festlegung des diagnostischen Vorgehens

Ehe der Sachverständige seine Aufgabe mit den betroffenen Personen im Auftrag des Familiengerichts beginnt, hat er grundsätzliche Überlegungen zu seinem Vorgehen anzustellen.

Unter diagnostischer Strategie werden die Erhebung der relevanten Informationen, deren Interpretation und Verdichtung, die Intervention sowie die Beantwortung der Fragestellung verstanden.[1]

1. Selektion versus Modifikation

Bei der familienpsychologischen Begutachtung überwiegt oftmals der Selektionsgesichtspunkt, auch bei Familien, die offen wären für die Interventionsangebote des Sachverständigen. Dabei wird in erster Linie eine Personenselektion beabsichtigt. Einem angenommenen Kindeswohl wird ein Elternteil, eine juristische Intervention oder eine Institution zugeordnet.[2]

Eine Selektionsdiagnostik sollte normorientierte Statusdiagnostik zur Schätzung des Ausprägungsgrades von Eigenschaften sein.[3] Es besteht aber kein allgemein gültiger Konsens bezüglich Kindeswohl oder optimalem Elternverhalten. Andererseits gibt es sehr wohl seitens der psychologischen Fachwissenschaft gesicherte Kriterien, die allgemeine – statistische – Gültigkeit haben im Hinblick auf die Annäherung an das individuelle Kindeswohl. Hierzu gehören u. a. Bindungserfahrungen des Kindes, Förderkompetenz der Eltern im Hinblick auf Feinfühligkeit, Kooperationsbereitschaft oder die Auswirkungen von strafender Erziehung. Durch die Rechtsprechung wird ein sich wandelnder Konsens bezüglich der Kriterien zur Bestimmung von Kindeswohl[4] formuliert, der auch für den Sachverständigen zur Bestimmung des Ausprägungsgrades handlungsleitend sein sollte. Hierunter fallen die im Gesetz und in der Rechtsprechung näher bestimmten Kindeswohlschwellen.

Nicht zu verleugnen ist, dass Sachverständige dazu neigen, die festgestellten, häufig stereotyp gebildeten Kategorien bezüglich der Qualität der Eltern im Sinne einer Überbewertung des Trennenden und zu einer systematischen Unterschätzung der Gemeinsamkeiten der Eltern und deren Potentiale zu verwerten. Dem liegt das so genannte Desorganisationsmodell der Familie zugrunde, nach dem sich das familiale System nach der Trennung der Eltern auflöst. Diesem Modell stehen die Nachscheidungsfamilie[5] und das

---

[1] Vgl. *Jäger*, Der diagnostische Prozess, S. 67; *Jäger/Petermann*, Psychologische Diagnostik, 1999.

[2] Einen solchen Ablauf stellen *Hemminger/Beck,* in: Warnke/Trott/Remschmidt (Hrsg.), Forensische Kinder- und Jugendpsychiatrie, S. 46 vor.

[3] *Amelang/Zielinski* S. 16.

[4] Zur Veränderung der Erziehungseinstellung in der Gesellschaft siehe: *Fthenakis*, Vortrag auf der Arbeitstagung der CSU-Landtagsfraktion am 11. Januar 2000 in Wildbad Kreuth.

[5] *Jopt* ZfJ 1998, 286–297.

optimistischere[6] Reorganisationsmodell bzw. das Transitionsmodell[7] der Familie gegenüber, das neben den rechtlichen Regelungsmöglichkeiten der Beratung und Intervention einen besonderen Stellenwert zuweist.[8]

Bei einer Interventionsstrategie oder Modifikationsstrategie werden Informationen gewonnen, mit denen eine Optimierung der Entscheidung über Veränderungen des Verhaltens und/oder von Bedingungen gesucht wird.[9] Angewandt auf sachverständiges Vorgehen im familiengerichtlichen Verfahren werden dabei auf der Basis gründlicher und fallspezifischer Diagnostik sowohl Verhaltens- und Einstellungsänderungen bei den Beteiligten angestrebt als auch Veränderungen der Bedingungen, die sich durch den Übergang der sich in Trennung befindlichen Familie zu den Familiensystemen nach Trennung und Scheidung ergeben. Dies bedeutet nicht, dass alleiniges Ziel für sachverständiges Tun eine einvernehmliche Lösung sein kann; dazu werden Zeit- und ökonomischer Aufwand zu groß sein, oftmals wird auch die Interventionsmöglichkeit des Sachverständigen in der spezifischen Situation nicht allein ausreichen.

Eine Strategie, die völlig auf Selektion verzichten wollte,[10] wäre weder dem familiären Konflikt – man denke nur an die Fälle des § 1666 BGB, da, wenn es zu keiner gütlichen Einigung kommen kann,[11] eine valide Entscheidung sowohl vom Richter als auch von den Betroffenen erwartet wird – noch dem Verfahrensrecht angemessen, da der Sachverständige beauftragt wird, eine gerichtliche Entscheidung nach bestem Wissen und Gewissen vorzubereiten, deren Ziel auf alle Fälle Selektion sein wird. Die Selektion bezieht sich nicht notwendigerweise auf eine Sorgerechtsregelung. Bei einem gemeinsamen Sorgerecht kann sich diese Selektionsentscheidung z.B. auf die Wahl des Lebensschwerpunkts des Kindes beschränken.

2. Aussagen über Status versus Intervention

Hinter der Eigenschafts- oder Statusdiagnostik[12] steht das „symptomorientierte Modell", das aus der Medizin adaptiert wurde. Nach diesem Modell werden auffällige Merkmale (Symptome) diagnostisch erfasst, und von ihnen wird auf vermeintlich zugrunde liegende Störungen, stabile Eigenschaften etc. geschlossen. Aufgrund dieser abstrakten Eigenschaften oder Störungen werden wiederum konkrete zukünftige Verhaltensweisen vorhergesagt. Die statusorientierte Diagnostik verlangt also zwei abstrakte Schlussfolgerungen: eine absteigende, zum konkreten Verhalten hin und eine aufsteigende vom Verhalten weg. Ein solches Modell fokussiert allein auf das Verhalten, es kann jedoch nicht die Auswirkungen

---

[6] So *Balloff* FPR 1997, 77, da es ökonomische Faktoren außer Acht lässt.

[7] *Fthenakis*, in: Chow/Köster-Gorrkotte (Hrsg.), Von der Reform zum Scheidungsalltag, 1995, S. 65–93; *Fthenakis*, Vortrag auf der Arbeitstagung der CSU-Landtagsfraktion am 11. Januar 2000 in Wildbad Kreuth.

[8] Ausführlich hierzu mit weiterführenden Literaturangaben *Fthenakis* FPR 1998, 84–90.

[9] So *Pawlik*, in: Pawlik (Hrsg.), Diagnose der Diagnostik, 1976, S. 16. *Jäge/Petermann*, Psychologische Diagnostik 1999, 160 f.

[10] Wie *Rexilius* Kind-Prax 2000, 3–9.

[11] *Rohmann/Stadler* ZfJ 1999, 37–45.

[12] Einem medizinischen Modell der Diagnostik: *Jäger/Petermann* Psychologische Diagnostik 1999, 122, 158 f. *Jäger*, Der diagnostische Prozess, S. 82, definiert die „Statusdiagnostik" als eine Beschreibung des Ist-Zustandes von Individuen und Sachverhalten, die „Prozessdiagnostik" versucht Aussagen über Veränderungen zu machen.

bestimmter Rahmen- und Entstehungsbedingungen auf das Verhalten erfassen,[13] die ohne Zweifel gerade in der Trennungs- und Scheidungsphase von erheblichem Einfluss auf das Eltern-, Kind- und Partnerverhalten sind. Daher wird an der Zuverlässigkeit der Prognose Kritik geübt.[14]

Eine statusorientierte Eigenschaftsdiagnostik[15] allein kann, abhängig von der Fragestellung, somit oftmals nicht den Anforderungen an den Sachverständigen, eine kindeswohlgemäße Lösung zu finden und zu empfehlen, nachkommen, da entscheidende Rahmenbedingungen und deren Auswirkungen auf das Verhalten nicht genügend mit erhoben werden.

Die Statusdiagnostik ergänzt die Interventionsstrategie.[16] Während der statuserhebende Sachverständige vorwiegend Bedingungswissen einbringt, wird der Sachverständige, der eine Modifikationsstrategie verfolgt, zusätzlich Veränderungswissen anwenden. Er wird bei dieser diagnostischen Strategie sowohl eine Änderung des Verhaltens der beteiligten Personen – insbesondere der Eltern, z. B. Verbesserung ihrer Kommunikationsfähigkeit[17] – als auch der Bedingungen durch „Probehandeln"[18] anstreben.

Streng genommen muss die Interventionsdiagnostik eine Prozessdiagnostik sein und die Veränderung von Verhalten durch wiederholte Untersuchungen erfassen.[19] Dabei kann das Zielkriterium nicht eine Vergleichsnorm, z. B. 14-tägliche Besuchsregelung oder die Erreichung des gemeinsamen Sorgerechts oder eines anderen Sorgerechtsmodells, sondern die Annäherung an ein mit den Betroffenen vorab judikabel bestimmtes Ziel sein. Diese Annäherung wird im familiengerichtlichen Konflikt in der Regel in der einvernehmlich getragenen Konfliktlösung der Betroffenen liegen, unabhängig von der konkreten juristischen Form dieser Einigung.[20]

Dem entspricht ein Wandel des Selbstverständnisses des psychologischen Sachverständigen in der Literatur vom „Anwalt des Kindes"[21] zum „Anwalt der Eltern"[22] über „Allparteilichkeit gegenüber allen Familienangehörigen"[23] zum „Befrieder",[24] aber auch der Streitkultur des jeweils geltenden Rechtssystems selbst. Während es früher für den Betroffenen hilfreich war, den anderen Elternteil persönlich herabzusetzen, um im Sorgerechtsstreit zu obsiegen, ist heute die Bekundung von Bereitschaft, Hilfen anzunehmen, strategisch besser.[25]

---

[13] *Schwarzer* S. 16 f.; *Rohmann* Kind-Prax 2000, 71–76.

[14] *Rösner/Schade* Zentralblatt für Jugendrecht, 1989, 439–443.

[15] Beispielhaft: *Kluck* FPR 1996, 155–160.

[16] Hierzu *Amelang/Zielinski* S. 399- 487.

[17] Vgl. *Spangenberg/Spangenberg* FamRZ 1990, 1321–1324.

[18] *Rohmann* Kind-Prax 2000, 71–76.

[19] *Amelang/Zielinski* S. 16.

[20] Dies gilt auch für die Beratung durch das Jugendamt im Sinne des § 17 SGB VIII.

[21] Vgl. „Anwalt des Kindes", *Lempp*, Gerichtliche Kinder- und Jugendpsychiatrie, S. 15, aus den Zielen der Jugendgesetze; *Ell*, Trennung, Scheidung und die Kinder?, 1979; *ders.*, Besuch vom eigenen Kind; *Neugrodda-Biehl* Psychologie heute 1979, 24–27; kritisch *Coester*, Das Kindeswohl als Rechtsbegriff, S. 463.

[22] *Böddeker* Schriftenreihe zur Psychoanalyse 1985, 16, S. 39–52.

[23] Vgl. *Sternbeck/Däther* FamRZ 1986, 1; „Familienwohl": *Duss-von Werdt* S. 377.

[24] So beispielhaft: *Balloff* Zentralblatt für Jugendrecht 1994, 218–224.

[25] Auf diese veränderte Steitstrategie und deren Implikation für den Sachverständigen weist *Rohman* Praxis der Rechtspsychologie 1998, 222 hin.

Salzgeber

3. Aussagen über Individuen versus Aussagen über Systeme

Das Verständnis, was „systemisch", ein Begriff aus der Familientherapie, bezeichnet, wird vielfältig interpretiert.[26] Systemische Begutachtung bezeichnet bereits in sich einen Widerspruch. Grundprinzip systemischer Therapie ist Autonomie und Selbstregulation der Beteiligten, da gerade für die Personen, die gerichtliche Regelungen anstreben, Autonomie prima vista nicht gelten kann. Weiter wird „systemische Begutachtung" unkorrekterweise mit intervenierender, ganzheitlich verstehender Begutachtung gleichgesetzt,[27] was eine aktive Rolle des Sachverständigen als Counsellor, Krisenmanager[28] oder Kindeswohlmanager impliziert.[29]

Eine systemische Sichtweise hat alle Familienmitglieder und Einflussfaktoren im Blickfeld. Eine Einbeziehung weiterer Personen als der unmittelbar durch den gerichtlichen Beschluss Betroffenen verbietet sich für den Sachverständigen mit wenigen und vorab abzuklärenden Ausnahmen. Er ist nicht Ermittler, für ihn hat das Gebot der Verhältnismäßigkeit und der Ökonomie zu gelten, zudem soll der Kreis derjenigen, die über den familiären Konflikt Bescheid wissen, nicht unnötig ausgeweitet werden, da dies wiederum Auswirkungen zu Lasten des Kindeswohls haben kann.

Unzweifelhaft ist das Kindeswohl auch aus juristischer Sicht im Zusammenhang mit dem Wohl seiner Bezugspersonen zu bewerten, deren Interessen zu berücksichtigen sind, solange sie dem Kindeswohl nicht widersprechen. Sachverständiges Handeln kann somit nicht isoliert am Individuum ausgerichtet werden. Die Familie ist als System mit Subsystemen (sog. dyadische Interaktionen, also Interaktionen zwischen je zwei Familienmitgliedern[30]), das wiederum eingebettet ist in weitere Systeme, zu begreifen, innerhalb deren das Kindeswohl zu bestimmen ist.[31]

Ein ausschließlich systemischer Ansatz,[32] der auch zu einer sachverständigen Empfehlung für die Betroffenen und das Gericht − in der doch relativ knapp bemessenen Zeit − führen soll, birgt die Gefahr, die Individualität der von der Scheidung oder Trennung betroffenen Personen zu übersehen[33] und die Diagnostik in systemische Vorannahmen zu zwängen wie: Es sei ausnahmslos das Beste für das Kind, Kontakt zu beiden Eltern zu haben,[34] oder gemeinsame Sorge sei anderen vorzuziehen, ohne diese im Regelfall richtigen Annahmen im Einzelfall zu überprüfen. Sachverständiges Vorgehen hat den individuellen Konflikt zu beurteilen. Es bestehen keine normierten, allein entscheidungserheblichen Größen z.B. bezüglich Kooperationsbereitschaft, Bindung[35] oder Beziehung. Sie müssen

---

[26] Einen Versuch zur Ordnung versucht: *Rohmann* Praxis der Rechtspsychologie 1997, 30–47.

[27] Mit der Begriffsverwirrung setzte sich *Rohmann* auseinander: *Rohmann* Praxis der Rechtspsychologie 1998, 218–232.

[28] AG Hannover FamRZ 2000, 176.

[29] *Junglas* System Familie 1994, 44.

[30] *Fthenakis* in: Evangelische Akademie Bad Boll (Hrsg.), Tagung vom 20. bis 23. Februar 1986 in der Evangelischen Akademie Bad Boll: Protokolldienst 30/86, S. 36 ff.

[31] U. a. *Fthenakis,* Kinderpsychologisches Gutachten zur Verfassungsbeschwerde Nr. BvR 332/86, 1986; *ders.,* in: Speck/Peterander/Innerhofer (Hrsg.), Kindertherapie, S. 177; ebenso: *Coester,* Das Kindeswohl als Rechtsbegriff, S. 47.

[32] Der Begriff systemische Begutachtung wird unkorrekterweise mit beratender Begutachtung gleichgesetzt.

[33] Ebenso: *Koechel,* Kindeswohl in gerichtlichen Verfahren, S. 114 f.; *Balloff* Psychologie heute 1988, 6, S. 44.

[34] *Jopt* FamRZ 1987, 875.

[35] *Kaltenborn* ZfJ 1996, 257.

im individuellen Fall aus der Sicht jedes Beteiligten mit möglichst empirisch gestützten Verfahren bestimmt werden. Nicht jeder belastende Faktor wirkt sich auf jedes Kind gleich aus, die Umstände des individuellen Falles sind maßgeblich.[36] Sachverständiges Vorgehen hat das Zu- und Miteinander der Wirkfaktoren zu berücksichtigen, die das individuelle Kindeswohl bestimmen bzw. gefährden. Es verbieten sich sowohl selektive Vereinfachungen als auch ungeprüft übernommene „systemische" Vorannahmen.

4. Begründung für die Zulässigkeit intervenierender Begutachtung

Man könnte der Auffassung sein, das neue Kindschaftsrecht mit seinem Schwerpunkt Hilfe und Autonomie der Familie vor Entscheidung habe keine Auswirkungen auf die sachverständige Tätigkeit, da der Sachverständige im Gesetz nicht explizit erwähnt[37] wird. Eine strenge Auslegung des Verfahrensrechtes würde es bisher dem Sachverständigen nicht gestatten, in irgendeiner Form konsultatorisch oder gar intervenierend auf die streitenden Beteiligten einzuwirken oder die Begutachtung im Sinn einer Konfliktregelung durchzuführen.[38] Zweifelsohne und sicherlich mitbedingt durch eine Vielzahl intervenierender Sachverständiger erfolgte im neuen Kindschaftrechtsreformgesetz eine Gewichtungsverschiebung in Richtung Beratung vor Entscheidung. Beratung wird allen am Scheidungsgeschehen beteiligten Berufsgruppen auferlegt. Selbst der Richter wird in den §§ 52 und 52 a FGG nochmals auf eine Vermittlung verpflichtet, die eigentlich schon die Zivilprozessordnung gebietet. Zudem wird Beratungshilfe nach § 17 II SGB VIII auf Veranlassung des Familienrichters vom Jugendamt angeboten, und der Richter weist weiter auf das Beratungsangebot im § 52 FGG Abs. 1 S. 2 auch der freien Träger hin. Ziel des familiengerichtlichen Verfahrens sollte, nach dem neuen Recht verstärkt, die autonome Konfliktregelung durch die Eltern sein, auf das auch der Sachverständige im Rahmen seiner Möglichkeiten hinzuwirken hat. Die Rechtsprechung hat diesbezüglich bereits Erwartungen entwickelt, wie Beschlüsse mit expliziten Interventionsaufträgen an den Sachverständigen zeigen,[39] die auch vom Bezirksrevisor, dem übergeordneten Kostenbeamten, nicht abgelehnt werden können.[40] Das Wirken des Gutachters wird heute seitens der meisten Familienrichter nicht mehr allein an seinem schriftlichen und mündlichen Gutachten gemessen, sondern bereits an seinen Interventionsmaßnahmen und deren konfliktmindernden Auswirkungen, mit der Folge des Rückgangs weiterer Beschwerden.[41] Auch in Fachkreisen wird die Intervention[42] überwiegend als Bestandteil der Begutachtung angesehen.[43] Andererseits wird eine

---

[36] *Rohmann* Kind-Prax 2000, 71–76, 107–112.

[37] Eine Anpassung der ZPO an die veränderte Aufgabe des psychologischen Sachverständigen forderte *Jopt* ZfJ 1996, 210 f.

[38] *Böhm* DAVorm 1985, 731; *Puls* in: Remschmidt (Hrsg.), Kinderpsychiatrie und Familienrecht, S. 19.

[39] Siehe auch AG Mönchengladbach-Rheydt FamRZ 1999, 731 und die Begründung gegen den Einspruch des Bezirksrevisors.

[40] Siehe AG Osnabrück, Az. 45 F 126/95 vom 7. 2. 1996.

[41] So *Kaltenborn* ZfJ 1996, 359.

[42] Die Entwicklung zur interventionsorientierten Begutachtung zeichnen *Rohmann/Stadler* ZfJ 1999, 37–45, nach.

[43] *Bergmann*, Evangelischer Pressedienst 1997, Tagungsdokumentation Nr. 6; *Schade/Friedrich* S. 237–241, *Ballof* ZfJ 1994, 218–224.

Intervention[44] im Rahmen der Begutachtung nicht von allen psychologischen Sachverständigen als Teil sachverständiger Tätigkeit angesehen,[45] oder sie wird als wenig erfolgversprechend eingeschätzt.[46]

Auch wenn das FGG-Verfahren noch nicht von allen Familienrichtern und Anwälten wegen der Bezugnahme auf die ZPO so interpretiert wird, dass die Intervention des Sachverständigen in den erlaubten Rahmen seiner Tätigkeit fällt, so lässt sich die Interventionswirkung schon durch die sachverständige Interaktion[47] oder auch verstehendes Lesen eines schriftlichen Gutachtens[48] nicht verleugnen. Begutachtung ist niemals nur die Feststellung von Tatsachen oder Messung, die ohne Folgen bleibt.[49] Schon die Informationsgewinnung durch den Sachverständigen verändert die Familie, denn indem die einzelnen Familienmitglieder die sie berührenden Konflikte thematisieren und anderen darzulegen versuchen, werden sie sich über eigene und fremde Motive klarer, was die erste Stufe eines gegenseitigen Verstehens bedeuten kann.[50]

Diese Interventionswirkung ist aber nicht mit interventionsorientierter Begutachtung gemeint.

Begründet wird die Zulässigkeit einer interventionsorientierten Diagnostik mit unzureichender Diagnostik.[51] Entscheidungsrelevante Fakten können oftmals ohne eine Veränderung der bestehenden familiären Situation nicht erhoben werden. So kann Konstanz eines ablehnenden Kindeswillens gegenüber einem Elternteil meist erst durch eine Begegnung mit dem abgelehnten Elternteil erfasst werden.[52] Weiter wird erwähnt, wenn eine sachverständige Empfehlung nicht auf Konsens der Betroffenen beruhe, sei eine Kindeswohlregelung prognostisch weniger günstig.[53] Die Intervention im Rahmen der Begutachtung wird auch im Interesse des Kindes gefordert. Häufig machen erhebliche Belastungen des Kindes eine Beratung durch den Sachverständigen nötig, da gerade die Kinder während der Trennung der Eltern am wenigsten Unterstützung von allen Betroffenen erfahren.[54] Aus Kindeswohlgründen sei gefordert, der Familie prinzipiell einen Psychologen als Berater zur Seite zu stellen, der sie in der Trennungszeit begleitet, und keinen als Gutachter, dessen Nutzen für das Kindeswohl nicht erwiesen sei.[55] Eine statusorientierte Begutachtung belastet oftmals noch die in der Familie vorhandenen Gemeinsamkeiten,

---

[44] *Hermanns,* in: Simon/Mudersbach (Hrsg.), Zum Wohl des Kindes? Die Regelung der elterlichen Sorge auf dem Prüfstand, S. 84, versteht unter Intervention Beratung, was dem sachverständigen Vorgehen nicht angemessen ist.

[45] Sie wird bei *Klosinski,* in: Lempp/Schütze/Köhnken (Hrsg.), Forensische Psychiatrie und Psychologie des Kindes- und Jugendalters, S. 40–52, nicht ausgeführt.

[46] *Klosinski,* in: Warnke/Trott/Remschmidt (Hrsg.), Forensische Kinder- und Jugendpsychiatrie, S. 37.

[47] Vgl. *Hagner* Familiendynamik 1984, 323–339; *Sternbeck./Däther* FamRZ 1986, 21–25.

[48] *Kaltenborn* ZfJ 1996, 359.

[49] *Wegener/Steller* Zeitschrift für Differentielle und Diagnostische Psychologie 1986, 3, S. 110.

[50] *Tägert,* in: Undeutsch (Hrsg.), Forensische Psychologie, S. 609; *Koechel* FamRZ 1986, 637.

[51] *Salzgeber/Höfling* ZfJ 1991, 388–394; *Salzgeber/Höfling* ZfJ 1993, 238–245.

[52] Siehe auch: *Finke* FPR 1996, 162.

[53] So *Rösner/Schade* Zentralblatt für Jugendrecht, 1989, 439–443.

[54] Über die Folgen der Scheidung bei Kindern ausführlich: *Wallerstein,* in: Steinhausen (Hrsg.), Risikokinder, 1984; *Wallerstein/Kelly,* Surving the Breakup, 1980: *Biermann/Biermann,* Praxis der Kinderpsychologie und Kinderpsychiatrie 1978, 27, S. 222, geben in ihrer Untersuchung an, dass 4–5 % aller Kinder, die zur ambulanten Klinik wegen Verhaltensstörungen kamen, aus gescheiterten Familien stammten. Hinweise geben auch *Aymans et al.,* in: Speck/Peterander/Innerhofer (Hrsg.), Kindertherapie, S. 181.

[55] *Jopt* ZfJ 1991, 93–102; *Jopt,* Im Namen des Kindes, 1992; *Jopt,* in: Brauns-Hermann/Busch/Dinse (Hrsg.), Ein Kind hat das Recht auf beide Eltern, 1997.

verschärfe den Konflikt und verschlimmere damit die Belastung für das Kind, wenn sie nur dazu diene, aufgrund minimaler Unterschiede zwischen den Eltern, z. B. im Erzieherverhalten, zu einer unvorbereiteten Selektion zu führen, die als persönliche Abwertung erlebt werde.

5. Sachverständige Intervention, Therapie, Beratung, Mediation

Begutachtung wendet sich wie Beratung an jede Familie und Person, während für Therapie und auch Mediation[56] bestimmte Eingangskriterien für diese Intervention erfüllt sein sollten.

Rechtlich relevant ist die Abgrenzung zwischen Therapie und Beratung hinsichtlich der Zulässigkeit ihrer Durchführung.[57] Während Beratung voraussetzungslos ist, ist Therapie und im Einzelfall sachverständige Tätigkeit an die Erlaubnis zur Ausübung der Heilkunde gebunden.[58]

Der grundlegende Unterschied zu den anderen Interventionsarten besteht darin, dass der Sachverständige mit einer vorgegebenen Fragestellung vom Familiengericht beauftragt wird und dem Gericht als Auftraggeber verantwortlich bleibt, während Beratung, Therapie oder Mediation auf einem privatrechtlichen Vertragsverhältnis beruhen und in den meisten Fällen freiwillig angenommen werden. Sie finden zudem im geschützten Rahmen statt, da der Therapeut und die meisten Berater wegen ihrer Verschwiegenheitspflicht vom Familiengericht nicht angehört werden können.

Therapie hat zudem eher die Behandlung psychischen Leidens zum Inhalt. Der Sachverständige darf die Betroffenen dagegen prinzipiell nicht in einen therapeutischen Prozess involvieren,[59] auch der Einsatz therapeutischer Mittel ist unzulässig,[60] wenn sie in therapeutischer Absicht verwendet werden, da im therapeutischen Prozess regelmäßig dem Therapeuten höchstpersönliche und intime Gedanken anvertraut werden. Nicht zuletzt muss die Zieldefinition einer Therapie dem Patienten und dem Therapeuten überlassen bleiben. So kann eine Verbesserung der Kommunikation mit Hilfe des neurolinguistischen Programmierens (NLP-Technik)[61] nicht die vordringliche Aufgabe des Sachverständigen sein. Diese suggestive Methode kann nur im Einzelfall und nach vorhergehender Aufklärung und mit Zustimmung bei speziellen Probanden eingesetzt werden. Die Aufgabe des Sachverständigen bleibt daneben bestehen, eine Regelung, die dem Kindeswohl angemessen ist, mit den Betroffenen zusammen sichern zu helfen; dabei kann die Verbesserung der Kommunikation ein wesentlicher Bestandteil sein.

Beratung versucht, umgrenzte menschliche Probleme zu lösen[62] und richtet sich an den subjektiv gültigen Lebenswahrheiten und -werten aus, nicht nach Sollvorschrif-

---

[56] Einen kurzen Überblick über Mediation geben: *Proksch* FamRZ 1989, 916; *Diez/Krabbe*, in: Krabbe (Hrsg.), Scheidung ohne Richter, 1991; *Haynes*, in: Krabbe (Hrsg.), Scheidung ohne Richter, 1991; *Motz* FamRZ 2000, 857–860.

[57] Siehe auch *Dickmeis* ZfJ 1995, 55–59.

[58] Zur Abgrenzung siehe auch AG Mönchengladbach-Rheydt FamRZ 1999, 730.

[59] AG Hannover FamRZ 2000, 175; *Weychardt* ZfJ 1999, 332; OLG Düsseldorf, Az. 10 WF 5/99.

[60] BGH FamRZ 1994, 158; *Finke* FPR 1996, 163, die dadurch entstandenen Kosten sind nicht ersetzbar; *Finger* FPR 1998, 226.

[61] Vgl. *Spangenberg/Spangenberg* FamRZ 1990, 1321–1324.

[62] Vgl.*Wolflast* S. 59; *Memme* ZfJ 1992, 69.

ten,[63] wie sie durch Gesetze auch für den Sachverständigen handlungsleitend sind. Auch Beratung arbeitet mit der Beziehung, die sich zwischen den Ratsuchenden und dem Berater gestaltet, und bedarf daher eines geschützten Rahmens, in dem viel Persönliches anvertraut wird, um eine Änderung der individuellen Handlungs-, Denk- und Gefühlswelt zu bewirken.[64] Beratung wendet sich wie Therapie nicht unbedingt an alle Betroffene, sondern kann auch von einem allein in Anspruch genommen werden.

Beide Interventionsmethoden haben das Ziel, dem Ratsuchenden Hilfe zukommen zu lassen, damit dessen Problem oder Symptom gelöst bzw. behandelt oder reduziert wird, während der Sachverständige auch dem Familienrichter bei seiner Entscheidung helfen soll.

Vom Beratungsgespräch gegen den Willen eines Beteiligten ist abzuraten, wenn zu befürchten ist, dass beim Scheitern der Bemühungen eine Verhärtung des Konfliktes eintritt.[65] Der Sachverständige kann jedoch auch bei Verweigerung eines Betroffenen seine Tätigkeit, wenngleich jedoch mit eingeschränkter Wirkung und Aussagekraft, fortsetzen.

Auch Mediationsansätze sind nicht völlig auf die Situation des psychologischen Sachverständigen übertragbar. Für Mediation[66] gilt, dass beide Elternteile bereit sein sollen, miteinander zu kommunizieren und eine Lösung zu finden.[67] Der Gutachter bleibt weiterhin im Spannungsfeld zwischen Eltern, Kindern und dem beauftragenden Gericht. Mediation verzichtet auf die Diagnostik und Erteilung von Ratschlägen, da das Rollenverständnis ein völlig anderes ist. Der Mediator versucht, in einem spezifischen Setting,[68] ohne persönliche Stellungnahme, die Eltern zu unterstützen, um selbst zu einer fairen, gemeinsam getragenen Lösung zu kommen. Dazu werden Informationen gesammelt, geordnet und Problemfelder mit den Betroffenen definiert. Danach erfolgen die Erarbeitung und auch Erprobung von Handlungsalternativen. Zwar sollte das Familienrecht, z. B. bei Unterhaltsleistungen Berücksichtigung finden,[69] andererseits gehört zum Wesen der Mediation, von rechtlichen Fixierungen abzuweichen.[70]

Der Mediator, der Therapeut und meist auch der Berater werden nur in wenigen Fällen das betroffene Kind zu Gesicht bekommen und es mit einbeziehen.[71] Mediation beschäftigt sich vorrangig mit den beiden Erwachsenen in der Hoffnung, dass beide eine kindgemäße Regelung finden.

Ergebnisse der Mediation können jederzeit widerrufen werden. Es steht den Eltern dann immer noch die gerichtliche Streitensmöglichkeit offen.

Der psychologische Sachverständige muss in jedem Falle dem Kind Gehör geben und dessen Situation erfassen. Vom Sachverständigen werden nur die im gerichtlichen Auftrag berührten Fragen angesprochen, um diese einer Klärung zuzuführen. Scheidungsfolgesachen wie Hausrat, Unterhalt, Wohnungszuweisung usw. entziehen sich in der Regel dem Sachverständigenauftrag, sind aber wesentlicher Gegenstand der Mediation und können auch Thema von Beratungsgesprächen sein. Der intervenierende Sachverständige befasst

---

[63] *Rohmann* Kind-Prax 2000, 107–112.
[64] Dazu *Menne* Kind-Prax 1999, 87–90.
[65] OLG Hamm FamRZ 1996, 1098.
[66] Hierzu: *Morawetz* Praxis der Rechtspsychologie 1997, 48–66; *Menne* Kind-Prax 1999, 88; *Balloff* Praxis der Rechtspsychologie 2000, 48–60.
[67] Auf Problembereiche in der familienrechtlichen Praxis weist *Bergschneide* FamRZ 2000, 77–79, hin.
[68] *Riehle* Kind-Prax 2000, 83–86.
[69] Auf die Problematik hierzu weist *Schulz* FamRZ 2000, 860–863, hin.
[70] *Schieferstein* FPR 1999, 197. Kritisch: *Schulz* FamRZ 2000, 860–863.
[71] Ausnahme: *Diez/Krabbe* Kind-Prax 1998, 174–178.

sich mit der Kindeswohlregelung im aktuellen Konflikt, auf Trennungsverarbeitung geht er nur am Rande ein. Er muss auch gegebenenfalls entscheiden, das Ende seiner Tätigkeit ist nicht offen, sondern mündet im nicht gelösten Konfliktfall innerhalb eines ökonomisch vertretbaren Zeitrahmens in einen Entscheidungsvorschlag an das Gericht. Es sind also nicht die Klienten allein, die aus den Interventionsvorschlägen ihre Schlüsse für oder gegen das Kindeswohl ziehen können.

Nach Beendigung seiner Tätigkeit wird der Sachverständige eine schriftliche Ausführung, in welchem Umfang auch immer, für das Familiengericht erstellen. Dabei muss er seine Empfehlung nach seinem besten Wissen und Gewissen auf die Auswirkungen auf das Kindeswohl überprüfen.

Nicht zuletzt ist daran zu denken, dass der psychologische Sachverständige von den Justizbehörden entschädigt wird, während die anderen Interventionen auf privatvertragsrechtlicher Basis beruhen, was den Kostenrahmen und die rechtlichen Rahmenbedingungen, auch im Hinblick auf die Haftung, ändert.

6. Rahmenbedingungen interventionsorientierter Begutachtung

Wenn auch die interventionsorientierte Begutachtung, verstanden als eine eigenständige Interventionsform im Rahmen des familiengerichtlichen Verfahrens sowohl vom Kindeswohl her aus als auch fachpsychologisch begründbar ist, steht eine verbindliche Definition der Grenzen und Zulässigkeit von Intervention, auch in Abhebung zu anderen psychologischen Interventionen, die der Familie im Trennungskonflikt angeboten werden können, noch aus.

a) Kein geschützter Rahmen. Für einige Sachverständige mag sich aus der Forderung nach Intervention im Rahmen der Begutachtung ein erheblicher Rollenkonflikt ergeben. Einerseits wird der Sachverständige immer ein Vertrauensverhältnis zu den zu untersuchenden Personen aufbauen,[72] andererseits muss er aber auch weit genug auf Distanz bleiben, um nicht ungefragt anvertraute Informationen dem Gericht zugänglich machen zu müssen, wenn sie für die Entscheidung von Bedeutung sind. Den geschützten Raum, wie ihn die Therapie, Beratung oder Mediation bieten, kann der Sachverständige grundsätzlich nicht gewähren. Dieser Rollenkonflikt ist nur zu vermeiden, wenn bei der Erhebung der Daten strikt auf die fachpsychologische Notwendigkeit geachtet wird; Informationen müssen immer einen engen Bezug zur Fragestellung haben. In diesem Zusammenhang trägt auch der Sachverständige die Verantwortung für die ihm zugetragenen Daten. Zudem muss die Verpflichtung des Sachverständigen gegenüber dem Gericht für die Betroffenen immer klar sein; gegebenenfalls muss daran erinnert werden.

b) Beachtung der Freiwilligkeit. Die jeweiligen Hilfsangebote sind vom Sachverständigen klar zu formulieren und den Betroffenen zur Entscheidung vorzulegen. Intervention muss auf der Freiwilligkeit der Inanspruchnahme beruhen, sowohl was den Beginn als auch was den Zeitpunkt der Beendigung betrifft. Nur dem Gericht steht es zu, einem Elternteil die Annahme einer Beratung nahezulegen und zu drohen, z.B. bei Verweigerung

---

[72] *Haase* DS 1987, 368.

einer solchen Hilfe, die Kosten des Verfahrens demjenigen aufzuerlegen, der mutwillig eine einvernehmliche Regelung aufs Spiel setzt.[73]

Die Verweigerung der Hilfsangebote ist vom Sachverständigen nicht per se negativ zu bewerten, sondern erst dann, wenn damit eine Gefährdung des Kindeswohls einhergeht und die Verweigerung willkürlich erscheint. Prinzipiell haben die Eltern das Recht, sich über die Sorgerechtsfrage nicht einig zu werden und die Entscheidung auf das Gericht und indirekt im Vorfeld auf den Sachverständigen zu delegieren. Niemand darf die Eltern zu einer gütlichen Einigung zwingen.

Die Grenze der sachverständigen Intervention ist bei Zwangsandrohungen zu sehen. Bedenklich erscheinen die Empfehlungen, Betroffene per Gerichtsbeschluss zu Kompromissen zu zwingen, indem z.B. angedroht bzw. empfohlen wird, das Kind dann bei dem Elternteil zu belassen, der zu einer gemeinsamen elterlichen Sorge bereit ist, oder dem nicht-kompromissbereiten Elternteil mit dem Entzug des Aufenthaltsbestimmungsrechtes zu drohen.

c) Beratung über die juristischen Gestaltungsmöglichkeiten. Rechtsberatung ist dem Sachverständigen versagt; sie ist den Juristen vorbehalten. Der Sachverständige wird dennoch die Eltern auch auf die Gestaltungsmöglichkeit einer gemeinsamen elterlichen Sorge hinweisen dürfen, da, wie die Erfahrung des Autors gezeigt hat, viele Eltern von dieser Regelungsmöglichkeit zu wenig wissen oder falsche Vorstellungen haben. Hierbei handelt es sich auch eher um die Erfüllung der Aufklärungspflicht des Sachverständigen als um Rechtsberatung.

d) Elternautonomie und Kindeswohl. Ziel einer Modifikationsstrategie sollte es sein, Gefährdungen abzuwenden und Bedingungen der Trennungssituation, die dem Kindeswohl dienen, zu optimieren. Intervention darf nicht als Psychotechnik verstanden sein, mit deren Hilfe die von der Begutachtung Betroffenen zu einem vom Sachverständigen vorangenommenen „Kindeswohl" manipuliert werden sollen. Intervention darf dabei auch nicht zur aufgezwungenen Dauerberatung[74] ausarten. Die Unparteilichkeit des Sachverständigen erfordert vielmehr offene, d.h. korrigierbare Interventionen. Die Interventionsschritte müssen reflektierbar und von den Betroffenen zurückweisbar sein. Es kann nicht das einzige Ziel einer Sachverständigenintervention sein, die Betroffenen zu einer einvernehmlichen Lösung oder zu einem Kompromiss zu bewegen; die Einigung darf das Kindeswohl nicht belasten und die Belange des Kindes außer Acht lassen. Ein zu starker Fokus auf die Elternverantwortung, das zuversichtliche Vertrauen in deren kindgerechtes Verhalten, lässt gelegentlich das Kind zurücktreten, eine Tendenz, die den Kindesinteressen entgegengesetzt sein kann.[75] Gleichzeitig ist aber zu bedenken, dass das neue Kindschaftsrecht die Elternautonomie in den Vordergrund stellt. Es sind also nicht die aus sachverständiger Sicht optimalen Kindeswohllösung anzustreben, sondern es sind nach bestem Wissen und Gewissen Abwägungen anzustellen zwischen der Befriedung, die sich aus der Elterneinigung ergibt, und dem Kindeswohl.[76]

e) Transparenz und Nachvollziehbarkeit. Der Sachverständige hat nicht nur einen Herstellungsauftrag, sondern in erster Linie die Funktion, dem Familienrichter, beim

---

[73] So *Hinz* S. 79 f.
[74] *Luthin* S. 59.
[75] Vgl. *Coester* FuR 1991, 70.
[76] So auch *Figdor*, in: Brauns-Hermann/Busch/Dinse (Hrsg.), Ein Kind hat das Recht auf beide Eltern, S. 185.

Salzgeber

nicht zu seltenen Fall des Scheiterns seiner Bemühungen, eine nachvollziehbare Empfehlung aus psychologischer Sicht zu geben. Nicht zuletzt muss der Sachverständige eine fachpsychologische Diagnostik durchführen. Einer nur verstehenden Diagnostik[77] mangelt es an Transparenz und Nachvollziehbarkeit. Daneben bestehen deutliche Schwierigkeiten zu bestimmen, wie ganzheitlich-intuitive Erkenntnisakte falsifizierbar sind. Auf die Intransparenz, Rechtsunsicherheit und Gefahr der Willkür eines verstehenden sachverständigen Vorgehens wird zu Recht hingewiesen.[78]

Zudem besteht die Gefahr, dass bei vorschneller Einigung der Betroffenen eine gerichtliche Bestätigung erfolgt, die, wenn sie sich nicht als kindgemäß erweisen sollte, im Nachhinein nur gemäß den Anforderungen des § 1696 BGB (Abänderung) abgeändert werden kann, die wesentlich höher sind als die Schwelle des § 1671 BGB. Da eine Sorgerechtsentscheidung für die Zeit des Getrenntlebens entfallen ist und nun nicht mehr anlässlich der Scheidung endgültig entschieden wird, kann eine, auf verstehender Diagnostik beruhende Sorgerechtsregelung für die Zeit des Getrenntlebens nicht einmal mehr als „Bewährungszeit" angesehen werden.

f) Dauer. Die Intervention des Sachverständigen nimmt eine längere Zeitdauer in Anspruch als eine rein statusorientierte Begutachtung. Gelegentlich ist es sogar sinnvoll, den Betroffenen während des Begutachtungsprozesses eine Beratung bei einer anderen Fachstelle zu empfehlen. Meist sind die Eltern von sich aus bereit, die Verzögerung ihrer Scheidung oder einer gerichtlichen Entscheidung in Kauf zu nehmen.

Wird der Sachverständige von den Eltern gedrängt, sein Gutachten zu erstellen, damit die Scheidungssache weiter behandelt werden kann, ist es seine Aufgabe, die Eltern davon zu überzeugen, dass es dem Kindeswohl und ihrem eigenen Anliegen möglicherweise besser entspricht, zuerst eine Lösung zu finden, die allen Interessen dient, als vorschnell eine Entscheidung zu fordern; er hat andererseits aber nicht das Recht, darüber zu befinden, wann eine Sache entscheidungsreif ist. Der Sachverständige muss seine Interventionsmaßnahmen mit dem Familiengericht und den Betroffenen abstimmen und gelegentlich darauf hinwirken, dass der Familienrichter das Verfahren mit den Interventionsmaßnahmen abstimmt.

Bei eilbedürftigen Kindessachen darf jedoch der Sachverständige die richterliche Entscheidung nicht leichtfertig durch Interventionsversuche verzögern. Er trägt eine große Verantwortung für das Kindeswohl, wenn er den Auftrag annimmt. Bereits zwischen Beschlussfassung zur Einholung des Sachverständigengutachtens und dem Aktenversand an den Sachverständigen kann eine lange Zeitspanne vergangen sein. Der Sachverständige hat bei der Aktenanalyse umgehend festzustellen, ob bereits eine einstweilige Anordnung ergangen ist, die nun mit Hilfe des Sachverständigen auf ihre Kindeswohlangemessenheit überprüft werden soll. Bei Verfahren, die gemäß §§ 1666, 1666 a BGB, zur Einholung eines Sachverständigengutachtens geführt haben, bei Verfahren, die im Rahmen des Haager Rückführungsabkommens oder zur Wohnungszuweisung ergangen sind, oder bei Umgangsverfahren, bei denen der Besuch des Kindes beim getrennt lebenden Elternteil ausgesetzt ist, hat der Sachverständige selbstverständlich umgehend mit der Diagnostik zu beginnen. Bereits nach relativ kurzem diagnostischem Aufwand, d. h. meist Hausbesuch und

---

[77] So *Rexilius* Kind-Prax 2000, 6, wenn er ausführt: „... kritisch-psychologisches Verständnis weiß um die Bedeutung der individuellen Geschichte...; aus der systemischen Theorie greift sie den tiefen Einblick in die Dynamik und Struktur sozialer System ab."

[78] *Jäger/Petermann* S. 122 f.

Diagnostik des Kindes, kann aus psychologischer Sicht abgeschätzt werden, ob die Situation, die der Sachverständige vorfindet, eine erhebliche Belastung für das Kindeswohl darstellt und ob und welcher Handlungsbedarf geboten ist. In vereinzelten Fällen ist eine sofortige Jugendhilfemaßnahme notwendig. Hier wäre es fahrlässig, wenn der Sachverständige von sich aus versuchen würde, die Lebenssituation durch Beratungstermine zu verändern, da möglicherweise durch den zeitlichen Ablauf kindeswohlschädliche Verhältnisse gefestigt werden.

Bei Umgangskonflikten hat der Sachverständige ebenfalls umgehend Termine durchzuführen. Auch hier würde langes Warten zu einer Verschlechterung und Verfestigung der bestehenden Belastungssituation führen.

Besteht nach ersten sachdienlichen diagnostischen Hinweisen kein dringender Handlungsbedarf, so sollte in Absprache mit dem Gericht und den betroffenen Personen, wenn möglich, versucht werden, die Situation im Sinne des Kindeswohls zu verbessern. In diesen Fällen wird durch sachverständige Tätigkeit keine kindeswohlschädliche Situation verfestigt. Die Mitwirkungsbereitschaft der Betroffen muss aber gesichert sein, andernfalls würden möglicherweise sogar berechtigte Ablehnungsanträge gegenüber dem Sachverständigen das Verfahren zu Lasten des Kindeswohls erheblich verzögern und damit eine Konfliktsituation unnötig und leichfertig verfestigen. Bei Zustimmung wird der weitere geplante interventionsorientierte Prozess verfolgt, solange die vorab definierten Erfolgskriterien erfüllt werden. Dieses Vorgehen erfolgt aber nur in Absprache mit dem Familiengericht, das durch regelmäßige Sachstände informiert werden muss, die in der Folge zu Information den Anwälten zugeleitet werden. Beim endgültigen Scheitern der Intervention hat der Sachverständige umgehend sein schriftliches Gutachten zu erstellen.

Was für die richterliche Aussetzung des Verfahrens nach § 52 Abs. 2 FGG gilt, sollte auch für den Sachverständigen handlungsleitend sein. Ein zeitlicher Aufschub ist immer dann zulässig, wenn damit die Klärung eines Sachverhalts zu erwarten ist und eine günstigere Lösung für das Kind gefunden werden kann, z.B. wenn erkennbar ist, dass neue Lebensumstände, wie eine neue Arbeitsstelle oder ein Wohnortwechsel, bevorstehen, aber auch dann, wenn ein Kind von einem Elternteil zum anderen wechseln will und bezüglich der Beständigkeit des Wunsches Bedenken bestehen. Eine Verzögerung durch Intervention wäre nicht zulässig, wenn der Sachverständige in dieser Zeit beobachten will, ob überhaupt die Voraussetzungen z.B. für einen Lebensschwerpunktwechsel des Kindes vorliegen. Unzulässig ist auch eine Verschleppung des Verfahrens mit der Konsequenz eines Aufschubs der Scheidung oder Entscheidung, wenn dieses weder mit einer Interventionsmaßnahme, noch durch nachvollziehbare Gründe zu rechtfertigen ist. Zudem würden unverhältnismäßige Kosten erzeugt werden.[79]

Nicht in jedem familiären Konfliktfall kann Intervention zu jedem Zeitpunkt zum Erfolg führen. Beratung und auch Therapie sind nicht unbegrenzt leistungsfähig. Der Sachverständige hat die Intervention nicht zu beginnen oder abzubrechen, wenn sie keine Veränderung der Konfliktsituation bringt und eine gerichtliche Entscheidung angezeigt ist. Oftmals waren bereits mehrere beratende Institutionen mit der Familie befasst. Eine weitere Intervention des Sachverständigen würde dann dem Kindeswohl schaden und stellte zudem einen Eingriff in das Leben der Beteiligten dar, deren weitere Lebensgestaltung durch das Verhalten des Sachverständigen unzulässigerweise behindert würde.

---

[79] *Puls,* in: Remschmidt (Hrsg.), Kinderpsychiatrie und Familienrecht, S. 19.

g) Kindeswohl, nicht andere Scheidungs- und Trennungsfolgen. In die Intervention darf der Sachverständige prinzipiell die weiteren Scheidungsfolgen nicht einbeziehen. Zum einen gebietet dies die fehlende Fachkompetenz auf juristischem Gebiet, zum anderen haben auch diese Konflikte eine andere Qualität und bedürfen anderer Regelungen.

Während Unterhalt und Zugewinn ausgehandelt werden können, gilt dies in weiten Bereichen nicht für das Kindeswohl.

Ein Ansprechen der Scheidungsfolgen im Rahmen der Begutachtung ist nur in Ausnahmefällen möglich,[80] wenn dies von den Eltern ausdrücklich gewünscht wird, den Anwälten bekannt ist und der Familienrichter als Auftraggeber einverstanden ist. Zudem hat der Sachverständige zu möglichen Vereinbarungen in diesen Bereichen keine sachverständige Empfehlung oder Wertung abzugeben. Er ist nur Sachverständiger für das Kindeswohl im Rahmen der gerichtlichen Fragestellung.

h) Sachverständige Intervention nach Verfahrensende. Nach Abgabe des Gutachtens ist der Auftrag an den Sachverständigen beendet. Der Sachverständige sollte mit den Eltern nur dann noch weiteren Kontakt halten, wenn dies vom Familienrichter gewünscht und genehmigt wird. Auch in diesem Falle ist darauf zu achten, dass der Sachverständige nicht einseitig mit einem Betroffenen Fühlung aufnimmt. Treten die Eltern von sich aus mit dem Sachverständigen in Kontakt, so sollten sich seine Ausführungen auf die im Gutachten niedergelegten Daten beschränken. Solange das Gutachtenverfahren nicht abgeschlossen ist, sollte er die Betroffenen darauf hinweisen, dass es sinnvoll sein kann, falls sich neue Ereignisse ergeben haben sollten, den Familienrichter um eine mündliche Verhandlung zu bitten und den Sachverständigen dazu zu laden. Im Rahmen der Anhörung kann dann die neue Situation mit allen Beteiligten nochmals besprochen und möglicherweise neu bewertet werden.

Problematisch ist die Fortsetzung einer Intervention über die Beendigung des Gutachtenauftrages hinaus. Zum einen könnte der Sachverständige sowohl von der gleichen Instanz herangezogen werden, sein Gutachten zu ergänzen, als auch von der nächsten Instanz für eine erneute Fragestellung.

Die Befürworter[81] der Tätigkeit des Sachverständigen über das Ende des Verfahrens hinaus haben zu den offenen Fragen, wer das Ende der Intervention bestimmt, wer ein Scheitern der Bemühung definiert, wer die weitere Tätigkeit des Sachverständigen entschädigt, keine Vorschläge unterbreitet. Nicht zuletzt bleibt offen, was geschieht, wenn die Intervention scheitern und das Familiengericht wieder angerufen oder gar der Sachverständige wegen Befangenheit abgelehnt wird. Der Sachverständige kann dann wohl nicht mehr dem Familiengericht in seriöser Weise einen Enscheidungsvorschlag machen. In solchen Fällen muss ein weiterer Sachverständiger eingeschaltet werden, mit der Folge eines zeit- und kostenintensiven Aufwandes.

Da Nachteile einer Tätigkeit nach Abschluss des Verfahrens wohl überwiegen, sollten alternative Vorgehensweisen gewählt werden. Anbieten würde sich eine aktive Vermittlung der Familie oder des Kindes an eine Beratungsstelle.[82] Bereits im Vorfeld noch während

---

[80] Anderer Meinung: *Balloff/Walter* FuR 1991, 340.

[81] Wie *Rösner/Schade* ZfJ 1989, 440; *Jopt*, in: Brauns-Hermann/Busch/Dinse (Hrsg.), Ein Kind hat das Recht auf beide Eltern, S. 245.

[82] Hierzu stellt *Bünder* Prax. Kinderpsychol. Kinderpsychiat 2000, 275–284, eine Methode zur Bewältigung der Trennungsängste vor.

des Begutachtungsprozesses kann eine Beratung delegiert werden, um damit auch sicherzustellen, dass Interventionserfolge nicht bis zur Beschlussfassung erlahmen. Hilfreich sind daher interdisziplinäre Kontakte, die helfen, Einblick in die Arbeitsweise der anderen Fachpersonen zu erhalten, um persönliche Vermittlung und einen reibungslosen Übergang zu gewährleisten.

7. Interventionsorientiertes Vorgehen

Beim Vorgehen des Sachverständigen handelt es sich um eine selbständige und spezielle Interventionsmöglichkeit mit eigenen Zielsetzungen und Rahmenbedingungen.[83]

Statusorientierte und intervenierende Diagnostik schließen sich nicht aus,[84] sondern ergänzen sich. Es besteht auch keine verbindliche Reihenfolge: zuerst Intervention und bei Scheitern Begutachtung,[85] da auch Beratung eine diagnostische Basis braucht. Nicht zuletzt wäre ein solches sequenzielles Vorgehen den Betroffenen gegenüber unfair, da Verhalten in einer zuerst vertraulichen Beratungssituation später gutachterlich verwertet werden würde. Statuserhebende Diagnostik, die auf die Bestimmung der Belastungsfaktoren und Ressourcen des Kindes,[86] der Erfassung sozialer Stützsysteme, vielleicht auch Förderkompetenz bzw. Erziehungsfähigkeit im Rahmen der familiären Neuorganisation[87] abhebt, hat ihre Berechtigung sowohl als Basis für weitere Interventionen und zur wissenschaftlichen Überprüfung der Vorgehensweise und Empfehlung des Sachverständigen.[88] Nur die Kenntnis der Ressourcen und Belastungsfaktoren des Kindes und der Bezugspersonen kann helfen, den Handlungsspielraum der betroffenen Personen und möglicherweise auch weiterer Berater zu erweitern.[89] Die statusorientierte Diagnostik legitimiert sich also nicht durch das Ziel, eine Selektion zur Zuteilung von Sorgerecht oder Besuchstagen psychologisch zu empfehlen. Es bleibt aber unbestritten, dass bei den an das Familiengericht herangetragenen Konflikten eine Neuverteilung der Verantwortlichkeiten vorgenommen werden muss, die anders aussieht, zu der Zeit, als die Eltern und das Kind noch zusammen unter einem Dach wohnten.[90] Verzicht auf Diagnostik würde sogar bedeuten, Chancen vertan zu haben, der Familie zu helfen.[91] Nur verstehende Diagnostik wäre zu wenig gültig, um tatsächlich mit bestem Wissen und Gewissen eine Sorgerecht- oder Umgangsempfehlung abgeben zu können, gleiche Strategien würden zudem dem Rechtsempfinden widersprechen. Auch der Familienrichter ist verpflichtet, Informationen (Tatsachenmaterial) einzuholen, ehe er eine Entscheidung im Sinne des Kindeswohls treffen kann.[92]

---

[83] *Balloff/Walter* sprechen von „Beratung sui generis", FuR 1991, 336.

[84] *Westhoff/Kluck* S. 55.

[85] Wie *Jopt*, in: Simon/Mudersbach (Hrsg.), Zum Wohl des Kindes?, S. 110 das sachverständige Vorgehen als angemessen sieht.

[86] Hierzu *Klemenz* Prax. Kinderpsychol. Kinderpsychiat 2000, 176–198, mit weiteren Literaturhinweisen.

[87] Siehe auch: *Rohmann/Stadler*, in: Deutscher Familiengerichtstag e.V. (Hrsg.), 12ter Deutscher Familiengerichtstag, S. 100.

[88] Darüber handelt im Wesentlichen *Westhoff/Kluck*, Psychologische Gutachten, schreiben und beurteilen, 1998. Diese werden als Mangel beklagt in *Brosch*, in: Brauns-Hermann/Busch/Dinse (Hrsg.), Ein Kind hat das Recht auf beide Eltern, 1997.

[89] *Jäger/Petermann* S. 124.

[90] *Maccoby/Mnookin* FamRZ 1995, 2.

[91] *Jäger/Petermann* S. 127.

[92] *Heilmann* ZfJ 2000, 45.

Die intervenierende Diagnostik ist als Erweiterung und erhöhte Erkenntnismöglichkeit aufzufassen. Der Verzicht auf eine intervenierende Diagnostik hieße somit, sich auf ein eingeschränkt valides diagnostisches Vorgehen festzulegen[93] und dem Geist des neuen Kindschaftsrechts und dem SGB VIII nicht zu entsprechen. Intervention ist aber nur dann zu verantworten, wenn dadurch eine Vergrößerung der Handlungsautonomie der Betroffenen zu erwarten ist.[94]

In der konkreten Praxis wird der interventionsorientierte Sachverständige zuerst den Status mit seinem diagnostischen Instrumentarium – Interviews, Testverfahren, Verhaltensbeobachtung – erheben, also die aktuelle Krisensituation der im Konflikt sich befindlichen Familie und deren Ursachen erfassen. Die psychodiagnostische Untersuchung wird sich – ausgehend von einer Breitbanddiagnostik, die sich bereits an der Fragestellung und den ersten psychologischen Fragen aus der Aktenanalyse orientiert – zu einer Abklärung von Einzelfragen einengen. Es entspricht dem derzeitigen Stand der Wissenschaft, bei der Begutachtung hypothesenorientiert[95] vorzugehen. Hierbei ist nicht nur eine Null-Hypothese, sondern zugleich mindestens eine Alternativhypothese zu prüfen,[96] um zu vermeiden, dass nur affirmative Daten gesammelt werden.[97] Das hypothesengeleitete Vorgehen bei der Diagnostik verhindert, dass der Umfang der Datenerhebung ohne Untersuchungsplan und die Auswahl der Methoden willkürlich, von den methodischen Neigungen des Sachverständigen abhängen.[98] Bei Kindeswohlgefährdung wird die Null-Hypothese vom Vorliegen einer Kindeswohlgefährdung ausgehen, bei Sorgerechts- und Umgangsregelungen von der Entsprechung des Kindeswohls bei Belassung des gemeinsamen Sorgerechts oder des Umgangs. Diese Hypothesen hätte der Sachverständige dann zu widerlegen.[99]

Die Intervention bedarf der Empathie des Sachverständigen.[100] Das Verhältnis zwischen Proband und Sachverständigem sollte gerade bei der familienpsychologischen Begutachtung von Vertrauen und Offenheit gekennzeichnet sein. Vertrauen kann aufgebaut werden, wenn der Sachverständige den Personen empathische Anteilnahme entgegenbringt, dabei aber nicht in Distanzlosigkeit verfällt.

Durch geeignete Gesprächsführung wird der Sachverständige versuchen, den Standpunkt des anderen und des Kindes in die Gespräche mit einzubeziehen,[101] um eine veränderte Bewertung der aktuellen Konfliktsituation zu erreichen. Beratungsgespräche helfen, die Konfliktsituation in ihren psychologischen Zusammenhängen besser verstehen zu können, ebenso die Vorstellung von Regelungsmöglichkeiten, ohne dass einseitige Rechtsvorteile erreicht werden. Im gemeinsamen Gespräch können mediative Elemente hilfreich sein. Auf der Basis dieser Informationen, wenn möglich nach dem Prinzip der Mehrfachbelege, wird der Sachverständige versuchen, in einem gewissen Zeitrahmen Veränderungen

---

[93] Ausführlich *Salzgeber/Höfling* ZfJ 1991, 388–394.
[94] So *Haubl/Pleimes*, in: Hartmann/Haubl (Hrsg.), Psychologische Begutachtung, S. 165.
[95] *Kaminski*, Verhaltenstheorie und Verhaltensmodifikation, 1970; *Steller* MSchrKrim 1988, 16; *Wegener*, in: Kury (Hrsg.), Ausgewählte Fragen und Probleme forensischer Begutachtung, S. 201; „Strukturmodell"; *Westhoff/Kluck*, Psychologische Gutachten schreiben und beurteilen, 1998.
[96] *Wegener* ZfJ 1982, 493.
[97] *Haubl*, in: Hartmann/Haubl (Hrsg.), Psychologische Begutachtung, S. 41.
[98] Vgl. *Wegener/Steller* Zeitschrift für Differentielle und Diagnostische Psychologie 1986, 3, S. 107 ff.
[99] *Fegert* Deutscher Familiengerichtstag, 1999, S. 55.
[100] *Salzgeber/Höfling* ZfJ 1993, 238–245.
[101] Reframing, dazu plastisch *Spangenberg/Spangenberg* Kind-Prax 1999, 187–190, *dies.* Kind-Prax 2000, 117–119.

in Absprache mit den Beteiligten zu bewirken,[102] um eine zukünftig stabilere Kindeswohl-regelung herbeizuführen. Die Erfolge der Interventionsmaßnahmen werden kontrolliert, gegebenenfalls verändert und den Beteiligten rückgemeldet.[103]

Angemessene Interventionen des Sachverständigen sind nach Offenlegung der Rolle des Sachverständigen:

● Interventionen zur Motivierung der Eltern, eigenverantwortliche Sorge- bzw. Umgangsregelungen zu treffen.

● Entwicklung eines Freiraums für die Erprobung von konfliktvermeidenden Verhaltensweisen und Schaffung von Rahmenbedingungen, ohne dabei einen verfahrensrechtlichen Vorteil für eine Partei zu bewirken. Dabei gilt die Überprüfung der Regelungsmodalitäten nur der Vereinbarung, nicht der sie mit Leben erfüllenden Personen.

● Strukturen und Regeln zu entwerfen für parallele Elternschaft, unpassende Regeln zu verändern.

● Konkrete Hilfen zu geben, Verhaltensweisen der Eltern umzustrukturieren, sei es in Bezug auf die Kommunikation der Eltern,[104] sei es in Bezug auf Beziehungs- und Erziehungsprobleme.

● Alternative Strategien zu entwerfen, die bei späteren Konflikten der Eltern eine Expansion des Streites verhindern und somit neue Perspektiven bei zukünftigen Konfliktfällen eröffnen.

Angemessene Strategien, die sich im Rahmen der psychologischen Begutachtung unter Berücksichtigung der Rahmenbedingung durchführen lassen, sind:

● Die Offenlegung der Ergebnisse des Sachverständigen. Ist unzweifelhaft dem Kindeswohl dadurch am besten gedient, dass ein Kind den Lebensschwerpunkt bei einem Elternteil findet, so hat der Sachverständige dies als Ausgangslage den Betroffenen mitzuteilen. Die weiteren Interventionen werden sich folglich auf die Ausgestaltung der Elternteil-Kind-Kontakte beziehen. Hier unterscheidet sich der Sachverständige vom Mediator oder Therapeuten. Der Sachverständige kann nicht immer die Entscheidung den Eltern überlassen, wenn dies dem Kindeswohl abträglich wäre. Er kann sich auch vor einer Empfehlung nicht hinwegstehlen, wenn eine solche durch den Gerichtsauftrag gefordert ist. Die Erledigung der Lebensschwerpunktsfrage kann z. B. bei dem Elternteil Energien freisetzen, sich nun um die Verbesserung des Kontaktes zum Kind zu bemühen.

● Rückmeldung und Informationen über Reaktionen Erwachsener[105] und Kinder[106] auf

---

[102] Zur Praxis siehe auch *Krampen* Report Psychologie 2000, 182–205.

[103] Prozessmodelle sequentieller sachverständiger Tätigkeit stellt vor: *Rohmann* Praxis der Rechtspsychologie 1998, 218–232.

[104] Ein Vorschlag zur Intervention zwischen Beratung und Therapie: *Spangenberg* DAVorm 1997, 558–562.

[105] Hinweise geben: *Schmidt-Denter/Beelmann*, Familiäre Beziehungen nach Trennung und Scheidung, 1995; *Bojanovsky*, Psychische Probleme bei Geschiedenen, 1983; *Büttner/Ende*, Trennungen, 1990; *Petri*, Verlassen und verlassen werden, 1991; *Schröder*, Über Macht und Ohnmacht der Gefühle nach einer Trennung, 1989; *Studer-Etter*, Trennung, Scheidung und Identität, 1985; *Textor*, Scheidungszyklus und Scheidungsberatung, 1991; *Weiss*, Trennung vom Ehepartner, 1980; *Wolf* FPR 1997, 29–35.

[106] Hinweise geben: *Buskotte*, Ehescheidung, 1991; *Figdor*, Kinder aus geschiedener Ehe, 1991; *Oppawsky*, Scheidungskinder, 1987; *Reich*, in: Krabbe (Hrsg.), Scheidung ohne Richter, 1991; *Schmidt-Denter*, Die soziale Umwelt des Kindes, 1984; *Schmidt-Denter* FPR 1997, 57–59; *Schmidt-Denter/Beelmann* Zeitschrift für Entwicklungspsychologie und Pädagogische Psychologie 1997, 26–42; *Hofmann-Hausner/Bastine* Zeitschrift für Klinische Psychologie 1995, 285–299; *Fthenakis* Familiendynamik 1995, 127–155; *Figdor*, Scheidungskinder – Wege der Hilfe, 1998; *Figdor* FPR 1997, 60–67; *Koechel*, Kindeswohl in gerichtlichen Verfah-

---

Scheidung. Häufig erleben die Eltern die Scheidung als existentielle Bedrohung. Die Phasen eines Trennungsverlaufes sollten den Eltern mitgeteilt werden, wobei die Interventionen des Sachverständigen jeweils phasengerecht (Verneinung und Isolation, Wut und Trotz, Verhandeln, Depression/Melancholie und Versöhnung mit dem Schicksal[107]) sein müssen.

- Informationen über konkrete Verhaltensweisen des Kindes mit dem jeweils abwesenden Elternteil[108] – möglicherweise auch mit Hilfe von Videoaufzeichnungen – helfen, die Sichtweise der Konfliktsituation verändert zu sehen und daraufhin neue Zugänge zur Konfliktbewältigung zu suchen. Information und Rückmeldung erfolgen nach Regeln der psychologischen Gesprächsführung. Diese Grundregeln psychologischer Gesprächsführung sind ubiquitär und nicht therapieschulenspezifisch. Es ist unbedingt darauf zu achten, dass der Sachverständige eine beratende Gesprächsführung nach den Erkenntnissen der wissenschaftlichen Psychologie führt.

- Unterbreitung von verhaltensnahen Vorschlägen. Gemeint ist hiermit nicht, mittels Verhaltensvorschriften einem Elternteil zu einem Vorteil zu verhelfen oder einen Elternteil zu einem vom Sachverständigen gewünschten Verhalten zu zwingen. Vielmehr soll den Eltern mit psychologischen Mitteln und sachverständiger Erfahrung geholfen werden, eigenverantwortliche und verantwortungsbewusste Problemlösungen zu entwickeln.

- Nicht zuletzt kann der Einschub einer externen Beratung und Vermittlung geeigneter Lektüre[109] in einigen Fällen die geeignete Intervention sein oder sie zumindest unterstützen.

---

ren, 1995; *Kardas/Langenmayr* Prax. Kinderpsychol. Kinderpsychiat 1999, 173–286; *Niesel* Familiendynamik 1995, 155–170; *Offe*, in: Hahn/Lomberg/Offe (Hrsg.), Scheidung und Kindeswohl, S. 25–54; *Krieger*, Elterliche Trennung und Scheidung im Erleben von Kindern, 1997; *Huss/Lehmkuhl*, in: Fegert (Hrsg.), Kinder in Scheidungsverfahren nach der Kindschaftsrechtsreform, S. 31–44; *Walper/Schwarz*, Was wird aus den Kindern, 1999.

[107] *Deissler* Familiendynamik 1982, 368–374; *Paul* Familiendynamik 1980, 229, unterscheidet Entscheidungsphase, juristische und nach-juristische Phase.

[108] Hinweise können geben: *Behr/Häsing*, „Ich erziehe allein", 1984.

[109] *Lederle/Niesel/Salzgeber/Schönfeld*, in: DAJEB im Auftrag des Bundesministeriums für Jugend, Familie, Frauen und Gesundheit und des Bayerischen Staatsministeriums für Arbeit und Sozialordnung, 1999.

H. Psychologische Fragen zur Bestimmung der Risiko- und Schutzbedingungen des Kindes

Die Fragestellungen des Familiengerichts sind vor dem Hintergrund der gesetzlichen Bestimmungen zu interpretieren. Die meist normative Fragestellung des Familiengerichts bei Sorgerechtsfragen wie: „Welche Sorgerechtsregelung entspricht am ehesten dem Wohle des Kindes?" muss übersetzt werden in eine fachpsychologische Fragestellung[1] (bei Umgangsrechtsfragen ist die gerichtliche Aufgabenstellung gelegentlich konkreter auf die Häufigkeit des Kontakts bezogen). Übersetzung bedeutet die Präzisierung der Fragestellung vor dem Hintergrund relevanten Fachwissens, der diagnostischen Methodik und der Interventionsmöglichkeiten. Dabei müssen die Beschränkungen, die der spezielle forensische Rahmen setzt, mit beachtet werden.

Die im juristischen und fachpsychologischen Schrifttum formulierten Kindeswohlgesichtspunkte wie „Förderungsprinzip", „Kontinuitätsprinzip", „Beachtung des Willens des Kindes" und „Bindungstoleranz" müssen durch psychologische Kriterien ergänzt werden. Diese und andere psychologischen Teilaspekte des Kindeswohls haben ihre Bedeutung in der Einschätzung der stabilisierenden oder belastenden Faktoren im familiären Konflikt und bilden somit die Basis, auf der der Sachverständige beratend, intervenierend oder auch empfehlend tätig werden kann.

Für viele Aspekte des Kindeswohls ist aus den verschiedenen Teilbereichen der Psychologie gesichertes Wissen vorhanden, wobei dieses Wissen für den forensischen Einzelfall interpretiert werden muss. So gilt z.B. als fundiertes Wissen, dass eine sichere Bindung des Kindes zur Mutter für die kindliche Entwicklung förderlich ist. Es ist aber nicht bewiesen, ob das Kind die gleichen Bindungsverhaltensweisen in der Situation der Elterntrennung zeigt; dies gilt vor allem dann, wenn es von seinem sicheren Bindungspartner schon längere Zeit aufgrund familiärer Umstände getrennt lebt. Daneben spielt auch der normative Aspekt eine wichtige Rolle: Berücksichtigt z.B. das Kriterium „Wille des Kindes", vor allem bei ablehnendem Kindeswillen die Persönlichkeit des Kindes, wenn ein Ausschluss des Umgangs erst bei Kindeswohlgefährdung angeordnet werden kann?

Gesetze und Rechtsprechung geben den Sachverständigen Orientierung auf Inhalt und Umfang der Diagnostik, wie dies z.B. beim Begriff Erziehungsfähigkeit zutrifft. Auch eine Verlagerung der Gewichtung einzelner Kriterien wird von der Rechtsprechung initiiert. So wird seit dem 1.7.1998 der Kooperationsbereitschaft oder der Bindungstoleranz ein entscheidungserhebliches Gewicht zugemessen, während Fragen der Erziehung im Sinne von Erziehungszielen oder Erziehungsstilen vor der Schwelle des § 1666 BGB kaum mehr in die Entscheidung einfließen.

Kindeswohlgesichtspunkte wie Bindung, Wille des Kindes, Erziehungseignung und Kontinuität sind wie der Begriff „Kindeswohl" selbst ausfüllungsbedürftig.[2] Dabei ist zu berücksichtigen, dass Juristen diese Begriffe oftmals anders verstehen als der Psychologe,

---

[1] Vgl. *Jäger*, Der diagnostische Prozess, 1983, S. 64; *Steller* MSchrKrim 1988, 19; *Westhoff/Kluck* S. 39.
[2] Sehr hilfreich dazu: *Westhoff/Terlinden-Arzt/Klüber*, Entscheidungsorientierte psychologische Gutachten für das Familiengericht, 2000.

wie dies beim Begriff „Bindung" deutlich wird. Der Sachverständige hat sein Begriffssystem daher offen zu legen.

Pragmatische Alltagstheorien[3] können nicht als psychologische Argumentationshilfen herangezogen werden. Dazu gehören Voreinstellungen wie, dass es üblich sei, bei Umgangskontakten nur einen Besuch pro Monat zu gestatten. Andere moralisch-naturrechtliche und hypostasierende Versuche,[4] eine Empfehlung ohne weitere Begründung am Einzelfall zu rechtfertigen, sind z. B. auch in folgenden Vorurteilen[5] zu sehen: Kleinkinder gehörten zur Mutter; Mütter seien emotionaler; Väter förderten eher die Leistung; Väter seien eher Freizeitpartner; Mütter hätten eher Versorgungsrollen inne; Buben in der Pubertät seien besser beim Vater aufgehoben, Mädchen bei der Mutter; prinzipiell solle ein Kind nicht aus seiner gewohnten Umgebung deplaziert werden; Geschwistertrennung sei grundsätzlich dem Kindeswohl entgegenstehend; häufiger Umgang mit dem Nichtsorgeberechtigten führe zu einer anhaltenden Beunruhigung; habe das Kind bisher den Vater noch nicht kennen gelernt, sei es jetzt umso wichtiger, eine natürliche Verbindung zwischen Vater und Kind herzustellen; Großelternerziehung sei grundsätzlich schlechter als Elternerziehung; Kindesbetreuung durch einen Elternteil sei immer besser als die Betreuung durch Drittpersonen; ein Kind brauche einen festen, unzweideutigen Ort der Zugehörigkeit; Haus mit Garten sei besser als Wohnung in der Stadt; sehr konservatives, dörflich-bäuerliches Umfeld sei prinzipiell schlechter als liberale, großstädtische Verhältnisse.[6]

Seit dem Beschluss des Bundesverfassungsgerichts vom 29. 7. 1959 sind beide Eltern in der elterlichen Sorge gleichberechtigt. Die Gleichheit der Eltern zwingt den Familienrichter und den Sachverständigen, beiden Eltern grundsätzlich Chancengleichheit einzuräumen und geschlechtsspezifische Unterschiede oder gesellschaftliche Vorgegebenheiten nicht per se als Entscheidungskriterium heranzuziehen. Die Gleichberechtigung der Eltern findet dort ihre Grenze, wo die Situation oder das Verhalten eines Elternteils einen günstigeren Einfluss auf das Kind ausübt.[7]

Bis 1980 wurde dennoch in der Rechtsprechung vom Vorzug der Mutter im ersten Lebensjahrzehnt des Kindes ausgegangen. Die richterliche Argumentation wurde gestützt durch die Sozialwissenschaften[8] mit den Argumenten, dass die Mutter „von Natur her" die erste Bezugsperson eines kleinen Kindes sei – selbst wenn sie berufstätig sein sollte[9] –, weil sie dem Kind das für dessen Persönlichkeitsentwicklung wichtige Gefühl der Geborgenheit und Harmonie geben könne.[10] Das Recht lässt auch keinen Schluss mehr zu, der besagen würde, dass das Kind prinzipiell einen Elternteil mehr braucht als den anderen,[11] auch nicht, dass das Kind bei Trennung beim gleichgeschlichen Elternteil aufwachsen sollte,[12] aber auch nicht, dass Kinder, die ohne Väter aufwachsen, immer benachteiligt sind

---

[3] *Keupp*, in: Apel/Schwarzer (Hrsg.), Schulschwierigkeiten und pädagogische Interaktion, 1977.

[4] *Simitis et al.*, in: Goldstein/Freud/Solnit, Diesseits des Kindeswohls, S. 169.

[5] Die folgenden Beispiele finden sich sowohl in der Literatur, sie sind aber auch in der gutachterlichen Praxis angetroffen worden.

[6] OLG Bamberg FamRZ 1999, 806.

[7] *Rassek* S. 70.

[8] *Lempp* NJW 1972, 315; *Lempp/Röker* Zeitschrift für Kinder- und Jugendpsychiatrie 1973, 25; *Biermann* Praxis der Kinderpsychologie und Kinderpsychiatrie 1978, 221; *Brauchli* S. 68 ff.; *Quambusch* ZfJ 1988, 319 f.

[9] *KG Berlin* FamRZ 1977, 475.

[10] BayObLG, Beschluss vom 26. 8. 76, zitiert nach dem Urteil vom OLG München FamRZ 1979, 337–340 = NJW 1979, 603; KG Berlin FamRZ 1978, 826.

[11] So *Coester*, Das Kindeswohl als Rechtsbegriff, S. 220.

[12] *Furstenberg/Cherlin*, Geteilte Familien, 1993; *Kaltenborn* ZfJ 1996, 357.

oder Sozialisationsdefizite aufweisen.[13] Entscheidungskriterium hat allein das Kindeswohl zu sein, Geschlechtsunterschiede können nicht mehr als Entscheidungsgrundlage für die Verteilung der elterlichen Sorge dienen, ebenso wenig Alter und Geschlecht des Kindes.[14] Auch für die Behauptung, das Aufwachsen mit Geschwistern oder Stiefgeschwistern sei besser als das Aufwachsen ohne Geschwister, gibt es keine wissenschaftlichen Belege. Das Argument, dass Kinder leichter einen Stiefvater akzeptierten als eine Stiefmutter,[15] kann keine Empfehlung rechtfertigen. Gerechtigkeit ist kein psychologisches Kriterium. So kann keinem Elternteil das Sorgerecht gewährt werden zum Ausgleich dafür, dass er Haus und Ehepartner verloren hat, auch nicht aus Gründen, die dem Unterhaltsbereich zuzuordnen sind, selbst wenn ein fehlender Kindesbarunterhalt noch so belastend für einen Elternteil sein sollte. Sorgerechtsempfehlungen können auch nicht ausschließlich mit dem therapeutischen Wert für die Erzieherperson begründet werden.[16] Unzulässig sind folglich Gesichtspunkte bei der Sorgerechtsregelung wie: ein Elternteil brauche das Kind zur psychischen Stütze, z.B. um ihn vor dem Abgleiten in den Alkoholismus zu bewahren; das Kind solle einen gebrechlichen Elternteil pflegen; ein Elternteil brauche das Kind als Nachfolger in seinem Unternehmen.[17] Die Möglichkeit, Unterhalt nach § 1570 BGB zu beziehen, darf keine Rolle bei der Empfehlung spielen, ebenso wenig wie moralische Vorstellungen. Parteinahme aus Mitleid wäre gleichermaßen eine Verletzung der Objektivität und der Unparteilichkeitsverpflichtung.[18]

Nicht einzugreifen hat der Staat bei Verweigerung ärztlicher Behandlung des Kindes, wenn es nicht um eine Frage von lebenswichtiger Bedeutung geht, sondern um eine Präferenz für einen Lebensstil gegenüber einem anderen. Bei Fragen auf Leben und Tod haben das Gericht und der Sachverständige sich zu enthalten in Fällen, in denen es keine erprobte medizinische Behandlung gibt, widersprüchliche medizinische Erfolgsprognosen existieren oder nur eine geringe Wahrscheinlichkeit besteht, dass eine Behandlung das Kind in eine Lage versetzt, entweder ein „lebenswertes Leben" oder ein Leben mit relativ normaler gesunder Entwicklung zu führen.[19]

Entscheidungserheblich können alle diese Kriterien allein nicht sein, können aber Hinweise für weitere sachverständige Überprüfung oder Interventionsmaßnahmen geben.

Es finden sich sowohl Vertreter eines Standpunktes, die die Risikofaktoren der Trennung betont,[20] als auch solche, die in der weiteren Entwicklung der Kinder keine Auffälligkeiten manifestieren konnten.[21] Unzweifelhaft sind Trennung und Scheidung für das Kind

---

[13] Hierzu *Nave-Herz* FuR 1995, 102–106.

[14] BayObLG FamRZ 1975, 223; siehe hierzu *Ehring* S. 13.

[15] *Lempp*, Die Ehescheidung und das Kind, Fn. 121; kritisch dagegen *Ell* ZfJ 1982, 69, S. 76, der die Akzeptanz eines Stiefvaters von der Bindung des Kindes an den Vater vor der Elterntrennung abhängig sieht; *Arntzen*, Elterliche Sorge und persönlicher Umgang mit Kindern aus gerichtspsychologischer Sicht, S. 19, bewertet die Zeitdauer, die das Kind mit dem Stiefelternteil zusammenleben sollte; den Altersabstand zwischen Stiefelternteil und Kind erwähnt *Knöpfel* FamRZ 1983, 325.

Bei der Diskussion, ob ein Stiefelternteil auch das nicht von ihm in die Ehe gebrachte Kind erziehen darf, wird häufig verkannt, dass der neue Ehepartner auch die Pflicht hat, dem Elternteil Hilfestellung zu leisten. Dies ergibt sich für den Stiefelternteil aus § 1353 Abs. 1 Satz 2 BGB, aus der Pflicht zur ehelichen Lebensgemeinschaft (*Knöpfel* FamRZ 1983, 325).

[16] Für den medizinischen Sachverständigen vgl. *Haase* DS 1987, 367.

[17] OLG Hamburg FamRZ 1959, 254.

[18] Vgl. *Kühne* S. 53.

[19] Vgl. *Goldstein/Freud/Solnit* S. 83.

[20] *Wallerstein/Blakeslee*, Gewinner und Verlierer, 1989.

[21] *Hetherington/Stanley-Hagan/Anderson* American Psychologist 1989, 303 ff.

Salzgeber

mit hohen emotionalen Belastungen verbunden,[22] entscheidend für die weitere Entwicklung ist aber, wie das Kind mit dieser Belastung umgeht und welche Bewältigungsmechanismen das Kind selbst hat und ihm zur Verfügung gestellt werden.

Bei den nachstehend ausgeführten Gesichtspunkten,[23] die teils juristischer, teils sozialwissenschaftlicher Provenienz sind, handelt es sich nicht um Sorgerechtskriterien im gesetzgeberischen Sinn, sondern vielmehr um Aspekte, die der Familienrichter und auch der Sachverständige bei einer Kindeswohlgestaltung oftmals zu beachten haben. Sie stehen in Beziehung zueinander und ermöglichen, „Kindeswohl" aus juristischer Sicht von verschiedenen Seiten zu beleuchten.[24]

Im Folgenden wird auf die am häufigsten in der Literatur erwähnten „Kindeswohlkriterien" eingegangen, ohne damit dem Anspruch eines vollständigen Kriterienkataloges entsprechen zu wollen.

1. Einschränkung der Erziehungsfähigkeit aufgrund von Erkrankung

Der Familienrichter kann für die Bestimmung des Kindeswohls die Persönlichkeiten der Eltern im Hinblick auf ihre Erziehungswirkung überprüfen, wobei er nicht gezwungen ist, ein Sachverständigengutachten zur Erziehungsfähigkeit einzuholen, wenn ein fachärztliches Attest vorliegt und der Familienrichter bei der Anhörung keine Auffälligkeiten bemerkt.[25] Im Falle einer Begutachtung ist ohne Überprüfung der Auswirkung des elterlichen Verhaltens auf die Erziehung des Kindes eine Verneinung der Erziehungsfähigkeit nicht zulässig. Ein statisches Ausschlusskriterium gibt es nicht. Selbst das Bundesverfassungsgericht hat in seiner Entscheidung zur gemeinsamen elterliche Sorge als eine Voraussetzung die „volle Erziehungsfähigkeit"[26] erwähnt.

Bei der Bestimmung der Erziehungsungeeignetheit wird in der Regel als der federführende Sachverständige der Arzt für Psychiatrie oder der dafür spezialisierte Psychologe herangezogen. Gelegentlich wird in diesen Fällen der Familienrichter im Rahmen eines vormundschaftlichen Verfahrens die „Prozessfähigkeit" des Elternteils von Amts wegen überprüfen lassen.

Neben der Frage nach der Übernahme der elterlichen Sorge stehen auch Fragen an, ob und wie ein Umgang eines möglicherweise erziehungseingeschränkten Elternteils zum Kind gestaltet werden kann, oder auch, ob er in der Lage ist, die elterliche Sorge gemeinsam mit dem anderen Elternteil auszuüben.

Bei Verdacht einer angeborenen oder erworbenen Krankheit, die negative bzw. schädliche Auswirkungen auf das Kindeswohl haben könnte, ist bei den Fragestellungen im familiengerichtlichen Verfahren zuerst abzuklären, ob nicht durch das Vorliegen eines medizinischen oder psychologischen Befundes die Übertragung der elterlichen Verantwortung auf den gesunden Elternteil geboten erscheint, ehe andere Sorgerechtskriterien überprüft werden.

a) Begriffliche Klärung. Eine Beurteilung des betroffenen Elternteils ist sowohl aus psychiatrischer wie aus psychologischer Sicht in Bezug auf die Erziehungsfähigkeit immer

---

[22] *Suess/Scheuerer-Englisch/Grossman* FPR 1999, 148–157.
[23] „Hilfsregeln": *Hinz*, in: Speck/Peterander/Innerhofer (Hrsg.), Kindertherapie, S. 196.
[24] BGH FamRZ 1985, 169 = NJW 1985, 1702.
[25] OLG Nürnberg FamRZ 1996, 563.
[26] BVerfG FamRZ 1982, 1179–1184.

nur kindeswohlabhängig zulässig. Es kommt dem Familienrichter – und auch dem Sachverständigen – nur zu, zu überprüfen, wie sich eine kranke oder belastete Persönlichkeit bzw. das daraus resultierende elterliche Verhalten auf die Erziehung des konkreten Kindes auswirken. Ohne die Einschätzung des elterlichen Verhaltens auf das konkrete Kind ist eine Verneinung der Erziehungsfähigkeit nicht zulässig. Dabei darf der Begriff „Erziehungsfähigkeit", auch wenn er hier in Anlehnung an die Begriffe wie „Schuldfähigkeit", „Geschäftsfähigkeit" und „Prozessfähigkeit" gewählt wurde, nicht als ein Rechtsbegriff missverstanden werden, der als Voraussetzung für die Ausübung der elterlichen Sorge, sei es durch die Praxis der Gerichte oder durch die Sozialwissenschaft, eingeführt werden soll.

Es kann bei Erörterungen zur Frage der Erziehungsfähigkeit auch nicht darum gehen, eine normative Grenze anzugeben, ab der ein Elternteil nicht mehr erziehungsfähig ist.

Es wird zwischen allgemeiner und spezieller Erziehungsfähigkeit unterschieden. Unter allgemeiner Erziehungsfähigkeit versteht man die Fähigkeit eines Elternteils, seelische und körperliche Bedürfnisse eines Kindes wahrzunehmen und angemessen zu versorgen; unter der speziellen Erziehungsfähigkeit versteht man die Fähigkeit eines Elternteils in der konkret vorliegenden Lebenssituation die Bedürfnisse des konkreten Kindes realitätsgerecht wahrzunehmen und zu versorgen. Während im Verfahren gemäß § 1666 BGB der Begriff Erziehungsfähigkeit meist dahingehend konkretisiert wird, ob ein aus Krankheit oder Unvermögen eines Elternteils herrührender Mangel an Erziehungsfähigkeit eines Elternteils vorliegt, der das Kindeswohl gefährdet, wird im familiengerichtlichen Verfahren zum Sorgerecht der Begriff oftmals weiter gefasst in dem Sinn, welcher Elternteil dem Kind eine bessere Erziehung angedeihen lassen kann. Im familiengerichtlichen Verfahren umfasst „Erziehungsfähigkeit" somit oftmals auch den Aspekt „Förderkompetenz" eines oder beider Elternteile.

Im Schrifttum wird der Begriff „Erziehungsfähigkeit" bisher kaum erfasst. In der Literatur finden sich nur vereinzelt und unsystematisch Hinweise.[27] Aus medizinisch-psychiatrischer Sicht wird vorgeschlagen, dass die fehlende Erziehungsfähigkeit eines Elternteils nur dann als negatives Kriterium angeführt werden soll, wenn sich psychische Krankheit, Alkoholismus und sexuelle Perversionen gegen das Kind richten können.[28]

In der familiengerichtlichen Praxis sind meist bestimmte Krankheitsbilder zu begutachten. Neurologische Erkrankungen spielen abgesehen von cerebralen Anfallsleiden und Multipler Sklerose kaum eine Rolle. In der weit überwiegenden Zahl der Fälle spielen Erkrankungen aus den Bereichen des psychiatrisch-psychologischen Fachgebiets bei der Beurteilung der Erziehungsfähigkeit eine Rolle. Im Folgenden wird exemplarisch auf einige häufig vorkommende Erkrankungen eingegangen.[29]

b) Psychosen. Die Beurteilung von Psychosen aus dem Kreis der Schizophrenien, schizotype und wahnhafte Störungen sowie affektive Psychosen (synonym: manisch-depressive Erkrankung oder Zyklothymie) ist sowohl von der akuten Symptomatik, dem Querschnittsbild wie auch vom Verlauf, dem Längsschnittsbild, abhängig.

aa) Krankheitsbild Psychosen. Es gibt bei den schizophrenen Psychosen Verläufe mit einmalig auftretendem psychotischen Schub, anschließender vollständiger Rückbildung

---

[27] Z.B.: *Appleby/Dickens* BMJ 1993, 348–349.
[28] *Lempp* FamRZ 1986, 530–532; *Lempp*, Gerichtliche Kinder- und Jugendpsychiatrie, S. 122.
[29] Ausführlich dazu: *Salzgeber/Vogel/Partale/Schrader* S. 1311–1322; *Siefen/Klar*, in: Warnke/Trott/Remschmidt (Hrsg.), Forensische Kinder- und Jugendpsychiatrie, S. 82–90.

der Symptomatik bis hin zu Verläufen mit akutem Beginn und sich daraus entwickelndem starkem Residualsyndrom, d. h. ausgeprägtem bleibendem Defekt der Persönlichkeit.

Zwischen diesen beiden sehr unterschiedlichen Verlaufsformen liegen Krankheitsbilder mit mehrfach auftretenden akuten Schüben und zwischenzeitlicher Wiederherstellung der Persönlichkeit, wiederholten Schüben mit dazwischenliegendem stabilem Residuum sowie häufige Schübe mit zunehmendem Residualsyndrom.

Bei den affektiven Psychosen, den endogenen Depressionen oder manisch-depressiven Erkrankungen, nach neuerer Terminologie (DSM-IV) auch Major-Depression, bildet sich zwischen den Krankheitsphasen, die unterschiedlich häufig auftreten können, die Symptomatik vollständig zurück, und die Persönlichkeit wird wiederhergestellt.

Es gibt Mischformen zwischen beiden Krankheitsgruppen, die schizo-affektiven Psychosen, bei denen die Symptomatik beider Krankheitsbilder nebeneinander auftritt. Auch hier kann der Verlauf sehr unterschiedlich sein.

bb) Beurteilung der Psychosen im Hinblick auf Erziehungsfähigkeit. Voraussetzung der sachverständigen Beurteilung ist zunächst eine eingehende Untersuchung mit Erhebung des psychischen Status, der die Funktionsbereiche Antrieb, Affekt, interpersonales Kontaktverhalten, formales und inhaltliches Denken, mnestische (Erinnerungs-) Funktionen, Kritikfähigkeit und Verantwortung sowie die Frage der Suizidalität behandelt.

Störungen des Antriebs manifestieren sich z. B. bei schweren depressiven Syndromen oder schizophrenen Defektzuständen in einer Antriebsminderung, bei Manien oder maniformem Bild im Verlauf einer Psychose als Antriebssteigerung.

Bei der Untersuchung des Affekts ist für die spätere Beurteilung der Erziehungsfähigkeit affektive Unangemessenheit, wie sie z. B. bei der hebephrenen Verlaufsform der Schizophrenie auftritt, ebenso von Bedeutung wie mangelnde affektive Modulation und Ansprechbarkeit bei chronisch verlaufenden Psychosen.

Ein Elternteil mit affektiver Verarmung, eingeschränkter oder nahezu aufgehobener affektiver Modulation und Resonanz wird einem zu versorgenden Kind nicht ausreichend emotionale Spiegelung bieten können, damit dieses Kind sich ungestört entwickeln kann. Zudem ist das emotionale Reagieren des Elternteils häufig unangemessen und für das Kind nicht vorhersehbar und damit stark verunsichernd.[30]

Soziale Isolierung kann zu einer völlig abhängigen Beziehung des Elternteils zum Kind führen („folie à deux"). In der Folge übernimmt das Kind die unrealistischen Vorstellungen des kranken Elternteils.[31]

Das formale Denken, das durch Vorbeireden, Sprunghaftigkeit oder Auflockerung des Gedankenganges bis zur Denkzerfahrenheit beeinträchtigt sein kann, bildet ebenfalls eine wichtige Grundlage der Beurteilung der Kontaktaufnahme zwischen Elternteil und Kind. So kann auch eine Mutter glauben, ihr Sohn sei ein Mädchen und erzieht ihn in diesem Sinne.

Bei inhaltlichen Denkstörungen, Wahngedanken, Beeinflussungs- oder Beeinträchtigungserlebnissen, akustischen und optischen Halluzinationen, wahnhaften Empfindungen über Veränderungen des eigenen Körpers ist die Vermittlung der Realität durch den Elternteil an das zu versorgende Kind gestört.

Mnestische Störungen, Beeinträchtigungen der Gedächnisfunktionen, der Aufmerksamkeit und Konzentration, können Ursache von Vernachlässigung oder Gefährdung eines Kindes, nicht zuletzt abhängig von dessen Alter, sein.

---

[30] Hilfreich: *Remschmidt/Mattejat*, Kinder psychotischer Eltern, 1994.
[31] *Cassell/Coleman*, in: Reder/Lucey (Hrsg.), Assessment of Parenting, S. 172.

Bei der Suizidalität ist die Gefahr eines erweiterten Suizids, d. h. eines Suizids unter Mitnahme geliebter Personen oder des „geliebten Lebensraumes", von besonderer Bedeutung.

Die Beurteilung der Kritikfähigkeit, der Einschätzung der eigenen Möglichkeiten und Kapazitäten wie jener des Kindes, ist das schwierigste Kriterium bei der Erhebung des psychischen Befundes und dessen Beurteilung.

Meist können auch Aussagen über die Rückfallhäufigkeit gemacht werden, die z. B. nach dem zweiten schizophrenen Schub ohne medikamentöse Behandlung im ersten Jahr bei 75 %, im zweiten Jahr sogar zwischen 80 und 90 % liegt. Prospektive, plazebo-kontrollierte Studien zeigten, dass dieses hohe Rückfallrisiko mindestens über fünf Jahre unverändert fortbesteht.

In zahlreichen Studien konnte der rezidiv-prophylaktische Effekt entsprechender Medikamente nachgewiesen werden.[32] So zeigte sich, dass durch eine Langzeitbehandlung mit Neuroleptika die Ein-Jahres-Rezidiv-Rate schizophrener Psychosen von 75 auf 15 % gesenkt werden konnte.[33]

Wirksamkeit und Notwendigkeit medikamentöser Maßnahmen bei der Behandlung von Psychosen sowohl des schizophrenen Formenkreises als auch bei affektiven Psychosen sind durch zahlreiche Studien bewiesen. Eine Überprüfung der Medikamenteneinnahme ist gegeben bei vorbeugend wirkenden Medikamenten wie Lithiumpräparaten, Carbamazepin oder Valproinsäure. Bei Behandlung mit diesen Wirkstoffen werden Blutuntersuchungen durchgeführt, die zeigen, ob der Blutspiegel der Substanz im therapeutischen Bereich liegt. Diese Untersuchungen werden im Rahmen der ambulanten nervenärztlichen Betreuung durchgeführt.

Bei der Gabe von Depotneuroleptika (Injektionen in zwei- bis vierwöchigem Abstand) wird durch die Applikationsform gewährleistet, dass die Wirksubstanz den Patienten auch erreicht. Die neuen atypischen Neuroleptika (wie z. B. Olanzapin) sind besser verträglich und erhöhen die Compliance. Es bietet sich an, die Entscheidung über die Sorge- oder Umgangsrechtsfrage von regelmäßigen nervenärztlichen Untersuchungen abhängig zu machen.

c) Borderline-Störungen. Ein weiteres Krankheitsbild aus dem psychiatrischen Fachgebiet mit deutlichen Auswirkungen auf die Erziehungskompetenz ist das Borderline-Syndrom.

aa) Krankheitsbild Borderline-Störungen. Das Borderline-Syndrom wurde erstmals bei einer Gruppe von Patienten in den 50er Jahren beschrieben, deren seelische Störung dem Schweregrad nach zwischen einer Neurose und einer Psychose einzuordnen war.[34]

Im Diagnostischen und Statistischen Manual Psychischer Störungen (DSM-IV) werden acht Leitsymptome beschrieben. Nach DSM-IV müssen für die Diagnose einer Borderline-Persönlichkeitsstörung mindestens fünf der folgenden Kriterien vorliegen:
– ein Muster von instabilen, aber intensiven zwischenmenschlichen Beziehungen, das sich durch einen Wechsel zwischen den beiden Extremen der Überidealisierung und Abwertung auszeichnet;[35]

---

[32] *Möller,* Zur Rezidivprophylaxe schizophrener Psychosen, 1982.
[33] *Kissling* Deutsches Ärzteblatt 1993, 3370–3375.
[34] Kernberg hat sich intensiv mit der Diagnostik und Behand lung der Borderline-Persönlichkeitsstörung und verwandten Persönlichkeitsstörungen wie der schizotypen, der histrionischen oder der narzisstischen Persönlichkeitsstörung auseinander gesetzt: *Kernberg,* Schwere Persönlichkeitsstörung, 1991; *ders.,* Borderline-Störung und Pathologischer Narzißmus, 1978.
[35] Siehe auch: *Modestin* Der Nervenarzt 1987, 374–378.

- Impulsivität bei mindestens zwei potentiell selbstschädigenden Aktivitäten, z. B. Geld ausgeben, Sexualität, Substanzmissbrauch, Ladendiebstahl, rücksichtsloses Fahren, Fressanfälle (außer Suizid oder Selbstverstümmelung);
- Instabilität im affektiven Bereich, z. B. ausgeprägte Stimmungsänderungen von der Grundstimmung zu Depression, Gereiztheit oder Angst, wobei diese Zustände gewöhnlich einige Stunden oder, in seltenen Fällen, länger als einige Tage andauern;
- übermäßige, starke Wut oder Unfähigkeit, die Wut zu kontrollieren, z. B. häufige Wutausbrüche, andauernde Wut oder Prügeleien;
- wiederholte Suiziddrohungen, Suizidandeutungen oder Suizidversuche oder andere selbstverstümmelnde Verhaltensweisen;
- ausgeprägte oder andauernde Identitätsstörung, die sich in Form von Unsicherheit in mindestens zwei der folgenden Lebensbereiche manifestiert: dem Selbstbild, der sexuellen Orientierung, den langfristigen Zielen oder Berufswünschen, in der Art der Freunde oder Partner oder in den persönlichen Wertvorstellungen;
- chronisches Gefühl der Leere oder Langeweile;
- verzweifeltes Bemühen, ein reales oder imaginäres Alleinsein zu verhindern.

bb) Beurteilung der Borderline-Störungen im Hinblick auf Erziehungsfähigkeit. Die intensiven instabilen emotionalen Beziehungen, die mangelnde Impulskontrolle, die affektive Instabilität und der Mechanismus der Spaltung sind Persönlichkeitszüge, die erhebliche Auswirkungen auf die Fähigkeit haben, interpersonale Kontakte aufzunehmen und aufrechtzuerhalten. Unter Spaltung versteht man, dass der Betroffene kaum in der Lage ist, an einer anderen Person oder an sich selbst gute und böse Seiten, positive und negative Aspekte zu integrieren, sondern in seinem Empfinden und in seinem Erleben stark schwankt zwischen einem Gefühlszustand, der sein Gegenüber als „total gut" oder „total schlecht" erscheinen lässt. Entsprechend heftig sind die Reaktionen, zumal diese Patienten meist unter einer Störung der Impulskontrolle und Kontrolle der eigenen Emotionen leiden.

Entsprechend schwankend verhalten sich diese Patienten in der Beziehung zum Kind, was bei starken Ausprägungen der Borderline-Symptomatik dazu führen kann, dass die Erziehungsfähigkeit erheblich eingeschränkt ist. Neben der Gefahr der emotionalen Verunsicherung des Kindes sind angesichts der Störungen der Impulskontrolle des Elternteils auch durch körperlich ausgelebte Aggressionen direkte Gefährdungen des Kindeswohls möglich.

Im Vordergrund der Behandlungsmöglichkeiten stehen modifizierte therapeutische Verfahren, die sich entweder von analytischen Psychotherapieverfahren oder der supportiven Psychotherapie ableiten. Es kommt, auch im Hinblick auf die Erziehungsfähigkeit, wie bei psychotherapeutischen Verfahren im Allgemeinen, sehr stark auf die Motivation und Mitarbeit der Person an, auf seine Kooperationsbereitschaft und -fähigkeit.

Eine medikamentöse Behandlung ist unterstützend sinnvoll, stellt aber keine ursächliche Behandlungsmaßnahme dar.

d) Münchhausen-Syndrom (pathologisches Lügen). Die Diagnose des Münchhausen-Syndroms wurde erstmals 1951 für Patienten geprägt.

aa) Krankheitsbild Münchhausen-Syndrom (pathologisches Lügen). Die Krankheit zeichnet sich durch eine besondere Haltung aus, mit selbstschädigendem Verhalten, erlogenen Geschichten, die auf dramatische Weise glaubhaft dargestellt, Aufmerksamkeit bewirken. Es handelt sich dabei nicht um Simulation.

Diagnostisch handelt es sich bei dieser Gesundheitsstörung nach der internationalen Klassifikation Psychischer Störungen (ICD 10) um eine artifizielle Störung, ein absichtliches Erzeugen oder Vortäuschen von körperlichen oder psychischen Symptomen oder Behinderungen bei Fehlen einer gesicherten körperlichen oder psychiatrischen Erkrankung.[36]

Bei körperlichen Symptomen kann dies so weit gehen, dass die betreffende Person sich selber Schnittverletzungen oder Schürfwunden zufügt, um Blutungen zu erzeugen, oder sich selbst toxische Substanzen injiziert.

Die Motivation für dieses Verhalten ist durch eine innerseelische Fehlentwicklung bedingt. Am besten wird dieses Zustandsbild als eine Störung im Umgang mit Krankheit und der Krankenrolle interpretiert. Personen mit diesem Verhaltensmuster zeigen meist deutliche Symptome einer ganzen Reihe anderer Störungen in ihrer Persönlichkeit und ihren Beziehungen.[37]

Eine Sonderform stellt das „*Münchhausen-by-Proxy-Syndrom*" dar.[38] Bei dieser Störung täuschen Mütter bei ihren Kindern Krankheitssymptome vor, indem sie körperliche Symptome aggravieren, manipulieren oder künstlich hervorrufen (z. B. dem Urin des Kindes Blut von sich selbst beimischen, um eine urologische Erkrankung vorzutäuschen).

Die Kinder werden als Folge davon in Kliniken aufgenommen, und es werden häufig unnötige diagnostische und therapeutische Eingriffe durchgeführt.

Beim Münchhausen-Syndrom handelt es sich um eine prinzipiell psychotherapeutisch behandlungsfähige Störung. Es wird jedoch ausgeführt, dass die Mehrzahl der Patienten mit Münchhausen-Syndrom ärztliche sowie psychotherapeutische Hilfe ablehne. Auch bei einsichtigen Patienten seien die Therapieerfolge gering; nur in Einzelfällen konnten[39] Patienten von ihrem selbstzerstörerischen Handeln abgebracht werden.

bb) Beurteilung des Münchhausen-Syndroms im Hinblick auf Erziehungsfähigkeit. Entscheidend bei der Beurteilung der Erziehungsfähigkeit ist der Erfolg der notwendigen psychotherapeutischen Behandlung. Die Person muss sich von ihrem früheren Verhalten tatsächlich innerlich distanzieren und in Zukunft nach Stärkung ihres Selbstwertgefühls in der Lage sein, auf solche Verhaltensweisen zu verzichten.

Eine tief gehende Störung der emotionalen Kontaktaufnahme, des Affekts oder des inhaltlichen Denkens, wie es beispielsweise bei psychotischen Erkrankungen vorhanden ist, darf dabei nicht vorliegen. Die Gesundheitsstörung hat dahingehend Einfluss auf die Erziehungsfähigkeit, als den Kindern durch das Verhaltensbeispiel des Elternteils Modelle für dramatisierendes Verhalten und Lügen gegeben werden können.

e) Schädel-Hirn-Traumen. Je nach Lokalisation und Ausdehnung der Hirnverletzung können die neuropsychologischen Ausfälle ganz unterschiedliche Funktionsbereiche betreffen, die im Folgenden kurz beschrieben werden.[40]

aa) Krankheitsbild Schädel-Hirn-Traumen. Zu den engeren klassischen psychopathologischen Syndromen zählen schwere psychische Veränderungen, z. B. nach Frontalhirnschädigungen, die diagnostisch nur schwer operationalisierbar sind. In der aktuellen Literatur

---

[36] *Zahner/Schneider* Deutsche medizinische Wochenschrift 1994, 192–195; *Eckhardt* Deutsches Ärzteblatt 1996, 1623.

[37] Vgl. *Eckardt*, Das Münchhausen-Syndrom, 1989.

[38] *Meadow* Lancet 1977, 343 ff.; *Eckhardt* Deutsches Ärzteblatt 1996, 1624.

[39] *Paar/Eckhardt* Psychotherapie und medizinische Psychologie 1987, 197–204.

[40] Vgl. *Schrader*, Klinisch-psychologische Aspekte der Betreuung neurologischer Langzeitpatienten, unveröffentl. Diplomarbeit, Bremen 1984.

wird hier unterschieden zwischen dem pseudopsychopathischen und dem pseudodepressiven Syndrom.

Charakteristisch für das pseudopsychopathische Syndrom sind klinische Auffälligkeiten wie kindliches, hyperaktives, ungerichtetes Handeln, das planlos ist und die Verminderung der Impulskontrolle mit einschließt. Ferner kann sich ein Verlust der sozialen Intelligenz trotz des Wissens darum zeigen, so dass sich in der Praxis dann das Bild einer so genannten antisozialen Persönlichkeit offenbart.

Das pseudodepressive Bild ist gekennzeichnet durch einen umfassenden Mangel an Eigeninitiative, durch affektive Indifferenz und eine deutlich reduzierte Psychomotorik, die an depressive Zustandsbilder erinnert, ohne jedoch den Aspekt der Überbewertung von Ereignissen bei depressiven Störungen einzuschließen.

Zu den weiteren psychopathologischen Syndromen bei einer andauernden oder vorübergehenden Funktionsstörung des Gehirns – soweit sie für unsere Problemstellung relevant sind – zählen: partiell delirante Zustände, das amnestische Syndrom, organisch bedingte Wahnsyndrome, Halluzinosen, affektive Syndrome, Angstsyndrome sowie das organisch bedingte Persönlichkeitssyndrom.[41]

Zu den wichtigsten neuropsychologischen Syndromen sind folgende Beeinträchtigungen zu rechnen:

Aphasien (Störungen des Sprachverständnisses und/oder des Sprachausdruckes) sind zentrale Sprachstörungen. Diese Störungen können alle sprachlichen Modalitäten betreffen wie Sprechen, Lesen, Schreiben und Verstehen.[42]

Bei den Apraxien (Störungen planvollen und geordneten Handelns) handelt es sich um die mehr oder weniger gestörte Fähigkeit, z.B. spezifische motorische Elemente, die eine Bewegung konstituieren, so zu kombinieren, dass sie sich ausformt. Daneben besteht die ideatorische Apraxie, bei der die Unfähigkeit besteht, Situationen so zu organisieren, dass Handlungen mit mehreren Objektbereichen zielgerichtet stattfinden können.

Unter agnostischen Störungen versteht man grundlegende Störungen der Objektwahrnehmung im Sinne von Wahrnehmungsstörungen ohne Störung der Sinnesorgane.

Orientierungsstörungen kommen in vielgestaltiger Form vor: räumlich-geographische, personale, zeitliche und situative Störungen, es können sich aber auch Rechen- und Lesestörungen zeigen.

Neuropsychologische Leistungsstörungen: Die Person verliert bei spezifischen Leistungsanforderungen z.B. im Gespräch den „roten Faden". Im alltäglichen Problemlösegespräch ist häufig eine Überforderung zu verzeichnen, Absprachen werden nicht eingehalten, um nur einige, aber für die Erziehungsfähigkeit wichtige Bereiche grundlegender sozialer Kommunikation und beziehungsgestaltender Aspekte aufzugreifen.

Diese Problematiken sind erfahrungsgemäß von den Beteiligten kaum zu beschreiben. Sie werden oft nicht wahrgenommen, oder es besteht mehr oder weniger die Tendenz zur Bagatellisierung und Verleugnung.

Bei Folgeschäden nach Schädel-Hirn-Verletzungen sind neben der apparativ feststellbaren Läsion die neuropsychiatrische und testpsychologische Untersuchung von besonderer Bedeutung, da ein Zusammenhang zwischen den Ergebnissen der bildgebenden Verfahren

---

[41] Vgl. *Poeck*, Klinische Neuropsychologie, 1988; *Prosiegel*, in: Neuropsychologische Rehabilitation, 1988; *Cramon/Zihl*, Neuropsychologische Rehabilitation, 1993; *Cramon/Mai/Ziegler*, Neuropsychologische Diagnostik, 1993.

[42] Vgl. *Poeck*, Klinische Neuropsychologie, 1988; *Greitemann*, in: Neuropsychologische Rehabilitation, 1988; *Langen*, in: Neuropsychologische Rehabilitation, 1988.

(z. B. CCT, Kernspintomographie)[43] und Art und Ausmaß der psychischen bzw. psychopathologischen Ausfallerscheinungen oft nicht eindeutig herstellbar ist.

bb) Beurteilung der Schädel-Hirn-Traumen im Hinblick auf Erziehungsfähigkeit. Wichtig für die Beurteilung der Erziehungsfähigkeit im Einzelfall ist die diagnostische Abschätzung, ob und inwieweit Anpassungsstörungen durch therapeutische Interventionen reversibel sind bzw. ein problemorientiertes Bewusstsein auf Seiten des Betroffenen gegeben ist. Weiter wäre anamnestisch zu klären, ob nicht bereits eine Erkrankung vor der Schädelverletzung vorlag. Vor diesem Hintergrund könnte dann einerseits die diagnostische Bedeutung einer reversiblen, psychotherapeutisch begleiteten Anpassungsproblematik und andererseits einer chronischen Anpassungsstörung oder einer Persönlichkeitsstörung im Sinne einer „Wesensänderung"[44] im Hinblick auf die Erziehungsfähigkeit gewichtet werden.

f) Cerebrale Anfallsleiden (Epilepsien). Epilepsien sind häufige Erkrankungen des Zentralnervensystems und betreffen nach Untersuchungen etwa 0,5 Prozent der Bevölkerung.[45] Erheblich häufiger treten Gelegenheitsanfälle auf, die nicht zur Entwicklung einer Epilepsie führen. Von einer Epilepsie sollte erst dann gesprochen werden, wenn mindestens zwei „Nicht-Gelegenheitsanfälle" aufgetreten sind.

aa) Krankheitsbild cerebrale Anfallsleiden (Epilepsien). Eine Epilepsie ist charakterisiert durch anfallsweise auftretende, fast immer – aber nicht ausnahmslos – mit Bewusstseinsstörung einhergehende, anfallsartige motorische, sensible, sensorische oder vegetative Phänomene. Den Anfällen liegt ein pathologischer Erregungsvorgang im Gehirn zugrunde. Deshalb lässt sich in vielen Fällen im Elektroenzephalogramm (EEG) ein abnormes elektrisches Bild ableiten. Ein EEG, das frei von entsprechenden pathologischen elektrischen Phänomenen ist, ist aber noch kein Beweis gegen das Vorliegen einer Epilepsie.

Epilepsien können von der Art ihrer Entstehung oder von der Erscheinungsform des Anfalls her klassifiziert werden. Man unterscheidet große Anfälle (Grand mal), die mit Bewusstlosigkeit, Hinstürzen und generalisiertem tonisch-klonischem Krampf auftreten; daneben gibt es verschiedene Formen so genannter kleiner Anfälle (Petit mal), die sich in unterschiedlicher Erscheinungsformen manifestieren können.

Anfallsleiden können genetisch bedingt oder als Folge von Schädel-Hirn-Traumen, nach Operationen im Bereich des Gehirns oder auch im Zusammenhang mit chronischem Alkoholismus auftreten.

bb) Beurteilung der cerebralen Anfallsleiden (Epilepsien) im Hinblick auf Erziehungsfähigkeit. Um den Einfluss eines Anfallsleidens, einer Epilepsie, auf die Erziehungsfähigkeit aus medizinischer Sicht beurteilen zu können, muss zunächst eindeutig diagnostisch festgestellt werden, um welche Anfallsform es sich handelt, welche Ursachen der Epilepsie zugrunde liegen, wie die Anfallsfrequenz ist und ob sich im Zusammenhang mit dem Anfallsleiden psychoorganische Veränderungen eingestellt haben. Diese psychoorganischen Veränderungen wurden früher als epileptische Wesensänderung bezeichnet.

Einfluss auf die Erziehungsfähigkeit haben die Häufigkeit von Anfällen sowie eventuell eingetretene psychoorganische Veränderungen oder die Nebenwirkungen der verabreichten antikonvulsiven Medikamente (Medikamentengaben, um ein erneutes Auftreten von Anfällen zu verhindern).

---

[43] Vgl. *Hebel*, in: Neuropsychologische Rehabilitation, S. 40–48; auch *v. Cramon/Zihl*, in: Neuropsychologische Rehabilitation, 1988.

[44] Vgl. *Lamberti* Zeitschrift für Neuropsychologie 1993, 2.

[45] *Mummenthaler*, Neurologie, 1990.

Es existieren verschiedene Substanzen zur medikamentösen Behandlung, d. h. zur Vorbeugung, damit es nicht erneut zum Auftreten eines Anfalls kommt. Dennoch sind, auch wenn frühzeitig, entsprechend derzeit gültigen Behandlungsvorschlägen therapiert wird, etwa 20 bis 25 Prozent aller epilepsiekranken Patienten nicht anfallsfrei. In diesen Fällen ist aus den Befunden behandelnder Ärzte, fremdanamnestischen Angaben oder einem zuverlässig geführten Anfallskalender die Anfallsfrequenz zu beurteilen.

Die Untersuchung auf psychoorganische Symptomatik wird im klinisch-psychiatrischen Interview und ergänzenden testpsychologischen Untersuchungen durchgeführt.

Die Zuverlässigkeit der Einnahme antikonvulsiver Medikamente kann durch entsprechende Blutspiegelbestimmungen kontrolliert werden.

Therapeutisch, d. h. auch zur Sicherung oder Wiederherstellung der Erziehungsfähigkeit, stehen medikamentöse Behandlung, eingehende Beratung zur Prophylaxe sowie Beratung über den Umgang mit Gefahrensituationen im Vordergrund.[46]

Bei der Beurteilung der Erziehungsfähigkeit ist zudem zu berücksichtigen, in welchem Alter das zu betreuende Kind ist. Bei Säuglingen wird das elterliche (mütterliche) Anfallsleiden problematischer sein als bei einem zehnjährigen Kind, das z. B. den Notarzt verständigen kann, wenn ein Elternteil einen Anfall erleidet.

g) Krankheitsbild Dystonien. Unter dem Begriff „Dystonien" wird ein Krankheitsspektrum bezeichnet, das durch eine zentralnervöse Fehlfunktion des Bewegungsapparates begründet ist. Dystonie ist eine selten auftretende Bewegungsstörung, die durch abnorme Haltungen und/oder immer wieder auftretende Bewegungen gekennzeichnet ist.

In der Regel wird nur eine fokale Dystonie auftreten, voll ausgebildete, generalisierte Formen treten nur bei ca. 3 % aller Dystoniker auf.[47]

Im Einzelfall muss festgestellt werden, inwieweit der erkrankte Elternteil Alltagsprobleme wie Haushaltsversorgung und Pflege des Kindes – abhängig vom Alter – noch bewerkstelligen kann.

Als Behandlungsmöglichkeit stehen bei Dystonien verschiedene medikamentöse Therapiemöglichkeiten sowie in seltenen Fällen operative Maßnahmen zur Verfügung.

h) Neurosen. Als Neurosen werden, unabhängig von dem Erklärungsmodell der Entstehung, Störungen der Erlebnis- und Konfliktverarbeitung und dadurch bedingt psychische Syndrome mit unterschiedlichem Erscheinungsbild bezeichnet.

Man unterscheidet zwischen Symptomneurosen, bei denen die neurotische Störung in aktuellen psychopathologischen Symptomen zutage tritt (z. B. Angst oder Depression), und den Charakterneurosen, bei denen sich die neurotische Störung in einer abnormen Persönlichkeitsdisposition darstellt. Hier besteht eine inhaltliche Nähe zum Begriff der Persönlichkeitsstörung.

Zu den Symptomneurosen im weiteren Sinne zählen auch die psychosomatischen Störungen.

Kernpunkt der psychoanalytischen Neurosenlehre ist eine Störung der frühkindlichen, in den ersten Lebensjahren ablaufenden Erlebnis- und Konfliktverarbeitung, welche bei den Patienten zu unbewussten Komplexen führt, aus denen sich dann im späteren Leben

---

[46] *Rauschelbach/Jochheim*, Das neurologische Gutachten, 1984, darin besonders: *Penin* S. 188–202; *Steinmeyer*, Rechtsfragen bei Epilepsie, 1986; *Rauschelbach* Der medizinische Sachverständige 1977, 73, S. 86–88; *Trimble*, in: Kisker/Lauter/Meyer/Müller/Strömger, Organische Psychosen, S. 325–363.

[47] Münchener Medizinische Wochenschrift 1994, 16, S. 246 ff.

unter bestimmten Situationen und Auslösern ein früh angelegter Konflikt reaktiviert und daraus folgend eine neurotische Symptomatik entwickelt.

Der Begriff der Neurose ist untrennbar mit der psychoanalytischen Theorie Freuds verbunden. Allerdings gibt es zu den meisten Störungsbildern im Allgemeinen außer dem psychoanalytischen Ansatz noch weitere Erklärungsmodelle und Theorien. Nach lerntheoretischen Annahmen werden neurotische Symptome als durch klassische oder operante Konditionierung gelerntes Fehlverhalten erklärt, bei dem durch ungünstige situative Faktoren bisher nicht vorhandene störende Verhaltensweisen bedingt sind und aufrechterhalten bzw. an sich erwünschte Verhaltensweisen nicht erlernt werden. Auch im Rahmen der Psychoanalyse haben sich in den letzten Jahrzehnten die Theorien über die Entstehung von Neurosen und Persönlichkeitsstörungen modifiziert und verfeinert. Teilweise wurden empirische Ergebnisse z.B. aus der Säuglingsforschung in die psychoanalytische Theorie integriert.[48]

Die Bedeutung genetischer und biologischer Faktoren als Präposition für neurotische Störungen ist bisher wenig untersucht. Diskutiert werden genetische Faktoren als Grundlage der Bereitschaft, z.B. Angstsymptomatik zu entwickeln.

aa) Krankheitsbild Angstneurosen. Angst tritt bei fast allen neurotischen Störungen auf. Beherrscht Angst ganz überwiegend das Krankheitsbild, spricht man von Angstneurose; die Angst ist dabei nicht oder kaum auf bestimmte Objekte oder Situationen bezogen. Eine Angstneurose kann sich in akut entstehenden Angstanfällen ebenso äußern, wie in Zuständen ängstlicher Erwartung oder einem angsthaften Dauerzustand mit verschiedenen körperlichen und seelischen Angstsymptomen.

Die Angst kann die gesamte Lebensführung nachhaltig beeinträchtigen, die betroffenen Personen haben häufig kein Interesse mehr am Berufsleben, typisch sind ferner starke Anklammerungstendenzen, die Betroffenen können oft nicht allein sein.

Eine psychotherapeutische Behandlung gilt als erfolgversprechend, wenn sie möglichst rasch nach Symptombeginn aufgenommen wird. Sie wird unter Umständen auch durch eine medikamentöse Behandlung unterstützt. Bei unbehandelten Fällen ist die Prognose ungünstig, sowohl hinsichtlich der Symptomatik als auch in Bezug auf die Lebensentwicklung. Es besteht eine Neigung zu Chronifizierung und Ausweitung, die Betroffenen werden häufig in eine sozial randständige Situation gedrängt.

Mögliche Einschränkungen der Erziehungsfähigkeit ergeben sich bei Eltern mit ausgeprägter Angstneurose in mehrerlei Hinsicht: Die Betroffenen sind im allgemeinen durch die Beschäftigung mit den Angstinhalten bzw. umfangreichen Vermeidungsverhaltensweisen stark in Anspruch genommen. Dies wirkt sich sowohl auf die täglichen Verrichtungen aus, wie auch in der Fähigkeit zu hinreichender Flexibilität, welche im Umgang mit Kindern unerlässlich ist. Ein weiteres Problem ist in Beschränkungen, denen Angstneurotiker in ihrem Sozialverhalten unterliegen, zu sehen. Diese beiden Aspekte sind insbesondere bei der Erziehung, Betreuung und Versorgung jüngerer Kinder von Bedeutung.

Einschränkungen der Erziehungsfähigkeit können sich ferner aus der Anklammerungstendenz angstneurotischer Eltern ergeben, welche sich auch auf die Kinder erstrecken kann. Hieraus können wiederum situative Überforderungen eines Kindes resultieren, wie auch situationsübergreifende Beeinträchtigungen der kindlichen Autonomie- und Selbständigkeitsentwicklung und nicht zuletzt eine der inbesondere emotionalen kindlichen Entwicklung abträgliche Rollenumkehr: Nicht der Elternteil übernimmt für das Kind Be-

---

[48] *Dornes,* Der kompetente Säugling, 1994.

schützerfunktionen und Verantwortung für sein Wohlergehen, sondern dem Kind werden mehr oder minder explizit diese Aufgaben für den kranken Elternteil übertragen.

bb) Krankheitsbild Phobien. Phobien sind im Gegensatz zur Angstneurose immer auf bestimmte Situationen oder Objekte gerichtet. Sie sind durch objektiv nicht gerechtfertigte, real nicht begründete Ängste gekennzeichnet. Die Symptome entsprechen jenen der Angstneurose.

Grundsätzlich sind jegliche Objekte und Umweltsituationen als Angstobjekt denkbar. Häufig sind Tierphobien, Agoraphobien (Angst, über eine Straße oder einen freien Platz zu gehen), Brückenangst, Klaustrophobien (Angst, sich in geschlossenen Räumen wie Kino, Theater, Fahrstuhl aufzuhalten), Höhenangst, Erythrophobien (Angst, in bestimmten Situationen zu erröten).

Auch die phobischen Ängste können sich zeitlich, in ihrer Intensität und in der Objektwahl ausdehnen und damit die Aktivitäten und den persönlichen Freiraum der Betroffenen immer stärker einschränken.

Die Beurteilung, ob bei Vorliegen einer Phobie von einer Einschränkung der Erziehungsfähigkeit des Betroffenen auszugehen ist, richtet sich nach dem Gegenstand bzw. der Situation, auf welche(n) sich die Phobie bezieht bzw. das Ausmaß an Beschränkung des persönlichen Freiraumes rsp. der sozialen Aktivität infolge der phobischen Erkrankung.

Wie bereits oben dargestellt, sind Menschen mit leicht ausgeprägten monothematischen Phobien im allgemeinen sozial voll integriert, hier ist somit nicht von einer Einschränkung der Erziehungsfähigkeit auszugehen. Als Beispiel mag hier etwa eine isolierte Höhenangst dienen.

Andererseits können jedoch aus schweren Phobien, welche sich auf im Allgemeinen häufig zu bewältigende Situationen beziehen, nachhaltige Beeinträchtigungen des Lebens resultieren. So wird etwa in schweren Fällen von Agoraphobie dem Patienten ein Überqueren der Straße unmöglich. In derartigen Fällen ist aus den bei der Darstellung der Angstneurose (oben S. 270) genannten Gründen durchaus von einer Einschränkung der Erziehungsfähigkeit eines betroffenen Elternteils auszugehen.

cc) Krankheitsbild Zwangsneurosen. Bei einem Zwang drängen sich Denkinhalte oder Handlungsimpulse unwiderstehlich immer wieder auf. Sie können, obwohl sie der betreffenden Person als unsinnig und irrational erscheinen, nicht verdrängt oder zumindest unterdrückt werden. Der Versuch, diesen Impulsen zu widerstehen, führt zu unerträglicher Angst. Zwangsneurotiker stehen unter einem großen Leidensdruck.

Zwangsphänomene gelten als multifaktoriell bedingt. Meist liegt eine anankastische Wesensart zugrunde, auch wirkt wohl ein Anlagefaktor mit.[49]

Leichtere Zwangsphänomene, welche noch nicht als pathologisch einzuordnen sind, finden sich auch im normalpsychologischen Bereich. Kennzeichnend für pathologischen Zwang ist das Auftreten starker Angst bei Unterlassung der Zwangshandlung. Der pathologische Zwang kann sich sowohl im Denken (Zwangsvorstellungen und -befürchtungen) als auch im Fühlen (Zwangsimpulse) und Handeln (Zwangshandlung) äußern.

Zwangsvorstellungen und -befürchtungen beziehen sich nicht nur auf die eigene Person, sondern häufig auch auf dem Patienten nahe stehende Personen, wobei der Patient sich gleichzeitig am Unglück, welches einem Angehörigen zustoßen könnte, schuldig fühlt. Zwangsimpulse sind vor allem aggressiven Inhalts, allerdings kommt es gewöhnlich nie zur Ausführung der entsprechenden Handlung.

---

[49] *Frank,* Psychiatrie, 1992; *Tölle,* Psychiatrie, 1999.

Bei den Zwangshandlungen sind häufig der Zählzwang, der Kontrollzwang, der Ordnungszwang und der Waschzwang. Zwangshandlungen gelten unbehandelt als progredient und nehmen an Intensität zu. Es wurden Fälle beschrieben, bei denen Patienten (besonders häufig Frauen) 16 Stunden am Tag am Wasserhahn standen. Patienten mit Kontrollzwang sind unter Umständen nicht mehr in der Lage, ihre Wohnung zu verlassen.

Zwangsneurosen gelten als sehr schwierig zu therapieren, meist geht es vorrangig darum, den Patienten in seinem Kampf mit dem Zwang zu unterstützen und zu versuchen, ihn in seinen realen Lebensbezügen zu halten bzw. die soziale Anpassung und Arbeitsfähigkeit wiederherzustellen.[50]

Abgesehen von leichteren Ausprägungen der Zwangssymptome bei anankastischen oder selbstunsicheren Persönlichkeiten, sind Menschen mit einer ausgeprägten, unbehandelten Zwangsneurose im Allgemeinen nicht hinreichend in der Lage, angemessen auf kindliche Bedürfnisse einzugehen und die Anforderungen eines Alltags mit Kindern zu bewältigen. Dies gilt nicht nur für Zwangshandlungen, welche, wie oben dargestellt, unter Umständen den gesamten Tagesablauf eines Elternteils bestimmen, sondern auch für Zwangsimpulse. So wird ein Elternteil, welcher von der Furcht besessen ist, seinem Kind Gewalt anzutun bzw. dieses zu töten, kaum zu einem unbefangenen, natürlichen Umgang mit dem Kind in der Lage sein. Ebenso wenig wird ein Elternteil, der damit beschäftigt ist, sich mehrere hundert Mal am Tag die Hände zu waschen, angemessen auf die Belange und Bedürfnisse seines Kindes einzugehen imstande sein.

dd) Krankheitsbild depressive Neurosen und depressive (Konflikt-) Reaktionen. Die depressive Neurose ist durch Hemmung und Niedergedrücktheit aller seelischen Funktionen und vieler vegetativer sowie kognitiver Abläufe gekennzeichnet. Sie steht häufig in Verbindung mit einer depressiven Persönlichkeitsstruktur. Häufig sind Selbstmord und Selbstmordversuche die Folge.

Als therapeutische Maßnahme bietet sich eine Psychotherapie an, welche unter Umständen vorübergehend medikamentös unterstützt werden kann.

Außer bei der neurotischen Depression und der bereits oben beschriebenen affektiven Neurose tritt depressive Symptomatik auf bei normaler Traurigkeit, reaktiver Depression, organischer Depression (bei Hirnkrankheiten) sowie bei depressiven Persönlichkeiten.

Von diesen Störungsbildern ist im Rahmen von Begutachtungen zum Sorge- und Umgangsrecht auch gelegentlich die depressive Reaktion als Form einer „abnormen Erlebnisreaktion" von Bedeutung. Hierunter versteht man eine akute und meist kurz dauernde inadäquate Reaktion auf einen bestimmten umschriebenen Konflikt mit der Folge gesundheitlicher Störungen.[51] Die abnorme Erlebnisreaktion ist immer an äußere Belastungen gebunden, für ihre Entstehung spielen aber sowohl der Einfluss ambivalenter Einstellungen als auch intrapsychische Konflikte und charakterliche Dispositionen eine Rolle. Eine depressive Reaktion als abnorme Verlustreaktion ist gekennzeichnet durch Symptome wie gedrückte Stimmung, Selbstanklage, psychovegetative Symptomatik, „Versteinerung" etc. und kann auftreten bei Verlust einer Bezugsperson, aber auch Verlust des Arbeitsplatzes, finanziellen Schwierigkeiten usw.. Diese Auslösefaktoren sind häufig in Trennungs- und Scheidungssituationen gegeben.

Als Maßnahmen sind eine psychotherapeutische Krisenintervention und eine unterstützende Psychotherapie sinnvoll.

---

[50] *Hoffmann/Hochapfel*, Einführung in die Neurosenlehre und psychosomatische Medizin, 1996.
[51] *Tölle/Schulte*, Psychiatrie, 1977.

Bei einer stark ausgeprägten depressiven Symptomatik ist der Betreffende mit der Erziehung, Betreuung und Versorgung insbesondere jüngerer Kinder sicherlich überfordert. Die depressive Symptomatik wird häufig durch die Trennung vom Ehepartner ausgelöst oder zumindest hierdurch deutlich verstärkt. Ein ausgeprägt depressiver Elternteil ist nicht imstande, seinem durch die familiäre Krise im Allgemeinen stark verunsicherten, oft ebenfalls Belastungsreaktionen aufweisenden Kind die erforderliche Hilfestellung bei der Bewältigung dieser Schwierigkeiten zu gewähren. Hinzu kommt ferner die bei Menschen mit depressiven Erkrankungen erhöhte Suizidgefahr; Selbstmord und Selbstmordversuche treten am häufigsten im Zusammenhang mit depressiven Reaktionen auf. In diesem Zusammenhang ist die Gefahr eines „erweiterten Suizids" zu beachten.

i) Krankheitsbild Anpassungsstörungen. Reaktive Störungen oder Anpassungsstörungen werden definiert als Zustandsbilder, die in engem zeitlichen Zusammenhang mit einer situativen Belastung auftreten und mit der Distanzierung von auslösenden Ereignissen wieder abklingen. Häufig treten diese Störungen in Zusammenhang mit einer konflikthaften familiären Trennung auf. Es ist davon auszugehen, dass sie mit einer individuellen Vulnerabilität zusammenhängen.

Nach ICD 10 werden die akuten Belastungsreaktionen, die posttraumatische Belastungsstörung und die Anpassungsstörung unterschieden.

Der an Anpassungsstörungen Leidende ist meist nicht in der Lage, ausreichend Feinfühligkeit für das im anvertraute Kind aufzubringen und ohne Unterstützung Dritter die notwendigen Versorgungsleistungen zu erbringen.

j) Krankheitsbild Persönlichkeitsstörungen. Der Begriff Persönlichkeitsstörungen kennzeichnet Persönlichkeiten mit extremen Ausprägungen von Merkmalen, welche im alltäglichen Leben zu Störungen und Beeinträchtigungen führen.[52] Es handelt sich dabei definitionsgemäß um überdauernde situationsübergreifende Persönlichkeitsmerkmale.

Es bestehen Übergänge von bestimmten, noch im Normbereich anzusiedelnden Persönlichkeitsausprägungen und den Persönlichkeitsstörungen.

Nach ICD 10 ist eine Persönlichkeitsstörung allgemein definiert durch eine deutliche Unausgeglichenheit in Einstellungen und im Verhalten in mehreren Funktionsbereichen wie Affektivität, Antrieb, Impulskontrolle, Wahrnehmung, Denken sowie in Beziehung zu anderen. Das abnorme Verhaltensmuster ist nicht auf Episoden begrenzt, ist beherrschend und in vielen persönlichen und sozialen Situationen unpassend. Persönlichkeitsstörungen treten immer in der Kindheit auf und dauern bis in das Erwachsenenalter hinein. Sie führen zu deutlichem subjektivem Leiden und sind meist mit deutlichen Einschränkungen der beruflichen und sozialen Leistung verbunden.

Oftmals führen die Verhaltensmuster zu starker Abhängigkeit, die sich der Sucht annähern.[53]

Meist wird unter dem Suchtbegriff stoffgebundenen Abhängigkeit verstanden, die auf einer psychischen und physischen Abhängigkeit von psychotropen Substanzen basiert. Daneben existieren eine Reihe von nicht-stoffgebundenen Süchten, die dennoch krankheitswertig sein und erheblichen Einfluss auf die Erziehungsfähigkeit eines Elternteils haben können. Es ist zu unterscheiden, wann eine Angewohnheit zur Leidenschaft, einem

---

[52] *Siefen/Klar,* in: Warnke/Trott/Remschmidt (Hrsg.), Forensische Kinder- und Jugendpsychiatrie, S. 82–90.
[53] *Schulte,* Mitteilung der LVA Württemberg, 1995, 5, S. 223–228.

Laster oder einer Sucht wird. Die Suchtentwicklung hat eine multifaktorelle Genese. Unabdingbar sind die zugrunde liegende Persönlichkeitsstruktur, meist eine aktuelle psychosoziale Lebenssituation mit akuten, subakuten und chronischen Belastungen und Krisen, sowie bestehende sozio-kulturelle Bedingungen und die Verfügbarkeit der jeweiligen Drogensubstanzen und deren Akzeptanz. Jede Abhängigkeitserkrankung weist auf ein instabiles Gleichgewicht hin. Durch jede Suchtentwicklung werden Defizite stabilisiert, konstruktive Auseinandersetzungen mit der zugrunde liegenden psychischen Problematik verhindert. Häufig liegt dem eine ausgeprägte Persönlichkeitsstörung zugrunde. Als Kriterium ist zu nennen die Unfähigkeit zu Abstinenz mit Wiederholungszwang und die zunehmende Interesseneinengung. Problematisch kann sich dieses Suchtverhalten auswirken, wenn sich dies auf die finanzielle Basis auswirkt oder ein besuchsberechtigter Elternteil das Kind aufgrund seines Spielsuchtverhaltens in der Aufsicht vernachlässigt.

Pathologisches Kaufverhalten ist häufig bei depressiven, vereinzelt auch in manischen Phasen zu beobachten. Meist sind davon eher Frauen als Männer betroffen. Einschränkungen in der Erziehungseignung können sich durch negatives Modellverhalten ergeben. Pathologisches Arbeitsverhalten hat eine relativ hohe soziale Akzeptanz. Das Suchtverhalten kann bis zu lebensbedrohlichen somatischen Erkrankungen führen. Problematisch kann sich dieses Verhalten auf die Erziehungsfähigkeit auswirken, wenn die Mitmenschen vernachlässigt werden, insbesondere, wenn der Elternteil nicht mehr bereit ist, sich tatsächlich um das ihm anvertraute Kind zu kümmern. Unter pathologisches Essverhalten fallen Bulimia und Anorexia nervosa. Diese Krankheit betrifft vor allem Frauen, häufig auch verbunden mit ausgeprägtem Abusus von Pharmaka. Depressive Erkrankungen, Psychosen und Persönlichkeitsstörungen können Ursache des pathologischen Essverhaltens sein. Die Auswirkung auf das Erziehungsverhalten kann sich auch durch übermäßige sportliche Aktivitäten, einhergehend mit Betreuungsvernachlässigung des Kindes, aber auch durch negatives Modellverhalten ergeben.

Beim pathologischen Sexualverhalten besteht die Gefahr für das anvertraute Kind darin, dass möglicherweise pornographische Literatur dem Kind leicht zugänglich ist. Das pathologische Sexualverhalten kann ein Grund für eine Vernachlässigung des Kindes sein, nicht zuletzt, weil das Kind häufig fremden und kurzfristigen Bezugspersonen ausgesetzt wird.

k) Drogenabhängigkeiten. Die Zahl der Drogen- und Medikamentenabhängigen nimmt ständig zu, ebenso wie die Begutachtung bei induzierten Rehabilitationsmaßnahmen. Medikamentenabhängigkeit ist häufig mit Alkoholkonsum verbunden. Es kann auch eine andersartige psychiatrische Krankheit Ursache für die Entwicklung einer Medikamentenabhängigkeit sein.

Bei Cannabiskonsum und Abhängigkeit davon liegt in der Regel eine Reduktion des Leistungsvermögens in quantitativer als auch in qualitativer Hinsicht nicht vor. Sie geht einher mit Einschränkungen bzgl. der Fahr-, Steuer- und Überwachungsfunktionen sowie einer Einschränkung der Verantwortungsübernahme auch in Bezug auf eigen- und fremdgefährdende Möglichkeiten. Vereinzelt ist der Cannabisabusus bei einer ausgeprägten Persönlichkeitsstörung zu diagnostizieren.

Ein aktuelleres Problem sind synthetische Drogen wie Ecstasy, deren Wirkung nach längstens einer Stunde eintritt und deren Effektivität bis acht Stunden andauert. Auch hier kann der Abusus zu einer psychischen, meist aber nicht zu einer physischen Abhängigkeit führen.

Illegale Drogen werden zudem mit Pharmaka und alkoholischen Getränken konsumiert. Im Vordergrund stehen Tranquilizer.

Für alle Drogenkranken gilt, dass ein Drogenscreening im Urin, klinisch-chemische Untersuchung des Blutes, aber auch Haaranalysen[54] angezeigt sind, um die Abstinenz von Drogen sicher beweisen zu können. Diese Untersuchungen sollten vom psychologischen Sachverständigen, falls er mit dieser Fragestellung konfrontiert ist, beim Familiengericht angeregt werden. Dabei sollte der Familienrichter auch darauf hingewiesen werden, dass die Haarentnahme, aber auch Blut- und Urinabgaben für Untersuchungen in spezialisierten Untersuchungsstellen erfolgen sollten, möglichst bei den rechtsmedizinischen Institutionen, um Fälschungsabsichten von vornherein aus dem Weg gehen zu können.[55] Die körperliche (zur Feststellung von Einstichstellen) und neurologische Untersuchung hat nur der Arzt vorzunehmen.[56]

Die Diagnose der Drogenabhängigkeit ist nicht nur im Anfangsstadium, sondern auch nach langjährigem Krankheitsverlauf mit diagnostischen Schwierigkeiten verbunden.[57] Häufig sind schwerwiegende psychiatrische Erkrankungen der Auslöser für eine Drogenabhängigkeit. Differentialdiagnostisch ist abzuklären, ob eine Psychose oder eine Borderline-Persönlichkeitsstörung vorliegt. Weiter sollte überprüft werden, wie weit eine soziale Desintegration oder Sozialisationsschäden[58] bereits festzustellen sind. Hinweise können die Lebenssituation wie auch Arbeitsverhältnisse und finanzielle Lage geben. Auch der soziale Bezugsrahmen kann einschlägige Aufschlüsse geben bzw. auch die Erhebung partnerschaftlicher Probleme. Häufig ist der soziale Kontakt auf die Risikogruppen beschränkt.[59]

In der Untersuchungssituation treten nur selten Vergiftungsphänomene auf. Meist zeigen die Untersuchenden unspezifische psychopathologische Auffälligkeiten und Symptome, z. B. affektive Gereiztheit oder misstrauisch ängstliche Stimmung bei abruptem Stimmungswechsel. Gelegentlich sind gesteigerte Ermüdbarkeit, ablehnendes Verhalten und Kritikschwäche zu beobachten.

Einschränkend für eine Erziehungseignung kann das Ausmaß der Abhängigkeit sein, da dies Auswirkungen auf die Ausdauer, Kontaktfähigkeit, Durchsetzungsvermögen, aber auch in Bezug auf Zuverlässigkeit und Ordnungsgefühl hat. Auch formale Denkabfolgen können gestört sein; die Therapiemotivation kann ein Hinweis sein, ebenso gute soziale Integration und Zugehörigkeit zu einer Selbsthilfegruppe[60] oder die Stützung durch familiäre Bezugspersonen.[61]

Zur Beantwortung der gerichtlichen Fragestellung ist zu überprüfen, ob bei einem Vorliegen einer Abhängigkeit eine Bereitschaft besteht, einen Entzug zu machen und in der Folge eine Therapie zu beginnen. Auch eine zurückliegende langjährige Drogenabhängigkeit berechtigt, solange Rückfallgefahr besteht zur Annahme eines elterlichen Erziehungsunvermögens aus unverschuldetem Versagen.[62]

---

[54] Geeignet bei Heroin (bei regelmäßigem Konsum), Cocain, Cannabis, Ecstasy, Benzodiazepine und Barbiturate, weniger gut: Amphetamin und LSD, das aber meist mit Ecstasy zusammen genommen wird.

[55] Siehe Hinweisblatt zur Probennahme des Instituts für Rechtsmedizin in München.

[56] Hierzu *Gastpar/Finkenbeiner*, in: Uchtenhagen/Zieglgänsberger (Hrsg.), Suchtmedizin, S. 508–518.

[57] Siehe *Schulte*, Mitteilung der LVA Württemberg 1996, 9, S. 317–322.

[58] *Ladewig*, in: Uchtenhagen/Zieglgänsberger (Hrsg.), Suchtmedizin, S. 265–266.

[59] *Albrecht*, in: Uchtenhagen/Zieglgänsberger (Hrsg.), Suchtmedizin, S. 541–547.

[60] *Türk/Sonntag*, in: Uchtenhagen/Zieglgänsberger (Hrsg.), Suchtmedizin, S. 585–592.

[61] Hierzu *Arenz-Greiving*, in: Uchtenhagen/Zieglgänsberger (Hrsg.), Suchtmedizin, S. 452–456.

[62] OLG-Frankfurt FamRZ 1983, 267.

Fragen der Dauer der Abstinenz, der mittlerweile erreichten psychosozialen Stabilität, der Beziehungen zum Drogenmilieu bestimmen die Prognose.

Auch hier gilt wie bei der Alkholabhängigkeit, dass man von einer Stabilisierung ca. nach einem Jahr der Teilnahme an Therapiemaßnahmen sprechen kann.

Bei Eltern, die an einem Methadon-[63] oder Codein Substitutionsprogramm teilnehmen, dessen Ziel eine ambulante oder stationäre Entwöhnungstherapie nach dem Methadonentzug mit dauerhafter Drogenabstinenz ist, sollte auch eine etwa einjährige Abstinenz von anderen Drogen vorliegen.

I) Alkoholabhängigkeit. Alkoholmissbrauch und chronischer Alkoholismus sind häufige Erkrankungen, deren Prävalenz im Einzelnen aber schwer zu bestimmen ist. Allein 1995 wurden 151 220 Führerscheine wegen Alkohol am Steuer entzogen, die Zahl der behandlungsbedürftigen Alkoholkranken lag in Deutschland bei ca. 2,5 Millionen.[64] Alkoholabhängigkeit ist der häufigste Scheidungsgrund.[65]

In den letzten Jahren ist davon auszugehen, dass vermehrt kombinierte Abhängigkeiten von Alkohol und suchterzeugenden Medikamenten (z. B. Tranquilizer) bestehen.

Bei Alkoholmissbrauch und Alkoholabhängigkeit ist meist die Erziehungsfähigkeit in Frage gestellt, der Umgang mit dem Kind kann aber nicht selten dem Kindeswohl entsprechend gestaltet werden, wenn individuell zu bestimmende Rahmenbedingungen eingehalten werden.

Bei offensichtlich vorliegendem Alkoholverdacht, formuliert vom anderen Elternteil, vom Kind oder Jugendamt, ist es zweckmäßig, zuerst die Erziehungsfähigkeit vom ärztlichen oder fachkundigen psychologischen Kollegen überprüfen zu lassen und darauf aufbauend mit der familienpsychologischen Begutachtung fortzufahren.

aa) Begriffliche Klärung. Zu unterscheiden ist zwischen Alkoholmissbrauch und Alkoholabhängigkeit. Der Begriff Alkoholismus bezieht sich auf die Alkoholabhängigkeit. Ein Alkoholkonsum, der zu körperlichen, psychischen oder/und sozialen Schäden führt, wird Alkoholmissbrauch genannt, dagegen wird Alkoholabhängigkeit zusätzlich durch das Auftreten von Toleranzveränderungen gegenüber Alkohol definiert, verbunden mit Entzugserscheinungen. Daraus folgen der Drang, immer wieder Alkohol zu konsumieren, und das Unvermögen, den Alkoholkonsum jederzeit steuern zu können.

Unter **Alkoholmissbrauch** versteht man einen gegenüber geltenden sozio-kulturellen Normen überhöhten Gebrauch von Alkohol ohne physische oder psychische Abhängigkeit bzw. den missbräuchlichen Einsatz von Alkohol als Problemlöser („untauglicher Selbstheilungsversuch"). Definitionsgemäß treten bei Alkoholkarenz in diesem Falle keine körperlichen Entzugssymptome auf.

Unter **Alkoholabhängigkeit** wird nach Definition der Weltgesundheitsorganisation der Drang verstanden, Alkohol erneut zuzuführen, um körperlichem und seelischem Missbehagen entgegenzusteuern. Die Basis dieses krankhaften Verhaltens ist die süchtige Fehlhaltung, die nicht nur bei Alkohol, sondern auch bei anderen Drogen, suchterzeugenden Medikamenten und auch bei der Entwicklung nicht stoffgebundener Süchte vorhanden ist.

Es wird unterschieden zwischen physischer Abhängigkeit, die eindeutig festgestellt werden kann beim Auftreten körperlicher Entzugssymptomatik, und psychischer Abhängig-

---

[63] Hierzu: *Ziegler/Poustka/v. Loewenich/Englert* Der Nervenarzt 2000, 730–736.
[64] FPR 1998, 1, S. VI.
[65] *Zenz* FPR 1998, 17–23.

keit, die sich in Spannung bei Karenz vom Suchtmittel, Angst, Dysphorie und dauerndem Denken an das Suchtmittel äußert.

Das **Alkoholentzugssyndrom** ist gekennzeichnet durch Zittern, Schlafstörungen, Tremor, Artikulationsstörungen, Durchfall, Erbrechen, Tachykardie, Kreislaufstörungen – im Vollbild des Delirs auch von meist optischen Halluzinationen und Verwirrtheit begleitet.

Im Alkoholentzug können sich auch epileptische Anfälle entwickeln.

Das Alkoholentzugsdelir ist ein lebensbedrohlicher Krankheitszustand, der erst durch die Einführung des Medikaments Distraneurin gut beherrschbar wurde.

Es werden verschiedene Typen des Alkoholikers unterschieden:[66]

Alpha- oder Konflikttrinker – es besteht ein Missbrauch des Alkohols als Spannungslöser mit Entwicklung psychischer Abhängigkeit.

Beta- oder Gelegenheitstrinker – hier liegt ein kontinuierlicher Missbrauch vor, z. B. mit regelmäßigem Trinken am Wochenende, häufigem Rauschtrinken bei gesellschaftlichen Anlässen.

Gamma- oder süchtiger Trinker – oft Übergang vom Alpha-Alkoholismus mit zunächst psychischer, dann physischer Abhängigkeit. Der Kontaktverlust ist bei dieser Form des Alkoholismus ausgeprägt. Es besteht eine starke Neigung zur Progression, die dann zu körperlichen, psychischen und sozio-ökonomischen Schäden führt. Trinker dieses Typs können als „süchtige Trinker" bezeichnet werden.

Delta- oder Gewohnheitstrinker – hierunter versteht man die sog. „Spiegeltrinker", die täglich Alkoholmengen zu sich nehmen, von denen sie nicht schwer berauscht sind, die aber körperlich abhängig sind und bei Alkoholkarenz Entzugssymptomatik entwickeln. Die Kontrolle über den Alkoholkonsum kann bei dieser Verlaufsform relativ lange aufrechterhalten werden.

Epsilon- oder Quartalstrinker – eine Form des Alkoholismus, die charakterisiert ist durch episodische Trinkexzesse, die Tage bis Wochen dauern können, dann massive Alkoholaufnahme beinhalten und häufig gravierende soziale Fehlentwicklungen zur Folge haben können. Ätiologisch werden Beziehungen zur Zyklothymie diskutiert.

bb) Untersuchungsmethoden. Zur Ermittlung und Einstufung des Krankheitsbildes dient die Alkoholanamnese. Wesentlich ist weiter die Feststellung des Trinkverhaltens, um klären zu können, in welcher Phase[67] der Alkoholkrankheit sich der Elternteil befindet, was Hinweise sowohl auf die elterliche Kompetenz als auch auf mögliche Hilfestellungen für den Betroffenen zulässt. Diese Klärung setzt allerdings die Mitwirkung des Probanden voraus, die – gerade bei Untersuchungen für Gutachten – oft nicht vorausgesetzt werden kann. Deshalb sind fremdanamnestische Erhebungen von großer Bedeutung. Es sollte in entsprechenden Fällen vorher mit dem Familienrichter abgesprochen werden, ob der Untersucher solche fremdanamnestischen Erhebungen und diagnostische Ergebnisse anderer Fachkollegen von sich aus anfordern kann.

Als Hinweise einer Screening-Methode können die Leberwerte (GOT, GPT, Gamma-GT) angesehen werden sowie das MCV (ein Wert, der im sog. Blutstatus – rotes Blutbild – ermittelt wird). Eine spezifische labormedizinische Untersuchung ist die Bestimmung des CDT.

Die internistische – gegebenenfalls auch apparative – Untersuchung der Leber (z. B. Sonographie) kann weitere Hinweise erbringen.

---

[66] *Jellinek,* The disease of Alcoholism, 1990.
[67] Zu den Phasen siehe *Salzgebe/Vogel* FuR 1991, 324–329.

Auch die klinisch-neurologische Untersuchung, eventuell ein Elektromyogramm mit Bestimmung der Nervenleitgeschwindigkeit, kann Folgen einer Alkoholkrankheit wie eine alkoholtoxische Polyneuropathie erkennbar machen.

Der Wert der laborchemischen, internistischen und neurologischen Untersuchungen sollte aber nicht überschätzt werden. Die Befunde können, wenn sie negativ ausfallen, nicht als Beweis gegen das Vorliegen eines Alkoholismus gelten. Es gibt Alkoholiker mit völlig normalen Leberwerten.

Ist eine Leberschädigung oder eine Polyneuropathie festgestellt, so ist differentialdiagnostisch zu erörtern, ob dies sicher auf einen chronischen Alkoholismus zurückgeführt werden kann oder ob andere internistische Ursachen (z.B. chron. Hepatitis, Polyneuropahie anderer Ursache) in Frage kommen.

Testpsychologisches Verfahren, angewandt als Screening-Methode, sind der „Münchner Alkoholismus-Test" (MALT)[68] und der „Fragebogen zum Trinkverhalten Alkoholabhängiger" (FTA).

cc). Mütterlicher Alkoholabusus. Bei der Begutachtung zur Sorgerechtsfrage ist besonders die Beurteilung eines Alkoholismus der Mütter weitreichend, insbesondere dann, wenn in der Vergangenheit die Mutter die Hauptbetreuungs- und -bezugsperson war und aus Kontinuitätsgründen ein Belassen des Lebensschwerpunktes des Kindes bei der Mutter nahe liegend wäre.

Vom Vater werden in diesem Zusammenhang häufig Bedenken geäußert, ob die Mutter tatsächlich trocken sei. Er kann jedoch aufgrund der bereits erfolgten räumlichen Trennung nicht von selbsterlebten Vorkommnissen in der jüngsten Vergangenheit berichten, in welchen die Mutter alkoholisiert gewesen sei. Nicht zuletzt ist das Konfliktniveau bei Eltern, bei denen ein Elternteil alkoholkrank ist und die sie sich trennen, erheblich erhöht.

Hier kann nur die regelmäßige Teilnahme an ambulanten Gruppen sowohl des abhängigen Elternteils als auch des möglicherweise neuen Partners eine Veränderung der psychischen Struktur des abhängigen Elternteils erreichen, die dem Kindeswohl dient. Auch ein freiwilliger Erziehungsbeistand kann hier eine Brücke schlagen und helfen, die Kommunikationsfähigkeit zumindest aufrechtzuerhalten.

dd) Klärung der Rückfallprognose. Eltern, bei denen der Verdacht auf Alkoholismus besteht und die das Sorgerecht oder eine Rückführung anstreben, haben sich meist einer Entzugsbehandlung und Therapie unterzogen und besuchen oftmals nach ihren Angaben regelmäßig Veranstaltungen des Blauen Kreuzes oder der Anonymen Alkoholiker. Gelegentlich wird auch vorgetragen, dass bei besonderen familiären Belastungen, wie z.B. der erfolgten Trennung oder unter der Belastung einer bevorstehenden Gerichtsverhandlung, vermehrt Alkohol und/oder Tabletten konsumiert worden seien. Gleichzeitig wird betont, Derartiges sei seither nicht mehr vorgekommen.

Zu den relativ besseren Vorhersagekriterien werden gerechnet: Verheiratet oder in fester Partnerschaft lebend, größere Behandlungsbereitschaft bei Kurbeginn. Allgemein nimmt die Rückfallgefahr mit der Dauer der Trockenphase ab.

Beim trockenen Alkoholiker sind als wesentliche prognostische Kriterien die Therapie- und Krankheitseinsicht, die Teilnahme an ambulanten Gruppen,[69] die soziale Integration, die Dauer der Abstinenz, die vorangegangene stationäre Behandlung und die Frage, ob

---

[68] *Feuerlein/Küfner/Soyka,* Alkoholismus – Mißbrauch und Abhängigkeit, 1998.
[69] Adressen hierzu: FPR 1998, 56.

Salzgeber

eine sekundäre Abhängigkeitserkrankung bei zugrunde liegender Störung (z. B. schwere Neurose) vorliegt, anzusehen. Hier muss eine Therapie auch der Grunderkrankung gewährleistet sein.

Nur eine überdauernde Einstellungs- und Verhaltensänderung schließt den Zweifel an einer Einschränkung der Erziehungkompetenz aus psychologischer Sicht aus, voreiliger Optimismus geht zu Lasten des Kindes, wenn es erneut aus der Familie genommen werden muss.[70]

In der Regel gilt, dass der Proband ein Jahr nach dem Entzug frei von Alkoholkonsum sein muss, damit die Prognose für eine Sorgerechtsübertragung als günstig bewertet werden kann.

ee) Auswirkung auf die Familie. Mit Fortdauer der Krankheit verändert sich die Einstellung der Familienmitglieder zum Betroffenen. Eine ursprünglich positive Einstellung weicht immer mehr einer ambivalenten, später negativen Haltung.

Alkoholiker sind zunehmend weniger in der Lage, im familiären und sozialen Kontext ihre Rollen im vollen Umfang aufrechtzuerhalten.[71] Eine kontinuierliche Erziehung ist kaum mehr zu erwarten. Ein Teil der Aufgaben wird von anderen Familienmitgliedern übernommen. Das zieht im Hinblick auf den Betroffenen Autoritätsverlust nach sich, andererseits belastet es die anderen Familienmitglieder.

Schließlich sind im Rahmen der Diskussion der Erziehungseignung auch einige alkoholbedingte Persönlichkeitsveränderungen zu berücksichtigen, die, sollten sie bereits beobachtbar sein, die Erziehungsfähigkeit deutlich einschränken. Alkohol mindert sowohl akut als auch dauerhaft die Initiative und den Interessenhorizont, Zuverlässigkeit und Sorgfalt nehmen ab, depressive Verstimmungen häufen sich, die Fähigkeit zu Selbstkritik ist reduziert.

Ist der Betroffene allein erziehend, lasten entsprechende Anforderungen maßgeblich auf dem Kind/den Kindern, dessen/deren emotionale und sachliche Überforderung dann die Folge ist.

ff) Auswirkung auf das Kind. Kinder werden aufgrund ihrer emotionalen Abhängigkeit von der erwachsenen Bezugsperson vor allem in der Ambivalenzphase belastet; Folge dieser Belastungen können kindliche Verhaltensauffälligkeiten sein, misslungene Versuche des Kindes, die familiäre Stresssituation zu bewältigen.[72]

In alkoholisiertem Zustand ist die Fähigkeit, die Bedürfnisse eines Kindes rechtzeitig angemessen zu erkennen und einzuschätzen, zeitweise vermindert. Oft sehen sich die Betroffenen nur mehr in der Lage, eine lediglich oberflächliche Erfüllung der Grundbedürfnisse zu gewährleisten, sind im Übrigen aber von der eigenen Problematik ausgefüllt.

Inwieweit ein Kind unter dem Alkoholismus eines Elternteils unmittelbar gelitten hat, ist in der Regel nicht ganz zu klären. Mittelbar hat es jedenfalls unter einem hohen Streitpotential der Eltern gelitten, das wohl auch an den elterlichen Alkoholkonsum gekoppelt ist. Häufig unterstützen entsprechende Äußerungen des Kindes diese Einschätzung.

Ein weiterer Gesichtspunkt betrifft die Modellwirkung elterlichen Verhaltens: Wird etwa Alkohol seitens eines Elternteils als Problemlöseversuch eingesetzt (Alpha-Alkoholismus), ergibt sich eine erhöhte Gefahr für das Kind, ähnliche Verhaltensmuster zu übernehmen.

---

[70] Ein Beispiel gibt *Zenz* FPR 1998, 22.
[71] Siehe auch: *Spangenberg/Spangenberg* FPR 1998, 28.
[72] Hierzu: *Bertling* FPR 1998, 12–17; *Pflüger* FPR 1998, 3–8; *Köhler-Azaza* PPR 1998, 41–43.

gg) Beurteilung der Erziehungsfähigkeit. Bei der Erziehungsfähigkeit im Hinblick auf den Alkoholabusus wird die somatische und geistig-seelische Kapazität einer Person, ein Kind zu versorgen und zu erziehen, beurteilt. Nach der gestellten Diagnose und den allgemein zu beschreibenden Einschränkungen werden die Auswirkungen auf die konkrete Beziehung charakterisiert. So ist es zum Beispiel unterschiedlich zu bewerten, ob ein Erwachsener, der sich durch einen chronischen Alkoholismus ein cerebrales Anfallsleiden zuzog, der aber inzwischen trocken ist, einen Säugling zu versorgen hat oder ein 12-jähriges Kind.

Bei der Beurteilung Alkoholkranker ist zunächst festzustellen, ob schwere alkoholtoxische Folgeerkrankungen wie ein Korsakow-Syndrom, eine Alkoholhalluzinose oder eine schwere Wesensänderung vorliegen. Ist ein solches Krankheitsbild feststellbar, so sind die Einschränkungen der Erziehungsfähigkeit im Allgemeinen, ohne Erörterung der konkreten Beziehungsstruktur, als so schwerwiegend einzustufen, dass in aller Regel die Erziehungsfähigkeit nicht gegeben ist.

Bei schweren Verläufen einer Suchterkrankung ohne die oben genannten alkoholtoxischen Folgeerscheinungen, bei episodischem Trinken, bei Gamma-Alkoholikern oder auch bei schwerem Missbrauch gilt, dass diese Personen meist kein Kind versorgen können und dass besonders bei den Umgangsregelungen klare Bedingungen vorformuliert werden müssen, um gerade in solchen Situationen Gefährdungen des Kindes auszuschließen.

Dies führt nicht in allen Fällen zum Entzug des Sorgerechts, oftmals genügt die Übertragung des Aufenthaltsbestimmungsrechts,[73] der Eingriff in das Recht der elterlichen Sorge hat immer so gering wie möglich zu sein. Es kann aber auch geboten sein, die gesamte Sorge (Personen- und Vermögenssorge) zu entziehen, wenn das Wohl des Kindes durch ungeeignete Erziehung gefährdet ist[74] und zudem der alkoholkranke Elternteil durch seine Sucht die Einkünfte des Kindes nicht zu dessen Unterhalt verwendet.[75]

Die Schwierigkeit, Grenzen zum Alkoholmissbrauch festzumachen, liegt an der individuellen Alkoholtoleranz, wenn also der Alkoholkonsum mäßig bis stark ist, aber keine negativen Konsequenzen deutlich werden, und wenn z.B. Alkoholkonsum zum allgemein akzeptierten Verhalten gehört, wie z.B. beim typischen Bierfahrer.

Eine bestehende Alkoholproblematik eines Elternteils oder beider Eltern ist prognostisch ein Unsicherheitsfaktor bezüglich der Erziehungskompetenz. Nur in wenigen Fällen wird daher der Sachverständige empfehlen, dem alkoholkranken Elternteil das Kind zur überwiegenden Aufsicht zu überlassen, wenn der andere Elternteil bereit und fähig ist, eine angemessene Erziehung und Versorgung zu bieten, und wenn das Kind zu ihm auch eine tragfähige Beziehung hat. Weiter bestehender Alkoholabusus kann die Erziehungsfähigkeit einschränken, da die Kontinuität der Erziehung nicht gewährleistet sei.[76]

Eine Umgangsregelung muss in Zusammenschau mit der Kompetenz des Kindes und Umgebungsvariablen gestaltet werden.

Während ältere Kinder häufig von einem alkoholisierten Elternteil am Besuchstag enttäuscht sind, die Hinwendung des Elternteils zum Alkohol auch als persönliche Vernachlässigung erleben und dies auch gegenüber dem Sachverständigen äußern, trifft dies bei Kindern bis etwa 7 Jahren nicht so deutlich zu.

Ältere Kinder haben sehr häufig konkrete Vorstellungen, wie sie sich den Kontakt mit dem alkoholkranken Elternteil vorstellen; häufig machen sie auch zur Bedingung, dass der

---

[73] BayObLG zitiert bei *Reinecke* FPR 1998, 39.
[74] BayObLG FPR 1998, 45.
[75] BayObLG FPR 1998, 45.
[76] Vgl. *Salzgeber/Vogel/Partale* FuR 1991, 324–329.

besuchte Elternteil während ihrer Anwesenheit keinen Alkohol zu sich nimmt. Dem kann auch durch entsprechende Auflagen des Gerichts Nachdruck verliehen werden.[77] Werden sie in diesem Vorsatz und dem abgerungenen Versprechen des Elternteils mehrmals enttäuscht, so äußern sie sich häufig deutlich dahingehend, dass sie ihn erst wieder besuchen wollen, wenn sie Vertrauen in seine Alkoholabstinenz während des Besuchstages haben.

Dem Kontakt- und Liebesbedürfnis von Kindern, die einen engen Bezug zu dem umgangsberechtigten Elternteil haben und diesen auch gerne besuchen, kann Rechnung getragen werden, wenn die Umgangskontakte begleitet[78] gestaltet sind.

Bei Gelegenheitstrinkern kann es hilfreich sein, dass allein bei der Übergabesituation eine dritte Person anwesend ist, die feststellt, ob der umgangsberechtigte Elternteil eventuell alkoholisiert ist.

Ein Problem stellt immer wieder die Abhol- und Rückbringsituation dar. Viele sorgeberechtigte Eltern klagen darüber, dass der Umgangsberechtigte zwar trotz Alkoholkonsums handlungsfähig sei, was die Versorgung und die Freizeitaktivitäten mit dem Kind in seiner Wohnumgebung betreffe, hinsichtlich seiner Fahrtauglichkeit aber erhebliche Bedenken bestünden. Es hat sich bewährt, gerichtlich aufzuerlegen, dass das Kind entweder mit öffentlichen Verkehrsmitteln abgeholt oder vom sorgeberechtigten Elternteil zum Umgangsberechtigten gebracht wird.

m) Krankheitsbilder des internistischen Fachgebietes. Liegen rein somatische Beeinträchtigungen vor, so ist deren Einfluss auf die Versorgung eines Kindes genau zu beschreiben. Zu denken ist hier z. B. an Stoffwechselerkrankungen wie den Diabetes mellitus, der bei schwer einstellbaren Verlaufsformen zu Stoffwechselentgleisungen mit hypo- oder hyperglykämischen Zuständen mit Bewusstseinsstörungen führen kann. Hypoglykämische Schocks bei einem aufsichtsführenden Elternteil können zu Gefahren beim Kind führen.[79] Ein anderes Beispiel wären Erkrankungen auf dem Gebiet der Augenheilkunde mit der Folge einer schweren Sehbehinderung.

Dagegen sei die Tatsache, dass ein Elternteil mit dem HIV-Virus infiziert ist, kein Grund, das Sorgerecht zu versagen.[80]

Hauptkriterium der Beurteilung der Erziehungsfähigkeit wird in aller Regel der psychische Befund sein. So wird es z. B. bei der Beurteilung eines schwer einzustellenden Diabetes mellitus darauf ankommen, mit welcher Häufigkeit und Intensität Störungen des Bewusstseins auftreten.

In Einzelfällen, z. B. bei mangelnder Kooperation in der Einstellung eines Diabetes mellitus mit häufigen Stoffwechselentgleisungen (Zuständen von Hypo- oder Hyperglykämie mit hypoglykämischem Schock oder hyperglykämischem Koma), kann der Einfluss auf die Erziehungsfähigkeit so groß sein, dass die betroffene Person etwa nicht mehr in der Lage ist, z. B. einen Säugling zu betreuen, so dass das Kindeswohl in den akuten Krankheitszuständen stark gefährdet ist. Während ein hypoglykämischer Schock meist unerwartet eintritt und zu erheblichen Bewusstseinsveränderungen und Kreislaufsymptomatiken führt, erleidet ein Patient das hyperglykämische Koma langsamer. Entscheidend bei der

---

[77] OLG Hamm NJW 1967, 446.

[78] OLG Celle FamRZ 1989, 1194.

[79] *Ell*, Psychologische Kriterien bei der Sorgerechtsregelung und die Diagnostik der emotionalen Beziehungen, S. 64.

[80] OLG Stuttgart DAVorm 1988, 1048 = FamRZ 1989, 89 = NJW 1988, 2620.

Vermeidung dieser Zustände ist die Einstellung des Zuckerhaushaltes durch Insulin oder orale Antidiabetica.

Die Beurteilung der Erziehungsfähigkeit erfolgt in Analogie zu den beschriebenen psychiatrischen Störungen. Es wird festgestellt, welchen Einfluss die körperliche Erkrankung auf den psychischen Befund hat. Die Defizite psychischer Funktionen werden beschrieben, und es ergibt sich daraus eine Einschätzung der Erziehungsfähigkeit.

In der weit überwiegenden Zahl der Fälle wird durch eine entsprechende internistische Behandlung eine Besserung zu erzielen sein.

n) Aufgabe des Sachverständigen bei der Bewertung der Erziehungsfähigkeit. Durch einen umfassenden Untersuchungsansatz ist die diagnostische Basis zu legen, um den vielfältigen und vielgestaltigen Verhaltensauffälligkeiten bei psychiatrisch-psychologischen Syndromen gerecht zu werden und entscheiden zu können, wie sich das auffällige elterliche Verhalten auf das Kindeswohl auswirkt. Bei der Begutachtung, die eine enge Kooperation zwischen Psychiatern und Psychologen erfordert, kommt es auf echte Zusammenarbeit an und nicht auf berufsspezifische Abgrenzungen, die nicht dem Kindeswohl dienen können.

In psychiatrisch-psychologischen Gutachten ist die Folge der Erkrankung für die somatische und geistig-seelische Kapazität in Bezug auf das zu versorgende Kind festzustellen. Nach der gestellten Diagnose und den allgemein zu beschreibenden Einschränkungen werden die Auswirkungen auf die konkrete Beziehung charakterisiert. So ist es z. B. unterschiedlich zu bewerten, ob der zu begutachtende Elternteil einen Säugling zu versorgen hat oder ein Schulkind.

Weiterhin soll das Gutachten eine Aussage zur Prognose der Erkrankung beinhalten, zum wahrscheinlichen und möglichen Verlauf und zu den Möglichkeiten einer therapeutischen Beeinflussung.

Erst in weiteren Schritten gilt es dann – angelehnt an die juristische Kategorie „Wohl des Kindes" –, die Erziehungsfähigkeit im Sinne von Förderkompetenz, Kontinuität, Verantwortung, aktivem Handeln, Beziehungsgestaltung, emotionaler Bindung etc. des Betroffenen im Hinblick auf eine insgesamt förderliche Entwicklung und Reifung des Kindes operational zu überprüfen.

Abzugrenzen von dem Begriff der „Erziehungsfähigkeit" ist daher der Begriff der „Förder- bzw. Erziehungskompetenz". Hier handelt es sich um die im Rahmen des Normalpsychologischen liegende Spannbreite von Persönlichkeitsstrukturen und deren Varianten sowie die Einflüsse der vorliegenden Persönlichkeitsstruktur auf die Interaktion mit dem Kind.

Wenn auch die Diagnostik der verschiedenen Krankheitsbilder, die Einfluß auf die Erziehungsfähigkeit haben können, im Vordergrund steht, so soll das nicht bedeuten, dass bei der Begutachtung eine Auslesediagnostik das Ziel wäre. Auch bei medizinisch-psychologischen Begutachtungen im familiengerichtlichen Verfahren hat die Aufrechterhaltung der Eltern-Kind-Beziehung im Mittelpunkt zu stehen. Nicht Defizitdiagnostik ist Stand einer ethisch verantwortbaren Fachwissenschaft, sondern – insbesondere bei diesen persönlich meist tragischen Fällen – neben einer klaren Diagnostik des Krankheitsbildes die Bestimmung von Ressourcen, Potentialen und Möglichkeiten, um weitest gehend die Erhaltung der Elternschaft zu ermöglichen. Wenn auch in vielen Fällen die alleinige Ausübung der elterlichen Sorge ohne Stützmaßnahmen, insbesondere bei der meist vorliegenden Alternative des anderen, meist weniger belasteten Elternteils, nicht dem Kindeswohl entspricht, so soll das Ziel des Sachverständigen sein, Rahmenbedingungen zu bestimmen, innerhalb derer der belastete Elternteil seine erzieherischen Möglichkeiten oder Beziehungsangebote für sein Kind einbringen kann.

Ziel aller Interventionen sollte die Wiederherstellung der Erziehungskompetenz des Elternteils sein. Bei einigen Elternteilen wird die Aufgabe aber sein müssen, so weit wie möglich die Folgen der persönlichen Belastung zu minimieren. Die wichtige emotionale Verbundenheit mit dem Kind und das Verantwortungsgefühl dürfen nicht leichtfertig durch Beschränkung auf eine Defizitdiagnostik und in deren Folge zu einem überzogenen Ausschluss aus dem Leben des Kindes führen. Das Kindeswohl ist Leitkriterium des Sachverständigen, dies bedeutet nicht, dass der Sachverständige nicht auch das Wohl des betroffenen Elternteils mit beachten darf. Dem Sachverständigen stehen im Rahmen der Begutachtung Möglichkeiten offen, Hilfe anzubieten, anstatt durch eine Ausschlussdiagnostik leichtfertig zu weiterem Leid des Elternteils beizutragen.

2. Verdacht auf sexuellen Missbrauch

Zur Klärung des sexuellen Missbrauchs stehen neben der medizinischen Untersuchung die Aussagebegutachtung des Zeugen und die psychophysiologische Begutachtung des mutmaßlichen Täters zur Verfügung.

Im familiengerichtlichen Verfahren wird immer wieder der Verdacht eines sexuellen Missbrauchs, meist durch den Vater oder eine andere männliche Bezugperson, am Kind geäußert.

Eine möglicherweise vorgenommene medizinische Untersuchung brachte oftmals ebenfalls kein hinreichendes Ergebnis.[81]

Der Verdacht eines sexuellen Missbrauchs kompliziert die familiäre Konfliktsituation insofern, als der geäußerte Vorwurf im Trennungs- und Scheidungsverfahren durch den anderen Elternteil oder einer Bezugsperson des familiären Nahraums[82] dem Behauptenden Vorteile in der zukünftigen Sorgerechts- und Umgangsregelungsfrage verschaffen könnte.[83] Die Amtsermittlungspflicht verlangt zwar nicht zwingend vom Familiengericht bei der Überprüfung der Glaubhaftigkeit eines kindlichen Zeugen einen Sachverständigen beizuziehen, wenn aber besondere Umstände vorliegen, die ein über die forensische Erfahrung hinausreichendes Fachwissen erfordern, ist jedoch ein Sachverständiger zu hören.[84] Gerade bei kleinen Kindern mit diffusem Vorbringen, sei es vom Kind, sei es von anderen Beteiligten,[85] dürften diese besonderen Umstände vorliegen. Andererseits sind auch an den Familienrichter keine schärferen Anforderungen zu stellen als an den Strafrichter. Wenn von einem Sachverständigen ein Verdacht auf sexuellen Missbrauch so weit wie möglich ausgeräumt werden konnte, kann dies für die familienrichterliche Urteilsbildung genügen, es wird keine naturwissenschaftliche Sicherheit für die Überzeugungsbildung verlangt, die bei sexuellem Missbrauch auch nicht geleitet werden kann.[86]

---

[81] Dazu *Tutsch-Bauer/Rauch/Penning* Deutsches Ärzteblatt 1998, 763–768.
[82] Siehe auch: *Kluck* FPR 1995, 56–59.
[83] So *Ell* ZfJ 1992, 3, S. 142–146.
[84] OLG Brandenburg ZfJ 1999, 499.
[85] Auf die problematische Aufdeckungsarbeit weist *Deckers* FPR 1997, 211–218, hin.
[86] AG Nidda ZfJ 1994, 541.

Bei Verdacht auf einen sexuellen Missbrauch[87] versucht der Familienrichter[88] häufig dadurch eine Klärung herbeizuführen, dass er ein psychologisches Sachverständigengutachten zur Sorgerechts- und Umgangsregelung in Auftrag gibt. Er kann aber auch eine Glaubhaftigkeitsbegutachtung des kindlichen Zeugen und Opfers oder auch die Untersuchung des mutmaßlichen Täters mit dem Polygraphen[89] anordnen. Der Beschluss des BGH gegen den Polygraphen[90] bezieht sich nur auf das Strafrecht. Zugleich wird er entweder das Umgangsrecht mit Beschluss[91] aussetzen oder zumindest in der Sitzung den Elternteil bewegen, das Umgangsrecht entweder nicht oder nur unter besonderen Vorkehrungen wahrzunehmen. Diese können z.B. sein: lediglich stundenweises Zusammensein mit dem Kind ohne Übernachtung oder nur in Anwesenheit einer dritten Person, bis das psychologische Gutachten vorliegt, und damit auch die Frage eines etwaigen sexuellen Missbrauchs mit großer Sicherheit geklärt werden kann.

Der psychologische Sachverständige, der mit einem solchen Begutachtungsauftrag betraut wird, sieht sich damit vor eine Aufgabe gestellt, deren diffizile Problemlage in rechtlicher Hinsicht ihm häufig nicht bewusst ist.[92] Es ist zudem nicht ohne weiteres anzunehmen, dass jeder psychologische Sachverständige das nötige Fachwissen[93] für die Beurteilung eines sexuellen Missbrauchs mitbringt, wie es von der Fachwissenschaft und vom BGH[94] gefordert wird.

Gelegentlich wird der Sachverständige mit der Klärung einer Sorgerechts- und Umgangsregelung beauftragt, wobei der Familienrichter vorab in einem Telefongespräch gegenüber dem Sachverständigen zum Ausdruck gebracht hat, es sei ihm z.B. vom Jugendamt zugetragen worden, dass ein Fall von sexuellem Missbrauch durch den Vater/Bezugsperson vorliege. Um nicht unnötig die Familie zu beunruhigen, wolle er, dass der Sachverständige diese Frage im Rahmen seiner familiengerichtlichen Fragestellung mit kläre. Meist aber wird explizit in der gerichtlichen Fragestellung die Klärung eines Vorwurfs des sexuellen Missbrauchs formuliert, so z.B., daß der Sachverständige zur Sorgerechts- und Umgangsregelung Stellung nehmen möge und auch auf den Vorwurf des sexuellen Missbrauchs eingehen solle.

Während der erste gerichtliche Beweisbeschluss nicht ausdrücklich den sexuellen Missbrauch erwähnt und somit anzunehmen ist, dass dieser vom Familienrichter in der mündlichen Verhandlung nicht angesprochen wurde, ist bei der zweiten Fragestellung davon auszugehen, dass die Betroffenen über den Vorwurf Bescheid wissen; auch darüber, dass dieser vom Sachverständigen zu klären sei. Offen bleibt aber auch hier, ob der inkriminierte Elternteil seine Bereitschaft erklärt hat, an der Begutachtung mitzuwirken.

Soweit ein informell erhobener sexueller Vorwurf sich nicht verifizieren lässt, braucht er auch nicht explizit formuliert zu werden, um nicht die familiäre Konfliktsituation unnötig zusätzlich zu belasten. Dies kann gegeben sein, wenn der Sachverständige auch nach vorsichtigem, aber gezieltem Nachfragen von keinem Elternteil einen den Vorwurf bestätigenden Hinweis bekommt, das Kind keine Verhaltensauffälligkeiten oder charakteristische

---

[87] Hierzu: *Schulze* FamRZ 1997, 42 und *Weychardt* FamRZ 1997, 444.
[88] Siehe: *Carl* FamRZ 1995, 1183–1192.
[89] OLG München FamRZ 1999, 674 = FuR 1999, 335.
[90] BGH FamRZ 1999, 587.
[91] Beispiele für Beschlussfassungen gibt *Ehinger* FPR 1995, 68–71.
[92] Siehe auch: *Roesner/Schade* FamRZ 1993, 1133.
[93] So auch *Weychardt* ZfJ 1999, 329; *Kury* Praxis der Rechtpsychologie 1999, 129.
[94] BGH FamRZ 1999, 1648.

Anzeichen, die den Verdacht eines sexuellen Missbrauchs möglich erscheinen lassen, zeigt, und auch die Lebensweise des inkriminierten Elternteils sowie dessen Verhaltensweisen zu keiner Erhärtung dieses Verdachts führen.

Sollte der Sachverständige jedoch im Rahmen der Begutachtung eindeutige Hinweise der genannten Art bekommen, oder aber ein Elternteil spontan diese Vorwürfe vorbringen, so hat der Sachverständige – unabhängig davon, ob im gerichtlichen Beschluss der Vorwurf des sexuellen Missbrauchs bereits erwähnt wurde – diesen offen in seine psychologischen Fragen aufzunehmen. Der Sachverständige ist keine „verdeckte" Ermittlungsbehörde und auch nicht Therapeut der Familie. Die Begutachtung hat die Rechte der Betroffenen zu wahren. Die Begutachtung des Vorwurfs des sexuellen Missbrauchs muss den beteiligten Personen bekannt sein. Dies gilt auch für das betroffene Kind. Die Klärung und mögliche Verifizierung eines sexuellen Missbrauchs hat fast regelmäßig strafrechtliche Relevanz. Der inkriminierte Elternteil hat in jedem Falle das Recht, die Begutachtung zu dieser Frage wie auch die gesamte Begutachtung abzulehnen.

Dieses sachverständige Vorgehen rechtfertigt sich auch aus einem anderen Grund. Häufig werden, auch wenn das Familiengericht hierzu nicht verpflichtet ist, die Akten an die Staatsanwaltschaft weitergegeben; dieses in der Regel, wenn ein Elternteil den anderen Elternteil bezüglich dieser Straftat anzeigt. Dann, und nur dann, hat die Glaubhaftigkeitsbegutachtung auch zwangsläufig Relevanz für das nachfolgende strafrechtliche Verfahren. Verweigert das Kind im Strafprozess die Aussage, obwohl es im Sorgerechtsverfahren zum Tatgeschehen exploriert worden ist, darf der Sachverständige über seine Kenntnisse nicht – in diesem Fall als Zeuge – aussagen, er darf nicht vernommen werden.[95]

Die zu untersuchenden Personen stehen in der Regel in einem verwandtschaftlichen Verhältnis zueinander. Dies berechtigt alle Beteiligten, von ihrem Zeugnisverweigerungsrecht (§ 383 Abs. 1 Nr. 2 und 3 ZPO) Gebrauch zu machen. Auch das Kind ist in altersgemäßer Art und Weise darauf hinzuweisen, insbesondere, wenn es bereits älter ist, dass es ein Aussageverweigerungsrecht hat. Sind die Personen über ihr Aussageverweigerungsrecht nicht belehrt worden, so dürfen die Protokolle ihrer Aussagen nicht im Strafprozess verwendet werden.[96] Eigentlich kennt das FGG-Verfahren eine Belehrungspflicht nicht, da davon ausgegangen wird, das Vorbringen geschehe freiwillig, da niemand zur Aussage gezwungen werden kann.[97] Die Aufklärung sollte erfolgen wegen der Transparenz, aber auch, um dem Kind weitere Begutachtungen ersparen zu können. Das Gleiche gilt für die Frage der Einbeziehung und Befragung des Kindes zu einem Elternteil, wenn dieser noch sorgeberechtigt ist. Prinzipiell könnte der inkriminierte Elternteil die Begutachtung des Kindes verhindern, um etwaige Verdachtsmomente nicht prüfen zu lassen. Der psychologische Sachverständige darf dann, um der Erforschung der Wahrheit willen, nicht insgeheim das Kind begutachten – auch wenn das Kindeswohl dies geböte.

Bei Verdacht eines sexuellen Missbrauches gebietet es das Gebot der Verhältnismäßigkeit, zuerst die Frage der Glaubhaftigkeit zu überprüfen. Liegt als Ergebnis dieser Begutachtung eine Bewertung der Aussage als glaubhaft vor, so kann sich eine weitere Begutachtung im familienrechtlichen Verfahren erübrigen. Es werden somit unnötige Belastungen und Kosten erspart.

---

[95] BGH FamRZ 1990, 733.
[96] Vgl. BGH FamRZ 1985, 577; BGH FamRZ 1990, 773.
[97] *Rakete-Dombek* FPR 1997, 219.

Gelegentlich kann es von Vorteil sein, die Begutachtungen zu trennen.[98] Auf der einen Seite kann der für die Glaubhaftigkeitsbegutachtung spezialisierte Sachverständige kompetent begutachten und er bleibt im forensisch gesicherten Rahmen, da er außer der Aussage des Kindes keine weiteren Hinweise ermittelt und sich nur auf die Bewertung der Glaubhaftigkeit der Aussage beschränkt. Auf der anderen Seite kann der familienpsychologische Sachverständige weiterhin neutral mit der Familie zusammenarbeiten.[99]

Bei Trennung der Begutachtensfelder sollte der gerichtliche Beschluss entweder erweitert werden, oder aber es wird im Rahmen einer Aktennotiz die Genehmigung für die Einschaltung eines weiteren Sachverständigen für diese spezielle Fragestellung erteilt.

a) Begriffliche Klärung. Es wird zwischen sexuellem Missbrauch,[100] als Einbeziehung von Kindern und Jugendlichen in sexuelle Aktivitäten, deren Tragweite und Funktion von ihnen nicht überschaut werden können, und sexueller **Misshandlung**, bei der es zur Gewaltanwendung kommt und die sexuellen Aktivitäten gegen den Willen des Kindes herbeigeführt werden, unterschieden.[101] Die Frage eines Einverständnisses seitens eines Kindes ist kein Definitionskriterium, da eine freie und bewusste Zustimmung bei einem präpubertären Kind sowie Kindern und Jugendlichen in Abhängigkeitsbeziehungen nicht möglich ist.

Anhand der oben stehenden Definitionen wird deutlich, dass es manchmal sehr schwierig ist, vor allem bei familienrechtlichen Fragestellungen, eine Grenze zu ziehen zwischen einer normalen zärtlichen Zuwendung, einem Bedürfnis nach Intimität und Nähe – zum Beispiel eines Vaters zu seiner Tochter – und einem Missbrauch oder sexueller Lustbefriedigung auf Kosten eines Kindes. Alltägliche körperliche Annäherungen zwischen Erwachsenen und Kindern, die gelegentlich auch erotischen Charakter haben können, und Handlungen Erwachsener Kindern gegenüber, die den Charakter des sexuellen Missbrauchs haben, unterscheiden sich darin, dass vom Erwachsenen Situationen bewusst mit dem Ziel der sexuellen Erregung arrangiert werden.[102] Dazu gehört auch Zeigen von pornographischem Material[103] und entsprechendes Reden, um auf das Kind einzuwirken, in der Absicht, sich dabei sexuell zu erregen.[104]

Wichtige Anhaltspunkte, um hier einen Unterschied gerade bei Jüngeren herausarbeiten zu können, ergeben sich aus den Reaktionen des Kindes selber: Wie erlebt das Kind diese Begegnungen und Berührungen? Berichtet es über Gefühle wie Angst, Ekel oder Ausgeliefertsein? Ebenso lassen gerade Schilderungen von kleineren Kindern oft erkennen, dass sie das Vorgefallene nicht verstehen oder es gar als lustig oder komisch bezeichnen. Weiterhin ist darauf zu achten, wie das Kind die Reaktionen bzw. das Verhalten des beteiligten Erwachsenen schildert; etwa, ob das Kind aufgefordert worden ist, nichts über diese Spiele

---

[98] So auch *Klosinski*, in: Lempp/Schütze/Köhnken (Hrsg.), Forensische Psychiatrie und Psychologie des Kindes- und Jugendalters, S. 48.

[99] Anderer Meinung *Fegert* FPR 1997, 73, der die Belastung hervorhebt, die sich für das Kinde ergeben kann, von zwei Sachverständigen begutachtet zu werden. Die Belastung kann aber durch angemessenes sachverständiges Verhalten und gleichzeitigem geringen Zeitverlust gering gehalten werden, unkompetente Begutachtung schadet sicherlich dem Kindeswohl mehr.

[100] Zur Definition im Sinne von § 179 Abs. 1 StGB BGH FPR 1995, 155.

[101] *Remschmidt*, in: Olbing u. a. (Hrsg.), Kindesmisshandlung, 1989; *Roemer/Wetzels* Praxis der forensischen Psychologie 1991, 1, S. 22–31; *Volbert* FPR 1995, 54–57.

[102] *Steinhage*, Sexueller Missbrauch an Mädchen, 1991.

[103] Nicht dagegen das Zeigen oder Übergeben von pornographischen Schriften ohne Abbildungen: OLG Düsseldorf ZfJ 2000, 119.

[104] BGH FPR 1997, 244.

oder Berührungen zu erzählen, oder ob dem Kind erklärt worden ist, warum es diese Handlungen mitmachen soll.

Körperliche Schäden beim Kind kommen im Zusammenhang mit sexuellem Missbrauch entgegen laienhaften Vorstellungen recht selten vor. Auch erleichtern sie nur gering die Sachaufklärung, denn eine Kausalbeziehung zwischen Verletzungen und sexuellem Missbrauch lässt sich nicht sicher nachweisen, was dann zur Überraschung der Beteiligten auch immer wieder von Rechtsmedizinern im Rahmen von Gerichtsverhandlungen betont wird. So kann beispielsweise eine Verletzung im Vaginalbereich aus medizinischer Sicht nicht eindeutig auf eine Penetration eines Gliedes oder auf die Einführung eines Gegenstandes durch einen Erwachsenen zurückgeführt werden, obwohl der Zusammenhang zweifellos plausibel ist. Auch wenn aus sexuellem Missbrauch öfter eine Scheideninfektion resultiert, so kann umgekehrt aus dem Vorliegen einer solchen Infektion nicht ohne weiteres auf sexuellen Missbrauch geschlossen werden.[105]

Neben gelegentlichen physischen Verletzungen werden eine Reihe von erheblichen psychischen Verletzungen wie Enttäuschung, Misstrauen, Resignation, Depression, massive Beeinträchtigung des Selbstwertgefühls, Ohnmachts- und Ausgeliefertheitsgefühle, sozialer Rückzug, Suizidgedanken oder -versuche und Leistungsversagen in der Schule beschrieben.[106] So kann in der **frühkindlichen** Phase Bettnässen wieder auftreten, ebenso Schlafstörungen, Essstörungen, unangemessenes genital-sexuelles Spiel und das Andeuten von genital-sexueller Aktivität, im psychosomatischen Bereich Bauchschmerzen, Hauterkrankungen und häufige Fieberanfälle. Bei kleinen Kindern treten Angstzustände – insbesondere in Anwesenheit des Täters –, Regression oder Pseudoreife, Schlafstörungen in Form von Alpträumen, Angst, ins Bett zu gehen, bis in den späten Morgen schlafen auf.

Vorpuberal sind gehäuft wiederholte abdominale Schmerzen, Kopfschmerzen, Schlafstörungen, Essstörungen, pseudoepileptische Anfälle, sexuell provozierendes Verhalten, sozialer Rückzug und unerklärliches Schulversagen zu beobachten.

Bei **Jugendlichen** treten neben den genannten psychosomatischen Auffälligkeiten und dem sozialen Rückzug ferner Promiskuität, Prostitution, Drogenkonsum und Weglaufen auf. Selbstmutilation, Suizidversuche und Depressionen werden als weitere wichtige Symptome im Jugendalter angesehen. Zudem können hysterische Anfälle, Krämpfe und Ohnmachten festgestellt werden.

Mittel- oder langfristige Folgen manifestieren sich in Form einer gestörten Sexualität und in Partnerschaftsproblemen, in einer nicht normalen Identitätsentwicklung sowie in psychischen Störungen und Erkrankungen, oftmals mit neurotischem Charakter.

Der Wahrscheinlichkeitsgrad für das Auftreten der beschriebenen Folgen und auch der Schweregrad hängt wesentlich von Tatmerkmalen (Gewaltanwendung), Dauer des Missbrauchs, Opfer-Täter-Relation, Persönlichkeitsmerkmalen des Kindes (Alter, emotionale Stabilität), aber auch dem Lebensumfeld (gestörte Familienordnung) ab.

Bei allen Verhaltensauffälligkeiten und psychischen Reaktionen handelt es sich um Indikatoren, als Indizien sind sie jedoch nicht beweiskräftig. Alle genannten Symptome sind unspezifisch, sie finden sich letztendlich bei fast jedem bekannten kinderpsychologischen

---

[105] Zu Geschlechtskrankheiten durch sexuellen Missbrauch *Kohl/Petzoldt* Deutsches Ärzteblatt 1996, S. A 391–394.

[106] *Midnick*, in: Backe u. a. (Hrsg.), Sexueller Missbrauch von Kindern in Familien, S. 83–101; *Müther* Kriminalistik 1991, 447–453; *Hummel* ZfJ 1996, 417–426. Der Sammelband: *Egle/Hoffmann/Joraschky*, Sexueller Missbrauch, Misshandlung, Vernachlässigung, 1997.

Störungsbild.[107] Zur Erhärtung sind also verbale Hinweise, die den Zusammenhang zwischen Symptomen und zugrunde liegender Ursache herstellen, notwendig.

b) Falschaussagen von Kindern. Die forensische Erfahrung lehrt, dass bewusste Falschaussagen von Kindern, wenn es um sexuellen Missbrauch geht, selten sind. Wenn sie auftreten, sind sie anhand der Realitätskriterien zu erkennen. Mehrere Studien konnten allerdings zeigen, dass gerade in scheidungs- und familienrechtlichen Streitigkeiten wesentlich häufiger als sonst Falschbeschuldigungen von Kindern auftreten.[108] Wichtig ist hier zu erwähnen, dass es sich in den meisten Fällen nicht um bewusste Falschaussagen, sondern eher um Falschaussagen im Sinne einer „fehlerhaften Aussage" handelt.

Solche Falschbeschuldigungen treten auf, da Mütter häufig Äußerungen des Kindes missinterpretieren, wenn sie von ihrer eigenen Einstellung gegenüber dem Mann ausgehen, von ihren Gefühlen, die sie mit dem Mann verbinden, und die dann häufig negativ besetzt sind. Hat das Kind z. B. erzählt, es habe mit dem Vater getobt, mit ihm zusammen gebadet oder geschmust, wird ein in der Regel unzutreffender Verdacht weiterverfolgt.

Auf diese Weise wird das Kind möglicherweise in eine bestimmte Richtung ausgefragt, was vor allem bei kleineren Kindern, das heißt solchen unter 7 Jahren, schädlich sein kann. Denn kleine Kinder sind erhöht suggestibel,[109] das heißt, ihre Erinnerungsfähigkeit ist leicht beeinflussbar, und es gelingt ihnen unzureichend, zwischen Selbsterlebtem einerseits und Gehörtem und aufgedrängten Interpretationen von Erwachsenen andererseits zu differenzieren.

Solche Befragungen stellen einen Lernprozess dar. Kinder lernen nämlich, was Erwachsene hören wollen und somit auch, dass der einzige Weg, um eine unangenehme Befragung zu vermeiden, der ist, sich auf die Vorgaben der Erwachsenen einzulassen. Lerntheoretisch bedeutsam ist in diesem Zusammenhang die enge Beziehung zwischen Lernenden und Lehrenden – konkret: die Abhängigkeit des Kindes von der Hauptbezugsperson Mutter –, die für diesen Lernvorgang förderlich ist. Wenn also das Kind merkt, auf dieses und jenes reagiert die Mutter mit besonderer Aufmerksamkeit, dann wird es eher dazu geneigt sein, entsprechende Aussagen zu wiederholen; oder im Falle von Suggestivfragen: auf bestimmte Vorgaben verstärkt mit „ja" zu antworten (Verstärkerfunktion). In diesem nicht seltenen Fall wird „hineingefragt", die Information geht demzufolge nicht vom Kind, sondern vom Befrager aus.

Doch ist mitnichten immer die Mutter der Ursprung einer solchen Falschaussage. Sie kann häufig auch auf Interpretationen von involvierten Professionellen zurückgeführt werden. So kann es sein, dass bei Erziehungsberatungsstellen Äußerungen von Kindern missdeutet oder Zeichnungen in der Therapie überinterpretiert werden. Diese persönliche Lesart wird dann an die Mutter herangetragen, was erst eine intensive Befragung des Kindes zur Folge hat.

c) Sachverständige Bewertung. Wenn man vom Kind selbst keine genauen Angaben erhält, wenn man nicht nachvollziehen kann, wie eine Aussage zustande gekommen ist,

---

[107] Vgl. *Fegert*, in: Walter (Hrsg.), Sexueller Missbrauch im Kindesalter, S. 68–101.

[108] Vgl. *Breese et al.* American Journal of Orthopsychiatry 1986, 56, S. 560–569; *Yates/Musty* American Journal of Psychiatry 1988, 145, 989–992; *Underwager/Wakefield*, Accusations of Child Sexual Abuse, 1988.

[109] Hierzu: *Volbert/Pieters* Psychologische Rundschau 1996, 183–198; *Endres* Report Psychologie 1998, 816–827.

wenn man nicht weiß, welche Einflussfaktoren die ursprüngliche Aussage eines Kindes letztlich verändert haben können, dann wird es für den psychologischen Sachverständigen sehr schwierig, zur Sachaufklärung beizutragen.

Dies sollte gegebenenfalls im Gutachten ohne weitere Interpretation dargelegt werden. Es wird oft als ungenügende Fachleistung verkannt, wenn der psychologische Sachverständige zu dem Schluss kommt, dass man nicht mit endgültiger Sicherheit sagen kann, ob die Aussagen des Kindes nun glaubhaft sind oder nicht.

Zweifellos erschwert ein solcher Fall die Entscheidungsfindung des Familienrichters im Verfahren, da sich hieraus auch keine sicheren Empfehlungen für Sorgerecht und Umgang ableiten lassen.[110] Im Einzelfall steht dem Familienrichter die Möglichkeit offen, die Glaubhaftigkeit der Aussage des mutmaßlichen Täters mit der psychophysiologischen Aussagebegutachtung untersuchen zu lassen.

Es steht dem Sachverständigen auch eine Bewertung dessen, ob ein sexueller Missbrauch stattgefunden hat oder nicht, nicht zu. Diese obliegt allein dem Familienrichter. Der Sachverständige hat nur zu prüfen, ob hinsichtlich der Anschuldigungen, die den Verdacht auf sexuellen Missbrauch begründeten, die Angaben des betroffenen Kindes den wissenschaftlichen Kriterien genügen, um eine Aussage als glaubhaft oder nicht einzustufen. Damit ist noch keine Bewertung der Frage verbunden, ob dann tatsächlich das inkriminierte Verhalten stattgefunden hat und ob dieses einen Straftatbestand erfüllt.

Der Sachverständige müsste folglich korrekterweise in seiner psychologischen Sachverständigenempfehlung im familiengerichtlichen Verfahren von einer Gabelung ausgehen: Einmal, die Aussage ist glaubhaft und die Realität der Tat wird unterstellt, dann ist möglicherweise Sorge- und Umgangsrecht auszuschließen; ist davon auszugehen, dass die Tat nicht stattgefunden hat, ist die Sorgerechts- und Umgangsregelung wahrscheinlich anders zu regeln; handlungsleitend ist das Kindeswohl.

Bei Verdacht auf sexuellen Missbrauch sollte sich der Sachverständige nicht nur auf diesen Teilbereich beschränken, sondern die Belastungen des Kindes, die auch andere Ursachen haben können, genauer erheben und bei seiner Empfehlung mit berücksichtigen.[111] Es steht aber einem Sachverständigen nicht an, eine Fülle von Hinweisen zusammenzutragen, um einen sexuellen Missbrauch zu verifizieren. Ebenso wenig wie im Strafverfahren darf der Sachverständige im Familienrechtsverfahren Ermittlungsaufgaben wahrnehmen. Er hat lediglich die Aussage des möglicherweise geschädigten Kindes im Hinblick auf wissenschaftliche Aussagekriterien zu überprüfen, um eine Einschätzung der Glaubhaftigkeit vornehmen zu können. Dieses Vorgehen hat seine Berechtigung darin, dass allein die Aussage (nicht das Verhalten) des geschädigten Kindes ein ausreichendes Beweismittel ist, um von einem sexuellen Missbrauch ausgehen zu können.

Der Sachverständige sollte aber auch darauf hinweisen, wenn sich keinerlei Anhaltspunkte für eine Aussage des Kindes ergeben haben.[112]

Der psychologische Sachverständige ist in erster Linie dem Kindeswohl verpflichtet. Bei sexuellen Beziehungen zwischen Eltern und Kind sollte der Interventionsgrund „Trennung der Kinder von den Eltern" begrenzt sein auf solche Fälle, in denen ein sexueller Missbrauch mit sehr hoher Wahrscheinlichkeit angenommen werden kann. Sexueller Missbrauch von Kindern erfüllt den Tatbestand des § 176 StGB und wird in der Regel den

---

[110] Vgl. LG Köln FamRZ 1992, 712–713.
[111] So auch: *Fegert,* in: Warnke/Trott/Remschmidt (Hrsg.), Forensische Kinder- und Jugendpsychiatrie, S. 71.
[112] Siehe auch OLG Hamm FamRZ 1998, 256.

Entzug des Personensorgerechts rechtfertigen[113] und/oder Umgangsausschluss bedingen.[114]

Im Übrigen können die Opfer auch bei innerfamiliärem, gewaltlosem[115] sexuellem Missbrauch Ansprüche aus dem Opferentschädigungsgesetz (OEG) erheben.[116] Möglicherweise muss aber dazu das Kind bezüglich seiner erfahrenen Belastungen erneut begutachtet werden.

Dem missbrauchten Kind steht auch ein Schmerzensgeldanspruch zu,[117] der auf dem Weg der Zivilklage einzufordern ist.[118]

Bei Glaubhaftigkeit der Aussage ist deutlich zu machen, dass ein Umgang mit dem Kind in der Regel nur dann stattfinden könnte, und dies nur im vereinzelten Fall, wenn sich z. B. der Vater/Bezugsperson in eine langwierige Beratung und familientherapeutische Behandlung begibt, das Kind andererseits tatsächlich einen Kontakt wünscht und der Kontakt kontrolliert und therapeutisch begleitet wird. In den meisten Fällen wird aber ein Kind vom Umgang mit dem inkriminierten Elternteil bewahrt werden müssen, wenn es erhebliche Gegeneinstellungen oder Abgrenzungsprobleme zeigt.

Der familienpsychologische Sachverständige hat den Betroffenen bei ihrem Konflikt zu helfen, bei den Betroffenen auch die Bereitschaft zu wecken, Hilfe anzunehmen, für das Kind die für das Kindeswohl erforderlichen Hilfen zu empfehlen[119] und dem Familiengericht zu helfen, diese einzuleiten.[120] Es ist aber nicht seine Aufgabe, dass ein strafrechtlich relevantes Verhalten aufgedeckt und jemand verurteilt wird. Er hat andererseits dafür zu sorgen, dass durch ein korrektes Verfahren und durch eine sachverständige Begutachtung ein Kind nicht vom Kontakt mit einem unschuldigen Elternteil ausgeschlossen wird. Bei der Verurteilung eines Elternteils fühlt sich das Kind mitverurteilt und stigmatisiert. Das Kind muss dann mit dem Gedanken leben, dass ein Elternteil ein Kinderschänder ist, es muss den fehlenden Umgang in der Folge rechtfertigen und muss oft die Begründung schuldig bleiben. Sexueller Missbrauch ist in jeder Form schlimm für ein Kind, eine nicht gerechtfertigte Trennung von einem Elternteil nur wenig minder.

3. Bereitschaft, elterliche Verantwortung zu übernehmen

Die Bereitschaft, die elterliche Verantwortung zu übernehmen, die meist an der für die Betreuung des Kindes zur Verfügung gestellten Zeit operationalisiert wird, ist seitens der Rechtsprechung ein wesentliches Kriterium der Erziehungskompetenz. Bei der Erfassung der Erziehungskompetenz sind weniger die Vorbildung und Ausbildung der Eltern zu bewerten als vielmehr deren Bereitschaft, das Kind zu sich zu nehmen und die Verantwortung für seine Erziehung und Versorgung, notfalls unter Aufopferung eigener Interessen, zu tragen.[121] Die Förder- und Erziehungskompetenz wird ohne Zweifel durch die Bereit-

---

[113] OLG Frankfurt FamRZ 1980, 284; OLG Frankfurt FamRZ 1980, 826.

[114] AG Kerpen FamRZ 1998, 254.

[115] BSG FamRZ 1996, 1073.

[116] OLG Koblenz FamRZ 21, 1424.

[117] LG Düsseldorf FamRZ 1998, 1426.

[118] OLG Koblenz FamRZ 1999, 1064.

[119] Hierzu *Bodenstein/Bretz/Petermann/Petermann* Kindheit und Entwicklung 1995, 4, S. 61–71; *Bretz/Bodenstein/Petermann* Kindheit und Entwicklung 1994, 3, S. 253–262.

[120] Vgl. auch das Protokoll der Konferenz der Jugendminister und -senatoren der Länder, 1991.

[121] BayObLG FamRZ 1977, 650; BayObLG FamRZ 1980, 482.

schaft, die elterliche Sorge zu übernehmen, mitbestimmt, die meist durch die Zustimmung zur gemeinsamen Sorge oder durch den Antrag auf Übertragung der elterlichen Sorge kundgetan wird.

Gelegentlich sind Unterhaltsforderungen und Wohnungszuweisungswünsche oder unbewältigte Partnerprobleme ausschlaggebend für den Antrag auf die Sorgerechtsübertragung. Auch können Wiederverheiratung oder neue Partnerschaft den Betreuungswunsch verstärken. Bisherige Betreuung des Kindes und die damit verbundene Pause im Berufsleben können das Motiv sein, das Kind weiterhin zu versorgen, um den nun neuen Schritt in die Berufstätigkeit meiden zu können, wie es auch das umgekehrte Motiv geben kann, gerade wegen der Kindesbetreuung eine ungeliebte Berufstätigkeit aufgeben zu können. In der Regel ist eine halbtägliche Erwerbstätigkeit erst aufzunehmen, wenn das Kind die dritte Klasse der Grundschule besucht,[122] eine vollschichtige Arbeit erst, wenn das jüngste Kind das 14./15. Lebensjahr erreicht hat. In der Praxis zeigen sich auch Fälle, in denen das Sorgerecht beantragt wird, um eine bessere Ausgangsbasis für ein großzügiges Umgangsrecht zu erhalten, vor allem bei Vätern.

Es ist eine soziologische Tatsache, dass die meisten Familien die traditionelle Lebensführung nach Scheidung und Trennung weiterführen. Das Kind wird meist von der Mutter erzogen und betreut, selbst in den Familien, in denen beide Eltern berufstätig sind. Bei getrennten Eltern, die aber in nachbarschaftlicher Nähe wohnten, ziehen die Kinder bei einem Umzug der Mutter mit dieser mit.[123] Signifikant fällt auch die Verschlechterung der wirtschaftlichen Situation bei den nun erziehenden Mütter auf; selbst wenn sie sich wieder verheiraten, bleibt der finanzielle Statuts unter dem Niveau der ursprünglichen Familie.

Väter dagegen wenden sich nach Trennung und Scheidung häufig wieder ihrer Herkunftsfamilie zu, wo oft Generationsgrenzen verwischt werden, da diese Betreuungs- und Erziehungsaufgaben wahrnehmen, aber auch finanzielle und räumliche Ressourcen zur Verfügung stellen, mit nicht immer positiven Auswirkungen auf die Eltern-Kind-Beziehungen.[124] Häufig nehmen Väter tatsächlich nur die Rolle des Freizeitvaters an und bringen ihr Kind an Besuchstagen zu den Großeltern oder überlassen das Kind der neuen Partnerin oder dem Fernseher.[125] Meist entspricht dies auch dem väterlichen Verhalten vor der Trennung. Andere Väter dagegen kompensieren ihre eigenen Verlassenheitsgefühle mit dem Kind, erwecken manchmal den Eindruck, die besseren Mütter zu sein, und verhindern damit die frühe Triangulierung.[126] Es gibt aber auch Väter, die erst nach der Trennung intensives und stabiles Engagement für ihr Kind aufbringen und bereit sind, etwaige Defizite im Umgang mit den Bedürfnissen des Kindes oder in der Versorgung des Kindes auszugleichen.

Die Bereitschaft kann der Sachverständige dadurch überprüfen, dass er die Elternrollen in der Vergangenheit eruiert; wesentlicher sind aber die konkreten Zukunftspläne in Bezug auf die Kindesunterbringung, Kindesbetreuung, Gestaltung der Freizeit sowie Versorgungs- und Betreuungsmöglichkeiten, auch bei möglichen zukünftigen persönlichen Schwierigkeiten. Hierbei sind weniger die verbalen Auskünfte maßgebend als vielmehr die konkret eingeleiteten Maßnahmen für die Betreuung des Kindes.

---

[122] OLG Hamm FamRZ 1997, 1073.

[123] Ergebnisse der Studie von: *Maccoby/Mnookin* FamRZ 1995, 4.

[124] *Moch* Familiendynamik 1998, 268–283.

[125] Siehe auch: *Heekerens* Familiendynamik 1998, 266–289.

[126] Dazu *Kölling*, in: Menne/Schilling/Weber (Hrsg.), Kinder im Scheidungskonflikt, S. 75–94.

Finanzielle Gesichtspunkte sollten den Sachverständigen nicht wesentlich beschäftigen, da er in der Regel keinen Einblick in die finanziellen Auseinandersetzungen der Eltern hat. Auch über die Möglichkeiten, staatliche Hilfe in Anspruch zu nehmen, wird er in der Regel zuwenig Bescheid wissen.

Der Sachverständige hat finanzielle Beweggründe, die von einem Elternteil vorgebracht werden, für sich allein nicht negativ zu bewerten. Auch sie können einen wesentlichen Kindeswohlgesichtspunkt beinhalten und neben anderen Motiven des Elternteils stehen, sich hauptsächlich um das gemeinsame Kind kümmern zu wollen. Dies gilt vor allem dann, wenn bereits eine neue Partnerschaft eingegangen wurde, der neue Partner möglicherweise ein Kind in die Familie bringt und dieser überwiegend für die Betreuung des Halbgeschwisters oder Stiefkindes zur Verfügung steht und ohne weiteres auch vor dem Hintergrund einer positiven Beziehung des gemeinschaftlichen Kindes der Stieffamilie die Betreuung für dieses Kind übernehmen könnte.

4. Betreuungs- und Versorgungsmöglichkeiten

Fremdbetreuung wird nicht mehr zwingend als dem Kindeswohl entgegenstehend bewertet,[127] insbesondere dann nicht, wenn sie nur halbtägig ist.[128] Allein die Berufstätigkeit des Vaters und eine damit verbundene Drittbetreuung als negatives Entscheidungskriterium stünde dem Gebot der Gleichberechtigung zwischen den Eltern entgegen, das besagt, dass zwischen den Eltern prinzipiell Rechtsgleichheit besteht. Häufig wir auch die Mutter nach Trennung oder Scheidung gezwungen sein, eine Berufstätigkeit aufnehmen zu müssen. Erfordert aber ein konkreter Einzelfall die Versorgung und Betreuung durch einen bestimmten Elternteil, so ist das Kindeswohl vorrangig. In der Regel wird eine persönliche Betreuung des Kindes, wenn sie auch während des elterlichen Zusammenlebens gewährt war, einer Fremdbetreuung vorzuziehen sein. Hierbei sind auch neue Partner und weitere Betreuungsalternativen zu berücksichtigen. Erklärt ein Elternteil glaubhaft, er werde seine Arbeitszeit reduzieren, so stellt dies jedenfalls eine Chancengleichheit mit dem anderen, teilzeitbeschäftigten Elternteil her.[129]

Hinsichtlich der Betreuung von Säuglingen weisen die zahlreichen empirischen Befunde auf die Bedeutung der Mutter für eine gesunde Entwicklung des Kindes hin, wobei diese Befunde aber auch durch den Mangel an gleichwertigen Untersuchungen bezüglich der väterlichen Rolle begründet sind,[130] so dass sachverständige Empfehlungen für Säuglinge meist der weiblichen Bezugsperson den Vorzug geben. Bei der Betreuung von Säuglingen sind nicht zuletzt Stillzeiten und Betreuungsmöglichkeiten zu berücksichtigen. Bis ins Grundschulalter ist prinzipielle Erreichbarkeit der Bezugsperson aber von Bedeutung.[131]

Ist ein Elternteil für die Betreuung, Erziehung und Beaufsichtigung eines Kindes geeignet und in der Lage, auch wenn er hierbei teilweise die Hilfe dritter Personen in Anspruch nehmen muss, so ist ihm dann das Sorgerecht für das Kind zu übertragen, wenn der andere Elternteil die Betreuung und Erziehung fast ausschließlich dritten Personen, und seien es

---

[127] OLG Hamm FamRZ 1980, 487.
[128] So *Wegener*, in: Deutscher Familiengerichtstag e.V. Brühl (Hrsg.), Dritter Deutscher Familiengerichtstag vom 15. bis 18. Oktober 1980 in Brühl, S. 80.
[129] OLG Frankfurt FamRZ 1990, 550 = DAVorm 1990, 565.
[130] *Studnitz/Wachowitz/Wegener* Zeitschrift für Kinder- und Jugendpsychiatrie 1978, 266–279.
[131] *Lempp,* Gerichtliche Kinder- und Jugendpsychiatrie, S. 116.

die Großeltern, überlassen würde.[132] Die Ausnahme kann sein, dass die Großeltern bisher die Betreuung überwiegend innehatten und zu den Hauptbezugspersonen geworden sind. In diesem Falle sollte darauf geachtet werden, ob die Großeltern aufgrund ihrer Konstitution voraussichtlich noch bis zum 10. Lebensjahr des Kindes in der Lage sein werden, die Betreuung weiter zu übernehmen.[133]

Die Bewertung der wirtschaftlichen Verhältnisse fällt eigentlich nicht in die Kompetenz des psychologischen Sachverständigen. Die Angaben der Betroffenen zu den zukünftigen wirtschaftlichen Bedingungen sind für den Sachverständigen nicht nachprüfbar oder werden oftmals erst durch seine Sorgerechtsempfehlung mit geschaffen. Nur in Einzelfällen können sozio-ökonomische Rahmenbedingungen, wenn sie wesentlich zwischen den Eltern differieren, Einfluss auf die Lebensschwerpunktsempfehlung nehmen. Es ist andererseits auch nicht zulässig, wenn für einen familiengerichtlichen Antrag zum Sorgerecht auch finanzielle Gesichtspunkte eine Rolle spielen, dass dies vom Sachverständigen per se negativ bewertet wird, denn oftmals bringen Sorgerechtsentscheidungen existenzgefährdende Folgen.

Auch die Wohnverhältnisse spielen für das Kindeswohl eine Rolle, sowohl in Bezug auf das ungestörte Leben der Erwachsen als auch auf das des Kindes. Neben der Ordnung, die bei Verwahrlosung Maßnahmen nach § 1666 BGB notwendig machen können, ist der Raumbedarf zu berücksichtigen, nur in seltenen Fällen die Lage und regionale Struktur der Wohnung.[134]

Nicht zuletzt können Übernachtungen an den Besuchswochenenden daran scheitern, dass kein Platz für ein Bett vorhanden ist.

Der Sachverständige hat im Einzelfall die Lebensbedingungen vor dem Hintergrund des fachpsychologischen Wissens, nicht seiner persönlichen Wohnvorlieben, im Hinblick auf das Kindeswohl zu bewerten. Zudem sollte er versuchen, im Rahmen seines Vorgehens die Eltern zu motivieren, die günstigsten Lebensverhältnisse für das Kind zu erhalten oder herzustellen und in Einzelfällen zur Abwehr von Gefahren Hilfemaßnahmen anzunehmen.

5. Beziehungen

Der zeitliche Faktor verweist auf das Kriterium der „Hauptbezugsperson". Damit wird die Person tituliert, die die überwiegende Zeit mit dem Kind verbringt, wobei damit nicht schon Bindungsqualitäten erfasst sind. So könnte ein Elternteil zwar Hauptbezugsperson sein, aber kaum emotionale Beziehungen oder auch Bindungen zum Kind entwickelt haben. Der Bindungsaspekt ist aber nicht höherwertiger als der der Hauptbezugsperson, wenn ein Erwachsener nach der konkreten Biographie für das Kind eindeutig die Rolle der hauptsächlichen Bezugsperson darstellt.[135]

Unbestritten ist die Bedeutung unterschiedlicher Rollen, die die Eltern oder nahe Verwandte gegenüber dem Kind einnehmen, und diese können sehr wohl in Zusammenhang

---

[132] OLG Düsseldorf FamRZ 1983, 293.

[133] *Lempp*, Gerichtliche Kinder- und Jugendpsychiatrie, S. 121.

[134] Vgl. *Balloff*, Alleinerziehende und gemeinsame elterliche Sorge nach Trennung und Scheidung, unveröffentlichte Disseration, 1990, S. 250; Hinweise sind *Schmidt-Denter*, Die soziale Umwelt des Kindes, 1984, zu entnehmen.

[135] *Schwab* FamRZ 1998, 464.

mit der gemeinsam zur Verfügung stehenden Zeit für das Kind erhebliche Bedeutung haben. Dies wird jedoch im Gesetz mit dem Begriff „Neigungen" umschrieben. Es werden hiermit die konkreten Beziehungen zu den Eltern bzw. Erwachsenen angesprochen, die sich in Form von Bevorzugungen eines Elternteils möglicherweise für bestimmte Lebensabschnitte oder Teilbereiche feststellbar auswirken.

Es ist vom Sachverständigen zu erwarten, das bestehende Beziehungsnetz bezüglich der Kontinuität sowie die unterschiedlichen Rollen der Bezugspersonen und deren Verfügbarkeit für das Kind zu analysieren und deren Bedeutung vor dem Hintergrund der Ressourcen und der individuellen Möglichkeiten des Kindes, den familiären Konflikt zu bewältigen, zu bewerten.[136]

Oftmals erfahren Schulkinder bei Lehrern, im Freundeskreis, bei Verwandten oder ihnen nahe stehenden dritten Personen die nötige emotionale Unterstützung, die sie aktuell von den Eltern entbehren müssen, und helfen ihnen über die schwierige Zeit familiärer Konflikte hinweg.

Eine Reihe von diagnostischen Verfahren unterstützen den Sachverständigen, die Qualität des Beziehungsnetzes des Kindes zu seinen Bezugspersonen zu bestimmen. Von Familienklima-Skalen über Verfahren, die die Beziehungen des Kindes im Hinblick auf Real- und Idealbild beschreiben, zu (semi-)projektiven Testverfahren, die die Beziehung nur aus der Sicht des Kindes erfassen, existiert eine Reihe mehr oder minder valider psychodiagnostischer Methoden. Damit kann explorationsunterstützend z. B. erhoben werden, an wen sich das Kind bei alltäglichen Belangen gewöhnt hat, an wen es sich bei welchen Problemen wendet. Sie geben dem Sachverständigen Argumentationshilfen bezüglich stabilisierender Faktoren für das Kind in der Konfliktphase der Familie. Weiter kann er die Interaktion des Kindes mit den seinen Bezugspersonen beobachten,[137] die der Ergänzung von Explorationen und testdiagnostischen Untersuchungen dient. Gerade bei Fragen zur Rückführung und Umgangsregelung sollte die Zusammenführung und die Interaktion in bestimmende settings von Elternteil und Kind beobachtet werden.

Vereinzelt wird die Notwendigkeit der Beziehungsdiagnostik beim Kind verneint,[138] da davon auszugehen sei, dass das Kind immer beide Eltern liebe und umgekehrt. Nach dieser unbelegten Auffassung sei prinzipiell anzunehmen, dass das Kind beide Eltern für sich erhalten will. Eine solche Vorannahme ist sicher in vielen Fällen berechtigt; sie mag die Wirklichkeit jedoch nicht jeden Falls zutreffend beschreiben, gelegentlich gar zur Kindeswohlschädigung führen. Die Aufgabe des Sachverständigen ist es aber gerade, dem Einzelfall gerecht zu werden und damit nicht von allgemeinen Vorstellungen auszugehen.

Nicht schutzwürdig ist die belastende Bindung oder Beziehung, wenn das Kind von einem oder beiden Elternteilen misshandelt wurde.[139] In diesen Fällen ist häufig eine Herausnahme des Kindes aus der Familie angezeigt, wenn stützende und helfende Maßnahmen in der Familie keinen Erfolg gezeigt haben. Ist Beziehung auf eine nicht zu billigende Art und Weise hergestellt worden, z. B. durch starke Beeinflussung,[140] Verwöhnung oder

---

[136] *Ell* ZfJ 1989, 271–276, stellt eine Reihe von psychodiagnostischen Verfahren vor, die das Beziehungsnetz erhellen sollen.

[137] Eine Erfassungsmethode beschreiben *Hackenberg/Krause/Schalck*, in: Remschmidt (Hrsg.), Kinderpsychiatrie und Familienrecht, S. 101–105.

[138] *Jopt* FamR/ 1987, 875–885.

[139] So *Hassenstein/Hassenstein* S. 147.

[140] Siehe hierzu auch die Ausführung zu PAS.

Drohung, kann es angebracht sein, sie nicht zu berücksichtigen oder als weniger gewichtig zu bewerten.[141]

Ziel der sachverständigen Vorgehens muss es sein, stützende Beziehungen möglichst weitgehend zu bestimmen und für das Kind zu erhalten.[142]

Haben die Geschwister zu beiden Eltern eine gleich enge Beziehung, dann ist eine Geschwistertrennung nicht mit dem Kindeswohl vereinbar,[143] ebenso nicht, wenn eine enge Geschwisterbeziehung besteht und ein Kind eine enge Beziehung zu dem Elternteil hat, der das Sorgerecht nicht bekommt,[144] oder auch, wenn der betreuende Elternteil zwar weniger geeignet ist, aber ein Teil der Geschwister es ablehnt, zum anderen Elternteil zu wechseln und die Geschwister nicht getrennt werden wollen.[145]

Der Umgang von Geschwistern mit dem getrennt lebenden Elternteil muss nicht zwingend gemeinsam stattfinden. Er kann individuell gestaltet werden, dabei sind die Geschwisterbeziehung, Freizeitinteressen der Kinder und örtliche Rahmenbedingungen zu berücksichtigen.

Die Beziehungen der Geschwister zueinander sind besonders zu beachten, dabei ist in erster Linie ein expliziter Plazierungswunsch der Geschwister maßgeblich. Eine Geschwistertrennung sollte nicht leichtfertig und nur in triftigen Ausnahmefällen[146] vorgenommen werden, da sich gerade in der familiären Konfliktsituation Geschwister gegenseitig stützen.[147] Die völlige Ablehnung einer Geschwistertrennung wiederum kann aber im Einzelfall ebenfalls dem Kindeswohl entgegenstehen. Eltern-Kind-Beziehungen sind gewichtiger zu bewerten[148] als die Geschwisterbeziehungen.[149]

6. Bindung

Juristen verstehen den Begriff „Bindung" meist in einem umfassenderen Sinn,[150] der alle Beziehungsebenen des Kindes zu einer Bezugspersonen meint. Der juristische Bindungsbegriff ist dabei weitgehend am phänomenalen oder umgangssprachlichen Begriff[151] der Bindung orientiert; der existentiellen Bindung zur Hauptbezugsperson (die in der Regel die betreuende Mutter ist), Bindung zur Identifikationsperson, räumliche Bindung, Geschwisterbindung und zu weiteren Bezugspersonen umfasst. Hierbei werden auch Beziehungsqualitäten angesprochen, die nicht immer mit dem Bindungsbegriff der Bindungstheorie[152] deckungsgleich sind.

---

[141] BGH FamRZ 1984, 1084.

[142] *Fthenakis*, in: Evangelische Akademie Bad Boll (Hrsg.), Elterliche Verantwortung und Kindeswohl, Tagung vom 23. bis 26. Februar 1984, S. 32.

[143] OLG Hamm FamRZ 1999, 320; OLG Naumburg FamRZ 2000, 1595.

[144] OLG Hamm Kind-Prax 1999, 59.

[145] OLG Bamberg FamRZ 1998, 498.

[146] OLG Celle FamRZ 1992, 465.

[147] OLG Hamm FamRZ 1997, 957. Die Qualität der Geschwisterbindungen beschreiben: *Bank/Kahn*, Geschwisterbindungen, 1989; *Kasten* Der Kinderarzt 1991, 653–656.

[148] *Lempp*, Die Ehescheidung und das Kind, 1982; *Arntzen*, Elterliche Sorge und Umgang mit Kindern, 1994.

[149] Vgl. OLG Karlsruhe FamRZ 1984, 311.

[150] Siehe bei *Hinz*, in: Speck/Peterander/Innerhofer (Hrsg.), Kindertherapie, S. 191 ff.

[151] Vgl. *Ell*, Trennung, Scheidung und die Kinder?, 1979; *ders.* ZfJ 1982, 76–82; *Koechel* FamRZ 1986, 637–642.

[152] Ausführlich *Cassidy/Shaver* (Hrsg.), Handbook of Attachment, 1999.

Im § 1671 Abs. 2 BGB a. F. wurde das Kriterium Bindung bei der Bestimmung des Kindeswohls aufgeführt, in der neuen Fassung seit dem 1. 7. 1998 wird das Kriterium Bindung nicht mehr eigens erwähnt, was aber dessen Bedeutung für das Kindeswohl nicht schmälert. Bindung ist neben anderen Kriterien zu berücksichtigen; eine höhere Wertigkeit gegenüber anderen Kriterien ist aber damit nicht verbunden.[153]

Unter Bindung im Sinne der Bindungstheorie[154] wird der Vertrauensaspekt der Beziehung des Kindes zu der Bindungsperson in einem dyadischen Bezug verstanden. Bindung vermittelt dem Kind das Gefühl von Sicherheit und Geborgenheit. Diese Gefühle werden im Kind durch angemessenes Reagieren der Bezugsperson auf die Bedürfnisse des Kindes begründet.[155] Welche Bindungsmuster[156] ein Kind zu seinen Bezugspersonen entwickelt, hängt von den täglichen Interaktionsangeboten der Bezugspersonen ab. Als wesentliches Kriterium der elterlichen Qualität wird hierbei die „Feinfühligkeit" genannt. Der Bindungsaufbau beginnt schon im ersten Lebensjahr, am Ende des ersten Lebensjahres sind die Bindungen bereits stabil, die Bindungspersonen sind nicht mehr austauschbar. Die Bindungserfahrungen in dieser Zeit beeinflussen den Aufbau neuer Beziehungen im weiteren Leben.

Bindungsmuster bleiben relativ stabil, aber nicht statisch, Forschungsergebnisse weisen auf die Weitergabe von Bindungsmustern über Generationen hinweg.

Ein Kind kann Bindung zu ihm nicht verwandten Personen entwickeln, wenn das Zusammenleben im Alter bis drei Jahren oder über eine längeren Zeitraum erfolgt. Die Bindungen zu leiblichen Eltern oder anderen Bindungspersonen unterscheiden sich prinzipiell nicht und genießen den gleichen rechtlichen Schutz wie die Bindungen zu den leiblichen Eltern.[157] Bindung erklärt einen wesentlichen Ausschnitt der Eltern-Kind Beziehung. Als einer der wichtigsten Schutzfaktoren für das Kind gilt eine sichere Mutter-Kind-Bindung.[158] Ein Aufenthaltswechsel des Kindes entgegen seiner Bindungspräferenz ist meist für das Kindeswohl schädlich.[159] Väter kommen dabei als sichere Bindungspersonen prinzipiell ebenso in Frage wie Mütter, wobei die Forschung über väterliche Verhaltensweisen, die beim Kind zu einer sicheren Bindungsrepräsentanz führen, noch nicht sehr weit fortgeschritten ist.

Diagnostische Verfahren, die zu einer sicheren Vorhersage der Bindung des Kindes zur Mutter führen, sind nicht ohne weiteres auf den Vater übertragbar. Erste Hinweise gelten dem Spielverhalten des Vaters mit dem Kind.[160] Es bestehen Hinweise, dass die Vaterbindungsqualität durch die von der Mutter unterschiedlichen Rolle beim Kind anders repräsentiert wird.

---

[153] Bindung ist demnach kein primäres Kriterium in Abhebung zu Betreuungsmöglichkeiten oder Kontinuität als sekundäre Kriterien.

[154] Bindung im Sinne der Bindungtheorie geht auf das Werk *Bowlby*s, Bindung, 1975, zurück; über Bindungsaufbau: *Brazelton/Cramer*, Die frühe Bindung, 1990; einen Überblick über den Forschungsstand bezüglich der Bindung gibt der Sammelband *Spangler/Zimmermann* (Hrsg.), Die Bindungstheorie, 1995. *Ainsworth/Blehar/Waters et al.*, Patterns of attachment, 1978; *Bowlby*, Attachment and loss (deutsch: Trennung), 1973..

[155] *Schwabe-Höllein/Kindler/Frenzel* Praxis der Rechtspsychologie 1997, 7; *Schwabe-Höllein/August-Frenzel,* in: Spangler/Zimmermann (Hrsg.), Die Bindungstheorie, S. 353.

[156] Hierzu: *Grossmann/Grossmann,* in: Deutscher Familiengerichtstag e.V. (Hrsg.), 12ter Deutscher Familiengerichtstag 1998, S. 76–89.

[157] BVerfGE FamRZ 1985, 39; BVerfGE FamRZ 1989, 31.

[158] *Barnow/Skoeries/Lucht/Freyberger* Report Psychologie 2000, 99.

[159] Untersuchung von *Kaltenborn* ZfJ 1996, 356.

[160] *Suess/Scheuerer-Englisch/Grossman* FPR 1999, 154.

Sowohl die Anwendung des diagnostischen Instrumentariums als auch die Interpretation der Ergebnisse im Hinblick auf Bindungsqualitäten[161] bedarf der speziellen Ausbildung,[162] wenn Bindung als Konstrukt gemäß der Bindungstheorie verstanden wird.

Bei Säuglingen und Kleinkindern lassen sie sich nur mit systematischer Verhaltensbeobachtung bestimmen. In bestimmten Settings kann nach kurzer Trennung am Muster der Wiedervereinigungssituation auf Bindung geschlossen werden.[163] Das Verhalten des Kindes nach Verunsicherung, sei es Suche nach Nähe, sei es Ablehnung, lässt auf die Bindungsqualität des Kindes zur Bindungsperson Rückschlüsse zu. Für Kinder ab ca. fünf Jahren stehen als Erfassungsinstrumente Geschichtenerzähltests zur Verfügung,[164] weiter Exploration der Kinder und diagnostische Interviews mit den Bezugspersonen. Bei Erwachsenen kann mit dem „adult attachment interview"[165] auf ihre zugrunde liegenden Bindungserfahrungen rückgeschlossen werden, die eine Vorhersage elterlichen Verhaltens zulassen.

Eine laienhafte Interpretation kindlichen Verhaltens kann z. B. dazu führen, ängstliche oder symbiotische Bindung, die sich in anklammerndem Verhalten zeigen kann, als vermeintlich besonders „enge" und damit positive Bindung zu beurteilen. Gerade das anklammernde Verhalten weist auf die Furcht des Kindes hin, diese Person zu verlieren, sich also des Bindungspartners nicht sicher zu sein (unsichere Bindung). Studien weisen aber darauf hin, dass misshandelte Kinder wesentlich häufiger unsicher gebunden sind.[166] Es gilt folglich, situative, sich aus der Trennung der Eltern ergebende und entwicklungspsychologische Aspekte angemessen zu beachten, um zu einer richtigen Einschätzung der Bindungsqualität zu kommen.

Ein weiterer noch in der Diskussion befindlicher Bereich ist die Schlussfolgerung, die der Sachverständige aus seinen Ergebnissen zieht.

Das Vorliegen einer unsicheren, ängstlichen Bindung bedeutet nicht zwangsweise, dass das Kind den Lebensschwerpunkt beim anderen Elternteil oder gar bei anderen Bezugspersonen finden sollte.

Eine Empfehlung hat hier auch die Bindungsqualität des Kindes zu den anderen Bezugspersonen zu berücksichtigen. Weiter wird ein Befund wie „Angstbindung" eines Kindes zu einem Elternteil wohl weniger zur Empfehlung eines Plazierungswechsels führen als zu einer Anregung einer Eltern-Kind-Therapie. Zudem sollte das Elternverhalten im Hinblick auf Feinfühligkeit den Bedürfnissen des Kindes gegenüber beobachtet werden, um einen weiteren Hinweis auf das Bindungsverhalten zu erhalten und um Informationen zu erhalten, ob das Elternverhalten veränderbar ist.

Nicht zuzustimmen ist dem Argument, dass allein die Zeit, die ein Elternteil mit dem Kind verbracht oder in der er es betreut hat, ein Kriterium für die Bindung sei.[167] Nicht das Ausmaß der Zeit oder bestimmte zeitliche Abfolgen per se, sondern die Qualität der

---

[161] Zur Klassifikation von Bindungsqualitäten siehe: *Brisch* S. 46 ff.

[162] Hinweise zur Erfassung von Bindungsqualitäten im Rahmen der Begutachtung geben *Suess/Schwabe-Höllein/Scheuerer* Praxis der Kinderpsychologie und Kinderpsychiatrie 1987, 36, 22–27; *Schwabe-Höllein/Kindler/Frenzel* Praxis der Rechtspsychologie 1997, 16 ff.

[163] Fremde Situations-Test: *Main/Solomon*, in: Grennberg/Cicchetti/Cummings (Hrsg.) Attachment in the preeschool years, S. 121–160.

[164] *Gloger-Tipplet* Praxis der Kinderpsychologie und Kinderpsychiatrie 1999, 113–128.

[165] *Main/Goldwyn*, Adult attachment Scoring and Classification Systems, 1994, die Durchführung z. B. des adult attachment interviews bedarf einer vierzehntägigen Ausbildung derzeit noch in den USA.

[166] Dazu *Dornes* S. 225 ff.

[167] *Lempp*, Die Ehescheidung und das Kind, 1982; *ders.*, Gerichtliche Kinder- und Jugendpsychiatrie, 1983.

Interaktion ist maßgeblich für die Entstehung von Bindung. Berufstätigkeit schließt folglich Bindungssicherheit nicht aus.[168]

Ebenso ist „Trennungsempfindlichkeit"[169] als Indiz für die Intensität einer Beziehung allein unzulänglich. Trennungsangst ist abhängig von den kognitiven Fähigkeiten des Kindes. Das Kind muss das Fortgehen des Elternteils als ungewöhnlich erkennen, um Trennungsangst zu empfinden. Das kleinkindliche Zeitempfinden kennt noch keine Vorstellung von Gegenwart und Zukunft.[170] Kinder leben überwiegend im Jetzt und Heute. Das Kind entwickelt erst ab dem 7. Lebensjahr einen operativen Zeitbegriff,[171] mit dem Zeit unabhängig von räumlichen Anschauungen verfügbar ist. Erst von da an hat es eine Vorstellung von Dauer, indem es Zählstrategien einsetzen kann.[172] Ungeklärt ist die Bedeutung von Erinnerungsspuren an Bezugspersonen, von denen das Kind zeitweise getrennt wurde.

Zudem gibt es Kinder, deren Ängstlichkeitsschwellen geringer sind als die anderer Kinder.[173]

Auch die Erfassung von Bindungsstärke kann kein geeignetes Kriterium sein, denn förderliches Bindungsverhalten äußert sich nicht notwendigerweise in intensiven Gefühlsäußerungen.[174] Außerdem kann es auch nicht sinnvoll sein, Kindeswohlentscheidungen an quantitativen Bindungsunterschieden festzumachen, zumal diese Unterschiede häufig sehr gering ausfallen[175] und nicht skalierbar sind.

Für den Sachverständigen kann die Diagnose: „desorientierte Bindung"[176] einen entscheidungserheblichen Hinweis geben, möglicherweise in der Folge damit verbunden, einen Plazierungswechsel zu empfehlen.

Bei Bindungsqualitäten, wie „ambivalent, unsicher-vermeidend, desorientiert oder Angstbindung", kann eine kindeswohlgemäße Gestaltung der Nachtrennungssituation des Kindes nur im Verein mit den anderen psychologischen Kriterien erfasst werden. Eine vergleichende Bewertung von Bindungsqualitäten bei Kindern ab dem Vorschulalter erkennt meist nicht, dass sich das Kind in verschiedenen Situationen an unterschiedliche Bindungspersonen wendet.

Es besteht bisher auch keine Relation zwischen Bindungsqualitäten des Kindes und geäußertem Willen des Kindes. Selbsteinschätzungen Erwachsener über die eigene Befindlichkeit lassen nicht den Schluss zu, dass glückliche Menschen immer eine sichere Bindung erfahren haben.

Hieraus wird deutlich, wie schwierig es ist, eine sachverständige Sorgerechtsempfehlung überwiegend mit dem Kriterium Bindung im bindungstheoretischen Sinn zu begründen. Auf der Basis der Bindungsdiagnostik allein, die desorientierte Bindung ausschließt, kann keine valide Prognose über das Kindeswohl, insbesondere unter Berücksichtigung der sich verändernden Situation der Trennungsfamilie, abgegeben werden. Hierzu sind

---

[168] *Brisch* S. 60.

[169] *Wendl-Kempmann/Wendl*, Partnerkrisen und Scheidung, 1986.

[170] Hierzu: *Piaget*, Die Bildung des Zeitbegriffs beim Kind, 1974; *Plattner*, Zeitbewußtsein und Lebensgeschichte, 1990.

[171] *Heilmann* S. 18 ff.

[172] *Plattner* FamRZ 1993, 384, mit weiteren Literaturhinweisen zur Entwicklung des Zeitbegriffs.

[173] *Mussen/Conger/Kagan* S. 221.

[174] *Schwabe-Höllein/Kindler/Frenzel* Praxis der Rechtspsychologie 1997, 14.

[175] *Fthenakis*, in: Fünfter Deutscher Familiengerichtstag (Hrsg.), Brühler Schriften zum Familienrecht, Bd. 3, S. 33–66.

[176] Dazu: *Main*, in: Spangler/Zimmermann (Hrsg.), Die Bindungstheorie, S. 120–139.

weniger die Ergebnisse der Bindungsdiagnostik heranzuziehen als die tatsächlichen Möglichkeiten, das Kind zu betreuen und zu erziehen.

Bindungsqualitäten geben im Einzelfall wesentliche Hinweise auf stützende oder belastende Faktoren des Kindes und für die sachverständige Argumentation gegenüber den Bezugspersonen bei der kindgemäßen Umgestaltung der familiären Konfliktsituation, vor allem in Bezug auf die Aufrechterhaltung der Bindungen des Kindes zu den ihm wichtigen Bezugspersonen.

Hat ein Kind zu einer Bezugsperson die Möglichkeit gehabt, Bindung aufzubauen, und ist dieser Erwachsene in der Lage, die notwendige Feinfühligkeit aufzubringen, muss überprüft werden, ob diese Bindungsperson langfristig wieder zur Verfügung stehen kann. Dies gilt für die Trennungsfamilie, aber noch mehr für das Kind, das schon sehr früh aus der Familie herausgenommen wurde und wieder rückgeführt werden soll.

Bei Fragen zur Rückführung des Kindes in den elterlichen Haushalt muss Hinweisen auf frühere Bindungsstörungen[177] zu den Eltern wie z.B. desorganisierte Bindung nachgegangen werden, da bei Vorliegen erneute Kindeswohlschädigungen zu erwarten sind.[178]

7. Bindungstoleranz

Sowohl § 1626 Abs. 3 BGB als auch § 17 SGB VIII weisen auf den Grundsatz hin, dass es für das Kindeswohl am förderlichsten ist, wenn das Kind zu beiden Eltern nach der Scheidung positiven Kontakt hat. Dieser Grundsatz wird auch von den Sozialwissenschaften gestützt.[179]

Bindungstoleranz, gelegentlich synonym mit Umgangsloyalität gebraucht, verpflichtet Familienrichter und Sachverständigen zu überprüfen, welcher Elternteil am ehesten die Einsicht besitzt, dass es für das Kindeswohl wesentlich ist, dem getrennt lebenden Elternteil den Kontakt zum Kind zu gewähren. Beide Eltern haben alles zu unterlassen, was das Verhältnis des Kindes zum anderen Elternteil beeinträchtigt oder erschwert.[180] Diese Verpflichtung gilt nicht nur für die Eltern, sondern für alle, die das Kind betreuen oder in Pflegschaft haben.

Versucht ein Elternteil durch Unterbinden der Kontakte des Kindes zum anderen Elternteil damit die alleinige Sorge zu erreichen oder einen Wechsel des Lebensschwerpunktes des Kindes zu unterlaufen, kann dies auch als Einschränkung der Erziehungseignung bewertet werden. Der Verstoß gegen die Bindungstoleranz kann zu einer Änderung bzw. Einschränkung einer früheren Sorgerechtsregelung und/oder zur Einrichtung einer Ergänzungspflegschaft[181] führen; er kann die Übertragung der Alleinsorge auf den anderen Elternteil bewirken,[182] wobei der völlige Entzug des Sorgerechts eines allein sorgeberechtigten Elternteils nur dann in Betracht kommt, wenn andere Maßnahmen erfolglos erscheinen.[183] Eine Sorgerechtsänderung kann auch angezeigt sein, wenn z.B. die Eltern eines sorgeberechtigten Kindesvaters die Schwiegertochter vehement ablehnen und daher

[177] Hierzu: *Brisch/Buchheim/Kächele* Prax. Kinderpsychol. Kinderpsychiat 1999, 425–437.
[178] Hierzu ausführlich: *Solomon/George,* Attachment Disorganization, 1999.
[179] *Wallerstein/Kelly*, Surving the Breakup, 1980.
[180] *Knöpfel* FamRZ 1985, 565.
[181] OLG Köln FamRZ 1998, 1463.
[182] OLG Celle FamRZ 1994, 924; *Runge* FPR 1999, 144.
[183] OLG Köln FamRZ 1998, 1463.

eine Ausgrenzung der Mutter im Verhältnis zum Kind nicht ausgeschlossen werden kann.[184]

Für das Wohl des Kindes ist aus psychologischer Sicht entscheidend, wie sehr der getrennt lebende Elternteil im Leben des Kindes präsent ist, unabhängig davon, wie häufig er körperlich anwesend ist. Bei der Frage der Bindungstoleranz hat der Sachverständige daher zu erheben, ob und wie in der Familie, in der das Kind lebt, über den getrennt lebenden Elternteil gesprochen wird, ob z. B. ein Bild von ihm vorhanden sein darf oder ob er tabuisiert wird.[185] Daneben ist die Dauer des Zusammenseins mit dem getrennt lebenden Elternteil wesentlicher als die Häufigkeit.[186] Es kommt für das Kind mehr auf die innere Beziehung zum getrennt lebenden Elternteil an als auf die äußeren Beziehungsverhältnisse.

Bindungstoleranz ist einerseits von der Trennungsverarbeitung abhängig, andererseits zeigt die Praxis, dass die Eltern sich über das Trennungserleben des Kindes nicht austauschen und die Kenntnis über Trennungsreaktionen des Kindes gering ist. Das Wissen über das Erleben von Trennung bei Kindern beeinflusst oftmals die Bindungstoleranz wesentlich.[187] In gemeinsamen Gesprächen mit den Betroffenen kann dieses Wissen vermittelt werden, und dabei kann auch festgestellt werden, welcher Elternteil die Notwendigkeit einer positiven Beziehung des Kindes zu beiden Eltern erkennt.

8. Kindeswille

Es ist die Aufgabe des Sachverständigen, unabhängig vom Alter des Kindes dessen Willen zu erfassen. Gerade in der Erhebung des Kindeswillens ist der Sachverständige besonders qualifiziert, im Gegensatz zu vielen Familienrichtern, die eine Kommunikation mit einem Kind unter zehn Jahren häufig vermeiden;[188] auch das Jugendamt hört nicht in jedem Falle das Kind an.[189] Nach der Reform besteht aber nach § 17 SGB VIII eine Verpflichtung dazu.

In § 1671 Abs. 2 BGB, folgend aus den Art. 1, 2 GG, wird der Kindeswille als Kriterium ausdrücklich erwähnt, ferner in § 50 b Abs. 1 FGG in der Pflicht des Familienrichters, das Kind anzuhören.[190] Die Beachtung des Kindeswillens im Gesetz ist insbesondere den Schriften von *Lempp* zu verdanken.[191]

Das Umgangsrecht wurde als Recht des Kindes gesetzlich formuliert, damit wird dem Willen erhebliche Bedeutung zugemessen.[192]

Zur Unterstützung des Kindeswillens kann und bei Herausnahmen aus der Familie muss das Gericht gemäß § 50 FGG einen Verfahrenspfleger einsetzen.

---

[184] OLG Hamm FamRZ 1996, 1096.

[185] *Figdor,* in: Brauns-Hermann/Busch/Dinse (Hrsg.), Ein Kind hat das Recht auf beide Eltern, S. 185.

[186] *Man,* in: Brauns-Hermann/Busch/Dinse (Hrsg.), Ein Kind hat das Recht auf beide Eltern, S. 152.

[187] Vgl. *Salzgeber/Höfling* ZfJ 1991, 390.

[188] Vorbildliche Ausnahme die Richter *Klußmann/Stötzel* S. 83 ff.; *Wendl-Kempmann/Wendl* S. 229 ff., die einfühlsam beschreiben, wie der Kindeswille im Rahmen der Gerichtsverhandlung zu erfassen ist.

[189] *Meyer/Zeller* ZfJ 1988, 357–360, wiesen in ihrer Untersuchung nach, dass das Jugendamt in 37,2 % der Fälle Kinder nicht gehört hat.

[190] BVerfG FamRZ 1981, 124 = NJW 1981, 217; BayObLG FamRZ 1987, 87.

[191] *Lempp* NJW 1963, 1659–1662, *ders.* NJW 1964, 440–441; *ders.* NJW 1972, 315–323; *ders.* ZfJ 1974, 124–138; „das Kind soll zu demjenigen, zu dem es selbst möchte"; *Lempp/Röcker* Zeitschrift für Kinder- und Jugendpsychiatrie 1973, 25–36.

[192] OLG Düsseldorf FamRZ 1998, 1460.

Bei Entscheidungen des Familiengerichts und damit auch für den Sachverständigen ist der Kindeswunsch erheblich, aber immer nur unter Mitberücksichtigung von anderen Kriterien zu werten.[193] Unzulässig ist, dem Kind die Entscheidungskompetenz für eine Sorgerechtsentscheidung zu übertragen, auch wenn die Eltern damit einverstanden wären,[194] da die Verantwortung, zwischen den Eltern entscheiden zu müssen, zu einer unverhältnismäßigen Belastung für das Kind führen würde. Dennoch sollte, auch wenn ein einvernehmlicher Elternvorschlag bezüglich der Sorge- oder Umgangsregelung vorliegt, das Kind um seine Meinung gefragt werden.[195] Bei gleicher Elterneignung kann eine Sorgerechtsentscheidung allein auf den Kindeswillen gestützt werden.[196] Die Bedeutung des Kindeswillens für die Bestimmung des Aufenthalts zeigen katamnestische Untersuchungen.[197]

Auch bei der Umgangsgestaltung erfordert das Persönlichkeitsrecht des Kindes, dass sein Wille gegen den Wunsch des nichtsorgeberechtigten Elternteils nach Besuchen abgewogen wird. Gegen den Willen des 14-jährigen Kindes darf kein Umgang erzwungen werden.

Das Alter bei der Willensäußerungen sind als Ausdruck der Selbstbestimmung zu werten, wird in der Rechtsprechung[198] bei etwa acht Jahren[199] angesetzt, die Altersgrenze kann aber im Einzelfall auch bis sechs Jahren abgesenkt sein.[200] Der Wille ist zudem auf den Gegenstand, auf den er sich bezieht, abzustellen. So kann z.B. ein Siebenjähriger sich für einen Fußballverein entscheiden, ein Neunjähriger kann aber noch keine Wahl zwischen allgemein bildender oder weiterführender Schule treffen.[201] Bei Kindern unter zehn Jahren wird dem Kindeswillen bezüglich der Umgangsregelung allgemein noch keine Entscheidungserheblichkeit zugestanden.[202] Es ist auch der Wille eines vierjährigen Kindes, seinen Vater kennen zu lernen, zu berücksichtigen.[203]

Bei Verfahren nach dem HKiEntÜ ist einem Kindeswillen nachzukommen, wenn sich das Kind der Rückgabe widersetzt und es ein Alter und eine Reife erreicht hat, angesichts deren es angebracht erscheint, seine Meinung zu berücksichtigen. Hier besteht keine feste Altersgrenze, ab der man den Kindeswillen berücksichtigen muss.

Diese Altersgrenzen als Durchschnittswerte für ausreichende Reife[204] erscheinen nach psychologischen Fachkenntnissen recht willkürlich und werden kontrovers diskutiert.

---

[193] BayObLG DAVorm 1988, 910; BayObLG FamRZ 1977, 650, das dem Willen eines vierzehneinhalb Jahre alten Kindes nicht folgte, sondern seine Entscheidung auf Erziehungskompetenz eines Elternteils und auf die Kontinuität gründete; OLG Hamm FamRZ 1988, 1313, das den Wunsch der Kinder − zehn und zwölf Jahre alt − nicht berücksichtigte, da die Kinder sich in den Wunsch, zum anderen Elternteil überwechseln zu wollen, „verrannt" hätten.

[194] So *Coester*, Das Kindeswohl als Rechtsbegriff, S. 274.

[195] *Berk* S. 21 ff. betont die aktive Rolle des Kindes in der Trennungsauseinandersetzung.

[196] KG Berlin FamRZ 1990, 1383.

[197] *Kaltenborn* ZfJ 1996, 360.

[198] Schon *Fehmel* FamRZ 1986, 531−532, verwies auf die Entwicklung der Rechtsprechung und auf die Veränderungen der Altersgrenze bei der Erfassung des Kindeswillens.

[199] Dem Kindeswillen eines 8-jährigen Mädchens kam das OLG Düsseldorf FamRZ 1999, 950, nicht nach.

[200] OLG Hamm FamRZ 1999, 949.

[201] OLG Celle FamRZ 1995, 955.

[202] *Oelkers* FamRZ 1995, 454.

[203] OLG Hamm FamRZ 1994, 58.

[204] *Diederichsen* FamRZ 1978, 464, spricht von „magischer Grenze" bei der Vollendung des 14. Lebensjahres.

Auch in der Psychologie besteht Uneinigkeit, wann der Kindeswille zu beachten sei. So soll frühestens der Kindeswille ab dem Alter von drei Jahren erhoben werden,[205] andere Autoren[206] veranschlagen die Altersgrenze für eine zuverlässige Willensentscheidung erst bei 13 Jahren.

Von einem Willen als Ausdruck juristisch verstandener Eigenverantwortlichkeit, eines „wohlverstandenen Interesses",[207] wird dann ausgegangen, wenn er auf subjektiv beachtlichen oder verständlichen Beweggründen basiert.[208] Eine solche autonome Willensäußerung des Kindes ist in der Adoleszenz am ehesten zu erwarten, wenn die Eltern einen demokratischen Erziehungsstil pflegen, ihre Verhaltensregeln begründen und dem Kind die Möglichkeit zu autonomem Verhalten geben. Das Kind im Jugendalter befindet sich auf der Stufe des adoleszenten Denkens,[209] in dem es sich in die Erwachsenengesellschaft einfügt. Der Jugendliche ist geistig nun in der Lage, alternative Möglichkeiten zu bedenken, weil er sie bereits zu antizipieren vermag.[210]

Dem Kindeswillen ist dann besondere Beachtung zu schenken, wenn er in Anwesenheit des abgelehnten Elternteils vorgebracht wurde.[211]

Ein beeinflusster Wille liegt dann vor, wenn eine Willensäußerung auf eine eigensüchtige Einflussnahme eines Elternteils, Geschwistern oder Großeltern zurückzuführen ist.

Es besteht für die verbalen Äußerungen kein eindeutiges Kriterium, zwischen echtem Wunsch und Willen eines Kindes und einer Vereinnahmung durch einen Elternteil zu trennen. Auch im Rahmen der Glaubhaftigkeitsuntersuchung kann nicht unterschieden werden, ob eine Äußerung auf Suggestion oder Eigenerlebtem beruht, da das Kind keine subjektive Unterscheidung mehr treffen kann. Der Sachverständige kann keine psychologisch belegte Folgerung ziehen, einem durch Suggestion zustande gekommenen Willen sei falsch und demzufolge gerade das Gegenteil notwendig.[212] Dies gilt nicht bei Kindeswohlgefährdung.

Kinder haben auch nicht die Tendenz, sich in ihren Willensäußerungen bezüglich der Trennungsauseinandersetzung der Eltern nur nach Äußerlichkeiten zu richten. Dass sich ein Kind gegen seinen wirklichen Willen für einen Elternteil ausspricht, ist unwahrscheinlich,[213] was nicht bedeutet, dass das Kind nicht geneigt ist, sich an Annehmlichkeiten und Bequemlichkeiten zu orientieren.

Bisher bestehen Differenzen hinsichtlich der Gewichtung des kindlichen Willens zwischen den Berufsgruppen der Sozialwissenschaftler und der Juristen.

Aus psychologischer Sicht wird die Unterscheidung von „Willen" als rationalem Ausdruck von Bedürfnissen und kindlichen Präferenzen einerseits und „Willen" als Ausdruck spontaner, stimmungsabhängiger Launen andererseits als unerheblich abgelehnt, da es gerade auf die emotionale Bedeutung der Neigung, auf den „emotionalen Willen" ankomme. Der Wille sei im Wesentlichen vom Gefühl bestimmt; dies gelte auch für den Erwachsenen.[214] Der Wille des Kindes sei zudem vom Alter unabhängig, nur die Äußerungsfähigkeit

---

[205] BayObLG FamRZ 1984, 312; OLG Düsseldorf FamRZ 1979, 631; KG Berlin FamRZ 1983, 1159.
[206] *Wallerstein/Kelly* S. 314 ff.
[207] So *Coester*, Das Kindeswohl als Rechtsbegriff, S. 277.
[208] OLG Brandenburg DAVorm 2000, 72.
[209] Vgl. *Ginsburg/Opper* S. 255.
[210] Vgl. *Piaget/Inhelder* S. 110.
[211] OLG Düsseldorf FamRZ 1988, 1193.
[212] Deutlich dazu *Lehmkuhl/Lehmkuhl* Kind-Prax 1999, 161.
[213] *Berk* S. 63.
[214] *Lempp* FamRZ 1986, 1061–1067.

des Willens unterliege entwicklungsmäßigen Veränderungen.[215] Wird der Wille eines Kindes als affektiv zum Ausdruck gebrachtes Verhalten interpretiert, kann er auch am Anlächeln einer Bezugsperson oder in der Interaktionsbeobachtung erschlossen werden.[216]

Der Inhalt des Willens eines Kindes unterhalb der Adoleszenz wird folglich weniger eine Entscheidung für einen Wechsel des Lebensschwerpunkts als zur Bezugsperson zum Inhalt haben, denn eine solche weitreichende Willensäußerung ist von einem jüngeren Kind nicht zu leisten. Sollte ein solcher geäußert werden, ist dies ein Hinweis auf induzierten Willen.

Der Kindeswunsch ist aber allein, wenn er offensichtlich induziert worden ist, unmaßgeblich,[217] maßgeblich ist immer das Kindswohl. Dies bedeutet nicht, dass nicht andere Kriterien dennoch eine Empfehlung im Sinne des induzierten Kindeswunsches nötig machen. Häufig steht in diesen Fällen der verbal geäußerte Wunsch im Widerspruch zur realen Eltern-Kind-Beziehung, wie diese durch das nonverbale Verhalten, aber auch in den Testverfahren zum Ausdruck kommt.

Ein unmaßgeblicher Kindeswille ist dann gegeben, wenn der mündlich zum Ausdruck gebrachte Wunsch der eigentlichen Tendenz entgegengerichtet ist, weil das Kind Nachteile oder Repressalien befürchtet.[218] Ist das Ergebnis einer Beeinflussung bereits in identifikatorische Übernahme von Elternargumenten im Sinn der PAS-Diskussion übergegangen, dann ist sie auch Ausdruck der erlebten Bindung und damit oftmals dennoch entscheidungserheblich.[219]

Der Wunsch, von einem Geschwister getrennt aufzuwachsen, kann ein Ausdruck der Verantwortungsübernahme für einen verlassenen Elternteil sein.

Die Erfassung des Kindeswillens wird also die Affektivität des Kindes zu Bezugspersonen und zum Umfeld zum Inhalt haben, was sich darin äußert, was das Kind gerne mit dem anderen Elternteil unternimmt, von wem es gerne zu Bett gebracht oder versorgt wird usw.

Oftmals wird von Familiengerichten und Sachverständigen zwischen Willen und Bindung nicht unterschieden. Der Kindeswille wird nämlich oft einerseits als Beleg für die Existenz einer Eltern-Kind-Bindung herangezogen, andererseits als Kriterium der Selbstbestimmung des Kindes, und so wird der Wille je nach Standpunkt im Sinne einer vorgefassten Empfehlung interpretiert.[220] Dem ist entgegenzuhalten, dass Willensäußerungen nur beschränkt als ein Indiz für Bindungen herangezogen werden können. Nur bei Verbalisierung von Situationen, die vom Kind als verunsichernd und angstmachend erlebt werden, und wenn das Kind dabei einen Elternteil bevorzugt zur Beruhigung und Tröstung wünscht, kann dies als ein Hinweis auf einen sicheren Bindungspartner interpretiert werden. Andere Willensäußerungen des Kindes sind Aussagen zum familiären Beziehungsgefüge, die beispielsweise den erwünschten Versorgungspartner, Freizeitpartner oder bevorzugten Elternteil im Hinblick auf schulische Förderung usw. erfassen helfen. Die Vollständigkeit solcher Willensäußerungen ist dabei stark vom Engagement und der Zielsetzung des Sachverständigen abhängig.

---

[215] *Lempp,* Gerichtliche Kinder- und Jugendpsychiatrie, S. 110.
[216] *Weisbrodt* Kind-Prax 2000, 11.
[217] BGH FamRZ 1985, 169 = NJW 1985, 1702.
[218] Siehe auch *Klosinski* in: Lempp/Schütze/Köhnken (Hrsg.), Forensische Psychiatrie und Psychologie des Kindes- und Jugendalters, S. 44.
[219] OLG Stuttgart FamRZ 1981, 597.
[220] So *Coester*, Das Kindeswohl als Rechtsbegriff, S. 261.

Bei kleinen Kindern ist die Zuverlässigkeit der Willensäußerungen geringer und umgebungsabhängiger. Eine Entscheidung zwischen den Eltern ist dem Kleinkind in der Regel nicht möglich, da eine solche Entscheidungsleistung die kindliche Fähigkeit überfordert.[221]

Bei der Erhebung des Kindeswillens ist darauf zu achten, dass die Äußerung über das affektive Objekt[222] auch vom unmittelbaren Kontakt mit diesem Objekt abhängig, also kontextabhängig, ist. Mit Hilfe von symbolischen Spielen, wie dies auch bei explorationsunterstützenden Verfahren der Fall ist, kann der affektive Gegenstand vergegenwärtigt werden.

Die Auseinandersetzung mit den Personen im szenischen Spiel kann die Bildung neuer Affekte bewirken, die auch z.B. das Bedürfnis nach Unabhängigkeit und Rivalität zum Inhalt haben können. Auch hier hat der Sachverständige die Umgebungsabhängigkeit, das heißt die örtliche Anwesenheit der jeweiligen Bezugsperson, zu achten. Es ist daher ratsam, die Erfassung des Kindeswillens entweder nur in der neutralen Umgebung der Praxis des Sachverständigen oder jeweils separat in den Wohnumgebungen der getrennt lebenden Eltern des Kindes zu planen.

Auch wenn Willensäußerungen bei Kindern bis etwa 8 Jahren nicht selbst schon ein entscheidungsrelevantes Kriterium darstellen, sind sie für den Sachverständigen zumindest Hinweise, die seine Hypothesenbildung fördern. Sie geben wichtige Indizien für Stützfaktoren in Bezug auf die Intensität von familiären und außerfamiliären Beziehungen, die Akzeptanz der elterlichen Erziehung und die Gestaltung des Kontakts zum außerhäusig lebenden Elternteil.

Auch bezüglich bi-nationaler Kinder kann der Kindeswille entscheidende Hinweise auf den Lebensschwerpunkt bieten. Das Kind kann sich zwischen zwei Kulturen entscheiden, auch wenn es nicht volljährig ist. Eine willentliche Entscheidung sollte dann auch beachtlich sein.[223]

Häufig entsprechen die faktischen Lebensumstände deutlich den Präferenzen, die vom Kind geäußert werden. Der Wille des Kindes ist dann grundsätzlich zu beachten, wenn sich das Kind einem Elternteil entzogen hat. Von einer Verlagerung des Lebensschwerpunktes auf den vom Kind gewünschten Elternteil darf dann nur abgesehen werden, wenn dies erforderlich wäre, um eine Gefahr für das Kindeswohl abzuwenden.

Stehen dem Kindeswillen erhebliche Argumente entgegen, so darf ihm nicht gefolgt werden. Er kann z.B. nicht berücksichtigt werden, wenn er von unrealistischen Vorstellung getragen wird, der gewünschte Elternteil werde die Sonntagsbedingungen, die der nichtsorgeberechtigte Elternteil an den Besuchstagen bietet, auf den Alltag übertragen. Solche „Sonntagsbedingungen" sind im Alltagsleben nicht ständig aufrechtzuerhalten und würden überdies dem Kindeswohl im Sinne einer Verwöhnung schaden.[224]

Bei der Abwägung zwischen besserer schulischer und beruflicher Förderungsmöglichkeit und dem Willen des Kindes ist Letzterem der Vorzug zu geben, um dem Kind angesichts des familiären Konfliktes eine stabile innere emotionale Sicherheit und ein Gefühl der Geborgenheit zu geben.[225]

---

[221] *Grossmann/Grossmann*, Bindung als Entscheidungskriterium im Sorgerechtsverfahren, Manuskript eines Vortrags, gehalten am 24.11.1988 im Institut der GWG/afp.

[222] *Piaget/Inhelder* S. 85.

[223] Vgl. *Coester* DAVorm 1990, 849.

[224] OLG Bamberg ZfJ 1988, 239.

[225] OLG Bamberg FamRZ 1998, 1462.

Die vordergründig vorgebrachten Gründe für eine Ablehnung oder Zuneigung können die ihnen zugrunde liegenden echten Willensbekundungen bekräftigen oder auch erst dem Ausdruck zugänglich machen.[226] Häufig steht hinter diesen Willensäußerungen die wirklich erlebte Beziehung des Kindes zu dem jeweiligen Elternteil. Ein Vorurteil, dass das Kind beide Elternteile besuchen und seine Beziehungen aufrechterhalten möchte, kann für eine Familie, in der Maßnahmen nach § 1666 BGB notwendig sind oder waren, nicht zutreffen.

Der Kindeswille im Rahmen der Umgangsregelung ist von allen Beteiligten oftmals schwierig zu erfassen. In vielen Fällen ist es dem Sachverständigen unmöglich, die wahren Gründe der Kindeswillensbildung herauszufinden, da sie von Ambivalenzen gekennzeichnet ist. Stereotyp vorgetragene Äußerungen des Kindes, Argumente des Elternteils, Argumente eines Kindes, die nicht in seinem Erfahrungsschatz liegen, geben Hinweise dafür, dass das Kind die Einstellung des mit ihm zusammenlebenden Elternteils übernommen hat. Eine valide diagnostische Methode für den Sachverständigen kann dann nur die konkrete Begegnung mit dem anderen Elternteil sein, es sei denn, dass das Kind sich ausnahmsweise weigert, daran teilzunehmen.

9. Erziehung

Für die Tätigkeit des psychologischen Sachverständigen gilt, dass im forensischen Bereich Zurückhaltung bei Fragen der Erziehung geboten ist, um die Eingriffsmöglichkeit des Staates in die Familie nicht über das erlaubte Maß auszudehnen. Hier sollte auch der Sachverständige über den rechtlich geschützten familiären Raum Bescheid wissen und sein diagnostisches Vorgehen nur innerhalb der engen Grenzen planen und gegebenenfalls auf andere Kindeswohlkriterien ausweichen.

Art. 6 Abs. 2 Satz 1 GG garantiert den Eltern das Recht auf Pflege und Erziehung ihrer Kinder und stellt die Erziehung in der Familie unter verfassungsrechtlichen Schutz. Art. 6 überträgt nicht beiden Eltern gemeinsam ein Elternrecht, sondern jedem für sich ein eigenständiges, individuelles Elternrecht, wenngleich mit Gemeinschaftsbindung in der Ausübung.[227] Die Eltern können somit grundsätzlich frei von staatlichen Einflüssen und Eingriffen nach eigenen Vorstellungen darüber entscheiden, wie sie die Pflege und Erziehung ihrer Kinder ausgestalten und wie sie ihrer Elternverantwortung nachkommen wollen.[228] Grundrechtsträger sind neben biologischen Eltern auch die zum Vormund ihres Enkels bestellten Großeltern und die Adoptiveltern.

Das Elternrecht ist einerseits Freiheitsrecht gegenüber dem Staat, aber pflichtgebunden gegenüber dem Schutz der Kinder. Dem Elternrecht steht die Garantiefunktion des Staates für die Kindesgrundrechte gegenüber, hergeleitet aus Art. 6 Abs. 2 GG. Der Grundrechtsgrundsatz, dass die Eltern die Erziehung ihrer Kinder nach ihren Vorstellungen frei gestalten können, darf nur für ein Handeln in Anspruch genommen werden, das bei weitester Anerkennung der Selbstverantwortlichkeit der Eltern noch als Pflege und Erziehung gewertet werden kann und nicht schon als Vernachlässigung interpretiert werden muss.[229]

---

[226] Die Ausdrucksformen des Kindeswillen beschreiben *Kaltenborn* Schriftenreihe zur Psychoanalyse 1986, 149–165..

[227] *Coester* FamRZ 1996, 1182.

[228] *Heilmann* ZfJ 2000, 42.

[229] BVerfG FamRZ 1968, 578.

Die Grenze des Elternrechts ist dort gegeben, wo es missbräuchlich und nicht verhältnismäßig, die Kriterien des § 1666 BGB erfüllend, ausgeübt wird. Der Schutz der Grund-
rechte des Kindes kann nur über die Überwachung der Ausübung der elterlichen Sorge
ermöglicht werden (Art. 6 Abs. 2 Satz 2 GG). Über das Wächteramt geht z. B. § 1631 a
BGB hinaus, der auch ein Mitspracherecht des Staates bei der Ausbildung und der Berufswahl des Kindes beinhaltet oder dann, wenn die Eltern die Schulpflicht nicht anerkennen
wollen.

Wie die Eltern ist das Kind Grundrechtsträger mit Anspruch auf Achtung und Schutz
seiner Menschenwürde laut Art. 1 GG und hat dementsprechend das Recht auf freie Entfaltung seiner Persönlichkeit nach Art. 2 GG.

Aus Art. 2 Abs. 1 GG lässt sich das Recht des Kindes auf Erziehung ableiten. Das Recht
auf freie Persönlichkeitsentfaltung bedeutet hier also das Recht auf Beanspruchung von
Hilfen, um seine Persönlichkeit frei entfalten zu können; dazu gehört auch der Anspruch
nach dem SGB VIII auf Erziehung. Der § 1618 a BGB verpflichtet auch das Kind, auf die
Erziehungsaufgabe der Eltern Rücksicht zu nehmen und am Gespräch mit den Eltern teilzunehmen. § 1618 a BGB setzt nicht voraus, dass die Eltern und Kinder in einer Hausgemeinschaft leben. Der Umfang der Verpflichtungen aus § 1618 a BGB ist nicht einheit-
lich zu bestimmen, sondern richtet sich nach dem Alter, Gesundheitszustand und Verhältnis der Beteiligten. In dem Maße, in dem das Kind in seiner Autonomie wächst, es zur
selbständigen Beurteilung der Lebensverhältnisse und eigenverantwortlichem Auftreten
in der Lage ist, weicht das Elternrecht zurück.[230]

Das Elternrecht wird nicht als Widerpart, sondern als Bestandteil des Kindesrechts gesehen.[231] Das elterliche Erziehungsrecht ist ein dienendes Grundrecht und kein Grundrecht zur Selbstverwirklichung der Eltern.[232] Es setzt zunächst voraus, dass die Eltern bereit und in der Lage sind, ihr Erziehungsrecht zum Wohle des Kindes auszuüben.[233]

Die Erziehung sichert die Entfaltung der Persönlichkeit des Kindes. Hierbei können
Kollisionen zwischen Eltern- und Kindesrecht vorkommen, insbesondere dann, wenn das
Kind in Pflegeverhältnissen aufgewachsen ist.[234]

Der Staat setzt bezüglich der Erziehung den Rahmen, in das Erziehungsrecht selbst
greift er nicht ein. Über die praktische Erziehung und deren Methoden gibt der Staat nur
wenige Empfehlungen, ohne bei Nichteinhaltung mit Sanktionen zu drohen, da die Entscheidung über pädagogische Maßnahmen nur den Eltern zusteht.[235] § 1631 BGB betont
deutlich, dass entwürdigende Erziehungsmaßnahmen unzulässig sind. Aber Freiheitsentzug und andere Zwangsmaßnahmen sind laut Gesetzgeber nicht von vornherein unzulässig. Sie können in Einzelfällen als dem Kindeswohl dienlich interpretiert werden und sind
nicht per se ein Indiz für Erziehungsungeeignetheit.[236] Sie sind abhängig von Dauer und
Verhältnismäßigkeit.[237]

---

[230] *Bosch* FamRZ 1973, 506; *Knöpfel* FamRZ 1977, 606, nennt dies „das Direktionsrecht weicht dem Kon-
trollrecht"; OLG Karlsruhe DAVorm 1998, 700.

[231] *Knöpfel* FamRZ 1985, 1211–1216; *Kunz* ZfJ 1986, 187–198.

[232] *Lecheler* FamRZ 1979, 7; *Ossenbühl* FamRZ 1977, 534; BayObLG FamRZ 1978, 135.

[233] Vgl. *Wendl-Kempmann/Wendl* S. 1.

[234] Beispielhaft hierzu ist die Diskussion um ein türkisches Mädchen, das die Eltern in die Türkei nehmen wollen und das sich dagegen wehrt: *Knöpfel* FamRZ 1985, 554–565.

[235] *Gross* S. 27.

[236] OLG Bamberg ZfJ 1988, 239.

[237] *Palandt/Diederichsen*, § 1631 Rn 9 ff.

Der § 1618 a BGB ist als staatlich gewünschte Leitlinie der Eltern-Kind-Beziehungen zu sehen und entspricht einem partnerschaftlichen Erziehungsstil. Die von den Eltern beabsichtigten erzieherischen Maßnahmen dürfen dem Kind nicht aufgezwungen werden, sondern müssen – ein entsprechendes Alter vorausgesetzt – mit ihm unter der Zielsetzung erörtert werden, Verständnis und Einsicht zu wecken. Darüber hinaus sollen Gegenargumente berücksichtigt und eine Einigung zwischen Eltern und Kind angestrebt werden. Weigert sich das Kind, am Gespräch teilzunehmen, und kommt keine Einigung zwischen Eltern und Kind zustande, so entscheiden die Eltern allein.[238] Weiter sind die Eltern nach Art. 6 Abs. 2 Satz 1 GG und nach § 1626 BGB verpflichtet, das Kind gemäß seinen Anlagen und Fähigkeiten und seinem jeweiligen Entwicklungsstand zu fördern, zu führen und ihm auch gegebenenfalls Schranken zu setzen. Nach § 1627 BGB sollen die Eltern dies im Einvernehmen erreichen. Daneben ist die Selbständigkeit des Kindes zu fördern.

Im Innenverhältnis ist das Kindeswohl die Richtlinie der Erziehung und elterlichen Handelns.[239] Die Interpretation des Kindeswohls steht allein den Eltern zu, die Grenze der elterlichen Bestimmung ist der Missbrauch. Das Kind ist in seiner Individualität zu achten, weder Unter- noch Überforderung sind zulässig.

Auch bezüglich Erziehungszielen gibt der Gesetzgeber keine sanktionierbaren Ziele vor. Formale Erziehungsziele sind aus dem Grundgesetz, Art. 1 und Art. 2, herleitbar: Das Kind solle sich zu einer eigenverantwortlichen Persönlichkeit innerhalb der sozialen Gemeinschaft, wie sie dem Menschenbild des Grundgesetzes entspricht, entwickeln;[240] dem Kind solle die Fähigkeit zur Einfügung in die Gemeinschaft des Lebens vermittelt werden; das Kind solle eine echte Bindung zum deutschen Volk, dessen Rechtsordnung und Kultur aufbauen und in den deutschen Staatsverband hineinwachsen.[241] Weitere Hinweise liefern § 9 SGB VIII und die §§ 1626 Abs. 2, 1631 a Abs. 1 BGB. Daneben geben die Landesverfassungen Hinweise auf Erziehungsziele, die – mit Ausnahme derer von Bayern bezüglich des Lehrplanes – aber für die Arbeit des Sachverständigen nicht von Bedeutung sind.[242]

Erziehungsziele, die aus der Verfassung nicht mehr ableitbar sind, sind auch im familienrechtlichen Verfahren als das Kindeswohl schädigend zu beurteilen. Dies sind Erziehungsziele wie Rassismus, Isolation des Kindes oder Erziehung zu Anarchismus,[243] Völkerhass und Kriminalität.[244] Allgemein wird Erziehung zu Aggression oder Intoleranz als schädlich angesehen. Die Rechte anderer, die verfassungsmäßige Ordnung und das Sittengesetz sind zu wahren.

Inwieweit das Kind zum Demokraten erzogen werden soll, ist nur dann von entscheidungserheblicher Bedeutung, wenn die Eltern in verschiedenen Staatsordnungen leben. In diesem Falle ist abzuwägen, welcher Elternteil dem Kind mehr Rechte zur Entwicklung einer selbstverantwortlichen Lebensführung einräumt.[245] Abzulehnen ist eine Haltung, die a priori davon ausgeht, dass das Kindeswohl nur im eigenen Land zu verwirklichen sei und nur unsere Verfassung die Verwirklichung des Kindeswohls ermögliche.

---

238 *Palandt/Diederichsen*, § 1626 Rn 1 ff.
239 BVerfG DÖV 1982, 9.
240 BVerfG FamRZ 1968, 578; OLG Bamberg FamRZ 1985, 1175.
241 BVerfG FamRZ 1974, 579.
242 So *Gernhuber* FamRZ 1973, 233.
243 *Coester*, Das Kindeswohl als Rechtsbegriff, S. 192.
244 *Rassek* S. 64.
245 *Coester,* Das Kindeswohl als Rechtsbegriff, S. 198.

Allgemein gilt, dass politische Einstellungen kaum mehr ein Grund für die Entziehung der elterlichen Sorge sind. Bisher sind zwei Fälle bekannt, bei denen die Pflegeerlaubnis aufgrund des Extremistenerlasses entzogen wurde.[246]

Die Eltern brauchen sich andererseits bei ihren Erziehungszielen nicht auf das generell Gebilligte zu beschränken. Dies gilt z.B. für die Erziehung zur Freikörperkultur, die zwar den allgemein akzeptierten Rahmen sprengt, aber Art. 2 Abs. 1 GG nicht verletzt und somit dem Staat keine Eingriffsmöglichkeit gestattet.[247]

Abwägungen der einzelnen Erziehungsziele und -methoden als Kriterien des Kindeswohls scheiden aufgrund des vorbehaltlosen Erziehungsrechtes der Sorgeberechtigten aus, soweit sie nicht den Anforderungen des § 1666 BGB genügen.[248] Über Erziehungsziele und -methoden, die unterhalb der Anforderungen aus § 1666 BGB liegen, lässt sich auch aus psychologischer und pädagogischer Sicht streiten.[249] Eine Gewichtung im Hinblick auf beide Eltern ist meist nicht möglich und noch weniger fruchtbar. Ein abwertendes Urteil innerhalb äußerst liberal zu betrachtender Grenzen steht dem Familienrichter und damit auch dem Sachverständigen nicht zu. Beide dürfen ihre subjektive Sicht ihrer Erziehungsvorstellungen nicht an die Stelle der Vorstellungen der Eltern setzen.[250]

Es kann nicht Aufgabe des Sachverständigen sein, unterschiedliche Erziehungsziele qualitativ zu bewerten, solange sie in den Rahmen einer pluralistischen Gesellschaft passen und allgemein akzeptiert sind.[251] Normative Zielvorstellungen, wie z.B. der „glückliche Mensch", dessen Eigenschaften man mit Wohlbefinden, Ausgeglichenheit, Gleichmut, Angstfreiheit, Aufrichtigkeit und optimistischer Einstellung zum Leben näher beschreibt, sagen nichts über das konkrete Verhalten der Eltern aus. Zudem ist bei der Glücksdefinition strittig, inwieweit Glück individuumbezogen ist oder nur in der sozialen Gemeinschaft erfahren werden kann.[252] Aussagen der Eltern über ihre Erziehungsziele sind vom Sachverständigen nicht überprüfbar und können allein keine sachverständige Empfehlung rechtfertigen. Zudem sind im Fall der Trennung sich ergänzende, unterschiedliche Erziehungsziele von Mutter (z.B. emotional) und Vater (z.B. leistungsbezogen) als gleichwertig zu behandeln.[253]

Es ist aus psychologischer Sicht auch schwierig, autoritäres oder inkonsistentes Erzieherverhalten – zumal im Rahmen der Begutachtung – zu operationalisieren, ebenso welcher konkrete Erziehungsstil am ehesten dem partnerschaftlichen Erziehungsideal entspricht, insbesondere dann, wenn sich die Erziehungsstile der Eltern entweder wenig unterscheiden oder sich ergänzen.

Extreme Formen des Erziehungsstils sind zu missbilligen. So ist ein autoritärer Erziehungsstil, der rein auf Gehorsam und Unterwerfung ausgerichtet ist, nicht mehr mit der gesetzlichen Leitfunktion vereinbar. Ein übermäßig strenger elterlicher Erziehungsstil führt zu vermehrten kindlichen Selbstvorwürfen und depressiven Stimmungen.[254] Zudem

---

[246] *Rassek* S. 32.

[247] *Gernhuber* S. 47.

[248] Siehe auch *Ehring* S. 6 ff.

[249] Einen Überblick gibt *Braun* ZfJ 1989, 331–336.

[250] BVerfG FamRZ 1982, 567.

[251] Vgl. *Lempp*, Gerichtliche Kinder- und Jugendpsychiatrie, S. 121.

[252] Vgl. *Domke,* in: Weber (Hrsg.), Pädagogik, Bd. 2, S. 77 f.

[253] OLG Frankfurt FamRZ 1977, 751; FamRZ 1978, 261.

[254] *Kury*, in: Lukesch/Perrez/Schneewind (Hrsg.), Familiäre Sozialisation und Intervention, S. 337–351.

besteht eine erhöhte Wahrscheinlichkeit, im Jugendalter durch delinquentes Verhalten auf-
zufallen,[255] ebenso bei inkonsistentem Erziehungsstil eines oder beider Elternteile.[256]

Ebenso ist ein gänzliches „Laissez-faire"[257] dem Kindeswohl abträglich, da das Kind
nicht gegen die in unserer Gesellschaft vorhandene Machtausübung gerüstet wird.[258] Zudem werden Begabungen des Kindes übersehen und Fähigkeiten nicht vermittelt, die soziales Leben ermöglichen. „Laissez-faire"-Erziehung kennzeichnet sich durch Verzicht auf
Lenkung und bedeutet im Grunde Verzicht auf jede Erziehung. Auch dieses Erzieherverhalten ist mit dem Maßstab des § 1666 BGB zu beurteilen.

Das diagnostische Vorgehen wird folglich nicht die Überprüfung von Erziehungszielen
zum Inhalt haben, sondern wird das Erzieherverhalten zu erfassen versuchen, mit dem die
Eltern ihre geäußerten Erziehungsziele verwirklichen wollen und die möglicherweise erheblich zu den Äußerungen des Kindes, des anderen Elternteils oder des Jugendamtes im
Widerspruch stehen.

Zur Bestimmung der Beobachtungssettings ist eine Aufdeckung der Alltagstheorie der
Eltern hilfreich. Hierbei sind Fragen, die sich auf konkrete erzieherische Situationen beziehen, verhaltensnäher als Fragebogenitems.[259] Fragen nach den „instrumentellen Überzeugungen"[260] – wie sich die Eltern den Zusammenhang zwischen Erziehungsziel und
ihren konkreten Erziehungsmethoden vorstellen – können im Anschluss an die Verhaltensbeobachtung weiterhelfen, im Rahmen einer Intervention elterliche Alltagstheorien
bewusst und damit veränderbar zu machen.

Konkrete Erziehungsmethoden könnten im interaktionellen Zusammenhang systematisch beobachtet oder auch im Rahmen der Exploration über die Vorgabe von konkreten
Erziehungssituationen durch die Eltern beschrieben werden. Die beobachteten Erziehungsmethoden sind auf ihre Angemessenheit in der speziellen Interaktionssituation zu
bewerten. Die Bewertung wird unterschiedlich sein, je nachdem, ob es sich um eine Spiel-
oder Leistungssituation handelt. Letztere ist von den Eltern mehr zu strukturieren, und in
ihr wird mehr Motivationsarbeit verlangt, das Kind zu Leistungsbereitschaft anzuhalten,[261] als dies in einer freien Spielsituation der Fall sein wird.

Die Interpretation der Verhaltens- und Explorationsdaten bezieht sich auf den Ent-
scheidungsspielraum des Kindes bei der Erfüllung des Erziehungsziels. Bewertbar ist, ob
ein Elternteil unbedingten Gehorsam fordert (z.B. das Kind muss nach dem Essen immer seine Hausaufgaben machen) oder ob ein Elternteil auch eigene Interessen des Kindes, die sehr wohl auch dem Erziehungsziel entgegengerichtet sein können, anerkennt
und damit sein Erzieherverhalten modifiziert. Restriktive Erziehungsziele korrelieren
mit strafendem Elternverhalten, vielen Vorschriften und wenig mit Maßnahmen, was die
Einsicht nicht fördert,[262] was einer kindlichen Selbständigkeitsentwicklung zuwiderläuft.

---

[255] Ausführlich dazu mit weiterreichenden Literaturhinweisen: *Barnow/Skoeries/Lucht/Freyberger*
Report Psychologie 2000, 98–109.

[256] *Eisenberg* FamRZ 1991, 147–155.

[257] Vgl. *Wegener* JZ 1985, 851, bezüglich einer Mutter, die mit ihrem Kind in einer Großkommune lebt.

[258] So *Rassek* S. 33.

[259] Vgl. *Genser/Brösskamp/Groth*, in: Lukesch/Perrez/Schneewind (Hrsg.), Familiäre Sozialisation und
Intervention, S. 145–161.

[260] *Perrez*, in: Speck/Peterander/Innerhofer (Hrsg.), Kindertherapie, S. 245–251.

[261] Vgl. *Eisert*, in: Speck/Peterander/Innerhofer (Hrsg.), Kindertherapie, S. 245–251.

[262] *Genser/Brösskamp/Groth*, in: Lukesch/Perrez/Schneewind (Hrsg.), Familiäre Sozialisation und
Intervention, S. 157.

Da Erziehung in den überwiegenden Fällen keine brauchbare Entscheidungsgrundlage bieten kann, ist auch eine diagnostische Untersuchung der Eltern, die sich bezüglich der Erziehungseignung (die sich nicht auf § 1666 BGB beziehen lässt) streiten, eine ungerechtfertigte Sachaufklärung, wenn sie ohne Bezug zu den Auswirkungen des Elternverhaltens auf das Kind bleibt. Es besteht kein Anlass zur sachverständigen Überprüfung, wenn sich das Vorbringen eines Elternteils bezüglich der Erziehung des anderen nur in der Wertung des Charakters erschöpft, ohne dass Auswirkungen dieser Charaktereigenschaften auf das Kind angeführt werden.

Meist bietet sich bei diesen Familien die Delegation an eine Erziehungsberatungsstelle an.

10. Förderkompetenz

Der Begriff „Förderkompetenz" umfasst persönliche Aspekte der Bezugspersonen des Kindes und deren erzieherischer Eignung, seine innere Einstellung zum Kind und die Bereitschaft einer jeden Bezugsperson, für die Versorgung, Erziehung und Beaufsichtigung des Kindes Verantwortung zu tragen;[263] weiter, welcher Elternteil dem Kind voraussichtlich die besseren Entwicklungsmöglichkeiten vermitteln, die meiste Unterstützung für den Aufbau seiner Persönlichkeit und eine gleichmäßige Betreuung und Erziehung geben kann.[264]

Von einigen Autoren[265] wird es nicht als zulässig angesehen, Förderkompetenz diagnostisch zu erfassen, da es einmal von der Überheblichkeit des Sachverständigen zeuge, wenn Eltern bewertet werden, zum anderen sei es fachlich nicht notwendig, da es Aufgabe des Sachverständigen sei, den Eltern zu einer einvernehmlich getragenen Gestaltung der Nachtrennungssituation zu verhelfen. Dem kann nicht gefolgt werden, da gerade Förderkompetenz ein wesentlicher Gesichtspunkt für das Kindeswohl ist. Nicht nur Beziehung und Beziehungsgestaltung tragen zum Wohlbefinden des Kindes bei, auch Verantwortungsübernahme sowohl für die Alltagsanforderungen als auch für die Ermöglichung anstehender Entwicklungsaufgaben[266] des Kindes.

Förderkompetenz wird neben der Bereitschaft zur Übernahme der elterlichen Sorge wesentlich durch Erziehungssituationen und Motivkonstellationen der Eltern,[267] die Feinfühligkeit gegenüber den Bedürfnissen des Kindes, in dem sie auf das Kind entwicklungsangemessen eingehen und in der Lage sind, die Perspektive des Kindes einnehmen zu können,[268] die Kontrollüberzeugungen der Eltern,[269] die Rollenverteilung der Eltern und nicht zuletzt durch die Häufigkeit und Qualität von Sozialkontakten der Eltern bestimmt. Erzieherverhalten ist nicht unabhängig von sozioökonomischen Faktoren zu bewerten.

Häufig verschlechtert sich die Förderkompetenz der Mütter im Rahmen der Trennung, meist aufgrund trennungsbedingter finanzieller Einschränkungen.[270] Diese hat oftmals er-

---

[263] BayObLG FamRZ 1968, 267; auch KG Berlin FamRZ 1990, 1385.

[264] *Schwab* FamRZ 1998, 464.

[265] So *Rexilius* Kind-Prax, S. 156; *Jopt* Betrifft Justiz 1988, 288–290.

[266] Siehe auch: *Salzgeber/Stadler* Kind-Prax 1998, 167–171.

[267] Vgl. *Baumgärtel*, in: Lukesch/Perrez/Schneewind (Hrsg.), Familiäre Sozialisation und Intervention, S. 107 ff. und 135 ff.

[268] *Peterander* Frühförderung interdisziplinär 1992, 19.

[269] Vgl. *Schuch*, in: Lukesch/Perrez/Schneewind (Hrsg.), Familiäre Sozialisation und Intervention, S. 161 ff.

[270] *Schmidt-Denter* FPR 1997, 59.

hebliche soziale und ökonomische Auswirkungen. Dazu kommen die Belastungen für den Elternteil, der das Kind betreut, erwachsend aus den spezifischen Trennungsreaktionen des Kindes, aber auch aus den eigenen neuen Gefühlsqualitäten gegenüber dem Kind, wie Schuldgefühlen wegen der Trennung, möglicherweise auch Aggressionen gegen das Kind als Repräsentanten des anderen Elternteils.[271] Auch kovariieren Arbeitsplatzerfahrung und die Persönlichkeitsstruktur der Bezugspersonen, Existenzangst und Zufriedenheit bei der Arbeit mit Förderkompetenz. So vermindert eine beengte Wohnsituation, die keine Rückzugsmöglichkeiten und ungestörten Besuch von Bekannten ermöglicht, die Entscheidungsfreiräume und bekräftigt ein kontrollierendes Erzieherverhalten – ein Erzieherverhalten, das durch Rigidität, Normorientierung sowie mangelnde Unterstützung und mangelnde Erziehung zur Selbständigkeit und Selbstverantwortung gekennzeichnet ist.[272]

Äußerst belastend wirkt sich der familiäre Konflikt für das Kind aus, wenn sich die Beziehung des betreuenden Elternteils zum Kind verschlechtert und damit auch sein erzieherisches Engagement und die Beaufsichtigung zurückgehen. Dies kann dann ein Nachlassen der schulischen Leistungen bedingen und damit die Schwächung eines bisher stützenden Faktors für das Kind.[273] Daneben verliert das Kind Orientierung, kann die neue familiäre Lage nicht mehr richtig einschätzen, die Restabilisierung wird dadurch erheblich erschwert. Dies wiederum verstärkt den Kontrollverlust des Kindes und kann bis zu depressiv-aggressiven Verhaltensweisen führen.[274]

Kinder können am besten lernen, wenn sie sich konkret beschäftigen. Das Kind muss mit Dingen umgehen können, um sie zu verstehen.[275] Dies legt für das erzieherische Verhalten nahe, dem Kind eine Vielzahl von unterschiedlich anregenden Materialien zum Hantieren zu überlassen, um dem Kind Erfahrungen zugänglich zu machen. Nicht weniger bedeutend ist es, dem Kind die Möglichkeit zur sozialen Interaktion einzuräumen. Erst die häufige soziale Erfahrung mit anderen Kindern und Erwachsenen hilft dem Kind zu erkennen, dass andere seine Ansicht nicht unbedingt teilen, was unvermeidlich zu Konflikten führt. Diese Auseinandersetzung hilft dem Kind, sich anderen emotional anzupassen, aber auch eigenes Denken zu klären und dieses logischer auszugestalten.[276]

Der Sachverständige hat immer zu bedenken, dass sich das elterliche Verhalten in der Trennungssituation in der Regel von der Zeit vor der Trennung, unter weniger stressvollen Bedingungen, unterscheidet. Bei einem möglichen Wechsel des Lebensschwerpunktes hat der Sachverständige zu berücksichtigen, dass ähnliche Stressfaktoren nun auf den anderen Elternteil zukommen, was möglicherweise ebenso dessen Kompetenz bzgl. Erziehung des Kindes verändern wird. Es gilt für den Sachverständigen, eher einen Weg zu suchen, der zu einer Unterstützung des allein sorgenden Elternteils führt, als vorschnell einen Wechsel des Lebensschwerpunkts zu empfehlen.

Unabhängig von der tatsächlichen Verantwortungsübernahme sind die Eltern für den Lebensweg des Kindes immer von Bedeutung.[277] Beide Eltern leisten ihre Beiträge mittel-

---

271 *Figdor* FPR 1997, 63.
272 Vgl. *Schneewind/Beckmann/Engfer* S. 182.
273 *Suess/Scheuerer-Englisch/Grossman* FPR 1999, 150.
274 *Rohmann* Kind-Prax 2000, 71–76.
275 Vgl. *Ginsburg/Opper* S. 276.
276 Vgl. *Ginsburg/Opper* S. 285.
277 Hierzu *Nave-Herz* FuR 1995, 106.

und langfristig durch ihre verhaltensbezogenen, kognitiven und emotionalen Beiträge und sind an allen Bereichen der kindlichen Entwicklung beteiligt. Während Beziehungsverhalten auch des späteren Erwachsenen von seiner Bindungsqualität mit der Mutter bisher gut vorhersagbar ist, werden Ausbildung, Selbstwertgefühl bei Jugendlichen eher von väterlichen Variablen bestimmt.[278]

Die Vorhersage väterlichen Verhaltens nach Trennung oder Scheidung ist schwierig. So können sich intensiv zugewandte Väter plötzlich zurückziehen, weil ihnen die eingeschränkte Vaterschaft zu schmerzhaft ist. Andere, früher weniger engagierte Väter bemühen sich nach der Trennung mehr, da ihnen die freund- und kameradschaftliche Rolle mehr zusagt. Unabhängig davon ziehen sich sehr viele Väter zurück, was aber nicht zwingend andauern muss.[279] Der Sachverständige sollte daher im Rahmen seiner Tätigkeit die Bedeutung der jeweiligen elterlichen Angebote für das Kind herausarbeiten und den Eltern vermitteln.

11. Religiöse Erziehung

Die Glaubensfreiheit ist durch Art. 4 Abs. 1 GG garantiert. Die Religion wird von den Sorgeberechtigten festgelegt, jedoch darf das Kind nach dem 12. Lebensjahr gegen seinen Willen nicht mehr zu einer Bekenntnisform gezwungen werden. Ab 14 Jahren ist das Kind religionsmündig[280] nach § 5 RelKErzG. § 1 SGB VIII betont das Recht des Kindes auf Förderung der Entwicklung zu einer eigenverantwortlichen und gemeinschaftsfähigen, dem Menschenbild des Grundgesetzes entsprechenden Persönlichkeit. Diese und die im § 1626 Abs. 2 formulierten Erziehungsziele haben auch bei der Beurteilung der aus der Religion eines Elternteils motivierten Erziehungsziele Geltung.

Religiöse Bekenntnisse sind grundsätzlich nicht auf ihre Kindeswohleignung abzuwägen.[281] Die Abwägung kann wegen der prinzipiellen staatlichen Neutralität in Bekenntnisfragen auch deshalb nicht vorgenommen werden, weil es keine Maßstäbe für die Bewertung der Konfessionen im Sinne des Kindeswohls gibt. Das Grundrecht der Glaubens- und Bekenntnisfreiheit erlaubt es nicht, einem Elternteil allein wegen seiner Glaubensüberzeugung oder der Zugehörigkeit zu einer ideologisch ausgerichteten Gemeinschaft die Eignung zur Ausübung der elterlichen Sorge abzusprechen.[282] Aus psychologischer Sicht gilt weiter, dass bezüglich der religiösen Kindererziehung zwischen den großen Religionsgemeinschaften und kleinen Gemeinschaften (Sekten) kein Unterschied gemacht werden darf.[283] Durch die Bezeichnung „Sekte" ist inhaltlich noch keine Wertung vollzogen, die für die Frage des Kindeswohls von Relevanz[284] wäre, abgesehen vom immanenten Aspekt, dass Außenseitergruppen (womöglich) Außenseiter produzieren. Maßgeblich ist allerdings, ob die Religionsgemeinschaft in Deutschland verboten ist oder nicht. Auch eine Bewertung, ob Religiosität

---

[278] Hierzu *Fthenakis* FPR 1998, 84–90, mit weiterführenden Literaturangaben.

[279] Hierzu gibt *Rohmann* Kind-Prax 2000, 71–76, einen Überblick.

[280] Ein über 14 Jahre altes Kind darf sich – mit Ausnahme zweier Bundesländer – auch gegen den Willen der Eltern gegen die Teilnahme am Religionsunterricht entscheiden; vgl. OVG Rheinland-Pfalz FamRZ 1981, 82.

[281] *Coester,* Das Kindeswohl als Rechtsbegriff, S. 230.

[282] So OLG Frankfurt FamRZ 1997, 573; Österr. OGH FamRZ 1997, 958.

[283] BayObLG FamRZ 1963, 192.

[284] *Bußmann,* in: Bayerisches Landesjugendamt (Hrsg.), Konfliktträchtige Gruppierungen und ihre Auswirkungen auf die elterliche Sorge, S. 15.

als solche, verschiedene Grade der Religiosität oder gar das Fehlen eines Bekenntnisses dem Kindeswohl besser entsprechen, ist unzulässig, da die Neutralität des Staates sich auf Weltanschauungen insgesamt ausdehnt.

Auswirkungen der Religionslehren sind erst dann zu berücksichtigen, wenn sie dem Kindeswohl schaden[285] oder gegen gesetzliche Regelungen, z.B. gegen Kindesschutzvorschriften, verstoßen.[286] So kann die Erziehungsfähigkeit bei der Ausübung der religiösen Erziehung eingeschränkt sein, wenn etwa ein Elternteil hinter dem Rücken des anderen das Kind einem anderen Bekenntnis zuführt, ein Elternteil ohne genügende Vorbereitung das Kind in ein Bekenntnis unvermittelt einführt oder ein Elternteil das Kind den Einflüssen mehrerer Bekenntnisse für längere Zeit aussetzt, so dass die Gefahr einer Verwirrung des Kindes besteht. Es ist auch darauf zu achten, dass Geschwister im selben Bekenntnis erzogen werden.[287]

Bei entsprechendem Vorbringen eines Elternteils hat der Sachverständige die notwendigen diagnostischen Schritte anzugehen.[288] Für den Sachverständigen hat dabei als Handlungsdirektive zu gelten, dass immer das elterliche Verhalten bei der Bestimmung des Kindeswohls maßgeblich ist, das aber auch Ausfluss einer nicht zu bewertenden religiösen Einstellung sein kann.

Im Einzelfall kann es problematisch sein, die Auswirkungen einer religiösen Ausrichtung auf die elterliche Erziehung einzuschätzen.[289] Persönliche Vorlieben und Meinungen des Sachverständigen müssen aber unbedingt im Gutachten als solche kenntlich gemacht werden.

Steht bei sonst vergleichbaren Eltern nur das verschiedene Religionsbekenntnis zur Sorgerechtsentscheidung an, so hat der Sachverständige, wie auch das Familiengericht, als Schlichter der unterschiedlichen Elternstandpunkte im Interesse des Kindes zu behandeln oder eine Empfehlung zu geben, die dem Kind am ehesten ermöglicht, sich zu einem freien, selbstbestimmenden und gemeinschaftsfähigen Menschen zu entwickeln und zu verhindern, dass es in eine Außenseiterrolle gedrängt wird.[290] Dies gilt besonders in den Familien, in denen sich ein Elternteil nach der Trennung einer neuen religiösen Gemeinschaft anschließt und das Kind in diese Gemeinschaft integrieren will. Hier hat der Sachverständige im Einzelfall, nachdem er sich über die ideologischen Inhalte kundig gemacht hat, abzuwägen, inwieweit der andere Elternteil ausgleichend wirken kann, inwieweit sich diese Integration auf die Bindungstoleranz des alltagssorgenden Elternteils auswirkt bis dahin, ob durch den Bruch einer jeglichen Erziehungskontinuität nicht auch ein Wechsel des Lebensschwerpunktes angezeigt ist.

---

[285] *Rassek* S. 85 mit Ausführungen des OLG Karlsruhe, Beschluss vom 8.8.1980, nicht veröffentlicht.

[286] *Coester*, Das Kindeswohl als Rechtsbegriff, S. 232.

[287] BayObLG FamRZ 1963, 192.

[288] BayObLG FamRZ 1976, 363.

[289] Hilfreich kann folgende Lektüre sein: Bayerisches Landesjugendamt, Konfliktträchtige Gruppierungen und ihre Auswirkungen auf die elterliche Sorge, 1997.; *Eimuth*, Die Sekten-Kinder, 1996; *Frank et al.*, Sektenreport, 1993; *Gandow*, Münchener Reihe; *Gross*, Was eine alternativ-spirituelle Gruppe zur Sekte macht, 1994; *Haack*, Findungshilfe Religion, 2000; *ders.*, Material-Edition 12. Arbeitsgemeinschaft für Religions- und Weltanschauungsfragen, 1980; *ders.*, Führer und Verführte, 1980; *ders.*, Guruismus, 1982, mit weiteren Hinweisen; *Gasper et al.* (Hrsg), Lexikon der Sekten, 1992; Lexikon der östlichen Weisheiten, 1986; *Hummel*, Gurus in Ost und West, 1984; *Hemminger*, Die Rückkehr der Zauberer, 1987; *ders.*, Aktuelle Trends auf dem Sekten- und Psychomarkt, 1994; zur Scientology-church ausführlich: *Eisenberg* ZfJ 1992, 298–305; Die Scientology – Organisation – Ziele, Praktiken und Gefahren, Bundesministerium für Familie, Senioren, Frauen und Jugend; *Klosinski*, Psychokulte, 1996.

[290] OLG Hamburg FamRZ 1985, 1284 bzgl. der Zugehörigkeit zur Bhagwan-Sekte.

Bei der familienpsychologischen Begutachtung, die den Lebensschwerpunkt und damit die Alltagssorge zum Inhalte hat, stehen häufig Bedenken wegen der Zugehörigkeit eines Elternteils zu New-Age-Bewegungen, den Zeugen Jehovas oder zu Scientology im Mittelpunkt.

a) New-Age-Bewegungen. In der aktuellen Sektendiskussion wird konkret von Jugendgefährdung durch (insbesondere sog. Jugend-)Sekten gesprochen. Darunter werden alle New-Age-Bewegungen verstanden, denen eine guruistische Ausrichtung zuzuschreiben ist.

Bei familiengerichtlichen Fragestellungen, die Gefährdungen aus dem religiösen Milieu zum Inhalt haben, können folgende Faktoren Hinweise geben:[291] Gehirnwäsche (Psychomutation) an Mitgliedern der (Jugend-)Sekten, insbesondere folgende Methoden bzw. Zwänge: absolute Neuausrichtung der Existenz; völlige Umstellung im Umweltverhalten; Aufgabe der Ausbildung; Trennung von der Familie; Ablehnung von Eigenbesitz, aber auch der Gesellschaft; Lebensradikalisierung: radikale Verhaltensweisen; Umstellung in Kleidung, Nahrung und Lebensweise; Unterordnung der Urteilsfähigkeit: der „Führer" wird alleiniger Ratgeber, Lebensberater und Vorbild.

b) Zeugen Jehovas. Die Zugehörigkeit zu den Zeugen Jehovas allein, weil sie z. B. Bluttransfusionen ablehnen, kann kein Grund sei, jemanden deshalb die prinzipielle Erziehungseignung abzusprechen.[292] Alternative medizinische Behandlungsmethoden, die im Einzelfall durchaus vorhanden sein können, werden von Zeugen Jehovas akzeptiert.[293] Auch allein wegen der Zugehörigkeit zu dieser Gruppe ist eine Übertragung des Sorgerechts in Gesundheitsfragen nicht angezeigt.[294] Konflikten kann leichter begegnet werden, wenn bei sonstiger Uneinigkeit der Eltern die medizinische Sorge gemeinsam belassen wird[295] oder im aktuellen Konfliktfalle nötigenfalls das Familiengericht gemäß § 1628 BGB angerufen wird.[296] Prinzipiell gilt dann, dass die elterliche Sorge nicht das Recht zur Entscheidung über Leben und Tod des Kindes beinhaltet.[297]

Bei entsprechenden Hinweisen kann der Sachverständige eruieren, inwieweit das Kind konkret entwürdigenden Erziehungsmethoden ausgesetzt wird.[298] Die Ethik der Zeugen Jehovas lehnt Schläge als Erziehungsmethoden nicht prinzipiell ab. Regelmäßige Teilnahme an Versammlungen und Missionstätigkeiten können zu einer Überforderung führen, aber auch zur sozialen Isolierung. Gelegentlich wird ein Kind von jeglichem Kontakt mit andersgläubigen Kindern abgehalten, Teilnahmen an Klassenfahrten werden untersagt. Die Einschränkung der Freiheit, an Geburtstagsfesten teilzunehmen, Märchen zu lesen, fernzusehen und das Telefon zu benutzen, kann die Gefahr ergeben, dass das Kind in eine Außenseiterrolle[299] gedrängt wird. Allein die allgemeine Gefahr reicht nicht aus,

---

[291] Die der Kriminalist *Meyer,* zit. bei *Fuchs* S. 12 anführt.

[292] BayObLG NJW 1976, 2017 = FamRZ 1976 43; OLG Saarbrücken FamRZ 1996, 561 hat das Recht auf medizinische Betreuung beiden Eltern belassen; OLG Stuttgart FamRZ 1995, 1290; OLG Düsseldorf FamRZ 1995, 1511; OLG Hamburg FamRZ 1996, 684; OLG München Kind-Prax 2000, 159.

[293] Zu diesem Aspekt: *Bender* MedR 1999, 260–266; *Kessler/Glockentin* MedR 2000, 419–422.

[294] AG Meschede FamRZ 1997, 958.

[295] OLG Saarbrücken FamRZ 1996, 561.

[296] So auch OLG Düsseldorf FamRZ 1999, 1157.

[297] So *Gernhuber* S. 825.

[298] Auch von den Zeugen Jehovas werden zu diesen Themen Schriften publiziert: Jehovas Zeugen und das Kindeswohl im Sorgerecht, 1997; Eine Ausgeglichene Ansicht über das Sorgrecht, 1997.

[299] OLG Frankfurt FamRZ 1994, 920 spricht von Ghettoisierung.

eine Kindeswohlbeeinträchtigung annehmen zu können.[300] Inwieweit das patriarchische Frauenbild eine Belastung für Töchter darstellt, muss bei Hinweisen erhoben werden, wie auch die schulischen Entwicklungsmöglichkeiten vor dem Hintergrund, dass die Religion der Zeugen Jehovas weder schulisches Fortkommen noch berufliche Erfolge als anstrebenswert erachtet, die mehr als die Versorgung für sich selbst und die Familie garantieren.[301]

Durch das Umgangsrecht kann der getrennt lebende Elternteil an seinen Wochenenden das Kind mit seiner religiösen Wertordnung vertraut machen,[302] um dem Kind die Möglichkeit einzuräumen, später selbst zu entscheiden, welcher Religionsgemeinschaft es angehören möchte,[303] auch konkrete Kindeswohlgefährdung lässt sich beim Umgang feststellen.[304]

Soweit die Religionslehre Einfluss auf das Kindeswohl nimmt, muss im Einzelfall ermittelt werden, ob es dadurch konkret beeinträchtigt wird.[305]

c) Weltanschaulich motivierte Erziehung. Nicht selten wird der Sachverständige mit familiären Konflikten konfrontiert, die sich am Streit über anthroposophischer Erziehung, spezielle Ernährungsvorstellungen und/oder medizinische Behandlungsvorlieben ergeben.

Prinzipiell gilt bei diesen Problemfällen, dass sie meist Ausdruck tiefer liegender Konflikte sind. Die Aufgabe des Sachverständigen wird in der Intervention liegen, und es wird auszuloten sein, inwieweit gegenseitige Toleranz mit entsprechenden Ausgleichsmöglichkeiten in der Familie vorhanden ist. Problematisch werden die Konflikte, wenn die Standpunkte äußerst ideologisch vorgetragen werden, was sich dann auch vor dem Hintergrund der Bindungstoleranz bzw. Kooperationsbereitschaft bewerten lässt. Im Einzelfall kann aber elterliches Verhalten, das sich aus der Zugehörigkeit bzw. subjektiven Überzeugung zu bestimmten Lebenseinstellungen ergibt, zur Kindeswohlgefährdung führen. Hinweisen darauf hat der Sachverständige nachzugehen.

Bei der medizinischen Versorgung können erhebliche Probleme dann entstehen, wenn ein Elternteil ein Kind homöopathischer Behandlung zuführt, die während Besuchskontakte des Kindes beim anderen Elternteil abgesetzt wird, um Symptome mit „schulmedizinischen Methoden" anzugehen. Hier ist wohl der Alltagsentscheid des Elternteils ausreichend, bei dem das Kind schwerpunktmäßig lebt oder der das Sorgerecht allein innehat, klare Regelungen den Eltern zu schaffen. Im Zweifelsfall sollte bei anstehenden Krankheiten medizinischer Sachverstand eingeholt werden, wenn Hinweise auf medizinische Unterversorgung eines Kindes bestehen.

Bei bestimmten Ernährungsvorstellungen eines Elternteils kann es häufig bei Kindern, wenn sie bei dem zu besuchenden Elternteil einen völlig anderen Speiseplan vorgesetzt bekommen, zu erheblichen Konflikten führen. Der Elternteil wird wohl, sollte es Konflikte mit dem Kind geben, motiviert werden müssen, auf Kompromisse auch bei der Nahrung gegenüber seinem Kind einzugehen, denn oftmals weigert sich bald das Kind, den Elternteil zu besuchen. Bei Mangelerscheinungen und einer hieraus entstehenden Kindeswohlgefährdung sind aber entsprechende Schritte einzuleiten.

Bei anthroposophisch orientierten Eltern kann es im Einzelfall nötig sein, sich vertieft mit den Argumenten und den Lebenseinstellungen eines Elternteils auseinander zu setzen.

---

[300] OLG Düsseldorf FuR 1996, 151.
[301] *Oelkers/Kraeft* FuR 1997, 163.
[302] OLG Düsseldorf FamRZ 1999, 1158; OLG Koblenz Kind-Prax 2000, 158.
[303] AG Bad Schwalbach FamRZ 1999, 1159.
[304] OLG Hamm FuR 1997, 57.
[305] OLG Köln FamRZ 2000, 1390.

Es genügt nicht, sich nur darauf zu beziehen, dass Waldorfschulen allgemein anerkannt sind. Dabei kann es nicht Aufgabe des Sachverständigen sein, eine Empfehlung für oder gegen z. B. Waldorfschulen abzugeben. Solange Schularten in Deutschland staatlich anerkannt oder genehmigt sind, entziehen sie sich einer Bewertung. Er hat sich aber im Einzelfall mit den vom Elternteil vertretenen Theorien der anthroposophischen Lehre auseinander zu setzen und zu überprüfen, inwieweit sie tatsächlich gegenüber dem Kind zur Auswirkung kommen. Auch hier gilt, dass es konfliktfördernd ist, wenn sich ein Elternteil nach der Trennung völlig dieser Weltanschauung hingibt und damit einen erheblichen Bruch in der Lebensumwelt des Kindes verursacht.

Unbestreitbar ist es das Recht eines Elternteils, sich gewissen Lebensformen zuzuwenden. Inwieweit daraus Belastungen für das Kind erwachsen, hat der Sachverständige nötigenfalls zu klären. Dabei kann das Nichtzulassen von technischen Geräten wie Fernsehen und Video eine Rolle spielen. Es können Konflikte erwachsen, wenn das Kind den anderen Elternteil besucht und dort die vorhandenen Möglichkeiten übermäßig nutzt.

Wie bei der religiösen Erziehung ist der Bewertungsmaßstab auch hier, inwieweit die Einstellung des Elternteils keine Alternativen mehr ermöglicht, dem Kind kein Freiraum mehr gelassen wird, andere Erfahrungen und sich selbst ein eigenes Bild zu machen, um später selbständig und verantwortungsbewusst zu handeln und seine eigene Persönlichkeit zu entwickeln.

12. Mangel an erzieherischer Kompetenz

In der Rechtsprechung findet sich eine Reihe von Hinweisen, die im Einzelfall gegen eine erzieherische Eignung sprechen und damit entweder eine Sorgerechtsübertragung ausschließen oder auch Maßnahmen nach § 1666 BGB nötig machen.

a) Gründe, die für einen Mangel an erzieherischer Kompetenz sprechen können. In der Rechtsprechung finden sich eine Reihe von Kriterien, die Hinweise für die Einschränkung der Erziehungskompetenz geben: Zweifel des Vaters an der Vaterschaft, Verletzung der Unterhaltspflicht eines Elternteils gegenüber den Kindern,[306] sittlich zweifelhafter Lebenswandel, Aufhetzung des Kindes gegen den anderen Elternteil, Verhinderung des Kontaktes des Kindes zum anderen Elternteil,[307] fehlende Mitwirkung bei der Klärung des Kindeswohls durch das Familiengericht.

Weitere Gründe können sein: Ausbeutung des Kindes als Arbeitskraft, Anhalten zum Betteln oder sonstigen strafbaren oder sexuellen Handlungen,[308] nicht zuletzt sexueller Missbrauch, körperliche Misshandlung und Tötung des Elternteils.[309]

Fehlende Erziehungskompetenz kann auch angenommen werden, wenn die Eltern beim Kind keine Schutzimpfungen gegen gewisse akute ansteckende Krankheiten durchführen lassen.

Erziehungsunfähigkeit ist anzunehmen, wenn sowohl die Wohnung als auch die körperliche Pflege oder die Ernährung des Kindes vernachlässigt sind oder bei Bindungsschwäche und Duldung ungünstiger Einflüsse Dritter auf das Kind.

---

[306] Vgl. *Rassek* S. 99.
[307] BGH FamRZ 1985, 169 = NJW 1985, 1702.
[308] *Trenczek* ZfJ 1999, 372.
[309] Hierzu *Black* in: Reder/Lucey (Hrsg.), Assessment of Parenting, S. 219–235.

Ist die Bezugsperson aufgrund ihrer eigenen Sozialisation nicht in der Lage, das Kind kognitiv und spielerisch zu fördern, und das Kind zeigt bereits massive Bindungsstörung, auffälliges Sozialverhalten, so besteht Gefährdung des Kindeswohls,[310] ebenso wenn dem Kind die Chance auf eine normale Lebenstüchtigkeit beim Verbleib bei dem Elternteil genommen wird.[311]

Es fehlt in der Regel an erzieherischer Kompetenz, wenn der Sorgeberechtigte das Kind nicht in die Schule schickt. Die Eltern haben das Recht, den vom Kind einzuschlagenden Bildungsweg frei zu wählen; der staatliche Erziehungsauftrag durch die Schule ist aber dem Elternrecht gleichgeordnet.[312]

So kann die Erziehungsfähigkeit ausgeschlossen sein, wenn das Kind in einer Kommune aufwächst, die die Institution der Familie prinzipiell ablehnt, da dies als dem Kindeswohl prinzipiell abträglich beurteilt wird.[313] In der älteren Rechtsprechung finden sich Hinweise wie: Erziehungsfähigkeit kann als ausgeschlossen angesehen werden, wenn ein Elternteil seine eigene und/oder eine fremde Ehe „bedenkenlos" zerstört[314] oder nach der Trennung mit einem verheirateten Partner zusammenlebt, so dass angenommen werden kann, dass dieser Elternteil das Wesen der Ehe nicht vermitteln kann.[315]

b) Gründe, die für sich allein nicht für einen Mangel an erzieherischer Kompetenz sprechen. Mangelnde Erziehungskompetenz ist nicht von vornherein anzunehmen bei Fragen des persönlichen Lebensstils der Bezugsperson, wenn von diesem keine Gefahren für das Kind ausgehen (Kleidung, Haartracht). Beurteilungen von Lebenswandel und Moral sind ebenfalls immer nur in ihren Auswirkungen auf das Kind zu beurteilen, was je nach Altersstufe des Kindes unterschiedlich sein kann.

Wünschenswert wäre es, wenn das Kind in einer Familie mit zwei Erwachsen unterschiedlichen Geschlechts aufwachsen würde, Alleinerziehung ist aber kein Kriterium, das der elterliche Sorge entgegensteht. Es geht auch nicht an, einen Elternteil, der rasch wieder heiratet, eben deshalb bei der Sorgerechtszuweisung zu bevorzugen.[316]

Auch sind Konfessionsverschiedenheit,[317] Interessen oder Eheverfehlungen eines Elternteils nicht per se Entscheidungskriterien.[318] Sie sind lediglich dahingehend zu überprüfen, ob sie Auswirkungen auf das Kindeswohl haben und ob dadurch die Beziehung zum Kind oder dessen Erziehung gefördert oder in Mitleidenschaft gezogen wird.[319]

Nicht Sittenwidrigkeit als solche hat Auswirkungen auf das Kindeswohl, sondern immer nur konkretes Verhalten, das möglicherweise aus der Sittenwidrigkeit herrührt. Sittenwidriges Verhalten eines Elternteils, ohne Auswirkungen auf das Kind, muss in Sorgerechtsfragen außer Beachtung bleiben.[320]

---

[310] BayObLG FPR 1999, 185.
[311] OLG Oldenburg FamRZ 1999, 38.
[312] HessStaatsGH NJW 1982, 1381 mit vielen Verweisen auf einschlägige Urteile.
[313] Anders OLG Stuttgart FamRZ 1985, 1285 = JZ 1985, 848.
[314] OLG Bamberg FamRZ 1985, 528.
[315] *Schütz* FamRZ 1985, 1179; OLG Hamm FamRZ 1977, 744; KG Berlin FamRZ 1968, 98; KG Berlin FamRZ 1968, 659; OLG Bamberg FamRZ 1980, 620.
[316] OLG Stuttgart FamRZ 1976, 282.
[317] BayObLG FamRZ 1962, 32.
[318] Im Widerspruch dazu noch BayObLG FamRZ 1977, 650.
[319] Vgl. *Coester* FamRZ 1977, 222, ähnlich auch *Bosch* FamRZ 1977, 575; OLG Bamberg FamRZ 1985, 528.
[320] *Coester*, Das Kindeswohl als Rechtsbegriff, S. 245.

Homophile,[321] bisexuelle oder sexuell sadistische Neigungen sind per se kein Grund, die Verletzung der Elternpflichten anzunehmen.[322] Unzulässig ist auch jede Verknüpfung von Fehlverhalten in der Ehe mit dem Erziehungsverhalten oder auch nur eine diesbezügliche Vermutung.[323]

Prostitution ist für sich noch keine Verletzung der Elternpflichten.[324] Es muss im Einzelfall geprüft werden, wie sich das Gewerbe der Mutter oder des Vaters auf das Kind auswirkt. Hierbei kann es von Bedeutung sein, wo der Elternteil sein Gewerbe ausübt, ob das Kind Zeuge dabei ist, wie die Versorgung und Betreuung des Kindes zu gewährleisten ist. Eine Sorgerechtsübertragung auf eine Prostituierte, die z. B. mit einem Internatsaufenthalt eines Kindes einhergeht, ist daher nicht per se dem Kindeswohl abträglich.

Eine operativ durchgeführte Geschlechtsanpassung eines Elternteils, der nun „dem anderen Geschlecht zugehörig angesehen" wird, ist ebenfalls kein Grund, eine Sorgerechtsentscheidung zu verweigern, wenn es dem Kindeswohl entspricht,[325] es kommt vielmehr darauf an, wie dem Kind dieser äußerliche Identitäts- und Rollenwechsel vermittelt wird, der ja auch vor der Geschlechtsumwandlung eingetreten ist, und wie es bei der Bewältigung dieser, aus kindlicher Sicht sicherlich einschneidenden Erfahrung, unterstützt wird.

Auch registrierte Straffälligkeit ist nicht von vornherein ein Kriterium, die Erziehungsfähigkeit abzustreiten. Der Anteil der vorbestraften Personen an der Gesamtbevölkerung beträgt bereits ein Drittel.[326] Ist ein Elternteil jedoch wiederholt vorbestraft und steht noch unter Bewährung, kann er schwerlich in der Lage sein, das Kind zu einer eigenverantwortlichen Persönlichkeit in der sozialen Gemeinschaft zu erziehen.[327]

Aus psychologischer Sicht unzulässig ist die Ansicht, dass eine Verweigerung der Fortführung gemeinsamer Elternverantwortung im Sinne einer Ablehnung des gemeinsamen Sorgerechts per se als Mangel an Erziehungskompetenz gewertet werden solle[328] und eine Aberkennung des Sorgerechts rechtfertige. Dies gilt auch für die häufig vorgebrachte Ansicht, dass, wenn ein Elternteil das Kind zunächst im ehelichen Haushalt beim anderen Elternteil zurückgelassen hat und nach längerer Zeit die elterliche Sorge begehrt, nachdem eine Wohnung und eine neue Partnerschaft vorhanden sind, die Erziehungsfähigkeit zu überprüfen sei, da die Einrichtung einer neuen Lebenssituation weniger vordringlich sei als die Betreuung des Kindes. Es sei bei der Frage nach der Erziehungsfähigkeit zu erheben, inwieweit ein Elternteil in der Lage sei, seine eigenen Interessen denen der Kinder unterzuordnen.

Auch eine Kindesentziehung durch einen Elternteil aus dem gemeinsamen Haushalt ohne Wissen des anderen Elternteils rechtfertigt per se noch nicht die Feststellung der Erziehungsunfähigkeit.[329]

---

[321] Hierzu Broschüre: Lesben und Schwule mit Kindern – Kinder homosexueller Eltern, erhältlich bei Senatsverwaltung für Schule, Jugend und Sport, 10 785 Berlin, Am Karlsbad 8–10; *King,* in: Reder/Lucey (Hrsg.), Assessment of Parenting, S. 204–219.

[322] *Ell,* Psychologische Kriterien bei der Sorgerechtsregelung und die Diagnostik der emotionalen Beziehungen, S. 62; AG Mettmann FamRZ 1985, 529, das die elterliche Sorge auf eine homophile Mutter übertrug.

[323] *Coester,* Das Kindeswohl als Rechtsbegriff, S. 228.

[324] BVerfG FamRZ 1986, 874.

[325] Vgl. OLG Schleswig FamRZ 1990, 433; *Ell,* Psychologische Kriterien bei der Sorgerechtsregelung und die Diagnostik emotionaler Beziehungen, S. 61.

[326] *Eisenberg* FamRZ 1991, 151.

[327] OLG Bamberg FamRZ 1991, 1341.

[328] Dies würde der Rechtsprechung des BGH FamRZ 1999, 1646 widersprechen, es gibt keine Vermutung, gemeinsame Sorge sei in der Regel besser als alleinige Sorge; siehe dazu: *Born* FamRZ 2000, 398 f.

[329] *Coester,* Das Kindeswohl als Rechtsbegriff, S. 203; KG Berlin FamRZ 1983, 1159.

Psychologisch relevant können alle diese Entscheidungskriterien allein nicht sein. Sie besitzen oftmals normativen Gehalt und repräsentieren das Interesse des Staates an einer bestimmten Lebensform. Sie sind aber Gesichtspunkte, die der Familienrichter und der Sachverständige in jedem Falle auf ihre Auswirkung auf das betroffene Kind zu überprüfen hat. Sie sind Anhaltspunkte, die weitere Formulierung von psychologischen Fragen für den konkreten Einzelfall nötig machen können, sowohl im Hinblick auf das diagnostische Vorgehen als auch für angemessene Interventionen.

13. Unzulässige Erziehungsmaßnahmen

Fragestellungen, die bei einer Kindeswohlgefährdung[330] zu überprüfen sind, umfassen für den Sachverständigen in der Regel die Herausnahme des Kindes aus bestehenden Familien, die Herausnahme des Kindes von einem sorgeberechtigten Elternteil oder die Rückführung des Kindes in die Ursprungsfamilie. Finden sich im Rahmen von Sorge- und Umgangsstreitigkeiten Hinweise, die eine Kindeswohlgefährdung vermuten lassen, so werden diese oftmals mit „unzulässigen Erziehungsmaßnahmen" der Bezugspersonen belegt.

Der strenge Maßstab der Kindeswohlgefährdung nach § 1666 BGB gilt im Verhältnis des Staates zu den sorgeberechtigten Eltern. Im Fall der Scheidung und Trennung gelten jedoch andere Maßstäbe: Hier ist der Familienrichter und auch der Sachverständige berechtigt, bei der Berücksichtigung der elterlichen Erziehungsmaßnahmen abzuwägen, ob ein Elternteil im Gegensatz zum anderen von körperlicher Züchtigung oder anderen unangemessenen Erziehungsmethoden absehen kann.[331]

§ 1631 BGB sagt deutlich, dass das Kind ein Recht auf gewaltfreie Erziehung hat. Körperliche Bestrafung, seelische Verletzungen und andere entwürdigende Maßnahmen sind demnach unzulässig. Auch die Duldung von körperlicher Züchtigung durch den anderen Elternteil kann bereits einen Missbrauch der elterlichen Sorge darstellen.[332] Das Sorgerecht umfasst zwar nach § 1631 Abs. 1 BGB auch ein Sanktionsrecht, dieses ist aber gebunden an die Verhältnismäßigkeit und Angemessenheit hinsichtlich des Erziehungsziels zur Selbständigkeit[333] und muss vom Erziehungswillen getragen sein. Auch lassen die Art oder Häufigkeit strafender Maßnahmen noch nicht automatisch auf deren Unzulässigkeit schließen.

Die Zulässigkeit strafender Maßnahmen wird durch den Erziehungszweck bestimmt. So ist das körperliche Einwirken auf einen Säugling, der vom Wickeltisch fallen würde, notwendig, oder das Zurückhalten eines Kindes, wenn es bei einer roten Ampelschaltung über die Straße laufen will.[334] Eine körperliche Bestrafung ist aber unzulässig, da es für das Kind eine Demütigung bedeutet. Körperliche Züchtigung ist eine Strafe, die dem Kind körperlich einen empfindlichen Schmerz zufügen soll.

---

[330] Ausführlich mit Kindesmisshandlung beschäftigte sich *Zenz*, Kindesmisshandlung und Kindesrechte, 1979; einen Überblick über die Problematik von Kindesmisshandlungen gibt der Sammelband von *Olbing/Bachmann/Gross*, Kindesmisshandlung, 1989 und der Sammelband von *Egle/Hoffmann/Joraschky*, Sexueller Missbrauch, Misshandlung, Vernachlässigung, 1997 sowie *Lutzker*, Handbook of Child Abuse Research and Treatment, 1998.

[331] Vgl. *Coester,* Das Kindeswohl als Rechtsbegriff, S. 196.

[332] Vgl. *Goldstein/Freud/Solnit* S. 166; *Rassek* S. 65.

[333] *Coester,* Das Kindeswohl als Rechtsbegriff, S. 194.

[334] *Peschel-Gutzeit* FPR 2000, 231–232.

Auch seelische Verletzung des Kindes wie Bloßstellen vor Dritten ist als Erziehungsmethode untersagt. Maßstab ist, ob das kindliche Ehr- und Selbstwertgefühl verletzt wird. Dabei ist von der individuellen Person des Kindes und der konkreten Auswirkung der Strafe auszugehen.

Elterliche Erziehungsmethoden wie unsinniges Abschneiden der Haare, Aufhetzen eines Hundes, Einsperren des Kindes u. a. fallen gemäß § 1631 Abs. 2 BGB unter „andere entwürdigende Maßnahmen" und sind ebenfalls unzulässig.

Körperliche Bestrafungen stellen immer eine missbräuchliche Ausübung der elterlichen Sorge dar;[335] ob dieser Missbrauch einem besonnen denkenden Elternteil erkennbar war, kann nicht entscheidungserheblich sein.

Ziel des § 1631 BGB ist nicht die Kriminalisierung des strafenden Elternteils. Flankierend wurde im § 16 SGB VIII ein Hilfsangebot für Eltern aufgenommen, zukünftig gewaltfrei erziehen zu können.[336]

Extensive körperliche Züchtigung kann auch den Straftatbestand der Körperverletzung nach §§ 223 ff. StGB, der Misshandlung eines Schutzbefohlenen nach § 223 b StGB oder der Verletzung der Fürsorge- und Erziehungspflicht nach § 170 d StGB erfüllen und den Entzug des Personensorgerechts rechtfertigen.[337]

Kindesmissbrauch, mit der Folge von Maßnahmen nach § 1666 BGB, ist auch anzunehmen, wenn ein Kind durch häufige Schläge ängstlich, verstört und verschüchtert wird,[338] oder wenn dem Kind mit einem gefährlichen Werkzeug Verletzungen zugefügt worden sind.[339] Eine körperliche Züchtigung ist missbräuchlich, wenn sie keine Ahndung kindlichen Ungehorsams war, sondern Abreaktion elterlicher Affekte;[340] wenn sie unverhältnismäßig eingesetzt wird (tagelange Schläge wegen einer einmaligen Handlung); wenn ein fast volljähriges Kind vor Dritten, an deren Achtung dem Kind gelegen ist, geohrfeigt wird.

Kein strafbares Verhalten liegt vor bei kürzerer Freiheitsberaubung, z. B. bei nachmittäglichem Hausarrest, auch wenn sich dieser über eine Woche hinweg wiederholt.[341]

Bei der Beurteilung der Erziehungsmaßnahmen ist nicht nur der Missbrauchstatbestand als Maß heranzuziehen, sondern auch und insbesondere die Verletzung der Würde des Kindes. Es muss die Intensität der Kindeswohlgefährdung bestimmt werden, wobei psychisch wirkende Gefährdungen eher unterschätzt werden im Vergleich zu körperlichen Faktoren.[342]

Seelisch entwürdigende Erziehungsmaßnahmen sind z. B., das Kind dem Gespött anderer auszusetzen und der Verachtung Dritter preiszugeben, z. B. durch Kahlscheren des Kopfes, Herumlaufenlassen mit einem Schild mit der Aufschrift „Ich bin ein Dieb"[343] oder Fesseln und Festbinden an ein Bett.[344] Unzulässig sind ferner alle Erziehungsmaßnahmen,

---

[335] Siehe BayObLG FamRZ 1994, 975.

[336] *Peschel-Gutzeit* FPR 1999, 255; dazu auch *Baltz* ZfJ 2000, 210–214.

[337] OLG Frankfurt FamRZ 1980, 284; OLG Frankfurt FamRZ 1980, 826.

[338] OLG Stuttgart FamRZ 1975, 538.

[339] BayObLG FamRZ 1993, 229.

[340] Vgl. *Kunz* Zentralblatt für Jugendrecht 1990, 52–55.

[341] *Reichert-Hammer* JZ 1988, 621.

[342] Um körperliche Kindesmisshandlungen als solche erkennen zu können, ist für den psychologischen Sachverständigen und den Richter der Taschenatlas von *Rose*, Erkennen von Kindesmisshandlungen, 1986, hilfreich.

[343] *V. Münch* S. 80.

[344] *Kunz* Zentralblatt für Jugendrecht 1990, 53.

die das Kind quälen oder das Anstandsgefühl des Kindes verletzen, sowie alle Einwirkungen, die zu Gesundheitsschädigungen führen können.[345] Weitere Beispiele sind: Kinder unter 14 Jahren zur Arbeit zu schicken; Anhalten zum Betteln, zur Unzucht, zu staatsfeindlicher Einstellung oder zu sonstigen strafbaren Handlungen; Ausweisung aus dem Elternhaus in blinder Wut;[346] hysterische Tobsuchtsanfälle der Eltern.

Missbrauch liegt aber ebenso vor, wenn die Persönlichkeitsentwicklung eines Kindes durch die überfürsorgliche und erstickende Erziehungshaltung der Eltern erheblich gefährdet ist.[347]

Körperlich strafendes Elternverhalten wird, wenn überhaupt, eher verbalisiert werden als in der Begutachtungssituation konkret beobachtbar sein. Wesentliche Informationsquellen sind das Kind selber, Berichte Dritter und in Extremfällen ärztliche Atteste.

Um elterliche Erziehungsmaßnahmen erfassen zu können, bieten sich als diagnostische Methoden die Verhaltensbeobachtung und das strukturierte diagnostische Gespräch an. Dabei sind elterliche Persönlichkeitsmerkmale, die indirekt über rigide Machtbehauptung gegenüber dem Kind bedeutsam werden und beim Kind auf Anpassung und Unterordnung ausgerichtet sind, sowie Persönlichkeitsmerkmale, die sich mit konservativ, antiintellektuell und pessimistisch umschreiben lassen, Antezedenzbedingungen für punitives elterliches Erzieherverhalten;[348] eine weitere Antezedenzbedingung ist väterliche Arbeitsplatzerfahrung, die mit geringer Schulausbildung und niedriger beruflicher Position beschrieben werden kann.

Im Falle von Sorgerechtsfragen bei Trennung und Scheidung kann der Sachverständige sich aber nicht auf die einfache Entscheidungsebene beziehen; wer nicht schlägt, bei dem sollte das Kind aufwachsen.

Eine normative Bewertung körperlicher versus verbaler strafender Erziehungsmaßnahmen ist äußerst schwierig, wenn nicht unmöglich, da die isolierte Bewertung einzelner Erziehungspraktiken nur theoretisch relevant ist. Die Erziehung setzt sich aus einer Vielzahl von Praktiken zusammen; das Kind reagiert auf ein erzieherisches Gesamtverhalten[349] und ist zudem abhängig vom Familienklima.

Elterliche Punitivität (Neigung zu übermäßigem Strafen) ist allerdings ein Indiz für eine missglückte Eltern-Kind-Beziehung.[350] Einzelne eingeräumte Schläge der Eltern sind folglich auch vor dem Hintergrund der bestehenden Eltern-Kind-Beziehungen zu bewerten. Entscheidend wird sein, ob die Eltern Gefühle der Ohnmacht, Überforderung bei der Erziehung der Kinder und der Bewältigung der familiären Konflikte vorbringen oder nicht.

Auswirkungen strafender Erziehungspraktiken beim Kind können mit Gefühlen, sich abgelehnt und ungerecht behandelt zu fühlen, beschrieben werden. Dabei sind nicht die Strafen per se Ursache für diese Gefühle der Hilflosigkeit und Angst, sondern die ihnen zugrunde liegende elterliche Ablehnung.

---

[345] *Gernhuber* S. 730.
[346] *Palandt/Diederichsen*, § 1666 Rn 3, 4.
[347] AG Moers FamRZ 1986, 715.
[348] *Schneewind/Beckmann/Engfer* S. 49.
[349] *Domke,* in: Weber (Hrsg.), Pädagogik, Bd. 2, S. 30.
[350] Vgl. *Schneewind/Beckmann/Engfer* S. 43.

14. Störungsbilder bei Kindern, die auf einen Mangel der Erziehungsfähigkeit hinweisen

Im Folgenden soll nicht die Rede sein von den im Zuge der elterlichen Trennung/Scheidung bei betroffenen Kindern oft massiv auftretenden Verhaltensauffälligkeiten, welche meist als Ausdruck kindlicher Belastung und Überforderung durch die aktuelle familiäre Situation verstanden werden können und im Allgemeinen nach einer Beruhigung der Gesamtsituation wieder verschwinden (allerdings bei anhaltenden elterlichen Konflikten und Auseinandersetzungen auch über lange Zeit hinweg persistieren bzw. sich verschlimmern können). Hierzu gehören gravierende Anzeichen von Suchtmittelabhängigkeit und wiederholte schwerwiegende strafrechtliche Verstöße des Kindes,[351] die stets Hinweise auf eine Kindeswohlgefährdung geben[352] und zudem Verfahren wegen Aufsichtspflichtverletzungen nach § 832 BGB nach sich ziehen können.

Es können nicht alle relevanten Verhaltsstörungen aufgelistet werden, die Diagnostik vieler Verhaltensauffälligkeiten fällt in den Bereich der Kinder- und Jugendpsychiatrie.[353]

a) Schulphobie. Mit Schulphobie ist ein Widerstand gegen den Schulbesuch aufgrund von mit der Schule verknüpfter Angst gemeint. Gewöhnlich geht diese Angst mit körperlichen Symptomen einher, wobei der (Magen-Darm-) Gastrointestinaltrakt am häufigsten betroffen ist. Die körperlichen Beschwerden werden dann als zusätzliches Mittel eingesetzt, um das Zuhausebleiben zu rechtfertigen; sie verschwinden häufig, wenn dem Kind versichert wird, dass es die Schule nicht besuchen muss. Im charakteristischen Fall wird dem Kind beim Frühstück übel oder es klagt über Bauchschmerzen und sträubt sich verzweifelt gegen alle Versuche, es zu beruhigen, vernünftig mit ihm zu reden oder es unter Zwang zur Schule zu bringen. In ihrer milderen Form kann die Schulphobie nur ein vorübergehendes Symptom darstellen; wenn sie sich jedoch verfestigt, kann sie zu einer am meisten beeinträchtigenden Störung der Kindheit werden und sogar jahrelang anhalten.[354] Das betreffende Kind kann im Allgemeinen für seine unter deutlich ängstlichem Affekt vorgetragene Weigerung, die Schule zu besuchen, keinen Grund angeben, es empfindet seine Angst anscheinend selbst als etwas Fremdes, Unerklärliches.[355] Es verspricht auch deshalb bereitwillig, am nächsten Tag in die Schule zu gehen, glaubt selbst daran, zeigt am folgenden Tag jedoch erneut starke Angst.

Verschiedene Autoren weisen auf einen Zusammenhang zwischen dem Verhalten der Mutter und der kindlichen Schulphobie hin. So kann irgendein Umweltereignis, das zur Schulsituation in Beziehung stehen kann, erhöhte Angst beim Kind erzeugen.[356] Gleichzeitig entwickelt die Mutter aufgrund irgendwelcher Probleme vermehrte Angst. Ein gegenseitiges Abhängigkeitsverhältnis zwischen Mutter und Kind kann dann dazu beitragen, die Angst weiter zu vergrößern, die natürlicherweise bei der Trennung von Mutter und Kind durch den Schulbesuch entsteht. So beginnt das Kind, den Schulbesuch zu ver-

---

[351] Hierzu *Lösel*, in: Lemp/Schütze/Köhnken (Hrsg.), Forensische Psychiatrie und Psychologie des Kindes- und Jugendalters, S. 235–245.

[352] Empfehlungen des 13. Deutschen Familiengerichtstages, FamRZ 2000, 274.

[353] *Rüth*, Prax. Kinderpsychol. Kinderpsychiat. 1998, 486–498; *Rüth/Freisleder* Spektrum der Psychiatrie, Psychotherapie und Nervenheilkunde 1998, 372–379.

[354] *Waldfogel* 1959, zit. nach Davison/Neale S. 148 ff.

[355] *Lempp*, Eine Pathologie der psychischen Entwicklung, 1981.

[356] *Johnson* 1941, in: Davison/Neale S. 150.

meiden, und die Mutter protestiert nicht allzu heftig dagegen, kann sogar das Fernbleiben des Kindes, ohne dies direkt zu beabsichtigen, belohnen, weil es ihren eigenen Zwecken dient. Die Verweigerung des Schulbesuchs besteht danach aus zwei getrennten, wenn auch miteinander in Beziehung stehenden Elementen: der intensiven kindlichen Angst vor dem Schulbesuch und der Verstärkung des Verweigerungsverhaltens durch die Mutter.

Als erfolgversprechend gilt eine Verhaltenstherapie in veränderter Schulsituation, möglichst außerhalb des Elternhauses; parallel hierzu sollte eine Aufarbeitung der zugrunde liegenden Beziehungsprobleme erfolgen.

Aus obigen Ausführungen ist abzuleiten, dass bei Vorliegen einer Schulphobie bei einem Kind gewisse Defizite bei der Mutter (bzw. dem Elternteil, bei dem das Kind schwerpunktmäßig lebt) zu vermuten sind. Die Beurteilung, ob diese Defizite zu einer Einschränkung der elterlichen Erziehungsfähigkeit führen, wird u. a. davon abhängen, ob der betreffende Elternteil bereit und in der Lage ist, eigene Anteile an der kindlichen Störung zu erkennen und sich in therapeutische Maßnahmen einbinden zu lassen. Sieht er die Problematik allein im Kind begründet, verlagert er sie nach außen, etwa in die Schule bzw. schreibt er allein dem anderen Elternteil die Verantwortung zu, ist von einer Einschränkung seiner Erziehungsfähigkeit auszugehen. Es kann bei diesem Störungsbild eine ca. sechswöchige stationäre Begutachtung angezeigt sein,[357] die durch Entzug des Aufenthaltsbestimmungsrechts durchgesetzt werden könnte.

b) Diebstahl. Ein Kind erwirbt den Wert- und Eigentumsbegriff im 3./4. Lebensjahr, es handelt sich dabei um einen Lernprozess. Dieser resultiert sowohl aus Modelllernen als auch der Gewissensbildung, die ihrerseits mit der Respektierung von Mitmenschen und somit der Möglichkeit zur Beziehungsgestaltung zusammenhängt.

Diebstähle von Kindern können aus unterschiedlichen Gründen erfolgen.[358] So können sie krankheitsbedingt auftreten, etwa bei schwachsinnigen Kindern, bei postenzephalitischen oder posttraumatischen Geisteskrankheiten oder im epileptischen Dämmerzustand.

Bei mangelndem elterlichen Vorbild, wenn etwa das Kind Diebstahlshandlungen bei Eltern oder sonstigen erwachsenen Bezugspersonen erlebt, ist der kindliche Diebstahl unter dem Aspekt der Verwahrlosung zu betrachten.

Ferner können Diebstahlshandlungen Ausdruck seelischer Konflikte beim Kind sein. So kann es vorkommen, dass ein Kind ein erhöhtes Liebesbedürfnis nur dadurch befriedigen kann, dass es Süßigkeiten stiehlt bzw. sich diese von gestohlenem Geld kauft. Kinder in Außenseiterpositionen, die gerne Anschluss an eine Gemeinschaft von Gleichaltrigen, Nachbarskindern o. Ä. hätten, versuchen, sich gelegentlich durch gestohlenes Geld bzw. hiermit erworbene Dinge Freunde und Zuwendung zu „erkaufen". Der Diebstahl kann hier als Hilferuf des Kindes nach Aufmerksamkeit und Zuwendung verstanden werden.

Daneben gibt es auch das Stehlen aus „Abenteuerlust" in kleinen Gruppen.[359]

Die Prognose zukünftiger kindlicher Diebstähle ist schwierig einzuschätzen. Katamnestischen Untersuchungen[360] zufolge werden nach der ersten Tat ca. ein Drittel der kind-

---

[357] BayObLG ZfJ 1996, 106.

[358] Ausführlich hierzu: *Lösel,* in: Lempp/Schütze/Köhnken (Hrsg.), Forensische Psychiatrie und Psychologie des Kindes- und Jugendalters, S. 221–234; *Lösel/Bender,* in: Lempp/Schütze/Köhnken (Hrsg.), Forensische Psychiatrie und Psychologie des Kindes- und Jugendalters, S. 246–254.

[359] *Frank,* Psychiatrie, 1992.

[360] *Lempp,* Eine Pathologie der psychischen Entwicklung, S. 337.

lichen und jugendlichen Diebe rückfällig, nach zwei oder mehr Diebstählen beinahe 70 Prozent. Als bedeutsam werden innerfamiliäre Spannungen, Streit und Auseinandersetzungen sowie schulische und berufliche Misserfolge im Sinne einer schlechten Prognose angesehen.

Finden sich als Hintergrund von Diebstahlshandlungen Hinweise auf Verwahrlosung des betreffenden Kindes, so ist von einer Einschränkung der elterlichen Erziehungsfähigkeit auszugehen.[361]

Stellt sich der Diebstahl als Ausdruck kindlicher Konflikte oder unbefriedigter Bedürfnisse dar oder ist er als Resultat einer zu wenig auf Eigenverantwortlichkeit ausgerichteten elterlichen Erziehungshaltung zu verstehen, geht es darum zu untersuchen, wie die betreffenden Elternteile mit der Situation umgehen, ob sie etwa bereit sind, eigenes Verhalten bzw. familiäre Konflikte als Ursache für die kindlichen Auffälligkeiten anzuerkennen und bei der Auseinandersetzung mit diesen Schwierigkeiten auch gewillt sind, fachkundige Hilfe in Anspruch zu nehmen, um die Situation zu verändern. Neigen die Eltern bzw. ein Elternteil dagegen dazu, die Probleme allein im Kind begründet zu sehen und hierauf mit einer rigiden, vordringlich auf Sanktionen und Strafen ausgerichteten Erziehungshaltung zu antworten bzw. die Verantwortlichkeit vordringlich dem anderen Elternteil, Drittpersonen oder Institutionen wie der Schule zuzuschreiben, ist von einer Einschränkung der elterlichen Erziehungsfähigkeit auszugehen.

c) Weglaufen. Der Wegläufer ist ein typisch pubertär unangepasster Jugendlicher. Es werden zwei Formen von Wegläufern unterschieden:

Beim triebhaften, meist leichtgradig organisch geschädigten Wegläufer gibt die häusliche Situation zwar häufig Anlass für das Weglaufen, ist hierfür aber nicht eigentliche Ursache. Beweggründe sind vielmehr motorische Unruhe, Bewegungsdrang und „Erlebnishunger". Die betreffenden Jugendlichen laufen weit von zu Hause weg, haben kein Heimweh und keine Angst, bedenken nicht, dass sich die Angehörigen Sorgen machen.

Dagegen läuft der milieureaktive, neurotische Wegläufer nach langem seelischen Druck oder angesichts sich zuspitzender Ereignisse aus einem ihn psychisch belastenden Umfeld davon. Er entfernt sich nicht weit von zu Hause, leidet unter der fremden Situation, denkt intensiv an die Angehörigen und hofft, dass diese in großer Sorge um ihn sind und ihn suchen. Weglaufen im späteren Lebensalter ist immer ein Hinweis dafür, dass das Kind sich in seinem unmittelbaren Umfeld nicht akzeptiert fühlt und durch sein Weglaufen auf sich aufmerksam machen und Zuwendung erzwingen möchte.

Schließlich kommt es bei von elterlicher Trennung und Scheidung betroffenen Kindern und Jugendlichen gelegentlich vor, dass sie zum getrennt lebenden Elternteil weglaufen. Dies kann etwa aus einer starken Sehnsucht nach diesem heraus geschehen, kann aber auch Ergebnis einer mehr oder minder explizit formulierten Aufforderung dieses Elternteils und/oder eines von ihm ausgehenden starken Loyalitätsdrucks sein.

In jedem Fall ist das Weglaufen für die Umgebung ein alarmierendes Symptom; meist werden rasch Polizei, Jugendamt und Öffentlichkeit eingeschaltet.

Auch bei dieser Auffälligkeit eines Kindes bzw. Jugendlichen ist die Situation zu überprüfen, aus der heraus das Weglaufen geschehen ist. So wird die Erziehungsfähigkeit eines Elternteils, von dem das Kind oder der Jugendliche aufgrund von Misshandlungen o. Ä. wegläuft, sicherlich ebenso als eingeschränkt zu bewerten sein, wie die Erziehungskompetenz eines Elternteils, der den Kontakt seines Kindes zum anderen Elternteil entgegen

---

[361] Empfehlungen des 13. Deutschen Familiengerichtstages, FamRZ 2000, 274.

kindlichen Wünschen und Bedürfnissen nachhaltig unterbindet – sofern nicht von Seiten des getrennt lebenden Elternteils eine etwaige Gefährdung des Kindeswohls objektiv zu befürchten ist – und damit das Weglaufen provoziert. Umgekehrt kann aber auch einem Elternteil, der seinen Sohn oder seine Tochter etwa im Sorgerechtsstreit mehr oder minder offen dazu animiert, vom anderen wegzulaufen, um nachhaltig die enge Verbundenheit des Kindes oder Jugendlichen mit der eigenen Person zu demonstrieren und sich somit selbst eine bessere Position im Sorgerechtsstreit zu verschaffen, keine uneingeschränkte Erziehungsfähigkeit attestiert werden.

15. Störungsbilder bei Umgangsregelungen

Probleme bei der Durchführung von Umgangskontakten zwischen Eltern und Kindern markieren nach den übereinstimmenden Erfahrungen aller am familienrechtlichen Verfahren beteiligten Personen[362] die emotional belastendsten Familienkonflikte. Häufig ist das Umgangsverfahren das Feld, auf dem die Betroffenen ihre Trennungskonflikte ausagieren, trotz bestehender gemeinsamer Sorge. In der Regel liegen hier bei einem oder mehreren der beteiligten Personen über das im Rahmen einer Trennung ohnehin entstehende Konfliktpotential hinausgehende Kränkungen und Verletzungen vor. Fehlende Bindungstoleranz oder erzieherisches Verhalten, das ein Kind nicht zum Kontakt mit dem getrennt lebenden Elternteil motivieren kann, wird oftmals als eingeschränkte Erziehungsfähigkeit gewertet. Die Ursache von Kontaktabbrüchen kann je nach Alter und individueller Ausgangslage bzw. Vorerfahrungen des Kindes vielfältig sein und bedarf differenzierter Lösungsansätze. Eine pauschale Ursachenzuschreibung wie z. B., das Kind äußert in seiner Symptomatik seine Ablehnung, ist ebensowenig hilfreich wie die Bagatellisierung: das seien „ganz normale Scheidungsreaktionen". Ohne dass man jede Ablehnungssymptomatik gleich als verzweifelten Hilfeschrei eines Kindes dramatisiert, gilt es doch Sorge zu tragen, dass aus der Dynamik zwischen Kindverhalten und elterlichen Ursachenzuschreibungen, Ängsten und Reaktionen nicht eine letztlich gravierende Problematik erwächst.[363] In der Regel sind die zugrunde liegenden kindlichen und elterlichen Bedürfnisse[364] sowie die das Problem stabilisierenden Wirkmechanismen erst durch professionelle psychologische Abklärung in der diagnostischen Arbeit mit dem betroffenen Kind, aber auch den Erwachsenen zu erschließen.

a) Gründe, die im Kind liegen können. Wird das Kind ausschließlich als reaktiver Symptomträger betrachtet, werden wesentliche Erkenntnisse der Entwicklungspsychologie missachtet.[365] Jeder Entwicklungsabschnitt eines Kindes hält besondere Aufgaben für das Kind bereit. Die Bewältigung dieser Aufgaben verursacht in der Regel zuerst Krisen. Auch Trennung und Scheidung bedeuten für die Kinder Krisen, für die sie neue Verhaltensmuster entwickeln müssen. Loyalitätskonflikte, Ambivalenzkonflikte, Entwicklungsrückschritte bis hin zu psychosomatischen Auffälligkeiten begleiten die, oftmals fehlgeleiteten, Bewältigungsversuche[366] und beruhen keineswegs nur auf absichtlicher Einfluss-

---

[362] Rechtsprechung zum PAS bei *Schröder* FamRZ 2000, 592–596.
[363] Ein erhellendes Beispiel dafür geben: *Lehmkuhl/Lehmkuhl* Kind-Prax 1999, 159–161.
[364] Hilfreich hierzu: *Spangenberg/Spangenberg* FamRZ 1996, 332–333.
[365] So auch: *Suess/Fegert* FPR 1999, 160 ff.
[366] Siehe auch *Figdor* FPR 1997, 60–67.

nahme eines programmierenden Elternteils, häufiger werden dagegen die falschen Schlüsse, wie „das Kind muss zur Ruhe kommen",[367] daraus gezogen.

aa) Mögliche Ursachen eines Kontaktabbruches bei Kindern im Vorschulalter. Der Entwicklungsabschnitt des Kleinkindalters ist gekennzeichnet durch zunehmende Identifikation mit Eltern und Geschwistern. Am stärksten identifiziert sich das Kind mit mächtigen, kompetenten und geliebten Personen. Ab dem zweiten Lebensjahr beginnt die Autonomieentwicklung, die sich in Demonstrationen des eigenen Willens und typischen Trotzreaktionen äußert. Für die weitere Ausbildung der Trotzreaktionen spielt die Art der Reaktionen der Umwelt eine erhebliche Rolle.

Ab dem Alter von drei, vier Jahren entwickeln sich starke Freundschaften, die Gesellschaft anderer Kinder wird der der Erwachsenen vorgezogen.

Ab etwa fünf Jahren beginnt eine etwas distanziertere Beziehung zu den Eltern, und das Interesse für die soziale Umwelt nimmt deutlich zu.

Besuchsverweigerungen von Kleinkindern sind in erster Linie auf Trennungsängsten begründet. Zudem ist der Erlebnisprozess bei Kleinkindern, die sich vor der Übergabe von ihrer meist zunehmend gestressten Mutter aus einem bis zu diesem Zeitpunkt positiven Beziehungs- und evtl. auch Spielerleben gegen ihren Willen herausgenommen sehen, um für die Übergabe fertig gemacht zu werden, unschwer nachvollziehbar. Kinder verbinden alsbald mit derartigen Übergaben Unlust und Stress, der schließlich auch mit der Person des Vaters assoziiert wird.

Eine Modifikation der Übergabebedingungen ist hierbei oft hilfreich. Diese sollten dem Kleinkind einen langsameren Übergang mit der Möglichkeit, die Beziehung zum abholenden Elternteil wieder aufzunehmen, gestatten.

Einigkeit besteht in der Fachwelt bezüglich der Erwartbarkeit von Symptomverhalten im Kontext von Umgangskontakten bei kleinen Kindern unter 3 bis 4 Jahren.[368] Unter Berücksichtigung der Erkenntnisse der Bindungsforschung wird verständlich, dass Kinder, die in diesem Alter erst eine wenig stabile innere Repräsentation der Bindungspersonen entwickelt haben, trennungsängstliches Verhalten be der Umgangsübergabe produzieren. Üblicherweise beruhigen sich diese Kinder nach der Übergabe bald in der neuen Umgebung. Problematisch werden derartige Trennungsängste in erster Linie dann, wenn diese von den Betroffenen nicht angemessen eingeschätzt und beantwortet werden. So wurde festgestellt,[369] dass die sichtbare Beunruhigung von Kindern nach Umgangskontakten den häufigsten Grund für die Ablehnung solcher Kontakte darstellt. An der Tatsache solcher Verhaltensauffälligkeiten, die sich auch im weiteren Lebensumfeld des Kindes wie z. B. im Kindergarten bemerkbar machen, besteht kein Zweifel, wohl aber an der Bedeutung. Jeweils erneuerte Verlusterfahrungen werden bedeutsam, aber nicht nur Ängste, sondern auch Schuldgefühle bei den Kindern. Letztere finden gerade im Umfeld des sicheren Bindungspartners Entlastung in aggressivem Ausagieren, regressiven Verhaltensweisen, psychosomatischen Reaktionen bis hin zur exzessiven Selbstbefriedigung.

Braucht ein Kind dann eher die Ruhe eingestellter Umgangskontakte? Das Kind braucht Ruhe, aber die Ruhe der Eltern. Gerade aber die ist bei Familien mit hohem Trennungskonflikt nicht gegeben. Schnell wird dagegen der Sinn eines Umgangskontaktes einerseits oder Fragen der Einflussnahme andererseits zwischen den streitenden Eltern zum Thema.

---

[367] Siehe *Klenner* FamRZ 1995, 1531.

[368] *Gardner* in: Stressors and the adjustment disorders, 1990; *Johnston/Roseby,* In the name of the child, 1997.

[369] *Figdor,* Kinder aus geschiedenen Ehen, S. 158 f.

Ursachen nur beim Elternteil zu sehen, lenkt das Augenmerk von den Bedürfnissen des Kindes eher ab, was wiederum die Wahrscheinlichkeit einer kompetenten Beruhigung des Kindes durch die Eltern verringert. So mag aus zunächst entwicklungsgemäß erwartbaren Ängsten eines Kindes, mit denen es von den streitenden Eltern allein gelassen wird, schließlich eine höhere Bereitschaft mit Ablehnung zu reagieren, entstehen.

Seit geraumer Zeit werden zunehmend die kognitiven Entwicklungsfortschritte des Kindes für sein Verständnis und damit auch seine Verarbeitungs- und Reaktionsmöglichkeiten angesichts der Elterntrennung und seiner Kapazität, mit konfligierenden Elternstandpunkten umzugehen, erkannt.[370] Von besonderer Bedeutung ist dabei die sich erst im Laufe der Kindheit herausbildende Fähigkeit, sich in die Perspektive von Bezugspersonen einzufühlen. Parallel geht hiermit die Fähigkeit zu abstrakteren Problemlösungen einher. Beispielsweise sind Kleinkinder im Kindergartenalter in ihrer Beurteilung des Elternkonfliktes noch sehr auf die konkrete Beobachtung angewiesen. Diese Beurteilungen verändern sich dementsprechend schnell, je nach situativem Kontext.[371]

bb) Mögliche Ursachen eines Kontaktabbruches bei Kindern im Schulalter. Beim Eintritt in das Schulalter vollziehen sich wesentliche Entwicklungsschritte. Zum Selbstvertrauen des Kindes, altersgemäßen Verhaltensnormen und zielgerichteten Verhalten trägt eine angemessene und konsequente Haltung der Eltern bei. Feindselige Haltungen der Eltern behindert die Anpassung des Kindes und gibt gleichzeitig ein Modell für die Entwicklung von feindseligem Verhalten beim Kind.

Zu wechselnden Allianzen kommt es im Alter von ca. fünf bis acht Jahren. Die Kinder können bis dahin ansatzweise Beweggründe anderer einfühlen, aber nur jeweils in einer Richtung. Daher ergreifen sie beim Vater dessen Partei, sie können nachvollziehen, was er verärgert über die Mutter äußert. Im Umfeld der Mutter geschieht dann das Gleiche mit umgekehrten Vorzeichen. Dies ist erfahrungsgemäß Öl ins Feuer streitender Eltern, da die Kinder leicht in Verwirrung geraten und jeweils den Eltern unterschiedliche Geschichten anbieten.

Bei Schulkindern spielen Loyalitätskonflikte eine maßgebliche Rolle bei Umgangsverweigerungen. Diese beruhen dann in der Regel auf der Angst, den einen Elternteil durch die Zuneigung zum anderen zu verletzen. In ähnlicher Weise finden sich Verweigerungen aufgrund bestehender Schuldgefühle. So vermeiden diese Kinder das Zusammentreffen mit einem Elternteil, da sie ihn aufgrund einer Loyalitätserklärung zugunsten des anderen Elternteils verletzt glauben.

Auch Wiedervereinigungswünsche lassen sich als Grundlage der Verweigerung, z. B. mit dem getrennt lebenden Elternteil mitzugehen, erschließen. Kinder versuchen dann durch ihr Verhalten das Bleiben des einen Elternteils im gemeinsamen Lebensumfeld beim anderen zu erzwingen. Mit 6 bis 9 Jahren beginnt ein Kind, die Beurteilung des eigenen Verhaltens durch die Eltern antizipieren zu können. Es kann nun mehr als eine Perspektive gleichzeitig bedenken. Somit beginnt mit diesem Alter ein Kind angesichts von divergierenden Standpunkten der Eltern deren Unvereinbarkeit konkret zu erkennen. Damit ergibt sich die Grundlage für Loyalitätskonflikte. Die mit dem Streit der Eltern einhergehende Ambivalenz können Kinder dieses Alters noch schwer ertragen. Manche Kinder

---

[370] So *Neal,* in: Kurdek (Ed.), Children and divorce, 1983; *Johnston,* in: Depner/Bray (Eds.), Nonresidential Parenting, S. 112 ff.

[371] Insoweit ist es naturgemäß eine Vernachlässigung grundlegender entwicklungspsychologischer Kenntnisse, wenn in Bezug auf Kleinkinder von Loyalitätskonflikten gesprochen wird, wie z. B. unter – wohl fälschlicher – Zitierung von *Kodjoe* Die Zeit Nr. 12 v. 18. März 1999, S. 77.

entwickeln selbstschädigende Strategien, um ihre Loyalitätskonflikte zu bewältigen, wenn die Spannungen zwischen den Eltern für sie unerträglich sind. Andere schaffen es über kurz oder lang nur noch, die Zuneigung zu einem Elternteil – dem, bei dem sie leben und von dem sie abhängig sind – zuzulassen und die Gefühle zu dem getrennt lebenden Elternteil abzuspalten.

Begünstigt werden diese Prozesse durch Eltern, die bewusst oder unbewusst die Kontakte zwischen Kind und getrennt lebendem Elternteil ablehnen und dies dem Kind offen oder subtil signalisieren.

Dauern diese Konflikte fort, so übernehmen Kinder zwischen 9 bis 12 Jahren schließlich zur Lösung derartiger, auf die Dauer für sie unerträglicher Unvereinbarkeiten einen Elternstandpunkt zur Gänze und schließen den anderen Elternteil zunehmend aus. Somit finden sich in dieser Altersstufe vermehrt erwartungsgemäß scheinbar unwandelbare Allianzen mit einem Elternteil gegen einen anderen. Sie können noch nicht, wie ältere Heranwachsende, angstfrei eine distanzierte Haltung zu ihren Eltern einnehmen und vereinfachen daher widerstreitende Argumente holzschnittartig auf einen guten und einen bösen Elternteil. Interventionen haben sich in erster Linie an die Erwachsenen zu richten, die ihr Verhalten gegenüber dem Kind verändern müssen, und nicht an das Kind, das durch eine Intervention, Kontakt wieder aufzunehmen, eher in seinem Loyalitätskonflikt verstärkt werden würde.

In der Phase der späteren Kindheit vollzieht sich beim Kind im kognitiven, sozialen und emotionalen Bereich ein Strukturwandel vom so genannten „naiven Realismus", in dem das Kind noch sehr in seine nahe Umwelt eingebunden und dieser gegenüber weitgehend unkritisch ist, zum so genannten „kritischen Realismus".[372] Letzterer bedeutet hinsichtlich der Wahrnehmung der familiären Beziehungen durch das Kind, dass dieses, bei ungestörter Entwicklung, mit zunehmender Wirklichkeitsbezogenheit wachsende innere und äußere Autonomie gewinnt. Das Kind beurteilt die Eltern kritischer und versucht, die Motive und Gründe ihrer Haltungen zu erfahren. Gleichwohl haben aber die Eltern noch große Bedeutung für das Kind.

Die familiäre Trennung bewirkt bei Kindern in dieser Entwicklungsphase mehrheitlich das Gefühl existentieller Bedrohung und eine Erschütterung des Selbstwertgefühles. Aus der Diskrepanz zwischen wachsender Autonomie, Kritikfähigkeit und dem Versuch, Einblick in die Hintergründe der familiären Trennung zu gewinnen, einerseits und der fortbestehenden Abhängigkeit von den Eltern andererseits entwickeln sich zum Teil massive kindliche Loyalitätskonflikte hinsichtlich der Elternpersonen. Diese sind erfahrungsgemäß umso stärker, je mehr das Kind aufgefordert wird, im Trennungskonflikt Stellung zu beziehen. Diese Aufforderung wird dabei seitens der Eltern sehr häufig als Ausdruck einer Erziehungshaltung verstanden, welche die wachsende kindliche Autonomie berücksichtigen möchte. Das Kind vermag indessen die genannten Loyalitätskonflikte nicht selten nur dadurch – scheinbar – zu lösen, indem es sich mit einem Elternteil gegen den anderen solidarisiert, zumal ihm die Integration ambivalenter Gefühle in dieser Entwicklungsphase im Allgemeinen noch Schwierigkeiten bereitet. Dabei unterstützen Schwächen bei einem Elternteil die Solidarisierung mit dem anderen. So bewerten Kinder, die bereits früher darunter litten, dass ein Elternteil sich nur sporadisch und für es nicht vorhersehbar oder auch gar nicht um es kümmerte, nun dieses Verhalten moralisierend.

---

[372] *Schenk-Danzinger*, Entwicklungspsychologie, 1993.

Amerikanische Ergebnisse[373] bestätigen, dass Kinder in diesem Altersbereich besonders empfänglich für derartige Allianzen sind. Die Kinder stehen hier gewissermaßen zwischen zwei Entwicklungsphasen, zwischen Kind und Heranwachsendem. Als Kinder können sie zwar schon die widersprüchlichen Standpunkte als unvereinbar wahrnehmen, was dann schwer erträgliche Loyalitätskonflikte bedingt. Als junge Heranwachsende nehmen sie bereits einen bewertenden oder auch moralisierenden Standpunkt ein. Schließlich wird Kindern dieser Altersstufe, wie oben erwähnt, von den Eltern auch schon eher abverlangt, ein eigenes Urteil zu vertreten.

Erschwerend ist bei Geschwistern zudem, wenn sie als einziges Kontakt zum abwesenden Elternteil pflegen sollen oder wollen, dies aber gegen den expliziten oder impliziten Widerstand der Restfamilie nicht leisten können, da das Kind eine Art „innerfamiliäre Pionierarbeit" leisten müsste.

Auch neue Partnerschaften von Elternteilen, die sich getrennt haben, werden nun von Kindern oftmals als Hinderungsgrund für Kontakte erlebt, vor allem dann, wenn die neue Beziehung vermeintlich oder tatsächlich der Trennungsgrund der Eltern war. Kinder solidarisieren sich häufig mit dem Elternteil, bei dem sie leben, teilen sie doch mit diesem das Gefühl Im-Stich-gelassen-Werden.

Auch das mit dem geäußerten Umgangswunsch aus Sicht der Kinder plötzliche und nicht einschätzbare Engagement des getrennt lebenden Elternteils verunsichert die Kinder häufig und macht sie misstrauisch, da ihre Vorerfahrungen mit diesen Eltern wenig Raum für Vertrauen ließen.

Dies gilt ebenso für Kinder, die unter dem Erziehungsstil eines Elternteils litten, z. B. geschlagen wurden oder die miterleben mussten, wie ein Elternteil gegenüber dem anderen gewalttätig wurde.

Unpünktlichkeit, Nichteinhalten von Terminen oder Versprechungen von Geschenken oder Unternehmungen führen – wenn dies gehäuft vorkommt – zu einer dauernden Frustration, die Kinder irgendwann vermeiden wollen bzw. von den Elternteilen, die mit den Konsequenzen konfrontiert werden, nicht mehr hingenommen werden wollen.

Andere Kinder in diesem Alter bewerten Konflikte zwischen den Eltern, „Telefonterror", ausbleibende Unterhaltszahlungen etc. parteiisch, wie im Übrigen andere Bezugspersonen auch, so z. B. Schwiegereltern, Freunde.

Unerwähnt darf auch nicht bleiben, dass verweigerte Unterhaltszahlungen bei Kindern ab diesem Alter zu massiven Kränkungen des Selbstwertgefühles führen können.[374]

cc) Mögliche Ursachen eines Kontaktabbruches bei Kindern ab der Pubertät. In der Pubertät ermöglicht die im Allgemeinen schon gut entwickelte Fähigkeit zur bewussten Reflexion dem älteren Kind bzw. Heranwachsenden, eigenständige Urteile zu bilden und in der elterlichen Auseinandersetzung eine eigene Position zu beziehen. Dabei ist aber der jeweilige Standpunkt meist nicht unbeeinflusst von entwicklungstypischen Verhaltens- und Erlebensmustern. Neben Fortsetzungen oder auch Intensivierungen von bereits vor der Trennung in der Familie bestehenden Koalitionen zwischen dem Kind und einem Elternteil kommt es im Zusammenhang mit der Trennungssituation häufig beim Heranwachsenden zu einer Umkehrung bisheriger Beziehungs- und Bündnisstrukturen im Hinblick auf die Elternpersonen. Das Reaktionsmuster des Jugendlichen wird dabei beeinflusst durch Aspekte wie pubertätstypische Empfindlichkeiten, überzogene Reaktions- und Empfin-

---

[373] *Johnsteon/Roseby* S. 197.

[374] KG ZfJ 1978, 372, das 12-jährige Mädchen empfand das Ausbleiben von Unterhalt als Lieblosigkeit.

dungsmuster, den Grad des bereits begonnenen Ablösungsprozesses von den Eltern und auch aus früheren Entwicklungsphasen verbliebene, unerledigte Eltern-Kind-Konflikte.[375] Aus diesen Prozessen können dann überraschende Kontaktabbrüche hinsichtlich eines Elternteils resultieren, die wiederum nicht vordringlich auf manipulative Einwirkung des anderen Elternteils zurückzuführen sind.

Unterstützt und verstärkt wird eine Solidarisierung mit einem Elternteil durch eine in diesem Entwicklungsabschnitt normalerweise stattfindende stärkere Orientierung am gleichgeschlechtlichen bei gleichzeitiger Distanzierung vom gegengeschlechtlichen Elternteil. Im ungünstigen Falle werden diese sich verschiebenden Präferenzen in Konfliktfamilien eher in überdauernden Allianzen festgeschrieben als offen gehalten für den entwicklungsgemäßen Wandel. Auch hier spielen vorschnelle Verschuldenshypothesen eine Rolle, hinter denen die Entwicklungsaufgaben des Kindes und die daraus absehbaren Unterstützungsbedürfnisse verborgen bleiben.

Ohne Kenntnisse über derartige entwicklungsbedingte Verhaltensweisen von Kindern und deren altersgemäßem Wandel laufen gerade Konfliktfamilien Gefahr, dass es zu Fehleinschätzungen und unnötige Eskalationen kommt.

b) Gründe, die bei den Eltern liegen können. Kindesäußerungen, die seitens der Eltern als Hinweis auf Aufhetzung gesehen werden (das Kind zur Mutter: „Du bist schuld, dass der Papa gegangen ist"), sind bei näherer Betrachtung kaum jemals so eindeutig interpretierbar.[376] In Untersuchungen[377] fanden sich Verhaltensweisen, die eine Herabsetzung des anderen Elternteils gegenüber dem Kind beinhalteten, bei vielen Eltern, und zwar auf beiden Seiten. Hierin spiegelt sich ein unterschwelliges Ringen der Eltern mit den Verletzungen der Trennung.[378] Zudem glauben die Eltern häufig, dass das Kind unter der Trennung weniger leidet, wenn es die Gründe für die Trennung der Eltern verstehen kann, obwohl das Verstehen in keinem Zusammenhang mit den Gefühlen steht, welche die Trennung der Eltern hervorruft.[379] Andererseits sind in den abwertenden Äußerungen seitens des Kindes immer auch dessen ureigenste emotionale Nöte enthalten. Aufgrund der elterlichen Wachsamkeit gegenüber Fehlverhalten der „anderen Seite" bleibt dieses emotionale Signal des Kindes unentdeckt. Nachgerade ist dieses Nicht-Wahrnehmen auch entlastend für die Eltern selbst.

aa) Spezifische Auslösebedingungen für Entfremdungsprozesse beim betreuenden Elternteil. Der besondere Beitrag des beeinflussenden Elternteils[380] ist durch die PAS-Diskussion bekannt geworden. Das diesbezügliche Schrifttum sieht diesen Elternteil in der Täterrolle. Andere Autoren[381] sehen die Rolle differenzierter.[382] Eltern, die die Scheidung als gravierenden Verlust und Zeichen verletzender Zurückweisung wahrnehmen, zeigten sich in gesteigertem Maße anfällig für chronische Belastungen als Scheidungsfolge. Kompensatorisch wenden sich diese Eltern an ihre Kinder zur Unterstützung ihres Selbstwertes. Die

---

[375] *Gaier* S. 101 ff.

[376] Auch *Fegert/Geiken* FPR 1996, 179, wenden sich gegen die Bezeichnung „Rituale der Umgangsvereitelung".

[377] *Figdor*, Scheidungskinder, 1998; *Clawar/Rivlin*, Children held hostage, 1991.

[378] *Mackscheidt* FamRZ 1993, 254–258.

[379] *Figdor* FPR 1997, 61.

[380] Siehe: *Klenner* FamRZ 1995, 1529–1535.

[381] *Blesken* Prax. Kinderpsychol. Kinderpsychiat 1998, 344–354; *Blesken* Report Psychologie 1998, 226–233.

[382] Einen Ausgleich versuchen: *Rexilius* Kind-Prax 1999, 149–159; *Jopt/Behrend* ZfJ 2000, 223–231, 258–271.

Kinder ihrerseits versuchen, den elterlichen Bedürfnissen dann mit großer Wachsamkeit und Loyalität gerecht zu werden. Dies führt zu einem für die Kinder nachhaltig schwer zu verarbeitenden Ausmaß an Verantwortung für das elterliche Wohlbefinden.

Häufig zeichnen sich die Eltern von Familien mit Ablehnungsreaktionen des Kindes durch einen extrem unterschiedlichen Erziehungsstil aus. Der bevorzugte Elternteil erweist sich darüber hinaus meist als ahnungslos bezüglich seiner eigenen Bedürftigkeit dem Kind gegenüber und den Rollenkonfusionen, die diese bei dem Kind auslöst. Sie übergeben dem Kind in als partnerschaftlich verstandener Weise eine hohe Eigenverantwortlichkeit auch zu Fragen des Kontaktes zum abgelehnten Elternteil und sind stolz auf das in der Folge häufig scheinbar so reife eigenständige Verhalten des Kindes. Auch das Werben um die Gunst des Kindes ist legitim und gerade in der Scheidungssituation üblich. Der abgelehnte Elternteil mag dagegen als Reaktion eher versuchen, dem Kind Strukturen und Grenzen zu setzen. Das Kind zieht sich aus dem Konflikt zwischen den Eltern zu dem „guten Elternteil" zurück. Der abgelehnte Elternteil wird dagegen als gemein oder gar ängstigend charakterisiert. Das angestrengte Gerichtsverfahren läuft schließlich Gefahr, dieses antagonistische Elternverhalten und damit in Konsequenz die vereinseitigte Haltung des Kindes zu festigen.

bb) Spezifische Auslösebedingungen für Entfremdungsprozesse beim getrennt lebenden Elternteil. Im Gegensatz zur PAS-orientierten Literatur[383] ist der entfremdete Elternteil keineswegs nur in der Position des Opfers zu sehen.[384] Oftmals reagieren abgelehnte Eltern nachvollziehbar in hohem Maße beleidigt auf die oft respektlose Zurückweisung durch ihre Kinder. Es ist nicht ungewöhnlich, dass der getrennt lebende Elternteil die Kontakte dazu benutzt, eigene Kränkung und Wut über den anderen Elternteil, dem das Kind in der Regel emotional näher steht, zu äußern. Kinder reagieren hierauf sehr empfindlich, sind sie doch ständig in ihrer Loyalität gegenüber dem anderen Elternteil gefordert, sie können einen solchen Zustand über einen längeren Zeitraum nicht ohne negative Auswirkung aushalten.[385] Zu diesem Themenbereich ist auch das leider allzu häufige Ausfragen zu zählen, bei dem der getrennt lebende Elternteil über das Kind versucht, Informationen über den ehemaligen Partner zu erhalten, und das Kind damit in Loyalitätsprobleme bringt.[386] Es fällt diesen um die Gunst des Kindes ringenden Elternteilen schwer, dem Kind einfühlsam als eigenständige Person zu begegnen. Die Reaktionen des Kindes werden nicht zur Kenntnis genommen oder als fremdinduziert entwertet. Gerade Heranwachsende sehen sich durch derartige Bewertungen verständlich in ihrem eigenen Bemühen um Autonomie gekränkt. Somit braucht auch der abgelehnte Elternteil vielfach Unterstützung, um den Kindern respektvoll und nicht zu aufdringlich zu begegnen. Das Verhalten des getrennt lebenden Elternteils stellt eine Mischung von abwehrender Feindseligkeit und einer Art hartnäckiger Verfolgung des Kindes dar. So wird in diesem Zusammenhang z. B. ein bewusstes Unterlaufen von Erziehungsmethoden des Elternteils beobachtet, bei dem das Kind lebt.[387] Auch kommt es zu Versuchen über besonders attraktive Unternehmungen während der Umgangszeit den anderen Elternteil zu übertrumpfen, was bei diesem regelmäßig zu Verstimmungen führt. Das Bestreben, über gewährende und verwöhnende Erziehungsmaßnahmen (z. B.

---

[383] *Kodjoe/Koeppel* DAVorm 1998, 9–28; *Fischer,* Die Bedeutung des PAS-Syndroms für die Jugendhilfe-Praxis, 1998; *Ward/Harvey* S. 237–245; *Kodjoe/Koeppel* Kind-Prax 1998, 142.

[384] *Johnston,* in: Depner/Bray (Eds.), Nonresidential Parenting, S. 112 ff.; *Johnston/Roseby* S. 198 ff.; KG FamRZ 2000, 1606.

[385] *Peschel-Gutzeit* FPR 1995, 85; *Arntzen,* Elterliche Sorge und Umgang mit Kindern, S. 48.

[386] *Figdor* FPR 1997, 60 f.

[387] *Gaier* S. 101 ff.

beim Fernsehkonsum) die Gunst der Kinder zu erhalten, führt häufig zu Konflikten zwischen den Elternteilen, die Umgangskontakte nachhaltig belasten können.[388]

Neben diesen in der Paardynamik liegenden Konflikten können aber auch Gründe in „Arbeitssucht und Fahnenflucht" liegen, die zu einer Ausgrenzung des getrennt lebenden Elternteils führen, die ursächlich dieser selbst zu verantworten hat.[389]

c) Gründe, die in der Trennungsgeschichte liegen. Entfremdungsprozesse geschehen häufig bei Kindern im Zusammenhang mit stark konflikthaften Trennungsverläufen. Meist bleibt die Ablehnung des Kindes einem Elternteil gegenüber, trotz abwertender Äußerungen des anderen Elternteils, eher schwach ausgeprägt und wird durch das Bedürfnis des Kindes, diesen nicht zu verletzen oder zu erzürnen, gedämpft.

Bei Kindern mit extremen unbegründeten Ablehnungsreaktionen finden sich vermehrt Hinweise auf eine unsichere Bindungsentwicklung. Letztere resultiert in einer fortdauernden emotionalen Abhängigkeit des Kindes, die es ihm angesichts des Trennungskonfliktes zusätzlich erschwert, seine eigenen Bedürfnisse unabhängig vom Standpunkt des bevorzugten Elternteils wahrzunehmen. Anfänge für eine derartige Entwicklung reichen in die früheste Kindheit.

Oftmals wollen Eltern, die vor der Trennung keine tragfähige Beziehung zu einem Kind aufgebaut haben, dies nach einer Trennung nachholen. Als Beispiel sei der Vater genannt, der beruflich sehr engagiert war, seinen Beitrag zum Familienleben mehr im Herbeischaffen materieller Ressourcen sah als in der Pflege seiner Beziehung zum Kind. Dies führt im Trennungsfall nicht selten zu einem immensen Nachholbedarf auf Seiten des Vaters, der im Zuge der Trennung massive – häufig auch berechtigte – Ängste entwickelt, in der Erlebenswelt seines Kindes nicht genügend repräsentiert zu sein. Dieser Vater entwickelt dann möglicherweise einen großen Aktionsdrang, der sowohl beim Kind als auch bei der Mutter wegen des überraschenden Auftauchens auf Skepsis, Misstrauen und nicht zuletzt auf Enttäuschung trifft, da dieses früher erwünschte Verhalten erst jetzt auftritt.

Schließlich sind die Aufgaben einer Neustrukturierung der Beziehung zwischen Kind und dem nun umgangsberechtigtem Elternteil häufig groß und anspruchsvoll. Hier sind Belastung und Unsicherheit nicht selten eher zu erwarten als entspanntes freudvolles Zusammensein. Einige dieser Stressoren resultieren aus der Unvertrautheit mit den neuen Rahmenbedingungen einer Besuchselternschaft, aber nicht selten auch mit den besonderen Erfordernissen einer Zeit exklusiven Zusammenseins. Es gehört Mut dazu, zu akzeptieren, dass man mit bestimmten Kinderspielen nicht nur wenig vertraut ist, sondern dass sie einem obendrein keinen Spaß machen. Es besteht die Gefahr, wenn keine beiderseits befriedigenden Kompromisse für die Gestaltung der gemeinsamen Zeit gefunden werden, dass die Unlust und Enttäuschung aus den Umgangskontakten diese schließlich versanden lässt. Evtl. finden sich hierfür dann wiederum entlastende Gründe im „Fehlverhalten" des Sorgeberechtigten.

Weiter führt die Gründung von stieffamilienähnlichen Konstellationen oft dazu, dass Eltern, bei denen die Kinder leben, – abrupt oder schleichend – beginnen, den Kontakt einzuschränken oder abzubrechen in der aus psychologischer Sicht irrigen Meinung, das Vorhandensein einer nunmehr wieder „kompletten" Familie mache den anderen Elternteil überflüssig bzw. erleben ihn gar als Störenfried für den Aufbau der neuen Familie.[390]

---

[388] *Gaier* S. 167 ff.
[389] *Blesken* Prax. Kinderpsychol. Kinderpsychiat 1998, 345 f.
[390] *Blesken* Report Psychologie 1998, 229.

d) Parental-Alienation-Syndrom (PAS). Der Begriff Parental-Alienation-Syndrom (PAS) wurde erstmals 1984 von Richard A. Gardner,[391] einem Psychiater der Columbia-Universität, aus seiner Erfahrung als Kliniker geprägt.

PAS umschreibt das Verhalten eines Elternteils und die darauf folgenden Reaktionen eines Kindes gegenüber einem anderen Elternteil bei der Trennung. Die betroffenen Kinder vollziehen dabei eine ausschließliche Zuwendung zu einem Elternteil bei gleichzeitiger Abwertung und Ablehnung des anderen Elternteils. In der definitorischen Eingrenzung werden neben dieser eindeutigen Allianz weitere Merkmale genannt. Hierzu gehört, dass die Ablehnung des Kindes nicht aus früheren, evtl. traumatischen Erfahrungen mit dem abgelehnten Elternteil herleitbar ist. Stattdessen rekurriert das Kind in der Begründung seiner Haltung auf nicht nachvollziehbare Empfindlichkeiten dem abgelehnten Elternteil gegenüber. Das Verhalten des Kindes steht in Übereinstimmung mit der Haltung des bevorzugten Elternteils. Letzterer leistet einen eigenen Beitrag zur Ablehnungshaltung des Kindes, indem er diese unterstützt. In diesem Zusammenhang wird von Programmierung bzw. Gehirnwäsche[392] gesprochen, welche als PAS induzierend verstanden wird. Dieses Elternverhalten ist jedoch nur notwendige, nicht aber hinreichende Bedingung für die Vergabe der „Diagnose" PAS. Ausschlaggebend ist die vom Kind aktiv mitgetragene und oft weiterentwickelte Ablehnungshaltung, die inhaltlich nicht nachvollziehbar ist, mitunter sogar eine Wahrnehmungsverzerrung hinsichtlich eigener Erfahrungen einschließt.[393]

Zur Prävalenz von PAS bzw. unangemessenen Eltern-Kind-Allianzen gibt es aus Studien Zahlen, die zwischen 20 und 95 Prozent[394] schwanken. Eine kategoriale Betrachtungsweise ist grundsätzlich nur dann sinnvoll, wenn die Zuordnung der Diagnose die Differenzierung einer Grundgesamtheit erlaubt. Die Rezeption des PAS-Konzeptes sieht PAS-relevante Prozesse in einer solchen Breite gegeben, dass sie letztlich in alle Familien in konflikthaften Trennungsprozessen zutrifft. Wenn aber kaum mehr Differenzierungen möglich sind, ist der Nutzen der Kategorie PAS gering. Dies gilt darüber hinaus noch vermehrt im Sinne der Begründung kindeswohlgerechter Interventionen, da erst ein Verständnis der Psychodynamik in solchen Familien hierzu einen spezifischen Beitrag leisten kann. Der zusätzliche Beitrag des PAS-Konzeptes ist hier nicht ersichtlich.[395]

Mit PAS geht die Schuldzuweisung an die Mütter einher. Statistisch ist natürlich leicht belegbar, dass PAS eher bei Kindern feststellbar ist, die schwerpunktmäßig bei den Müttern leben.

Das PAS-Konzept zeichnet sich durch eine Besonderheit aus, die in der übrigen Scheidungsforschung bereits überwunden schien. Längsschnittliche Betrachtung zeigte, dass das Faktum der Trennung allein wenig aussagekräftig war. Vielmehr hat es sich als ergiebiger erwiesen, z. B. das Konfliktgeschehen insgesamt in seiner Entwicklung zu berücksichtigen.[396]

---

[391] *Gardner* in: J. Noshpitz (ed.), Basic Handbook of Child Psychiatry, S. 637–646; *ders.*, Family evaluation in child custody mediation, arbitration, and litigation, 1989; *ders.*, The parental alienation syndrome, 1998.

[392] So *Clawar/Rivlin* S. 1.

[393] *Johnston/Roseby* S. 161.

[394] Folgt man den Ausführungen von *Clawar/Rivlin,* kommt PAS fast in jeder von Trennung und Scheidung betroffenen Familie vor.

[395] Vgl. *Johnston/Roseby* S. 202, die eine unerwartete Ablehnungshaltung von Kindern in einen breiteren familiären Entwicklungskontext sehen, sie berichten von 25 % bei jungen Heranwachsenden in ihrer Stichprobe.

[396] Siehe auch: *Suess/Scheuerer-Englisch/Grossmann* FPR 1999, 148–157.

Bei PAS wird der Verhaltenskontext zwischen Eltern und Kind zeitlich und ursächlich stark reduktionistisch behandelt. Der zeitliche Blickwinkel richtet sich auf die Nachtrennungsphase.

Als Verhaltensvariablen werden betrachtet: Das evtl. programmierende Verhalten eines Elternteils, das ablehnende Verhalten des Kindes gegen den anderen Elternteil. Die evtl. komplexe Verursachungsdynamik wird dabei auf ein lineares Verursachungsmodell reduziert, das klar die Täter von den Opfern trennt und das relativ klare juristische Interventionen bedingt. Schließlich fällt im PAS-Konzept auf, wie wenig Bedeutung dem Beitrag des entfremdeten Elternteils zugemessen wird. Seine PAS-Opferrolle ist bereits dadurch belegt, dass er keinen offenkundig traumatisierenden Beitrag zur Ablehnung seitens des Kindes lieferte.

Gardners Parental Alienation Syndrome stellt die direkt auf die Person des Umgangsberechtigten gerichtete Ablehnungshaltung des Kindes ins Zentrum. Die im Zusammenhang mit PAS in den Vordergrund gestellte Überidentifikation des Kindes mit einem darüber hinaus noch „programmierenden" Elternteil findet man bei scheidungsbetroffenen Kindern nur als eine von mehreren Alternativbedingungen vor. Gerade der Eigenanteil des Kindes erschließt sich in seinen Bedingungszusammenhängen aus der differenzierten Diagnostik. Hier können sich Ängste vor weiterer Verletzung durch einen Vater, von dem sich das Kind im Stich gelassen fühlte, offenbaren. Auch Befürchtungen vor der antizipierten Vergeltung eines Elternteils, den das Kind, nicht immer grundlos, durch eine Loyalitätserklärung zugunsten des anderen gekränkt glaubt, begründen Ablehnungen.

Angesichts der entwicklungspsychologischen Voraussetzungen ist grundsätzlich zu hinterfragen, ob in der Literatur überhaupt zu Recht von einem PAS bei jungen Kindern gesprochen werden kann, da hier für Loyalitätskonflikte die kognitive Grundlage fehlt. Dies lässt befürchten, dass bei den jüngeren Kindern vermehrt entwicklungsgemäße Reaktionen als unwandelbare Haltungen des Kindes missverstanden werden.

Niemand wird jemals geleugnet haben, dass es beeinflussende Eltern gibt. Jede Fachkraft hat schon ein Kind erlebt, das sich „gegen jede Vernunft" dem Kontakt zu einem Elternteil verweigerte.[397]

Gerade im Sinne einer kind- und familiengemäßen Interventionsplanung darf die Feststellung von Beeinflussung nicht bereits zu einer abschließenden Beurteilung verleiten.[398] Gerade diese Fälle stellen gesteigerte Anforderungen an den Sachverständigen für eine differenzierte Diagnostik und Intervention, oftmals im Verein mit den anderen helfende Professionen.[399] Andernfalls wird im ungünstigen Fall durch „Radikalkuren"[400] nur einem vordergründigen Rechtsempfinden[401] und Strafbedürfnis[402] Rechnung getragen, was nicht Aufgabe des psychologischen Sachverständigen ist, die aber im Einzelfall aus psychologischer Sicht für das Kindeswohl notwendig sein können.

e) Aufgabe des Sachverständigen. Lehnt ein Kind einen Umgang kategorisch ab, so sind die Gründe für diese Ablehnung zu ermitteln. Nach Klärung der dem Willen zu-

---

[397] Siehe auch das Beispiel im Beschluss des AG Groß-Gerau DAVorm 2000, 433.
[398] *Wetter/Fine* FF 2000, 58–59.
[399] Ausführlich dazu *Jopt/Behrend* ZfJ 2000, 223–232.
[400] So *Wohlgemuth* FF 1999, 139.
[401] Wie ein Beschluss des AG Rinteln ZfJ 1998, 344, zeigt.
[402] Wie es bei den Ausführung von *Leitner/Schoeler* DAVorm 1998, 850–867, zum Ausdruck kommt.

grunde liegenden Motive sind diese auch mit den Interessen der umgangsbegehrenden Bezugsperson abzuwägen. Werden keine nachvollziehbaren Gründe genannt, kann der Umgang nicht ausgeschlossen werden.[403]

Rückgewöhnungschwierigkeiten des Kindes bei längerer Trennung vom anderen Elternteil genügen nicht, einen Elternteil vom Umgang auszuschließen.[404]

Hier wird das Dilemma deutlich, ob ein Umgangsrecht unter Zwang dem Kindeswohl dienen kann, während es unbestreitbar dem Kindeswohl dient, wenn das Kind freiwillig und gerne den umgangsberechtigten Elternteil besucht.[405]

Als Sachverständiger wird man eine altersabhängige Regelung anzustreben versuchen. In Fragen des Umgangs ist das wachsende Bedürfnis des Kindes zu selbständigem, verantwortungsvollem Handeln zu berücksichtigen. Die Fragen des Umgangs sind immer mit dem Kind zu besprechen, Einvernehmen ist herzustellen, soweit das Kind altersgemäß dazu in der Lage ist.

Ein unter Zwang stattfindender Umgang wird in der Regel mehr die Beziehung belasten als dem Kindeswohl dienen. Andererseits folgt daraus nicht der Ausschluss des Umgangs, vielmehr sollten auch juristischerseits Rahmenbedingungen offen gehalten werden, die es gestatten, den Kontakt zu verbessern. Voraussetzung ist fast ausnahmslos, dass der Nichtsorgeberechtigte seinerseits keinen weiteren juristischen Zwang ausübt.

Während bei Kleinkindern der Kontakt, möglicherweise mit Hilfe des Sachverständigen, erst in den Räumen des Sachverständigen angebahnt werden muss,[406] empfehlen sich bei älteren Kindern gemeinsame Gespräche mit dem umgangsberechtigten Elternteil, Sachverständigen und Kind, um die gegenseitigen Bedürfnisse darzustellen. Aus unserer Erfahrung zeigten sich in den meisten Fällen angemessene Kontaktmöglichkeiten auf, die aber nicht an eine starre Regelung gebunden waren.

Zu weiteren Möglichkeiten des Sachverständigen wird auf das Kapitel Umgangsregelung mit den Eltern verwiesen.

16. Kooperationsfähigkeit und Kooperationsbereitschaft

Im § 1618 a BGB wird postuliert, dass Eltern und Kinder einander Beistand und Rücksicht schuldig sind. Diese Forderung gilt über die Trennung der Eltern hinaus, unabhängig von einer Sorgerechtsregelung, auch im Hinblick auf die gegenseitige Unterstützung bei der Erziehung des Kindes, im Notfall das Kind auch vorübergehend zu betreuen, soweit der andere Elternteil dazu in der Lage ist. Während der Begriff Bindungstoleranz[407] die Erkenntnis einschließt, dass das Kind ebenso eine positive Beziehung zum anderen Elternteil hat und diese pflegen will, richtet sich Kooperationsbereitschaft auf die Ausführung des Miteinanders oder die Ermöglichung und Gestaltung der Absprachen und Kontakte.

Die im § 1618 a BGB angesprochene Kooperationsbereitschaft[408] ist neben der Erziehungsfähigkeit das wesentliche psychologische Kriterium für die Beurteilung, ob einem

---

[403] Im Tenor OLG Frankfurt FamRZ 1990, 655; OLG Bamberg FamRZ 1993, 726; BGH FamRZ 1980, 131.

[404] OLG Bamberg FamRZ 2000, 46.

[405] Vgl. *Knöpfel* FamRZ 1989, 1020.

[406] *Schröder* FamRZ 2000, 595.

[407] Vereinzelt auch „objektive Kooperationsfähigkeit" bezeichnet.

[408] Siehe auch: *Bode* FamRZ 1999, 1400–1403; *Weisbrodt* DAVorm 2000, 617–629.

Elternteil gegen den Willen des anderen die alleinige elterliche Sorge (oder Teile davon) zu übertragen ist. Dabei sind Kooperationsfähigkeit und Erziehungsfähigkeit insoweit verknüpft, als vom Familiengericht bei Kooperationsunfähigkeit die Erziehungsfähigkeit als eingeschränkt erachtet werden kann, mit der Folge, die gemeinsame Sorge aufzuheben.[409]

Unter Kooperationsfähigkeit wird verstanden, ob die Eltern aufgrund ihrer emotionalen Situation überhaupt in der Lage sind, gewisse gemeinsame, zumeist für das Kind erhebliche, Entscheidungen zu treffen. Diese müssen nicht zwingend im Gespräch geregelt werden, sondern können möglicherweise auf Akzeptanz beruhen oder auf schriftlichem Weg geklärt werden. Wenn zum Zeitpunkt der anstehenden Entscheidung noch kein Konsens besteht, kann elterliche Kooperationsfähigkeit für einen zukünftigen Zeitpunkt schwer abgeschätzt werden. Kooperationsbereitschaft kann auch als Arbeitsprozess verstanden werden. Dabei kann beiden Eltern zugemutet werden, Kooperationsbereitschaft zu erwerben, sei es durch Therapie, sei es durch Beratung.

Kooperationsunfähigkeit ist aber nicht in jedem Falle ein Grund, diesem Elternteil die elterliche Sorge nicht allein zu übertragen. Die Gründe für fehlende Kooperation müssen nachvollziehbar[410] und auch am Kindeswohl ausgerichtet sein. Dies kann der Fall sein, wenn das Engagement des anderen Elternteils in der Ehe- und Trennungszeit für das Kind gering war oder auch erhebliche Verletzungen seelischer Art vorgekommen sind, die eine Kooperation nicht erwartbar machen.

Diese juristische Vorgabe gilt auch für den Sachverständigen, wenn oftmals leicht verlangt wird, die Partner- soll von der Elternebene getrennt werden, was aber nicht in jedem Falle, zumindest für eine bestimmte Zeit gelingen kann. Es ist sogar in der Regel unrealistisch, von Eltern, die sich in der Trennungsauseinandersetzung befinden, zu erwarten, sie könnten sich gegenüber dem anderen Ehepartner wohlwollend verhalten.[411]

Es wird für die Ausübung der gemeinsamen Sorge nicht in allen Bereichen Kooperationsbereitschaft verlangt, da die alltäglichen Entscheidungen für das Kind durch den Alltagsentscheid abgedeckt werden. Es muss aber bezüglich Entscheidungen von erheblicher Bedeutung ein Grundkonsens hergestellt werden können, dazu kann von den Betroffenen erhebliche Anstrengungsbereitschaft verlangt werden.

Die Kooperationsbereitschaft wird besonders im Zusammenhang mit Umgangsfragen angefragt, d. h., wie und ob die Eltern die Umgangsgestaltung absprechen können, sei es terminlicher Art, sei es, wie der Umgang vonstatten gehen sollte. Es ist nicht in jedem Fall notwendig, dass sich die Eltern persönlich treffen, um Belange der Kinder zu diskutieren. Bei hohem Konfliktniveau können alternative Wege gewählt werden. Hier kann hilfreich sein, dass Fax-Geräte und Anrufbeantworter angeschafft werden, die einen direkten Kontakt zumindest vorübergehend vermeiden helfen. Bei älteren Kindern ab ca. 12 Jahren können Umgangsgestaltungen mit dem Kind abgesprochen werden, sofern dies nicht zur Belastung für das Kind führt. Dies wäre gegeben, wenn konfliktreiche Botschaften für den anderen Elternteil vom Kind überbracht werden sollen.

Ein Hinweis auf die Kooperationsbereitschaft der Eltern kann das Einigungspotential in der Trennungszeit geben, ob, wie häufig und in welchen Bereichen sie in der Lage waren, einvernehmliche Lösungen zu finden, aber auch wie sie sich in der Interaktion bei den

---

[409] Siehe BGH FamRZ 1999, 1648.
[410] OLG Dresden FamRZ 2000, 110.
[411] *Jopt* FamRZ 1987, 875–885.

Übergaben, strukturierten Kontakten beim Sachverständigen verhalten. Nicht zuletzt bieten gemeinsame Gespräche mit dem Sachverständigen eine diagnostische Basis, ob die Betroffen in die Lage versetzt werden können, mit Hilfestellung für das Kind zusammen zu wirken.

17. Kontinuität und Stabilität

Die Kriterien Kontinuität und Stabilität der Erziehung finden in besonders § 1696 BGB, § 1632 Abs. 4 und § 1666 a Abs. 1 BGB Berücksichtigung. Der Kontinuitätsgesichtspunkt wird auch im § 1568 BGB hervorgehoben. Hiernach kann der Familienrichter gar eine Scheidung verweigern, wenn die Aufrechterhaltung der Ehe für das Kindeswohl ausnahmsweise notwendig ist. Auch in § 180 ZVG findet nunmehr der Kontinuitätsaspekt Berücksichtigung. Nach § 180 Abs. 3 und 4 ZVG, die durch das UÄndG vom 20. 2. 1986 neu geschaffen worden sind, wird betont, dass Ehegatten und geschiedene Ehegatten bei der Durchsetzung ihrer Ansprüche in besonderer Weise auf die Interessen gemeinschaftlicher Kinder Rücksicht nehmen müssen. Dies kann im Einzelfall z. B. bedeuten, dass die Versteigerung eines Hauses, in dem die Kinder mit einem Elternteil leben, von diesem gegen den Willen des anderen Elternteils zumindest zeitlich aufgeschoben werden kann.[412]

Kontinuität und Stabilität werden von Juristen oftmals als einzig handhabbare Entscheidungskriterien aufgefasst,[413] wie bei der Empfehlung der alleinigen Sorge auf einen Elternteil.[414] So ist die Sorge auf einen Elternteil zu übertragen, selbst wenn die Bereitschaft gering ist, den Kontakt des Kindes zum anderen Elternteil zu fördern, wenn einem kleineren Kind nur bei diesem Elternteil die Fortführung der gewachsenen Beziehungs- und Lebensverhältnisse ermöglicht und die Kontinuität der Erziehung gewährleistet wird.[415] Insbesondere von Anwälten wird dem Erhalt der bestehenden Verhältnisse erheblich mehr Gewicht beigemessen als von den anderen am Scheidungsgeschehen beteiligten Berufsgruppen.[416] Meist fehlt jedoch eine explizite Begründung, warum der Kontinuitätsgrundsatz dem Kindeswohl förderlich sei. Zudem wird der Kontinuitätsbegriff in verschiedenen Begründungszusammenhängen unterschiedlich definiert. Dabei wird vernachlässigt, dass in der familienforensischen Literatur und in den juristischen Kommentaren „Kontinuität" oftmals nicht definiert und eine Unterscheidung zu „Stabilität" nicht vorgenommen wird.

---

[412] LG Limburg a.d.Lahn FamRZ 1987, 1065; LG Berlin FamRZ 1987, 1067: Eine Zwangsversteigerung kann nicht damit aufgehalten werden, dass der andere Elternteil seinen Vermögensinteressen Anspruch verleiht. Die Zwangsversteigerung könne aufgeschoben werden, um die Versteigerung nicht zur Unzeit geschehen zu lassen. Als Unzeit kann auch gelten, wenn die Eltern getrennt leben, die Scheidung noch nicht abgeschlossen ist und beide Elternteile das Sorgerecht beantragen. Eine Zwangsversteigerung würde dann bedeuten, dass das Kind mit dem im Hause lebenden Elternteil die Wohnung verlassen müsste. Sollte dann das Sorgerecht auf den anderen Elternteil übertragen werden, müsste sich das Kind wieder an einem anderen Wohnort eingewöhnen. Dieser Umstand berechtigt zur Annahme von besonderen Umständen. Kurioserweise kann eine von der Bank betriebene Zwangsversteigerung nicht mit Kindeswohlargumenten aufgeschoben oder verhindert werden.

[413] So *Rassek* S. 74.

[414] OLG Bamberg FamRZ 1997, 102.

[415] OLG Köln FamRZ 1998, 1046.

[416] *Plessen/Bommert*, in: Schorr (Hrsg.), Bericht über den 13. Kongress für Angewandte Psychologie, S. 325.

Der Begriff Kontinuität stellt auf die Bewahrung aktuell bestehender Bindungen und Erziehungsverhältnisse ab, der Begriff Stabilität prospektiv auf zukünftige Erziehungsverhältnisse.[417]

Andere Autoren unterscheiden zwischen lokaler und personaler Kontinuität,[418] als „Erlebniskontinuität" wird die Kontinuität der Beziehungen zur Wohnung, zu vertrauten Gegenständen, zur Nachbarschaft und Straße bezeichnet.[419]

Diese Kontinuitätsgrundsätze beziehen sich auf die Annahme, dass der weitest gehende Erhalt der Einheitlichkeit, Stetigkeit, Gleichmäßigkeit und Stabilität der Lebens- und Erziehungsverhältnisse, wie sie vor der Trennung bestanden,[420] bis zum 10. oder 12. Lebensjahr[421] des Kindes am ehesten dem Wohl des Kindes entspricht.[422] Die Annahme geht auch dahin, dass die Kontinuität am ehesten gewahrt sei, wenn die Eltern das Sorgerecht gemeinsam ausüben,[423] unabhängig wie sie dieses wahrnehmen.

Der Betreuungskontinuität wird mehr Gewicht zugemessen, als der des Wohnortes,[424] der sozialen Kontinuität mehr als der Beziehung des Kindes zur Mutter,[425] wenn zu dieser keine enge Verbindung besteht[426] (oder der Kooperationsbereitschaft,[427] selbst wenn der Sorgeberechtigte aus nicht nachvollziehbaren Gründen die Bindung des Kindes zum anderen Elternteil zerstört[428]). Allgemein gilt, dass vor allem abrupte Wechsel in wichtigen Lebensbezügen möglichst zu vermeiden sind.[429]

Bei der Beurteilung der Kontinuität der sozialen und räumlichen Umgebung kommt es nicht darauf an, wie diese zustande gekommen ist, auch wenn ein Elternteil das Kind widerrechtlich und zur Unzeit ins Ausland verbracht hat. Dem entspricht die juristische Gepflogenheit, nach Wohnortwechseln bei einem Aufenthalt von 6 Monaten davon auszugehen, dass es sich dann um den gewöhnlichen Aufenthalt des Kindes handelt, dem auch aus Kindeswohlgründen entsprochen werden muss.[430]

Um eine erhebliche Belastung des Kindeswohls in Bezug auf das Kriterium Kontinuität als gegeben annehmen zu können, genügt es nicht, dass das Kind die Schule wechseln muss, Freundeskreis und Nachbarschaft verliert. Es müssen besondere Umstände hinzutreten, die die Gefährdung des seelischen, körperlichen oder geistigen Wohls begründen.

---

[417] *Coester,* Das Kindeswohl als Rechtsbegriff, S. 177; auch OLG Köln FamRZ 1982, 1232.

[418] *Kaltenborns* FamRZ 1987, 990–1000, bestätigte die Bedeutung der Kontinuität der personalen Beziehungen für das Wohl des Kindes und für die Aufrechterhaltung der Eltern-Kind-Beziehungen, auch wenn die Kontinuität der personalen Beziehungen mit einem Aufenthaltswechsel verbunden ist. Auch *Beller,* in: Montada (Hrsg.), Bericht über die 7. Tagung Entwicklungspsychologie in Trier vom 22.–25. 9. 1985, S. 329–330 betont die Bedeutung der Kontinuität der sozialen Unterstützung und Zuwendung für Anpassung und Entwicklung des Kindes.

[419] *Lempp,* Gerichtliche Kinder- und Jugendpsychiatrie, S. 95.

[420] BVerfG FamRZ 1982, 1179; BGH FamRZ 1985, 169.

[421] Vgl. *Dickmeis* ZfJ 1991, 165.

[422] Vgl. *Wendl-Kempmann/Wendl* S. 43; OLG Frankfurt FamRZ 1982, 531; auch wenn der andere Elternteil das Kind ganztags versorgen könnte; OLG Düsseldorf FamRZ 1983, 293; KG Berlin FamRZ 1988, 863.

[423] BVerfG FamRZ 1982, 1179.

[424] So OLG Köln FamRZ 1999, 181.

[425] OLG Hamm FamRZ 1994, 918.

[426] OLG Nürnberg FamRZ 1999, 614.

[427] OLG Köln FamRZ 1998, 1046.

[428] OLG Bamberg FamRZ 1997, 102.

[429] *Schwab* FamRZ 1998, 464.

[430] OLG Hamm FuR 1999, 421, bei dem der Vater das Kind nach Barbados verbrachte.

Häufig wird das Kriterium Kontinuität dazu verwandt, alltagspsychologische Theorien für die Sorgerechtsempfehlung zu legitimieren, wie etwa jene, die Mutter habe bisher die Kinder betreut, also solle sie dies auch in Zukunft tun; oder die Wohnverhältnisse werden von einem Elternteil aufrechterhalten, also ist er besser geeignet usw.

Der Bewertung des Kontinuitätsaspekts z. B. der individuellen Erziehungskompetenz, steht die Schwierigkeit entgegen, dass er nur retrospektiv bewertet werden kann und abhängig ist von der gegenseitigen Unterstützung., die sich die Familienmitglieder im Zusammenleben zukommen ließen. Jeder familiäre Konflikt ist kontextgebunden, das einfache Feststellen gegebener Zustände daher kaum aussagekräftig. In der Begutachtungssituation wird häufig verkannt, dass Kontinuität in der Regel bei Trennung der Eltern unterbrochen wird und gegenseitige Stützmaßnahmen wegfallen.

Der Kontinuitätsgesichtspunkt beinhaltet eine angemessene Veränderung der Entwicklungsbedingungen, sie müssen den sich verändernden Anforderungen des Kindes angepaßt werden. Konstante Verhältnisse können auch entwicklungshemmend sein.[431] Entwicklungshemmende Konstanz bezieht sich auf kommunikationsarme Lebensbereiche, wenn also das Kind in anregungsarmen Umwelten lebt oder leben soll und das elterliche Verhalten das Kind von Beteiligungen an komplexeren Tätigkeiten und von Kontakten zu anderen Lebensbereichen abhält.

Das Kontinuitäts- und Stabilitätsbedürfnis des Kindes ist altersabhängig. Der Kontinuitätsaspekt bezieht sich zudem auf den Erhalt oder die Wiederbeschaffung von angemessenen Anregungsbedingungen und Stützfaktoren für das Kind. Dies können Beziehungsangebote, aber auch Umfeldbedingungen sein. So steht außer Zweifel, dass das Kind eine stabile Bezugsperson in den ersten zwei Lebensjahren braucht, um sich gesund entwickeln zu können.[432] Aus der Bindungsforschung ist belegt, dass eine sichere Bindung zum Elternteil Neugierverhalten des Kindes erleichtert, wenn nicht erst ermöglicht. Somit ist unter dem Kontinuitätsaspekt der Erhalt der Eltern-Kind-Beziehung zu berücksichtigen.[433] Im Lauf der Entwicklung löst sich das Kind von den primären Bezugspersonen und wendet sich außerfamiliären Bezugspersonen zu. Das Kind kann dann sein Eingebundensein bereits verbalisieren, und der Freundes- und Bekanntenkreis wird zum Faktum der Willensbildung beim Kind und ermöglicht Überlegungen zu einer Lebensschwerpunktsentscheidung. Die Ergebnisse der Resilienceforschung haben auf die große Bedeutung der Stützfaktoren hingewiesen, die das belastete Kind außerhalb der Familie findet.[434]

In der Regel kann davon ausgegangen werden, dass eine Änderung des Lebensschwerpunktes aus psychologischer Sicht nur dann empfohlen werden sollte, wenn erhebliche Gründe für eine solche Veränderung sprechen, insbesondere dann, wenn ansonsten bei beiden Eltern in etwa gleichwertige Umstände herrschen.[435] Diese Annahme wird auch von den Fachwissenschaften gestützt. Wohnortwechsel sind häufig von negativen Folgen wie depressiven Verstimmungen, aber auch in einzelnen Fällen von Delinquenz und Schulschwierigkeiten begleitet.

---

[431] *Fthenakis* in: Remschmidt (Hrsg.), Kinderpsychiatrie und Familienrecht, S. 36–54.

[432] Dem entspricht auch der das Urteil des OLG Köln FamRZ 1999, S. 181, das ausführt, die persönliche Kontinuität der persönlichen Betreuung überwiegt bei kleineren Kinder die Bedeutung der Ortskontinuität.

[433] Vgl. *Grossmann*, in: Montada (Hrsg.), Bericht über die 7. Tagung Entwicklungspsychologie in Trier vom 22.–25. 9. 1985, S. 322–324; *Grossmann/Grossmann*, Bindung als Entscheidungskriterium im Sorgerechtsverfahren, mündlicher Vortrag, gehalten am 24. 11. 1988 im Institut der GWG/afp, München.

[434] Siehe *Fegert* FPR 1997, 69; *Schmidt-Denter* S. 57–59.

[435] Vgl. OLG Hamm FamRZ 1986, 715.

Die Bewertung der Betreuungssituation kompliziert sich durch die Erkenntnis, dass ein Wohnortwechsel auch zum Wachstum der Persönlichkeit beitragen kann, da Anpassungsreserven mobilisiert werden. Welche Faktoren eine positive Auswirkung haben und welche zu einer Belastung beim Kind führen, ist letztlich noch ungeklärt. Sicherlich spielen Aspekte wie Freiwilligkeit des Wechsels, Verschlechterung oder Verbesserung der Lebensqualität durch den Wohnortwechsel, nicht zuletzt auch in der Persönlichkeit des Betroffenen liegende Faktoren eine Rolle.[436]

Der Gesichtspunkt der Stabilität kann bei entsprechender Hypothesenüberprüfung aus psychologischer Sicht entscheidungserhebliche Hinweise auf zukünftiges Erzieherverhalten der Eltern geben. Als bedeutsam haben sich zurückliegende Stressbedingungen und die Reaktionsweisen und Bewältigungsstrategien der Eltern darauf für zukünftige Lebensbedingungen erwiesen.[437]

Durch strukturierte Explorationen oder Fragebogenverfahren sind erlebte stressvolle Ereignisse und deren Bewältigung zu erheben. Vergangene Reaktionsweisen wie z. B. Hilflosigkeit und Depression, Krankheit und sozialer Abstieg, Isolation, oder aber Herausforderung und Aktivitäten lassen auch für die Zukunft ähnliche Stressreaktionsweisen und somit Verlust oder Erhalt der Stabilität erwarten.[438] Diese können Hinweise auf zukünftiges Erzieherverhalten geben. So sind fehlende Sozialkontakte und räumliche Beengtheit ein Hinweis auf hemmende Faktoren für die Entwicklung eines sozial aktiven Verhaltens der Kinder. Nicht zuletzt weisen sie auf ein fehlendes soziales Netzwerk der Eltern und eine damit verbundene eingeschränkte Krisenbewältigungsfähigkeit und mangelnde Stabilität hin.

Als wesentlich für den Sachverständigen gilt, dass der Kontinuitätsgesichtspunkt nicht nur vergangenheitsorientiert betrachtet werden darf, sondern eine Prognose verlangt.[439]

---

[436] Vgl. *Fischer/Fischer*, in: Filipp (Hrsg.), Kritische Lebensereignisse, S. 139 ff.

[437] Einen Überblick gibt *Lazarus*, in: Filipp (Hrsg.), Kritische Lebensereignisse, S. 198–233.

[438] Vgl. *Montada*, in: Filipp (Hrsg.), Kritische Lebensereignisse, S. 272–289.

[439] *Proksch*, Das Wohl des Kindes aus juristischer Sicht, Mitteilung der Landesarbeitsgemeinschaft für Erziehung-, Jugend- und Familienberatung Bayern e.V. 1998, S. 45.

J. Rahmenbedingungen für die Auswahl psychodiagnostischer Verfahren

Die Auswahl der Methoden ist im forensischen Rahmen nach den berufsständisch-ethischen, allgemeinen und speziellen rechtlichen und nicht zuletzt nach fachpsychologischen Regeln vorzunehmen.[1] Dazu gehören die Überlegungen, inwieweit die Methoden angemessen sind und die Rechte der zu Untersuchenden gewahrt bleiben.[2] Es sind Sitte und Anstand einzuhalten, und der untersuchenden Person darf kein Schaden zugefügt werden.[3] Da bei jeder psychologischen Diagnostik der Untersuchte bewusst und willentlich eine Frage schriftlich oder mündlich beantworten muss, gilt prinzipiell, dass die psychologische Diagnostik und damit auch die auf dieser Diagnostik beruhende Intervention im Rahmen des familiengerichtlichen Auftrages keinen Verstoß gegen die Würde des Menschen gemäß Art. 1 Abs. 1 Satz 1 GG darstellen darf.

Bei der Anwendung von Verfahren ist zu bedenken, dass die Begutachtung vom Familiengericht angeordnet worden ist und somit die Daten und deren Interpretationen den geschützten Raum einer Beratungs- oder Therapiesituation verlassen.

Bei der Begutachtung hat der Sachverständige die Methoden anzuwenden, die dem aktuellen wissenschaftlichen Kenntnisstand gerecht werden, sie müssen weiter zur Überprüfung der psychologischen Frage geeignet sein. Bei Vorhandensein mehrerer anerkannter und indizierter Verfahren obliegt es dem pflichtgemäßen Ermessen des Sachverständigen, welche er anwendet. Dieses pflichtgemäße Ermessen ist begründet in der Erkenntnis, dass es in der Psychologie bisher noch keine generalisierbaren Theorien und Methoden gibt, die dem Einzelfall gerecht werden.[4] Die Praxis muss am jeweiligen Fall neu entwickelt werden. Der Diplompsychologe im familienrechtlichen Verfahren soll sich als ein individueller sachverständiger Problemlöser verstehen,[5] der aber dennoch nicht willkürlich Methoden anwenden darf.

Wendet der Sachverständige ein anerkanntes Verfahren nicht an, kann damit nicht grundsätzlich seine Sachkunde angezweifelt werde. Es bleibt vielmehr dem Sachverständigen überlassen, auf welchem Wege und auf welchen Grundlagen er sein Gutachten erstellt.[6]

1. Fachpsychologische Grenzen der Operationalisierung

Zur Erfassung familiärer Konflikte dienen Messverfahren, deren Ergebnisse auf Gruppenuntersuchungen basieren, die nur mit interpretativer Leistung auf den Einzelfall zu übertragen sind. Häufig wird mit den Messverfahren nur das Konstrukt erfasst, das hinter dem

---

[1] Eine Aufstellung von im Familiengerichtsverfahren verwandten Tests bietet *Balloff* FPR 1998, 212 an.
[2] Dazu geben Hinweise: *Amelang/Zielinski* S. 22 f.; *Gaul*, Rechtsprobleme psychologischer Eignungsdiagnostik, 1990; *Zuschlag*, Das Gutachten des Sachverständigen, 1992.
[3] *Schuler* S. 16 f.
[4] Daher gehen die Ausführung von *Leitner* FuR 2000, 57–63, völlig am Problem vorbei.
[5] Zu diesem Problemkreis *Schönpflug* Report Psychologie 2000, 166–169.
[6] BGH FamRZ 1999, 1649.

Testverfahren steht. Wird also z. B. die Bindungsqualität zwischen Elternteil und Kind mit einem Verfahren wie dem *Family-Relations-Test (FRT)* zu erfassen versucht, kann es sich beim Testergebnis nicht um Bindung im bindungstheoretischen Sinn handeln, da Bindungsqualität nur im Verhalten nur in einer speziellen Beobachtungssituation erkennbar ist.[7]

Die diagnostische Einzelfalluntersuchung setzt psychologische Fragen voraus, die im Falle der familienpsychologischen Begutachtung als pseudosinguläre Hypothesen zu bezeichnen sind.[8] Es werden dabei Sachverhalte, die mit einer Person verbunden sind, diagnostiziert und über Zeit und Umstände generalisiert. Eine solche Hypothese wäre z. B.: Die Mutter ist eine gute Erzieherin. Hierbei wird das Erzieherverhalten als konstant und situationsübergreifend angenommen. Die Überprüfung der psychologischen Frage ist komplex, da Zusatzhypothesen abgeleitet werden müssen,[9] die eine globale Frage konkretisieren. So ist Erziehungskompetenz u. a. abhängig vom Familienklima,[10] von der Qualität emotionaler Beziehungen,[11] von den Stressbewältigungsmöglich keiten und Unterstützungssystemen, was gerade prospektiv von Bedeutung ist,[12] und nicht zuletzt von der Bereitschaft eines Elternteils, die Sorge für das Kind zu übernehmen.[13] Dem Kontinuitätsaspekt kann nur untergeordnete Bedeutung bei der Bestimmung der individuellen Erziehungskompetenz zukommen, da dieser nur retrospektiv bewertet werden kann. Zudem ist er abhängig von der Ergänzung und Unterstützung, die die Eltern einander innerhalb der Familie zukommen lassen. Der Kontinuitätsaspekt im Hinblick auf die Erziehungskompetenz kann im Rahmen der Begutachtung nur schwer bestimmt werden, da als Informationsquelle nur Äußerungen der Eltern selbst oder weiterer Bezugspersonen zur Verfügung stehen, die in der Regel parteilich sind. Jeder familiäre Konflikt ist kontextgebunden, das einfache Feststellen gegebener Zustände daher kaum aussagekräftig. Erst die Aufhellung der Verflochtenheit bringt Gehalt.[14]

Unmöglich ist der Anspruch im familienpsychologischen Bereich, die Prognose an Kriterien oder an feststehenden Normen zu orientieren, da solche bisher nicht vorliegen. Auch über die Beendigung des Datenbeschaffungsprozesses entscheidet der Sachverständige klinisch-intuitiv.[15]

Um die Begutachtung von der Subjektivität des Sachverständigen so weit wie möglich zu befreien, darf das Gutachten sich nicht nur auf dessen subjektive Beobachtungen gründen; es ist vielmehr ein multimethodales Vorgehen gefordert. Entscheidungsrelevante Ergebnisse sollten, wenn möglich, auf mindestens zwei voneinander unabhängigen Datenquellen beruhen.[16]

Obwohl die Bestimmung des Kindeswohls einen umfangreichen Einsatz von psychodiagnostischen Verfahren rechtfertigen könnte, kann die Ermittlung nicht grenzenlos sein. Der Sachverständige hat neben dem ökonomischen Gesichtspunkt anders als der Thera-

---

[7] Vgl. *Schwabe-Höllein/Kindler/Frenzel* Praxis der Rechtspsychologie 1997, 16 ff.

[8] *Amelang/Zielinski* S. 343 f.; *Jäger*, Der diagnostische Prozess, S. 85.

[9] Vgl. *Groeben/Westmeyer* S. 116 ff.

[10] *Schneewind et al.*, Eltern und Kinder, 1983.

[11] *Tausch/Tausch* Erziehungspsychologie 1971, 115 ff.

[12] *Filipp*, Kritische Lebensereignisse, 1981.

[13] *Baumgärtel*, in: Lukesch/Perrez/Schneewind (Hrsg.), Familiäre Sozialisation und Intervention, S. 107 ff.

[14] *Rohmann* Kind-Prax 2000, 71–76.

[15] *Steller* MSchrKrim 1988, 22.

[16] *Heiß*, in: Heiß (Hrsg.), Handbuch der der Psychologie, Bd. 6, S. 982.

peut oder Berater bestimmte Persönlichkeitsbereiche *nicht* zu eruieren und damit auch einer – wenn auch eingeschränkter Öffentlichkeit – nicht zugänglich zu machen.

2. Juristische und ethische Grenzen der Diagnostik

Nach der Beauftragung übernimmt der Sachverständige Ermittlungstätigkeiten, die eigentlich der Familienrichter übernehmen müsste, hätte er die nötige Sachkunde. Da der Sachverständige auf einem Gebiet tätig wird, das nicht im Fachkenntnisbereich des Familienrichters liegt, nimmt hiermit der Sachverständige an der Aufklärungsarbeit teil. Feste Kompetenzgrenzen sind nicht definiert.[17]

Der § 12 FGG legt den Untersuchungsgrundsatz fest, d. h., das Familiengericht muss alle zur Tatsachenfeststellung erforderlichen Ermittlungen zur Bestimmung des Kindeswohls anstellen.

Für die Tätigkeit des Sachverständigen im familiengerichtlichen Verfahren, speziell zur Frage, wie weit der Sachverständige seine Ermittlungen betreiben soll, ist vom Familiengericht wenig Hilfe zu erwarten, da es über die genaue familiäre Situation des Einzelfalls zu wenig Kenntnis hat[18] und auch das Instrumentarium des Psychologen nicht kennt.

Einen juristischen und ethischen Maßstab für die Beurteilung des diagnostischen Handelns des Sachverständigen liefern Art. 1 Abs. 1 GG und Art. 2 Abs. 1 GG. Im Letzteren ist der Schutz gegenüber Beeinträchtigungen der allgemeinen Handlungsfreiheit formuliert. Aus ihm wird das Recht auf eine Geheimsphäre, auf Achtung der Privatsphäre und des Charakterbildes, das vor unbefugter Ausforschung und Bewertung des Charakters zu schützen ist, sowie auf Achtung der persönlichen Gefühlswelt und auf Integrität des seelischen Innenlebens konkretisiert.[19]

Durch Art. 2 Abs. 2 GG wird ausdrücklich die körperliche Unversehrtheit garantiert. Dies gilt auch für die psychologische Untersuchung.[20] Art. 2 wird als „Grundrecht auf Achtung der personalen Integrität" bezeichnet, der sowohl den Schutz aktiven Handelns in der Außenwelt als auch den Schutz der inneren Voraussetzungen für Entstehungsprozesse umfasst. Danach ist es unstreitig, dass der Freiraum zur Entfaltung der Persönlichkeit eingeschränkt wird, wenn der Mensch zur Offenbarung seiner Gefühle, Anschauungen, Charakterzüge und Veranlagungen, zur Darstellung seiner familiären Beziehungen, seines inneren und äußeren Werdegangs, seiner Gesundheits- oder Krankengeschichte gezwungen wird oder wenn entsprechende Äußerungen, seien sie auch legal erlangt, verbreitet werden. Mit solchem Zwang wird eine Grundvoraussetzung freier Entfaltung unmittelbar oder mittelbar gestört oder gar zerstört.[21]

Nach dem Grundgesetz (Art. 19 Abs. 2) ist ausdrücklich jedes Grundrecht (u. a. Art. 1 GG) in seinem Wesensgehalt geschützt, somit auch die Entfaltungsmöglichkeit der Person und das Autonomierecht gemäß Art. 2 Abs. 1 GG. Damit ist ein letzter unantastbarer Be-

---

[17] Vgl. *Pieper*, in: Pieper/Breunung/Stahlmann (Hrsg.), Sachverständige im Zivilprozess, S. 24.

[18] Gründe für die Schwierigkeit der Kommunikation zwischen Sachverständigen und Richter beschreibt *Wegener* ZfJ 1982, 493.

[19] *Nipperdey*, zitiert bei *Fehnemann*, Rechtsfragen des Persönlichkeitsschutzes bei der Anwendung psychodiagnostischer Verfahren in der Schule, S. 69.

[20] OLG Hamm FamRZ 1982, 94; *Fehnemann*, Rechtsfragen des Persönlichkeitsschutzes bei der Anwendung psychodiagnostischer Verfahren in der Schule, S. 65, die darauf hinweist, dass die Anwendung psychodiagnostischer Verfahren keinen Eingriff in die körperliche Unversehrtheit bedeutet.

[21] *Fehnemann* FamRZ 1979, 661–663.

reich menschlicher Freiheit der Einwirkung der gesamten öffentlichen Gewalt entzogen.[22] Dieses Recht auf Schutz eines letzten unantastbaren Bereiches – der Intimsphäre – beinhaltet auch ein passives Recht. Der eigene Wille darf nicht manipuliert werden, die Autonomie darf nicht beschränkt werden. Das BVerfG unterscheidet zwischen einem Kernbereich, der unter absolutem Schutz des Grundrechtes steht, und einem anderen Bereich, innerhalb dessen staatliche Maßnahmen, „die mit überwiegendem Interesse der Allgemeinheit unter strikter Wahrung des Verhältnismäßigkeitsgebotes getroffen werden", zulässig sind.[23]

Die begriffliche Kennzeichnung dieses engeren Lebensbereiches ist uneinheitlich. Es werden u. a. Termini wie „Persönlichkeitssphäre", „Fürsichbereich", „Intimsphäre" oder „Geheimbereich" von unterschiedlichen Autoren verwendet.[24]

Die Intimsphäre wird verlassen, wenn ein Individuum mit einem anderen Menschen in irgendeiner Form in Interaktion tritt. Daraus folgt, dass selbst die intimsten Beziehungen zwischen zwei Menschen in der Regel nicht mehr der Intimsphäre zugeordnet werden, sondern der Privatsphäre. Die „Intimsphäre" wird zum Bereich der „Nichtkommunikation". Von Intimsphäre ist dann zu sprechen, wenn das Handeln des Individuums keine Auswirkungen auf die Umwelt hat.[25]

Unzulässige Eingriffe – auch für den Sachverständigen – in die **Intimsphäre** sind somit sowohl die Auswertung als auch das Verlangen von Auskünften aus privaten Tagebüchern, heimlichen Aufzeichnungen von Selbstgesprächen sowie Verhaltensweisen oder die Erforschung des Inhalts von Träumen.

Eheliche und familiäre Beziehungen lassen sich demzufolge der **Privatsphäre** zuordnen. Die Vertraulichkeit und Unbefangenheit der kommunikativen Beziehung zwischen Familienmitgliedern innerhalb einer bestehenden Familie ist als Privatsphäre geschützt. Nicht nur die Ehegattenbeziehung genießt den Privatsphärenschutz, sondern auch die Familie, da nach Art. 6 Abs. 1 die Gleichstellung von Familie und Ehe gilt.[26] Der Schutz gilt sowohl für die Vertraulichkeit des Gedankenaustausches und der Unbefangenheit der ehelichen Beziehungen als auch für die autonome Selbstdarstellung. Die Familienmitglieder dürfen nach diesem Recht selbst bestimmen, welches Bild sie der Öffentlichkeit von der Familie und von ihrer eigenen Rolle innerhalb der Familie vermitteln wollen. Der familiäre Binnenraum ist verlassen, wenn ein oder beide Ehepartner in Beziehung zu Dritten treten. Der für die Familie geltende Schutzbereich wird aber nicht verlassen, wenn eine Mitteilung freiwillig erfolgt und die Geheimhaltung sichergestellt ist.[27]

Geltendem Recht zufolge spielt sexuelle Entfaltung sich grundsätzlich in privater, vertrauter Sphäre ab. Ferner gehören ärztliche Aufzeichnungen über einen Patienten in die Privatsphäre, nicht in den absolut zu schützenden Bereich der Intimsphäre. Auch die Ehescheidungsakten rechnet das *BVerfG* nicht zu dem unantastbaren Bereich, ebenso wenig ärztliche Karteikarten mit ihren Angaben über Anamnese, Diagnose und therapeutische Maßnahmen.[28]

---

[22] Vgl. *Wolflast* S. 14.

[23] BVerfGE 27, 344, zitiert bei *Fehnemann*, Rechtsfragen des Persönlichkeitsschutzes bei der Anwendung psychodiagnostischer Verfahren in der Schule, S. 67.

[24] Einen Überblick gibt *Rohlf*, Der grundrechtliche Schutz der Privatsphäre, 1980.

[25] So *Rohlf* S. 87.

[26] *Rohlf* S. 98.

[27] *Rohlf* S. 94.

[28] *Fehnemann*, Rechtsfragen des Persönlichkeitsschutzes bei der Anwendung psychodiagnostischer Verfahren in der Schule, S. 67.

Die Weitergabe der Gerichtsakten durch das Gericht an einen Sachverständigen ohne Beschluss wäre als Eingriff in das Grundrecht auf Achtung der Privatsphäre zu werten, da darin regelmäßig Informationen über die Privatsphäre enthalten sind. Die Weitergabe der Akten bedarf folglich der gesetzlichen Grundlage, die durch § 34 FGG gegeben ist, zum anderen unterliegt der Sachverständige der Schweigepflicht.

3. Zulässigkeit von psychodiagnostischen Verfahren

Der Einsatz von psychodiagnostischen Verfahren (die psychodiagnostischen Verfahren werden in der juristischen Literatur in der Regel mit persönlichkeitsdiagnostischen Methoden gleichgesetzt) wird im familiengerichtlichen Verfahren prinzipiell für zulässig erachtet[29] – unabhängig von der Diskussion um die Nützlichkeit eines solchen Einsatzes –, da gemäß Art. 6 Abs. 2 GG die staatliche Gemeinschaft über die Pflege und Erziehung der Kinder wacht. Das staatliche Wächteramt kann es rechtfertigen, das Recht der Einzelnen auf Wahrung der Persönlichkeitssphäre zur Bestimmung des Kindeswohls einzuschränken. Das BVerwG[30] erklärt ausdrücklich, dass die gerichtliche Verwertung von Gutachten psychologischer Sachverständiger, die auf psychologischen Tests beruhen, nicht als unzulässig anzusehen ist. Ebenso wenig hat das *Bundesarbeitsgericht* die psychologische Untersuchung als einen Verfassungsverstoß gewertet.[31] Das *OVG Bremen*, Beschluss vom 2. 7. 1963, hält dagegen die Aufdeckung von charakterlichen Eigenschaften, die nicht nach außen hin erkennbar sind, für einen Einbruch in die Intimsphäre, der nicht zulässig sei; der *VGH Mannheim*, mit Beschluss vom 6. 5. 1963, geht (für die Frage der Fahreignung, da die Verkehrsteilnahme sozialbezogen sei und das Leben anderer Verkehrsteilnehmer davon abhänge) von der Zulässigkeit der psychologischen Persönlichkeitsdiagnostik aus, obwohl sie den seelischen Bereich betrifft. Zudem besteht immer die Möglichkeit, die Begutachtung abzulehnen oder die Ergebnisse zu verfälschen.

Die Berechtigung der psychologischen Diagnostik ergibt sich auch aus der Reduktion alternativer diagnostischer Vorgehensweisen, die wesentlich weniger valide sind als das nach wissenschaftlichen Methoden und Erkenntnissen erarbeitete und eingesetzte Instrumentarium des Diplompsychologen.[32]

Für die Auswahl der psychologischen Untersuchungsverfahren haben folgende Kriterien zu gelten:[33]

Die Untersuchungsverfahren dürfen die gesetzlich geschützte Privatsphäre nicht verletzen, sie müssen dem jeweiligen Untersuchungszweck angemessen sein, sie sollen in Durchführung und Auswertung für die zu untersuchende Person einsichtig sein, sie sollen den Mindestanforderungen der modernen Testtheorie genügen. Diese sind: Objektivität, Reliabilität und Validität.

Prinzipiell unzulässig sind alle Verfahren, auch im familiengerichtlichen Verfahren, die in der Strafprozessordnung (§ 136 a StPO) als Verfahren genannt werden. Rechtlich un-

---

[29] *Frommann*, Die Wahrnehmung der Interessen Minderjähriger im vormundschafts- bzw. familiengerichtlichen Erkenntnisverfahren der freiwilligen Gerichtsbarkeit, Unveröff. Diss., Johann-Wolfgang-Goethe-Universität, Frankfurt/Main, 1977, S. 119.

[30] NJW 1964, 607.

[31] *Fehnemann*, 1976, 50 f.

[32] *Jäger*, Der diagnostische Prozess, S. 56; OLG Frankfurt DAVorm 1979, 130.

[33] Nach *Horney* DS 1987, 376.

zulässig sind demzufolge Methoden, die die Willensfreiheit der zu untersuchenden Personen durch Misshandlung, Hypnose, Ermüdung, Drogen, Täuschung und Quälerei herabsetzen,[34] da sie der Erforschung des Unbewussten dienen,[35] aber auch die Methoden, die mit einer gesetzlich unzulässigen Maßnahme drohen.[36] Solche Verfahren sind auch dann unzulässig, wenn sie mit Einwilligung der Betroffenen durchgeführt werden. Sollten solche Methoden bei der Begutachtung dennoch zum Einsatz kommen, ist das Gutachten vom Gericht nicht zu verwerten.

Als Maßstab für die rechtliche Zulässigkeit einer Methode gilt, dass die Willens- und Erinnerungsfähigkeit einer Person nicht bewusst ausgeschaltet und die Person nicht zum Objekt degradiert werden darf.[37] Durch Verhaltensprovokationen, die die zu begutachtenden Eltern irreführen, kann die Handlungs- und Willensfreiheit sowohl bei projektiven Testverfahren als auch bei einigen objektiven Persönlichkeitstests eingeschränkt werden.[38] Aus dem selben Grunde sollten auch Suggestivfragen vom Sachverständigen unterlassen werden, insbesondere bei Kindern, da diese bei Suggestivfragen nicht genügend Differenzierungsmöglichkeiten haben.[39]

Erfährt der Begutachtete erst durch das schriftlich vorliegende Gutachten, dass die Gewinnung der Daten durch Verletzung seiner Persönlichkeitsrechte erfolgt ist, muss das Gericht das Gutachten gemäß § 1004 BGB beseitigen. Zudem wird von § 185 StGB Ehrverletzung erfasst, zu der es auch durch psychische Beeinträchtigung seitens des Sachverständigen kommen kann.

§ 244 StPO Abs. 3 ist nicht zwingend auf das familiengerichtliche Verfahren anzuwenden, da der Familienrichter im FGG-Verfahren frei ist in der Beweiswürdigung. Wenn er also von einem Verfahren überzeugt ist, kann er darauf auch seine Entscheidung begründen. So darf z. B. der Polygraph trotz des Beschlusses des BGH,[40] der das Verbot mit dem § 244 StPO begründet hat, im familiengerichtlichen Verfahren weiter angewandt werden.

4. Verhältnismäßigkeit von diagnostischen Verfahren

Der Begriff Kindeswohl beinhaltet die Aufforderung an den Familienrichter und damit indirekt auch an den Sachverständigen, im Rahmen ihres Auftrages und der im Amtsermittlungsgrundsatz auferlegten Pflicht unter Ausschöpfung der vorhandenen Erkenntnismöglichkeiten eine dem Kindesinteresse möglichst entsprechende Entscheidung zu fällen.[41] Das Verhältnismäßigkeitsgebot erfordert eine einschränkende Auslegung des § 1671 Abs. 2 BGB und verbietet die Erforschung der gesamten Verhältnisse der Familie. Die Begutachtung darf zudem keinen zusätzlichen Schaden für die Untersuchten mit sich bringen. Psychologische Gutachten unterliegen auch im Familienrecht, da sie in das Persönlichkeitsrecht der Beteiligten eingreifen, dem Gebot der Verhältnismäßigkeit und dürfen den Wesensgehalt des Grundrechts nicht beeinträchtigen. Es dürfen nur aufgabenrelevante

---

[34] *Müller* S. 77.
[35] BGH NJW 1959, 649.
[36] *Peters*, in: Undeutsch (Hrsg.), Forensische Psychologie (Handbuch der Psychologie Bd. 11), 1967, S. 788.
[37] *Peters*, in: Undeutsch (Hrsg.), Forensische Psychologie, S. 789.
[38] *Jäger*, Der diagnostische Prozess, 1983.
[39] *Coester*, Das Kindeswohl als Rechtsbegriff, S. 460.
[40] BGH FamRZ 1999, 587.
[41] *Coester*, Das Kindeswohl als Rechtsbegriff, S. 171.

Fakten ermittelt werden.[42] Eine körperliche Befunderhebung spielt z. B. bei einem Sorge-rechtsstreit in der Regel keine Rolle und wäre daher unverhältnismäßig.[43] Zudem ist auf-grund empirischer Befunde nicht gewährleistet, dass eine globale Erfassung eine zuverläs-sigere Prognose ermöglicht als eine kriterienorientierte Diagnostik.[44] Die Generalklausel „Kindeswohl" findet ihren Sinn nicht darin, dass alle erdenklichen Tatsachen ermittelt werden, sondern nur die Tatsachen, die in Hinsicht auf die Besonderheit jedes einzelnen Falles eine entscheidungserhebliche Rolle spielen. Die perfekte Entscheidung im Sinne des Kindeswohls kann es letztlich nicht geben, der Gesetzgeber verlangt mit Gewissheit nicht die Aufklärung des Nicht-Erkennbaren.[45]

Generell empfiehlt es sich, schrittweise, fallbezogen vorzugehen, statt sich mit der routi-nemäßigen Vornahme eines globalen Datenerhebungsprozesses zu begnügen, was in der Praxis auch kaum geschieht, da es hypothesengeleitetem Vorgehen widerspricht.[46]

Die Angemessenheit der Datenerhebung ist unterschiedlich bei teilweise übereinstim-menden oder streitenden Eltern bezüglich der Sorgerechts- bzw. Umgangsregelung. Der Sachverständige hat den familiären Konflikt, der sich auf die gerichtliche Fragestellung be-zieht, zu erfassen und im weiteren Interview herauszufinden, wo Uneinigkeit zwischen den Eltern auf der konkreten Ebene vorliegt und ob sich diese tatsächlich auf das Kind aus-wirkt. Was zwischen den Eltern nicht strittig und nicht durch die Fragestellung des Ge-richts abgedeckt ist, hat der Sachverständige keiner weiteren Überprüfung zu unterziehen. Hinweise aus auf seiner Sicht bestehende Ungereimtheiten, seiner Sicht nach problemati-schen Regelungsmodalitäten, wenn sie nicht vorgebracht wurden, verbieten sich (Autono-mie der Eltern), außer diese Regelungen würden die Schwelle des § 1666 BGB (Kindes-wohlgefährdung) erreichen oder das Kind würde dem Sachverständigen hierfür Hinweise geben.

Zu kurze Kontakte des Sachverständigen mit den Betroffenen sind ebenfalls unverhält-nismäßig, weil damit im Allgemeinen entscheidungserhebliche Ergebnisse von vornherein ausgeschlossen sind. Konsens besteht z.B. darüber, dass eine zehnminütige Exploration keine ausreichende Grundlage für die Beurteilung eines Kindes sein kann,[47] wenn die sachverständige Empfehlung sich im Wesentlichen auf die Ergebnisse dieser Kinderdia-gnostik bezieht.

5. Das diagnostische Gespräch

Das diagnostische Gespräch, „Interview" oder umfassender „das psychologisch-diagnosti-sche Interview"[48] wird für den Sachverständigen die wesentliche diagnostische Methode sein. Das diagnostische Interview ist eine Methode zur Erfassung diagnostisch relevanter Informationen im Gespräch, die weitgehend ohne technische Hilfsmittel auskommt.[49] Es

---

[42] Arbeitskreis II 4: Kriterien der Verwertbarkeit psychologischer Gutachten, 2. Familiengerichtstag, 1979, S. 901.
[43] *Lempp/Schütze/Köhnken*, in: Lempp/Schütze/Köhnken (Hrsg.). Forensische Psychiatrie und Psycho-logie des Kindes- und Jugendalters, S. 16.
[44] Vgl. *Rassek* S. 51.
[45] So *Coester*, Das Kindeswohl als Rechtsbegriff, S. 171.
[46] *Rohmann* Kind-Prax 2000, 71–76.
[47] OLG Stuttgart ZfJ 1975, 131.
[48] *Westhoff* Report Psychologie 2000, 18–24.
[49] *Amelang/Zielinski* S. 328 ff.

umfasst als wesentliche Form die Anamnese, Exploration und Befragung,[50] weiter die Planung des Gesprächs, die Durchführung und die Auswertung. Das Interview ist die unverzichtbare Methode, dessen Qualität vom Sachverständigen abhängt.

Neben der Informationsgewinnung hat das Gespräch auch eine soziale Funktion und ermöglicht dem Sachverständigen, einen persönlichen Eindruck von den Betroffenen zu gewinnen, wie er auch für den Familienrichter vorgeschrieben ist (§ 50 a FGG).

Beim unstrukturierten Interview mangelt es häufig an der Objektivität, strukturierten Interviews mangelt es an Flexibilität, teilstrukturierte Interviews erlauben notwendig werdende Zwischenfragen. Auf Seiten des Sachverständigen bergen dessen Wahrnehmungsselektion, seine Interpretation und deren Wiedergabe Fehlerquellen. Nicht zuletzt gestaltet die soziale Beziehung die Informationsmenge.

Auffällig ist in der familienforensischen Literatur bisher die Theorielosigkeit der Datenerfassung durch das Interview. Zwar werden eine Vielzahl von inhaltlichen Aspekten erfasst; es besteht aber keine Übereinstimmung über den notwendigen Umfang und die Relevanz der verschiedenen Aspekte. Während einige Sachverständige erheblichen Wert auf die Familiengeschichte legen, wird sie von anderen Gutachtern als nicht relevant für die Fragestellung erachtet. Interventionsorientierte Sachverständige befassen sich eher mit der aktuellen Konfliktlage und den dem Konflikt zugrunde liegenden Motivationen.

Da sich die Fragestellungen des Familiengerichts auf relativ eng umschreibbare Sachverhalte beziehen und sowohl die einschlägigen Gesetze als auch die Rechtsprechung Hinweise für das Kindeswohl geben, kann man von einem Anforderungsprofil ausgehen. Eine Beurteilung, ob elterliches Verhalten kindeswohlschädigend ist, bemisst sich nach § 1666 BGB und in der Rechtsprechung finden sich dazu Beurteilungsmassstäbe. Der Sachverständige kann also nicht beliebig oder subjektiv die zu erfragenden Inhalte und die Maßstäbe der Bewertung bestimmen.

Die psychologische Fachliteratur gibt zudem eine Reihe von Hinweisen auf psychologische Kriterien, mit denen familiäre Konflikte diagnostizierbar und beschreibbar sind. Bei vielen familiengerichtlichen Fragen kann auf das in der Literatur festgehaltene Expertenwissen zurückgegriffen werden. Dies hat zur Folge, dass die inhaltliche Planung des Interviews nicht völlig willkürlich, nach rein subjektiven Kindeswohlvorstellungen, erfolgen darf.

Beim Sachverständigen steht nicht der therapeutische Prozess im Mittelpunkt, sondern der Auftrag an ihn. Zusätzlich zu fachpsychologischen Anforderungen für die Durchführung eines Interviews[51] gelten für den gerichtlich beauftragten Sachverständigen weiter juristische und ökonomische Rahmenbedingungen. So können einige Bereiche wie z.B. die Frage nach der „Sensibilität" und „Feinfühligkeit" der Eltern mit Fragebogenverfahren und systematischen Verhaltensbeobachtung ökonomischer erhoben werden als über die direkte Elternbefragung.[52]

a) Zulässigkeit von Fragen. Fragen sind nur insoweit zulässig, als sie einen Bezug zur Fragestellung haben. Da es keinen verbindlichen Kanon an Fragen gibt und keine wis-

---

[50] *Lempp/Schütze/Köhnken,* in: Lempp/Schütze/Köhnken (Hrsg.), Forensische Psychiatrie und Psychologie des Kindes- und Jugendalters, S. 11.

[51] Ausführlich hierzu: *Westhoff* Report Psychologie 2000, 18–24; *Kici/Westhoff* Report Psychologie 2000, 428–436; *Westhoff/Kluck,* Psychologische Gutachten, 1998; *Amelang/Zielinski* S. 328–333; *Lempp/Schütze/Köhnken,* in: Lempp/Schütze/Köhnken (Hrsg.), Forensische Psychiatrie und Psychologie des Kindes- und Jugendalters, S. 12.

[52] Vgl. *Wegener,* Einführung in die Forensische Psychologie, S. 145.

senschaftliche Theorie zu einem Konzept einer familienpsychologischen Exploration, obliegt dem Sachverständigen eine besondere Verantwortung – auch vor dem Hintergrund, dass er nicht vom Gesprächspartner beauftragt worden ist –, welche Inhalte er ansprechen muss, um den familiären Konflikt zu erfassen und diesen möglichst einer Klärung zuzuführen. Weiter ist es seine Aufgabe, eine Atmosphäre zu schaffen, die dies ermöglicht und wenn möglich zu einer gewissen psychischen Entlastung des Gesprächspartners beizutragen. Bei Fragen nach der Vita sexualis oder der Einstellung gegenüber dem Finanzamt wären in der Regel Zweifel angebracht, ob sie zu diesem Zweck beitragen können.

Über die Fragestellung hinausgreifende Fragen würden zudem die Rolle des Sachverständigen belasten, da er für diese Antworten der Geheimhaltungspflicht unterliegt, aber zugleich kein Zeugnisverweigerungsrecht besitzt. Nicht zuletzt kann das Verhältnis des Sachverständigen zum Gesprächspartner beschädigt werden, da im Rahmen der Interviews Inhalte „anvertraut" würden, die der Sachverständige wiederum nicht dem Gericht mitteilen dürfte. Die Explorationsergebnisse des Sachverständigen sind aber prinzipiell nicht der Privatsphäre zuzuordnen, da der Betroffene nicht erwarten kann, dass die von ihm mitgeteilten Informationen gegenüber dem Gericht geheim gehalten werden.[53] Der Gesprächspartner kennt den Beschluss des Familiengerichts und sollte auch vom Sachverständigen über seine Rechte informiert worden sein. Da es kaum einen Bereich gibt, der nicht auch in Beziehung zum Kindeswohl gesetzt werden kann, sind bei Erfragung weiterer als der notwendigen Informationen ethische und Gewissenskonflikte zu erwarten.

Für den Sachverständigen gilt weiter, dass auf staatlicher Seite ein Verbot besteht, nach der Glaubensüberzeugung oder Weltanschauung zu fragen,[54] um diese einer Bewertung zu unterziehen. Die Fragen danach sind nur erlaubt, wenn der Sachverständige Hinweise dafür hat, dass Religion oder Weltanschauung einen engen Bezug zum Kindeswohl haben. Meist wird dieser Bereich bereits in der Fragestellung oder von einem anderen Betroffenen erwähnt.

Seit 1. 7. 1998 bleibt es beim gemeinsamen Sorgerecht, wenn ein Elternteil nicht begründen kann, dass es für das spezielle Kind geboten ist, ihm das alleinige Sorgerecht oder Teile davon zu übertragen. Der Sachverständige hat also die Argumente des antragstellenden Elternteils genau zu hinterfragen, ob die Konflikte im konkreten Alltagsleben tatsächlich Auswirkungen auf das Kind haben.

Bei strittigen Kindeswohlbereichen, z.B. wer den Aufenthalt, wer die schulische Erziehung und Förderung, wer die medizinische Versorgung des Kindes, wer die Vermögensangelegenheiten des Kindes oder auch noch weitere kleinere Bereiche, die den Alltagsentscheid einschränken, bestimmt, müssen diese, aber nur diese genau abgefragt werden.

b) Gesprächsführung. Offene Fragen[55] enthalten mehr Freiheitsgrade und sind anfänglich geschlossenen Fragen vorzuziehen. Indirekte Fragen lassen den Zweck der Frage nicht erkennen und sollten ebenso wie Suggestivfragen vermieden werden. Bei Fragen, die nicht unbedingt auf Verständnis stoßen müssen oder bei denen der Sachverständige erkennt, dass der andere die Frage nicht verstanden hat, soll der Sachverständige den Sinn der Frage erklären.

---

[53] *Fehnemann*, Rechtsfragen des Persönlichkeitsschutzes bei der Anwendung psychodiagnostischer Verfahren in der Schule, S. 97.
[54] *Rohlf* S. 145.
[55] *Ulrich* FPR 2000, 123–128.

Hilfreich sind strukturierte Explorationsleitfäden,[56] die es dem Sachverständigen erleichtern, konkret bei der Überprüfung auch von nur strittigen Teilbereichen der psychologischen Fragen zu bleiben. Auch zu speziellen psychologischen Kriterien[57] existieren Explorationsleitfäden, die im Einzelfall hilfreich sein können, meist aber eine besondere Schulung des Anwenders voraussetzen. Bei der Erfassung konkreter Konfliktfelder[58] helfen spezielle Interviewtechniken.

Es empfiehlt sich, die Exploration immer vom Gesichtspunkt des Kindes aus zu führen, weil damit die Betroffenen in die Lage versetzt werden, ihre eigene Beziehung zum Kind zu erkennen, und nicht gezwungen sind, den anderen Elternteil nur mit negativen Verhaltensweisen zu attribuieren. Auch Fragen, die eher auf das Positive gerichtet sind, auf die Potentiale, die ein Elternteil dem Kind bieten kann, auf Möglichkeiten, die Situation zu verbessern, auf Wünsche an den anderen Elternteil, auf Vorstellungen, wie man selbst dazu beitragen kann, die Situation zu verbessern, lenken die Begutachtung weg von dem Prozess der Schwarzweiß-Zeichnung und hin zur dem Kindeswohl adäquateren Strukturierung der Nachtrennungssituation.

Die Grundhaltung soll von Akzeptanz, die dem Gesprächspartner auch durch verbales und nonverbales Verhalten vermittelt wird, gekennzeichnet sein. Unterbrechungen des Gesprächspartners sollten vermieden werden. Der Sachverständige wird also Vorschläge der Betroffenen, die er vielleicht als ungünstig für das Kind erachtet, nicht abwerten, sondern darin das Bemühen der Betroffenen sehen, eine bessere Regelung für das Kind zu finden.

Die Interventionen des Sachverständigen sind zum einen spontan, zum anderen strategiegebunden und damit nur bedingt spontan. Der Sachverständige lässt also auch persönliche Reaktionen bei sich zu, wobei er seine Zielsetzung nicht aus den Augen verliert und somit verhindert, sich zu sehr in den Familienkonflikt zu involvieren.

Methoden, die aus der systemischen Familientherapie stammen, können oftmals hilfreich sein. Hier sind u. a. zirkuläre Fragen an die Betroffenen anzuführen[59] oder Hypothetisieren, die oftmals helfen, bei den Betroffenen Bewusstseinsprozesse zu initiieren, sowohl was die Erwartung an die Tätigkeit des Sachverständigen explizit macht, als auch, was Perspektiven der anderen Beteiligten widerspiegelt. Als weiteres methodisches Instrumentarium kann die Konfiguration von Familienkonflikten,[60] sei es mit den beteiligten Personen, sei es szenisch mit Figuren, situativ anschaulich machen.

c) Protokollierung. Als Protokollierungstechnik wäre die vollständige Tonband- oder Videoaufnahme mit anschließender Transkription zu fordern, um eine einwandfreie Dokumentation zu gewährleisten.[61] Ein solches Vorgehen wäre aber zu teuer (Transkriptionskosten) und in der Auswertung zu zeitaufwendig. Bisher haben Familiengerichte oder Anwälte eine solche Forderung nicht erhoben, da es wohl auch deren zeitlichen Rahmen sprengen würde, alle Bänder abzuhören und mit dem Gutachten zu vergleichen. Im Gegensatz zum Glaubhaftigkeitsgutachten, bei dem es genügt, Aussagen zum Kerngeschehen aufzuzeichnen, müssten bei der familienpsychologischen Begutachtung alle Gespräche aufgenommen werden.

---

[56] Vgl. *Westhoff* S. 187 ff.; *Salzgeber/Stadler* S. 63 f.

[57] So z. B. von *Bretherton et al.,* Interview zur Erfassung einer empathischen, einsichtsvollen Einstellung zum Kind, 1952.

[58] Adult attachment interview: *Main/Goldwyn,* Adult attachment Scoring and Classification Systems, 1994.

[59] Beispiele gibt *Rohmann* Praxis der Rechtspsychologie 1997, 35 f.

[60] *Jopt,* in: Brauns-Hermann/Busch/Dinse (Hrsg.), Ein Kind hat das Recht auf beide Eltern, S. 241.

[61] *Westhoff* Report Psychologie 2000, 23.

Nicht zuletzt ist daran zu denken, dass die familienpsychologische Begutachtung auch ein Prozess der Konfliktverringerung sein sollte. Streitige Inhalte mit emotionalen Angriffen gegenüber anderen Verfahrensbeteiligten lösen sich möglicherweise im Laufe der Tätigkeit des Sachverständigen auf, eine Annäherung findet zumindest in Teilbereichen statt. Eine Weitergabe der vollständigen Gespräche, die für eine sachverständige Empfehlung am Ende einer Intervention nur noch teilweise entscheidungserheblich sind, bergen erheblichen Konfliktstoff, der auch diese teilweise Einigung der Eltern wieder in Frage stellen könnte. Zudem ist die Frage ungeklärt, ob der Sachverständige verpflichtet ist, alle Gesprächsaufzeichnungen dem Familiengericht und darüber hinaus den Beteiligten zugänglich zu machen, wenn nicht mehr alle Gesprächsinhalte für die Beantwortung der Frage wesentlich sind.

Es empfiehlt sich daher eine stichwortartige, schriftliche Protokollierung, die gleich im Anschluss an das Interview vom Sachverständigen auf Tonband diktiert wird. Diese Technik stört den Kontakt in der Untersuchungssituation nur gering, das anschließende Diktieren verhindert weitgehend den Informationsverlust, der auftreten würde, wenn die Ausarbeitung erst bei der Gutachtenerstellung erfolgen würde.

d) Auswertung. Die Interviews sind im Hinblick auf die Fragestellungen und die Interventionsplanung auszuwerten, die psychologischen Fragen sind zu überprüfen. Nichtstrittige Bereiche, bei denen auch der Sachverständige keine weiteren Hinweise hat, dass sie dennoch dem Kindeswohl abträglich sind, sind keiner weiteren Überprüfung durch den Sachverständigen zu unterziehen, ebenso wenig Konflikte und Vorhaltungen, die zwar in den Akten als solche beschrieben sind, in der Exploration und bei Nachfragen nicht mehr wiederholt werden.

Spricht keiner der Elternteile dem jeweils anderen die Erziehungsbefähigung ab und zeigt das Kind keinerlei Verhaltensauffälligkeiten, die auf Erziehungsmängel zurückzuführen sind, hat der Sachverständige diesen Bereich nicht weiter zu eruieren.

Wesentlich werden die Herausarbeitung von Gemeinsamkeiten bei den Bezugspersonen sein, deren Stress- und Stützfaktoren und die Auslotung von kindeswohlrelevanten Bereichen, bei denen der Sachverständige in weiteren Schritten eine Annäherung bewirken kann.

Am Ende der Exploration mit dem zweiten Elternteil empfiehlt es sich, Rückmeldung über den Stand der Dinge zu geben, z. B. über häufig vorhandene Kompromisse, Unstreitiges, noch Gemeinsames und über Strittiges, das noch einer Klärung bedarf, und nicht zuletzt Lösungsmöglichkeiten. Der andere Elternteil sollte vom Sachverständigen über diese Rückmeldung zumindest per Telefon ebenfalls in Kenntnis gesetzt werden.

Kommt es zu einer Ausarbeitung eines schriftlichen Gutachtens, werden die entscheidungsrelevanten Gesprächsergebnisse im Befund zu den Ergebnissen der weiteren Informationsquellen in Beziehung gesetzt und bewertet.

e) Rahmenbedingungen. Es sollte selbstverständlich sein, dass das Gespräch möglichst ohne Störungen von Dritten, Telefonaten und Arbeitsgeräuschen möglich sein sollte. Daher sind Gespräche in den neutralen Praxisräumen des Sachverständigen Hausbesuchen vorzuziehen, da dann die Umgebungsvariablen kontrollierbar sind. Weiter sollte das Gespräch ohne Zeitdruck terminiert werden, um dem Betroffenen Raum für seine Ausführungen, die doch existentielle Bedeutung für ihn haben,[62] geben zu können.

---

[62] So auch *Lempp/Schütze/Köhnken,* in: Lempp/Schütze/Köhnken (Hrsg.), Forensische Psychiatrie und Psychologie des Kindes- und Jugendalters, S. 14.

6. Gespräch mit dem Kind

Das Kind ist in jedem Falle in das sachverständige Vorgehen einzubeziehen,[63] wenn das Kindeswohl berührt ist.

Eine Belastung für das Kind, die sich aus einer konflikthaften Situation der Eltern beim Sachverständigen ergibt, sollte tunlichst vermieden werden, dazu gehört z.B. auch die organisatorische Aufgabe, Eltern zu bestimmten Zeitpunkten nicht aufeinander treffen zu lassen. Die Untersuchung des Kindes ist zu unterlassen, zu unterbrechen oder zu modifizieren, wenn sie das Kind stark belasten,[64] erhebliche Nachteile für das Kind bedingen würde oder gar seinem Gesundheitszustand abträglich wäre.[65] Der Sachverständige hat das Kind nicht wegen Aufsässigkeit zu bestrafen, keinen zu engen emotional besetzten Kontakt zum Kind aufzunehmen oder das Kind mit falschen Versprechungen zu einer Handlung oder zu Aussagen zu verführen,[66] z.B. mit dem Versprechen, seine Aussage werde dem Familiengericht nicht bekannt gegeben.

Bei der Exploration[67] des Kindes hat der Sachverständige dem Kind gegenüber zum Ausdruck zu bringen, dass er es ernst nimmt und als Partner zu respektieren bereit ist.[68] Hänseleien und Witze über das Kind verbieten sich.[69] Der Sachverständige muss sich vorstellen, seine Aufgabe dem Kind gegenüber kindgemäß erläutern[70] und ganz gezielt dem Kind erklären, dass er mit ihm eine Lösung der belastenden Situation suchen möchte. Dabei ist vom Sachverständigen, soweit es sinnvoll ist, das Verfahren, auch in zeitlicher Hinsicht, zu erklären und die aktuelle emotionale Situation des Kindes, das meist angstbesetzt sein wird, anzusprechen.

Wünscht das Kind selbst anfänglich die Anwesenheit einer Vertrauensperson,[71] steht dem prinzipiell nichts entgegen, wobei es dem Kind durch angemessene Beziehungsangebote erleichtert werden soll, mit dem Sachverständigen allein bleiben zu können, und angestrebt werden soll, dass die Vertrauensperson sich außerhalb des Praxisraums aufhält, aber vom Kind jederzeit aufgesucht werden kann.

Der Sachverständige hat das Kind „behutsam" und freundlich, geduldig, aber nicht kumpelhaft zu befragen,[72] und wenn es sich bezüglich seines Lebensschwerpunktes, seiner Beziehung oder seines Kontakts zu anderen Bezugspersonen nicht äußern will, hat der Sachverständige dies zu akzeptieren. Er soll darauf hinweisen, dass manche Fragen vielleicht zu schwierig sind und dass es Rückmeldung geben soll, wenn es etwas nicht verstanden hat.[73] Er darf nicht versuchen, in den „innersten Bereich" des Kindes einzudringen, um etwas zu erfahren, was das Kind nicht offenbaren will[74] oder was das Kind ihm anvertraut in der Meinung, es bliebe im geschützten Rahmen.

---

[63] Auch *Rohmann* Kind-Prax 2000, 71–76; anderer Meinung: *Bergmann/Rexilius*, in: Evangelische Akademie Bad Boll (Hrsg.), Psychologie im Familienrecht, S. 18–39.

[64] *Jäger/Petermann* Psychologische Diagnostik 1999, 124.

[65] KG Berlin FamRZ 1981, 204.

[66] Vgl. *Goldstein/Freud/Solnit*, Das Wohl des Kindes, 1988.

[67] Hilfreich hierzu: *Balloff* FPR 2000, 140–144.

[68] *Lempp*, Gerichtliche Kinder- und Jugendpsychiatrie, S. 128.

[69] *Auhagen* FPR 2000, 136.

[70] Aus richterlicher Sicht: *Strecker* FPR 2000, 131 ff.

[71] *Westermann/Aderhold* FamRZ 1978, 863–868.

[72] Beispiel gibt *Fegert* FPR 1997, 71.

[73] *Fegert*, in: Fegert (Hrsg.), Kinder in Scheidungsverfahren nach der Kindschaftsrechtsreform, S. 15.

[74] Vgl. KG Berlin FamRZ 1990, 1383 für die Befragung durch den Richter.

Salzgeber

Häufig verbalisiert das Kind beim Sachverständigen von sich aus konkrete Regelungsvorschläge zum Lebensschwerpunkt, aber auch zum Umgang mit den Eltern oder zum anderen Elternteil.[75] Auch wenn sich das Kind bezüglich eines Lebensschwerpunktes nicht entscheiden kann und keine Präferenz zeigt, sind dennoch Beziehungs- und Kontaktwünsche häufig sehr detailliert und entsprechen nicht immer den Ausführungen der Erwachsenen.

Nicht zuletzt dienen das Gespräch und die testpsychologische Untersuchung des Kindes dazu, zu erfassen, wie weit die Trennungsbelastung bereits fortgeschritten ist, ob externe Stützungsmaßnahmen erforderlich sind oder auch dringend Verhaltensänderungen der Eltern angezeigt sind, um die Belastung des Kindes zu reduzieren.

Kindesbefragung und Diagnostik verstoßen jedoch immer dann gegen die Verhältnismäßigkeit, wenn das Kindeswohl durch die Begutachtung zusätzlich in Mitleidenschaft gezogen wird. Dies kann z.B. durch den Umfang der Begutachtung bedingt sein, durch die Methoden, die das Kind zwingen, sich zwischen den Eltern zu entscheiden,[76] obwohl es keinen Elternteil bevorzugt.[77] Sie wird aber auch missbräuchlich durchgeführt, wenn beim Kinde nicht beachtet wird, dass die Begutachtung freiwillig ist. Wenn kein Anhaltspunkt für ein gestörtes Verhältnis zu einer Bezugsperson vorhanden ist, ist eine Ausforschung des Kindes über die Beziehung zu den Eltern unzulässig, da dies als ein nicht unumgänglicher Eingriff in die Gefühlswelt des Kindes zu werten ist.[78] Der Sachverständige hat die Weigerung eines Kindes, mit dem Sachverständigen über seine Familie oder sich selbst zu sprechen, zu akzeptieren und nicht zu versuchen, das Kind in irgendeiner Art und Weise zur Mitarbeit zu überreden.

Die Fragen an das Kind sind in der Regel so zu stellen, dass das Kind in keinen Entscheidungszwang kommt. Diesem Zweck ist eine innere Haltung des Sachverständigen dienlich, die dem Befinden des Kindes ein im positiven Sinne neugieriges Interesse entgegenbringt. Um der nahe liegenden Versuchung zu widerstehen, das Gespräch auf den Willen des Kindes,[79] bei welchem Elternteil es leben möchte, zu fokussieren, empfiehlt es sich, nach der Erläuterung der Funktion des Sachverständigen ein allgemeines Gespräch über verschiedene Lebensbereiche[80] und seine Bezugspersonen zu führen, damit sich das Kind in seiner gesamten Person gesehen fühlt und zum Sachverständigen ein gewisses Ausmaß an Vertrauen entwickeln kann. Hilfreich können Leitfäden sein.[81] Eine andere Möglichkeit, dem Gespräch den Charakter des „Ausfragens" zu nehmen, besteht darin, die vom Kind angeschnittenen Themen in spielerisches Handeln zu transformieren, indem bereitgehaltene Spielfiguren (Playmobil, Duplo etc.) eingesetzt werden, mit denen das Kind Erlebtes nachspielen kann.

Der Sachverständige sollte seinerseits in allen Untersuchungsphasen das Positive der Eltern herausheben und danach fragen, was das Kind an dem jeweiligen Elternteil besonders schätzt, was an der jeweiligen Umgebung das Besondere ist, was es gerne mit dem jeweiligen Elternteil tut, was es sich vom anderen wünschen würde.

---

[75] Hilfestellung dazu kann der Beitrag von: *Kluck* FPR 1995, 90–93, sein.

[76] Die Fragetechnik des Neurolinguistischen Programmierens (NLP) stellt *Spangenberg* DAVorm 1989, 943 vor.

[77] BayObLG FamRZ 1987, 87.

[78] OLG Stuttgart ZfJ 1975, 131.

[79] *Reder/Duncan*, in: Reder/Lucey (Hrsg.), Assessment of Parenting, S. 39–56.

[80] Siehe auch *Fitzpatrick/Reder/Lucey*, in: Reder/Lucey (Hrsg.), Assessment of Parenting, S. 56–73.

[81] *Balloff* FPR 1997, 73–78; *Salzgeber/Stadler* S. 74 ff.; *Wendl-Kempmann/Wendl*, Partnerkrisen und Scheidung, 1986.

Es besteht die Gefahr, dass der Sachverständige Äußerungen des Kindes auf eine bereits gefasste Meinung stützt. Widersprüchliche Äußerungen des Kindes dazu werden dann übergangen.

Prinzipiell gilt, dass der Sachverständige gegenüber dem Kind keine Information als gegeben unterstellen sollte, möglicherweise mit der Ausnahme, dass es wohl sehr belastet ist und er annehme, wie viele andere Kinder, die der Sachverständige ebenfalls befragt hat, dass es mit den Eltern am liebsten wieder zusammenleben wolle. Mutmaßungen, dass das Kind bereits lieber bei einem Elternteil leben wollte oder einen Elternteil bevorzugen würde, sollte der Sachverständige zumindest anfänglich nicht äußern. Weiter ist darauf zu achten, dass der Sachverständige bei einer Antwort des Kindes die Frage nicht ein weiteres Mal stellt, denn die Kinder haben eine andere Kommunikationsstruktur als Erwachsene, erleben oftmals eine wiederholte Frage als Zweifel an der ersten Antwort. Der Sachverständige hat die Begründungen des Kindes ernst zu nehmen,[82] auch wenn die Argumente unangemessen sind, wie z. B. Antworten „Der Papa kauft mir zu viel, deshalb will er mich nur bestechen". Der Sachverständige hat die Informationen aufzunehmen und nicht in Frage zu stellen. Auch Zweifel an der Glaubhaftigkeit der Aussagen des Kindes sind nicht zulässig. Vorhaltungen, dass ein Kind lügt, verbieten sich.

Die Gespräche mit dem Kind sollen auch dazu benutzt werden, die Situation für das Kind zu entlasten, die Konfliktsituation, in der das Kind steht, wieder zuzuordnen in ein Gesamtes. Dazu können kinder- und familientherapeutische Verfahren verwandt werden, die helfen, das Kind zu stützen.

Zu welchem Zeitpunkt und in welchem Setting das Gespräch mit dem Kind durchgeführt werden sollte, hängt maßgeblich von der konkret vorgefundenen Konstellation ab. Es wird auch die Auffassung vertreten, der Sachverständige sollte grundsätzlich mit der Exploration des Kindes beginnen (vor den Elterngesprächen), weil dann am ehesten eine Konzentration auf die kindlichen Belange gewährleistet sei. Gespräche mit dem Kind können aber zielgerichteter vorgenommen werden, wenn Konfliktbereiche des Kindes durch vorangegangene Erwachsengespräche bereits umrissen sind und dadurch zu überprüfende Hypothesen aufgestellt werden können. Es liegt letztlich im Ermessen des Sachverständigen, welche Vorgehensweise ihm jeweils die vielversprechendsten Ergebnisse liefert.

Meist ist es notwendig, mit dem Kind mindestens in zwei unterschiedlichen Settings zu sprechen, die Termine sollten nicht in unmittelbarer zeitlicher Nähe zueinander stattfinden, damit das Kind Gelegenheit zu widersprüchlichen Äußerungen hat, die es unter Umständen vermeidet, wenn die Erinnerung an das letzte Gespräch noch gegenwärtig ist. Ein zweites oder gar drittes Gespräch in jeweils verschiedener Umgebung gewährleistet unterschiedliche Anregungsbedingungen und bringt Aufschluss über die Konstanz von Willensäußerungen bzw. über die Ansprechbarkeit für unterschiedliche Situationsvariablen.

Eine besondere Situation tritt ein, wenn sich das Kind in unterschiedlichen Settings einem Gespräch mehr oder weniger offen verweigert und über Testverfahren ebenfalls keine zufriedenstellenden Daten erhoben werden können. Der Sachverständige mag sich hier einem gewissen Druck ausgesetzt fühlen, die für eine Empfehlung so notwendigen Daten dem Kind über allerlei Tricks bzw. häufige Terminansetzungen doch noch zu entlocken. Es ist offensichtlich, dass dabei die Gefahr besteht, das Kind über Gebühr zu be-

---

[82] Siehe: *Offe* Praxis der Rechtspsychologie 1997, S. 79–81.

lasten. Es ist von weiteren Befragungen abzusehen, wenn erkennbar wird, dass der Widerstand des Kindes nicht nur situativ, sondern zeitlich überdauernd besteht. Mit einiger Sicherheit ist in solchen Fällen von einer begründeten Abwehr angstauslösender psychischer Mechanismen beim Kind auszugehen, die vom Sachverständigen zu respektieren ist und die im Einzelfall ihrerseits im Zusammenhang mit weiteren Daten diagnostisch bewertet werden kann. Denkbar ist beispielsweise, dass das Kind von einem oder beiden Elternteilen massiv unter Druck gesetzt ist.

Im Anschluss an das Gespräch und die Verfahren mit dem Kind sollte bei Kindern, wenn ihm auch die Rechtsaufklärung zuteil wurde, kurz zusammengefasst werden, was der Sachverständige verstanden hat und was er in das Gutachten aufnehmen möchte, damit das Kind sich nicht missverstanden fühlt. Es können auch, ohne verbindliche Zusagen, verschiedene Regelungsmodelle mit dem Kind entworfen werden.

7. Zulässigkeit von psychologischen Testverfahren

Bisher existiert keine gesetzliche Regelung bezüglich der von psychologischen Sachverständigen anzuwendenden Methoden.[83] Bei der Beurteilung der Brauchbarkeit psychologischer Testverfahren ist zum einen die Güte des Messinstrumentes zu berücksichtigen; dies gilt speziell vor dem Hintergrund des zugrunde liegenden testtheoretischen Modells. Zum anderen hat der Sachverständige zu überprüfen, inwieweit er selbst diese Modellannahmen modifiziert, wenn er Verfahren einsetzt, um seine psychologische Frage abzuklären. Verfahren der klassischen Testtheorie sind nicht zur Veränderungsmessung geeignet, dennoch werden in der Praxis Tests wie z. B. der *Sceno-Test* oder *Family-Relations-Test* zu verschiedenen Zeitpunkten eingesetzt, um Veränderungen der Beziehungssituation im Verlauf der Begutachtung zu erfassen.

Nicht zuletzt ist die Gültigkeit der Verfahren in Bezug auf die Fragestellung zu bedenken. So kann ein Persönlichkeitstest nur in sehr speziellen Fällen Hinweise auf Erziehungskompetenz geben, wenn z. B. Hinweise auf starke Aggressionen oder Unbeherrschtheit vorliegen.

Bei Ausländern können zudem die Testverfahren zu verfälschenden Ergebnissen gelangen.[84]

Im Folgenden wird auf die Zulässigkeit und die Verhältnismäßigkeit von psychologischen Testverfahren in Bezug auf Nützlichkeit,[85] Zumutbarkeit, Fairness[86] bei der familienpsychologischen Begutachtung eingegangen.

a) Zulässigkeit von Persönlichkeitstests. Da der Einsatz von Persönlichkeitstests und die Erfassung der gesamten Persönlichkeit am schwerwiegendsten in das allgemeine Persönlichkeitsrecht eingreifen, ist der Einsatz und die Darstellung der Ergebnisse dieser Methoden besonders auf ihre Notwendigkeit zu überprüfen.[87] Es gilt, dass Leistungstests

---

[83] OLG München FamRZ 1979, 337 = NJW 1979, 603.

[84] *Kubinger* S. 98 f.

[85] Auf den Grundgedanken des Abwägens von Kosten und Nutzen der Anwendung von psychologischen Methoden weist ausführlich *Schuler* S. 174 hin, ein Grundgedanke, der auch den „Ethical Standards" der American Psychological Association vorangestellt ist.

[86] Eine kurze Vorstellung von Testverfahren gibt *Mayer-Baumgärtel* FPR 1996, 176–177.

[87] Trotz Methodenfreiheit ist daher der Einsatz von Rorschach und Szondi zur Erfassung eines gestörten elterlichen Verhaltens (vgl. *Biermann* Praxis der Kinderpsychologie und Kinderpsychiatrie 1978, S. 232) bei

Salzgeber

unter dem Gesichtpunkt des Persönlichkeitsschutzes keinen juristischen Bedenken unterliegen. Fähigkeitentests dagegen, zu denen Intelligenztests zählen, sind, wenn sie ohne Einverständnis angewendet werden, eine Beeinträchtigung der geistig-seelischen Integrität der Probanden.[88] Im familiengerichtlichen Verfahren hat der Sachverständige somit zuerst eine Einwilligung des Betroffenen einzuholen.

Die Diagnostik hat sich immer nach der konkreten Fragestellung zu richten, sie ist nie Selbstzweck. Tests dienen nicht der Persönlichkeitsbeschreibung an sich, sondern der Vorbereitung von Entscheidungen.[89]

In nahezu allen Fällen ist die testpsychologische Untersuchung der Persönlichkeit für die Sorgerechtsentscheidung bei Trennung und Scheidung der Eltern unangemessen,[90] sie dient meist nur der Selektion zwischen den Bezugspersonen.[91] Persönlichkeitstest werden daher in der Praxis kaum eingesetzt.[92] Ausnahmen sind denkbar, wenn Hinweise auf Persönlichkeitsstörungen vorliegen, die entscheidungserhebliche Hinweise auf die Fragestellung geben können. Bedenklich kann die Computer-Diagnostik sein, wenn sie den wesentlichen Bestandteil der Sachverständigentätigkeit ausmachen sollte, da sinngebende Gespräche, für die im Rahmen der familiäre Konflikte Raum sein sollte, dann zu kurz kommen.

Tests können nur als Hilfsmittel eingesetzt werden und können für sich allein die individuelle Beurteilung nicht ersetzen.[93] Der Sachverständige hat das Problem zu sehen, dass Betroffene sich taktisch verhalten, insbesondere in Testsituationen, was die Testinterpretation erheblich erschwert.[94] Zudem ist die Validität der meisten Verfahren für forensische Fragestellungen gering, die Testergebnisse allein erfassen das in der Empfehlung gewürdigte Kriterium meist ungenügend.

Bei berechtigtem Einsatz kann ein Testverfahren geeignet sein, dem Sachverständigen Hinweise auf seine Beratung zu geben (z. B. *Gießen-Test*[95]). Der Einsatz hat sich aber immer aus der hypothesenorientierten Vorgehensweise zu rechtfertigen.

Bei Vorliegen von Hinweisen auf erhebliche, aber noch nicht spezifizierte Persönlichkeitsstörungen, wie sie z. B. bei Fragestellung nach § 1666 BGB zum Tragen kommen können, ist der Einsatz der global erfassenden Persönlichkeitstests (sowohl der psychometrischen als auch der projektiven Tests) ethisch erlaubt, weil angemessen.[96]

Es ist vom Sachverständigen immer zu überprüfen, ob er Persönlichkeitstests einsetzen muss und ob die Verfahren nicht mehr oder gar anderes messen, als er für die Beantwortung der Fragestellung braucht. Fragen außerhalb der Fragestellung des Gerichts sind

---

der Scheidungsfamilie schwer begründbar. Unabhängig davon bleibt bei der Familienrechtsbegutachtung der Rechtsrahmen so weit, dass der Einsatz von Persönlichkeitstests und die Erfassung der Gesamtpersönlichkeit aus Gründen des Kindeswohls prinzipiell erlaubt sind.

[88] *Fehnemann*, Rechtsfragen des Persönlichkeitsschutzes bei der Anwendung psychodiagnostischer Verfahren in der Schule, S. 84 ff.

[89] *Steller* MSchrKrim 1988, 23.

[90] *Arntzen*, Elterliche Sorge und Umgang mit Kindern, S. 67; *Sternbeck/Däther* FamRZ 1986, 21; anderer Meinung *Berk*, Der psychologische Sachverständige in Familienrechtssachen, 1985.

[91] *Jopt*, in: Brauns-Hermann/Busch/Dinse (Hrsg.), Ein Kind hat das Recht auf beide Eltern, S. 240.

[92] *Terlinden-Arzt*, Psychologische Gutachten für das Familiengericht, 1998.

[93] *Fehnemann*, Rechtsfragen des Persönlichkeitsschutzes bei der Anwendung psychodiagnostischer Verfahren in der Schule, S. 29.

[94] Vgl. *Hartmann* Psychologische Diagnostik 1973, 57 ff.

[95] So z. B. *Junglas* System Familie 1994, 45.

[96] Vgl. *Schmid* NJW 1971, 1863–1868.

unzulässig und stellen möglicherweise auch einen unzulässigen Eingriff in die Persönlichkeitssphäre der zu untersuchenden Person dar.[97]

Bei Anwendung von Fragebogenverfahren hat sich der Sachverständige zu überzeugen, dass der Betroffene den Fragebogen lesen kann und die intellektuellen Voraussetzungen besitzt, den Sinn der Fragen zu verstehen.[98]

Stellt das Gericht an den Sachverständigen eine unzulässige Frage, z. B. in Bezug auf die Erfassung von Persönlichkeitsbereichen, die für eine übergeordnete Sorgerechtsfrage nicht von Belang sind, so hat der Sachverständige das Gericht auf die Unangemessenheit oder Unzulässigkeit hinzuweisen.

Prinzipiell ist, ehe im Rahmen der Begutachtung den Betroffenen Testverfahren vorgelegt werden, zu prüfen, ob bereits in Vorgutachten gleiche Verfahren durchgeführt wurden, welche Verfahren noch benötigt werden und ob eventuell bestimmte Verfahren nochmals durchgeführt werden müssen, sei es, dass die Testung zu lange zurückliegt, oder dass Durchführungs- oder Auswertungsmängel vorliegen. Damit sollen unnötige Kosten sowie unnötige Belastungen für die Betroffenen vermieden werden. Oftmals liegen in Vorgutachten bereits durchgeführte psychometrische Tests vor, deren Reliabilität und Stabilität so weit gesichert sind, dass eine erneute Testdurchführung keine neuen Ergebnisse erwarten lässt. Hier ist zu fordern, dass der Sachverständige sich auf die vorliegenden Testergebnisse bezieht. Psychologische Tests sollten jedoch durchgeführt werden, wenn zwar bereits andere Unterlagen aus Jugendamtsberichten und Schulzeugnissen zu dem zu untersuchenden Merkmal vorliegen, diese aber keine zuverlässigen Rückschlüsse auf die zu erhebenden Merkmale zulassen.

Bei der Anwendung von testpsychologischen Persönlichkeitsfragebögen hat der Sachverständige die oftmals hohe zeitliche und persönliche Belastung für die zu Begutachtenden zu bedenken und sie deshalb nur bei strenger Prüfung der Zumutbarkeit[99] und Erforderlichkeit anzuwenden. Angemessenheit ist bei der Intelligenzdiagnostik im Sorgerechtsstreit wohl in kaum einem Fall gegeben.[100]

Zudem sollen immer die weniger belastenden Verfahren eingesetzt werden, sofern es unterschiedliche Testverfahren gibt, die das gleiche Konstrukt erfassen.[101]

Je weniger Persönlichkeitsmerkmale erfasst werden, desto geringer gilt der Eingriff in die Persönlichkeitssphäre.[102] Dem steht der geringere Informationswert der resultierenden Aussagen gegenüber. Daraus folgt, dass der Einsatz von Testverfahren immer eine Abwägung zwischen Informationsinteresse des Sachverständigen auf der einen Seite und Wahrung der Persönlichkeitsrechte des Probanden auf der anderen Seite verlangt.

Unzulässig ist bei der Erziehungsfrage die Erfassung einer gesamten Persönlichkeitsstruktur, da diese nicht gezielt auf die Fragestellung oder die sorgerechtsrelevanten Kriterien eingeschränkt wird. Der Versuch einer Erfassung der „Erzieherpersönlichkeit" kann nur dann gerechtfertigt sein, wenn dies zum einen in der Fragestellung ausdrücklich er-

---

[97] Vgl. *Schmid* NJW 1971, 1863–1868; *Klein*, Die Rechtmäßigkeit psychologischer Tests im Personalbereich, 1982, unterscheidet zwischen „Privatsphäre", zu der er Merkmale wie Sehschärfe, Muskelkraft und Kenntnisse in bestimmten Fertigkeiten rechnet, und „Intimsphäre", zu der er Merkmale wie Neurotizismus, Depression und Schizophrenie rechnet. Leistungstests messen folglich in der Regel Merkmale, die der Privatsphäre zugeordnet werden, während Persönlichkeitstests die Intimsphäre berühren.

[98] Vgl. *Wegener*, Einführung in die Forensische Psychologie, S. 32.

[99] Dazu *Kubinger* S. 93.

[100] Vgl. *Balloff*, in: Schorr (Hrsg.), Bericht über den 13. Kongreß für Angewandte Psychologie, S. 307.

[101] Vgl. *Kubinger* S. 91 ff.

[102] So *Klein* S. 42.

wähnt wird, zum anderen, wenn sich aus den Explorationsergebnissen Hinweise auf Persönlichkeitsstörungen ergeben. Auch in diesem Falle ist die Persönlichkeit nur auf die relevanten Aspekte hin zu untersuchen, die sich auf die Erziehung auswirken.

Es besteht kein Grund, wenn bei einer Bezugsperson eine testpsychologische Diagnostik nötig ist, diese auch bei der anderen Bezugsperson durchzuführen, wenn dazu keine diagnostische Notwendigkeit besteht.[103]

Der pauschale Einsatz[104] einer „Testbatterie" kann praktisch nicht verhältnismäßig sein, zudem ist dies ein ungerechtfertigter Eingriff in die Persönlichkeitssphäre, entspricht nicht einem hypothesenorientierten Vorgehen[105] und den Anforderungen eines Einzelfalls. Der Sachverständigen hat im forensischen Bereich nur eine umgrenzte Empfehlung zu geben.[106] Zudem kann, trotz aller Testbatterien, immer nur ein Ausschnitt der Persönlichkeit erfasst werden.[107]

Es ist auch unzulässig, diese Verfahren aus therapeutischen Gesichtspunkten heranzuziehen mit der Begründung, die Motive der Trennung aufzudecken. Diese therapeutisch motivierte Diagnostik ist nicht durch die Fragestellung gedeckt. Die Hinweise, die damit vielleicht für das Kriterium „Kooperationsbereitschaft" zu erzielen wären, stehen in keinem Verhältnis zum Aufwand und zum Eingriff in die Persönlichkeitssphäre.

Der Sachverständige hat bei jedem Einsatz von Tests zu bedenken, dass im Unterschied zum therapeutischen Einsatz von psycho-diagnostischen Verfahren, die im geschützten Raum der therapeutischen Zweierbeziehung verwendet und interpretiert werden, die Ergebnisse der gleichen Methoden bei der forensischen Begutachtung zumindest einer beschränkten Öffentlichkeit zugänglich sind. Es besteht zwar Schweigepflicht für die meisten Verfahrensbeteiligten, aber diese wirkt insoweit nur begrenzt, als nicht nur die Betroffenen, sondern weitere involvierte Personen die Gutachten zu Gesicht bekommen. Sind die getesteten Personen die Eltern, erlangt der jeweils andere Elternteil Informationen über gerade die Person, mit der er aktuell in einer konflikthaften Beziehung steht. In diesen Fällen könnte ein Gutachten missbräuchlich verwendet werden. Darüber hinaus bekommen Personen Einblick in die Persönlichkeit der Untersuchten, die dies nicht unbedingt bräuchten. Meist erhält z.B. das Jugendamt eine Abschrift, auch wenn dazu keine rechtliche Vorschrift oder Empfehlung besteht.

Es bleibt aber letztlich der ethischen Verantwortung des Sachverständigen überlassen, ob und welche Persönlichkeitstests er einsetzt, selbst wenn der Familienrichter davon ausgeht, dass die „charakterliche Veranlagung", die „gesamte Persönlichkeit" der Eltern für das Kindeswohl zu überprüfen ist.[108]

b) Zulässigkeit projektiver Testverfahren. Bei der Anwendung von projektiven Tests bei Erwachsenen sind einerseits Tests, die die innerfamiliären Beziehungen erfassen helfen (*FBT*), und andererseits Tests, die die Persön lichkeitsstruktur der Erwachsenen erfassen sollen, z. B. zur Überprüfung der Erziehungseignung, zu unterscheiden.

---

[103] Anderer Meinung *Klosinski*, in: Lempp/Schütze/Köhnken (Hrsg.), Forensische Psychiatrie und Psychologie des Kindes- und Jugendalters, S. 46.

[104] Der von *Koritz* FPR 1995, 90; *Bergmann,/Rexilius*, in: Evangelische Akademie Bad Boll (Hrsg.), Psychologie im Familienrecht. Bilanz und Neuorientierung, S. 18–39 zu Unrecht beklagt wird.

[105] *Rohmann* Kind-Prax 2000, 71–76.

[106] So *Steller* MSchrKrim 1988, 23.

[107] *Wegener*, in: Kury (Hrsg.), Ausgewählte Fragen und Probleme forensischer Begutachtung, S. 208.

[108] So OLG Köln FamRZ 1982, 1232.

Bei der familienrechtlichen Begutachtung kommen je nach wissenschaftlichem Standpunkt des Sachverständigen z. B. folgende projektive Testverfahren zur Anwendung: Der *Rorschach-Formdeutetest*;[109] der *Thematische Apperzeptions-Test*;[110] der *Giessen-Test*.

Bei den projektiven Testverfahren ist die Handlungsfreiheit, das Ergebnis völlig zu verfälschen, eingeschränkt. Der Proband kann zwar bewusst „falsche" Aussagen machen, er hat aber auf die Interpretation dieses „Fehlverhaltens" durch den Sachverständigen keinen Einfluss. Er kann den Test nicht in jedem Fall völlig unbrauchbar für den Sachverständigen machen, außer er verweigert die Aussage (was dann aber von einigen Sachverständigen auch – unzulässigerweise – im Sinn der Fragestellung interpretiert wird).

Bisher wird die Anwendung projektiver Testverfahren juristischerseits bei Fragestellungen des Familiengerichts abgelehnt mit der Begründung, die Validität der projektiven Tests habe der subjektiven Interpretation nichts voraus.[111] Zudem werde die Menschenwürde durch charakterologische Tests verletzt.[112] Projektive Testverfahren für sich allein genommen sind unzulänglich und als Selektionsinstrument bedenklich.[113] Es wird zugleich auf die mangelnde Gültigkeit der durch psychologisch-wissenschaftliche Verfahren gewonnenen Daten für konkrete, zu überprüfende Kriterien verwiesen.[114] Auch der BGH[115] bemängelt die Gütekriterien des Wartegg-Zeichentests und des Baumzeichentest.

Abzulehnen sind daher bei der Erfassung der Persönlichkeit der Eltern projektive Testverfahren, da diese Testverfahren nicht beeinflusst werden können. Bei Persönlichkeitsfragebögen können zumindest einzelne Fragen nicht beantwortet werden, andere, die der Proband nicht so sehr als Eingriff in seine Persönlichkeit erlebt, können aber beantwortet werden. Dies gilt unabhängig von der prognostischen Relevanz, Validität oder Auswertbarkeit der Fragebögen.

8. Testdiagnostik beim Kind

Für die Kinderdiagnostik kommt eine Reihe von psycho-diagnostischen Verfahren je nach Fragestellung zum Einsatz. Bei Fragestellungen nach § 1666 BGB sind häufig Verfahren angezeigt, die den Entwicklungsstand des Kindes erheben, selten sind intellektuelle Kapazitäten[116] zu erfassen, meist aber werden Beziehungsverfahren und Tests angewandt, die helfen, die emotionale Belastung des Kindes und seine Ressourcen zu erheben.[117]

---

[109] *Rorschach*, Psychodiagnostik, 1972; *Bohm*, Der Rorschach-Test, 1974; *ders.*, Psychodiagnostisches Übungsbuch, 1975; *ders.*, Lehrbuch der Rorschach-Psychodiagnostik, 1985; *Klopfer/Davidson*, Das Rorschach-Verfahren, 1974; *Spitznagel/Vogel*, in: Heiss (Hrsg.), Handbuch der Psychologie, Bd. 6, 1964.

[110] *TAT*; *Kornadt*, in: Heiss (Hrsg.), Handbuch der Psychologie, Bd. 6, 1964; *Murray*, Thematic-Apperception Test, 1943; *Revers*, Der thematische Apperzeptionstest, 1979.

[111] OLG München FamRZ 1979, 337–340 = NJW 1979, 603–605.

[112] OVG Bremen DVBl. 1963, 69 bzgl. der Fahrerlaubnisbegutachtung.

[113] OLG Frankfurt DAVorm 1979, 130.

[114] *Berk* widerspricht diesen Ausführungen: Die gestaltenden Verfahren, wie er die „projektiven" Verfahren berichtigt, ermöglichen „objektive Aussagen über die offenen und verdeckten psychischen Bewegungsmöglichkeiten einer Person" (Praxis der Forensischen Psychologie 1992, 23). Die Erfassung dieser „Bewegungsmöglichkeit" wird aber in der Sorge- und Umgangsauseinandersetzung nur in sehr wenigen Fällen entscheidungserheblich sein können.

[115] BGH Recht und Psychiatrie 2000, 30, mit Anmerkung von *Volckart*.

[116] Z. B. *Kaufmann*, Assessment Battery for Children (*Kaufmann/Kaufmann* 1983, deutsch: Melchers/ Preuß 1991, oder *Wechsler*, Preschool and Primary Scale, 1967, oder HAWIK-R, Tewes, 1983).

[117] Eine Aufstellung gibt *Hemminger/Beck*, in: Warnke/Trott/Remschmidt (Hrsg.), Forensische Kinder- und Jugendpsychiatrie, S. 48 f.

a) Projektive Testverfahren beim Kind. Die Bedeutung projektiver Tests bei der Beziehungsdiagnostik,[118] sowohl als Explorationshilfe bei Kindern[119] wie auch als hypothesenlieferndes Verfahren, ist unbestritten.[120]

Manche Kinder erkennen den Sinn und Zweck des Tests und antworten im Sinn einer sozialen Erwünschtheit.[121] Ein solches Ergebnis darf nicht als objektives Testergebnis verwertet werden, kann aber wiederum als Gesprächsbasis dienen. Dies gilt besonders für projektive Testverfahren mit polarisierenden Aussagen, wie z. B. „Todeswünsche" in Bezug auf eine Bezugsperson[122] oder Nennung der Personen, mit denen das Kind aktuell zusammen sein will.[123]

Unsachgemäße Durchführung von Verfahren, die den Kindeswillen eruieren helfen sollen, kann auch Schaden beim Kind anrichten. Das Gleiche bewirken Testverfahren, die das Kind in einen Entscheidungszwang stellen, wie der „Eigentliche-Entscheidungs-Test" (EET),[124] und kaum helfen, den Kindeswillen zu reproduzieren, sondern vielmehr Artefakte zu schaffen.[125]

Andererseits kommt bei einer direkten Befragung der Kindeswille nicht unbedingt zum Ausdruck, da das Kind häufig durch die direkte Befragung in einen Konflikt gebracht wird, den es als Belastung erleben muss.

Das Argument, dass ein Kind diese Verfahren intellektuell nicht durchschauen könne und dadurch die Validität erhöht sei,[126] kann die Verwendung nicht rechtfertigen, da dieses gegen die Verpflichtung zur Transparenz sachverständigen Handelns verstößt.

Trotz allem gilt, dass die projektiven Tests, auch wenn sie als Explorationshilfe eingesetzt werden, in die Persönlichkeitssphäre des Kindes eindringen,[127] zusätzlich wird der Handlungsspielraum des Kindes eingeengt, da es die Tragweite seiner Aussagen nicht mehr überblicken kann. Ethisch ist der Einsatz dennoch gerechtfertigt, da die Güterabwägung für das Kindeswohl spricht.

Bei der Erhebung von Beziehungsqualitäten des Kindes zu seinen Bezugspersonen kommen z. B. folgende projektive und semi-projektive Testverfahren zum Einsatz:[128] *Familienbeziehungs-Test*[129] (FBT); der Test *„Familie in Tieren"*;[130] *Picture-Frustration-Test*;[131] *Düss-*

---

[118] OLG Stuttgart NJW 1980, 1229.

[119] *Wegener* NJW 1979, 1254; ebenso *Arntzen,* Elterliche Sorge und Umgang mit Kindern, S. 65; *Lempp,* Gerichtliche Kinder- und Jugendpsychiatrie, S. 70; *Wegener,* Einführung in die Forensische Psychologie, S. 11; *Lempp/Schütze/Köhnken,* in: Lempp/Schütze/Köhnken (Hrsg.), Forensische Psychiatrie und Psychologie des Kindes- und Jugendalters, S. 16.

[120] In diesem Sinne *Klosinski,* in: Lempp/Schütze/Köhnken (Hrsg.), Forensische Psychiatrie und Psychologie des Kindes- und Jugendalters, S. 50.

[121] So *Fegert* FPR 1997, 72.

[122] Vgl. OLG Stuttgart ZfJ 1975, 131.

[123] So OLG Karlsruhe FPR 1996, 198 mit dem Einsatz des Moreno-Test und Russische Puppen.

[124] Vgl. *Ell* ZfJ 1989, 275; dieser Test (er wurde von Ell entwickelt und ist bisher als Testverfahren nicht veröffentlicht) zwingt das Kind, sich zwischen zwei Personen zu entscheiden, z. B. Wer einen Zaubertrank trinkt, lebt ganz lange, wer soll ihn trinken? Vater oder Mutter?

[125] Polemisch dagegen: *Jopt,* in: Proksch (Hrsg.), Wohl des Kindes, 1990.

[126] So *Kaltenborn* Schriftenreihe zur Psychoanalyse 1986, 22, S. 149.

[127] *Wegener,* Einführung in die Forensische Psychologie, 1989; *Lempp,* Gerichtliche Kinder- und Jugendpsychiatrie, S. 70; anderer Meinung *Dickmeis* NJW 1983, 2053–2056.

[128] *Busse* ZfJ 1999, 1–36 stellt eine Reihe von Verfahren in der Anwendung vor.

[129] *Klüwer,* Familien-Beziehungs-Test (F. B. T.), 1972.

[130] FiT; *Brem-Gräser,* Familie in Tieren, 1980.

[131] PFS; *Duhm/Hansen,* Der Rosenzweig Picture Frustration Test. Form für Kinder, 1957; *Rauchfleisch,*

Fabeltest;[132] *Kinder-Apperzeptions-Test*;[133] *Sceno-Test*;[134] *Baumtest*;[135] *Wartegg-Zeichentest*;[136] *Schloß-Zeichentest*;[137] *Schwarzfuß-Test*;[138] *Familiensystemtest (FAST)*.[139]

Zur Frage, welche Tests in der Praxis als besonders geeignet anzusehen sind,[140] lässt sich zunächst feststellen, dass unabhängig von den Gütekriterien kein projektiver Test unanzweifelbare Ergebnisse bezüglich des Kindeswillens und der familiären Beziehungsstrukturen hervorbringt. Die aus den Tests gewonnenen Daten bedürfen ausnahmslos einer anschließenden Interpretation, die der psychologische Sachverständige vor dem Hintergrund seiner Ausbildungsrichtung vornehmen wird. Die von den am familiengerichtlichen Verfahren Beteiligten oft gehegte Erwartung, ein projektiver Test möge die „Wahrheit" ans Licht bringen, muss allein schon deswegen enttäuscht werden, weil sich das innerpsychische Geschehen der direkten Beobachtung naturgemäß entzieht. Der Gewinn bei Verwendung projektiver Tests kann nur darin bestehen, dass die vorgenommenen Interpretationen mit anderen Untersuchungsergebnissen verglichen werden und geprüft wird, ob sie diese bestätigen oder ihnen widersprechen, und eventuell weitere Untersuchungen vorzunehmen sind.

Vorstehende Überlegungen seien am Beispiel des Family-Relations-Test (FRT),[141] der häufig Verwendung findet, konkretisiert: Wählt ein Kind z. B. in Bezug auf seinen Vater fast ausschließlich Items, die positive Gefühlsqualitäten ansprechen, so geht aus dem Testergebnis allein nicht hervor, ob eine tragfähige Vater-Kind-Beziehung existiert oder eine Abhängigkeitsbeziehung, innerhalb derer dem Kind keine kritischen Äußerungen möglich sind. Da der FRT im Unterschied zu anderen Tests noch relativ wenig projektive Anteile enthält, wird deutlich, dass bei rein projektiven Tests, etwa dem Schwarzfuß-Test,[142] noch erheblich größere Anforderungen an die Anwender gestellt sind.

Die hier angesprochenen Probleme beim Einsatz projektiver Tests sollen jedoch nicht den Eindruck erwecken, dass die erzielten Ergebnisse völlig fragwürdig oder unhaltbar seien. Geübte Diagnostiker können über diese Verfahren in relativ kurzer Zeit Sachverhalte erkennen, die über andere Verfahren nur schwer oder gar nicht sichtbar würden. Vereinfacht ausgedrückt kann über den Nutzen projektiver Verfahren gesagt werden, dass jeder Test so gut ist wie die Interpretationskunst des Anwenders. Für Familienrichter, die im Streit zwischen den Parteien über die Güte eines Gutachtens zu befinden haben, lässt sich daraus der Hinweis ableiten, den Sachverständigen im Zweifelsfall zu seinen Erfahrungswerten im Umgang mit den Tests bzw. zum theoretischen Hintergrund, der dem verwendeten Testverfahren zugrunde liegt, zu befragen. Ein verantwortungsvoller und kompetenter Sachverständiger wird entweder in der Lage sein zu begründen, warum er diese und keine

---

Handbuch zum Rosenzweig Picture Frustration Test (PFT), 1979; *Rosenzweig* Journal of Personality 1945, 14, S. 3.

[132] *Düss*, Fabelmethode, 1976.
[133] C. A. T.; *Bellak/Bellak*, Children's Apperception Test, 1965 und 1984, Human Figures.
[134] *Staabs*, Der Scenotest, 1985. *Fliegner* Prax. Kinderpsychol. Kinderpsychiat 1995, 215–221.
[135] *Koch*, Der Baumtest, 1976.
[136] *Renner*, Der Wartegg-Zeichentest, 1975.
[137] *Michaelis*, unveröffentlicht.
[138] *Corman*, Der Schwarzfuß-Test, 1977.
[139] *Gehring*, Der Familiensystemtest, 1993; dazu: *Steinebach* Report Psychologie 1993, 29–31.
[140] Siehe auch: *Salzgeber* FPR 1996, 168–175.
[141] Zum FRT: *Beelmann/Schmidt-Denter* Prax. Kinderpsychol. Kinderpsychiat 1999, 399–410; *Brand*, The diagnostic Value of the Bene-Anthony Family Realtions Test. Perceptual and Motor Skills 1996, S. 1299–1303.
[142] *Louis Corman*, Der Schwarzfuß-Test, 1992.

andere Interpretation vorgenommen hat und welcher Zusammenhang zur jeweilig relevanten Theorie besteht, oder er wird darstellen können, welche Ergebnisse mehrdeutige Interpretationen zulassen.

b) Entwicklungs- und Persönlichkeitstests beim Kind. Entwicklungstests[143] und Verfahren, die die Belastungen der Kinder, bedingt durch die Trennung und/oder andere Umweltbedingungen, differenziert erfassen helfen, stellen die Persönlichkeit des Kindes in den Vordergrund. Bei Entwicklungstests genügt in der Regel ein Screening-Verfahren, das den Entwicklungsstand des Kindes grob erhellt, weil die Diagnose vorrangig auf die Gegebenheit bzw. das Fehlen entwicklungsförderlicher Rahmenbedingungen fokussiert und nicht im Hinblick auf eine nachfolgende Therapiemaßnahme gestellt wird. Die festgestellten Defizite aller vorliegender Entwicklungstests[144] betreffen die Sachverständigentätigkeit deswegen nur am Rande.

Die Grenze des diagnostischen Vorgehens dürfte bei der Erfassung klinisch relevanter Verhaltensauffälligkeiten sein, die nicht ursächlich im Zusammenhang mit der Fragestellung stehen. So sind eine Legasthenie oder erbliche Entwicklungsverzögerungen nicht mehr näher durch den Sachverständigen aufzuklären. Vielmehr wäre nach ersten Befunden die Rückmeldung an die Eltern angesagt, diese Fragen außerhalb der Sachverständigentätigkeit abklären zu lassen.

Psychometrische Tests, die die Persönlichkeit des Kindes in den Mittelpunkt stellen, bieten sich erst ab einem Alter von etwa neun Jahren an (z. B. PFK 9–14,[145] MBI[146]).

9. Verhaltensbeobachtung

Die neben dem Interview wohl wesentliche psychologische Erfassungsmethode stellt die Verhaltensbeobachtung[147] dar. Eine Reihe von Problemen der Verhaltensbeobachtung werden aus fachpsychologischer Sicht diskutiert wie: mangelhafte Objektivität, Halo- oder Hofeffekt,[148] nicht zuletzt Auswerte- und Interpretationsfehler. So spiegeln sich Persönlichkeitstheorien des Sachverständigen in der Auswertung wider, es kommen auch Milde- und Strengefehler bei der Bewertung vor. Die Objektivität der Verhaltensbeobachtung ist umso größer, je konkreter die zu beobachtenden Verhaltensweisen sind und je weniger Beurteilungen vom Auswerter vorgenommen werden müssen.[149]

Die Verhaltensbeobachtung ist trotz aller fachpsychologischer Einschränkungen dennoch eine geeignete Methode, diagnostisch relevante Informationen dort zu erfassen, wo keine anderen validen Testverfahren zur Verfügung stehen. Sie ist im Gutachtensfall die

---

[143] So z. B. der Denver-Entwicklungstest (Denver Develomental Screening Test; als Screening-Verfahren; Frankenburg & Dodds, 1967, deutsch: Fleming, 1979; Griffiths-Entwicklungsskalen, (Brandt, 1983); Münchener Funktionelle Entwicklungsdiagnostik, Köhler & Egelkraut, 1983). Wiener Entwicklungstest (WET), Kastner-Koller & Deimann Pia, 1998.

[144] *Deimann* und *Kastner-Koller* Report Psychologie 1995, 14–22.

[145] *Seitz/Rausche*, Persönlichkeitsfragebogen für Kinder 9–14, 1976.

[146] *Jäger/Berbig/Geisel/Gosslar/Hagen/Liebich/Schafheutle*, Mannheimer Biographisches Inventar, 1973.

[147] Ausführlich zu dieser Methode: *Faßnacht*, Systematische Verhaltensbeobachtung, 1995; *Amelang/Zielinski* S. 320–327; *Groffmann*, in: Groffmann/Michel (Hrsg.), Enzyklopädie der Psychologie, Serie II: Psychologische Diagnostik, Bd. 4, S. 434–488.

[148] Ein herausragendes Merkmal einer Person überstrahlt andere Merkmale.

[149] *Amelang/Zielinski* S. 327.

ethisch am ehesten vertretbare Erhebungsmethode, da nur sichtbares Verhalten direkt untersucht wird und nicht über Verfahren indirekt auf zugrunde liegende Eigenschaften geschlossen wird.[150]

Das Verhalten kann dabei sowohl unsystematisch als auch systematisch erfasst werden,[151] kann bei den Erwachsenen im Gespräch, beim Kind im Rahmen der Exploration in der Interaktion mit dem jeweiligen Elternteil beobachtet werden.

Die Verhaltensbeobachtung wird in der Praxis meist nicht theoriegeleitet durchgeführt, sondern geschieht beiläufig in zufälligen Settings. Die Validität solcher Beobachtungen ist ebenso wenig gesichert, wie die der zufälligen Verhaltensbeobachtung einer Eltern-Kind-Interaktion des Familienrichters auf dem Gerichtsflur, nur die zeitliche Dauer wird unterschiedlich sein.

Beim Gespräch wird einmal das Verhalten implizit (Mimik, Sprachduktus, Körperhaltung, Verhaltensreaktionen) oder explizit in vorher festgelegten Rahmenbedingungen erfasst. Bei festgelegten Settings muss Verhaltensbeobachtung immer mit Wissen der Beteiligten durchgeführt werden.

Die freie Verhaltensbeobachtung wird meist bei Hausbesuchen angewandt, aber auch im Rahmen anderer Begegnungstermine und während des gesamten Zeitraums, in dem eine Interaktion zu beobachten ist. Sie dient der ersten Orientierung.

Die Interaktionsbeobachtung kann bei Umgangsregelungen, insbesondere bei der Übergabesituation, hilfreich sein, um Verbesserungsvorschläge anbieten zu können, damit diese dem Kindeswohl gemäßer gestaltet werden. Die Beobachtung der Übergabesituation muss, wie auch jeder anderen Interaktionsbeobachtung, mit Wissen der Beteiligten geschehen. Bei Verweigerung kann dies nur vom Familiengericht bewertet werden.

Bei kindeswohlschädigendem Elternverhalten kann die Verhaltensbeobachtung entscheidungserhebliche Hinweise geben.[152] Gelegentlich sind die bei der unsystematischen Verhaltensbeobachtung erhaltenen Informationen bereits ausreichend. So kann schon vernachlässigendes oder wenig fürsorgliches Elternverhalten erkannt werden, wenn z.B. ein Dreijähriger bei geöffnetem Fenster auf ein Fensterbrett steigt und die Beziehungsperson nicht einschreitet. Solche unerwarteten, aber offensichtlich für die Betroffenen nicht ungewöhnlichen Verhaltensweisen können im Einzelfall bereits Aussagen zur Erziehungskompetenz des Elternteils zulassen.

Die systematische Verhaltensbeobachtung stellt sich als eine Vergleichbarkeit zwischen mehreren Erwachsenen und dem Kind dar, die erreicht werden kann. Zudem geschieht die Auswertung der Interaktion nach vorher festgelegten Kriterien. In einer bestimmten, vorher definierten Situation[153] (zum Beispiel leistungsorientiertes Setting, freie Spielsituation[154]) wird erfasst, wann und welche Schwierigkeiten in der Interaktion auftreten und welche Angebote ein Erwachsener dem Kind macht oder machen kann. So kann der eine

---

[150] *Schwarzer* S. 11.

[151] Auf mögliche Fehlerquellen weist *Balloff* FPR 1998, 210 f. hin.

[152] Hierzu *Burges/Conger* Child Development 1978, 1163–1173.

[153] *Ritterfeld/Franke,* Die Heidelberger Marschak-Interaktionsmethode, 1994; *Fischer Behar/Stringfield,* A Behavior Rating Scale for the Preschool Child., in: Developmental Psychology, 1974, Vol. 10, Nr 5, 601–610.

[154] Vgl. *Innerhofer,* Strukturen im Ereignisstrom, 1980 (Systematik einer Verhaltensdiagnostik von Mutter-Kind-Beziehungen), oder *Tausch/Tausch,* Erziehungspsychologie, 1971, oder *Ritterfeld/Franke,* Die Heidelberger Marschak-Interaktionsmethode, 1994; *Hackenberg/Krause/Schlack,* Systematische Interaktionsbeobachtung als Hilfsmittel für die Beurteilung der Eltern-Kind-Beziehung bei strittigem Sorgerecht, in: Remschmidt, Kinderpsychiatrie und Familienrecht, 1984.

Elternteil möglicherweise eher leistungsförderliches Verhalten zeigen, der andere Elternteil eher emotionale Nähe zulassen und affektive Angebote machen, Leistungsorientierung aber vermissen lassen.

Daneben kann die Verhaltensbeobachtung, teilnehmend oder nichtteilnehmend,[155] während einer Mahlzeit oder während einer Konfliktlösungssituation halbstrukturiert erfolgen, die vorgegeben wird. Diese entsprechen dann den jeweiligen Leistungssituationen, wie sie möglicherweise bei der Hausaufgabenbetreuung entstehen können.

Der Sachverständige sollte sich im Klaren sein, dass das kindliche Verhalten in Anwesenheit eines Dritten nicht den üblichen Interaktionen entspricht. Die Stresssituation kann aber Hinweise geben, wie der Elternteil in der Lage ist, mit dem veränderten kindlichen Verhalten umzugehen.

Für die Erfassung von Beziehungs- und Bindungsqualität, Förderkompetenz und Feinfühligkeit, Fähigkeit der Eltern, kindliche Signale zu erkennen, für die Sensitivität und Responsivität (Feinfühligkeit und Einfühlsamkeit) existieren verschiedene Verhaltenssettings,[156] die im Einzelfall zum Einsatz kommen können.

Die Auswahl ist der Kompetenz des Sachverständigen überlassen, der aber den Einsatz begründen und die mit der Verhaltensbeobachtung gewonnenen Daten und deren Interpretation nachvollziehbar darstellen muss.

Als positiver Faktor der Erziehung hat sich die Herstellung von positiven emotionalen Beziehungen erwiesen. Deren Aufbau zeigt sich z. B. in verbalen Äußerungen der Wertschätzung und des Verstehens. Die Bedeutung der Zuwendung wird durch die Tendenz, dass positive Gefühlsäußerungen entsprechend beantwortet werden, erklärt[157] ("reziproke Affekte"). Wertschätzung des Kindes lässt sich an Verhaltensmerkmalen der Eltern wie Geduld, Hilfe, Höflichkeit, Lob, Ermutigung, Empathie, Vermeiden von Lieblosigkeit, Grobheit, Unernst usw.[158] beobachten.

Zulässig ist ebenso die Erfassung der Angemessenheit elterlichen Verhaltens und der Reaktionsweisen des Kindes darauf, um Rückschlüsse auf die affektive und kognitive Förderkompetenz machen zu können. Kindorientierung ist u. a. am Gesprächsstil der Eltern operationalisierbar. Dabei sind maßgeblich die Bereitschaft der Eltern, auf Probleme des Kindes einzugehen, das Gespräch lösungsorientiert zu gestalten und einen Austausch zu pflegen, der von Fröhlichkeit und Gemeinsamkeit gekennzeichnet ist. Die Äußerungen und Einstellungen der Eltern dem Kind gegenüber sollten sowohl in verbaler Hinsicht als auch in der Körpersprache klar und deutlich, die verbalen Äußerungen sollten altersangemessen sein.

Die Diagnostik der Bindung im Sinne der Bindungstheorie erfordert ein spezielles Design. Die Kinder im Alter von ca. einem Jahr müssen kurzfristig (das heißt für 5–10 Minuten) von ihrer Bezugsperson getrennt werden, wobei dann bei der Rückkehr dieser Bindungsperson die Reaktion des Kindes auf die Rückkehr zu beachten ist. Hierbei ist darauf zu achten, dass das Kind durch diese Maßnahme nicht in eine zu starke Stresssituation gebracht wird.

Zur Dokumentation eignet sich hier besonders die Videoaufzeichnung, um auch Vergleichbarkeit des elterlichen Verhaltens zu erreichen. Die Interaktionsanalyse kann dann

---

[155] Hierzu *Amelang/Zielinski* S. 320 ff.

[156] Heidelberger Interaktionsmethode, Mutter-Kind-Beobachtung nach *Tausch,* Simulated Family Activity Measurement (SIM-FAM, Olson und Koll.).

[157] *Tausch/Tausch* S. 115 ff.

[158] Vgl. *Domke,* in: Weber (Hrsg.), Pädagogik, Bd. 2, 1973.

mit Hilfe von Ratinglisten erfolgen.[159] Solche Bewertungsskalen umfassen z. B.: „Kindorientiertheit", „Gemeinsamkeit", „Klarheit", „Übernahme der Kindperspektive", „Entwicklungsangemessenheit", „Gefühle erkennen".[160]

Bei der Interpretation der Verhaltensbeobachtung ist darauf zu achten, dass misslungene Interaktionen nicht unbedingt bedeuten, dass sie auch in der Vergangenheit misslangen. Es wäre umgekehrt jedoch ungewöhnlich, wenn gerade in der besonderen Situation der Begutachtung eine vertraute Gemeinsamkeit zwischen Interaktionspartnern hergestellt werden könnte, die in der Alltagssituation niemals vorhanden war.

10. Hausbesuch

Kontrovers diskutiert wird die Wahl des günstigsten Untersuchungsortes, zumindest für jüngere Kinder. So wird einerseits verlangt, dass die Anhörung eines fünf Jahre alten Kindes in seiner gewohnten häuslichen Umgebung durchgeführt werden soll, da dort die entspannteste Gesprächsatmosphäre möglich sei,[161] andererseits wird die mangelnde Neutralität der häuslichen Umgebung betont.[162] Für den Jugendamtsbericht wird gefordert, dass er auf einem Hausbesuch basieren soll, um die örtlichen Verhältnisse und das Umfeld zu prüfen.[163]

Verschiedentlich werden Kinderuntersuchungen an neutralen Orten wie Kindergarten und Schulen empfohlen, wobei dort der Besuch möglichst noch unangemeldet sein soll; dies ist hinsichtlich der Neutralitätsverpflichtung allerdings unverhältnismäßig, weil so der Familienkonflikt unnötigerweise in die Allgemeinheit getragen wird. Die Begutachtung ist als ein persönlich einschneidendes Ereignis zu werten, das unter das Schweigepflichtgebot fällt und deshalb möglichst nicht unter den Augen der Öffentlichkeit zu erfolgen hat. Eine neutrale Atmosphäre ist in der Regel bereits in den Praxisräumen des Sachverständigen gegeben.

Der Hausbesuch ist immer vom Sachverständigen anzukündigen. Dies hat in der Regel zur Folge, dass im Vorfeld erhebliche familiäre Aufregung verursacht wird.[164]

Es gibt keine wissenschaftliche Begründung für oder gegen einen Hausbesuch. Dies ist abhängig vom diagnostischen Vorgehen des Sachverständigen und von der diagnostischen Notwendigkeit.[165] Jedenfalls sollte ein Hausbesuch durchgeführt werden, wenn bezüglich der Wohnsituation Bedenken bestehen; dies gilt unzweifelhaft bei Fragen im Hinblick auf Verwahrlosung und Herausnahme des Kindes. Hausbesuche sind auch indiziert bei Eltern, die nicht bereit oder in der Lage sind, in die Praxisräume des Sachverständigen zu kommen, z. B. wenn es ihnen aufgrund von Kindesbetreuung oder weiten Anfahrtswegen schwerlich zumutbar ist, zu den Räumen des Sachverständigen zu kommen. Da sich andererseits durch die Anfahrtswege die Kosten erhöhen, sollte im Einzelfall der Familienrichter informiert werden.

---

159 Nach *Innerhofer.*
160 Nach *Peterander* S. 18–23.
161 OLG Hamburg FamRZ 1983, 527.
162 *Ell,* Besuch vom eigenen Kind, S. 532; KG Berlin FamRZ 1983, 1159.
163 OLG Köln Kind-Prax 1999, 24, dagegen: *Kaufmann/Plate* Kind-Prax 2000, 113–116.
164 So auch: *Fegert* FPR 1997, 72.
165 So auch *Kaufmann/Plate* Kind-Prax 2000, 116.

Beim Hausbesuch stellt sich die Schwierigkeit ein, ungestört mit einem Elternteil reden zu können, da dieser meist auf das anwesende Kind aufpassen muss. Störvariablen sind nicht kontrollierbar. Nicht zuletzt kann das Kind das Gefühl haben, bei dem Gespräch mit dem Sachverständigen belauscht zu werden, was in der Praxis gelegentlich durch Abhören mit einem Babywatch auch geschieht.

Die Frage nach der Qualität der Wohnung in Bezug auf das Kindeswohl ist nicht eine originär psychologische Frage, sondern sollte im Prinzip vom Jugendamt beantwortet werden. Die Anregungsqualität der Wohnung selbst, der Wohnumgebung, sei es Nähe zur Schule, Spielmöglichkeiten und dergleichen, ist hingegen einer psychologischen Bewertung zugänglich.

11. Gemeinsames Gespräch

Prinzipiell ist die Teilnahme an einem gemeinsamen Gespräch freiwillig. Die Mitwirkungsbereitschaft wird erhöht, wenn der Sachverständige den Betroffenen zu Beginn seiner Aufgabe erklärt, dass das gemeinsame Gespräch zum Ablauf der Begutachtung gehört. In der Regel nehmen die Betroffenen dann daran teil. Es obliegt dem Sachverständigen, ob er ein gemeinsames Gespräch durchführt, ob er es bei einem belässt oder mit mehreren gemeinsamen Gesprächen einen Interventionsprozess begleitet. Er hat aber die Gebote der Nützlichkeit und Ökonomie zu beachten.

Es liegt auch bei dem Sachverständigen, ob den Betroffenen zur Vorbereitung des gemeinsamen Gesprächs vorab Informationen gegeben werden.

In der Regel werden an dem gemeinsamen Gespräch die Kinder nicht teilnehmen, die Belange des Kindes hat der Sachverständige in das Gespräch einzubringen. Eine eventuelle Teilnahme sollte vom Alter der Kinder abhängig gemacht werden.

Auch für das Setting des gemeinsamen Gesprächs gibt es keine Vorschriften. Es können mit Einverständnis der Betroffenen zwei Sachverständige, wenn möglich mit unterschiedlichem Geschlecht, an der Sitzung teilnehmen, um eventuellen Vorbehalten wegen einer Geschlechtsbevorzugung entgegentreten zu können. Dies ist aber unter ökonomischen Gesichtspunkten abzuwägen.

Vor jedem gemeinsamen Gespräch sollten Regeln definiert werden, die sich sowohl auf den Zeitumfang als auch auf das Verhalten und den Inhalt beziehen. Für die Gesprächsführung können Hinweise aus der Mediation und Familientherapie hilfreich sein. Vorschriften bestehen nicht.

Selbstverständlich hat der Sachverständige von Beschuldigungen, moralischen Vorhaltungen und Unrichtigkeiten Abstand zu nehmen. Auch beim gemeinsamen Gespräch ist darauf zu achten, dass sich die Inhalte des Gesprächs auf die gerichtliche Fragestellung beziehen und nicht auf die Scheidungsfolgen ausgreifen. Das gemeinsame Gespräch kann auch den Rahmen bilden, in dem der Sachverständige seine vorläufigen Begutachtungsergebnisse mitteilt. Er kann hier sein Vorausurteil und Rückmeldung über die Kinder geben.

Der Sachverständige ist gehalten, das gemeinsame Gespräch zu dokumentieren, um auch Unterlagen gegenüber dem Gericht zu haben. Eine Protokollierung sollte in den Händen des Sachverständigen liegen. Ein Ergebnisprotokoll, das etwaige Vereinbarungen festhält, ist einem Verlaufsprotokoll in der Regel vorzuziehen.

Nach Abschluss des Gespräches sollte das weitere Vorgehen mit den Betroffenen diskutiert werden. Sind Regelungsmodelle entworfen worden, die für eine längere Zeit beobachtet werden sollen, kann das Protokoll, ehe es ans Gericht weitergeleitet wird, den Betroffenen vorab zugeleitet werden, damit diese Ergänzungen und Berichtigungen vornehmen können.

Prinzipiell sollte der Sachverständige das Protokoll allein verantworten.

Das Protokoll wird ohne Unterschrift an das Amtsgericht weitergeleitet, um sowohl das Familiengericht als auch die Anwälte, die die Betroffen vertreten, zu informieren. Von der Unterschrift sollte deshalb abgesehen werden, damit nicht der Anschein erweckt wird, dass es sich bereits um eine verbindliche Sachverständigenempfehlung oder rechtsverbindliche Elterneinigung handelt. Das Protokoll hat nur den Zweck, Einigungen vorübergehender Art festzuhalten und diesen durch das Zuleiten an das Gericht einen gewissen verbindlichen Charakter zu verleihen. Selbstverständlich haben die Betroffen das Recht, von den Vereinbarungen jederzeit abzurücken.

K. Besondere Anforderungen an das sachverständige Handeln bei Familien unterschiedlicher Nationalität

Seit Jahren nehmen familiengerichtliche Verfahren zu, bei denen entweder ein oder beide Elternteile nicht die deutsche Staatsbürgerschaft besitzen und aus einer fremden Kultur stammen.[1] Diese multikulturelle Zusammensetzung der Familien kann so weit gehen, dass z. B. der Vater aus der Türkei stammt, die Mutter aus Brasilien und die Kinder in Deutschland geboren sind.

Wenn wir auch im Gegensatz zu den USA in Deutschland noch nicht von einer multikulturellen Gesellschaft sprechen sollten, so existieren auch bei uns bereits, vorwiegend im städtischen Bereich, relativ abgeschlossene ethnische Gruppierungen mit ihren spezifischen Lebensgewohnheiten.[2] Dies gilt im Übrigen auch für ethnische Minderheiten in der Bundesrepublik Deutschland, wie z. B. Sinti und Roma,[3] aber auch für bestimmte Berufsgruppen, wie z. B. Binnenschiffer,[4] Schausteller. Deren Kinder wachsen meist in Internaten auf oder besuchen kurzfristig die Schule an dem Ort, an dem sie sich vorübergehend aufhalten.

Diese besondere Ausgangslage ist vom psychologischen Sachverständigen zu berücksichtigen.[5] Er hat sich folglich auch mit dem ethnischen Hintergrund der ihm anvertrauten Familie zu befassen[6] und das seinem Vorgehen zugrunde gelegte Erklärungsmodell auf die Validität für den konkreten Einzelfall zu überprüfen.

Dabei sind nicht alle Vorstellungen der ausländischen Mitbürger zu berücksichtigen, vor allem dann nicht, wenn sie dem deutschen Rechtsempfinden völlig zuwiderlaufen.[7] Es geht auch bei der Abwägung des Kindeswohls nicht um Vergleiche der Religionen, wenn die Eltern unterschiedlichen Konfessionen angehören, sondern immer um das Wohl des Kindes unter den in Deutschland herrschenden Verhältnissen.[8]

---

[1] Von den über sechs Millionen Ausländern leben fast zwei Drittel seit mehr als zehn Jahren in Deutschland, *Statistisches Bundesamt, aktuelle Zahlen unter www.statistik-bund.de.*

[2] So hat sich z. B. in Berlin die zweitgrößte türkische Gemeinde entwickelt.

[3] Dazu hilfreich: *Bott-Bodenhausen,* in: Höfling/Butolder (Hrsg.), Psychologie für Menschenwürde und Lebensqualität Bd. III, S. 315–323 mit vielen weiteren Literaturhinweisen.

[4] Vgl. *Fthenakis,* Kinderpsychologisches Gutachten zur Verfassungsbeschwerde Az. BvR 332/86, 1986; *Höhn* Psychologische Beiträge 1974, 254.

[5] Näheres hierzu: *Mach-Hour* FamRZ 1998, 139–143; *Gaitanides,* in: Textor (Hrsg.), Hilfen für Familien, S. 109–125.

[6] Hilfreich kann die Kontaktaufnahme mit der *Interessengemeinschaft der mit Ausländern verheirateten Frauen e. V. (IAF)* sein: München, Goethestr. 53, Tel. 0 89/53 14 14; Über die rechtliche Situation einiger Länder informiert der Tagungsband: *Brauns-Hermann/Busch/Dinse* (Hrsg.), Ein Kind hat das Recht auf beide Eltern, 1997; *Kriechhammer-Yagmur/Pfeiffer-Pandey/Saage-Fain/Stöcker-Zafari,* Binationaler Alltag in Deutschland, 1999.

[7] Vgl. OLG Saarbrücken FamRZ 1992, 848–850; OLG Karlsruhe Kind-Prax 1999, 28 und AG Eschwege FamRZ 1995, 565 – Stichentscheid des türkischen Vaters.

[8] OLG Frankfurt FamRZ 1999, 182.

1. Ausländerrecht und Familienrecht

Bei familiengerichtlichen Verfahren zu Kindeswohlregelungen ist das Recht des Staates an-zuwenden, in dem das Kind seinen gewöhnlichen Aufenthalt hat, auch wenn dieser durch Entführung zustande gekommen ist. Maßgeblich ist die soziale Einbindung. Das anzuwen-dende ausländische Recht ist aber im Hinblick auf unser Grundgesetz zu überprüfen, da es gegen den „ordre public" verstoßen kann.[9]

Art. 6 Abs. 1–3 GG in Verbindung mit Art. 1 Abs. 1 und Art. 2 Abs. 1 GG garantieren auch in Bezug auf das Familienleben die freie Entfaltung der Persönlichkeit und den Schutz der Menschenwürde, soweit nicht Rechte anderer verletzt werden und nicht gegen die verfassungsmäßige Ordnung oder Sittengesetze verstoßen wird.

Abzulehnen und nicht belegbar ist eine Haltung, die davon ausgeht, dass das Kindes-wohl nur in Deutschland zu verwirklichen sei und nur die Verfassung oder die Kultur der Bundesrepublik[10] die Verwirklichung des Kindeswohls ermögliche. Dies gebietet schon eine allgemeine Rücksichtnahme auf die traditionellen sittlichen und moralischen Vorstel-lungen, die Kulturverwurzelungen und Mentalitäten der in Deutschland lebenden auslän-dischen Familien und deren Mitglieder, die von den deutschen Vorstellungen nicht selten erheblich abweichen.

Die Respektierung ausländischer Mentalität sowie derjenigen ethnischer Minderheiten kann aber nicht grenzenlos sein. Soweit grundlegende deutsche Moralvorstellungen verletzt werden, hat ausländisches Denken im Interesse der deutschen Verfassungsordnung zurück-zutreten. Hier haben die gleichen Maßstäbe zu gelten, die auch für die Erziehungseignung im Verhältnis zum § 1666 BGB anzuwenden sind. Dieser Maßstab gilt z. B. für fundamen-talistische Erziehung, rituelle Verstümmelung, Ausschluss von höherer Bildung, Zwangs-verehelichung, entehrende Strafen, Meinungs- und Informationsverbote, auch wenn sie reli-giöse oder kulturelle Hintergründe haben.[11]

Das „Kindeswohl" bleibt bei der sachverständigen Empfehlung allgemein gültiges Kri-terium und nicht z. B. das möglicherweise im einzelnen ausländischen Recht geltende „Unterprimat" oder die z. B. im türkischen Recht inhärente Aufteilung von Geschwistern derart, dass die Söhne bei Scheidung dem Vater und die Töchter (bis zu einem bestimmten Alter) der Mutter zugesprochen werden. Solche Regelungen widersprechen dem deutschen „ordre public", d. h., die Konsequenzen aus dem ausländischen Recht für das Kind würden den deutschen Rechtsvorstellungen fundamental widersprechen.[12]

Eine wesentliche Verbesserung für binationale Familien bei Trennung und Scheidung hat die Rechtsprechung gebracht, die zur Frage einer Ausweisung eines ausländischen Elternteils betont, dass die Familie unter dem besonderen Schutz des Staates gestellt ist. Diese Verbesserung gilt für Eltern, die die gemeinsame Sorge nach Scheidung oder Trennung innehaben und regelmäßig Kontakt zum nicht im Haushalt lebenden Kind pflegen.[13] Bedeutsam ist gemäß BVerfG[14] die Voraussetzung der gemeinsamen elterlichen

---

[9] OLG Düsseldorf FamRZ 1994, 644, Jordanische Recht über die Regelung der elterlichen Sorge kann nicht angewandt werden, da es die elterliche Sorge nach Geschlecht aufteilt.
[10] OLG Hamm FamRZ 1970, 95: „Der Richter ist nicht Sittenrichter über fremdes Recht"; LG Berlin FamRZ 1982, 841, Antrag des Jugendamts, mit den Äußerungen des Psychologen.
[11] So *Grimm* Die Zeit 2000, 8, S. 12 f.
[12] Hierzu BGH FamRZ 1993, 316.
[13] HessVGH FamRZ 1999, 994.
[14] BVerfG FamRZ 1999, 1577; auch bei nicht Vorliegen einer Sorgeerklärung: VGH Baden-Württemberg FamRZ 2000, 884.

Sorge, um möglicherweise abschiebende Schritte des Staates verhindern zu können. Auch für nicht verheiratete Väter, die ein gemeinsames Sorgerecht innehaben, und verbunden mit dem Anspruch des Kindes auf Umgang mit beiden Elternteilen gilt, dass ein Zurücktreten des Vollzugsinteresses einer Ausweisung angenommen werden kann. Dieser Schutz entfällt, wenn es sich nur um eine gelegentliche Begegnungsgemeinschaft handelt, wenn also der ausländische nicht verheiratete Vater nur selten Besuche macht, sich aber ansonsten nicht um das Kind kümmert.[15] Wesentlich ist aber nicht, ob eine Beistandsgemeinschaft als Hausgemeinschaft oder als Begegnungsgemeinschaft gelebt wird, sondern auf den tatsächlichen Beistand im Lebensalltag[16] kommt es an. Eine familiäre Lebensgemeinschaft kann auch zwischen dem Ausländer und seinem deutschen Stiefkind bestehen.[17] Die Ausweisungsbehörde muss nun prüfen, ob tatsächlich ein beachtliches überwiegendes Interesse des Staates an einer Ausweisung vorliegt im Vergleich zu der schützenswerten Lebensgemeinschaft und Beziehung der Familie.[18] Dabei haben die Verwaltungsbehörde und das Verwaltungsgericht auch zu berücksichtigen, dass eine vorübergehende Trennung des Elternteils, z. B. um seine Ausreise in sein Ursprungsland[19] zu betreiben, nicht unverhältnismäßig lang sein darf. Die mögliche Trennung ist auch in Beziehung zu setzen zum Alter des Kindes. Bei Kleinkindern kann bereits eine verhältnismäßig kurze Trennungszeit unzumutbar lang sein.

Ist ein Elternteil mit einem Partner verheiratet, der die Aufenthaltsberechtigung in Deutschland besitzt, erwirbt er, wenn die Ehe zwei Jahre Bestand hat, ein eigenständiges Aufenthaltsrecht.[20]

Im Einzelfall kann der Sachverständige sich bei Organisationen für bi-nationale Familien erkundigen, um seine Empfehlung an das Familiengericht auch auf dem Hintergrund der möglichen Ausweisung und der Folgen für das Kindeswohl[21] überdenken zu können.

Wird von einen Elternteil das Kind unrechtmäßig in ein fremdes Land gebracht, greifen die Vorschriften des Haager Übereinkommens über die zivilrechtlichen Aspekte der Kindesentführung (HKiEntÜ), wenn dieses dem Übereinkommen beigetreten ist.

2. Sachverständiges Vorgehen

Ganz allgemein ist bei sachverständiger Tätigkeit neben den auch für deutsche Familien geltenden Grundsätzen für sachverständiges Vorgehen mit Migranten zusätzlich auf drei Analysestrukturen zu achten: einmal die migrationsspezifische, dann die kulturspezifische und nicht zuletzt die persönlichkeitsspezifische Ebene. Jede Ebene erfordert spezifisches Hintergrundwissen vom Sachverständigen, um die Lebens- und Wertewelt der betroffen

---

[15] BVerwG FamRZ 1998, 734; OVG Hamburg FamRZ 2000, 880.

[16] BVerfG FamRZ 1996, 1266.

[17] OVG Hamburg FamRZ 1998, 617.

[18] Zur Abschiebung: BVerwG FamRZ 2000, 482; VGH Baden Württemberg FamRZ 2000, 483; EuGHMR FamRZ, 1561.

[19] Z. B. um ein Visum zu beantragen, hierzu ist vorübergehende Trennung von der Familie, da selbstverschuldet, hinnehmbar, so: BVerwG FamRZ 1998, 736.

[20] § 19 Ausländergesetz ist seit 1. 6. 2000 geändert, die Frist wurde nun von vier Jahren auf zwei Jahre herabgesetzt.

[21] Siehe *Mach-Hour*, in: Menne/Schilling/Weber (Hrsg.), Kinder im Scheidungskonflikt, S. 185–192; *Mach-Hour* FamRZ 2000, 1341–1346.

Familienmitglieder valide zu erfassen.[22] In der Folge können einige Bereiche nur exemplarisch anhand einer osteuropäischen Familie angesprochen werden.[23]

a) Gespräch mit den Eltern. Das Gespräch, das jeweils getrennt mit den Elternteilen durchgeführt wird, hat zum Zweck, den ausländerspezifischen Status, die Motive zur Migration, kulturspezifische Sozialisationsvorstellungen, individuumsspezifische Besonderheiten usw. zu erfahren. Weiter sollen Lösungsvorschläge und Kooperationsmöglichkeiten erhoben werden, die vor allem kulturspezifische Schwellenängste vor Interventionsstrategien berücksichtigen müssen. Nicht zuletzt sollen auch Informationen über Drittpersonen, vor allem die in vielen Ausländerfamilien übliche „erweiterte Familie" und über die Kinder erhoben werden.

Beispielhaft für eine ethnopsychologisch fundierte Explorationsstrategie wäre die Erfassung des Akkulturationsstandes des jeweiligen ausländischen Mitbürgers. In welchem Ausmaß ist der Elternteil bereits mit den Erziehungswertvorstellungen der deutschen Kultur vertraut? Inwieweit „kennt" er sie, lehnt er sie ab oder bemüht er sich um eine Integration?

Bei Ausländern können zudem Testverfahren zu verfälschenden Ergebnissen führen.[24]

b) Gespräch mit dem Kind. Auch beim Kind ist das jeweilige Akkulturationsniveau zu beachten. In primär fremdkulturellen Sozialisationsumwelten lebende Kinder sollten nicht ohne weiteres mit Testverfahren untersucht werden, deren Standardisierung an deutschen Kindern vorgenommen wurde.

c) Eltern-Kind-Beziehung. Als Weiteres wird der Sachverständige immer versuchen, die Eltern-Kind-Beziehung in seiner Qualität zu erfassen. Dazu dienen aus fachpsychologischer Sicht die Kriterien der Feinfühligkeit, Bedürfnisse des Kindes erkennen zu können, sowie u. a. Konzepte wie Bindung und Beziehungsqualität.

Hier kann es unter Umständen zu erheblichen Missinterpretationen führen, wenn z. B. anlässlich eines Hausbesuches das spezifische kulturgeprägte Verhalten nicht erkannt wird. Das kann dazu führen, dass z. B. aufgrund einer ritualisierten Gastfreundschaft der Sachverständige völlig anders behandelt wird als z. B. eine Alltagsperson. Unter Umständen werden keinerlei Erziehungsmaßnahmen gegenüber dem Kind getroffen, was der Sachverständige dann als „Laissez-faire"-Verhalten interpretiert.

Zudem sind Erziehungskonzepte zu erfassen, die je nach kulturellem Hintergrund völlig anders sind, als dies für Deutschland gilt, dass z. B. erst ab einem bestimmten Alter bei den Kindern aktive Erziehungsleistungen − im Sinne von Grenzsetzungen − eingebracht werden.[25]

d) Kindeswille. Häufig sind die Kinder in Deutschland geboren und haben die primäre Sozialisation in der ausländischen Familie, die sekundäre jedoch im deutschen Kindergarten und in der deutschen Schule erhalten. Andere Kinder kommen erst im Einschulungsalter nach Deutschland und unterliegen massiven Sprach- und Anpassungsschwierigkeiten. Die meisten Kinder wachsen zweisprachig auf.

---

[22] Zu den besonderen Kommunikationsstrukturen während der beratenden Arbeit mit Migranten siehe: *Banning,* Bessere Kommunikation mit Migranten, 1995.
[23] Ausführlicher *Salzgeber/Menzel* FuR 1997, 296–299 und 335–340.
[24] *Kubinger* S. 98 f.
[25] Über Sozialisationsbedingungen im interkulturellen Vergleich siehe: *Liegle,* in: Hurrelmann/Ulich, Handbuch der Sozialisationsforschung, 1991; *Trommsdorff,* Sozialisation im Kulturvergleich, 1989.

Hier muss äußerst differenziert exploriert werden, ob z. B. das junge Mädchen aus dörflich-türkischem Umfeld bei geäußertem Wunsch nach Familienherausnahme trotz „autoritären Erziehungsstils" des Vaters letztendlich in der Familie besser auf die multikulturelle Erwachsenenwelt vorbereitet werden kann, als dies ein deutsches Jugendheim oder eine deutsche Pflegefamilie vermag.

e) Konfliktlösungsstrategien. Bei der interventionsorientierten Vorgehensweise sind besondere Vermittlungsstrategien sinnvoll, wobei bestimmte Settings und Vorgegebenheiten zu beachten sind. Je nach kultureller Herkunft kann es z. B. nicht angehen, eine junge Frau als Mediator fungieren zu lassen oder rollenspezifische Hierarchien zu übergehen. Möglicherweise ist hier die Einschaltung von einer Drittperson, z. B. einer in der ausländischen Gemeinde angesehenen Respektsperson, hilfreicher als der psychologische Experte.[26]

Schwierig erweist sich der Erhalt familiärer Beziehungen bei ausländischen Betroffenen. Nicht nur die Kernfamilie, sondern die erweiterte Familie (Großeltern, Geschwister der Eltern, deren Ehegatten usw.) und die dazugehörige Verwandtschaft gelten schon im Heimatland als der zentrale Ort jeglicher „Lebenschancen". Umso bedeutsamer wird die Familie in der fremden Lebenswelt, wo von jedem Familienmitglied absolute Loyalität erwartet wird, um den überlebensnotwendigen Zusammenhalt zu gewährleisten.

Von Psychologen unterstützte Konfliktlösungsstrategien nach westeuropäischem Muster favorisieren die Berücksichtigung der Bedürfnislage von einzelnen Individuen und stehen damit konträr zu den Vorstellungen in vielen anderen Kulturen, in denen die Einordnung des Einzelnen unter Gruppeninteressen gefordert wird.

Hier kann es helfen, Verträge zu schließen, die z. B. den Betroffenen Mitwirkung bei der religiösen Erziehung einräumen, Erbschaftsangelegenheiten regeln und dergleichen. Diese Vereinbarungen können von engagierten Anwälten in eine Form gebracht werden, die sowohl dem Erleben der ausländischen bzw. binationalen Familie dient als auch mit unserem Rechtsgebilde vereinbar ist.[27]

f) Bewertung der Informationen. Neben der Erhebung der Daten und dem Versuch, der Familie Hilfen anzubieten, hat auch die psychologische Bewertung der erhobenen Daten unter dem Gesichtspunkt ethnologischer Vorgegebenheiten zu erfolgen.

aa) Zur Elternrolle. Es wäre unangemessen, z. B. bei orientalisch geprägten Familien prinzipiell die Unkenntnis des Familienvaters bezüglich familiärer Problematik auf ein Desinteresse oder gar eine Vernachlässigung der Verpflichtungen als Vater zurückzuführen. Wissensdefizite bezüglich der heimisch-familiären Vorgänge verweisen auf die Arbeits- und Verantwortungsaufteilung zwischen Mann/Vater und Frau/Mutter in der Familie.

So ist z. B. in der traditionellen-dörflichen türkischen Familie der Vater für die Angelegenheiten außerhalb des Hauses zuständig und die Mutter für den inneren, häuslichen Bereich. Es besteht eine klare, von beiden eingehaltene Grenze, die nicht ohne triftigen Grund überschritten wird. So liegt die Erziehung der Kinder, vor allem der Mädchen, innerhalb des Hauses in der Hand der Mutter.

bb) Zur Kind-Vater-Beziehung. Aus ethnologisch-kultureller Perspektive fällt oftmals auf, dass meist Töchter einen radikalen Bruch mit der Familie erzwingen, wohingegen

---

[26] Über die in verschiedenen Kulturen divergierenden Konfliktlösungsstrategien vor Gericht vgl. *Bierbrauer,* in: Law & Society Review 1994, Vol. 28, Nr. 2.

[27] *Pedersen/Ivey,* Culture-Centered Counseling and Interviewing Skills, 1993 bietet ein Modell für Interventionsstrategien in der Arbeit mit fremdkultureller Klientel.

Söhne den Kontakt zum Elternhaus eher aufrechterhalten. Familiäre Konfliktverläufe mit Kindern lassen sich jedoch nur noch partiell auf der kulturellen Folie erklären. Hier müssen die modifizierenden Bedingungen der Migration und die spezifischen Lebensbedingungen, die ethnische Minderheiten zu bewältigen haben, als Erklärungsfaktoren mit hinzugezogen werden. So wachsen im Herkunftsland Töchter oftmals in einem relativ liberalen Erziehungsklima auf, sind aber in Deutschland einem weitaus restriktiveren Erziehungsstil ausgesetzt. Hinter den restriktiven Maßnahmen der Eltern steht vor allem deren Angst, dass die Töchter Kontakt zum männlichen Geschlecht aufnehmen und schließlich voreheliche Geschlechtsverkehr haben. Eine Frau, die nicht als Jungfrau in die Ehe kommt, wird dann sehr schlecht „vermittelbar" sein und gefährdet die Ehre des Familienvorstandes.

cc) Zum Kindeswillen. Im Verständnis traditioneller Familien aus dem östlichen Kulturkreis beginnt das Recht zur Selbstbestimmung erst mit der Heirat, dem damit verbundenen Auszug aus der elterlichen Wohnung und der Gründung eines eigenen Hausstandes. Bis dahin bleibt ein Kind Teil der Familie, über dessen Handlungsspielraum das Familienoberhaupt entscheidet und das sich an den Interessen der gesamten Familienmitglieder orientiert. Der Einzelne darf seine individuellen Bedürfnisse nur in einem Rahmen ausleben, der die Stabilität der Familie nicht gefährdet. Der Vater hat über diese Verhaltensweisen, die außerhalb der elterlichen Wohnung stattfinden, zu wachen. Er wird verantwortlich gemacht, d. h., seine Ehre steht auf dem Spiel, wenn ihm dies nicht gelingt.

dd) Zur Kooperationsbereitschaft der Eltern. Wie in anderen Bereichen auch, misstrauen viele Migranten den offiziellen Vertretern des Staates.[28] Um ihre Vorstellungen, die sie aus ihren Heimatländern mitbringen, in denen häufig rechtsstaatliche Zustände nur ansatzweise vorhanden sind, zu korrigieren, ist ein großer Zeitraum erforderlich. Weiterhin ist es für viele Migranten ungewöhnlich, dass sich der Staat so weit in familiäre Gegebenheiten einmischt. Im Herkunftsland bleibt es meist dem Familienoberhaupt überlassen, wie innere Angelegenheiten geregelt werden, so dass er auch keine Hilfe erwartet bzw. sich nicht vorstellen kann, dass man zu seinem Vorteil intervenieren könnte.

g) Umgangsgestaltung bei binationalen Familien. Häufig werden von ausländischen Eltern oder binationalen Familien Entführungsängste geäußert. Bei islamisch geprägten Nationalitäten werden diese besorgter vorgebracht. Die Befürchtungen der Eltern werden zudem verstärkt, wenn ein Land dem Haager Abkommen noch nicht beigetreten ist.[29] Die Entführungsgefahr muss aber konkretisiert werden, vage Befürchtungen reichen nicht aus, einen begleiteten Umgang herbeizuführen. Das Familiengericht hat auch die Möglichkeit, den Umgang dahingehend einzuschränken, dass er nur im Inland stattfinden darf.[30]

Bei Eltern unterschiedlicher Nationalität kann es auch dem Wohl des Kindes entsprechen, dass ein Kleinkind in einem anderen Kulturkreis aufwächst, selbst wenn dadurch der Umgang mit dem nichtsorgeberechtigten Elternteil erheblich erschwert wird.[31] Dem Kind muss auch die Möglichkeit eingeräumt werden, den ausländischen Anteil seiner Abstammung umfassend kennenzulernen.[32]

---

[28] *Schiffauer,* Die Bauern von Subay, 1987 setzt sich ausführlich mit der Dichotomisierung von „Außen-" und „Innenwelt" auseinander.

[29] So ist dies für die Slowakische Republik derzeit unklar: OLG Stuttgart FamRZ 2000, 375.

[30] AG Kerpen FamRZ 2000, 51.

[31] OLG Düsseldorf FamRZ 1986, 296.

[32] OLG Bamberg MDR 1998, 1167.

Seine wesentliche Aufgabe sollte der Sachverständige darin sehen, den Elternteil, der den Umgang mit dem ausländischen Elternteil verhindern möchte, von der Notwendigkeit und den Chancen dieses Umgangs für das Kind zu überzeugen. Dazu gehört auch die Vermittlung von erfahrenen Beratern, um das gegenseitige Vertrauen zu stärken.

h) Umgang mit dem Dolmetscher. Wenn eine Verständigung aufgrund fehlender Fremdsprachenkenntnisse nicht möglich ist, wird in Einzelfällen ein Dolmetscher beigezogen; wenn möglich ein öffentlich vereidigter, der vom Gericht empfohlen oder schon beauftragt worden ist. Nicht immer jedoch wird bei dem Gespräch mit dem Sachverständigen ein Dolmetscher beteiligt sein, sei es aus Kostengründen, sei es, dass der Sachverständige ein „übersetztes" Explorationsgespräch für die Sache als belastend interpretiert.

In einigen Fällen bringt der ausländische Elternteil eine Vertrauensperson zur Begutachtung mit,[33] manchmal wird gerichtlicherseits eine Person, die die Heimatsprache spricht, beigeordnet.

Bei dieser Kommunikationssituation entstehen oft Fehlinformationen, durch ein sprachliches Gefälle zwischen Dolmetscher und Elternteil, weil der Dolmetscher meist der Mittelschicht entstammt, durch Solidarisierung, weil der Dolmetscher aus dem gleichen Land wie der Elternteil kommt, oder auch durch einen ethnisch bedingten Konflikt, etwa bei türkischem Elternteil und kurdischem Dolmetscher.

Gegenwärtige Praxis ist, dass der psychologische Sachverständige im Anschluss an die Exploration die ethnologischen Gegebenheiten beim Dolmetscher erfragt. Eine Abhängigkeit von den Informationen des Dolmetschers ist somit gegeben, der nur über seine singulär-persönlichen Erfahrungen verfügt, die u.U. ohne jeglichen wissenschaftlichen Hintergrund sind.[34]

Problematisch ist, eine enge Bezugsperson eines Betroffenen dolmetschen zu lassen, da gerade diese Person wesentlichen Anteil am familiären Konflikt haben kann.[35]

Die Kostenrechnung des Dolmetschers kann dieser entweder selbst über das Familiengericht, mit Bestätigung durch den Sachverständigen, abrechnen. Der Sachverständige kann auch die Kosten des Dolmetschers als Nebenkosten in seiner Rechnung geltend machen. Es empfiehlt sich dann, die Kostennote des Dolmetschers wegen möglicher Kürzungen erst nach Eingang der Entschädigung zu begleichen.

---

[33] Auf die Problematik weist das OLG Köln FamRZ 1999, 1517 hin, bei der die Schwester der Mutter der Kinder dolmetschte.

[34] So auch *Laster/Taylor,* Interpreters and the Legal System, 1994.

[35] Siehe OLG Köln Kind-Prax 1999, 24.

L. Schriftliche Ausführungen

Auf die Erhebung der entscheidungsrelevanten Daten folgen meist eine schriftliche Zusammenstellung dieser Ergebnisse und die Empfehlung an das Familiengericht. Hat die Intervention des Sachverständigen Erfolg gehabt und einigen sich die Eltern auf eine Regelung bezüglich der gerichtlichen Fragestellung, so erübrigt sich meist ein ausführliches schriftliches Gutachten. Die einvernehmliche Regelung kann für das Gericht kurz, ohne Datengrundlage, schriftlich dargestellt werden und schließt mit der sachverständigen Anmerkung, dass diese Regelung auch aus psychologischer Sicht dem Kindeswohl entspricht, wenn sie vom Sachverständigen nach bestem Wissen und Gewissen mitgetragen werden kann.

Bei Scheitern oder Nichtgelingen einer beratungsintensiven Begutachtung wird die schriftliche Darstellung der Ergebnisse und der Schlussfolgerungen häufig notwendig sein und vom Familienrichter verlangt werden. Eine ausführliche Darstellung bietet sich fast immer an, wenn erwartet werden kann, dass das Verfahren in die nächste Instanz kommt.

Im Familienrechtsverfahren werden nahezu ausschließlich schriftliche Gutachten angefertigt, die aber einem mündlichen Gutachten rechtlich gleichwertig sind.[1] Das Gutachten hat die Funktion des Sachverständigenbeweises und ist in mehrfacher, in der Regel gemäß Auftragsschreiben in dreifacher Ausführung dem Gericht zu übersenden.

1. Das Gutachten

Das psychologische Gutachten ist eine zusammenfassende Darstellung der psychodiagnostischen Vorgehensweise, der Befunde und der Schlussfolgerungen in Bezug auf die gerichtliche Fragestellung. Es basiert auf einem der Fragestellung gemäßen, angemessenen komplexen diagnostischen Prozess in erster Linie für das Familiengericht – aber auch für die Betroffenen –, das mit Hilfe des schriftlichen Gutachtens seine Entscheidungen fundierter und nachvollziehbar treffen können sollte.[2]

Von der Art und Weise der schriftlichen Ausführung wird es abhängen, ob das Gutachten von den Betroffenen akzeptiert wird und als Hilfe angenommen werden kann oder ob es gar den Konflikt verschärfen wird. Nicht zuletzt erleichtert es dem Familienrichter die Formulierung einer auf das Kindeswohl abhebenden Beschlussfassung; gelegentlich wird auch im richterlichen Beschluss als Begründung auf das vorliegende Gutachten verwiesen. Ziel einer intervenierenden Begutachtung ist zwar eine einvernehmliche Lösung, der Wert des Gutachtens wird nicht schon dadurch verringert, dass ein Elternteil die Darlegungen nicht akzeptiert[3] und das Verfahren auf der Grundlage des Gutachtens nicht bereits abgeschlossen werden kann. Das Gutachten hat sich in erster Linie an der Validität

---

[1] *Kühne* S. 54.
[2] So auch *Amelang/Zielinski* S. 348.
[3] OLG Köln, Az. 21 UF 22/87.

der Ergebnisse zu orientieren, bei anhaltenden Streitsachen hat es wenigstens Klarheit zu schaffen.

Das Verantwortungsbewusstsein des Sachverständigen wird also bei der Ausformung des schriftlichen Gutachtens besonders gefordert, insbesondere dann, wenn der Sachverständige auf eine gemeinsame Besprechung der Ergebnisse mit den Eltern verzichtet hat.

Grundsätzlich müssen Sachverständigengutachten den betroffenen Personen in vollem Umfange zur Verfügung gestellt werden, es sei denn, die Voraussetzungen des § 68 Abs. 2 FGG liegen vor. Von einer Überlassung kann nur abgesehen werden, wenn zu befürchten ist, die Bekanntgabe des Gutachtens führt zu einer ernsthaften Gefährdung der Betroffenen.[4] Der Familienrichter kann auf die vollständige Bekanntgabe des Gutachtens verzichten und nur Teile davon den Betroffenen zugänglich machen. Dennoch muss auch aus diesen Teilen des Gutachtens die Empfehlung nachvollziehbar sein. Es ist die Aufgabe des Sachverständigen, den Richter auf mögliche Gefährdungen des Kindes oder eines Elternteils hinzuweisen. Dies trifft auch für das Kind zu, wenn es über 14 Jahre alt ist und von seinem Beschwerderecht Gebrauch gemacht hat (§ 59 Abs. 1 und 2 FGG).

Um das ältere Kind in seinem Beschwerderecht nicht einzuschränken, muss es von Rechts wegen von dem Gutachten Kenntnis erlangen. Es können sich hieraus unter Umständen aber Nachteile für das Kind ergeben. Das Familiengericht hat in diesen Fällen dann zwischen den Persönlichkeitsrechten der Eltern, den Erziehungsbelangen und dem berechtigten Informationsbedürfnis des Kindes abzuwägen.[5] Im Regelfall wird man daher das Gutachten einem Kind unter 14 Jahren nicht zur Einsicht überlassen und Kindern über 14 Jahren nur unter bestimmten Umständen.

a) Gestaltungsvorschriften. Prinzipiell steht es dem Sachverständigen aus juristischer Sicht frei, auf welche Art und Weise er sein Gutachten dem Gericht unterbreitet, solange die Forderung der Nachvollziehbarkeit und Transparenz gewahrt bleibt.[6] Eine gesetzliche Vorschrift über Aufbau und Form des Gutachtens existiert nicht, es herrscht auch fachwissenschaftlich keine völlige Einigkeit. Nicht zuletzt sind unterschiedliche Gutachtenstrukturen und Darstellungsformen mit bedingt durch Praktikabilität, Kostenfaktor und Auftraggebervorgaben. Es bestehen aber weitgehend anerkannte Erfahrungssätze der Fachwissenschaft,[7] nach denen sich eine weitgehend anerkannte Gutachtenstruktur herausgebildet hat. Danach gliedert sich ein Gutachten gewöhnlich in Wiedergabe der Aktenanalyse, Darstellung der Untersuchungsergebnisse, Befund und Beantwortung der Fragestellung.

Damit zum einen der Richter seiner Pflicht, die Gutachten nachzuprüfen, nachkommen kann, zum anderen bei den Betroffenen eine höhere Akzeptanz erwirkt wird, müssen die

---

[4] OLG Düsseldorf FamRZ 1997, 1361, hier Gutachten im Betreuungsverfahren.

[5] OLG München FamRZ 1978, 614.

[6] BGH FamRZ 1999, 1652.

[7] Aus psychologischer Sicht: *Amelang/Zielinski* S. 351. *Boerner*, Das Psychologische Gutachten, 1980; *Fisseni*, Persönlichkeitsbeurteilung, 1992; *Heiß*, in: Heiß (Hrsg.), Handbuch der der Psychologie, Bd. 6, 1964, S. 975–995; *Jäger/Petermann*, Psychologische Diagnostik, 1999; *Kurth*, Das Gutachten: Anleitung für Mediziner, Psychologen u. Juristen; 1980; *Schmidt*, in: Groffmann/Michel (Hrsg.), Enzyklopädie der Psychologie, Band 1, S. 467–537; *Thomae*, in: Undeutsch (Hrsg.), Forensische Psychologie (Handbuch der Psychologie Bd. 11), S. 643–767; *Wegener*, Einführung in die Forensische Psychologie, S. 36 f.; *Zuschlag*, Das Gutachten des Sachverständigen, 1992; *Kluck* FPR 1996, 155–160; *Westhoff/Kluck*, Psychologische Gutachten, schreiben und beurteilen, 1998.

Aus juristischer Sicht: *Jessnitzer/Frieling*, Der gerichtliche Sachverständige, 1992; *Müller*, Der Sachverständige im gerichtlichen Verfahren, 1978; *Rudolph*, in: Bayerlein (Hrsg.), Praxishandbuch Sachverständigenrecht, 1996; *Wellmann*, Der Sachverständige in der Praxis, 1981.

Gutachten in nachvollziehbarer und plausibler Form verfasst sein.[8] Aus diesem Grund sollen im schriftlichen Gutachten diejenigen Daten wiedergegeben werden, die für die spätere Empfehlung die entscheidungsrelevante Grundlage darstellen. Daneben müssen auch die psychodiagnostischen Methoden der Begutachtung überprüfbar offen gelegt werden.[9] Ein Gutachten muss grundsätzlich (im wissenschaftstheoretischen Sinne) falsifizierbar sein, d. h., es muss den betroffenen Personen auch die Möglichkeit gegeben werden, Kritik – in einzelnen Fällen auch mit Hilfe anderer Sachverständiger – zu äußern.

Für die schriftliche Form wird die einseitige Beschriftung mit 1,5zeiligem Abstand empfohlen.[10]

b) Notwendige Angaben. Im schriftlichen Gutachten müssen folgende Angaben immer enthalten sein:
- Die Geschäftsnummer, die mit dem Aktenzeichen übereinstimmt und die bei allen Schreiben an das Gericht obligat ist; sie dient der justizinternen Zuordnung des Gutachtens zum richtigen Verfahren;
- die Nennung des Auftraggebers;
- die Nennung der Fragestellung; die Wiedergabe der Fragestellung dient nochmals der Kontrolle, ob der Sachverständige von der Beantwortung der richtigen Fragen ausgegangen ist;[11]
- die Nennung von Ort, Zeit und Dauer der Untersuchungstermine und der angewandten Methoden.

Das Gutachten muss des Weiteren vom Sachverständigen persönlich unterschrieben sein.[12] Vom Anfügen einer eidesstattlichen Versicherung wird abgeraten, wenn sie vom Gericht nicht ausdrücklich gefordert ist, da sich damit die Haftungsgrenze verringert. Sie muss allerdings ebenso wie die Berufung auf den öffentlich geleisteten Eid immer dann erfolgen, wenn dies vom Gericht angeordnet wird; dies geschieht aber in der familienrechtlichen Praxis so gut wie nie.

Darüber hinaus soll Literatur angeführt werden, soweit dies in der Wissenschaft des Sachverständigen üblich ist.[13] Eine Literaturliste soll es ermöglichen, bei einem Sachverständigen, der noch nicht bei Gericht bekannt ist, zu überprüfen, ob er sich mit der einschlägigen Literatur vertraut gemacht hat.[14] Häufig haben aber die Literaturangaben nur den praktischen Zweck, den Kostenbeamten von der Wissenschaftlichkeit des Gutachtens zu überzeugen, um einen höheren Stundensatz gewährt zu bekommen. Tatsächlich wird die Beiheftung von Literaturangaben von den Gerichten und Anwälten häufig als Versuch des Sachverständigen interpretiert, die Schreibkosten zu erhöhen. Es empfiehlt sich deshalb, Literatur nur dann anzugeben, wenn – wie bei wissenschaftlichen Arbeiten Usus – im Befund oder in der Beantwortung der Fragestellung darauf explizit Bezug genommen wurde.

Es empfiehlt sich weiter, die persönlichen Daten der untersuchten Personen anzuführen; unabdingbar ist dies für die Namen der an der Begutachtung mitwirkenden Personen. Es soll für Dritte ersichtlich sein, welcher Untersucher für welche Teile des Gutachtens

---

[8] Vgl. *Hermanns/Egner/Dürichen,* in: Simon/Mudersbach (Hrsg.), Zum Wohl des Kindes?, S. 119.
[9] *Coester,* Das Kindeswohl als Rechtsbegriff, S. 457.
[10] *Aurnhammer* DS 1995, 8.
[11] *Krasney* DS 1987, 381–386.
[12] *Bremer,* Der Sachverständige, 1963.
[13] *Müller* DS 1987, 351–358.
[14] *Dürr* S. 24 f.

Salzgeber

maßgeblich verantwortlich war. Hilfskräfte, die an der Begutachtung mitwirkten, sind nach Namen und Ausbildung zu bezeichnen.[15]

Meist wird auch eine Zusammenfassung der Begutachtungsergebnisse gefordert,[16] was seine Berechtigung auch darin hat, dass der Familienrichter nach Erhalt sofort das wesentliche Ergebnis erfährt; häufig ist es so, dass der Familienrichter das Gutachten erst nach einigen Tagen oder Wochen, wenn er sich auf den Termin vorbereitet, zur Gänze liest.

c) Darstellung des Akteninhalts. Über die Notwendigkeit einer Darstellung des Akteninhalts gehen die Meinungen auseinander. Die Wiederholung von Akteninhalten ist unerwünscht[17] und wird gelegentlich vom Kostenbeamten nicht erstattet.[18] Sie ist, insbesondere in größerem Umfang, sicherlich unnötig, nicht hingegen die Darstellung der aus psychologischer Sicht wichtigen Hinweise auf den Konfliktverlauf. Diese Darstellung beinhaltet bereits eine Interpretation des Akteninhaltes und darf bei einem vollständigen Gutachten nicht fehlen. Weiter hat die Darstellung der Aktenanalyse dokumentatorischen Wert für den Sachverständigen, dem zu einem späteren Zeitpunkt die Akten nicht mehr zur Verfügung stehen,[19] die Aktenanalyse konserviert ihm also relevante Anknüpfungstatsachen.

Andere Forderungen an die Aktenanalyse beziehen sich auf die in den anwaltschaftlichen Schriftsätzen zu findenden Übertreibungen bei der Charakterisierung bestimmter Verhaltensweisen oder Vorfälle,[20] aber auch auf die notwendig einseitigen Akzentuierungen von Vorkommnissen, da der Anwalt als Informationsquelle nur eine Partei zur Verfügung hat, wieder andere Empfehlungen gründen sich auf die Auswahlkriterien und Wertigkeiten der Daten (z.B., ob eidesstattliche Erklärungen, ärztliche Atteste und Schriftsätze von Zeugen höher bewertet werden als Parteienvorbringen).[21] Nicht zuletzt sollte dargelegt werden, zu welchen ersten Schlussfolgerungen der Akteninhalt geführt hat.[22]

Die Aktenanalyse soll kurz sein und zum Zweck der Nachvollziehbarkeit mit Quellenangaben (Blattnummer der Akten, die in der Regel mit rotem Stift rechts oben auf jedem Blatt eingetragen ist) versehen werden. Der Sprachmodus soll indirekte Rede (Konjunktiv) sein,[23] soweit es sich beim Akteninhalt um Äußerungen dritter Personen handelt.

d) Darstellung der Untersuchungsergebnisse. Die Untersuchungsergebnisse sollen erschöpfend ausgeführt und die empirische Grundlage der Beurteilung des Sachverständigen muss angegeben werden.[24]

Die Darstellung der Untersuchungsergebnisse umfasst alle Tatsachen, die der Sachverständige selbst erhoben hat, die entscheidungserheblich sind und die bisher weder dem Familiengericht noch unbedingt den beteiligten Personen bekannt waren. Dabei ist streng

---

[15] OLG Frankfurt FamRZ 1981, 485.

[16] *Fritze/Viefhues* S. 4; *Fritze* S. 9.

[17] Vgl. *Arbeitskreis II 4*: Kriterien der Verwertbarkeit psychologischer Gutachten, 2. Familiengerichtstag, S. 901; *Böhm* DAVorm 1985, 741; *Jessnitzer* DS 1992, 7. Auftragsschreiben Formblatt an den Sachverständigen.

[18] Vgl. OLG Schleswig KostRsp. § 3 Nr. 313 LS.

[19] Ebenso *Lempp/Schütze/Köhnken*, in: Lempp/Schütze/Köhnken (Hrsg.), Forensische Psychiatrie und Psychologie des Kindes- und Jugendalters, S. 16.

[20] *Puls*, in: Remschmidt (Hrsg.), Kinderpsychiatrie und Familienrecht, S. 18–27.

[21] So *Gschwind/Petersohn/Rautenberg* S. 23.

[22] So *Berk* S. 100.

[23] *Fisseni* S. 58 f.

[24] OLG Hamburg FamRZ 1983, 1271, das ein Gutachten als nicht verwertbar, weil nicht nachvollziehbar und überprüfbar, beurteilte, da es die erhobenen Daten nicht mitteilte; ebenso OLG Düsseldorf FamRZ 1989, 889.

auf die Trennung von Datenwiedergabe in den Untersuchungsberichten und deren Interpretation im Befund zu achten.[25]

Die ausführliche Darstellung ermöglicht es den betroffenen Personen, zu diesen Untersuchungsergebnissen Stellung zu nehmen, sie in Frage zu stellen oder auf ihre Ergänzung hinzuwirken.[26] Der Sachverständige hat die Pflicht, Befundtatsachen und Zusatztatsachen so darzustellen, dass der Familienrichter diese als solche erkennen kann. Während Befundtatsachen solche sind, die nur der Sachverständige aufgrund seines Fachwissens erheben kann, ist zur Erfassung der Zusatztatsachen nicht unbedingt Sachkunde erforderlich. Notfalls kann das Gericht gezwungen sein, durch eine zusätzliche Beweisaufnahme diese Zusatztatsachen nochmals zu überprüfen.

aa) Umfang der Darstellung von Gesprächen. Der Sachverständige hat im Gutachten nur diejenigen Gundlagen sachlich und ohne Interpretation mitzuteilen,[27] die er nach pflichtgemäßem Ermessen für entscheidungserheblich hält. Unwichtige Gespräche, Gesprächsinhalte, Telefonate, die keine Fakten für die Fragestellung lieferten, braucht er also nicht inhaltlich zu erwähnen.

Häufig wird bei einem Begutachtungskonzept, das schon bei der Erhebung der Daten zu sehr dem Konflikthaften in der Familie Beachtung schenkt und zu wenig den einigenden und „funktionierenden" Persönlichkeitsanteilen,[28] eben diese Voreinstellung des Sachverständigen bei der Darstellung der Untersuchungsdaten noch verstärkt zum Ausdruck kommen. Nur zu leicht schlägt sich eine einseitige Datenerfassung später in der Empfehlung nieder.

Die Beteiligten machen in der speziellen Stresssituation der Trennung häufig unangemessene und von ihrer speziellen Sicht getragene Äußerungen. Der Sachverständige muss hier die Abwägung treffen, inwieweit er das Schutzbedürfnis sowohl desjenigen, der die aggressiven oder gar beleidigenden Äußerungen von sich gegeben hat – Äußerungen, von denen sich der Sprecher bald wieder distanzieren würde, wenn der Konflikt beigelegt ist –, als auch den Schutz des anderen wahren will, der durch diese Äußerungen unnötig belastet und zu Gegenmaßnahmen herausgefordert wird.[29]

Um allen Forderungen gerecht werden zu können, ist der Sachverständige gehalten, das Gutachten so abzufassen, dass es möglichst ohne Schädigung des Kindeswohls auch vom Kind angenommen werden kann.

Das Kind erfährt möglicherweise aus Interviewdaten von Ehe- und Persönlichkeitsproblemen der Eltern, sozialen Problemen, die vielleicht im klinischen Sinn relevant sind, neuen Partnerschaften eines Elternteils, finanziellen Problemen usw., erfährt also vieles über sich und seine Eltern zum ersten Mal, ohne Erklärung und Kommentar.

Äußerungen eines Kindes, das als Ausdruck seines Loyalitätskonfliktes einen Elternteil völlig mit negativen Attributen belegt, sind mit Zurückhaltung in das Gutachten aufzu-

---

[25] OLG Frankfurt FamRZ 1981, 485; BGH FamRZ 1999, 1652.

[26] *Krasney* DS 1987, 385.

[27] *Kühne* FPR 1996, 186, dem kommt das Gutachten im Verfahren des AG Herne DAVorm 1989, 298 nicht nach.

[28] *Arndt/Oberloskamp* S. 74.

[29] Es ist auch Aufgabe des Sachverständigen zu berücksichtigen, in welcher Trennungsphase sich die Elternteile in der Trennungsauseinandersetzung befinden. Dies sollte auch für den Familienrichter gelten. *Büttner* (Psychologische Rundschau 1988, 39, 13–26) erfasste in seiner Studie die Selbst- und Fremdbewertung des Ehepartners. Rechtsstreitende Elternteile setzen den anderen Partner regelmäßig in seiner Funktion als Erzieher herab, Beziehungsdiagnostik wird zur „Abstandsdiagnostik"; auch die Kinder werden von dem Elternteil, der eine Positionsänderung wünscht, als verhaltensauffälliger beschrieben.

nehmen. Der Schutz sowohl der Familie als auch besonders des Kindes vor unangemessenen Reaktionen des brüskierten Elternteils (vor allem dann, wenn der Sachverständige
sich als „reiner" Diagnostiker versteht und demzufolge nicht bereit ist, den Eltern und
dem Kind mit Hilfe beizustehen, den Konflikt zu bewältigen) gebietet es, solche Äußerungen nicht wörtlich aufzunehmen, sondern auf einer sprachlichen Meta-Ebene zu beschreiben. Es besteht immer die Gefahr, dass die ungefilterte Wiedergabe der Kindesäußerungen
strafendes Verhalten der Betroffenen herausfordert.[30]

Unangemessen sind vereinzelte Forderungen,[31] bei Gesprächen Fragen des Sachverständigen und Antworten des Betroffenen wiederzugeben – möglichst transkripiert von
einem Tonband –, um die Nachprüfung zu ermöglichen, ob nicht bereits die Fragen ten-
denziell gestellt worden sind. Hier ist auf die Verpflichtung des Sachverständigen zu verweisen, nach bestem Wissen und Gewissen zu handeln. Zudem ist die volle Wiedergabe
von Gesprächen unökonomisch und führt zu Fehleindrücken.[32] Selbst der BGH[33] fordert
wegen der entstehenden Unübersichtlichkeit selbst bei der Glaubhaftigkeitsbegutachtung
keine vollständige Wiedergabe der Gespräche.

Auch ein Unterschied im seitenmäßigen Umfang der jeweiligen Ausführungen über
einen Betroffenen kann nicht maßgeblich sein; entscheidend ist vielmehr die inhaltliche
Auseinandersetzung mit den Betroffenen.

bb) Umfang der Darstellung von Testverfahren. Der Einsatz von Testverfahren muss begründet werden, was aus dem hypothesenorientierten Vorgehen zu folgern ist. Die Testverfahren müssen benannt und erklärt werden,[34] die Informationen über die Gütekriterien in
allgemein verständlicher Darstellung vermittelt werden, wobei es sicherlich nicht möglich
sein wird, den Familienrichter in die Testtheorie einzuführen. Bei anerkannten Diagnose-
verfahren wie Interview, Verhaltensbeobachtung oder Standardtests kann die Erläuterung
kürzer gefasst werden als bei weniger geläufigen Verfahren.[35] Werden andererseits nur die
Testverfahren aufgezählt und die Schlussfolgerungen daraus vom Sachverständigen gezogen,
so kann das Gericht seiner Verpflichtung zur Beweiswürdigung nicht nachkommen.[36]

Die Darstellung der Testergebnisse in Zahlenwerten oder Profilkurven ohne Interpretation ist abzulehnen, da die Interpretation vom Leser in der Regel nicht geleistet werden
kann. Um dem Familiengericht und den Betroffenen die Möglichkeit der Überprüfung zu
ermöglichen, ob durch die Testung fachlich korrekt durchgeführt worden ist, müssen die
Testergebnisse nachkontrollierbar niedergelegt und auch die Interpretationen einsichtig
dargestellt werden.[37] Die Interpretation muss über die statistischen Angaben hinaus ausgeführt werden und muss auch die Gültigkeit der Testaussagen umfassen.

Die Forderung,[38] dass der Richter erkennen müsse, ob der zu Untersuchende eine Frage
in einem Testbogen zu Recht oder zu Unrecht verweigert habe und er deshalb auch den gesamten ausgefüllten Fragebogen müsse einsehen können, kann als überzogen und nicht
haltbar bewertet werden, da die Person immer das Recht hat, Fragen nicht zu beantworten

---

[30] Vgl. *Klußmann/Stötzel* S. 100.
[31] *Himmelreich* Deutsches Autorecht 1976, 197–206.
[32] OLG Schleswig, Az. 8 UF 17/85.
[33] BGH FamRZ 1999, 1653.
[34] Eine Fülle von Testbeschreibungen finden sich: *Brickenkamp,* Handbuch psychologischer und pädagogischer Tests, 1996; auch bei *Amelang/Zielinski,* Psychologische Diagnostik und Intervention, 1997.
[35] BGH FamRZ 1999, 1652.
[36] BayObLG FamRZ 1976, 363; BSG Medizin im Sozialrecht 1986, 401.
[37] OLG Stuttgart NJW 1980, 21229.
[38] *Himmelreich* Deutsches Autorecht 1976, 197–206.

und der Sachverständige von sich aus gehalten ist, nicht beantwortete Fragen im Gespräch zu klären, da bei mehreren fehlenden Fragen die Auswertung u. U. nicht mehr möglich ist. Zudem ist die Wiedergabe aller Antworten auf die Testitems aus Gründen der Schweigepflicht nicht haltbar. Die Testergebnisse insbesondere von Persönlichkeitstests würden sich für verschiedene Fragestellungen verwerten lassen. Hier ist große Zurückhaltung des Sachverständigen bei der Wiedergabe im Gutachten empfehlenswert. Die Rechtsgüterabwägung (zwischen Nachvollziehbarkeit und Persönlichkeitsschutz) ist zugunsten Letzterem zu treffen.

Begründungen der Testergebnisse und weitere Informationen können dann bei Bedarf in der mündlichen Verhandlung gegeben werden.

e) Darstellung des Befunds. Die Untersuchungsergebnisse werden im Befund verdichtet und darüber hinaus auf der Grundlage wissenschaftlicher Erkenntnisse gewichtet.[39] Unzulässig ist demnach eine Gleichsetzung z. B. von Äußerungen des Kindes und dessen psychischer Situation. Bei solch verkürzten Schlussfolgerungen fehlt das Interpretative.[40] Im Befund sind all die Tatsachen wiedergegeben, die vom Sachverständigen deshalb als entscheidungserheblich im Sinn der Fragestellung angesehen werden, weil sie auch relative Konstanz haben.[41] In der Regel wird sich ein Befund auf mehrere Datenquellen, die idealerweise auch voneinander unabhängig sind, beziehen.[42]

Bei sich widersprechenden Untersuchungsergebnissen ist im Befund darzulegen, warum der Sachverständige gerade den niedergelegten Untersuchungsergebnissen größere Gültigkeit zumisst, im Vergleich zu den divergierenden. Es sollte insgesamt ersichtlich sein, welchen Stellenwert welches Untersuchungsergebnis hat und welche Schlussfolgerungen auf welchen Untersuchungsmethoden beruhen.[43] In Zusammenhang mit den Beurteilungskriterien (z. B. Förderkompetenz) sollte ersichtlich sein, welche Untersuchung bzw. welches Teilergebnis, wenn ein Untersuchungsverfahren für mehrere Kriterien herangezogen wird, zugrunde liegt. Die Behauptung des Sachverständigen, ein bestimmtes Kriterium sei erfüllt, genügt nicht; die Begründung muss für jedes Kriterium nachvollziehbar gegeben werden.[44]

Werden verschiedene Ergebnisse miteinander kombiniert, sind die Konstrukte, die den Bezeichnungen zugrunde liegen, zu beschreiben,[45] um die Überprüfung zu ermöglichen, ob diese Konstrukte tatsächlich verknüpfbar sind. So messen die verschiedenen projektiven Tests, angewandt bei Kindern, nicht die „Bindung" im bindungstheoretischen Sinn, sie helfen vielmehr, einen etwaigen Plazierungswunsch der Kinder zu eruieren oder Beziehungsqualitäten zu erfassen.

Die Verknüpfungsregeln und Gewichtungen sind so weit wie möglich aufzudecken, da sie weniger auf theoretischen Begründungen als auf Erfahrung und theoretischem Vorverständnis oder Vorlieben beruhen.[46]

---

[39] So *Wegener* ZfJ 1982, 499.

[40] *Coester*, Das Kindeswohl als Rechtsbegriff, S. 460.

[41] *Thomae*, in: Undeutsch (Hrsg.), Forensische Psychologie (Handbuch der Psychologie Bd. 11), S. 747.

[42] *Arntzen*, Elterliche Sorge und Umgang mit Kindern, S. 66; *Heiß*, in: Heiß (Hrsg.), Handbuch der Psychologie, Bd. 6, S. 989.

[43] *Thomae*, in: Undeutsch (Hrsg.), Forensische Psychologie, S. 643–767.

[44] *Jessnitzer* DS 1987, 294.

[45] *Kipnowski* Psychologie und Praxis 1983, 187.

[46] Vgl. *Steller* MSchrKrim 1988, 18; *Wegener/Steller* Zeitschrift für Differentielle und Diagnostische Psychologie, 1986, 109.

f) Darstellung der Beantwortung der Fragestellung. Die Beantwortung der Frage-stellung muss sich auf alle gerichtlichen Fragen erstrecken, aber auch auf diese beschrän-ken, es sei denn, der Sachverständige hat sich mit dem Familienrichter wegen einer Erwei-terung abgesprochen.[47]

Charakterbeurteilungen der Gesamtpersönlichkeit eines Elternteils ohne Bezug zu einer konkreten Fragestellung sind daher unzulässig.[48] Die gestellten Fragen an den Sach-verständigen sind exakt und konkret zu beantworten, ohne allgemein gehaltene Floskeln zu verwenden.[49]

Die Gutachten brauchen aber nicht mit einem bestimmten Regelungsvorschlag abzu-schließen, wenn der Sachverständige ausdrücklich erklärt, dass er dazu nicht in der Lage sei.[50] Ein Regelungsvorschlag wird jedoch in den allermeisten Fällen vom Familienrichter erwartet.

aa) Gabelung bei der Beantwortung der Fragestellung. Eine Beweiswürdigung steht dem Sachverständigen nicht zu; diese ist allein Sache des Gerichts. Gegebenenfalls muss der Sachverständige bei einander widersprechenden Befunden alternativ argumentieren oder beim Familienrichter rückfragen, von welchen Tatsachen seinerseits auszugehen sei. Dies kann z.B. bei Angaben über die finanzielle Situation oder den Wohnort der Fall sein. Auch bei Fragen des sexuellen Missbrauchs steht es dem Sachverständigen nicht zu, anzu-nehmen, dass ein Missbrauch stattgefunden hat. Er hat davon auszugehen, ob eine Zeugen-aussage glaubhaft ist oder nicht, und dann entweder alternativ zu argumentieren oder den Familienrichter zu fragen, wie er z.B. eine glaubhafte Aussage in Bezug auf das Tatgesche-hen würdigt. Etwaige Lücken, falls die Tatsachen nicht vollständig erhoben worden sind bzw. werden konnten, sollen kenntlich gemacht werden.[51]

Können keine widersprüchlichen Ergebnisse ausgeschlossen werden, muss die Beant-wortung der Fragestellungen „gegabelt" werden. In diesem Falle müssen zwei Interpreta-tionen dargelegt werden, je nachdem, welchen Befund man zugrunde legt. Dies kann z.B. immer dann der Fall sein, wenn die Wohnumgebung für das Kindeswohl das entschei-dende Kriterium ist. Ist im Begutachtungsfall ungewiß, wer weiterhin in der elterlichen Wohnung bleibt, oder besteht auch die Möglichkeit, dass ein Elternteil seinen Wohnort ver-legen will, so sind die Empfehlungen vor dem Hintergrund dieser Möglichkeiten zu disku-tieren.

bb) Gewichtung der Befunde. Das Gutachten muss frei von inneren Widersprüchen sein. Es wäre ein Fehler, wenn der Sachverständige bei einem dreijährigen Kind die Bedeu-tung des Vaters betont, nicht aber bei einem vierjährigen Geschwister.[52]

Einander widersprechende Ergebnisse müssen geklärt werden. Dieser Forderung kann nachgekommen werden, indem der Sachverständige die Kriterien und deren Bezug zu den Daten nennt, nach denen er wertet. Die Gesamtabwägung der Kriterien und die Gewich-tung zueinander müssen nachvollziehbar sein und dürfen auch nicht strikten „Regeln" fol-gen, wie z.B., der Kindeswille sei immer höher zu bewerten als Kontinuität oder Bindung stärker als der kognitive Förderaspekt. Die Offenlegung der Gewichtungen hilft auch,

---

[47] *Jessnitzer* DS 1987, 294.
[48] *Coester,* Das Kindeswohl als Rechtsbegriff, S. 461.
[49] LSG Nordrhein-Westfalen Medizin im Sozialrecht 1986, 326.
[50] Für die gutachtliche Stellungnahme des Jugendamts siehe OLG Hamm FamRZ 1968, 533.
[51] *Gschwind/Petersohn/Rautenberg* S. 27; *Heim* S. 75.
[52] *Coester,* Das Kindeswohl als Rechtsbegriff, S. 461.

sachfremde Gewichtungen zu verhindern und moralische Gesichtspunkte,[53] Werturteile oder Gerechtigkeitspostulate aufzudecken.

cc) Darstellung der zugrunde liegenden Theorie. Da es bislang noch keine allgemein anerkannten wissenschaftlichen Kriterien für die Richtigkeit der Sorgerechtsbegutachtung und deren Bewertung gibt,[54] gebietet der Anspruch auf Wissenschaftlichkeit, die jeweilige theoretische Basis der Bewertung und Gewichtung transparent zu machen, damit auch der Familienrichter und die Betroffenen diese Bewertung einer kritischen Würdigung unterziehen können.[55] Solange es nicht einen solchen Consensus omnium gibt, sollen auch andere Lehrmeinungen angegeben werden, wenn diese zu einer anderen Empfehlung führen würden.[56] Der Familienrichter hat dann auch eher die Möglichkeit zu überprüfen, ob sich der Sachverständige auf eine extreme Außenseitermeinung stützt.[57]

Die Empfehlung an das Familiengericht muss sorgfältig begründet werden. Es kann einen möglichen Verdacht auf Voreingenommenheit begründen, wenn der Entscheidungsvorschlag nicht sorgfältig und in neutraler Weise dargelegt ist.[58] Hat der Sachverständige keine unzweifelhafte Sicht hinsichtlich seiner gutachterlichen Empfehlung, so sind auch diese Zweifel darzustellen.

dd) Normative Aspekte bei der Beantwortung der Fragestellung. Die Empfehlung ist ausschließlich sachlich zu begründen und darf sich nicht auf den normativen Bereich erstrecken. Der Sachverständige hat nicht über den Fall zu urteilen, sondern die Sachverhalte zu beurteilen.[59] Die rechtsprechende Gewalt steht allein dem Richter nach Art. 92 und Art. 97 GG zu. Rechtsentscheidungen dürfen nicht vorweggenommen werden.[60]

Der Sachverständige ist gehalten, die Fragestellung des Gerichts zu beantworten. Ist die Fragestellung ein Plazierungswechsel, dann hat der Sachverständige nicht allein zu beantworten, ob das Kind einen Wechsel schnell und ohne schädliche Auswirkungen überwinden könnte,[61] sondern er hat beide Alternativen vorzustellen. Bezieht sich die Fragestellung nur auf ein Kind, hat er Sachverständige auch nur eine Empfehlung zu diesem Kind zu geben und nicht für ein anderes Geschwister.

Der Sachverständige darf sich eigentlich nur auf die aus psychologischer Sicht bedeutenden Elemente einer Kindeswohlregelung beziehen, zudem muss die Empfehlung „rechtspraktikabel" sein.

So ist z.B. eine Beantwortung abzulehnen, die davon ausgeht, dass bei einer Wiederverheiratung eines Elternteils die Sorgerechtsfrage von Amts wegen wieder aufgenommen werden soll.

Schließlich sind die wissenschaftlichen Erfahrungssätze und die gesetzlichen Vorschriften bzw. die Grundsätze der Rechtsprechung nicht klar getrennt (nicht zuletzt, weil die judikativen Normen aus der wissenschaftlichen Forschung entstanden sind), so dass die

---

[53] *Foerster* NJW 1983, 2051; *Steller* MSchrKrim 1988, 22 f.

[54] *Rohmann* Praxis der Rechtspsychologie 1997, 43 f.

[55] Vgl. *Finger* ZfJ 1991, 173.

[56] So *Coester,* Das Kindeswohl als Rechtsbegriff, S. 460; *Lempp,* Gerichtliche Kinder- und Jugendpsychiatrie, S. 49; *Maisch* MSchrKrim 1973, 330; *Markowsky* S. 329; *Peters,* in: Undeutsch (Hrsg.), Forensische Psychologie (Handbuch der Psychologie Bd. 11), S. 777; OLG Oldenburg FamRZ 1981, 811.

[57] Wie der Richter am OLG *Schütz* FamRZ 1986, 947–950 an psychologischen Sachverständigengutachten kritisiert.

[58] AG Bruchsal, Az. 2 F 270/86.

[59] *Gschwind/Petersohn/Rautenberg* S. 27.

[60] *Lempp,* Gerichtliche Kinder- und Jugendpsychiatrie, S. 46.

[61] *Coester,* Das Kindeswohl als Rechtsbegriff, S. 376.

Beantwortung der Fragestellung aus psychologischer Sicht in weiten Bereichen auch die Beantwortung aus juristischer Sicht vorwegnimmt. Dies erklärt auch, warum die Familienrichter häufig dem Sachverständigen Fragen mit normativen Inhalten stellen.[62]

Dennoch muss der Sachverständige bemüht sein, bei weitgehenden Überschneidungen der Kompetenzbereiche sein Augenmerk auf die psychologischen Erfahrungssätze zu richten, ohne jedoch als naiver Zulieferer von empirischen Daten zu fungieren. Empfehlungen, die sich nahezu ausschließlich auf statistische Angaben, Erfahrungssätze und allgemeine Erwägungen, auf eine Regel beziehen, sind nicht am Einzelfall und zu wenig am konkreten Kindeswohl orientiert und können juristisch nicht verwertet werden.[63] Das Gebot der Individualisierung wäre damit verletzt.

ee) Prognose. Ein Gutachten verfolgt im Allgemeinen zwei Zielsetzungen. Zum einen ist es die Erfassung eines Ist-Zustandes, zum anderen soll eine zukünftige Entwicklung extrapoliert werden. Beides ist nicht mit der gleichen Validität zu bewerkstelligen. Dies ist aus Gründen der Wissenschaftlichkeit offen zu bekunden.[64]

Die Prognose ist abhängig von der Qualität der Erfassungsinstrumente, dem Erfahrungswissen aus langfristigen katamnestischen Kontrollen und der Gewichtung der Kriterien. Während z. B. bei quantitativen Erfassungsmethoden Bewährungskontrollen über Entscheidungen vorliegen,[65] gilt dies nicht für Verhaltensbeobachtungen in zufälligen Settings. Eine Prognose, die sich entscheidend auf den Kindeswillen eines dreijährigen Kindes stützt, kann nur geringere prognostische Gültigkeit beanspruchen, da anzunehmen ist, dass es sich bei der Wunschäußerung um eine momentane Vorliebe oder Neigung handelt, als vergleichsweise eine Empfehlung, die sich neben dem Kindeswillen noch auf andere Kriterien stützt.

Wie die verschiedenen entscheidungsleitenden Kriterien für den Einzelfall im Sinne des zukünftigen Kindeswohls zu gewichten sind, ist psychologisch kaum definierbar. Es existieren unterschiedliche Paradigmen, z. B. einem biologisch-ethologischen Bindungskonzept,[66] das die Mutter als Bezugsperson begünstigt, steht ein mehr systemtheoretisch orientierter Ansatz gegenüber, der die Kontinuität der Beziehungen in der Nachscheidungsphase betont.[67]

Ein moderner Ansatz bezieht sich auf die Entwicklungsaufgaben eines Kindes und gewichtet die Risiken, die sich aus den Belastungen einer familiären Situation ergeben und die Bewältigungs- und Schutzfaktoren, die dem Kind zur Verfügung stehen.[68] Als Risikofaktoren gelten Gewalterfahrung in der Familie, streng strafender und emotional ablehnender Erziehungsstil, schlechte Schulleistungen, vaterloses Aufwachsen,[69] negativ erlebte Beziehung zum getrennt lebenden Vater.[70] Als Schutzfaktoren wirken u. a. hohes Selbst-

---

[62] So *Pieper,* in Pieper/Breunung/Stahlmann (Hrsg.), Sachverständige im Zivilprozess, S. 27.

[63] *Coester,* Das Kindeswohl als Rechtsbegriff, S. 377.

[64] *Pulver,* in: Pulver/Lang/Schmid (Hrsg.), Ist Psychodiagnostik verantwortbar, S. 31; *Wegener* ZfJ 1982, 500; *Wegener/Steller* Zeitschrift für Differentielle und Diagnostische Psychologie 1980, 115.

[65] Vgl. *Marschner,* Möglichkeiten und Grenzen der Psychodiagnostik, 1989.

[66] Stellvertretend *Hassenstein/Hassenstein,* Was Kindern zusteht, 1987.

[67] .Stellvertretend *Fthenakis,* in: Speck/Peterander/Innerhofer (Hrsg.), Kindertherapie, S. 170–180.

[68] Zur Resilience Forschung und deren Anwendung im familiengerichtlichen Verfahren: *Suess/Fegert* FPR 1999, 157–164; *Suess,* Mitteilung der Landesarbeitsgemeinschaft für Erziehung-, Jugend- und Familienberatung Bayern e. V. 1998, S. 2437.

[69] Hierzu *Barnow/Skoeries/Lucht/Freyberger* Report Psychologie 2000, 98–109; *Lösel,* in: Lempp/Schütze/Köhnken (Hrsg.), Forensische Psychiatrie und Psychologie des Kindes- und Jugendalters, S. 221–234.

[70] *Schmidt-Denter* FPR 1997, 59.

wertgefühl, familiärer Zusammenhalt, Geschwisterbeziehung, stabile und positive Beziehung zur Mutter,[71] Freunde und andere wohlwollende Bezugspersonen.[72]

Die Diskussion und Abwägung der belastenden und schützenden Faktoren für die Beantwortung der gerichtlichen Fragestellung bezieht sich auf das konkrete Kindeswohl und nicht in erster Linie auf die Beurteilung und Selektion der beteiligten Bezugspersonen. Zudem hat der Sachverständige besonders auf die schützenden Faktoren hinzuweisen, ohne aber in die Fachkompetenz der Jugendhilfe zu weit einzugreifen.

Daneben existieren bei Sachverständigen oftmals Vorlieben und unbewusste Entscheidungsstrategien, die einzelnen Kriterien wie z. B. dem Kindeswillen oder der Beibehaltung der räumlichen Kontinuität bei der sachverständigen Empfehlung den Vorzug geben. Die Bedeutung dieser Vorlieben oder unbewussten Entscheidungsstrategien sind für das zukünftige Kindeswohl zu hinterfragen.

Unabhängig von dieser theoretischen Diskussion soll sich der Sachverständige der Wirkung seiner Wertungen auf die Betroffenen bewusst sein, auch wenn er die eingeschränkte Sicherheit seiner Prognosen erwähnt.[73]

Die Fragestellung des Familiengerichts sollte klar beantwortet werden. Wehrt sich das Kind, den Umgangsberechtigten zu besuchen, und empfiehlt der Sachverständige Besuche, ohne sie vorher angebahnt zu haben, so hat der Sachverständige auszuführen, wie das Kind auf die Belastungen einer möglichen Besuchsregelung konkret reagieren wird. Wenn der Sachverständige nur angibt, das Kind könne die Besuche verkraften, so kann der Familienrichter nicht überprüfen, ob das Kind die Belastungen eines Umganges auch tragen muss. Es müssen auch die konkreten Vorteile und Belastungen eines Umgangs geschildert werden. Der Sachverständige darf sich nicht auf pauschale Vorteile oder Nachteile einer Besuchsregelung beschränken.

Bei einem Wohnortwechsel hat der Sachverständige auch darauf einzugehen, wie sich der Ortswechsel auf das Kind auswirken wird.[74]

Nur die Empfehlung, sich einer Therapie oder Beratung zu unterziehen oder Pflegschaft anzuordnen, ist für einen konkreten Regelungsbedarf nicht sinnvoll. Damit wird der Eindruck erweckt, dass der Sachverständige eher den Grad der Bereitschaft, sich seinen Vorstellungen zu fügen, als entscheidungserheblich ansieht.[75]

g) Zusammenfassung. Die Zusammenfassung des schriftlichen Gutachtens am Ende ist keine zwingende Anforderung, aber nützlich und anzuraten. Die Zusammenfassung dient einerseits dem Familienrichter zu einer schnellen Orientierung, wenn das Gutachten auf seinem Schreibtisch landet. Er kann aufgrund der Zusammenfassung ersehen, ob ein dringender Handlungsbedarf besteht oder ob er mit der Terminplanung etwas warten kann. Der Familienrichter ist, wenn der Sachverständige eingeschaltet ist, mit dem Familienfall in der Regel nicht aktuell befasst, sondern mit anderen familiären Konflikten beschäftigt. Auch den Anwälten bietet die Zusammenfassung eine schnelle Orientierungshilfe, um möglicherweise umgehend juristische Maßnahmen ergreifen zu können, sei es, dass eine Ergänzung des Sachverständigengutachtens gefordert oder Hinweisen zur Ablehnung des Sachverständigen nachgegangen werden kann.

---

[71] *Schmidt-Denter* FPR 1997, 59.
[72] Hierzu *Rutter* American Orthopsychiatric Association 1987, 316–331.
[73] *Mnookin* FamRZ 1975, 2 f.
[74] OLG Stuttgart ZfJ 1975, 131–136.
[75] Diese Kritik übt *Oenning* FPR 1996, 168.

Die Zusammenfassung des Gutachtens sollte sich auf das gesamte schriftliche Gutachten beziehen, also sowohl Nennung der Fragestellung, Ergebnisse der Aktenanalyse, kurze Mitteilung bzgl. der wesentlichen Untersuchungsberichte, entscheidungserhebliche Befunde und verkernte Beantwortung der Fragestellung. In der Regel wird die Zusammenfassung zwei Seiten dennoch nicht überschreiten.

Die Zusammenfassung bietet dem Sachverständigen eine Kontrollmöglichkeit bzgl. der Nachvollziehbarkeit seines gutachtlichen Vorgehens. Wenn es ihm nicht gelingt, kurz und klar einen Sachverhalt und das Ergebnis darzustellen, kann es für ihn ein Hinweis sein, dass die Datenbasis ungenügend war oder die Empfehlung an das Familiengericht interpretationsbedürftig ist.

Das Gutachten schließt mit der Versicherung, das Gutachten nach bestem Wissen und Gewissen erstellt zu haben. Von der eidesstattlichen Versicherung wird abgesehen. Weiter muss das Gutachten eigenhändig und mit Datum versehen unterschrieben sein.

h) Befriedungszweck. Der Familienrichter trägt Verantwortung bei der Abfassung der Entscheidungsbegründung.[76] Analoges gilt für den Sachverständigen, der ebenfalls zu bedenken hat, dass die Betroffenen und das Kind mit seinem Gutachten leben müssen.

In statusdiagnostischen Gutachten überwiegen die Darstellungen der negativen Eigenschaften. Dies entspricht der immer wieder behaupteten Tendenz bei Sachverständigen, mehr das Pathologische einer Person[77] zu beschreiben als deren Stärken.[78]

Ein Gutachten, das nur statische Eigenschaften bei den Eltern feststellt, fordert – unabhängig vom Zutreffen des implizierten Menschenbildes – den Widerspruch der Betroffenen heraus. Akzeptabler wird ein Gutachten, wenn der Sachverständige die Betroffenen in der neuen Lebenssituation beschreibt und Perspektiven für das Kind eröffnet, wodurch die Personen eher als Subjekt denn als Objekt behandelt werden.

Inhaltlich hat der Sachverständige die Möglichkeit, seine Argumentation vom Kindeswohl aus zu führen und zu betonen, was jeder Betroffene aufgrund seiner besonderen Eigenschaft mit Bezug auf die Bedürfnisse des Kindes und im Sinne des Familienwohls beitragen kann. Wertungen dürfen sich dann nicht in Relativismen erschöpfen, ausgedrückt als ein „besser" bzw. „schlechter" der einen oder anderen Seite, sondern müssen mit Bezug auf fachliche Erkenntnisse weitere Auskunft geben, also im Sinne eines „günstiger" bzw. „hinderlicher" für das Kindeswohl.[79] Die elterliche Verschiedenheit kann nämlich im Gegenteil zur Abwägung elterlicher Qualitäten auch positiv als ein erweitertes Angebot für die Kinder beschrieben werden. Danach notwendige Wertungen sind nicht ausschließlich personengebunden, sondern auch zeitlich und räumlich bedingt und damit veränderbar darzustellen. Eine Stigmatisierung und Etikettierung kann somit weitgehend vermieden werden.[80] Nicht zuletzt ist daran zu denken, dass die Kinder in einem späteren Alter das

---

[76] *Coester*, in: Deutscher Familiengerichtstag e.V. (Hrsg.), Sechster Deutscher Familiengerichtstag vom 9. bis 12. Oktober 1985 in Brühl, S. 39.

[77] Eine Gutachtenanalyse von *Klar* Zeitschrift für Kinder- und Jugendpsychiatrie 1973, 1, 37–42 erbrachte, dass von den Sachverständigen die Erziehungshaltung und das Persönlichkeitsbild des Vaters in der Regel negativ dargestellt wurden.

[78] *Spitznagel*, in: Hartmann/Haubl (Hrsg.), Psychologische Begutachtung, S. 142 f., weist auf das Dilemma der Quantifizierung hin, da einerseits Urteilsrelativierungen als Unsicherheit des Sachverständigen interpretiert werden, andererseits die Trennschärfe der Begriffe „oft", „sehr", „sehr wahrscheinlich" gering ist.

[79] *Jopt* FamRZ 1987, 879.

[80] *Grosse* ZfJ 1982, 517.

Gutachten nachlesen können und dann über die Eltern nur Negatives erfahren. Eine völlige Wertfreiheit in der Darstellung lässt sich dennoch nicht erreichen, und Akzeptanz kann nicht das ausschließliche Ziel sachverständiger Tätigkeit sein. Der Sachverständige hat dazu keine spezielle Übereinkunft mit den Betroffenen.[81]

i) Das schriftliche Gutachten als Hilfe für die Betroffenen. Aus der Ablehnung solcher Tendenzen erwachsen konsequenterweise einige Forderungen an ein Sachverständigengutachten. Das Gutachten sollte auch Hilfe für die Eltern sein, ihre Situation eigenverantwortlich zu verändern,[82] es sollte idealerweise Selbsthilfe der Eltern ermöglichen. Dies kann beispielsweise dadurch erreicht werden, dass der Sachverständige die Wissensdefizite der Eltern über das Verhalten, die Bedürfnisse und Potentiale des Kindes ausgleicht. Sensibilität ist hier angezeigt.

Allgemein formulierte pädagogische Vorstellungen des Sachverständigen können in der Praxis von den Beteiligten meist nicht angenommen oder umgesetzt werden. Seine Aufgabe besteht vielmehr darin, konkrete Schritte aufzuzeigen, wie im Rahmen einer Konfliktlösungsstrategie das Ziel Kindeswohl erreicht werden kann. Bei den Betroffenen soll durch das Gutachten die Bereitschaft und die Fähigkeit gefördert werden, die Bedürfnisse und die scheidungsbedingten Verhaltensweisen der Kinder besser zu erkennen, gemeinsam die Elternverantwortung zu tragen und dabei die Bedeutung des jeweils anderen Elternteils für das Kind zu realisieren und zu akzeptieren.[83]

In den Empfehlungen sollten nicht nur Vorschläge für bessere Verhaltensweisen der Betroffenen angeführt oder Vorschläge gemacht werden, wie die Betroffenen das Sorge- oder Umgangsrecht besser oder gar ideal ausgestalten können,[84] es sollten auch Hinweise gemacht werden, wie zu reagieren sei, wenn die Eltern den konkreten Vorschlägen des Sachverständigen nicht folgen.[85] Gegebenenfalls hat der Sachverständige auf Beratungsangebote hinzuweisen.

Bei der Beantwortung der Fragestellung sollte die aus psychologischer Sicht beste Kindeswohlregelung dargestellt werden, die meist nicht unabhängig vom Elternwohl bestimmbar ist. Sodann soll eine machbare Regelung empfohlen werden, wobei diese unter Berücksichtigung der jeweils aktuellen Lebenssituation der Eltern verständnisvoll beschrieben wird. Im dritten Schritt sind konkrete Maßnahmen anzugeben, die aber bereits mit den Eltern besprochen sein sollten, und zwar dahingehend, wie die anfänglich geschilderte kindeswohlorientierte Regelung zu erreichen ist. Hierbei sind konkrete Verhaltensschritte anzugeben, moralisierende und fordernde Formulierungen dagegen unbedingt zu vermeiden.

Bei Besuchsregelungen ist von zu konkreten Vorschlägen, mit Ausnahme für eine gewisse Übergangszeit, abzusehen.

Hilfreich können Hinweise für den Familienrichter bezüglich einer Kindesanhörung sein, so darüber, wie diese kindgerecht zu gestalten sei, welche Faktoren möglicherweise beachtet werden sollten oder dazu, ob die Begutachtung vom Kind als sehr belastend erlebt wird.

---

[81] *Rohmann* Praxis der Rechtspsychologie 1997, 44.
[82] Vgl. *Haubl*, in: Hartmann/Haubl (Hrsg.), Psychologische Begutachtung, S. 57.
[83] Vgl. *Berk* S. 38.
[84] *Ell*, Trennung, Scheidung und die Kinder?, 1979.
[85] AG Bad Iburg FamRZ 1988, 537.

j) Sprachliche Gestaltung des Gutachtens. Das Gutachten ist nicht nur für den Familienrichter bestimmt, sondern auch Teil des Kommunikationsprozesses mit den Betroffenen.[86] Dazu muss sich der Sachverständige auf eine Sprache einlassen, die von den Betroffenen auch verstanden wird.[87] Um das Gutachten als Interventionsmaßnahme akzeptabel zu machen, ist es so abzufassen, dass sich möglichst kein Elternteil als Verlierer sieht.[88] Der Sachverständige hat herabwürdigende Äußerungen und verletzende Bemerkungen oder Schwarzweiß-Charakterisierungen des familiären Konfliktes (guter versus schlechter Partner bzw. Elternteil) unbedingt zu unterlassen. Der Preis der Entwertung eines Menschen ist zu hoch, um dem Familienrichter eine Schwarzweiß-Entscheidungsfindung erleichtern zu dürfen.[89]

Hinsichtlich der Darstellung soll eine verständliche Sprachform gewählt werden.[90] Sicher ist es nicht möglich, nur mit alltagssprachlichen Begriffen das Gutachten zu verfassen, denn die Ausdrucksweise sollte die Befunde präzise darstellen, wozu Fachtermini bisweilen unumgänglich sind.[91] Andererseits entsprechen wissenschaftlich klingende Begriffe allein noch nicht dem wissenschaftlichen Standard und sollen oft Unsicherheit oder fehlende Reflexion des Sachverständigen vernebeln.[92]

Die Sprache soll generell weder verletzend noch moralisch abwertend[93] und möglichst wertfrei sein. Verallgemeinerungen, Pauschalisierungen und Superlative wie „immer", „sehr", „niemals" u. a. sind zu vermeiden und weisen eher auf Undifferenziertheit und unzulässige Gewichtung durch den Sachverständigen hin.

Die Betroffenen sind beim Namen zu nennen bzw. die Bezeichnungen „Mutter" oder „Vater" entsprechen dem Sprachgebrauch besser als „Kindesmutter" und „Kindesvater". Namensnennungen ohne den Zusatz „Herr" oder „Frau" entsprechen nicht mehr den ethischen Anforderungen.

k) Kontrolle des schriftlichen Gutachtens. Um ein schriftliches Gutachten auf seine Angemessenheit hin zu kontrollieren, sollte es aus dem Blickwinkel des Begutachteten gelesen werden, um eventuell festzustellen, wie der Gutachtenschreiber auf das konkrete Gutachten reagieren würde, wäre er selbst die begutachtete Person.[94] In der Fachliteratur finden sich zur Überprüfung von Gutachten wertvolle Hinweise und Checklisten.[95]

Im Rahmen von Supervision bietet es sich an, Gutachten von Kollegen gegenlesen zu lassen. Dazu muss die Einwilligung der Betroffenen vorliegen, es sei denn, man macht sich die Mühe und anonymisiert zuvor das schriftliche Gutachten. Die Supervision durch einen Kollegen darf aber nicht zur Kontrolle missbraucht werden. Der beauftragte Sach-

---

[86] *Sternbeck/Däther* FamRZ 1986, 21–25.

[87] *Ostendorf,* in: Lempp/Schütze/Köhnken (Hrsg.), Forensische Psychiatrie und Psychologie des Kindes- und Jugendalters, S. 5.

[88] Siehe auch *Koechel,* Sorgerechtsverfahren, 1995.

[89] *Puls,* in: Remschmidt (Hrsg.), Kinderpsychiatrie und Familienrecht, S. 20 Die Folgen eines solchen Gutachtens beschreiben *Schütz/Jopt* ZfJ 1988, 349–357.

[90] *Coester,* Das Kindeswohl als Rechtsbegriff, S. 459; *Fritze* S. 5; *Hartmann* Psychologische Diagnostik 1973, 74 nennt die Sprache, in der Gutachten formuliert werden sollen, „Sachprosa".

[91] *Rasch* NJW, 1992, 258.

[92] So *Maisch* MSchrKrim 1973, 194.

[93] *Lempp,* Gerichtliche Kinder- und Jugendpsychiatrie, S. 59.

[94] *Spitznagel,* in: Hartmann/Haubl (Hrsg.), Psychologische Begutachtung, S. 158; differenziert auf sprachliche Kontrollgesichtspunkte weist *Hartmann,* Psychologische Diagnostik, S. 103 ff. hin.

[95] *Westhoff/Kluck,* Psychologische Gutachten schreiben und beurteilen, 1998; *Zuschlag* S. 180.

verständige erstellt sein Gutachten nach „bestem Wissen und Gewissen" allein. Er bleibt für sein Gutachten verantwortlich, auch wenn der Supervisor zu einem anderen Ergebnis kommen würde.

2. Alternative schriftliche Ausführungen zu familiengerichtlichen Fragestellungen

Bisher wird im Schrifttum davon ausgegangen, dass das psychologische Gutachten den Begutachtungs- oder Interventionsprozess nachvollziehbar darstellen muss. Auch die Gutachtenrichtlinien des Berufsverbandes[96] gehen von der schriftlichen Darstellungsform verbindlich aus.

Nicht immer ist es aus inhaltlicher oder ökonomischer Sicht sinnvoll, nach Abschluss der Diagnostik und/oder Intervention ein ausführliches schriftliches Gutachten zu erstellen.

Wenn den Betroffenen und gelegentlich Kindern die Begutachtungsergebnisse transparent erklärt worden sind und sie und der Familienrichter mit einer verkürzten Darstellung einverstanden sind, kann es sinnvoll sein, auf eine Darstellung der Untersuchungsdaten zu verzichten und bei nicht gelungener Einigung sich auf die Abfassung des Befundes und die Beantwortung der Fragestellung zu beschränken. Im Einzelfall kann dabei im Befund auf ausschlaggebende Untersuchungsergebnisse explizit Bezug genommen werden.

Auch wenn der Sachverständige seine Tätigkeit interventionsorientiert versteht und die Eltern im Rahmen der Begutachtung über die Begutachtungsergebnisse informiert worden sind, ist es nicht sinnvoll, ein ausführliches schriftliches Gutachten mit der Darstellung aller Untersuchungsergebnisse einzureichen. Neben dem forensischen Nutzen ist auch das Gebot der Verhältnismäßigkeit und der Ökonomie vom Sachverständigen zu beachten.

Für die Betroffenen kann es dagegen bei zukünftig entstehenden Problemen hilfreich sein, die Regelungsmodalitäten und die zugrunde liegende Begründung konkret darzustellen. Bei späteren Auseinandersetzungen der Betroffenen können sich diese auf die Ausführungen des Sachverständigen beziehen. Die Bedürfnisse und Möglichkeiten der Eltern und des Kindes, die zu dieser Regelung geführt haben, sind dann schriftlich fixiert und haben für die Eltern eine bindendere Wirkung – im Sinne eines Kontraktmanagements – als die Darstellung eines gemeinsamen Vorschlags, die sich nicht auf den Empfehlungsfindungsprozess beziehen lässt. Auch bei einem Vorschlag für eine gemeinsame elterliche Sorge ist die Darstellung von Hilfestellungen und Konfliktregelungsmöglichkeiten anzuraten. Bedenken, die die Eltern ursprünglich bezüglich dieser Regelung geäußert haben, sind ernst zu nehmen. So empfiehlt es sich, z.B. ursprüngliche Vorbehalte bezüglich Überforderung und unangemessener Delegation von Verantwortung oder übermäßiger Erwartung an das Verhalten des anderen Elternteils festzuhalten, ebenso die mit den Eltern besprochenen Lösungsmöglichkeiten, die im Konfliktfalle zur Verfügung stehen. Das Gutachten kann dann auch in zukünftigen streitigen Auseinandersetzungen eine Hilfe sein.

Die Sachverständigenempfehlung bleibt im Großen und Ganzen nachvollziehbar, insbesondere für die Betroffenen, nicht unbedingt für Außenstehende. Kurzgutachten in dieser Form werden in der Praxis angenommen.

---

[96] *Deutscher Psychologen Verlag des Berufsverbands Deutscher Psychologen (BDP)*, 1986.

Die fachwissenschaftliche Nachvollziehbarkeit kann dadurch gewährleistet werden, dass im „Kurzgutachten" erklärt wird, eine Ausarbeitung der Untersuchungsberichte könne vom Familiengericht jederzeit im Nachhinein, aufgrund der Dokumentation beim Sachverständigen, nachgefordert werden.

Ein weiterer Reduzierungsschritt ist möglich, wenn die Betroffenen zu einer einvernehmlichen Lösung kommen, sie aber schriftliche Strukturierungshilfen benötigen. Hier bietet es sich in vielen Fällen an, auf den Befund zu verzichten. Die mit den Betroffenen erarbeitete Regelung wird ausführlich dargestellt und aus psychologischer Sicht bewertet. Bei der Bewertung werden die wesentlichen psychologischen Sorgerechtskriterien wie Wille des Kindes, Bindungen, Beziehungen, Kooperationsbereitschaft u. a. herangezogen und in Bezug zu Stütz- und Belastungsfaktoren des Kindes gestellt. Diese Datenbewertung sollte mit den Betroffenen bereits im Vorfeld der Einigung erörtert worden sein. Die Bewertung mündet in die psychologische Empfehlung, die sich nicht vom gemeinsamen Vorschlag unterscheidet. Eine solche Darstellungsform wird in seltenen Fällen mehr als acht bis zehn Seiten umfassen und kann als „Psychologische Stellungnahme" bezeichnet werden. Auch hier kann der Sachverständige nötigenfalls ein ausführliches Gutachten im Nachhinein erstellen.

Sollten sich die Betroffenen zu einer einvernehmlichen Regelung durchgerungen haben und war im Rahmen der Begutachtung auch eine Bewährungszeit möglich, die eine relative Stabilität verspricht, kann es genügen, das Ergebnis der Vereinbarung mit einer kurzen psychologischen Bewertung in Form eines Protokolls oder eines Sorgerechtsplanes abzugeben. Es macht Sinn, diese Protokolle vorab den Beteiligten zuzusenden, um Unstimmigkeiten zumindest in den Formulierungen zu verändern oder wenn sich die Betroffenen bei ihrem Rechtsbeistand erkundigt haben, um weitere Problembereiche ansprechen zu können. Solche Empfehlungen und abschließende Berichte an das Familiengericht umfassen gelegentlich nur noch drei bis vier Seiten.

Es kommt der Elternautonomie entgegen, wenn von den Eltern als nicht strittig bezeichnete Bereiche nicht in das Protokoll aufgenommen werden, in diesen Bereichen sind die Eltern auch ohne ausführliche Sorgerechtspläne und Checklisten in der Lage, ihre Angelegenheiten selbst zu regeln.

Verkürzte schriftliche Darstellungen bedeuten auch, dass das Sachverständigenhandeln weniger kontrollierbar wird. Dieses Vorgehen ist daher nur verantwortbar vor dem Hintergrund großen forensischen Wissens bei kollegialer Supervision und regelmäßiger Fortbildung. Der Sachverständige muss beurteilen können, ob die Familiensache so strittig ist, dass sie die nächste Instanz erreicht, auch welche Rolle die Anwälte spielen und welche Absichten der auftraggebende Familienrichter mit der Begutachtung verfolgt. Es gilt, die dem Einzelfall angemessene Darstellungsform zu wählen.

Kurze schriftliche Gutachten haben zudem ihren Sinn darin, das konflikthafte Familiengeschehen nicht allzu leicht dritten Personen zu eröffnen. Schriftliche Gutachten in ihrer Kurzform haben in unstrittigen Fällen zudem den Vorteil, dass sie Kindern keine Basis bieten, Einzelheiten über ihre Eltern und deren Ehegeschichte zu erfahren.[97] Auch dies dient dem Kindeswohl.

Im Einzelfall wird von einer schriftlichen Darstellung völlig abgesehen, wenn es für die gutachterliche Intervention hilfreich ist, aber auch, um Kosten zu sparen. Es wird dann mit den Betroffenen und dem Familiengericht abgesprochen, im Rahmen eines münd-

---

[97] Auf diesen Aspekt weist auch *Oelkers* FPR 1997, 81 hin.

lichen Gutachtens mit Hilfe der Anwälte und des Familienrichters für die auf der Basis der im Laufe der Begutachtung angebahnten Gemeinsamkeiten eine abschließende Regelung zu finden. Bei Sorgerechtsregelungen spielen immer wieder finanzielle Probleme oder andere Scheidungsfolgesachen eine Rolle. Im Rahmen eines Gerichtstermins können oftmals zusammenhängende angrenzende streitige Bereiche erörtert und einer Lösung zugeführt werden. Allerdings bleibt in diesen Fällen für den Außenstehenden im Streitfalle kaum noch die Möglichkeit, den Begutachtungsprozess nachzuvollziehen, da das Gerichtsprotokoll in seltenen Fällen alle entscheidungserheblichen Einzelheiten wiedergibt.

Verkürzte Darstellungen können nur im FGG-Verfahren zu Fragen des Kindeswohls empfohlen werden. Ein Glaubhaftigkeitsgutachten kommt z.B. nie ohne Darstellung der Explorationsgespräche aus.

M. Das mündliche Gutachten

Im familiengerichtlichen Verfahren wird in der Regel ein schriftliches Gutachten angefordert, wenn auch aus Kostengründen von einem solchen abgesehen werden kann. Anders als im Strafrecht kommt es bei familienrechtlichen Fragestellungen anschließend nicht regelmäßig zur mündlichen Gutachtenerstattung im Anhörungstermin.

Neben der Anhörung des Sachverständigen, um den Betroffenen die Möglichkeit einzuräumen, sich mit der zurückliegenden Tätigkeit des Sachverständigen kritisch auseinander zu setzen oder um Klärung herbeizuführen, empfiehlt sich ein mündliches Gutachten auch dann, wenn im Rahmen der gemeinsamen Gespräche die Eltern über den Begutachtungsstand und die sachverständige Empfehlung informiert sind und der Familienrichter über die Vorgänge während seiner Tätigkeit in Kenntnis gesetzt worden ist. Durch das mündliche Gutachten können erhebliche Kosten gespart werden, da die schriftliche Ausarbeitung entfällt.

Ein mündliches Gutachten kann aber auch – möglicherweise angeregt vom Sachverständigen – vom Familienrichter angeordnet werden, um möglicherweise negative Folgewirkungen aus einer schriftlichen und umfangreichen Darstellung des familiären Konfliktes zu verringern.[1] Im Anhörungstermin kann vom Sachverständigen auf die Empfindlichkeiten der Betroffenen Rücksicht genommen werden, und er kann möglichst nicht verletzend Einschränkungen oder notwendige Wertungen aus psychologischer Sicht vorbringen. Zudem ermöglicht ein mündliches Gutachten einen erheblichen Zeitgewinn, da die zeitintensive schriftliche Ausarbeitung entfallen kann.

Es kann aber immer noch ein schriftliches Gutachten im Bedarfsfalle nachgereicht werden, wenn der Sachverständige, wozu er verpflichtet ist, seine Daten ordnungsgemäß abgelegt hat. Es empfiehlt sich hingegen dann nicht, sich nur auf ein mündliches Gutachten zu beschränken, wenn die Betroffenen sehr zerstritten sind und eine Einigung nicht erzielt werden konnte.[2]

Der mündliche Vortrag des Gutachtens ist aber bisher die Ausnahme[3] und dient in erster Linie dem Zweck, ein Gutachten zu erläutern.

Immer häufiger wird aber die mündliche Verhandlung der Ort, an dem familiäre Konflikte zusammen mit den Betroffenen, dem Familienrichter, den Anwälten, dem Jugendamt und dem Sachverständigen besprochen werden und versucht wird, einen Lösungsweg zu finden.

---

[1] So auch *Oelkers* FPR 1997, 81.

[2] *Kurth* S. 41 rät von einem ausschließlich mündlich vorgetragenen Gutachten ab, da bei einem Berufungsverfahren die Protokolle zu mangelhaft seien.

[3] Dies bestätigt auch die Studie von *Simitis/Rosenkötter/Vogel et al.* S. 38. Bei der *GWG/afp* werden die Sachverständigen im Durchschnitt nur bei jedem 10. Gutachten zur mündlichen Verhandlung geladen.

1. Verfahrensvorschriften für das mündliche Gutachten

Wenn das Gericht die mündliche Erläuterung eines Gutachtens anordnet, handelt es sich um einen selbständigen, gerichtlichen Gutachtenauftrag,[4] aber nicht um ein neues Gutachten, sondern um eine Ergänzung des bestehenden schriftlichen Gutachtens (vgl. § 411 Abs. 3 ZPO). Der Richter kann aber statt mündlicher Erläuterung die Fragen der Parteien durch eine schriftlich Stellungnahme des Sachverständigen beantworten lassen (dies ist dann eine Ergänzung des Gutachtens). Es bedarf aber nicht der Ankündigung konkreter Fragen, damit der Sachverständige geladen wird.[5]

Das Gericht muss auf Antrag der Parteien den Sachverständigen laden, wenn die Parteien die Erläuterung des Gutachtens beantragen.[6] Dieser Antrag kann seitens des Gerichts zurückgewiesen werden, wenn davon ausgegangen werden kann, dass die Befragung des Sachverständigen zu keiner anderen Beurteilung des Sachverhaltes durch das Gericht führen wird.[7] In der Regel wird aber dem Antrag, den Sachverständigen zu laden, gefolgt, wenn nicht angenommen werden muss, die beantragte Ladung diene allein der Verschleppung des Verfahrens.

Der Familienrichter darf sich andererseits bei einem Gutachten, das keine entscheidungserheblichen Mängel aufweist, nicht ohne Anhörung des Sachverständigen aufgrund ange nommener eigener Sachkunde über eine gutachtliche Empfehlung hinwegsetzen.

Eine Ladung des Sachverständigen sollte nicht früher als drei bis vier Wochen nach Zugang des schriftlichen Gutachtens erfolgen, um den Eltern Gelegenheit zu geben, zum Gutachten Stellung zu nehmen.[8]

Nach einer ersten Ladung des Sachverständigen liegt es im Ermessen des Gerichts, ob es dem Antrag eines Elternteils, den Sachverständigen nochmals zu laden, nachkommen wird.

Da der Sachverständige im Rahmen des § 15 FGG beauftragt wird, sind die entsprechenden Vorschriften der ZPO, insbesondere des § 397 ZPO, bezüglich des Fragerechts der Beteiligten anzuwenden.[9]

Das mündliche Gutachten eines Sachverständigen hat seinen Sinn darin, den Parteien die Gelegenheit zu geben, Fragen an den Sachverständigen zu stellen, die seine Schlussfolgerung erschüttern oder jedenfalls ihren Beweiswert in Frage stellen können.[10] Aufgabe des Sachverständigen ist es, die inhaltliche Richtigkeit seines Gutachtens zu vertreten.[11] Zudem kann mit der mündlichen Verhandlung der Forderung nach Kontrolle der Leserinterpretation[12] nachgekommen werden. Die mündliche Erläuterung des Gutachtens durch den Sachverständigen verstärkt die Bedeutung des Gutachtens, da der Sachverständige nicht nur sein Gutachten wiederholt, sondern durch das mündliche Vorbringen auch dokumentiert, dass er nochmals die Aussagen gewissenhaft und nach bestem Wissen geprüft hat.[13]

---

[4] OLG Bamberg ZSW 1987, 152.
[5] Finke FPR 1996, 163.
[6] OLG Hamm FamRZ 1992, 1087; BGH NJW 1983, 340; BVerfG FamRZ 1992, 8, S. II.
[7] *Pantle* MDR 1989, 316.
[8] *Pantle* MDR 1989, 313.
[9] KG Berlin FamRZ 1959, 509.
[10] BGH ZSW 1988, 41 = DS 1988, 203.
[11] *Stahlmann*, in: Pieper/Breunung/Stahlmann (Hrsg.), Sachverständige im Zivilprozess, S. 112.
[12] *Spitznagel*, in: Hartmann/Haubl (Hrsg.), Psychologische Begutachtung, S. 131.
[13] So *Müller* ZSW 1988, 48–54.

Einwände einer Partei gegen das Gutachten haben den Familienrichter zu veranlassen, das Gutachten sorgfältig und kritisch zu würdigen; dazu sind die Parteien auf Grundlage des Art. 103 Abs. 1 GG berechtigt. Die Einwände der Eltern sind besonders ernst zu nehmen, wenn sie nicht nur auf eigenen Überlegungen beruhen, sondern wenn sich die Partei durch Befragung von Experten sachkundig gemacht hat oder gar ein Privatgutachten vorlegt.[14] Wenn das Familiengericht den Einwänden nicht folgt, so hat es überzeugend nachzuweisen, dass die Ausführungen der Partei gegen das Gutachten nicht relevant sind.[15]

Es ist selbstverständlich, dass vom Sachverständigen auch erwartet werden kann, von seinem ursprünglichen Gutachten abzurücken, wenn sich entscheidungserhebliche neue Tatsachen ergeben haben. Schließlich können sich auch in der Zeit zwischen Gutachtenerstellung und Termin neue Tatsachen ergeben haben, die möglicherweise zu einer Neubewertung der Kindeswohlkriterien führen können. Im Familienrechtsbereich ist dies eher selten anzutreffen und wird in der Regel vom Richter nicht geschätzt. Diese Tatsache sollte den Sachverständigen dennoch nicht zu einer unzulässigen „Standpunkttreue"[16] verleiten.

2. Verpflichtungen des Sachverständigen

Der Sachverständige hat einer Ladung Folge zu leisten. Eine Ladungsfrist braucht das Gericht nicht einzuhalten;[17] in der Praxis erfolgt aber die Ladung immer zeitig. Der Sachverständige hat alle entscheidungsrelevanten Unterlagen mitzubringen.

Ist der Sachverständige zum Termin geladen, bestimmt der Richter, ob der Sachverständige tatsächlich angehört wird; er bestimmt auch den Zeitpunkt der Entlassung aus dem Verfahren.

Erscheint der Sachverständige schuldhaft nicht oder weigert er sich pflichtwidrig, ein Gutachten zu erstatten, so werden regelmäßig nach §§ 15 FGG, 409 ZPO die dadurch verursachten Kosten dem Sachverständigen aufgebürdet und gegen ihn ein Ordnungsgeld bis zu 1000 DM verhängt. Eine schriftliche Erklärung entbindet nicht vom Erscheinen. Wird in der mündlichen Verhandlung ein weiterer Termin verkündet, so hat der Sachverständige auch an diesem zu erscheinen; er muss zu diesem Termin nicht mehr gesondert geladen werden,[18] wird es aber in der Regel. Der Sachverständige hat dem Familiengericht während des Verfahrens einen etwaigen eigenen Wohnortwechsel anzugeben, um rechtzeitig geladen werden zu können. Der Wohnort hat auch Auswirkungen auf die Entschädigungsregelung (Fahrzeit, Fahrgeld).

Die Sitzungen in Familien- und Kindschaftssachen sind nicht-öffentlich (§ 170 GVG); der Sachverständige darf also keine weiteren Personen (z.B. zum Zwecke der Ausbildung von Diplompsychologen oder zum Zwecke der Supervision) in die Verhandlung nehmen, es sei denn, es besteht für die Teilnahme das Einverständnis der an der Verhandlung beteiligten Personen.

---

[14] BGH ZSW 1988, 41.
[15] *Müller* ZSW 1988, 48–54.
[16] *Wegener* ZfJ 1982, 500.
[17] BSG Medizin im Sozialrecht 1986, 3.
[18] Merkblatt für Ladungen, AG Nr. 5213 a.

3. Beeidigung des Sachverständigen

In der Regel ist der Sachverständige uneidlich zu vernehmen. Er sollte nur dann vereidigt werden, wenn die Bedeutung des Gutachtens für den Fall dies für geboten erscheinen lässt (§§ 391, 410 ZPO). Ein Gutachten gewinnt seine Überzeugungskraft nicht aufgrund eines vom Sachverständigen geleisteten Eides, sondern durch seine Substanz. Ein zu leistender Eid bezieht sich nicht nur auf eine etwaige Empfehlung oder Schlussfolgerung, sondern auf die Begutachtung als Ganzes.

Die Beeidigung hat neben den strafrechtlichen Konsequenzen bei Meineid auch haftungsrelevante Aspekte. Die Haftung tritt im vollen Umfang ein, wenn ein eidliches Gutachten fahrlässig erstellt worden ist.[19] Eindeutig ist hier der § 823 Abs. 2 ZPO in Verbindung mit §§ 153, 154 StGB. Um die Haftungsschwelle heraufzusetzen, können der Familienrichter oder auch die Anwälte auf einer Vereidigung nach § 410 ZPO bestehen. In Bayern wurde durch die Bestellung von Diplompsychologen zu öffentlich bestellten und beeidigten Sachverständigen die verfahrenstechnische Schwelle der Vereidigung des psychologischen Sachverständigen herabgesetzt; es genügt hier die Berufung auf den öffentlich geleisteten Eid (§ 410 Abs. 2 ZPO).

4. Formaler Ablauf der mündlichen Verhandlung

Es besteht keine besondere Sitzordnung für den Sachverständigen; es empfiehlt sich aber, durch seine Platzwahl Neutralität zu zeigen, sich zwischen den Parteien einen Stuhl zu suchen (z. B. im Amtszimmer des Richters). Im Sitzungssaal kann man auch in der ersten Zuhörerreihe Platz nehmen, bis man zum Zeugenstuhl gerufen wird.

Der Sachverständige sollte durch sein Verhalten keinen Anlass für einen Befangenheitsantrag geben. Hierbei sind auch zu lange und einseitige Kontakte auf dem Gerichtsflur mit einer Partei oder deren Vertreter zu vermeiden. Gespräche mit dem Vertreter des Jugendamtes sind dagegen unbedenklich, sollte aber auch den anstehenden Familienkonflikt nicht zum Inhalt haben.

Die Anwesenheit des Sachverständigen wird im Protokoll festgehalten (§ 160 Abs. 1 Nr. 4 ZPO). Nach § 402 ZPO und § 395 Abs. 1 ZPO ist der Sachverständige vom Gericht über seine Wahrheitspflicht zu belehren.

Die mündliche Gutachtenerstellung wird zweigeteilt in die Vernehmung zur Person und anschließend zur Sache.

Der Sachverständige stellt sich mit seinen Personalien vor. Diese umfassen nach § 395 ZPO Namen, Geburtsdatum oder Alter, Wohnort oder ladungsfähige Anschrift, Beruf (Diplompsychologe und gegebenenfalls die Benennung der öffentlichen Vereidigung und Bestellung), ferner den Zusatz, mit den Parteien nicht verwandt und nicht verschwägert zu sein. Angaben zum Familienstand sind nicht zu machen. Der Sachverständige muss auf Anfrage ausdrücklich bestätigen, wenn er wegen falscher Eidesleistung vorbestraft ist.[20]

Die Anrede der Gerichtsperson ist unabhängig von ihrem Titel in der Regel „Frau Vorsitzende" bzw. „Herr Vorsitzender". Unüblich ist die Anrede mit dem Namen[21] beim Ober-

---

[19] Vgl. *Jessnitzer* S. 313 ff.; *von Maydell* DS 1987, 396 ff.
[20] *Lempp,* Gerichtliche Kinder- und Jugendpsychiatrie, S. 61.
[21] *Bayerlein*, Seminar: Der gerichtliche Sachverständige, 1986, S. L.

landesgericht. Findet die Sitzung im Dienstzimmer des Familienrichters statt, wird die Anrede mit dem Namen immer häufiger. Der Sachverständige kann sich im Zweifelsfall nach den Anwälten richten oder vorher den Familienrichter fragen.

In der Verhandlung können der Familienrichter, die Anwälte, Verfahrenspfleger, die Parteien und das Jugendamt all die Fragen stellen, die möglicherweise für die Beantwortung der Fragestellung relevant sind. Dieses Recht ist in § 397 ZPO festgelegt, der nach § 402 ZPO anwendbar ist. Dies können auch sehr persönliche Fragen sein, so z. B. ob der Sachverständige verheiratet ist, ob er Kinder hat usw. Auch Fragen nach dem beruflichen Werdegang können relevant und damit erlaubt sein, wenn mit ihnen die fachliche Kompetenz überprüft werden soll[22] und sie der Sachaufklärung dienen können. Fragen nach der Religionszugehörigkeit sind hingegen nicht zulässig, ebenso wenig Fragen, die beleidigend und unterstellend sind.

Die affektive Haltung des Sachverständigen im Gericht sollte dabei emotionslos sein.[23] Vorwürfe und Vorhaltungen sind nicht angebracht[24] und wären ein Hinweis auf Befangenheit.

Inwieweit die Fragen entscheidungsrelevant sind, entscheidet der Familienrichter. Die tatsächliche Entscheidungsrelevanz der Fragen hat zwar nichts mit dem Recht zu tun, diese Fragen zu stellen. Im Unterschied zum Zivilprozess genügt es für die nach dem FGG vom Amtsermittlungsgrundsatz beherrschten Familiengerichtsverfahren aber nicht, dass die Betroffenen ihre Fragen subjektiv für sachdienlich halten; vielmehr müssen sie objektiv der Sache dienen können. Objektive Sachdienlichkeit ist in der Regel dann anzunehmen, wenn die Stellungnahme des Sachverständigen in einzelnen Punkten erläuterungsbedürftig ist und sie sich in den Folgerungen etwa von einem anderen Gutachten oder dergleichen erheblich unterscheidet.

Es hat sich bewährt, auch die Fragen, die von den Anwälten gestellt werden, zum Familienrichter hin zu beantworten. Damit wird vermieden, dass der Sachverständige und der Anwalt oder ein Betroffener in ein Zwiegespräch geraten. Die Gesprächsführung steht aber nur dem Familienrichter zu.

Fragen des Familienrichters oder der Anwälte, ob der Sachverständige ausschließen könne, dass ein bestimmtes Ereignis vorkam oder bestimmte Voraussetzungen vorlagen, kann der Sachverständige nur positiv beantworten, wenn er dies tatsächlich ausschließen kann; in der Regel wird er es verneinen. Es ist nicht Aufgabe des Sachverständigen, alle nur erdenklichen Zweifel oder Möglichkeiten auszuschließen.[25] Der Sachverständige beschränkt sich ansonsten auf seine erhobenen Daten und zieht daraus seine Schlüsse, wobei er auf sein Gutachten Bezug nehmen darf.[26]

Macht eine Partei hinsichtlich eines schriftlich vorliegenden Sachverständigengutachtens vom Fragerecht in der mündlichen Verhandlung keinen Gebrauch, so verliert diese Partei dieses Recht auch für die Berufungsinstanz. Es bleibt dann im Ermessen des Gerichts, ob der Sachverständige beim OLG angehört wird.[27]

---

[22] *Bochnik/Gärtner/Richtberg* Forensische Psychiatrie 1989, 193–202.
[23] *Kurth* S. 41 rät von einem ausschließlich mündlich vorgetragenen Gutachten ab, da bei einem Berufungsverfahren die Protokolle zu mangelhaft seien.
[24] *Klosinski,* in: Warnke/Trott/Remschmidt (Hrsg.), Forensische Kinder- und Jugendpsychiatrie, S. 42.
[25] *Foerster* NJW 1983, 2052.
[26] *Bayerlein,* Seminar: Der gerichtliche Sachverständige, 1986, S. L 2.
[27] OLG Düsseldorf FamRZ 1984, 699.

Auch der Sachverständige hat ein Fragerecht, und zwar nur für solche Themen, die zum Gutachten gehören. Er stellt seine Fragen am besten immer *nach* den Ausführungen der Betroffenen und nicht zwischendurch, also dann, wenn er meint, seine Frage würde gerade gut passen. Hierbei gelten die allgemeinen Verhaltensregeln: Suggestivfragen oder vorwurfsvoller Ton sind in jedem Fall zu vermeiden.

Der Sachverständige hat sich normativer Empfehlungen zu enthalten. Dies gilt auch für kritische Stellungnahmen im Rahmen einer mündlichen Verhandlung zu einem von Familienrichter und Eltern getroffenen Vergleichsvorschlag, der zwar aus psychologischer Sicht nicht unbedingt optimal für das Kind sein muss, aber von den Betroffenen und dem Familienrichter als akzeptabel empfunden und beschlossen wird.

Die mündlichen Erläuterungen des Sachverständigen sind, ohne Rücksicht auf die bereits im schriftlichen Gutachten vorgelegten Ausführungen, zu protokollieren, damit auch das Berufungsgericht in der Lage ist zu überprüfen, ob die Einwendungen einer Partei gegen ein Gutachten zutreffend berücksichtigt worden sind.[28] Die Protokollierung im Gericht ist aber meist nicht umfassend genug und zu zeitraubend. Die Aussagen reichen dann dennoch nicht aus, um das Gutachten für eine mögliche Revision tauglich zu machen.[29] Die Protokollierung der Sachverständigenäußerungen darf der Familienrichter auch dem Sachverständigen überlassen.[30] Meist wird in solchen Fällen der Sachverständige seine wesentlichen Ausführungen in der Sitzung entweder direkt auf Tonträger oder dem Protokollführer diktieren.

Im Anschluss an die Verhandlung ist das Protokoll durch die Betroffenen und den Sachverständigen zu genehmigen. Bei direkter Tonaufzeichnung erfolgt kein Vorspielen mehr; der Sachverständige könnte aber das Vorspielen verlangen (§ 162 Abs. 2 ZPO).

---

[28] BGH ZSW 1988, 41.
[29] So *Grosse* ZfJ 1982, 504–518.
[30] *Bayerlein*, Seminar: Der gerichtliche Sachverständige, 1986, S. E 2.

N. Qualitätssicherung der Sachverständigentätigkeit

Es bestehen durchaus wirksame und rechtlich angemessene Regelungsvorschriften für das Handeln des Diplompsychologen, das auch auf die sachverständige Tätigkeit anzuwenden, leider aber anderen Berufsgruppen wenig zugänglich gemacht worden sind.[1] Um aber eine wirksame Kontrolle über sachverständiges Handeln gewährleisten zu können, ist es nötig, dass die Sachverständigen in eine soziale Organisation eingebunden sind, die mit Sanktionsmöglichkeiten die Tätigkeit des Sachverständigen bewerten kann.[2]

Bei Prüfungskommissionen,[3] die schriftliche Gutachten im laufenden Verfahren bewerten, ist zu fragen, ob damit nicht in die richterliche Unabhängigkeit eingegriffen wird, da das Familiengericht in jedem Fall die Pflicht zur Überprüfung des Gutachtens hat. Auch die Betroffenen können bei Gutachtenmängeln eine Revision beim OLG anstreben. Wie problematisch Kontrollausschüsse sein können, zeigte die Tätigkeit des „Gerichtsärztlichen Ausschusses für Nordrhein-Westfalen".[4]

Die Regierungsbezirks-Behörden in Bayern führen Bestellungen zum öffentlich beeidigten und bestellten Sachverständigen für „Forensische Psychologie" oder bei eingeschränkter Qualifikation mit Bezeichnung der einzelnen Schwerpunkte wie „Glaubhaftigkeitsbegutachtung" oder „Familienrechtsbegutachtung" durch. Sachkunde und persönliche Eignung werden von Amts wegen überprüft. Den Behörden stehen auch erhebliche Sanktionsmöglichkeiten gegenüber dem unseriösen Sachverständigen zu, bis hin zur Aberkennung der Bestellung. Die Vorschriften für die Bestellung zum öffentlich beeidigten Sachverständigen sind im Bayerischen Sachverständigengesetz niedergelegt.[5]

Der *Berufsverband Deutscher Psychologinnen und Psychologen e.V. (BDP)* verfügt zwar über ein Ehrengericht, auch für die Tätigkeit der Sachverständigen, aber aufgrund des Fehlens einer Sachverständigenordnung sind die Beschlüsse des Ehrengerichts in ihrer Wirkung nicht mit den Sanktionsmöglichkeiten der Behörden vergleichbar.

Um einen Qualitätsstandard erreichen und kontrollieren zu können, hat die Föderation Deutscher Psychologenvereinigungen[6] am 18. 11. 1995 eine Ordnung für die Weiterbildung in Rechtspsychologie verabschiedet, die seit dem 1. 1. 2000 in Kraft ist. Auf der Grundlage des universitären Psychologiestudienabschlusses soll eine erweiterte und vertiefte wissenschaftliche und berufliche Qualifikation für die psychologische Tätigkeit im Rechtswesen

---

[1] *Berufsverband Deutscher Psychologinnen und Psychologen e.V. (BDP)*, Berufsethische Verpflichtungen für Psychologen, 1967; *Berufsverband Deutscher Psychologinnen und Psychologen e.V. (BDP)*, Grundsätze für die Anwendung psychologischer Eignungsuntersuchungen in Wirtschaft und Verwaltung, 1980; *Berufsverband Deutscher Psychologinnen und Psychologen e.V. (BDP)*, Richtlinien für die Erstellung psychologischer Gutachten, 1994; *Berufsverband Deutscher Psychologinnen und Psychologen e.V.*, Berufsordnung für Psychologen. Report Psychologie 1999, 7.

[2] *Wienand* S. 44.

[3] Wie *Schütz/Jopt* ZfJ 1988, 356 vorschlagen.

[4] Ausführlich dazu *Wolfslast* MSchrKrim 1979, 76–90.

[5] SachvG über öffentlich bestellte und beeidigte Sachverständige vom 11. Oktober 1950 (Bay. BS IV S. 73), zuletzt geändert durch Gesetz vom 24. 7. 1974 (GVBl. S. 354).

[6] Zu der der Berufsverband Deutscher Psychologinnen und Psychologen und die Deutsche Gesellschaft für Psychologie gehören.

erreicht werden.[7] Die Weiterbildung wird mit einer Prüfung abgeschlossen und mit einem Zertifikat „Fachpsychologe für Rechtspsychologie" beurkundet. Die Anforderungen an die Zertifizierung umfassen 375 Stunden Weiterbildung, sie geschieht berufsbegleitend. Dazu gehört zusätzlich die regelmäßige Teilnahme an einem Supervisionsteam, dem sogenannten Fachteam. Daneben wurde eine Übergangsregelung für bereits praktizierende psychologische Sachverständige erlassen.[8]

Der von der Förderation verliehene Titel „Fachpsychologe für Rechtspsychologie" garantiert zumindest eine theoretische und in gewissen Ausmaßen auch praktische Kompetenz. Der Titel kann auch aberkannt werden.

Unabhängig von der Weiterbildung zum „Fachpsychologen für Rechtspsychologie" bietet die Sektion Rechtspsychologie des Berufsverbandes der Psychologen (BDP) zusätzliche Fortbildungsveranstaltungen an, um dem praktizierenden psychologischen Sachverständigen neuere Entwicklungen auf dem forensischen Gebiet zu vermitteln.

Einige Verbände und Kammern bieten zusätzlich Sachverständigen-Bürozertifizierung nach ISO 9001 und/oder Personenzertifizierung nach der Norm 45.0013 an, die als Qualitätsmerkmal europaweit anerkannt ist. Der Berufsverband Deutscher Psychologinnen und Psychologen (BDP) hat mittlerweile ebenfalls Kontakt zum Deutschen Institut für Normierung (DIN) in Berlin aufgenommen, um eine Qualitätsstrategie für Testverfahren in Gang zu setzen und zu verhindern, dass Entscheidungsverantwortliche ihr Urteil ausschließlich subjektiv fällen.[9]

Zusätzlich wurden durch das Testkuratorium der Föderation der deutschen Psychologenverbände[10] standespolitisch Anstrengungen unternommen, um mit der Formulierung von Standards zur Testentwicklung sowie der Beschreibung von Kriterien für die Beurteilung von Tests Transparenz auf dem Diagnostiksektor zu erreichen.

Abgesehen von diesen formalen Kriterien sollte der Dialog zwischen Familienrichtern und Sachverständigen weiter intensiviert und damit verbessert werden.[11] An den Richterakademien in Trier und Wustrau referieren vereinzelt psychologische Sachverständige. Bei anderen Veranstaltungen gibt es aber mit Ausnahme des Familiengerichtstages kaum Berührung.

Eine Reihe von Publikationen, auch im juristischen Schrifttum, zu Gutachtenstandards[12] können auf die sachverständige Tätigkeit rückwirken, wenn die Juristen in die Lage versetzt werden, sachverständiges Handeln besser zu kontrollieren und zu bewerten.

Zu begrüßen sind die verschiedenen Arbeitskreise,[13] die sich mancherorts gebildet haben. Es ist dabei zu beobachten, dass viele psychologische Sachverständige der Beschäftigung mit juristischen Inhalten eher ablehnend gegenüberstehen und von daher eine gewisse Scheu entwickelt haben, sich mit juristischen Berufsgruppen in Diskussionen einzulassen.

Um die Qualifikation der psychologischen Sachverständigen zu erhöhen, sind auch die juristischen Berufsgruppen gefordert, sich wegen der Kompetenz des Sachverständigen

---

[7] Zur Weiterbildung *Balloff* FPR 1995, 176–179.

[8] Verabschiedet vom Akkreditierungsausschuss für die Weiterbildung in Rechtspsychologie am 28. 1. 2000, Report Psychologie 2000, 303–304.

[9] *Rüssmann-Stöhr* Report-Psychologie 2000, 83; *Heyse* Report Psychologie 2000, 422–423; DIN 33430 für Eignungsdiagnostik, Report Psychologie 2000, 712.

[10] Diagnostica 1986, 358–360; Psychologische Rundschau 2000, 222–224.

[11] Auf die Wechselwirkung weist *Willutzki* Kind-Prax 1999, 3–7 hin.

[12] *Kühne* FPR 1996, 184–187.

[13] Siehe auch *Haase/Salzgeber* ZfJ 1994, 10–17; *Bacher/Jätzold/Loudwin/Niklasch* ZfJ 1996, 407–414; *Bertel* FamRZ 1994, 220.

und der fachlichen Anforderungen an ein sachverständiges Vorgehen zu informieren. Dazu können in der mündlichen Verhandlung zur Person und zur Qualifikation Fragen gestellt werden.

Daneben leistet die Rechtsprechung, wie die des BGH, einen wertvollen Beitrag, die beiden Berufsgruppen, psychologische Sachverständige und Juristen, näher zusammenzubringen, da einerseits Qualitätsanforderungen an den Sachverständigen in bestimmten Bereichen definiert werden, andererseits sich eine Übertragung der psychologischen Fachwissenschaften in juristische Anwendungsbereiche vollzieht, die von den Juristen adaptiert werden, was ein breiteres Verständnis für psychologisches Vorgehen bedingt. Auch die obergerichtliche Rechtsprechung befasst sich immer mehr mit den Aufgaben und der Qualifikation des psychologischen Sachverständigen.[14] Es ist zu hoffen, dass die Sachverständigen die gerichtlichen Entscheidungen zur Kenntnis nehmen, die verkernt meist in der „Praxis der Rechtspsychologie", dem Organ der Sektion Rechtspsychologie im Berufsverband Deutscher Psychologinnen und Psychologen e.V., veröffentlicht werden.

Der Austausch der psychologischen Sachverständigen mit der Berufsgruppe der Anwälte ist noch bescheidener als der mit den Familienrichtern. Hier besteht noch eine größere Berührungsangst, die auf den Arbeitskreisen und Fachtagungen überwunden werden muss.

Die fachliche Zusammenarbeit sollte auf die Jugendamtsmitarbeiter[15] und andere am Scheidungsgeschehen beteiligte Personen ausgeweitet werden. Dies ist in vielen Orten bereits der Fall und auch Gegenstand von Tagungen.

Nicht zuletzt helfen Verbände, die die Interessen der Betroffenen im Trennungskonflikt vertreten, sachverständiges Handeln zu kontrollieren, indem sie befähigt werden, kritische Fragen an den einzelnen psychologischen Sachverständigen zu stellen.[16]

Der Expertenstatus kann sich aber nur aufrechterhalten und rechtfertigen lassen, wenn dem praktisch tätigen Psychologen von der Forschung Begründungswissen zur Verfügung gestellt wird. Weiter ist die Entwicklung von Methoden voranzutreiben, die auf die besonderen Fragestellungen des Familiengerichts abgestimmt sind.[17] Die Dimensionen wie Stress- und Stützfaktoren, Kooperationsfähigkeit usw. sind zu präzisieren und die Möglichkeiten der Operationalisierung aufzuzeigen. Während sich die forensischen Psychologen noch überwiegend mit Straftätern, Glaubhaftigkeitsbegutachtungsfeldern und Forschungen hierüber befassen, ist der Bereich der Familienpsychologie von der Rechtspsychologie vernachlässigt. Es werden immer Forschungsergebnisse zur Verfügung gestellt, deren Anwendung für die familienforensischen Fragen noch nicht überprüft ist. Eine intensivere Zusammenarbeit zwischen den einzelnen Universitätsinstitutionen und den praktisch tätigen Sachverständigen wäre zu wünschen und zu fordern.

Erste katamnestische Untersuchungen zu Planung und Durchführung von Gutachten helfen deren forensischen, aber auch deren Interventionswert zu klären.[18] Eine qualifi-

---

[14] OLG München FuR 1999, 338.

[15] *Grosse* ZfJ 1982, 504–518.

[16] Siehe homepage www.pappa.com.

[17] Vorschläge machen hier *Hartmann et al.*, in: Hartmann/Haubl (Hrsg.), Psychologische Begutachtung, S. 75–126, „quantifizierende Einzelfallanalyse"; *Wegener/Steller* Zeitschrift für Differentielle und Diagnostische Psychologie 1986, 103–126.

[18] So die Arbeiten von: *Klüber*, Psychologische Gutachten für Familiengerichte, 1998; *Terlinden-Arzt*, Psychologische Gutachten für das Familiengericht, 1998; *Lempp*, in: Hommers (Hrsg.), Perspektiven der Rechtspsychologie, S. 147–160.

zierte Untersuchung zur Zufriedenheit der Betroffenen bezüglich der Tätigkeit des psychologischen Sachverständigen steht dagegen noch aus.[19]

Eine weitere dringende Voraussetzung ist das Fachteamgespräch, das für die Weiterbildung der Rechtspsychologie obligatorisch zu bewerten ist. Forensische Kompetenz kann nur in der praktischen Arbeit erworben werden. Hierzu ist die enge Zusammenarbeit mit erfahrenen Kollegen notwendig. Im Einzelfall kann der Zusammenschluss von Sachverständigen in einem Gutachtensinstitut zur Kompetenzerweiterung betragen, um sicherzustellen, einschlägige Informationen zu erhalten, aber auch um sich offen kollegial austauschen zu können.

---

[19] So auch *Fegert* FPR 1997, 73.

O. Kooperation in Familienkonflikten

Im § 28 SGB VIII wird Interdisziplinarität der Erziehungsberatungsstellen gefordert. Auch die übrigen an der Lösung von Familienkonflikten beteiligten Stellen bieten verschiedene Fachkompetenzen an.[1] Wie diese Interdisziplinarität konkret im Einzelfall genutzt werden kann, bedarf einer genaueren Untersuchung. Der Gesetzeswortlaut wird jedoch verkürzt interpretiert, wenn sich Kooperationsbereitschaft zum Beispiel darin erschöpft, dass der Richter Sachverständige einbezieht oder der Sachverständige Beratung, Mediation oder Therapie empfiehlt.

Interdisziplinarität – wie vom SGB VIII gefordert – kann nur dann zum Wohle der Familie eingebracht werden, wenn sich die einzelnen Dienste untereinander kennen. Dabei sollte zumindest das unterschiedliche Leistungsangebot bekannt sein, hilfreicher ist es, wenn sich die beteiligten Personen so weit wie möglich kennen lernen; Interdisziplinarität im Sinne konkreter Hilfe für die Familie muss „vor Ort" geschehen. Bei speziellen Problemen sollten Fachkräfte verschiedener Fachrichtungen zusammenwirken, und ein breites Spektrum methodischen Handelns soll berücksichtigt werden, um bei Fragen der Trennung und Scheidung den Betroffenen klärend und bewältigend zur Seite stehen zu können.

Die Kompetenz der Berufsgruppen kommt nur zum Tragen, wenn diese offen legen, nach welcher Art und Weise sie handeln, welche Grundeinstellung sie haben. Dabei gilt es nicht nur, die verschiedenen Angebote zu koordinieren, sondern auch die unterschiedlichen Arbeitskonzepte zu berücksichtigen,[2] damit die einzelnen angemessenen Interventionsmöglichkeiten für die Anspruchsberechtigten zur rechten Zeit angeboten werden können. Generell gilt: Etwaige Helfer dürfen als Beteiligte ihr Selbstverständnis nicht verkennen und die ihnen zugedachten Rollen überschreiten. Der Staat ist kein Vormund, der Sachverständige kein Richter und der Richter kein Psychotherapeut.[3]

Die Aufgabe, der sich trennenden Familie zu helfen, wird nach dem SGB VIII nicht nur den staatlichen Jugendhilfebehörden[4] zugewiesen. Es gilt das Subsidiaritätsprinzip gemäß § 5 SGB VIII. Eine Festlegung auf eine bestimmte Methode bzw. ein theoretisches Modell erfolgt im SGB VIII nicht.

Trotz der Aufforderung nach Zusammenarbeit der Dienste im Rahmen der Neuorientierung durch das SGB VIII[5] sind jedoch weiterhin die rechtsstaatlichen Grundsätze im gerichtlichen Verfahren, insbesondere das rechtliche Gehör der Betroffenen und der Datenschutz, zu beachten. Kooperation verschiedener Institutionen darf nicht in versteckter Form stattfinden, sondern muss für alle Beteiligten erkennbar, einschätzbar und ablehnbar sein.[6] Die Betroffenen dürfen nicht Objekte der Beratung werden, die zwischen den Be-

---

[1] *Böhm/Scheuerer-Englisch,* in: Buchholz-Graf/Vergho (Hrsg.), Beratung für Scheidungsfamilien, S. 121–147.

[2] Siehe auch *Bacher/Jätzold/Loudwin/Niklasch* ZfJ 1996, 407–414; *Bertel* FamRZ 1994, 220.

[3] So *Schleiffer,* in: Remschmidt (Hrsg.), Kinderpsychiatrie und Familienrecht, S. 33.

[4] *Anderson/Fischer* ZfJ 1993, 319; *Coester* FamRZ 1992, 617 ff.; *Zettner* FamRZ 1993, 621 ff.

[5] *Coester* FamRZ 1991, 253 ff.

[6] *Nothacker* ZfJ 1993, 433 ff.

ratungsstellen „verschoben" werden. Beratung darf nicht zu einer Verordnung eines Betreuungsmodells führen. Scheidungs- und Trennungsberatung ist ein Angebot, das nicht aufgezwungen werden kann.[7] Noch mehr gilt dies für eine Sachverständigenintervention im Sinne einer verdeckten Familientherapie.[8]

Was für eine Therapie selbstverständlich ist – eine Eingangsdiagnostik und die Zuordnung des Problems zur richtigen Therapie –, sollte auch für den Scheidungskonflikt gelten. Es kann nicht dem Wohle der Betroffenen dienen, ihnen irgendwelche Hilfsangebote überzustülpen, ohne genau zu wissen, was diese Hilfen beinhalten. Das heißt im Einzelnen: Man muss z. B. als Sachverständiger wissen, welche Maßnahmen die Jugendhilfe zur Verfügung stellen kann, welche Kinder-Therapie welcher Kollege anbietet, ob z. B. bei einer analytischen Kindertherapie auch die Eltern mit einbezogen werden, wenn man diese Intervention im Einzelfall für angemessen halten würde. Zwar wird in wenigen Fälle eine Therapie angezeigt sein, aber ob Trennungsberatung, Mediation[9] oder Erziehungsberatung[10] die Methode der Wahl im Einzelfall sein wird, ist nicht leicht zu beantworten, kann aber nur dann annähernd richtig bestimmt werden, wenn die unterschiedlichen Vorgehensweisen auch bekannt sind. Zum Beispiel ist es wichtig zu wissen, welche Institution den Kontakt des Kindes zu einem Elternteil anbahnt, auch bereit ist, einen schnellen ersten Termin z. B. für eine Beratung zu geben.

Der Kontakt mit Interessensvertretern und Verbänden bietet die Möglichkeit, die oftmals heftig vertretenen Positionen zu verstehen und eine professionelle Zusammenarbeit zu erreichen.

Nicht zuletzt hilft die offene Diskussion im interdisziplinären Rahmen, einseitige (möglicherweise vorgeprägt aus der Arbeit mit speziellen familiären Problemkonstellationen) Vorgehensweisen und den eigenen Standpunkt immer wieder zu hinterfragen. Nicht zuletzt muss sich dann jede Maßnahme bezüglich ihrer Angemessenheit und Wirksamkeit der interdisziplinären Diskussion und Beurteilung stellen.

Um die verschiedenen Interventionen besser auf den forensischen Verfahrensablauf abstimmen zu können, sollte die Mitteilung der Verhandlungstermine und die Übersendung der Gutachten des Sachverständigen an das Jugendamt/ASD selbstverständlich sein. Dem Jugendamt würde dabei die Aufgabe, auf das familiengerichtliche Verfahren im Sinne des Kindeswohls Einfluss zu nehmen, im Sinne eines Case-Managers, erleichtert werden.

Stets sind datenschutzrechtliche Bestimmungen im Rahmen dieses Informationsaustausches zu berücksichtigen, jedoch bei Einverständnis der Eltern ein überwindbares Hindernis. Durch Überzeugungsarbeit – nicht Überredung – kann bei den Betroffenen das Verständnis für die Notwendigkeit der Informationsweitergabe geweckt werden. Der Datenschutz ist im sozialen Bereich zwar strikt und umfassend (siehe §§ 61 ff. SGB VIII), allerdings ist im Rahmen des gesetzlichen Auftrages gemäß § 50 SGB VIII die Weitergabe persönlicher Daten grundsätzlich zulässig, wenn die Betroffenen vorher ordnungsgemäß aufgeklärt worden sind (Grundsatz der Transparenz, vgl. die §§ 35 III SGB I; 61–68 KJHG-SGB VIII, 67–77 SGB X).

Nach Abschluss des gesamten Verfahrens ist das Ergebnis möglichst an alle Beteiligten, soweit die Schweigepflichtsentbindung vorliegt, mitzuteilen, so dass überprüft werden kann, ob die Bemühungen der einzelnen Fachkräfte hilfreich waren. Der Informations-

---

[7] *Oberloskamp/Adams*, Jugendhilferechtliche Fälle für Studium und Praxis, 1991.
[8] *Spangenberg/Spangenberg* FamRZ 1990, 1321 ff.
[9] *Balloff/Walter* ZfJ 1993, 65 ff.; *Proksch* FamRZ 1989, 916 ff.
[10] *Schmidt*, in: Informationen für die Erziehungsberatungsstellen, 1993, S. 12 ff.

austausch erfolgt grundsätzlich unter Berücksichtigung des Daten- und Vertrauensschutzes, ansonsten aufgrund der Einwilligung der Betroffenen. Dadurch wird verhindert, dass Fehler wiederholt werden und kontraproduktive Verhaltensweisen sich verfestigen. Informiert werden sollten vor allem Berater, Mediatoren und Sachverständige. Das Jugendamt bzw. der ASD werden kraft Gesetzes verständigt.

P. Gutachtenkosten und Entschädigung des Sachverständigen

Während die Erstattung der Gutachtenkosten über die Prozessordnung durch das Gerichtskostengesetz oder Kostenordnung geregelt wird, richtet sich die Höhe der Entschädigung des Sachverständigen nach dem ZSEG.[1] In der Diskussion ist eine Novellierung dieser gesetzlichen Grundlagen in einem Justizentschädigungsgesetz.[2]

1. Gutachtenkosten

Nach der Kostenordnung des FGG gehören zu den Kosten einmal die Gerichtskosten[3] und zum anderen die Auslagen. Die Sachverständigenkosten werden zu den Auslagen gerechnet.[4] Die Gutachtenkosten setzen sich aus der Entschädigung des Sachverständigen und dessen zusätzlichen Auslagen zusammen, die dieser für die Gutachtenerstellung benötigt und die er gegenüber dem Gericht als seinem Auftraggeber eingereicht hat.

Bei isoliert durchgeführten Verfahren sind die Auslagen kraft Gesetzes allen Personen zu berechnen, die Anträge stellen können. Die Sachverständigenkosten sind somit grundsätzlich beiden Parteien aufzubürden.[5] Wenn die elterliche Sorge, das Umgangsrecht oder die Herausgabe des Kindes im Rahmen des Verbundverfahrens behandelt werden, gilt dennoch, dass die Kosten nach § 93 a ZPO gegeneinander aufgehoben werden, also jede Partei ihre eigenen Kosten sowie die Hälfte der Gerichtskosten trägt.[6] Soweit Prozesskostenhilfe für beide Parteien gewährt worden ist, trägt der Staat die Kosten. Hat nur ein Elternteil Prozesskostenhilfe bewilligt bekommen, so trägt der andere Elternteil die Kosten für die Auslagen und somit auch die Gutachtenkosten allein.

Der Sachverständige seinerseits hat zu bedenken, dass, wenn auch in vielen Fällen die Betroffenen Prozesskostenhilfe erhalten, im Familiengerichtsverfahren prinzipiell das Kostenteilungsprinzip herrscht, wobei dem Gericht eine Abweichung von diesem Prinzip aus Billigkeitsgründen gestattet ist.[7] Aus diesem Grunde achten die Kostenbeamten und Bezirksrevisoren besonders darauf, dass keine überhöhten Kostenrechnungen gestellt werden – auch bezüglich des Stundensatzes –, damit die Staatskasse nicht zu sehr belastet

---

[1] Ein Standardwerk bezüglich des ZSEG, nach dem sich die Kostenbeamten richten, ist der von *Höver* (Gesetz über die Entschädigung von Zeugen und Sachverständigen) bearbeitete Kommentar. Weitere Ausführungen zum ZSEG finden sich in: Kostengesetze, 16. Aufl. 1991; Kostenrechtsprechung, bearbeitet von *Lappe et al.*, Loseblattsammlung.

[2] Zu dieser Diskussion *Rollmann* DS 1999, 9, S. 11.

[3] Zur Frage, ob Gerichtskostengesetz oder Kostenordnung beim Sachverständigengutachten zur Anwendung kommt, siehe OLG Frankfurt FamRZ 1994, 253.

[4] Nach § 137 KostO sonstige Auslagen.

[5] Auf die finanzielle Belastung für die Betroffenen weist *Koritz-Dohrmann* FPR 1996, 304–306 hin; ebenso *Koritz* FPR 1995, 90.

[6] Zur Kostenverteilung: *Finke* FPR 1996, 164.

[7] So *Brüggemann* FamRZ 1977, 13.

wird. Der Kostenbeamte kann aber dem Familienrichter keine Vorschriften machen, etwa einen günstigeren Sachverständigen zu beauftragen oder weniger Gutachten in Auftrag zu geben, um Kosten zu sparen. Die Höhe der Gutachtenkosten wirkt sich aber auf die Bereitschaft des Familienrichters aus, Sachverständige zu beauftragen, unabhängig vom in Rechnung gestellten Stundensatz.[8]

Nach § 379 ZPO besteht in der Regel auch im Familiengerichtsverfahren Vorschusspflicht, die bereits im Gutachtenauftrag mit Beweisbeschluss des Familiengerichts festgelegt wird. Das Familiengericht darf die Beauftragung eines Sachverständigen aber nicht von der Zahlung eines Vorschusses abhängig machen, da nach § 12 FGG Amtsermittlungsgrundsatz besteht. Das Familiengericht hat die Beweisaufnahme durchzuführen, auch wenn der Vorschuss von einem Elternteil oder von beiden nicht geleistet wird.[9] Die Vorschussregelung bedeutet übrigens nicht, dass die Sachverständigenentschädigung vom eingezahlten Vorschuss abhängig ist.

Im Interesse der Betroffenen hat das Familiengericht die Kosten vorab zu erfragen und den Betroffenen mitzuteilen, wobei der Kostenrahmen des Sachverständigen nur eine grobe Schätzung sein kann. Der Kostenvorschlag hat den Sinn, dem Familienrichter oder den Betroffenen die Möglichkeit zu geben, von einer Begutachtung abzusehen oder eine kostengünstigere Lösung zu suchen, z. B. auf die Erstellung eines schriftlichen Gutachtens zu verzichten[10] oder die Explorationen nur in der Praxis des Sachverständigen und mit Verzicht auf einen Hausbesuch durchzuführen.[11]

2. Entschädigung des Sachverständigen

Die Entschädigung wird nicht vom Familienrichter, sondern vom Kostenbeamten festgesetzt. Der Kostenbeamte kann allerdings den Familienrichter befragen, ob das Gutachten dem Auftrag entsprochen hat. Bei einer solchen Äußerung des Familienrichters handelt es sich nicht um eine richterliche Festsetzung nach § 16 ZSEG.

a) Antrag auf Entschädigung. Die Entschädigung des Sachverständigen setzt einen entsprechenden Antrag voraus, da der Sachverständige nur auf Verlangen entschädigt wird (§ 15 Abs. 1 ZSEG). Wer keine Rechnung stellt, bekommt keine Entschädigung, wer wenig beansprucht, erhält auch wenig.

Der Sachverständige ist aufgrund seines öffentlich-rechtlichen Pflichtverhältnisses gehalten, die Entschädigungsforderung ordnungsgemäß zu erstellen.[12] Anspruchsvoraussetzung ist, dass das Gutachten dem erteilten Auftrag entspricht.

Der Sachverständige hat jedoch keine Möglichkeit, seine Entschädigung mit dem Gericht auszuhandeln, selbst wenn das Gericht eine vom ZSEG abweichende Zusicherung macht.[13]

Der Anspruch auf Entschädigung besteht auch, wenn es nicht zu einer Begutachtung oder Ausarbeitung eines Gutachtens kommt, ohne dass der Sachverständige dies zu ver-

---

[8] *Lönnies* FPR 1996, 191.

[9] OLG Zweibrücken FamRZ 1982, 530; AG Hamburg ZSW 1987, 126.

[10] AG Hamburg ZSW 1987, 126.

[11] OLG Hamburg ZSW 1987, 129.

[12] OLG Zweibrücken DS 1988, 107; das sich auf den öffentlich vereidigten Sachverständigen bezog.

[13] *Hesse* NJW 1969, 2264.

treten hat,[14] oder wenn das Gutachten nicht verwertet wird, weil die Betroffenen es für unrichtig halten.[15]

Die Entschädigungsordnung nach dem ZSEG regelt nur die Ansprüche, die der Sachverständige gegenüber der Gerichtskasse hat, nicht auch Ersatz für Folgen eines Unfalls auf dem Weg zu einem Gerichts- oder Begutachtungstermin.[16]

Dem Sachverständigen kann auf Antrag ein Vorschuss bewilligt werden, wenn er die Mittel für eine Reise nicht aufbringen kann oder wenn ihm wegen der Höhe der Reisekosten nicht zugemutet werden kann, diese aus eigenen Mitteln aufzubringen.

Die Ansprüche muss der Sachverständige rechtzeitig geltend machen, sie verjähren nach § 196 Abs. 1 Nr. 17 BGB in zwei Jahren nach dem Schluss des Jahres, in welchem der Anspruch entsteht.[17] Der Sachverständige kann einen Rechnungssteller, z. B. die Klinikverwaltung, ermächtigen und beauftragen, seine Rechnung zu stellen.[18] Aus dieser Vorgehensweise begründen sich keine Zweifel an der Unabhängigkeit der Sachverständigen.[19]

b) Gerichtliche Festsetzung. Der Sachverständige hat die Möglichkeit, gerichtliche Festsetzung der Entschädigung zu beantragen, wenn der Kostenbeamte z. B. nach der Auffassung des Sachverständigen die Kostennote unzulässig kürzt. Die gerichtliche Festsetzung nach § 16 Abs. 1 S. 1 ZSEG setzt voraus, dass das Gericht insgesamt die Entschädigung nach Art und Höhe ziffernmäßig festlegt.[20] Die Festsetzung kann der Sachverständige mit Beschwerde anfechten. Beschwerdeberechtigt sind nur der Sachverständige oder die Staatskasse, nicht die Parteien. Die Beschwerde ist nicht an eine Frist gebunden.

Über die Beschwerde bezüglich einer Festsetzung des Familiengerichts entscheidet das OLG (Kostensenate). Der Beschwerdewert muss DM 100,– übersteigen. Bei der Beschwerde handelt es sich um ein echtes Rechtsmittelverfahren. Dies bedingt, dass der Beschwerdeführer im Endergebnis nicht schlechter gestellt werden darf als bei der erstinstanzlichen Festlegung der Sachverständigenentschädigung. Eine weitere Beschwerde zum BGH ist nicht zulässig. Das Verfahren ist mit keinem Kostenrisiko verbunden, da kostenfrei; es besteht auch kein Anwaltszwang.[21] Ob sich der Aufwand im Einzelnen rechnet, sollte überlegt werden.[22]

Ist der Antrag auf Festsetzung gestellt, so hat die Behörde ihrerseits die Festsetzung unverzüglich zu bewirken. Dem Sachverständigen ist es nicht zuzumuten, bis zum Ausgang eines langwierigen Prozesses zu warten, ehe er seine Entschädigung bekommt.

c) Höhe der Entschädigung. Die Entschädigung umfasst nach § 3 ZSEG einmal den sachlich erforderlichen zeitlichen Arbeitsaufwand, der objektiv erforderlich ist für Aktenstudium,[23] Untersuchungen, Reisezeit,[24] Abfassung, Diktat und Durchsicht des Gutach-

---

14 Vgl. *Fritze/Viefhues* S. 7; *Hesse* NJW 1969, 2266.

15 OLG Düsseldorf DS 1993, 11, S. 3.

16 Vgl. *Fritze/Viefhues* S. 8.

17 *Jessnitzer* DS 1986, 4, S. 71.

18 Punkt 4. des Merkblatts für den Sachverständigen S 102; Bund S 243 – Fassung 1.77.

19 OLG Düsseldorf, Az. 3 UF 240/57.

20 OLG Düsseldorf ZSW 1987, 45.

21 So *Jessnitzer* DS 1986, 71.

22 Siehe *Lempp/Schütze/Köhnken,* in: Lempp/Schütze/Köhnken (Hrsg.), Forensische Psychiatrie und Psychologie des Kindes- und Jugendalters, S. 20.

23 Gelegentlich wird von Kostenbeamten für 150 Aktenblätter eine Stunde für die Durchsicht mit Bezug auf LSG Stuttgart, L 9 Ko 145/76.2, genehmigt; realitätsgerechter geben *Lempp/Schütze/Köhnken,* in: Lempp/Schütze/Köhnken (Hrsg.), Forensische Psychiatrie und Psychologie des Kindes- und Jugendalters, S. 19 eine Stunde für ca. 60 Seiten an.

24 Vgl. *Jessnitzer* DS 1991, 235; muss der Sachverständige von einem anderen Ort, z. B. Urlaubsort, seine

tens.[25] Für diese erbrachte Leistung steht dem Sachverständigen ein angemessener Stundensatz zu, zudem eine Entschädigung für den tatsächlichen und notwendigen finanziellen Aufwand, der ihm durch den Begutachtungsauftrag entsteht (Fahrtkosten 0,52 DM per km; tatsächliche Kosten für Telefoneinheiten; Porto; 4 DM pro geschriebene Seite; 1,00 DM für die ersten 50 Kopien, alle weiteren Kopien: 0,30 DM für jede Kopie). Bei Reisekosten ist immer die kostengünstigste Variante (auch in Abwägung der Reisezeit zu den Reisekosten) zu wählen, bei längeren Strecken wird dies das Flugzeug sein. Im Zweifelsfall lohnt es sich, den Kostenbeamten zu fragen, um sich langwierige Kostenangebotsvergleiche zu sparen. Daneben können Zehr- und Übernachtungsgeld in Rechnung gestellt werden.

Wird der Sachverständige zur mündlichen Verhandlung geladen, kann die Entschädigung meist bei der Zahlstelle ausbezahlt werden, es kann aber auch schriftlich der Antrag gestellt werden, auf der Grundlage des Formblattes, das dem Sachverständige oftmals nach der Anhörung vom Familienrichter übergeben wird.

Objektiv erforderlicher Zeitaufwand ist nicht gleichzusetzen mit der tatsächlich vom Sachverständigen aufgewendeten Zeit. Dies besagt, dass die Zeit entschädigt wird, die ein Sachverständiger mit durchschnittlicher Befähigung und Erfahrung bei sachgemäßer Auftragserledigung und durchschnittlicher Arbeitsintensität benötigt hätte.[26] Die letzte begonnene Stunde – des gesamten Begutachtungsverfahrens – kann aufgerundet werden.

In der Regel ist der vom Sachverständigen angegebene Zeitaufwand vom Gericht nicht in Frage zu stellen,[27] außer es besteht eine außergewöhnliche Diskrepanz zwischen erbrachter Leistung und Zeitaufwand oder das Familiengericht hat konkrete Anhaltspunkte, diesen Zeitaufwand in Frage zu stellen.

Ein erforderliches Literaturstudium kann in Rechnung gestellt werden, wenn auch ein durchschnittlich erfahrener Sachverständiger zur sachgemäßen und gewissenhaften Ausarbeitung des Gutachtens Literatur heranziehen würde, wobei ein vertretbares Maß eingehalten werden muss.[28] Die Kenntnis der allgemeinen einschlägigen Literatur muss allerdings vorausgesetzt werden.[29]

Gemäß § 3 Abs. 2 ZSEG liegen die Stundensätze derzeit bei 50 DM bis 100 DM. Wenn über die Höhe der Stundensätze zwischen den Parteien und dem Sachverständigen keine Vereinbarung geschlossen worden ist, kann der durch das ZSEG festgelegte Rahmen nicht überschritten werden.[30] Die Vereinbarung eines über dem ZSEG liegenden Stundensatzes ist im familiengerichtlichen Verfahren bisher nicht üblich und im Schrifttum nicht bekannt. In den neuen Bundesländern ist der Satz derzeit nach dem Einigungsvertrag, Kapitel III, um 10–20 % verringert, wobei sich in der Praxis die Stundensätze langsam annähern. Vereinzelt wird immer noch ein Stundensatz von DM 80,00 DM für die Tätigkeit des psychologischen Sachverständigen als angemessen erachtet.[31] Der Höchststundensatz von 100,00 DM besitzt Ausnahmecharakter und steht auch einem besonders qualifizierten

---

Reise zum Gerichtstermin antreten, so hat er Anspruch auf Reisekostenentschädigung, wenn er dies nach Erhalt der Ladung unverzüglich dem Gericht mitteilt.

[25] *Lempp/Schütze/Köhnken*, in: Lempp/Schütze/Köhnken (Hrsg.), Forensische Psychiatrie und Psychologie des Kindes- und Jugendalters, S. 19, geben eine Stunde für ca. 6 Seiten an.

[26] LSG Rheinland-Pfalz Medizin im Sozialrecht 1986, 441; OLG Hamm DS 1987, 198.

[27] OLG Düsseldorf ZSW 1986, 129.

[28] LSG Baden-Württemberg Medizin im Sozialrecht 1986, 434.

[29] LSG Bayern Medizin im Sozialrecht 1986, 434.

[30] OLG Nürnberg FamRZ 1999, 1513.

[31] AG Kerpen FamRZ 1998, 41; 75 DM AG Tempelhof-Kreuzberg FamRZ 1996, 1563.

Sachverständigen nicht als Regelsatz, sondern nur in Ausnahmefällen bei Spitzenleistungen und außergewöhnlichen Schwierigkeiten zu.[32]

Bei überdurchschnittlich schneller Erstattung des Gutachtens kann der Stundensatz gemäß § 3 Abs. 2 ZSEG angehoben werden, bei besonders langsamer Erstellung des Gutachtens kann der Stundensatz wegen unterdurchschnittlicher Schwierigkeit gesenkt werden.[33]

Der hauptberufliche Sachverständige kann zu den Stundensätzen einen Zuschlag bis zu einer Höchstgrenze von 50 % verlangen.[34] Voraussetzungen hierfür sind zwei Faktoren: erstens die Höhe der vom Sachverständigen für eine vergleichbare Tätigkeit im außergerichtlichen Bereich erzielbaren Entgelte und zweitens der Umfang seiner gerichtlichen im Verhältnis zu seiner außergerichtlichen Tätigkeit.[35] Nach § 3 Abs 3 ZSEG kann der Grundbetrag nach billigem Ermessen bis zu 50 von Hundert überschritten werden, wenn der Sachverständige durch die Dauer und Häufigkeit seiner Heranziehung einen nicht zumutbaren Erwerbsverlust erleiden würde.[36] Unabhängig davon kann der Zuschlag auch bei besonders schwierigen Fällen in Anspruch genommen werden.

Unterlässt der Sachverständige Angaben zu seiner Inanspruchnahme als Sachverständiger, wird ihm allenfalls der mittlere Zuschlag von 25 % gewährt werden.[37]

Die Höhe der Entschädigung und des Zuschlages in besonders schwierigen Fällen richtet sich nach dem Grad der erforderlichen Fachkenntnisse – wobei die Anforderung an einen akademischen Grad bereits diesen Gesichtspunkt rechtfertigt –, der Schwierigkeit des Falles und den besonderen Umständen, unter denen das Gutachten zu erstatten war. Dazu gehören Zeitdruck, besondere Gefahren und Belästigungen, besonders schwierige Explorationen[38] und die Auseinandersetzung mit der wissenschaftlichen Lehre, um den Ansatz zu entwickeln, aus dem heraus die konkrete Sache beurteilt wird.[39] Diese Auseinandersetzung muss aber im Gutachten ersichtlich sein.[40] Es reicht nicht aus, sich im Gutachten auf die im Schrifttum vertretenen Auffassungen zu beziehen[41] oder nur Methoden und Kriterien anzugeben, nach der eine Person untersucht worden ist.[42]

Der Zuschlag dient allein dem Ausgleich von Nachteilen, die ein einzelner Sachverständiger durch die Heranziehung durch Rechtsorgane erleidet, im Vergleich zu Kollegen, die auf dem freien Markt arbeiten. Die allgemeine Geldentwertung ist kein besonderer Um-

---

[32] OLG Nürnberg FamRZ 1999, 1513.

[33] OLG Koblenz ZSW 1985, 134.

[34] Um den Zuschlag von 50 % in Anspruch nehmen zu können, muss der Sachverständige seine Einkünfte zu mindestens 75 % aus der Gutachtertätigkeit beziehen (*Jessnitzer* DS 1988, 170). *Bischof* ZSW 1988, 2 führt aus, dass es strittig ist, ob 66,66 % genügen oder ob es 75 % sein müssen. Wer viel für Gerichte arbeitet und nahezu seine gesamten Berufseinkünfte als Sachverständiger für Gerichte erzielt, erhält in der Regel auch 50 % Zuschlag; Der Sachverständige kann verpflichtet werden, seine hauptberufliche Tätigkeit als Gutachter z. B. durch Vorlage einer Bestätigung durch den Steuerberater nachzuweisen, siehe: OLG Saarbrücken Rpfleger 1988, 165.

[35] Vgl. *Jessnitzer* DS 1991, 298; BayObLG, Az. 3 Z 140/88.

[36] Hierfür hält das AG Tempelhof-Kreuzberg FamRZ 1996, 1563 20 % für ausreichend, da dies hochgerechnet zu einem Jahresbruttoverdienst von 157 320,00 DM führen würde.

[37] *Lönnies* FPR 1996, 194.

[38] Vgl. *Jessnitzer/Frieling* S. 267.

[39] OLG Koblenz NJW 1974, 2056.

[40] OLG Düsseldorf DS 1988, 134.

[41] KG Berlin NJW 1970, 1241.

[42] OLG Koblenz FamRZ 1998, 41.

stand, der eine Erhöhung rechtfertigt.[43] Es ist auch nicht Funktion des Zuschlages, eine Gleitklausel für zukünftige Preissteigerungen zu sein.[44]

d) Kürzung und Verweigerung der Entschädigung.

Ist abzusehen, dass der Sachverständige den von ihm gegebenen Kostenrahmen überschreiten wird, so hat er den Familienrichter darauf hinzuweisen, und zwar unter Angabe von DM-Beträgen. Dies gilt auch, wenn für ein Gutachten bis zu 100 Stunden anfallen werden.[45]

Als durchschnittliche Gutachtenskosten im Sorgerechtsverfahren gelten 4000 DM bis 6000 DM.[46] Es genügt nicht, nur auf weitere Tätigkeiten hinzuweisen. Eine telefonische Benachrichtigung des Familienrichters ohne genaue Nennung der zu erwartenden Kosten erfüllt diese Pflicht des Sachverständigen nicht, wobei es sich bei der Nennung der Neukosten nur um eine Schätzung handeln kann. Erfüllt der Sachverständige diese Pflicht nicht, wird in der Regel seine Entschädigung gekürzt werden.[47] In der Regel darf der Sachverständige den Kostenrahmen um 25 % überschreiten.[48]

Wenn das Schriftbild des Gutachtens sehr weit auseinandergezogen und ein breiter Blattrand vorgesehen wird, kann auch eine Kürzung erfolgen.[49]

Eine Versagung des Entschädigungsanspruches ist gerechtfertigt, wenn der Sachverständige einen Auftrag annimmt, diesen aber dann nach einigen Vorleistungen wegen fehlender Sachkunde zurückgibt. Hier kann ein „Übernahmeverschulden" des Sachverständigen vorliegen.[50] Der Sachverständige, der um seine Entpflichtung von der Begutachtung nachsucht, ohne das Familiengericht auf seine Gründe und Bedenken dafür hinzuweisen, verliert seinen Entschädigungsanspruch für den bis zur Entpflichtung angefallenen Aufwand. Im Verhältnis Sachverständiger zum Richter kann bereits leichte Fahrlässigkeit zum Verlust des Entschädigungsanspruches führen.[51]

Wenn der Sachverständige überflüssige Arbeit geleistet hat, weil er die Korrespondenz mit dem Familiengericht zu wenig beachtet hat,[52] oder wenn der Sachverständige den gerichtlich erteilten Auftrag überschreitet oder von Beweisfragen abweicht,[53] wenn er die Parteien ohne Auftrag berät oder allgemeine Ausführungen[54] macht, kann ihm für diese Tätigkeit die Entschädigung verweigert werden. Ebenso können Zusatzgutachten, die dem Auftrag nicht entsprechen, ungenügende Gutachten[55] oder die Wiedergabe von Akteninhalt, insbesondere der Prozessgeschichte,[56] wenn sie für die psychologische Würdigung unwesentlich ist und in keinem Bezug zur sachverständigen Schlussfolgerungen steht,[57] nicht entschädigt werden. Ebenso nicht allgemeine Ausführungen wie allgemeine Emp-

---

[43] *Jessnitzer* DS 1991, 236.
[44] OLG Bamberg Rpfleger 1987, 520.
[45] AG Kerpen FamRZ 1998, 41.
[46] AG Hannover FamRZ 2000, 175.
[47] OLG Hamburg ZSW 1987, 129.
[48] LG Koblenz FamRZ 2000, 178; 20 % LG Osnabrück FPR 1996, 204.
[49] OLG Koblenz NJW-RR 1997, 1353.
[50] *Hesse* NJW 1969, 2266.
[51] KG FamRZ 1999, 1515 f.
[52] OLG Hamm NJW 1970, 1240.
[53] OLG Düsseldorf ZSW 1986, 129; AG Hannover FamRZ 2000, 175.
[54] OLG München FamRZ 1995, 1598.
[55] Punkt 9. des Merkblatts für den Sachverständigen S 102; Bund S 243 – Fassung 1.77.
[56] Punkt 7. des Merkblatts für den Sachverständigen S 102; Bund S 243 – Fassung 1.77; § 3 ZSEG; OLG Schleswig Büro 1985, 1073.
[57] OLG Düsseldorf Justizministerialblatt NW 1983, 42.

Salzgeber

fehlungen an die Eltern, oder Darstellungen über die Vorgehensweise des Sachverständigen.[58] Die Entschädigung ist auch zu verweigern, wenn der Sachverständige seine Datengrundlage trotz Aufforderung durch das Gericht nicht mitteilt, weil damit das Gutachten wegen Mangels an Nachvollziehbarkeit für den Richter unbrauchbar ist.[59]

Die Entschädigung kann auch versagt werden, wenn das Gutachten infolge inhaltlicher Mängel nicht verwertbar ist,[60] wobei diese Mängel vom Sachverständigen verschuldet sein müssen. Hält dagegen ein Familiengericht ein Gutachten für unrichtig, ohne dass Fahrlässigkeit feststeht, kann es allein aus diesem Grund allerdings nicht die Entschädigung versagen. Wird das Gutachten vom Gericht als nur teilweise nicht verwertbar erachtet, der brauchbare Teil aber verwertet, so kann der Sachverständige eine Teilentschädigung verlangen.[61]

Ist die Fragestellung allgemein gehalten und der Sachverständige ermittelt mehr als das Familiengericht benötigt hat, kann das Familiengericht dem Sachverständigen die Entschädigung für die aus gerichtlicher Sicht unnötigen Tätigkeiten nicht versagen.[62] Eine Entschädigung kann nicht verweigert werden, wenn der Sachverständige beauftragt worden ist, den Parteien Hilfestellung für die Konfliktbewältigung zu geben und auf eine Einigung der Eltern einzuwirken,[63] wenn er interventionsorientiert vorgeht,[64] da es zum Auftrag gehört, mit Hilfe des Sachverständigen zu einer dauerhaften Entscheidung zu gelangen, die am besten in einer Einigung liegt.[65]

Es können in Familiensachen ausnahmsweise alle Kosten ersetzt werden, auch wenn der Sachverständige seiner Informationspflicht gegenüber dem Familienrichter nach § 407 a Abs. 3 S. 2 ZPO nicht nachgekommen ist, falls feststeht, dass die Durchführung der Begutachtung aufgrund der Amtsermittlungspflicht des Gerichts auch in der erweiterten Form, unabhängig von der Kostenhöhe, anzuordnen war.[66]

Ist der Sachverständige wegen Besorgnis der Befangenheit erfolgreich abgelehnt worden, so ist die Entschädigung nur dann zu versagen, wenn der Sachverständige bewusst oder durch grobes Verschulden gegen die Pflicht zur Unparteilichkeit verstoßen hat;[67] dies trifft in der Regel bei Vorliegen grober Fahrlässigkeit zu.[68] Dies ist z. B. gegeben, wenn der Sachverständige einen Beteiligten einseitig berät oder für seine Tätigkeit außergerichtlich Geld annimmt.[69] Hat der Sachverständige wegen leichter Fahrlässigkeit seine Ablehnung verursacht, ist die Entschädigung nicht zu versagen.[70] Liegen andererseits die Gründe, die eine Ablehnung wegen Befangenheit rechtfertigen könnten, bereits bei der Gutachtenbeauftragung vor und weist der Sachverständige den Richter nicht darauf hin, kann die Entschädigung verweigert werden, wenn der Sachverständige mit Erfolg wegen Befangenheit abgelehnt wird.[71]

---

[58] OLG München, Beschluss vom 2. 12. 1994, Az. 11 WF 3281/94.
[59] *Hesse* NJW 1969, 2266.
[60] OLG Hamm DS 1987, 294.
[61] *Jessnitzer* DS 1987, 294.
[62] KG Berlin NJW 1970, 1241.
[63] OLG Hamm FamRZ 1996, 1557.
[64] AG Mönchengladbach-Rheydt FamRZ 1999, 730.
[65] So AG Oldenburg, Az. 45 F 126/95, Beschluss vom 7. 2. 1996.
[66] BayObLG FamRZ 1998, 1456; LG Koblenz FamRZ 2000, 178.
[67] *Jessnitzer* DS 1988, 299; OLG München NJW 1970, 1240; OLG Düsseldorf DS 1988, 139.
[68] OLG Koblenz DS 1988, 200; OLG Hamburg KG Berlin und OLG Düsseldorf DS 1996, 3.
[69] OLG Hamm FamRZ 1994, 974.
[70] BGH NJW 1976, 1154, auch wenn er nach der Ablehnung als sachverständiger Zeuge vernommen wird; OLG Düsseldorf NJW-RR 1997, 1353.
[71] *Hesse* NJW 1969, 2267.

Die Stellungnahme zum Befangenheitsantrag wird in der Regel nicht entschädigt,[72] obwohl sie oftmals mit erheblichem Aufwand verbunden ist.[73]

Keine Entschädigung erhält der Sachverständige, wenn sein Gutachten im Interesse der Rechtspflege oder öffentlichen Sicherheit weiterverwendet und damit auch vervielfältigt wird. Dies ist in § 45 UrhG festgelegt. Die am Verfahren Beteiligten dürfen Kopien machen und im Verfahren vorlegen, auch wenn es sich um ein Parallelverfahren handelt. Der Sachverständige hat auch keinen Anspruch auf Benachrichtigung über die Weiternutzung seines Gutachtens.[74]

Die Parteien können sich über eine dem Sachverständigen gewährte Entschädigung nicht während des Verfahrens beschweren, sondern erst nach Abschluss des Verfahrens im Rahmen des § 5 Gerichtskostengesetzes.[75] In der Folge wird der Sachverständige seinen Aufwand gegenüber dem Kostenbeamten belegen müssen. Es empfiehlt sich daher, genau den Aufwand zu dokumentieren und entsprechende Unterlagen aufzubewahren, da sich das Verfahren häufig zeitlich lange hinzieht, ehe der Sachverständige bezüglich seines Aufwandes angefragt wird.

e) Entschädigung von Hilfskräften. Aufwendungen für eine Hilfskraft werden nach § 8 Abs. 1 Nr. 1 ZSEG entschädigt. Die Entschädigung der Hilfskraft darf gewöhnlich nicht über derjenigen liegen, die der bestellte Sachverständige erhalten würde.[76] Wird eine besonders qualifizierte Hilfskraft benötigt, z. B. wenn bei Verdacht auf sexuellen Missbrauch ein Gynäkologe eingeschaltet werden muss, so kann im Einzelfall die Vergütung dieser so genannten Hilfskraft höher liegen als die dem Sachverständigen selbst zustehende Entschädigung. Bei der Höhe darf aber eine „angemessene" Grenze nicht überschritten werden. Um keine Probleme mit der je nach Rechtsprechung unterschiedlich ausgelegten „Angemessenheit" zu bekommen, empfiehlt es sich, immer die Genehmigung zur Beiziehung einer qualifizierten Hilfskraft vorab beim Familiengericht einzuholen.[77] Bei angestellten Hilfskräften richtet sich die Entschädigung nach dem gezahlten Entgelt einschließlich Arbeitgeberanteil. Dazu kann ein Zuschlag von bis zu 15 % gewährt werden.[78]

---

[72] OLG Köln FamRZ 1995, 101.
[73] *Lönnies* FPR 1996, 192; Urteile und Diskussionsstand hierzu: *Ulrich* DS 1999, 9, S. 17; *Jessnitzer* DS 1993, 12, S. 2.
[74] Vgl. *Schlatter-Krüger*, in: Bayerlein (Hrsg.), Praxishandbuch Sachverständigenrecht, S. 503.
[75] OLG Oldenburg DS 1996, 3.
[76] LSG Baden-Württemberg Medizin im Sozialrecht 1986, 434.
[77] Ausführlich dazu *Jessnitzer* DS 1992, 102–103.
[78] OLG Hamm DS 1987, 198.

Literaturverzeichnis

Abrams, S. The complete polygraph handbook, 1989

Ahlbrecht, A.; Bengsohn, J. Familienrecht, 1983

Ainsworth, M. D. S.; Blehar, M. C.; Waters, E. et al. Patterns of attachment, A psychological study of the strange situation, 1978

Albrecht, H.-J. Rücknahme des Betäubungsmittelstrafrechts und die Entwicklung der „Schadensminimierungspolitik" (harm reduction policies), in: Uchtenhagen, A. & Zieglgänsberger, W. (Hrsg.), Suchtmedizin, 2000, S. 541–547

Amelang, M. & Zielinski, W. Psychologische Diagnostik und Intervention, 1997

Amelung, K. Die Einwilligung in die Beeinträchtigung eines Grundrechtsgutes, 1981

Arenz-Greiving, I. Hilfen für Angehörige von Suchtkranken in der Selbsthilfe, in: Uchtenhagen, A. & Zieglgänsberger, W. (Hrsg.), Suchtmedizin, 2000, S. 452–456

Arndt, J./Oberloskamp, H. Gutachtliche Stellungnahme in der sozialen Arbeit, 1983

Arntzen, F. Psychologie der Zeugenaussage, 1970

Arntzen, F. Vernehmungspsychologie, 1978

Arntzen, F. Elterliche Sorge und Umgang mit Kindern, 1994

Autorenteam des Regensburger Modellprojekts Die Zusammenarbeit zwischen Beratungsstelle und Familiengericht. Am Beispiel der Regensburger „Familienberatung bei Trennung und Scheidung" (FaTS) am Amtsgericht; in: Buchholz-Graf, W. & Vergho, C. (Hrsg.), Beratung für Scheidungsfamilien, 2000, S. 46–62

Aymanns, P./Filipp, S. H./Freudenberg, E. Personale Verluste und kindliche Trauerreaktionen, in: Speck, O./Peterander, F./Innerhofer, P. (Hrsg.), Kindertherapie, 1987, S. 181–188

Bach, A. Gildenast, B. Internationale Kindesentführung, 1999

Balloff, R. Diagnostische und Therapeutische Probleme bei trennungsgeschädigten Eltern und deren Kindern während des Scheidungsverfahrens, in: Schorr A. (Hrsg.), Bericht über den 13. Kongreß für Angewandte Psychologie, 1986, S. 307–316

Balloff, R. Alleinerziehende und gemeinsame elterliche Sorge nach Trennung und Scheidung, Unveröffentliche Disseration, Berlin 1990

Bank, S. P./Kahn, M. D. Geschwisterbindungen, 1990

Banning, H. Bessere Kommunikation mit Migranten, 1995

Bassenge, P.; Herbst, G. Gesetz über die Angelegenheiten der freiwilligen Gerichtsbarkeit, 1999

Baumgärtel, F. Zur Struktur der Motivation von Müttern in Erziehungssituationen, in: Lukesch, H./Perrez, M./Schneewind, K. (Hrsg.), Familiäre Sozialisation und Intervention, 1980, S. 135–145

Bayerlein, W. Praxishandbuch Sachverständigenrecht, 2. Auflage 1996

Beckmann, D.; Richter, H.-E. Gießen-Test, 1981

Behr, S./Häsing, H. „Ich erziehe allein", 1984

Bender, D.; Lösel, F. Risiko- und Schutzfaktoren in der Genese und Bewältigung von Misshandlung und Vernachlässigung, in: Egle, U.; Hoffmann, S.; Joraschky, P. (Hrsg.), Sexueller Missbrauch, Misshandlung, Vernachlässigung, 1997, S. 35–53

Bergmann, E. Auswahl und Rolle des Gutachters im familiengerichtlichen Verfahren, 1997

Bergmann, E.; Rexilius, G. Das Rheydter Modell – aktueller Ansatz in der familienrechtlichen Zusammenarbeit zwischen Richter und psychologischen Sachverständigen, in: Evangelische Akademie Bad Boll (Hrsg.), Psychologie im Familienrecht, 1998, S. 18–39

Bergschneider, L. Die Ehescheidung und ihre Folgen, 1998

Berning, B. „Lügendetektion" aus interdisziplinärer Sicht, 1992

Berufsverband Deutscher Psychologen (BDP) Berufsethische Verpflichtungen für Psychologen, 1967

Berufsverband Deutscher Psychologen (BDP) Grundsätze für die Anwendung psychologischer Eignungsuntersuchungen in Wirtschaft und Verwaltung, 1980

Berufsverband Deutscher Psychologen (BDP) Richtlinien für die Erstellung psychologischer Gutachten, 1986

Bellak, L.; Bellak, S. Children's Apperception Test, 1965

Beller, E. K. Stabilität und Kontinuität der elterlichen Betreuung als Kriterium des Fürsorgerechts für Kinder, in: Montada, L. (Hrsg.), Bericht über die 7. Tagung Entwicklungspsychologie in Trier vom 22.–25. 9. 1985, 1985, S. 329–330

Bene, E.; Anthony, J. Family Relation Test, 1957

Berk, H.-J. Der psychologische Sachverständige in Familienrechtssachen, 1985

Black, D. Parents who have killed their Partner, in: Reder, P.; Lucey, C. (Hrsg.), Assessment of Parenting, 1995, S. 219–235

Blau, G. Der psychologische Sachverständige im Strafprozess, in: Blau, G.; Müller-Luckmann, E. (Hrsg.), Gerichtliche Psychologie, 1972, S. 344–376

Böhm, B.; Scheuerer-Englisch, H. Neue Ergebnisse der Scheidungsforschung, in: Buchholz-Graf, W.; Vergho, C. (Hrsg.), Beratung für Scheidungsfamilien, 2000, S. 121–147

Boerner, K. Das Psychologische Gutachten, 1980

Bohm, E. Der Rorschach-Test, 1974

Bojanovsky, J. J. Psychische Probleme bei Geschiedenen, 1983

Bott-Bodenhausen, R. Sinti und Roma in Ostwestfalen-Lippe, in: Höfling/Butolder (Hrsg.), Psychologie für Menschenwürde und Lebensqualität Bd. III, 1990, S. 315–323

Bowlby, J. Attachment and loss. (deutsch: Trennung), 1973

Bowlby, J. Bindung, 1975

Brand, H. The diagnostic Value of the Bene-Anthony Family Realtions Test, 1996

Brauns-Hermann, C.; Busch, B.-M.; Dinse, H. (Hrsg.) Ein Kind hat das Recht auf beide Eltern, 1997

Brauchli, A. Das Kindeswohl als Maxime des Rechts, 1982

v. Braunmühl, E./Kupfer, H./Ostermeyer, H. Die Gleichberechtigung des Kindes, 1976

Brazelton, T. B.; Cramer, B. G. Die frühe Bindung, 1990

Brehme, M. Erfahrungen mit der Kindschaftsrechtsreform aus der Sicht familiengerichtlicher Praxis, in: Fegert, J. (Hrsg.), Kinder in Scheidungsverfahren nach der Kindschaftsrechtsreform, 1999, S. 109–117

Brem-Gräser, L. Familie in Tieren, 1980

Bretherton, I. Parent-Child-Relationship Interview

Bremer, H. Der Sachverständige, 1963

Bretz, E.; Bodenstein, F.; Petermann, F. Intervetionen bei innerfamiliären sexuellem Missbrauch. Kindheit und Entwicklung, 1994

Brickenkamp, R. Handbuch psychologischer und pädagogischer Tests, 1996

Brisch, K. H. Bindungsstörungen: Von der Bindungstheorie zur Therapie, 1999

Brosch, D. Workshop 3: Qualitative Anforderungen an Sachverständigengutachten zum Sorge- und Umgangsrecht nach Trennung und Scheidung, in: Brauns-Hermann, C.; Busch, B.-M.; Dinse, H. (Hrsg.), Ein Kind hat das Recht auf beide Eltern, 1997

Büttner, Ch.; Ende, A. (Hrsg.) Trennungen, 1990

Busse, D. & Volbert, R. Glaubwürdigkeitsgutachten im Strafverfahren wegen sexuellen Missbrauchs, in: Greuel, L. u. a. (Hrsg.), Psychologie der Zeugenaussage: Ergebnisse der rechtspsychologischen Forschung, 1997, S. 131–142

Burges, R. & Conger, R. Family Interaction in Abusive, Neglectful aund Normal Families

Buskotte, A. (Hrsg.) Ehescheidung: Folgen für die Kinder, 1991

Bußmann, E. „Sekten"-Zugehörigkeit als Kriterium bei Sorgerechtsentscheidungen in konfliktträchtigen Gruppierungen und ihre Auswirkungen auf die elterliche Sorge, 1997

Cassell, D.; Coleman, R. Parents with psychiatric problems, in: Reder, P.; Lucey, C. (Hrsg.), Assessment of Parenting, 1995, S. 169–182

Cassidy, J.; Shaver, P. (Hrsg.) Handbook of Attachment, 1999

Clawar S.; Rivlin B. Children held hostage, 1991

Coester, M. Das Kindeswohl als Rechtsbegriff, 1982

Coester, M. Das Kindeswohl als Rechtsbegriff, in: Deutscher Familiengerichtstag e. V. (Hrsg.), Sechster Deutscher Familiengerichtstag vom 9. bis 12. Oktober 1985 in Brühl, S. 35–51

Coester, M. Die Rechtsbeziehung zwischen Stiefelternteil und Stiefkind, in: Horstmann, J. (Hrsg.), Stieffamilie/Zweitfamilie, 1994, S. 133–149

Corman, L. Der Schwarzfuß-Test, 1977

Cramon, V.; Zihl, S. Neuropsychologische Rehabilitation, 1993

Cramon, V.; Mai, N.; Ziegler, W. Neuropsychologische Diagnostik, 1993

Davidson, O.; Neale, J. Klinische Psychologie, 1979

Dettenborn, H.; Fröhlich, H.-H.; Szewczyk, F. Forensische Psychologie, 1984

Deutsch, E. Zivilrechtliche Verantwortlichkeit psychiatrischer Sachverständiger, in: Pohlmeier, H./Deutsch, E./Schreiber, H.-L. (Hrsg.), Forensische Psychiatrie heute, 1986, S. 322–328

Deutscher Industrie- und Handelstag (DIHT) Sachverständige, Inhalt und Pflichten ihrer öffentlichen Bestellung, 1986

Diez, H./Krabbe, H. Was ist Mediation?, in: Krabbe, H. (Hrsg.), Scheidung ohne Richter, 1991

Domke, H. Erziehungsmethoden, in: Weber, E. (Hrsg.), Pädagogik, Bd. 2, 1973

Dornes, M. Der kompetente Säugling, 1994

Dornes, M. Die frühe Kindheit, 1997

Dornes, M. Vernachlässigung und Misshandlung aus der Sicht der Bindungstheorie, in: Egle, U.; Hoffmann, S.; Joraschky, P. (Hrsg.), Sexueller Missbrauch, Misshandlung, Vernachlässigung, S. 70–84

Dürr, R. Verkehrsregelungen gemäß § 1634 BGB, 1978

Düss, L. Fabelmethode, 1976

Duzy, I. Begleiteter Umgang, in: Fegert, J. (Hrsg.), Kinder in Scheidungsverfahren nach der Kindschaftsrechtsreform, 1999, S. 119–126

Eckardt, A. Das Münchhausen-Syndrom, 1989

Egle, T.; Hoffmann, S.; Joraschky, P. Sexueller Missbrauch, Misshandlung, Vernachlässigung, 1997

Ehring, A. Die Abänderung der Sorgerechtsentscheidung und die Wünsche des Kindes, 1996

Eisert, H. G. Die Hausaufgabensituation als Ansatzpunkt für Verbesserungen in der Mutter-Kind-Interaktion, in: Speck, O./Peterander, F./Innerhofer, P. (Hrsg.), Kindertherapie, 1987, S. 245–251

Ell, E. Trennung, Scheidung und die Kinder?, 1979

Ell, E. Besuch vom eigenen Kind, 1980

Ell, E. Psychologische Kriterien bei der Regelung des persönlichen Umgangs, 1990

Ell, E. Psychologische Kriterien bei der Sorgerechtsregelung und die Diagnostik der emotionalen Beziehungen, 1990

Ewering, H. Stieffamilien, 1996

Faßnacht, G. Systematische Verhaltensbeobachtung, 1995

Fegert, J. Diagnostik und klinisches Vorgehen bei Verdacht auf sexuellen Missbrauch bei Mädchen und Jungen, in: Walter, J. (Hrsg.), Sexueller Missbrauch im Kindesalter, 1989, S. 68–101

Fegert, J. Die Bedeutung des Vorwurfs des sexuellen Missbrauchs im Sorgerechtsverfahren, in: Warnke, A.; Trott, G.-E.; Remschmidt, H. (Hrsg.), Forensische Kinder- und Jugendpsychiatrie, 1997, S. 70–81

Fegert, J. (Hrsg.) Kinder in Scheidungsverfahren nach der Kindschaftsrechtsreform, 1999

Fegert, J. Kindeswohl – Definitionsmacht der Juristen oder der Psychologen, Deutscher Familiengerichtstag, 1999, S. 33–59

Fegert, J.; Mebes, M. Anatomische Puppen, 1993

Fehnemann, U. Rechtsfragen des Persönlichkeitsschutzes bei der Anwendung psychodiagnostischer Verfahren in der Schule, 1976

Fehnemann, U. Die Innehabung und Wahrnehmung von Grundrechten im Kindesalter, 1983

Feuerlein, W.; Küfner, H.; Soyka, M. Alkoholismus – Missbrauch und Abhängigkeit, 1998

Fiala, I. Mein Kind, dein Kind, unser Kind, 1989

Figdor, H. Kinder aus geschiedener Ehe: Zwischen Trauma und Hoffnung, 1991

Figdor, H. Über die Befindlichkeit von Kindern nach Trennung und Scheidung im Rahmen unterschiedlicher Sorgerechtsfälle, in: Brauns-Hermann, C.; Busch, B.-M. & Dinse, H. (Hrsg.), Ein Kind hat das Recht auf beide Eltern, 1997

Figdor, H. Scheidungskinder – Wege der Hilfe, 1998

Filipp, S. H. (Hrsg.) Kritische Lebensereignisse, 1981

Fischer, M./Fischer, U. Wohnortwechsel und Verlust der Ortsidentität als nicht-normative Lebenskrise, in: Filipp, S. H. (Hrsg.), Kritische Lebensereignisse, 1981, S. 139–153

Fischer, W. Die Bedeutung des PAS-Syndroms für die Jugendhilfe-Praxis, 1998

Fisseni, H.-J. Persönlichkeitsbeurteilung, 1982

Fitzpatrick, G.; Reder, P.; Lucey, C. The child's perspective, in: Reder, P.; Lucey, C. (Hrsg.), Assessment of Parenting, 1995, S. 56–73

Frank, R. Psychiatrie, 1992

Friedl, I./Maier-Aichen, R. Leben in Stieffamilien, 1991

Fritze, E. Die ärztliche Begutachtung: Rechtsfragen, Funktionsprüfungen, Beurteilungen, Beispiele, 1986

Fritze, E./Vießhues, H. Das ärztliche Gutachten, 1984

Fröhlich, S. Regelung der elterlichen Sorge, Umgangsrecht, in: Scholz, H.; Stein, R. (Hrsg.), Praxishandbuch Familienrecht

Frommann, M. Die Wahrnehmung der Interessen Minderjähriger im vormundschafts- bzw. familiengerichtlichen Erkenntnisverfahren der freiwilligen Gerichtsbarkeit, Unveröff. Diss., Frankfurt am Main, 1977

Fthenakis, W. E. Kindeswohl – gesetzlicher Anspruch und Wirklichkeit, in: Fünfter Deutscher Familiengerichtstag (Hrsg.), Brühler Schriften zum Familienrecht, 1984, Bd. 3, S. 33–66

Fthenakis, W. E. Gemeinsame elterliche Sorge nach der Scheidung, in: Remschmidt, H. (Hrsg.), Kinderpsychiatrie und Familienrecht, 1984, S. 36–54

Fthenakis, W. E. Elternverantwortung und Kindeswohl. Aus der Sicht des Sozialwissenschaftlers, in: Evangelische Akademie Bad Boll (Hrsg.), Elterliche Verantwortung und Kindeswohl, 1984, S. 23–37

Fthenakis, W. E. Jenseits oder diesseits des Kindeswohls?, in: Speck/Peterander/Innerhofer (Hrsg.), Kindertherapie, 1987, S. 170–180

Fthenakis, W. E. Ehescheidung als Übergangsphase (Transition) im Familienentwicklungsprozess, in: Chow, S. & Köster-Gorrkotte, I. (Hrsg.), Vom Reform zum Scheidungsalltag, 1995, S. 65–93

Fthenakis, W. E. Engagierte Vaterschaft, 1999

Furstenberg, F.; Cherlin, A. Geteilte Familien, 1993

Gaier, O. Der Riß geht durch die Kinder, 1987

Gaitanides, S. Soziale und psychosoziale Arbeit mit Migrantenfamilie, in: Textor, M. (Hrsg.), Hilfen für Familien, 1998, S. 109–125

Gardner, R. A. Childhood stress due to parental divorce, in: Stressors and the adjustment disorders, 1990

Gardner, R. A. Child Custody, in: J. Noshpitz (ed.), Basic Handbook of Child Psychiatry. Vol. V, 1987, S. 637–646

Gardner, R. A. Family evaluation in child custody mediation, arbitration, and litigation. Cresskill: Creative Therapeutics, 1989

Gardner, R. A. The parental alienation syndrome, 1989

Gastpar, M.; Finkenbeiner, T. Begutachtung Suchtkranker, in: Uchtenhagen, A.; Zieglgänsberger, W. (Hrsg.), Suchtmedizin, 2000, S. 508–518

Gaul, D. Rechtsprobleme psychologischer Eignungsdiagnostik, 1990

Genser, B.; Brösskamp, C.; Groth, H.-P. Instrumentelle Überzeugungen von Eltern in hypothetischen Erziehungssituationen, in: Lukesch, H.; Perrez, M.; Schneewind, K. (Hrsg.), Familiäre Sozialisation und Intervention, 1980, S. 145–161

Gernhuber, J. Lehrbuch des Familienrechts, 1980

Giesecke, H. Die Zweitfamilie, 1987

Gintzel, U. (Hrsg.) Erziehung in Pflegefamilien, 1996

Goldstein, J.; Freud, A.; Solnit, A. Diesseits des Kindeswohls, 1979

Goldstein, J./Freud, A./Solnit, A. Das Wohl des Kindes, 1988

Grafe, P.; Klosinski, G. Probleme im Umgangs- und Sorgerechtsverfahren aus der Sicht der Gutachtensauftraggeber, in: Warnke, A.; Trott, G.-E.; Remschmidt, H. (Hrsg.), Forensische Kinder- und Jugendpsychiatrie, 1997, S. 56–62

Greuel, L.; Fabian, T.; Stadler, M. (Hrsg.) Psychologie der Zeugenaussage, 1997

Greuel, L.; Offe, S.; Fabian, A.; Wetzels, P.; Fabian, T.; Offe, H.; Stadler, M. Glaubhaftigkeit der Zeugenaussage: Theorie und Praxis der forensisch-psychologischen Begutachtung, 1998

Groeben, N.; Westmeyer, H. Kriterien psychologischer Forschung. München: Juventa, 1975

Groffmann, K. Verhaltensdiagnostik, in Groffmann, K.; Michel, L. (Hrsg.), Enzyklopädie der Psychologie, Serie II: Psychologische Diagnostik, Bd. 4, 1983, S. 434–488

Gross, H. Das Recht der elterlichen Sorge, 1980

Grossmann, K. Der kooperative und Vertrauensaspekt in der frühen Eltern-Kind-Beziehung und ihre relative Bedeutung für die emotionale und kognitive Entwicklung des Kindes, in: Montada, L. (Hrsg.), Bericht über die 7. Tagung Entwicklungspsychologie in Trier vom 22.–25. 9. 1985, S. 322–324

Grossmann, K.; Grossmann, K. Eltern-Kind-Bindung als Aspekt des Kindeswohls, in: Deutscher Familiengerichtstag e. V. (Hrsg.), 12ter Deutscher Familiengerichtstag, 1998, S. 76–89

Gründel, M. Gemeinsames Sorgerecht, 1995

Gschwind, M.; Petersohn, F.; Rautenberg, E. C. Die Beurteilung psychiatrischer Gutachten im Strafprozess, 1982

Haffter, C. Kinder aus geschiedener Ehe, 1960

Hartmann, H. Psychologische Diagnostik, 1973

Hartmann, H. Zur Ethik gutachterlichen Handelns, in: Hartmann, H.; Haubl, R. (Hrsg.), Psychologische Begutachtung, 1984, S. 3–32

Hartmann, H. Forensische Psychologie: Psychologisch-Psychiatrische Begutachtung im Strafverfahren, in: Hartmann, H./Haubl, R. (Hrsg.), Psychologische Begutachtung, 1984, S. 192–228

Hartmann, H.; Haubl, R.; Neuberger, O.; Peltzer, U.; Wakenhut, R. Diagnostische Probleme psychologischer Begutachtung, in: Hartmann, H./Haubl, R. (Hrsg.), Psychologische Begutachtung, 1984, S. 75–126

Hassenstein, B.; Hassenstein, H. Was Kindern zusteht, 1978

Haubl, R. Praxeologische und epistemologische Aspekte psychologischer Begutachtung, in: Hartmann, H./Haubl, R. (Hrsg.), Psychologische Begutachtung, 1984, S. 33–74

Haubl, R.; Pleimes, U. Klinische Psychologie: Begutachtungsprobleme bei der Empfehlung psychosozialer Interventionen, in: Hartmann, H./Haubl, R. (Hrsg.), Psychologische Begutachtung, 1984, S. 163–191

Haynes, J. M. Mediation, in: Krabbe, H. (Hrsg.), Scheidung ohne Richter, 1991

Heilmann, S. Kindliches Zeitempfinden und Verfahrensrecht, 1998

Heim H. Psychiatrisch-psychologische Begutachtung im Jugendstrafverfahren, 1986

Heiß, R. (Hrsg.) Handbuch der der Psychologie, 1964

Hermanns, F.; Egner, Ch.; Dürichen, Ch. Die Zusammenarbeit der/des psychologischen Sachverständigen mit RichterInnen, RechtsanwältInnen und JugendamtsmitarbeiterInnen – Erwartungen und Missverständnissse, in: Simon, K. & Mudersbach, A. (Hrsg.), Zum Wohl des Kindes? Die Regelung der elterlichen Sorge auf dem Prüfstand, 1996, S. 119–122

Hinz, M. Normstruktur und Praxis des Scheidungsverfahrens. Tagung vom 20. bis 23. Februar 1986 in der Evangelischen Akademie Bad Boll, Protokolldienst 30/86, S. 68–81

Höhn, E. Schifferkinder. Eine Untersuchung über die Wirkung eingeschränkter Umwelterfahrungen in früher Kindheit, Psychologische Beiträge, 16, 1974, S. 254–276

Höver, A. Gesetz über die Entschädigung von Zeugen und Sachverständigen, 1998

Hoffmann, S.; Hochapfel, G. Einführung in die Neurosenlehre und psychosomatische Medizin, 1996

Huinink, J. Ist die Familie noch zu retten? Anmerkungen zur Zukunft familialer Lebensformen, in: Fegert, J. (Hrsg.) ,Kinder in Scheidungsverfahren nach der Kindschaftsrechtsreform, 1999, S. 19–30

Hüppi, S. Straf- und zivilrechtliche Aspekte der Kindesentziehung gemäß Art. 220 StGB, 1988

Huss, M.; Lehmkuhl, U. Trennung und Scheidung aus der Sicht der Kinder und Jugendlichen: Chancen und Risiken für die psychische Entwicklung, in: Fegert, J. (Hrsg.), Kinder in Scheidungsverfahren nach der Kindschaftsrechtsreform, 1999, S. 31–44

Innerhofer, P. Strukturen im Ereignisstrom, 1980

Interessengemeinschaft der mit Ausländern verheirateten Frauen e. V. (IAF) (Hrsg.) Kindesmitnahme durch einen Elternteil, 1988

Jäger, R. Der diagnostische Prozess. Diskussion psychologischer und methodischer Randbedingungen, 1983

Jäger, R.; Petermann, F. Psychologische Diagnostik, 1999

Jans, K.-W./Happe, G. Gesetz zur Neuregelung des Rechts der elterlichen Sorge, 1980

Jellinek. E. M. The disease of Alcoholism, 1990

Jessnitzer, K. Frieling, G. Der gerichtliche Sachverständige, 1992

Johannsen, H. & Henrich, D. (Hrsg.) Eherecht, 3. Auflage 1998

Johnston, J. R. Children of Divorce Who Refuse Visitation, in: Depner, C. E. & Bray, J. H. (Eds.), Nonresidential Parenting: New Vistas in Family Living, 1993, S. 112 ff.

Johnston, J. R.; Roseby V. In the name of the child: A developmental approach to understanding and helping children of conflicted and violent divorce, 1997

Jopt, U.-J. Die Rolle der Psychologischen Gutachter in Sorgerechtssachen. In: Proksch, R. (Hrsg.), Wohl des Kindes. Nürnberg: Institut für soziale und kulturelle Arbeit, 1990

Jopt, U. Im Namen des Kindes. Plädoyer für die Abschaffung des alleinigen Sorgerechts, 1992

Jopt, U. Psychologie und Kindeswohl. Plädoyer für einen neuen Sachverstand im Familienrecht, in: Hahn, J.; Lomberg, B.; Offe, H. (Hrsg.), Scheidung und Kindeswohl, 1992, S. 169–196

Jopt, U. Was geschieht mit der scheidungsbedingten Kindeswohlgefährdung nach Abschaffung des Amtsverfahrens, in: Simon, K. & Mudersbach, A. (Hrsg.), Zum Wohl des Kindes? Die Regelung der elterlichen Sorge auf dem Prüfstand, 1996, S. 101–112

Jopt, U. Workshop 8: Sachverständige Hilfe im Spannungsfeld zwischen Beratung und Begutachtung, in Brauns-Hermann, C.; Busch, B.-M. & Dinse, H. (Hrsg.), Ein Kind hat das Recht auf beide Eltern, 1998

Jopt, U.-J./Rohrbach, A. Doppelfehler im Beziehungsnetz – Plädoyer für einen Neuen Sachverstand des Psychologischen Sachverständigen am Familiengericht, in: Schorr, A. (Hrsg.), Bericht über den 13. Kongreß für Angewandte Psychologie, 1986, S. 312–316

Kaltenborn, K.-J. Das kommunikative Verhalten des Scheidungskindes in der kinderpsychiatrischen Exploration, Schriftenreihe zur Psychoanalyse, 22, 1986, S. 149–165

Keller, T. Das gemeinsame Sorgerecht nach der Kindschaftsrechtsreform, 1999

Kernberg, F. Schwere Persönlichkeitsstörung, 1991

Kernberg, F. Borderline-Störung und Pathologischer Narzißmus, 1978

Keupp, H. Der Widerspruch von Präventionsgedanken und „medizinischem Modell" in der Schulberatung – Zur sozialen Kontrolle abweichenden Verhaltens in der Schule, in: Apel J./Schwarzer, Ch. (Hrsg.), Schulschwierigkeiten und pädagogische Interaktion, 1977

King, M. Parents who are gay or lesbian, in: Reder, P. & Lucey, C. (Hrsg.). Assessment of Parenting, 1995, S. 204–219

Klein, F. J. Die Rechtmäßigkeit psychologischer Tests im Personalbereich, 1982

Klosinski, G. Beihilfe zum „Kindesweh" – vom Machtmissbrauch durch juristische Berater und Helfer bei Kampfentscheidungen, in: Günter, M. (Hrsg.), Täter und Opfer. Aktuelle Probleme der Begutachtung und Behandlung in der gerichtlichen Kinder- und Jugendpsychiatrie, 1995, S. 163–168

Klosinski, G. Psychokulte, 1996

Klosinski, G. Begutachtung in Verfahren zum Umgangs-und Sorgerecht: Brennpunkte für den Gutachter und die Familie, in: Warnke, A.; Trott, G.-E.; Remschmidt, H. (Hrsg.), Forensische Kinder- und Jugendpsychiatrie, 1997, S. 34–43

Klosinski, G. Begutachtung in Rahmen von Namensänderungsbegehren auf dem Hintergrund geänderter Rechtsprechung. (Familiennamensrechtsgesetz vom 16. 12. 1993 und Bundesverwaltungsgerichtsurteil vom 7. 1. 1994), in: Warnke, A.; Trott, G.-E.; Remschmidt, H. (Hrsg.), Forensische Kinder- und Jugendpsychiatrie, 1997, S. 91–97

Klosinski, G. Sorgerechtsverfahren, in: Lempp, R.; Schütze, G.; Köhnken, G. (Hrsg.), Forensische Psychiatrie und Psychologie des Kindes- und Jugendalters, 1999, S. 40–52

Klosinski, G. Gutachten im umgangsrechtlichen Verfahren, in: Lempp, R.; Schütze, G.; Köhnken, G. (Hrsg.), Forensische Psychiatrie und Psychologie des Kindes- und Jugendalters, 1999, S. 53–64

Klosinski, G. Gutachten im vormundschaftsrechtlichen Verfahren, in: Lempp, R.; Schütze, G.; Köhnken, G. (Hrsg.), Forensische Psychiatrie und Psychologie des Kindes- und Jugendalters, 1999, S. 65–73

Klosinski, G. Namensänderungsverfahren. In: Lempp, R.; Schütze, G.; Köhnken, G. (Hrsg.), Forensische Psychiatrie und Psychologie des Kindes- und Jugendalters, 1999, S. 104–111

Klosinski, G. Brennpunkte kinder- und jugendpsychiatrischer Begutachtungsfragen nach der Kindschaftsrechtsreform, in: Fegert, J. (Hrsg.), Kinder in Scheidungsverfahren nach der Kindschaftsrechtsreform, 1999, S. 94–107

Kloster-Harz, D.; Haase, W.; Krämer, G. Handbuch Sorgerecht, 1998

Kluck, M.-L. Probleme des Psychologischen Diagnostizierens bei Gutachten zur elterlichen Sorge und Umgangsrecht, in: Schorr, A. (Hrsg.), Bericht über den 13. Kongreß für Angewandte Psychologie, 1986, S. 317–322

Klüber, A. Psychologische Gutachten für Familiengericht, 1998

Koechel, R. Kindeswohl in gerichtlichen Verfahren, 1995

Koechel, R. Sorgerechtsverfahren, 1995

Köhnken, G. Glaubwürdigkeit, 1990

Kölling, W. Väter in Trennungskrisen, in: Menne, K.; Schilling, H.; Weber, M. (Hrsg.), Kinder im Scheidungskonflikt, 1993, S. 75–94

Kötter, S. Besuchskontakte in Pflegefamilien, 1994

Kornadt, H. J. Thematische Apperzeptionsverfahren, in: Heiss, R. (Hrsg.), Handbuch der Psychologie, 6, 1964, S. 635–684

Krähenbühl, V.; Jellouschek, H.; Jellouschek-Kohaus, M.; Weber, R. Stieffamilien, 1986

Kriechhammer-Yagmur, S.; Pfeiffer-Pandey. D.; Saage-Fain, K.-; Stöcker-Zafari, H. Binationaler Alltag in Deutschland, 1999

Krieger, W. (Hrsg.) Elterliche Trennung und Scheidung im Erleben von Kindern. Sichtweisen, Bewältigungsformen, Beratungskonzepte, 1997

Kubinger, K. Einführung in die Psychologische Diagnostik, 1996

Kühne, A. Psychologie im Rechtswesen: psychologische und psychodiagnostische Fragestellungen bei Gericht, 1988

Kurth, W. Das Gutachten: Anleitung für Mediziner, Psychologen und Juristen, 1980

Kury, H. Erziehungsstil und Aggressionen bei straffälligen Jugendlichen, in: Lukesch, H./Perrez, M./Schneewind, K. (Hrsg.), Familiäre Sozialisation und Intervention, 1980, S. 337–351

Ladewig, D. Süchtige Persönlichkeitsveränderungen, in: Uchtenhagen, A.; Zieglgänsberger, W. (Hrsg.), Suchtmedizin, 2000, S. 265–266

Lamprecht, R. Kampf ums Kind, 1982

Lang, A. Diagnostik und Autonomie der Person,. in: Pulver, U./Lang, A./ Schmid, F. (Hrsg.), Ist Psychodiagnostik verantwortbar, 1978, S. 17–30

Laster, K.; Taylor, V. Interpreters and the Legal System, 1994

Lazarus, R. S. Streß und Streßbewältigung – ein Paradigma, in: Filipp, S. H. (Hrsg.), Kritische Lebensereignisse, 1991, S. 198–233

Lederle, O.; Niesel, R.; Salzgeber, J.; Schönfeld, U. (Hrsg.) Eltern bleiben Eltern (DAJEB), o. J.

Lempp, R. Eine Pathologie der psychischen Entwicklung, 1981

Lempp, R. Die Ehescheidung und das Kind, 1982

Lempp, R. Gerichtliche Kinder- und Jugendpsychiatrie, 1983

Lempp, R. Die psychischen Grundlagen der Sorgerechtsentscheidung, in: Hommers, W. (Hrsg.), Perspektiven der Rechtspsychologie, 1991, S. 147–160

Lempp, R. Gedanken zur Rechtstellung des Kindes, in: Lempp, R.; Schütze, G.; Köhnken, G. (Hrsg.), Forensische Psychiatrie und Psychologie des Kindes- und Jugendalters, 1999, S. 88–90

Lempp, R.; Schütze, G.; Köhnken, G. Praxis der psychiatrisch-psychologischen Begutachtung. In: Lempp, R.; Schütze, G.; Köhnken, G. (Hrsg.), Forensische Psychiatrie und Psychologie des Kindes- und Jugendalters, 1999, S. 88–90

Leyhausen, D. Der beschützte Umgang gemäß § 1684 Abs. 4 BGB als Möglichkeit zur Aufrechterhaltung einer Eltern-Kind-Beziehung in problematischen Trennungs- und Scheidungssituationen, 2000

Liebel, H./v. Uslar, W. Forensische Psychologie, 1975

Liegle, L. Kulturvergleichende Ansätze in der Sozialisationsforschung, in: Hurrelmann, K. u. Ulich, D.: Handbuch der Sozialisationsforschung, 1991

Lösel, F. Delinquenzentwicklung in der Kindheit und Jugend, in: Lempp, R.; Schütze, G.; Köhnken, G. (Hrsg.), Forensische Psychiatrie und Psychologie des Kindes- und Jugendalters, 1999, S. 221–234

Lösel, F. Gewaltdelikte, in: Lempp, R.; Schütze, G.; Köhnken, G. Hrsg.), Forensische Psychiatrie und Psychologie des Kindes- und Jugendalters, 1999, S. 235–245

Lösel, F.; Bender, D. Eigentumsdelikte, in: Lempp, R.; Schütze, G.; Köhnken, G. (Hrsg.), Forensische Psychiatrie und Psychologie des Kindes- und Jugendalters, 1999, S. 246–254

Lohrentz, U. Jugendhilfe bei Trennung und Scheidung, 1999

Luthin, H. Gemeinsames Sorgerecht nach der Scheidung, 1987

Lutzker, J. R. Handbook of Child Abuse Research and Treatment, 1998

Mach-Hour, E. Damit sie gleiche Chancen haben, in: Menne, K.; Schilling, H.; Weber, M. (Hrsg.), Kinder im Scheidungskonflikt, 1993

Main, M. Desorganisation im Bindungsverhalten, in: Spangler, G. & Zimmermann, P. (Hrsg.), Die Bindungstheorie, 1991, S. 120–139

Main, M.; Goldwyn, R. Adult attachment Scoring and Classification Systems, 1994

Main, M. & Solomon, J. Procedures for identifying infants as disorganized/disoriented during the Ainsworth strange situation, in: Grennberg, M. T.; Cicchetti, D.; Cummings, M. E. (Hrsg.), Attachment in the preeschool years, 1990, S. 121–160

Mallmann, O.; Walz, S. Datenschutz bei Sozial- und Jugendämtern nach der Neuregelung des Sozialgeheimnisses im SGB, in: Mörsberger, T. (Hrsg.), Datenschutz im sozialen Bereich, 1981, S. 28–46

Man, d., J. P. Das Wohl des Trennungs- und Scheidungskindes in der Praxis „Gemeinsames Sorgerecht" Ja oder Nein, in Brauns-Hermann, C.; Busch, B.-M. & Dinse, H. (Hrsg.), Ein Kind hat das Recht auf beide Eltern, 1997

Markowsky, M. Psychologische Gutachten und juristische Einstellungen, 1982

Marschner, G. Möglichkeiten und Grenzen der Psychodiagnostik, 1989

Matte, J. A. Forensic Psychophysiology using the Polygraph, 1996

Matzner, M. Vaterschaft heute, 1998

Meehl, P.-E. Clinical versus statistical prediction. A theoretical analysis and a review of the evidence, 1954

Menken, E. Die Rechtsbeziehung zwischen Verwaltungsbehörde, Betroffenem und Gutachter bei der Medizinisch-Psychologischen Fahreignungsbegutachtung, 1980

Midnick, Inzestuös missbrauchte Kinder, in: Backe u. a. (Hrsg.), Sexueller Missbrauch von Kindern in Familien, 1986, S. 83–101

Möller, R. Zur Rezidivprophylaxe schizophrener Psychosen, 1982

Mörsberger, T. Der Sozialarbeiter im Dilemma zwischen der Notwendigkeit des Informationsaustausches und der Pflicht zur Diskretion, in: Mörsberger, T. (Hrsg.), Datenschutz im sozialen Bereich, 1981, S. 140–171

Salzgeber   419

Montada, L. Kritische Lebensereignisse im Brennpunkt: Eine Entwicklungsaufgabe für die Entwicklungspsychologie?, in: Filipp, S. H. (Hrsg.), Kritische Lebensereignisse, 1981, S. 272–289

Mosandl, A. Aufgaben des Jugendamts bei Trennung und Scheidung, in: Buchholz-Graf, W./Vergho, C. (Hrsg.), Beratung für Scheidungsfamilien, 2000, S. 94–121

Mühlens, E.; Kirchmeier, K.-H.; Greßmann, M.; Knittel, B. Kindschaftsrecht, 1999

Müller, K. Der Sachverständige im gerichtlichen Verfahren, 1978

v. Münch, E. M. Ehe- und Familienrecht von A–Z, 14. Auflage 1999

Münder, J.; Jordan, E.; Kreft, D.; Lakies, Th.; Lauer, H.; Proksch, R.; Schäfer, K. Frankfurter Lehr- und Praxiskommentar zum SGB VIII/SGB VIII, 1998

Mummenthaler, W. Neurologie, 1990

Murray, H. A. Thematic-Apperception Test, 1943

Mussen, P.-H./Conger, J. J./Kagan, J. Lehrbuch der Kinderpsychologie, 1976

Neal, J. H. Children's understanding of their parent's divorces, in: Kurdek (Ed.), Children and divorce. New directions for child development, 1983

Neddenriep-Hanke, F. Umgangsrecht und Kindeswohl, 1987

Nienstedt, M.; Westermann, A. Pflegekinder, 1992

Offe, H. Empirische Scheidungsfolgen-Forschung: Ein Überblick über neuere Ergebnisse, in: Hahn, J.; Lomberg, B.; Offe, H. (Hrsg.), Scheidung und Kindeswohl, 1992, S. 25–54

Olbing, H./Bachmann, K. D./Gross, R. Kindesmisshandlung, 1989

Oppawsky, J. Scheidungskinder, 1987

Ostendorf, H. Rechtliche Voraussetzungen, in: Lempp, R.; Schütze, G.; Köhnken, G. (Hrsg.), Forensische Psychiatrie und Psychologie des Kindes- und Jugendalters, 1999, S. 3–5

Palandt, O. Bürgerliches Gesetzbuch. München: Beck, 59. Auflage 2000

Paulitz, H. (Hrsg.), Adoption, 2000

Pawlik, H. Modell- und Praxisdimension psychologischer Diagnostik, in: Pawlik, H. (Hrsg.), Diagnose der Diagnostik. Beiträge zur Diskussion der psychologischen Diagnostik in der Verhaltensmodifikation, 1976

Pedersen, P.; Ivey, A. Culture-Centered Counseling and Interviewing Skills, 1998

Penin, Hirnorganische Anfälle, in: Rauschelbach/Jochheim, Das neurologische Gutachten, 1984, S. 188–202

Perrez, M. Erziehungspsychologische Prophylaxe als Differenzierung von Alltagstheorien, in: Speck, O./ Peterander, F./Innerhofer, P. (Hrsg.), Kindertherapie, 1987, S. 245–251

Peschel-Gutzeit, L. M. Das Recht zum Umgang mit dem eigenen Kinde, 1989

Peterander, F. Erfassung entwicklungsförderlichen Elternverhaltens, Frühförderung interdisziplinär, 1992

Peters, K. Die prozessrechtliche Stellung des psychologischen Sachverständigen, in: Undeutsch, U. (Hrsg.), Forensische Psychologie, 1967, S. 678–800

Petri, H. Verlassen und verlassen werden, 1991

Piaget, J. Die Bildung des Zeitbegriffs beim Kind, 1974

Piaget, J.; Inhelder, B. Die Psychologie des Kindes, 1977

Pieper, H. Funktion und Stellung des Sachverständigen im Zivilprozess, in: Pieper, H./Breunung, L./Stahlmann, G. (Hrsg.), Sachverständige im Zivilprozess, 1982, S. 9–70

Plattner, I. Zeitbewußtsein und Lebensgeschichte – Theoretische und methodische Überlegungen zur Erfassung des Zeitbewußtseins, 1990

Plessen, U.; Bommert, H. Empirische Untersuchung zum Begriff des „Kindeswohls", in: Schorr, A. (Hrsg.), Bericht über den 13. Kongreß für Angewandte Psychologie, 1986, S. 323–326

Poeck, R., Klinische Neuropsychologie, 1988

Proksch, R. Das Wohl des Kindes aus juristischer Sicht, Mitteilung der Landesarbeitsgemeinschaft für Erziehung-, Jugend- und Familienberatung Bayern e. V., 1998, S. 38–51

Prosiegel, W., Psychopathologische Symptome und Syndrome bei erworbenen Hirnschädigungen, in: Neuropsychologische Rehabilitation, 1988

Puls, J. Das Recht zur Neuregelung der elterlichen Sorge in der Rechtsanwendung, in: Remschmidt, H. (Hrsg.), Kinderpsychiatrie und Familienrecht, 1984, S. 18–27

Pulver, U. Die Krise der psychologischen Diagnostik – eine Koartationskrise, in: Pulver, U./Lang, A./ Schmid, F. (Hrsg.), Ist Psychodiagnostik verantwortbar?, 1978, S. 30–41

Rassek, E. J. Begriff und Bestimmung des Kindeswohls als Maßstab bei der Sorgerechtsregelung nach §§ 1671, 1672 BGB, 1983

Rauschelbach, R.; Jochheim, M. Das neurologische Gutachten, 1984

Reder, P.; Duncan, S. The meaning of the child, in: Reder, P./Lucey, C. (Hrsg.), Assessment of Parenting, 1995, S. 39–56

Reich, G. Kinder in Scheidungskonflikten, in: Krabbe, H. (Hrsg.), Scheidung ohne Richter, 1991

Remschmidt, H. Epidemiologie, Erscheinungsformen und Begleitumstände sexueller Kindesmisshandlungen, juristische Interventionen in der Bundesrepublik Deutschland, in: Olbing u. a. (Hrsg.), Kindesmisshandlung, 1989

Remschmidt, H. & Mattejat, F. Familien-Identifikations-Tests (FIT), 1999

Remschmidt, H. & Mattejat, F. Kinder psychotischer Eltern, 1994

Renner, M. Der Wartegg-Zeichentest, 1975

Revers, W. J. Der thematische Apperzeptionstest (TAT), 1979

Richard-Kopa, A. Besonderheiten der psychologischen Begutachtung für Pflegekinder in Sorge- und Besuchsrechtsfrage, in: Dokumenation, Pflegekinder in familiengerichtlichen Verfahren, Stiftung Zum Wohle des Pflegekindes (Hrsg.), Holzminden, 1998, S. 71–90

Richter, H.-G. Sexueller Missbrauch im Spiegel von Zeichnungen, 1999

Ritter, G. Zusammenarbeit von Richter und Sachverständigen, in: Frank, C./Harrer, G. (Hrsg.), Der Sachverständige im Strafrecht, Kriminalitätsverhütung, 1990

Ritterfeld, U.; Franke, U. Die Heidelberger Marschak-Interaktionsmethode, 1994

Rohleder, M. Das Wohl des Kindes nach der Ehescheidung – sozialpsychologische Analyse und Kritik des Bestimmungsfeldes, Unveröff. Diss., 1974

Rohlf, D. Der grundrechtliche Schutz der Privatsphäre, 1980

Rohmann, J.; Stadler, M. Standards psychologischer Gutachten in familiengerichtlichen Verfahren. Arbeitskreis 8, in: Deutscher Familiengerichtstag e. V. (Hrsg.), 12ter Deutscher Familiengerichtstag, 1998, S. 100

Rorschach, H. Psychodiagnostik, 1972

Rose, S. Erkennen von Kindesmisshandlungen, 1986

Rosenberg, H.; Steiner, M. Paragraphenkinder, 1991

Rudolph, K. Anforderungen an die Qualität des Sachverständigengutachtens, in: Bayerlein, W. (Hrsg.), Praxishandbuch Sachverständigenrecht, 2. Auflage 1996

Rüsch J. Über die Recht- und Zweckmässigkeit des Polygraphen, 1971

Rutter, M. Bindung und Trennung in der frühen Kindheit: Forschungsergebnis zur Mutterdeprivation, 1978

Saage, E.; Göppinger, H. Freiheitsentziehung und Unterbringung, 3. Auflage 1994

Salgo, L. Pflegekinder in familiengerichtlichen Verfahren, in: Dokumenation, Pflegekinder in familiengerichtlichen Verfahren, Stiftung Zum Wohle des Pflegekindes (Hrsg.), Holzminden, 1998, S. 10–29

Salgo. L Rechtliche Grundlagen BGB, in: Lempp, R.; Schütze, G.; Köhnken, G. Hrsg.), Forensische Psychiatrie und Psychologie des Kindes- und Jugendalters, 1999, S. 23–39

Salzgeber, J.; Stadler, M. Familienpsychologische Begutachtung, 1990

Schiffauer, W. Die Bauern von Subay, 1987

Schlatter-Krüger, S. Das Urheberrecht am Sachverständigengutachten, in: Bayerlein, W. (Hrsg.), Praxishandbuch Sachverständigenrecht, 2. Auflage 1996

Schleiffer, R. Zur Geschichte der Beziehung von Familienrecht und Kinderpsychiatrie, in: Remschmidt, H. (Hrsg.), Kinderpsychiatrie und Familienrecht, 1984, S. 28–35

Schmidt, A. Abgrenzung und Kooperation zwischen Erziehungsberatungsstellen und dem Allgemeinen Sozialdienst, in: Informationen für die Erziehungsberatungsstellen, 1993, S. 12 ff.

Schmidt, L. R. Diagnostische Begutachtung, in: Groffmann, K.-J./Michel, L. (Hrsg.), Grundlagen psychologischer Diagnostik, Band 1, 1982, S. 467–537

Schmidt-Denter, U. Die soziale Umwelt des Kindes, 1984

Schmidt-Denter, U.; Beelmann, W. Familiäre Beziehungen nach Trennung und Scheidung: Veränderungsprozesse bei Müttern, Vätern und Kindern (Forschungsbericht), 1995

Schneewind, K./Beckmann, M./Engfer, A. Eltern und Kinder, 1983

Schrader, W. Klinisch-psychologische Aspekte der Betreuung neurologischer Langzeitpatienten, unveröffentl. Diplomarbeit, 1984

Schreiber, H.-L. Zur Rolle des psychiatrisch-psychologischen Sachverständigen im Strafverfahren, in: Kury, H. (Hrsg.), Ausgewählte Fragen und Probleme forensischer Begutachtung, 1987, S. 49–75

Schröder, B. Über Macht und Ohnmacht der Gefühle nach einer Trennung, 1989

Schuch, A. Kontrollüberzeugungen im Bereich Erziehung, in: Lukesch, H./Perrez, M./Schneewind, K. (Hrsg.), Familiäre Sozialisation und Intervention, o. J., S. 161–170

Schütt, G. „Erfahrungen mit der Interessenvertretung von Kindern – Verfahrenspflegschaften in Scheidungsfällen" Tagung: Damit auch die Kinder zu Worte kommen, Ev. Akademie, Bad Boll, 4.–5. 2. 1998, S. 37

Schuler, H. Ethische Probleme psychologischer Forschung, 1980

Schulz, W. Der Einsatz des Polygraphen beim Familiengericht München, in: Willutzki, S.; Salzgeber, J., Polygraphie, 1999, S. 117–129

Schwabe-Höllein, M.; Suess, G.; Scheurer, H. Bestimmung des Kindeswohls aus entwicklungspsychologischer Sicht, in: Schorr, A. (Hrsg.), Bericht über den 13. Kongreß für Angewandte Psychologie, 1986, S. 341–345

Schwabe-Höllein M.; August-Frenzel, P. Die Bedeutung der Bindung bei der Begutachtung in familienrechtlichen Angelegenheiten, in: Spangler, G. & Zimmermann, P. (Hrsg.), Die Bindungstheorie, 1995, S. 351–361

Schwarzer, Ch. Einführung in die pädagogische Diagnostik, 1979

Simitis, S. Kindeswohl – eine Diskussion ohne Ende?, in: Goldstein, J./Freud, A./Solnit, A., Diesseits des Kindeswohls, 1979, S. 169–195

Simitis, S.; Rosenkötter, L.; Vogel R. et al. Kindeswohl. Eine interdisziplinäre Untersuchung über seine Verwirklichung in der vormundschaftsgerichtlichen Praxis, 1979

Solomon, J.; George, C. Attachment Disorganization, 1999

Spangler, G.; Zimmermann, P. (Hrsg.) Die Bindungstheorie, 1995

Spitznagel, A. Kommunikationspsychologische Forschungsergebnisse zur Produktion und Rezeption von Gutachtentexten, in: Hartmann, H./Haubl, R. (Hrsg.), Psychologische Begutachtung, 1984, S. 127–159

Spitznagel, A./Vogel, H. Formdeuteverfahren, in: Heiss, R. (Hrsg.), Handbuch der Psychologie, Bd. 6, 1964, S. 556–634

Stahlmann, G. Der Sachverständigenbeweis im Modell des sozialen Zivilprozesses, in Pieper, H./Breunung, L./Stahlmann, G. (Hrsg.), Sachverständige im Zivilprozess, 1982, S. 73–123

Stein-Hilbers, M. Wem gehört das Kind?, 1994

Steindorff-Classen, C. Das subjektive Recht des Kindes auf seinen Anwalt, 1988

Steinhage, B. Sexueller Missbrauch an Mädchen, 1991

Steinmeyer, F. Rechtsfragen bei Epilepsie, 1986

Steller, M. Psychophysiologische Aussagebeurteilung, 1986

Steller, M.; Volbert, R.; Wellershaus, P. Zur Beurteilung von Zeugenaussagen: Aussagepsychologische Konstrukte und methodische Strategien, in: L. Montada (Hrsg.), Bericht über den 38. Kongreß der Deutschen Gesellschaft für Psychologie in Trier 1992, Band 2, S. 367–376

Stender, W. Zur derzeitigen Praxis des sogenannten Umgangsrechts, in: Remschmidt, H. (Hrsg.), Kinderpsychiatrie und Familienrecht, 1984, S. 97–100

Studer-Etter, M. Trennung, Scheidung und Identität, 1985

Suess, G. Das Wohl des Kindes aus entwicklungspsychologischer Sicht, Mitteilung der Landesarbeitsgemeinschaft für Erziehung-, Jugend- und Familienberatung Bayern e. V., 1998, S. 24–37

Tägert, I. Forensische Psychologie im Bereich des Familienrechts, in: Undeutsch, U. (Hrsg.), Forensische Psychologie (Handbuch der Psychologie Band 11), 1967, S. 598–633

Tausch, R.; Tausch, A. Erziehungspsychologie, 1971

Terlinden-Arzt, P. Psychologische Gutachten für das Familiengericht. Eine empirische Untersuchung über diagnostische Strategien sowie ausgewählte Aspekte des Kindeswohls, 1998

Textor, M. Teil- und Stieffamilien, in: Textor, M. (Hrsg.), Hilfen für Familien, 1998, S. 70–91

Textor, M. Pflege- und Adoptivfamilien, in: Textor, M. (Hrsg.), Hilfen für Familien, 1998, S. 91–109

Thomae, H. Prinzipien und Formen der Gestaltung psychologischer Gutachten, in: Undeutsch, U. (Hrsg.), Forensische Psychologie (Handbuch der Psychologie Band 11), 1967, S. 643–767

Thomas, H.; Putzo, H. Zivilprozessordnung, 22. Auflage 1999

Tölle, R. Psychiatrie, 1999

Tölle; R.; Schulte, W. Psychiatrie, 1977

Trimble Psychiatrische und psychologische Aspekte der Epilepsie, in: Kisker, Lauter, Meyer, Müller, Strömger, Organische Psychosen, 1988, S. 325–363

Trommsdorff, G. Sozialisation im Kulturvergleich, 1989

Trube-Becker, E. Gewalt gegen das Kind, 1982

Türk, D.; Sonntag, H. Verzeichnis der Selbsthilfegruppen, in: Uchtenhagen, A./Zieglgänsberger, W. (Hrsg.), Suchtmedizin, 2000, S. 585–592

Uffelmann, P. Das Wohl des Kindes als Entscheidungskriterium im Sorgerechtsverfahren, Unveröff. Diss., 1977

Underwager, R.; Wakefield, H. Accusation of Child Sexual Abuse, 1988

Undeutsch, U. Beurteilung der Glaubhaftigkeit von Zeugenaussagen, in: Undeutsch, U. (Hrsg.), Forensische Psychologie (Handbuch der Psychologie Band 11), 1967, S. 26–185

Undeutsch, U. Überblick über die gerichtspsychologische Gutachtertätigkeit in Deutschland, in: Rehberg, J. (Hrsg.), Probleme des gerichtspsychiatrischen und -psychologischen Gutachtens, 1980

Vehrs, W. Standards einer psychophysiologischen Aussagebegutachtung (PPAB) am Institut für Forensische Psychophysiologie (IFP), in: Willutzki, .-/Salzgeber, J. (Hrsg.), Polygraphie, 1999, S. 19–31

Vergho, C. Der schwierige Umgang mit dem Umgang: Die Kontakbegleitung, in: Buchholz-Graf, W./Vergho, C. (Hrsg.), Beratung für Scheidungsfamilien, 2000, S. 221–253

Visher, E./Visher, J. Stiefeltern, Stiefkinder und ihre Familien, 1987

Vogel, Ch. Erwerbsfähigkeit aus medizinisch-psychiatrischer Sicht, Arbeitskreis 6, in: Deutscher Familiengerichtstag e. V. (Hrsg.), 12ter Deutscher Familiengerichtstag, 1998, S. 97–98

Volbert, R.; van der Zanden, R. Sexual Knowledge and Behavior of Children up to 12 Years – what is age-appropriate?, in: Davies, G.M.; Lloyd-Bostock, C.; McMurran, M.; Wilson, C. (Hrsg.), 1995

Wallerstein, J. Die Bedeutung der Scheidung für Kinder, in: Steinhausen, Ch. (Hrsg.), Risikokinder, 1984

Wallerstein, J./Blakeslee, S. Gewinner und Verlierer, 1989

Wallerstein, J./Kelly J. B. Surving the Breakup. How Children and Parents Cope with Divorce, 1980

Walper, S.; Schwarz B. Was wird aus den Kindern, 1999

Walter, W. Alleinerziehende und gemeinsame elterliche Sorge nach Trennung und Scheidung, unveröffentl. Diss., 1990

Ward, P.; Harvey, C. Familienkriege – die Entfremdung von Kindern, 1998

Weber, C. & Zitelmann, M. Standards für VerfahrenspflegerInnen, 1998

Wegener, H. Einführung in die Forensische Psychologie, 1989

Wegener, H. Einführung in die Kinderpsychologie, in: Deutscher Familiengerichtstag e. V. Brühl (Hrsg.), Dritter Deutscher Familiengerichtstag: vom 15. bis 18. Oktober 1980, S. 74–81

Wegener, H. Möglichkeiten und Grenzen des psychologischen Sachverständigen im familiengerichtlichen Verfahren, in: Deutscher Familiengerichtstag e. V. Brühl (Hrsg.), Dritter Deutscher Familiengerichtstag: vom 15. bis 18. Oktober 1980, S. 97–98

Wegener, H. Methodische Probleme der forensisch-psychologischen Begutachtung, in: Kury, H. (Hrsg.), Ausgewählte Fragen und Probleme forensischer Begutachtung, 1987, S. 201–212

Weiss, R. S. Trennung vom Ehepartner, 1980

Wellmann, C. Der Sachverständige in der Praxis, 1981

Wendl-Kempmann, G.; /Wendl, Ph. Partnerkrisen und Scheidung, 1986

Westhoff, K.; Kluck, M.-L. Psychologische Gutachten, schreiben und beurteilen, 1998

Westhoff, K.; Terlinden-Arzt, P.; Klüber, A. Entscheidungsorientierte psychologische Gutachten für das Familiengericht, 2000

Wiemann, I. Pflege- und Adoptivkinder, 1979

Wienand, M. Psychotherapie, Recht und Ethik, 1982

Willenbacher, B. Die Situation von Stiefelternfamilien, in: Kath. Sozialethische Arbeitsstelle (Hrsg.), Ehescheidung – was wird aus den Kindern?, 1985

Willutzki, S. Zur rechtlichen Zulässigkeit des Polygrapheneinsatzes im familiengerichtlichen Verfahren, in: Willutzki, S./Salzgeber, J. (Hrsg.), Polygraphie, 1999, S. 95–105

Wolf, S. Situation und Tätigkeit psychologischer Gutachter und Sachverständiger im Strafprozess, unveröffentl. Diss., 1980

Wolflast, G. Psychotherapie in den Grenzen des Rechts, 1985

Wuermeling, H.-B. Ethik des Sachverständigen, in: Frank, C./Harrer, G. (Hrsg.), Der Sachverständige im Strafrecht, Kriminalitätsverhütung, 1990

Zenz, G. Kindesmisshandlung und Kindesrechte, 1979

Zuschlag, B. Das Gutachten des Sachverständigen, 1992

Salzgeber

Sachregister